Gilles **Theophile**

Lightroom 3

par la pratique

EYROLLES

Groupe Eyrolles
61, bd Saint-Germain
75240 Paris Cedex 05
www.editions-eyrolles.com

Chez le même éditeur

M. Evening, *Lightroom 3 pour les photographes,* à paraître.
M. Evening, *Photoshop CS5 pour les photographes,* 2010, 768 pages.
V. Gilbert, *Camera Raw par la pratique,* à paraître.
P. Ricordel, *Capture NX2 par la pratique*, 2010, 192 pages.
P. Krogh, *Catalogage et flux de production pour les photographes,* 2010, 460 pages.
J. Delmas, *Gestion des couleurs pas à pas,* 2010, 160 pages.
S. Kelby, M. Kloskowski, *Photoshop Elements 8 pour les photographes,* 2010, 474 pages.
V. Gilbert, *Développer ses fichiers RAW, 3e édition,* 2009, 516 pages.
C. Bruneau, B. Richebé, *Lightroom, Cahier spécial débutants,* 2009, 112 pages.

 ISBN : 978-2-212-12765-2.

Remerciements

Rédiger ce type d'ouvrage, en tenant compte des délais, exige parfois de la part de l'auteur de se couper du monde. Pour cette raison, je voudrais remercier en tout premier lieu ma famille, qui ne m'a pas vu sortir souvent de mon bureau ces dernières semaines, mon épouse Marie et mes filles Anna et Louise.
De même que mes amis, que je n'ai pratiquement pas vus depuis deux mois...

Merci aussi à Céline Jentzsch (cfotogenic.com), pour son importante contribution iconographique et ses conseils judicieux. Un photographe qui écrit n'a pas le temps de faire des images pour illustrer son livre, je suis donc très heureux qu'elle ait accepté de fournir de nombreuses photos, aussi bien pour l'illustration de l'ouvrage que pour le DVD-Rom des exercices.

Merci également à Sébastien Abric, de Fotopassion.fr, pour ses conseils et pour les captures d'écran utilisées dans l'exercice consacré au module Impression.

Enfin, je remercie Stéphanie Poisson, des éditions Eyrolles, pour sa confiance renouvelée et la pertinence de ses relectures et corrections.

(Et une pensée pour mon «gros» qui était là, dans mon bureau, le matin où j'ai terminé la rédaction, et qui est parti pour toujours cet après-midi...)

Avant-propos

Des nouveautés à la fois nombreuses et discrètes

Dès sa sortie, début 2007, Lightroom s'est rapidement imposé comme la nouvelle référence des logiciels destinés à la postproduction photographique. S'intégrant parfaitement dans un environnement de travail dans lequel on peut également retrouver Photoshop, il a séduit de nombreux photographes, aussi bien professionnels qu'amateurs. De plus, Adobe n'a pas hésité à mettre à la disposition du public des versions en cours de développement, ce qui lui a permis, d'une part, de toucher une base plus large pour déceler d'éventuels problèmes ou améliorer les outils existants, et, d'autre part, de fidéliser une population d'utilisateurs en progression constante. Il faut dire que Lightroom ne manque pas d'atouts et répond pratiquement à tous les besoins des photographes. La sortie de la version 2, en juillet 2008, a permis de franchir une nouvelle étape avec une amélioration du module Bibliothèque, destiné au catalogage des images, et surtout avec l'arrivée des outils de retouche locale parfaitement intégrés au concept de traitement non destructif de l'application.

Lightroom 3, disponible depuis la mi-2010, est une nouvelle étape importante dans l'évolution du logiciel. En effet, l'axe principal de développement était l'amélioration de la qualité du traitement des images, pour répondre aux exigences des photographes. C'est chose faite, puisque le nouveau moteur de dématriçage et de développement de Lightroom 3 (et de Camera Raw 6) place la barre très haut en ce qui concerne l'extraction des détails et la correction du bruit. Le logiciel propose d'ailleurs une interface permettant de convertir aisément les images traitées dans Lightroom 1 et 2 (avec ce qu'Adobe appelle « le Processus 2003 ») dans le nouveau Processus 2010.

Autre nouveauté importante, la correction automatique des objectifs, basée sur des modules, trouve enfin sa place dans Lightroom, mais également dans Camera Raw 6 et Photoshop CS5. Les modules permettent de corriger les défauts de vignetage, de distorsion ainsi que les aberrations chromatiques, tout en restant dans un flux de travail non destructif. Le panneau Corrections de l'objectif se voit également doté d'un outil de transformation des perspectives qui permet de retoucher les fuyantes, notamment en photo d'architecture. Le module Bibliothèque n'a pas subi de changements profonds, si ce n'est de multiples petites améliorations ici et là ; les utilisateurs des versions précédentes de Lightroom resteront en terrain connu. En revanche, le menu d'importation des images a été entièrement revu : désormais, la hiérarchie des volumes ou des dossiers sources et de destination est clairement affichée de chaque côté de la fenêtre, et l'utilisateur pourra agrandir et zoomer dans les images avant qu'elles ne soient transférées. Un nouvel outil au fort potentiel de développement fait son apparition dans le module Bibliothèque : les Services de publication. Ils permettent de créer et de synchroniser des collections d'images entre Lightroom et des dossiers distants ou des galeries web : supprimez ou ajoutez une image dans Lightroom et ce dernier se chargera de modifier la galerie web concernée. C'est un outil très puissant, et de nombreux modules externes déjà disponibles en exploitent tout le potentiel.

Les nouveautés de Lightroom 3, bien que discrètes, sont néanmoins très nombreuses ; nous pourrions citer, en vrac, la possibilité de mettre en page des images différentes dans le module Impression, ce qui n'était pas possible jusqu'à présent, ou encore la possibilité d'exporter les diaporamas en vidéo au format MPEG-4. Les développeurs ont également modifié l'architecture de Lightroom pour rendre son utilisation plus fluide, mais il doit être tout à fait clair que les améliorations spectaculaires de la qualité d'image et du traitement du bruit, sans compter la correction des objectifs, ont forcément un impact sur le temps de traitement, notamment lors de l'exportation des photos. Lightroom 3 est gourmand en ressources et, si ce n'est déjà fait, nous ne pouvons que vous conseiller de basculer sur des systèmes d'exploitation 64 bits (Mac OS X et Windows 7).

Lightroom 3 est avant tout un logiciel de développement de photos et de postproduction. Il n'est pas conçu pour la retouche, c'est-à-dire la modification et la transformation des images en profondeur – pour cela, le compagnon idéal du photographe reste Photoshop, plus particulièrement dans sa version CS5. Outre la possibilité d'ouvrir des images en tant qu'objets dynamiques à partir de Lightroom, vous pourrez également exploiter tout le potentiel du nouvel outil HDR Pro de Photoshop, qui permet d'assembler et de fusionner des fichiers RAW.

Que manque-t-il à Lightroom ? Beaucoup de choses certainement. La retouche locale a besoin d'intégrer plus d'outils, sans parler de la possibilité de sélectionner des objets à l'aide d'un outil de dessin, et il faudrait aussi un tampon qui ne soit pas exclusivement circulaire pour effacer des détails gênants, comme les fils électriques ou les barbelés toujours présents dans une photo de paysage. Le module Impression, lui, manque d'un outil d'épreuvage à l'écran *(softproofing)* et il serait intéressant de développer de meilleurs outils de sauvegarde et d'archivage… Le travail ne manque pas pour les développeurs Adobe ! En attendant, profitez de tout ce que Lightroom 3 peut vous offrir. À l'aide du nouveau moteur de dématriçage, n'hésitez pas à reprendre vos images traitées dans les versions précédentes. Les différences sont spectaculaires, le traitement du bruit a été tellement amélioré qu'il se paye même le luxe de redonner une nouvelle jeunesse à des images issues d'appareils photo un peu anciens.

Structure de l'ouvrage

Ce livre est divisé en six parties.

1. Préparer l'environnement de travail : réglages, création et gestion de catalogues, installation d'éditeurs et de modules externes, fonctionnement des piles et des copies virtuelles, éditeur de filigranes pour incruster un copyright dans une image… Toutes ces fonctions de base, préalable indispensable à un travail dans Lightroom, seront abordées dans huit exercices.
2. Maîtriser le catalogage : en suivant un cas concret de flux de travail, nous nous intéresserons ensuite à l'importation, au tri et à la notation des images, avant de passer à la création de mots-clés, de modèles de métadonnées et à la géolocalisation des images. Cette deuxième partie se terminera sur un exemple de flux rapide idéal pour le photographe pressé.
3. Développer ses images : cette courte partie dédiée au développement couvre les corrections de base, dont la balance des blancs, l'exposition, le contraste, la saturation, le traitement du bruit et la netteté.
4. Corriger ses images : dans cette quatrième partie, plus conséquente (12 exercices), nous irons un peu plus loin avec des outils de correction « techniques », comme les corrections de l'objectif, le nettoyage des poussières et le recadrage, avant de passer à des tâches créatives grâce à la retouche locale, au Filtre gradué, à la conversion noir et blanc, au virage partiel et aux effets de grain ou de vignetage.
5. Optimiser son flux de travail : cette partie est importante, car nous y verrons comment accélérer la postproduction grâce au traitement par lots et aux paramètres prédéfinis de développement, avant de nous intéresser à quelques cas concrets d'utilisation d'éditeurs et de modules externes.
6. Diffuser ses images : cette dernière partie couvre les fonctionnalités des modules de sortie (Diaporama, Impression, Web). Pour conclure, nous nous replongerons ensuite dans le flux de travail avec le menu Exporter.

Toutes les captures de ce livre ont été faites sur Mac. Néanmoins, il n'y a aucune différence d'utilisation de Lightroom sur PC et sur Mac. Les rares menus ou raccourcis claviers qui diffèrent quelque peu sont signalés dans le texte.

DVD d'accompagnement

Vous trouverez sur le DVD l'ensemble des images qui ont servi aux exercices du livre. Un dossier est attribué à chaque exercice ; il contient deux (ou plusieurs) images NEF ou CR2 dénommées « Originale_xx.nef » ou « Originale_xx.cr2 » et « Finale_xx.nef » ou « Finale_xx.cr2, où « xx » est le numéro de l'exercice concerné.

Toutes les images Originale_xx.nef ou .cr2 sont des images brutes de prise de vue, qui ont été converties dans le nouveau processus de traitement 2010 de Lightroom 3, pour que l'exercice soit plus parlant et que vous puissiez vous concentrer sur l'essentiel de ce qu'il veut démontrer (les réglages préalables appliqués sont alors généralement sans influence sur les traitements liés à l'exercice proprement dit). Chaque image Finale_xx.nef ou .cr2 est un fichier complet « image originale + ensemble des traitements appliqués dans l'exercice ».

Je vous invite, avant même de commencer le premier exercice, à importer toutes les images originales et finales dans votre catalogue Lightroom. Les images finales sont purement anecdotiques, puisque les réglages sont précisés dans toutes les étapes des exercices. Néanmoins, au début, vous pourrez les comparer avant de vous mettre au travail. Toutes ces images ont été exportées au format original à partir de la copie de Lightroom de l'auteur, et contiennent tous les réglages. En revanche, sachez que l'historique n'accompagne pas les fichiers puisqu'il s'agit de données appartenant au catalogue, mais toutes les corrections restent parfaitement réversibles.

Configuration requise pour lire le DVD

Windows

- Système d'exploitation : versions pré-installées de Windows Vista Édition Familiale Basique/Édition Familiale Premium/Professionnel/Entreprise/Édition Intégrale 32 bits (Service Pack 1), Windows XP Édition familiale/Professionnel (Service Pack 2)
- Processeur Pentium 4 ou supérieur
- Mémoire RAM 768 Mo minimum (1 Go recommandé)
- Espace disque 200 Mo requis pour l'installation
- Résolution du moniteur : 1 024 × 768 pixels ou supérieur (1 280 × 1 024 pixels ou plus recommandé)
- Capacité d'affichage sur 16 bits ou plus (32 bits recommandé)
- Lecteur de DVD-Rom, Lightroom 3

Macintosh

- Système d'exploitation : Macintosh OS X (version 10.4.11, 10.5.2)
- Processeur PowerPC G4, PowerPC G5, Intel Core Duo, Intel Core 2 Duo, Intel Xeon ou supérieur
- Mémoire RAM 768 Mo minimum (1 Go recommandé)
- Espace disque 200 Mo requis pour l'installation
- Résolution du moniteur : 1 024 × 768 pixels ou supérieur (1 280 × 1 024 pixels ou plus recommandé), avec 64 000 couleurs ou plus (16,7 millions de couleurs ou plus recommandé)
- Lecteur de DVD-Rom, Lightroom 3

Liens utiles

Pour réaliser plusieurs des exercices, vous devrez télécharger un certain nombre de logiciels et de modules externes :
Lightroom 3 (démo 30 jours) : www.adobe.com/fr/products/photoshoplightroom
Photoshop CS5 (démo 30 jours) : www.adobe.com/fr/products/photoshop/photoshop
Modules externes de Tim Armes (LR/Mogrify 2, LR/Enfuse) et John Beardsworth (Open Directly) – versions limitées en nombre d'images exportables, paiement par donation : http://photographers-toolbox.com/index.php
Modules externes de Jeffrey Friedl (jfGeocoding Support, jfMetadata Wrangler, jfSmugMug, jfFacebook, jfPicasaWeb et biens d'autres) – versions limitées dans le temps, paiement par donation : http://regex.info/blog/lightroom-goodies

Sommaire

Partie 3

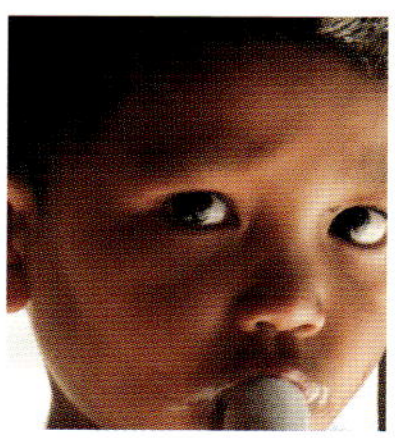

Partie 4

Partie 5

Partie 6

Partie 1

Préparer l'environnement de travail

Lightroom est un logiciel complexe qui couvre des fonctions qui étaient jusque-là assurées par plusieurs programmes différents, pour le catalogage, le développement des fichiers RAW, la correction des images, l'impression et la diffusion électronique des documents. Il couvre la quasi-intégralité des besoins du photographe, tout en gardant la possibilité de transférer les photos dans Photoshop ou dans d'autres éditeurs externes, pour procéder à des retouches ou à des modifications plus profondes. Avant de commencer le travail, il est important de paramétrer et de connaître le fonctionnement des catalogues de Lightroom, une base de données enregistrant toutes les modifications effectuées dans les images. Nous nous attarderons aussi dans cette première partie sur les différents modes d'affichage, avant de voir comment Lightroom communique avec Photoshop et de quelle manière on peut installer des outils supplémentaires grâce aux modules externes. Nous apprendrons à quoi servent les piles et les copies virtuelles, deux éléments essentiels du flux de travail, avant de nous pencher sur l'éditeur de filigranes, pour protéger les images à l'exportation en leur incrustant un logo ou un copyright.

Exercices

Nikon D70, 70-300 mm f/4,0-5,6, f/6,3, 1/640 s, 500 ISO © Céline Jentzsch

01 Réglage des Préférences et optimisation

Après avoir installé Lightroom 3 sur votre ordinateur, et avant même d'importer les premières images, il est impératif de régler les Préférences pour que l'utilisation du logiciel soit la plus agréable et la plus cohérente possible. Nous devrons d'abord passer par les Préférences générales, avant de faire un tour dans les paramètres du catalogue, puis dans les options d'affichage. Dans ce premier exercice, nous n'examinerons pas chaque option en détail, mais nous nous concentrerons sur les réglages essentiels.

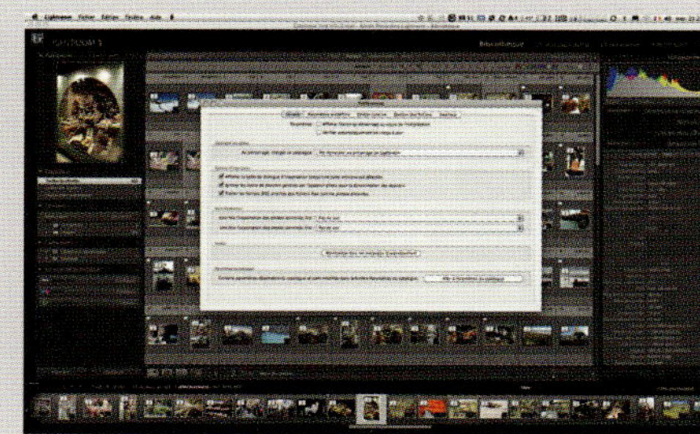

Raccourcis clavier

Ctrl/Cmd + «,» : ouvrir la fenêtre Préférences

Alt/Option + Ctrl/Cmd + «,» : ouvrir la fenêtre Paramètres du catalogue

Étape 1

Le panneau des Préférences, accessible par le menu Lightroom>Préférences (Mac) ou Édition>Préférences (PC), permet d'accéder à tous les réglages de Lightroom. Les paramètres du catalogue sont à part, car certains photographes en utilisent plusieurs avec des réglages spécifiques à chacun d'entre eux. Dans l'onglet Général, désactivez Afficher l'écran de démarrage au cours de l'initialisation, pour supprimer l'affichage du logo au démarrage. En revanche, si vous disposez d'une connexion Internet permanente, cochez le bouton de vérification automatique des mises à jour.

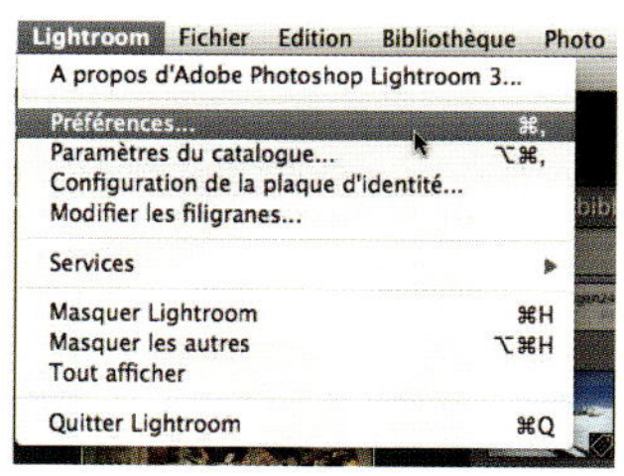

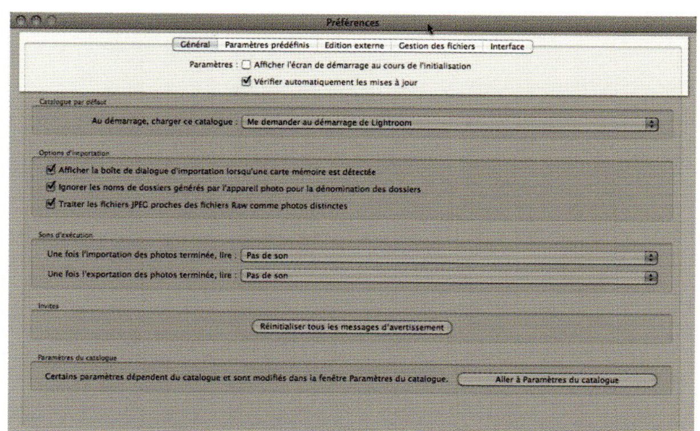

Étape 2

Toujours dans l'onglet Général, section Catalogue par défaut, on pourra indiquer le catalogue à charger au démarrage. Si vous utilisez plusieurs catalogues, choisissez l'option « Me demander au démarrage de Lightroom » : dans ce cas, Lightroom affichera systématiquement un panneau de sélection de catalogue, dès le démarrage. Dans ce panneau, vous pourrez ultérieurement indiquer le catalogue par défaut, ou rechercher un tout nouveau catalogue qui ne figure pas encore dans la liste.

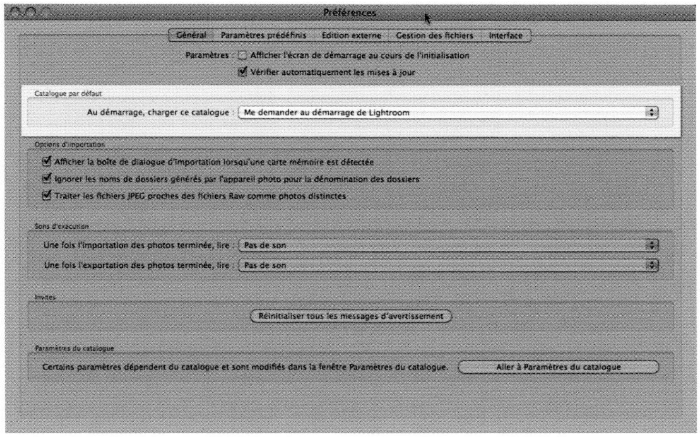

Étape 3

Pour en finir avec l'onglet Général, cochez les trois boutons de la section Options d'importation – Lightroom proposant un menu d'importation complet, il serait incongru de passer par un autre utilitaire, sachant qu'il faudra, de toute façon, importer les images dans le catalogue... Cette fonction lancera automatiquement le menu dès insertion d'une carte mémoire. Les deux autres options permettent d'ignorer les noms des dossiers créés par l'appareil photo – mieux vaut confier ce travail à Lightroom – et de bien séparer les types de fichiers si vous photographiez en RAW + JPEG.

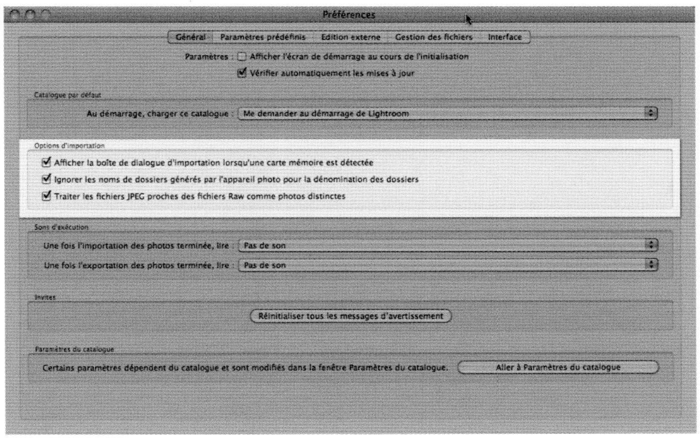

Étape 4

Dans l'onglet Paramètres prédéfinis, vérifiez que l'option Appliquer les réglages de tons automatiques n'est pas activée, afin que Lightroom ne modifie pas la luminosité et le contraste des images lors de l'importation. Si vous optez pour les réglages de tons automatiques, vous pourrez les utiliser ultérieurement, après l'importation des images. En revanche, l'option « Appliquer le mélange automatique lors de la conversion initiale en noir et blanc » doit être cochée : lorsque vous convertirez vos images en noir et blanc, Lightroom va analyser les tons de l'image et vous proposer un réglage qui vous servira de base de travail.

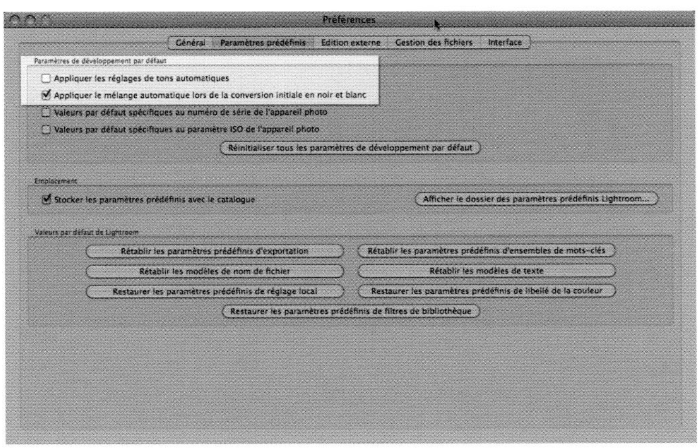

Étape 5

Lightroom offre la possibilité de créer des paramètres prédéfinis qui ne s'appliqueront qu'à un appareil en particulier (numéro de série inscrit dans les métadonnées) ou qu'à des images prises à une sensibilité ISO préétablie. Toutefois, une autre option que nous retiendrons ici est la possibilité de stocker les paramètres prédéfinis dans le dossier du catalogue, ce qui est pratique s'il est installé sur un disque dur externe afin de le partager, par exemple, entre votre ordinateur du bureau et celui de la maison.

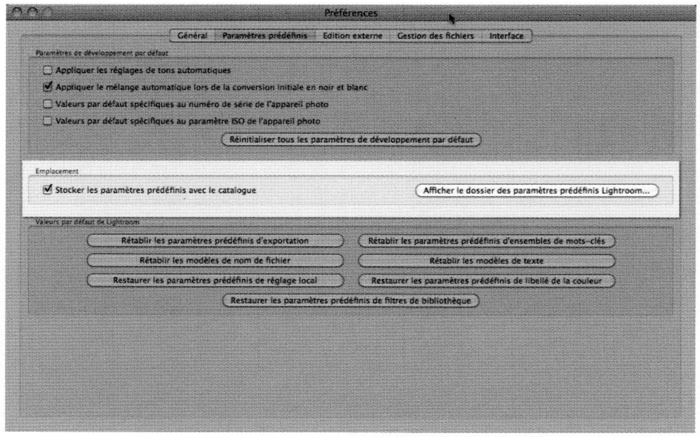

Étape 6

L'onglet Gestion des fichiers propose une option très importante pour assurer une certaine fluidité dans l'affichage et les opérations de zoom au sein du module Développement. Il s'agit des Paramètres de la mémoire cache Camera Raw, qui est partagée avec le module du même nom si Photoshop est également installé. On peut régler sa taille jusqu'à 200 Go et lui choisir un autre emplacement. Donnez à cette mémoire cache la taille la plus élevée possible, en fonction de ce que permet votre disque dur, notamment si votre production est intensive. De temps en temps, purgez cette mémoire grâce au bouton situé en bas à droite.

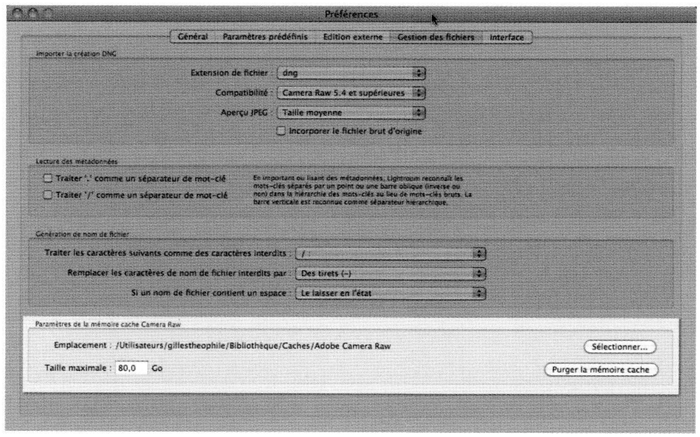

Étape 7

On passe ensuite au paramétrage du catalogue, soit par les menus Lightroom (Mac) ou Édition (PC), soit par l'onglet Général des Préférences. Pour voir son emplacement exact dans le système, cliquez sur le bouton Afficher. La section Sauvegarde permet de programmer la fréquence des sauvegardes ; nous vous conseillons de faire un tel enregistrement une fois par jour, à la fermeture de Lightroom : le catalogue sera dupliqué chaque jour et la sauvegarde restera ainsi à votre disposition au cas où le catalogue habituellement utilisé ne s'ouvrirait plus.

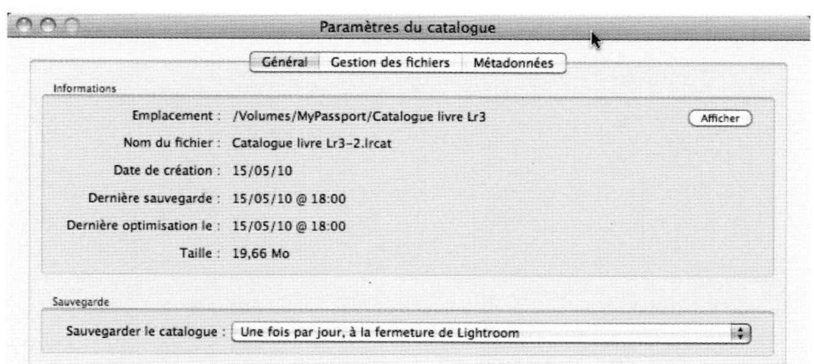

Étape 8

Dans l'onglet Métadonnées, cochez Écrire automatiquement les modifications en XMP si vous partagez votre travail avec d'autres utilisateurs de Lightroom ou de Camera Raw, notamment pour retrouver les métadonnées et les paramètres de développement. Si vous décidez de ne pas activer cette option, sachez que vous pouvez enregistrer manuellement les métadonnées dans une image ou un groupe d'images avec le raccourci Cmd/Crtl + S. Pour les fichiers DNG, utilisez le menu Métadonnées>Mettre à jour l'aperçu DNG et les métadonnées.

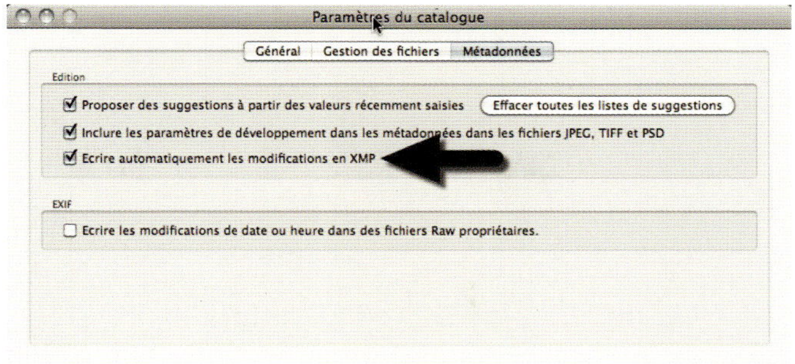

Étape 9

On procède ensuite aux réglages des options d'affichage de la bibliothèque, en faisant un clic droit sur une vignette et en cliquant sur Options d'affichage tout en bas du menu flottant. L'onglet Mode Grille permet de choisir entre les cellules réduites, qui ne contiendront qu'un nombre restreint d'informations et d'indications sur l'image, et les cellules agrandies, pour lesquelles vous cocherez toutes les options disponibles. Sachez qu'il n'y a, a priori, pas de différences notables entre les types de cellules en ce qui concerne la vitesse et la fluidité du déroulement des vignettes.

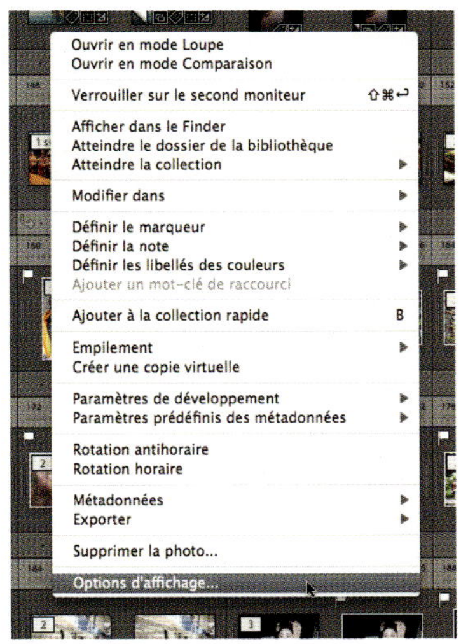

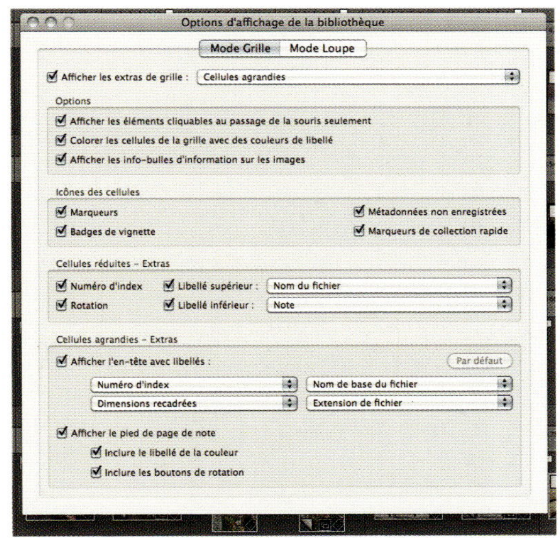

Étape 10

Si vous passez en mode Loupe, vous pourrez paramétrer les informations affichées en incrustation dans les images (en haut à gauche). En cochant « Afficher rapidement au changement de la photo », les informations apparaîtront brièvement. Vous pouvez également afficher et escamoter ces incrustations manuellement, à l'aide de la touche I du clavier. Quittez ensuite la boîte de dialogue : vous êtes prêt à travailler avec Lightroom.

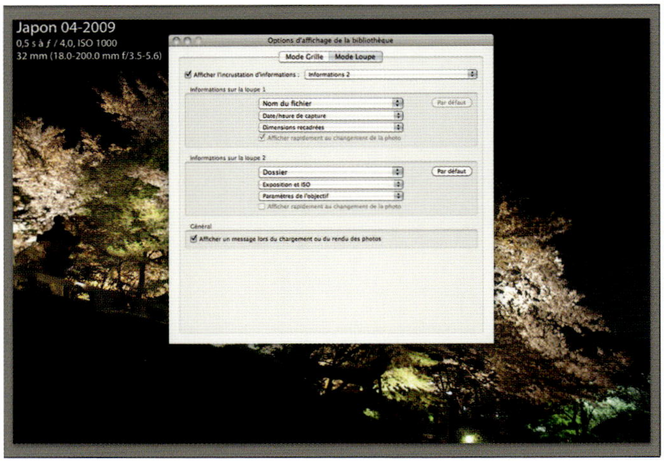

Étape 11

Voyons pour terminer une particularité de la version Mac. Si Lightroom pour PC dispose de deux installateurs séparés pour les versions 32 et 64 bits, la version Mac s'installera par défaut en 64 bits dans OS X Leopard/Snow Leopard. Si vous préférez fonctionner en 32 bits, ce que nous n'encourageons pas avec les systèmes récents, vous pouvez changer ce réglage dans le dossier Applications : cliquez sur l'icône de Lightroom, puis faites un Cmd + I. Dans la fenêtre qui s'ouvre, cochez l'option Ouvrir en 32 bits.

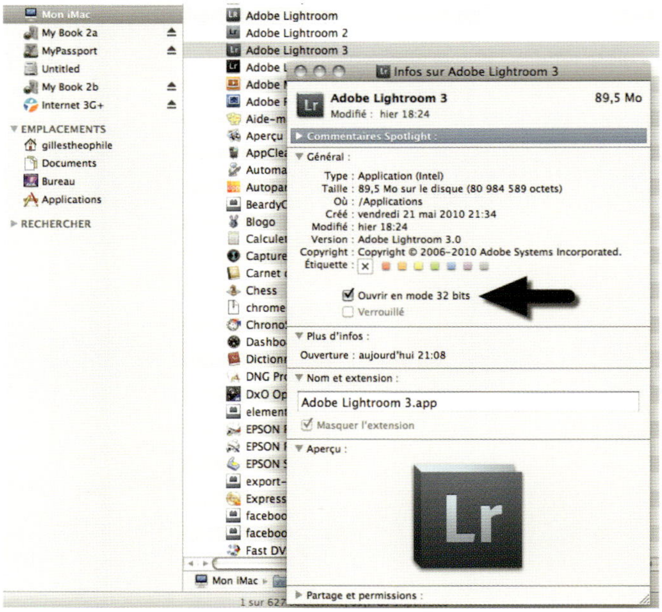

> **Remarques :** Lightroom enregistre automatiquement tous les changements et les applique à la fermeture des boîtes de dialogue des Préférences, des paramètres du catalogue et des options d'affichage.
> La mémoire cache Camera Raw (Étape 6) permet à Lightroom (et à Camera Raw si Photoshop est installé) de stocker des aperçus créés à partir des fichiers RAW partiellement traités, pour accélérer l'affichage dans le module Développement.

02 Création et gestion d'un catalogue

Le flux de travail de Lightroom repose entièrement sur le principe d'une base de données appelée «catalogue». Celui-ci ne contient pas les images mais toutes les informations qui y sont liées, comme les métadonnées, les réglages de développement, l'historique, l'arborescence des dossiers et les collections. Dans cet exercice, nous allons voir comment créer un catalogue et assurer à la fois sa maintenance et sa sauvegarde.

Étape 1

Lors de son installation, Lightroom a créé d'office un catalogue vierge qui n'attend plus que vos images. Toutefois, pour l'exercice, nous allons en créer un nouveau. Après avoir lancé l'application, allez dans Fichier>Nouveau catalogue. Dans la boîte de dialogue qui s'affiche, saisissez son emplacement : le disque dur interne ou un disque dur externe si vous désirez partager le catalogue entre plusieurs ordinateurs. Il est inutile, à ce stade, de créer vous-même un dossier. Saisissez le nom du catalogue dans le champ Enregistrer sous, puis validez en cliquant sur Créer. Lightroom va redémarrer automatiquement sur le nouveau catalogue.

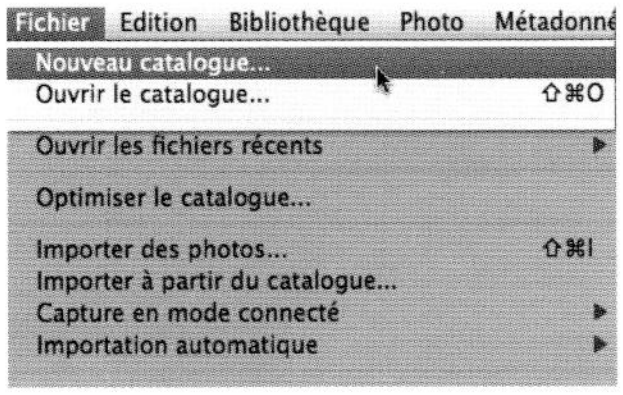

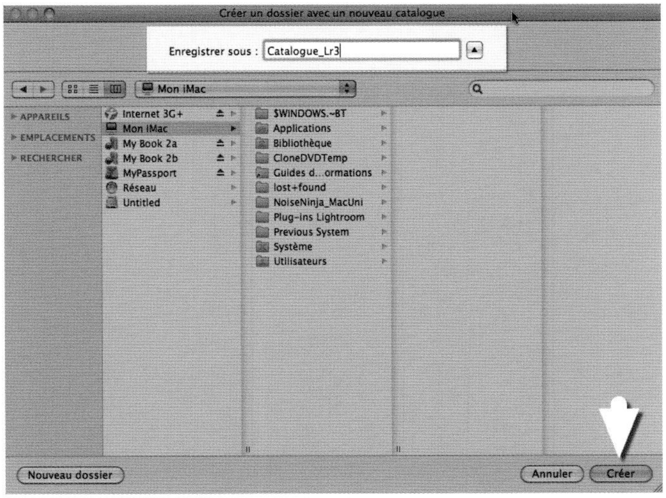

Étape 2

Une fois créé, le dossier du catalogue contient plusieurs éléments importants. Le premier est le catalogue lui-même, c'est-à-dire la base de données, représenté par un fichier dont l'extension est .lrcat. Le fichier (Mac) ou dossier (PC) Previews .lrdata contient tous les aperçus pour l'affichage des images. Si vous avez choisi de stocker les paramètres prédéfinis avec le catalogue (voir exercice 01, Étape 5), vous y trouverez le dossier Paramètres Lightroom.

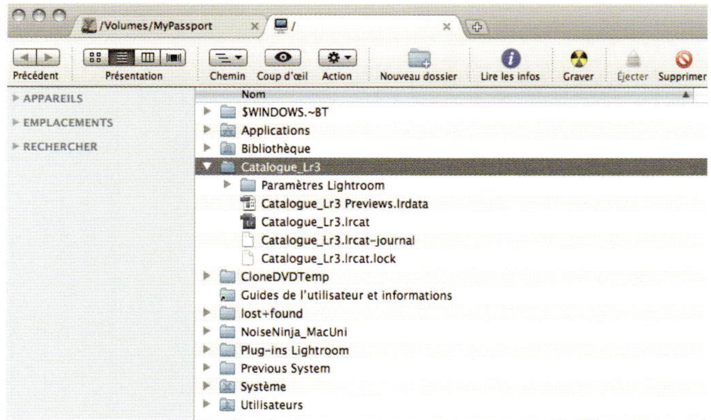

Étape 3

Une fois le catalogue créé, il faudra importer les images (nous consacrons un exercice complet à ce sujet, l'exercice 09). La prise en charge de ces fichiers par le catalogue conditionne à la fois le flux de travail dans Lightroom et toute la philosophie du logiciel. Les photos originales ne sont jamais modifiées, et chaque opération est enregistrée sous forme de métadonnées, de manière non destructive.

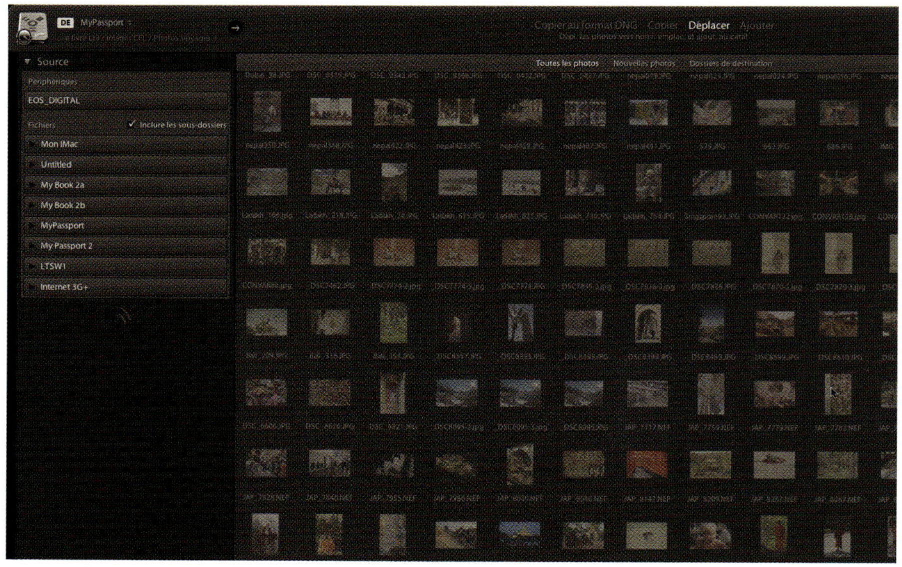

Étape 4

En fonction de vos réglages dans les Préférences (voir exercice 01), vous serez invité à sauvegarder le catalogue à la fermeture de Lightroom. Dans la boîte de dialogue, cliquez sur Sélectionner pour définir l'emplacement de sauvegarde du catalogue. Choisissez un dossier autre que celui du catalogue et, si possible, sur un autre volume (un disque dur externe, par exemple). Activez les options permettant de vérifier l'intégrité du catalogue et de l'optimiser.

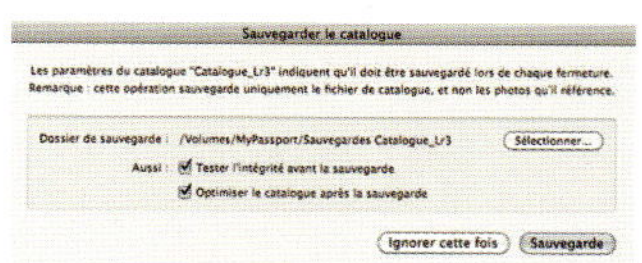

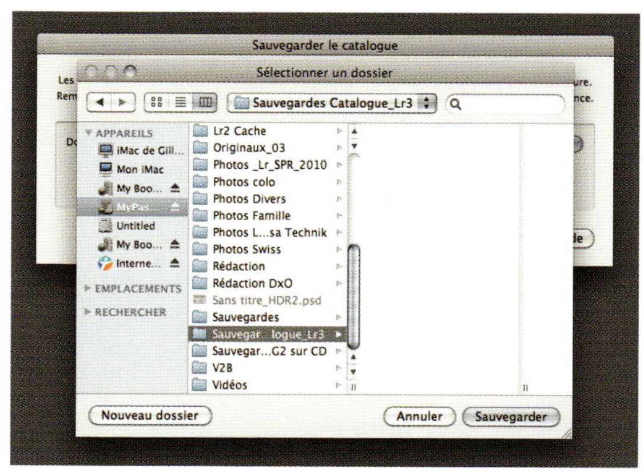

Étape 5

Quand vous aurez cliqué sur le bouton Sauvegarde, Lightroom dupliquera le catalogue à l'emplacement que vous aurez choisi à l'étape précécente. Une fois que Lightroom aura quitté, ayez la curiosité de rendre une visite au dossier de sauvegarde : vous y trouverez une liste de sous-dossiers portant le nom du catalogue, plus l'horodatage de la sauvegarde. En ouvrant l'un de ces répertoires, vous trouverez une copie conforme du fichier .lrcat ce votre catalogue.

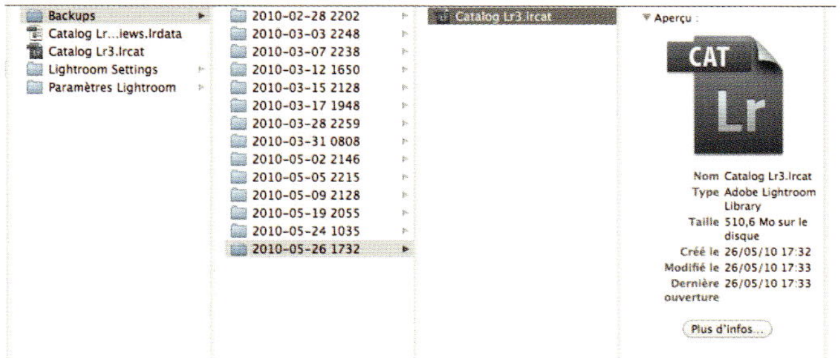

Étape 6

Au bout d'un certain temps, vous aurez accumulé beaucoup de sauvegardes de catalogue, qui finissent par prendre de la place. Vous pouvez les supprimer de temps en temps en prenant, toutefois, la précaution de conserver les 10 ou 12 dernières, par sécurité.

Si vous y tenez vraiment, vous pourrez zipper les sauvegardes et les archiver sur un autre disque externe, un CD-Rom ou un DVD-Rom.

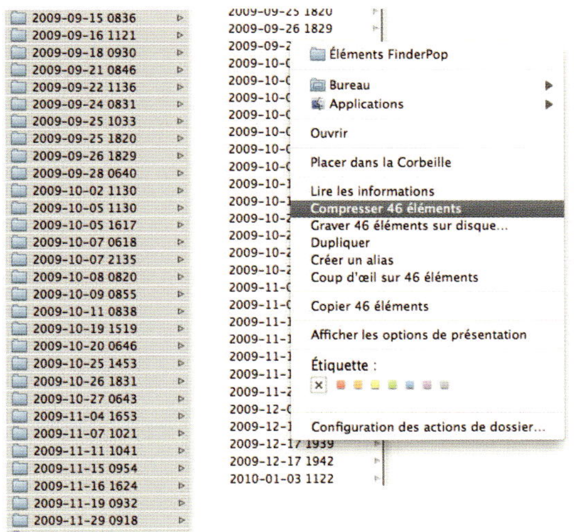

Étape 7

En cas de corruption de votre catalogue courant, vous pouvez redémarrer Lightroom sur l'une des sauvegardes. Lancez le logiciel en appuyant sur la touche Alt/Option ; dans la fenêtre de dialogue, cliquez sur « Sélectionner un autre catalogue » puis choisissez le catalogue sauvegardé le plus récent. Lightroom démarrera normalement, et vous retrouverez votre travail tel que vous l'avez laissé lors de la session précédente.

Si la corruption affecte aussi le catalogue sauvegardé, revenez en arrière jusqu'à retrouver un catalogue sain.

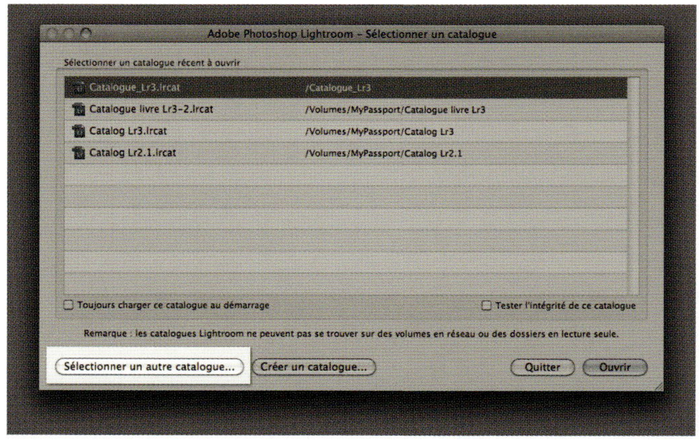

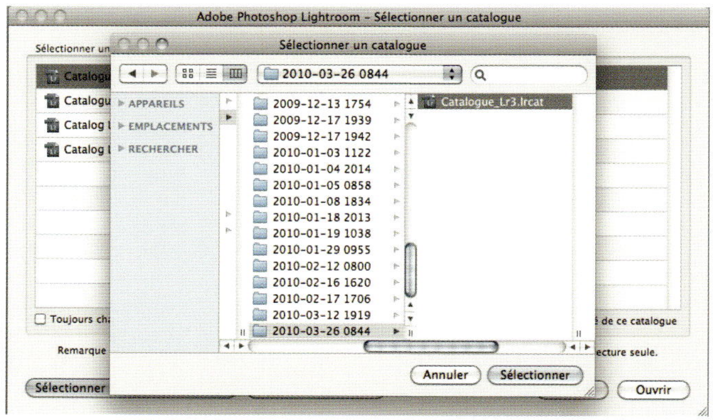

Étape 8

Lightroom propose deux outils de maintenance routinière. Le premier consiste à tester l'intégrité du catalogue, à la fermeture ou au démarrage. Le second est l'optimisation, soit à la fermeture, soit à tout moment, en allant dans le menu Fichier>Optimiser le catalogue. Cette opération consiste à nettoyer le catalogue de toutes les données inutiles suites aux différents travaux effectués dans Lightroom. L'optimisation du catalogue peut également être faite en cas de ralentissement notable. Contrairement aux versions précédentes, l'optimisation n'impose pas de redémarrage de Lightroom.

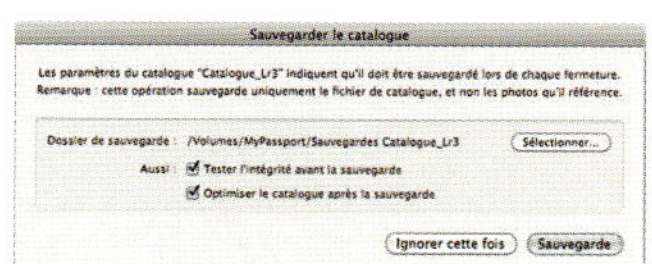

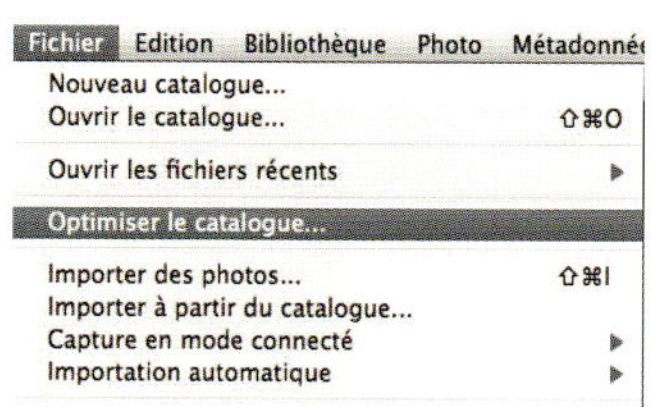

Étape 9

On peut également créer un catalogue au démarrage. Il suffit de lancer Lightroom avec la touche Alt/Option enfoncée, et de cliquer sur le bouton Créer un catalogue, dans la fenêtre de sélection de catalogue. Ensuite, il suffira de reprendre les explications de l'Étape 1.

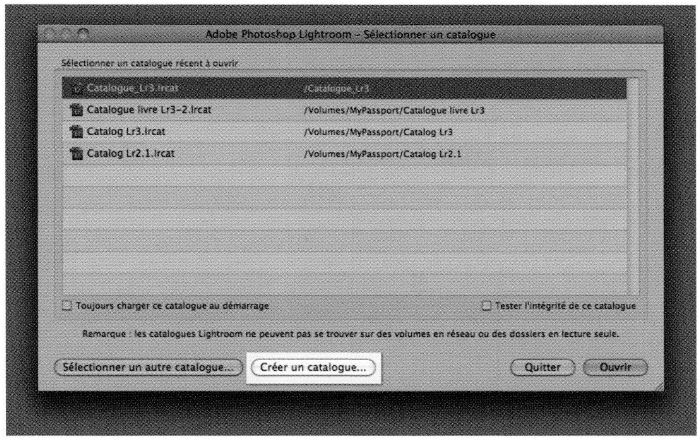

Conclusion : bien que Lightroom soit particulièrement fiable et stable, très rarement confronté à des problèmes de corruption, nous n'insisterons jamais assez sur le fait que vous devez tout mettre en œuvre pour protéger vos données et vos images. Prenez, dès la première utilisation, de bonnes habitudes :

- créez un dossier de sauvegarde du catalogue sur un disque dur autre que celui de l'ordinateur, et séparé du dossier contenant e catalogue courant ;
- programmez une sauvegarde du catalogue une fois par jour, à la fin de votre session de travail ;
- faites en sorte que Lightroom exécute systématiquement le test d'intégrité et l'optimisation du catalogue. Cette opération ne prend que quelques dizaines de secondes, y compris sur des catalogues relativement volumineux ;
- n'accumulez pas de sauvegardes quotidiennes pendant plusieurs mois d'affilée : redémarrer sur une sauvegarde de catalogue vieille de 6 mois n'a aucun sens, notamment si vous travaillez tous les jours avec Lightroom. Effacez régulièrement les plus anciennes sauvegardes, mais conservez au moins les 10 dernières ;
- enfin, ne confondez pas « catalogue » et « bibliothèque » : le premier est la base de données, la seconde est l'interface qui vous permet de gérer vos images et votre catalogue.

03 Exportation, importation et fusion de catalogues

Lightroom permet de créer un nouveau catalogue à partir d'un groupe d'images, de dossiers ou de collections. S'il n'est pas permis d'ouvrir plusieurs catalogues à la fois, il est tout à fait possible, en revanche, d'en fusionner plusieurs. C'est ce que nous allons découvrir dans les étapes suivantes avant de voir, pour conclure, le cas concret du photographe voyageur à qui ces deux possibilités sont plus particulièrement destinées.

Étape 1

L'exportation d'un catalogue se commande soit à partir du menu Fichier>Exporter en tant que catalogue, après avoir sélectionné au moins une image dans le module Bibliothèque, soit en faisant un clic droit sur un dossier ou une collection et en choisissant Exporter le dossier (ou la collection) en tant que catalogue.

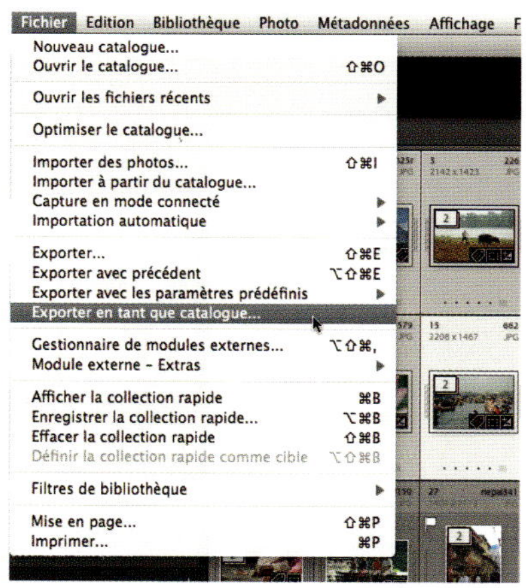

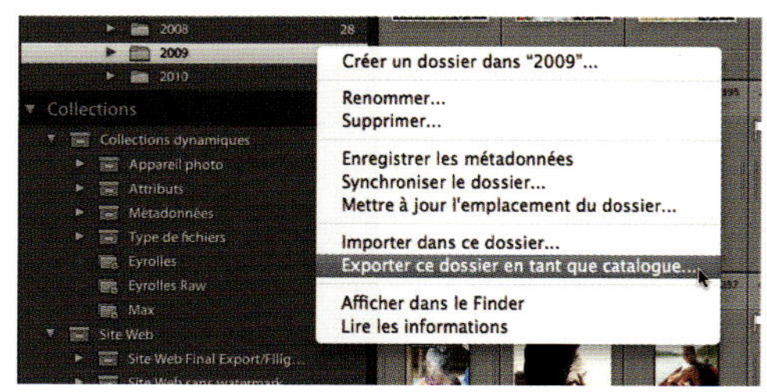

Remarque : les catalogues Lightroom créés sur un PC ou sur Mac sont parfaitement compatibles.

Étape 2

Dans les deux cas, une boîte de dialogue va s'ouvrir, dans laquelle vous devrez saisir le nom du nouveau catalogue et déterminer son emplacement. Dans le bandeau inférieur, on trouvera également un décompte du nombre de photos exportées, ainsi que deux options à cocher (voir Étape 3).

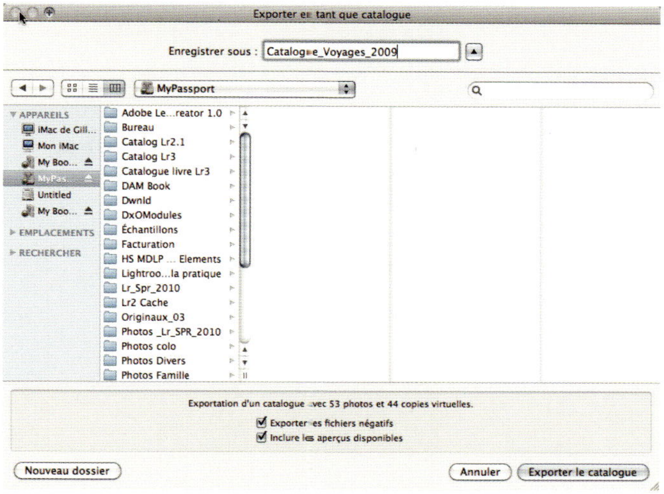

Étape 3

L'option Exporter les fichiers négatifs permet de joindre les photos originales au catalogue nouvellement créé – sinon ce dernier se contentera d'indexer les images à leur emplacement actuel. La seconde option, Inclure les aperçus disponibles, permet également d'exporter les aperçus des images déjà créés dans le catalogue source – sinon, il sera tout à fait possible de les reconstruire ultérieurement. Lorsque votre choix est fait, cliquez sur Exporter le catalogue.

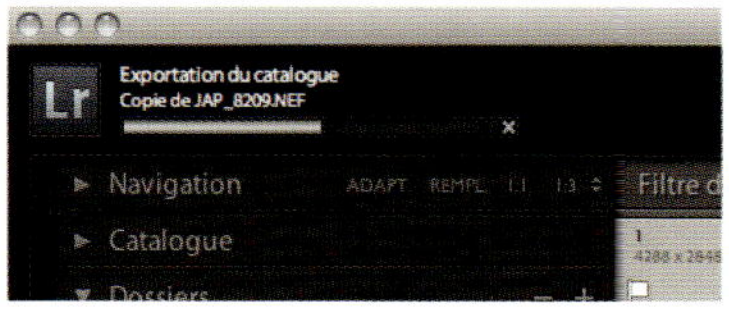

> **Remarque :** Adobe nomme les fichiers originaux comme « négatifs » ou « fichiers négatifs », en référence à la pellicule argentique (un négatif comporte des images qui n'ont pas encore été tirées sur papier ou diffusées de manière quelconque).

Étape 4

Une fois que le catalogue a été exporté, on peut redémarrer Lightroom sur ce dernier. Notez que toutes les métadonnées liées aux images du catalogue ont également été incluses, y compris les collections, les dossiers, les mots-clés, les champs IPTC, les attributs (marqueurs Retenue/Rejetée), les copies virtuelles ainsi que les corrections effectuées dans le module Développement.

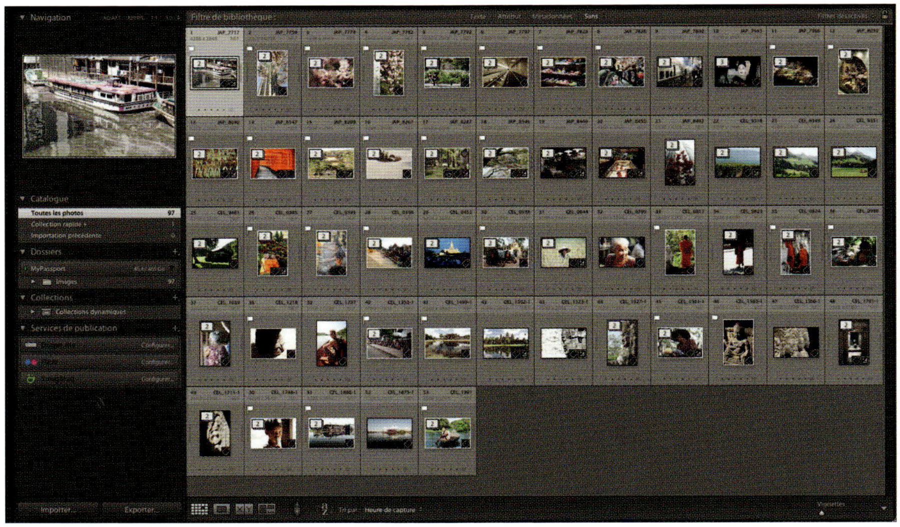

Étape 5

Lightroom est conçu pour assurer en permanence la sécurité de vos images et de votre travail en cours. Si l'on interrompt l'exportation en cliquant sur le signe X de la barre de progression du bandeau supérieur, une première fenêtre de dialogue va apparaître pour vous demander de confirmer l'annulation ou la poursuite de l'exportation en tant que catalogue (vous aurez également la possibilité d'annuler la copie des négatifs pour réduire le temps d'exportation).

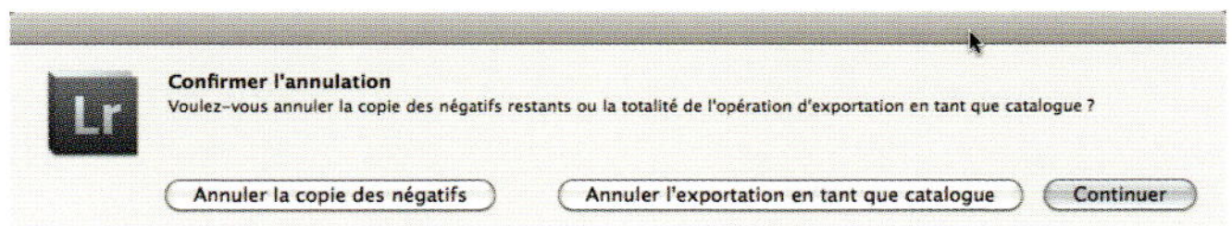

Étape 6

Si vous cliquez sur Annuler l'exportation en tant que catalogue, une deuxième fenêtre va s'ouvrir avec deux options : Annuler l'exportation en tant que catalogue, pour annuler purement et simplement l'opération en cours, et Continuer, pour reprendre l'exportation telle que vous l'avez envisagée. Un bouton à cocher, Ne plus afficher, est présent dans la plupart des boîtes de dialogue de Lightroom. Pour éviter toute erreur intempestive, ne le cochez jamais, il vaut mieux perdre quelques secondes à devoir valider un choix...

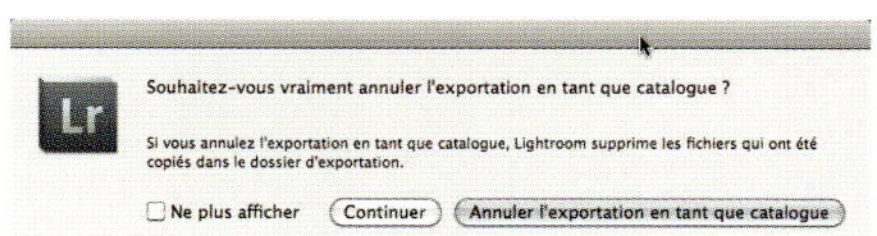

Étape 7

Lightroom permet très facilement de fusionner deux catalogues (ou plusieurs, mais l'un après l'autre) en passant par le menu Fichier>Importer à partir du catalogue. Dans la boîte de dialogue, repérez l'emplacement du fichier catalogue (extension .lrcat) à importer, puis sélectionnez ce dernier avant de cliquer sur le bouton Ouvrir.

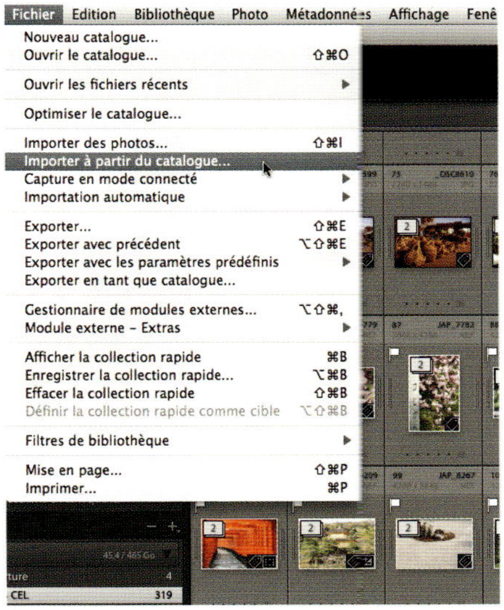

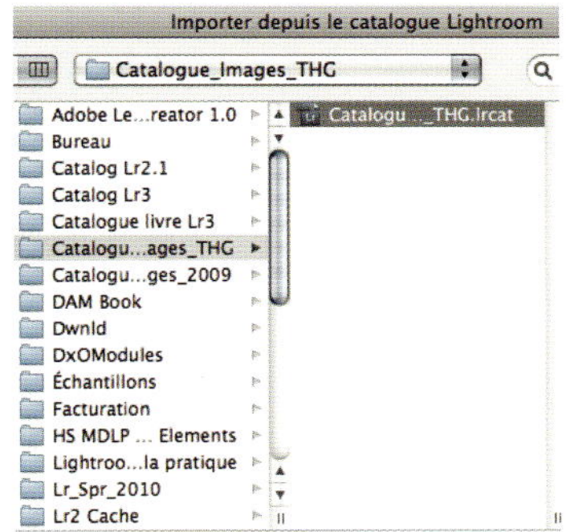

Étape 8

Une nouvelle boîte de dialogue va s'ouvrir : elle affiche la liste des dossiers, que vous pouvez choisir en les cochant à votre guise, ainsi que les vignettes d'aperçu (si le bouton Afficher l'aperçu, dans le coin inférieur gauche, est activé). Le menu déroulant Gestion des fichiers permet d'ajouter les photos au catalogue, soit sans les déplacer (Lightroom les indexe à leur emplacement actuel), soit en les déplaçant sur un autre disque dur, si nécessaire.

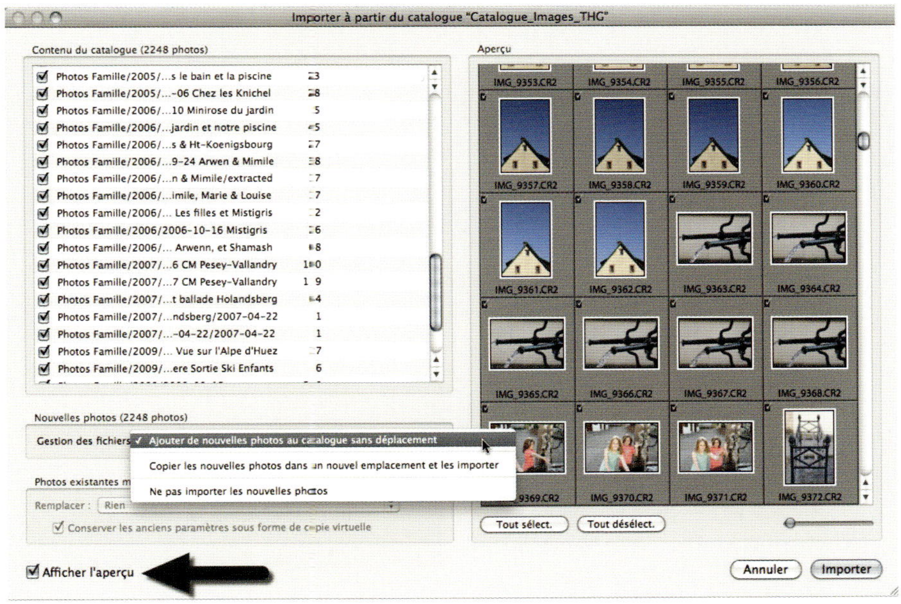

Étape 9

Si Lightroom détecte des photos déjà existantes dans le catalogue de destination, mais qui ont été modifiées dans le catalogue à importer, il vous proposera de mettre à jour les métadonnées, les paramètres de développement et, éventuellement, de remplacer les négatifs (originaux). Vous avez aussi la possibilité de conserver les anciens paramètres de développement dans une copie virtuelle de chaque image qui sera automatiquement créée lors de la fusion des catalogues.

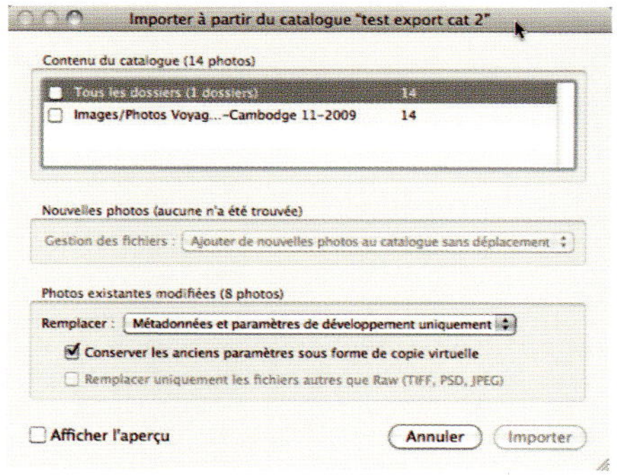

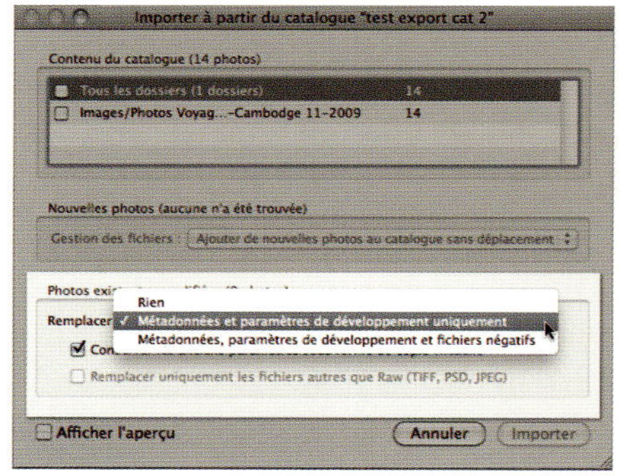

Étape 10

Il ne vous reste plus qu'à cliquer sur le bouton Importer. Lightroom passera par plusieurs étapes signalées par des fenêtres d'informations (mise à jour des métadonnées, des collections, etc.). Dès que la fusion est terminée, vous retrouverez, dans le catalogue de destination, les images, les métadonnées, les paramètres de développement, les collections, les piles et les copies virtuelles du catalogue source.

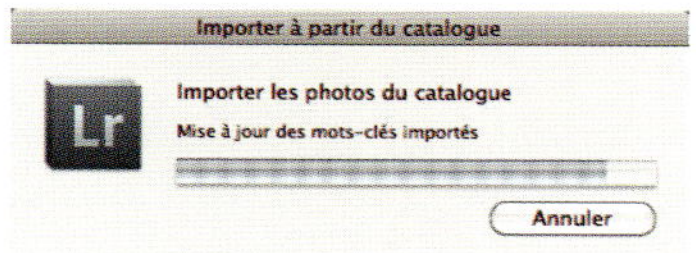

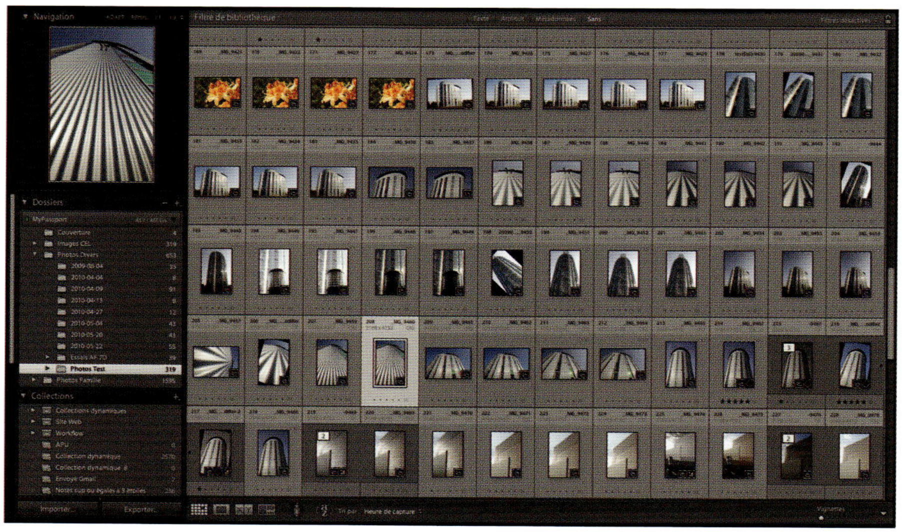

Conclusion : le cas le plus concret d'utilisation de deux catalogues est celui du photographe qui part en déplacement. Il pourra créer, sur un disque dur externe, un catalogue temporaire dans lequel il importera ses images. Il pourra les trier, les noter, saisir des mots-clés et renseigner les champs IPTC, les regrouper dans des collections et les traiter dans le module Développement. De retour chez lui, il pourra tout réimporter dans son catalogue principal.
Lightroom permet de créer autant de catalogues qu'on veut, mais ne peut en ouvrir qu'un seul à la fois. Cependant, avoir un grand nombre de catalogues revient à multiplier d'autant la saisie et la gestion des métadonnées. De plus, avoir plusieurs catalogues rend la sauvegarde plus compliquée et coûteuse en espace disque et en temps de travail...

04 Les modes d'affichage

Tout photographe a besoin d'un logiciel capable d'afficher les images avec une qualité irréprochable, pour évaluer son travail, et de fonctions parfaitement adaptées aux différentes étapes du flux de production, que ce soit le tri rapide, la comparaison, le développement et la retouche des photos. De ce point de vue, Lightroom est très richement doté et vous permet de travailler tout aussi efficacement sur un seul écran, avec votre portable sur le terrain, ou avec le confort de deux moniteurs, une fois de retour au studio ou au bureau.

Étape 1

Les outils de Lightroom sont regroupés dans des panneaux latéraux. Pour dégager de l'espace de travail, on peut facilement les escamoter en appuyant sur la touche Tab du clavier. Si on presse Maj + Tab, tous les panneaux latéraux, supérieur et inférieur disparaissent. Pour les faire revenir, il suffit d'exécuter le même raccourci clavier.

Remarque : notez que la touche T permet de faire disparaître ou apparaître la barre d'outils située sous la partie centrale.

Étape 2

Chaque panneau est doté d'une petite flèche. En y faisant un clic droit, on accède à des options d'affichage.

- Masquage et affichage automatiques : lorsqu'on approche la souris du bord, le panneau apparaît et reste en place tant qu'on y travaille ; dès qu'on éloigne le pointeur, il s'escamote.
- Masquage automatique : le panneau disparaît automatiquement quand on éloigne la souris, mais il faut cliquer sur la flèche pour l'afficher.
- Manuel : on clique sur la flèche pour faire apparaître ou disparaître le panneau.
- Synchroniser avec le panneau opposé : toute action sur un panneau se produit également sur le panneau opposé.

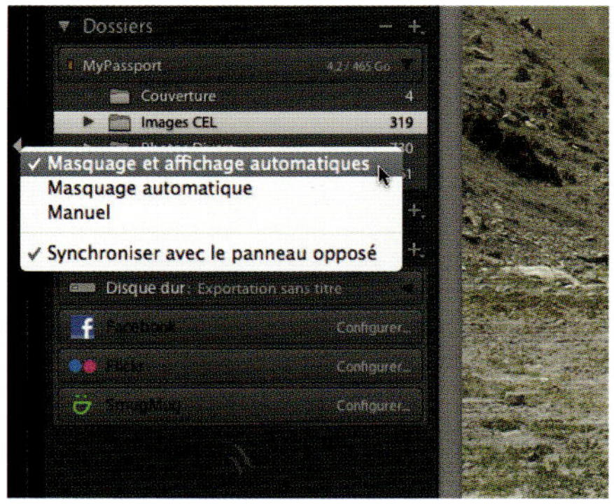

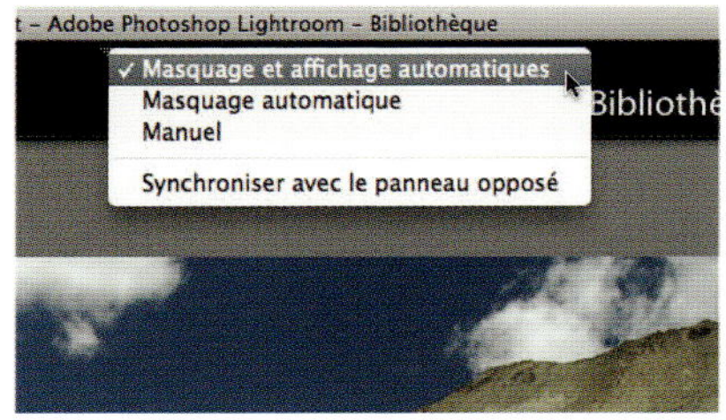

Étape 3

Pour profiter de l'espace maximum à l'écran, utilisez la touche F du clavier pour passer successivement de l'affichage normal au mode Plein écran avec la barre de menus (ci-contre), puis en mode Plein écran total (sans barre de menus ci-dessous).

Étape 4

Le mode Grille affiche le contenu des dossiers sous forme de vignettes. La taille peut être modifiée (voir le montage ci-contre) à l'aide du curseur Vignettes, situé dans la barre d'outils, ou encore à l'aide des touches « + » et « - » du clavier (hors pavé numérique). Quel que soit le module, l'appui sur la touche G commande un retour dans le module Bibliothèque en mode Grille.

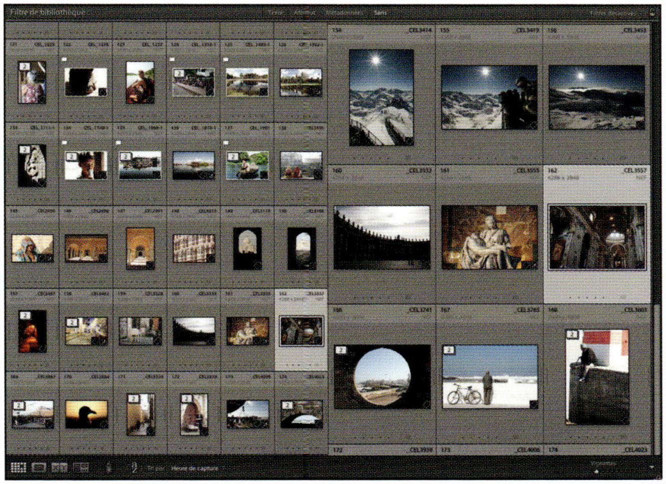

Étape 5

Le mode Loupe affiche l'image en grand, dans l'espace disponible de la fenêtre principale de Lightroom. On peut aussi appuyer sur la touche E du clavier ou cliquer sur le deuxième bouton dans la barre d'outils.

Étape 6

Le mode Comparaison (3e bouton de la barre d'outils ou touche C) est une fonction essentielle du tri dans une série d'images semblables. On clique sur une première image : elle s'affiche à gauche dans la partie Sélectionner. Puis on sélectionne une deuxième image dans le Film fixe, en gardant la touche Ctrl/Cmd enfoncée : elle deviendra l'image dite « Candidate », affichée à droite. Pour passer aux images suivantes, utilisez la flèche droite du clavier.

Étape 7

Le mode Comparaison permet également de zoomer simultanément ou séparément dans les deux images. Il est totalement intégré au flux de travail lors du tri des images, avec la possibilité d'appliquer un marqueur Rejetée ou Retenue, une note (étoiles) et un libellé de couleur. On trouvera également des commandes pour intervertir l'image candidate avec la sélection de départ.

Étape 8

Le mode Ensemble (4e bouton de la barre d'outils ou touche N) est une table lumineuse permettant d'afficher plusieurs images à la fois. Il suffit de faire une sélection multiple d'images avec la touche Ctrl/Cmd.

Étape 9

On peut zoomer de différentes manières dans l'image, soit avec la loupe, commandée par un clic de souris, soit, de façon plus pratique, à l'aide de la barre d'espace du clavier. On peut la maintenir enfoncée, puis la relâcher pour aller et venir dans l'image ou, tout simplement, appuyer une fois pour le zoom avant, et encore une autre fois pour le zoom arrière.

Étape 10

Le rapport d'agrandissement se choisit dans le panneau Navigation, en haut à gauche ; le rapport 1:1 (1 pixel de l'image = 1 pixel à l'écran) est l'équivalent du zoom 100 % de Photoshop. Le déplacement vertical ou horizontal se fera avec l'outil Main, soit dans l'image, soit à l'aide du pavé de zoom dans la vignette du panneau de Navigation.

Étape 11

L'activation du deuxième écran se fait en cliquant sur l'icône en forme d'écran et portant le chiffre 2, dans le coin supérieur gauche du Film fixe. Si on ne dispose que d'un seul écran, ce bouton activera l'affichage d'une fenêtre flottante.

Étape 12

Le deuxième écran comporte les mêmes options de réglage que l'écran principal (avec le zoom) et la possibilité bien pratique d'afficher la grille dans le module Développement. Dans ce dernier, on pourra également travailler sur une image, en l'affichant à 1:1 à gauche (pour la retouche) et à taille normale à droite, ce qui permet de contrôler les corrections à la fois de manière globale et détaillée.

Étape 10

Étape 11

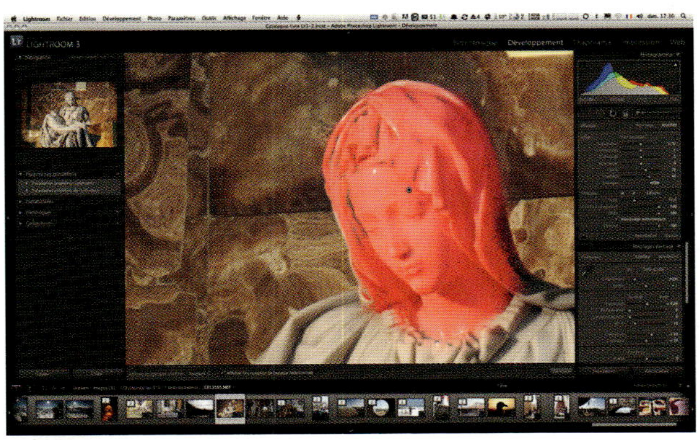

Étape 12

Étape 13

Le deuxième écran propose aussi une loupe interactive : il suffit de promener le pointeur de la souris dans les vignettes à gauche pour voir le détail dans l'écran de droite, à la valeur de zoom qu'on aura préalablement choisie. C'est une excellente alternative aux coups de zoom incessants lorsqu'on trie les images sur un seul moniteur.

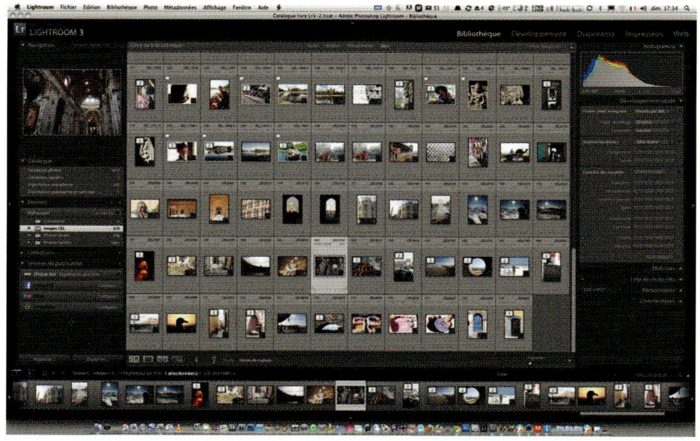

Étape 14

Une fonction relativement peu connue de Lightroom permet d'afficher un moniteur de contrôle lorsqu'on présente des images à un client ou un diaporama sur un deuxième écran tourné vers ce dernier. Ainsi, vous pourrez continuer à travailler simultanément dans Lightroom. Pour activer cette fonction, il faut que l'écran secondaire soit en mode Plein écran, et que l'option Afficher l'aperçu du second moniteur soit sélectionnée.

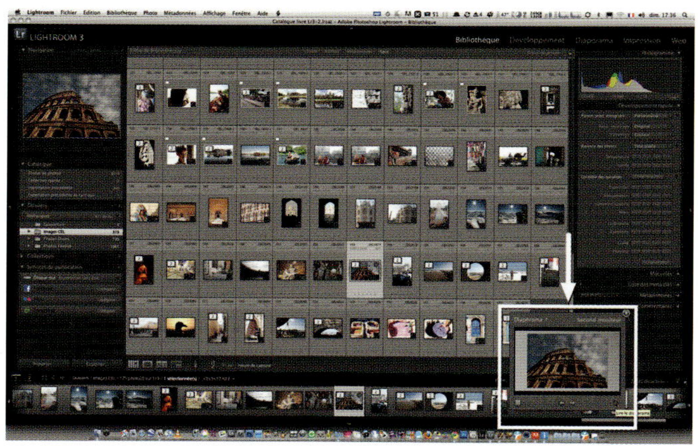

Conclusion : Lightroom permet également d'atténuer l'éclairage de fond de l'interface lorsqu'on appuie sur la touche L trois fois de suite (partiel/total/normal). Ce système permet de mettre l'image en valeur, notamment lors de corrections délicates, sans être perturbé par l'environnement de travail.
Le logiciel est particulièrement bien adapté aux écrans 16/10e ou 16/9e, la taille idéale se situant entre 20 et 24" (attention aux moniteurs de 30" qui exigent un gain en puissance non négligeable).
Si vous utilisez fréquemment le zoom, nous vous conseillons d'importer les images directement en qualité d'aperçu 1:1. Le temps d'importation sera plus lent, mais le travail plus fluide (on évite à l'application de recalculer en permanence l'affichage). Pensez également à régler la taille de la mémoire cache Camera Raw dans les Préférences (voir exercice 01).

05 Les éditeurs externes

S'il est vrai que Lightroom est un logiciel qui permet de couvrir la plus grande partie des besoins d'un photographe, il est tout à fait capable de dialoguer avec d'autres programmes. Le premier d'entre eux est bien évidemment Photoshop, et ses nombreux outils de retouche. Nous allons voir comment Lightroom dialogue non seulement avec son illustre aîné, mais aussi avec d'autres logiciels dont certains ont fait l'objet de soins particuliers pour fonctionner de concert, au sein d'un flux de travail cohérent.

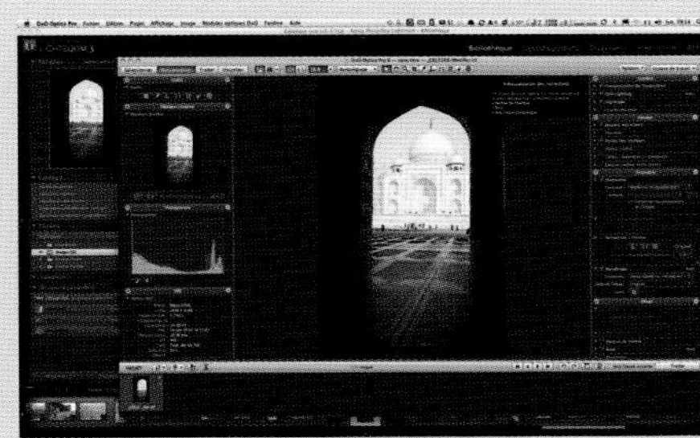

Raccourci clavier

Ctrl/Cmd + E : modifier l'image sélectionnée dans Photoshop

Étape 1

Lorsque Lightroom est installé sur un ordinateur sur lequel se trouvent déjà Photoshop ou Photoshop Elements, l'un de ces derniers apparaîtra automatiquement en tant qu'éditeur externe principal dans les Préférences de Lightroom, onglet Édition externe. Si Photoshop et Elements sont tous deux installés, c'est le premier qui sera prioritaire.

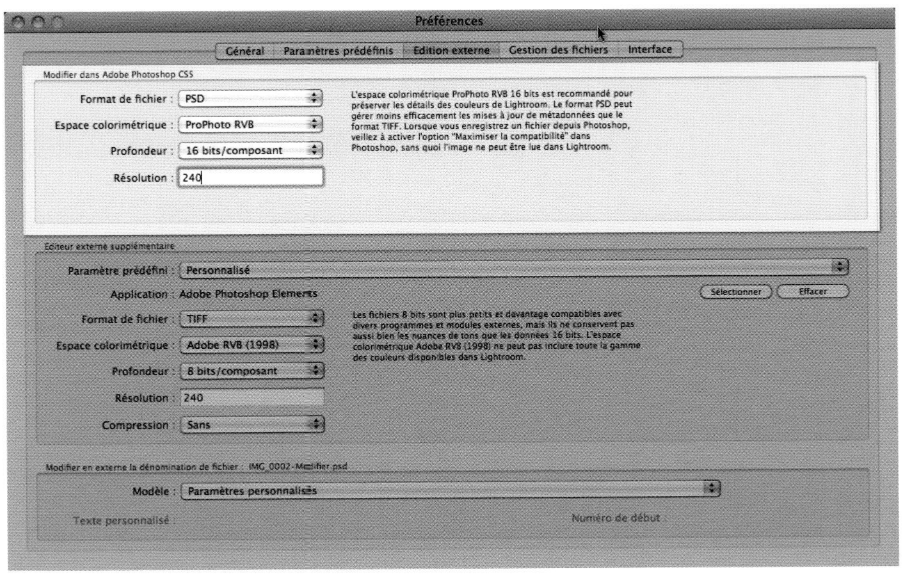

Remarque : l'utilisation d'éditeurs externes à partir de Lightroom brise le flux de travail RAW, les images étant converties en TIFF ou PSD pendant le voyage : les réglages doivent être judicieusement choisis, afin de garder la plus grande qualité possible, en travaillant en 16 bits (8 bits pour Elements) dans un large espace colorimétrique comme ProPhoto RVB ou Adobe RVB 1998.
L'exercice 41 est consacré à l'utilisation de Photoshop en tant qu'éditeur externe.

Étape 2

Pour expédier une image de Lightroom vers Photoshop, il faut au préalable effectuer quelques réglages pour indiquer le type de fichier qui voyagera entre les deux applications. On pourra choisir entre les formats PSD et TIFF, avec une profondeur de couleurs de 8 ou 16 bits. Étant donné qu'il faut conserver une qualité maximale, on choisira 16 bits, sans compression pour les fichiers TIFF, tout en restant dans un espace couleur le plus large possible, c'est-à-dire ProPhoto RVB.

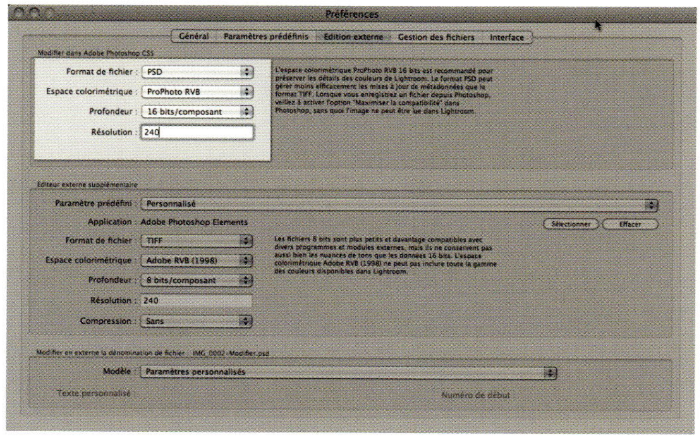

Étape 3

Pour envoyer une image de Lightroom vers Photoshop, il suffit de faire un clic droit et de sélectionner, dans le menu flottant, Modifier dans>Modifier dans Adobe Photoshop CS5 (ou Elements). Si l'image de départ est un fichier RAW, elle sera automatiquement rapatriée, après le traitement dans Photoshop, dans le format spécifié dans les Préférences.

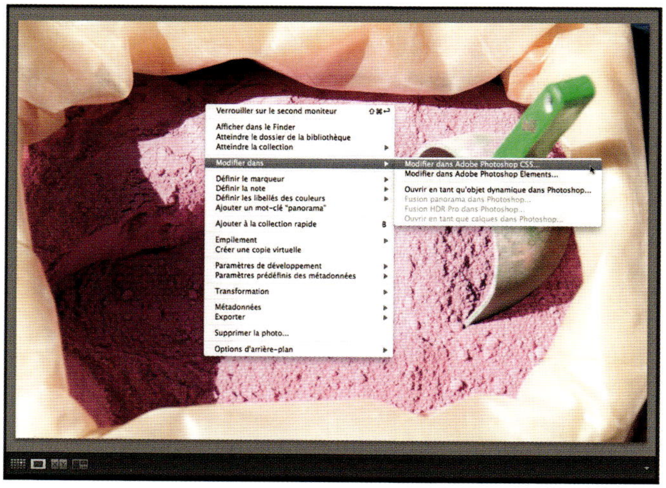

Étape 4

Si l'image est un fichier TIFF, JPEG ou PSD, une boîte de dialogue va s'ouvrir, avec les options suivantes :

- Modifier une copie avec les corrections Lightroom : un duplicata du fichier va être créé, avec les corrections préalablement effectuées dans Lightroom, puis expédié vers Photoshop ;
- Modifier une copie : une copie du fichier original va être créée, sans application des corrections Lightroom ;
- Modifier l'original : le fichier original ne va pas être dupliqué, mais expédié tel quel, sans les corrections Lightroom ;
- Empiler avec l'original : permet d'empiler l'image revenant de Photoshop sur l'original (voir l'exercice 07, sur les piles). Elle est désactivée si l'option Modifier l'original a été retenue.

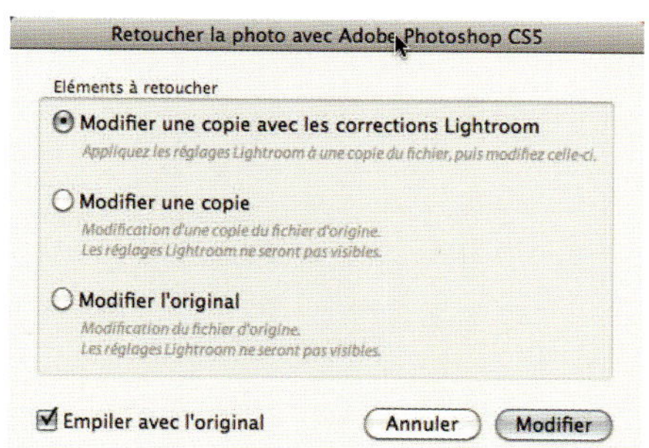

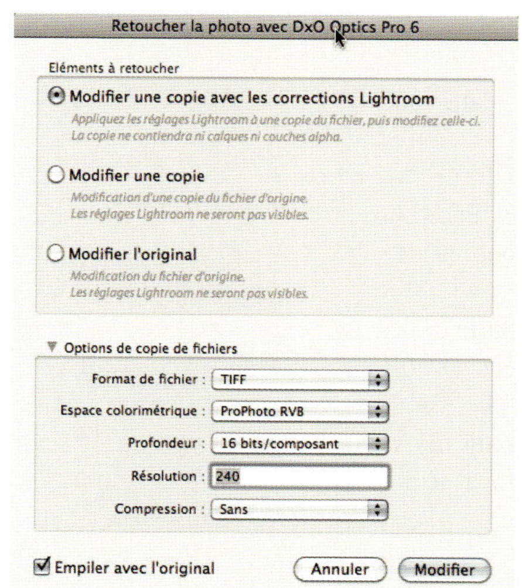

Enfin, si l'éditeur externe est autre que l'éditeur principal, la boîte de dialogue affichera également les différentes options de format de fichier, pour une ultime modification des réglages enregistrés dans les Préférences.

Étape 5

Les images expédiées dans Photoshop, à partir de Lightroom, sont toujours réimportées automatiquement dans le catalogue, sans intervention particulière de l'utilisateur.

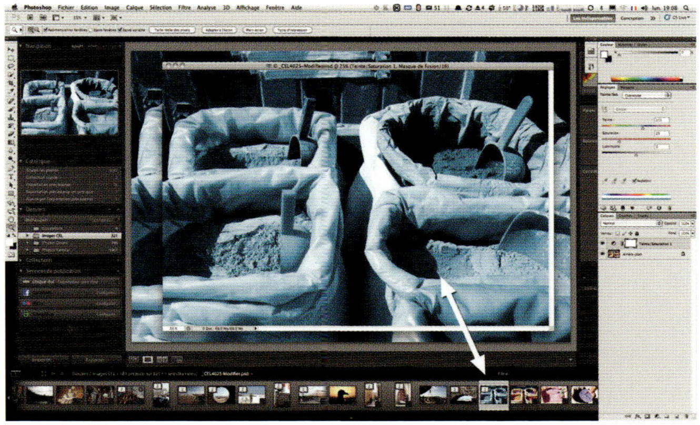

Étape 6

Si la version professionnelle de Photoshop est installée (versions à partir de la CS3), l'utilisateur de Lightroom dispose d'autres possibilités de transfert particulièrement puissantes :

- Ouvrir en tant qu'objet dynamique dans Photoshop : cette option permet de profiter des outils et du flux de travail non destructif permis par le système d'objets et de filtres dynamiques du logiciel. En effet, même après un retour dans le catalogue Lightroom, les corrections et modifications du fichier TIFF ou PSD pourront être reprises ultérieurement ;
- Fusion panorama dans Photoshop : il faut sélectionner au moins deux images pour qu'elles puissent être directement envoyées dans l'outils d'assemblage de Photoshop.

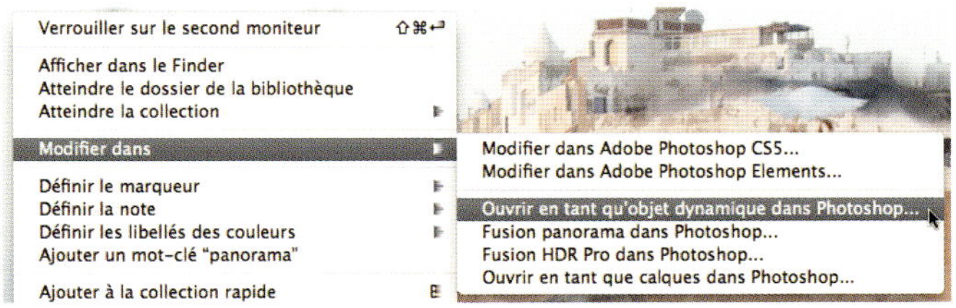

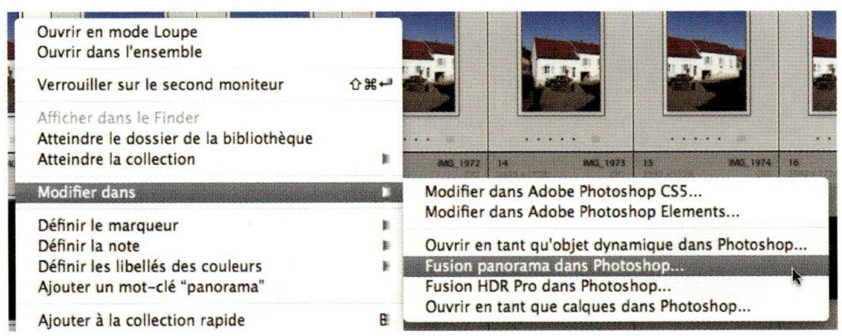

Étape 7

Si Photoshop CS5 est installé, les autres options de transfert permettent de profiter d'un tout nouvel outil pour la fusion HDR, à partir de fichiers RAW. En choisissant l'option Fusion HDR Pro dans Photoshop, les fichiers RAW s'ouvrent directement dans ce nouvel outil de Photoshop. L'assemblage d'images rapatrié dans Lightroom sera conforme aux options choisies dans les Préférences.

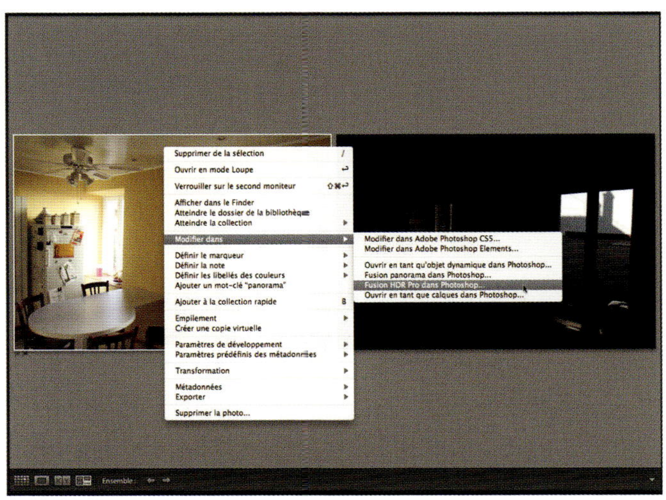

Étape 8

Il est également possible d'ouvrir une sélection d'images en tant que calques dans Photoshop. Les options objet dynamique, HDR et calques ne sont activées que lorsque deux images au moins ont été sélectionnées.

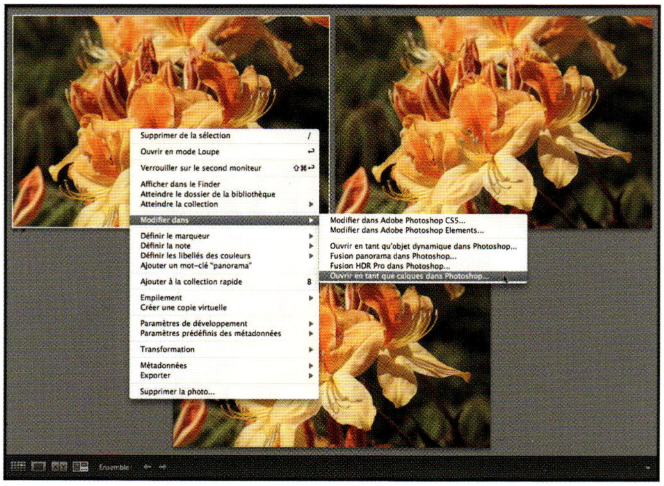

Étape 9

Pour installer un autre éditeur externe, allez dans les Préférences (Mac : Lightroom> Préférences ; PC : Édition>Préférences), onglet Édition externe. Dans la section Éditeur externe supplémentaire, cliquez sur le bouton Sélectionner : une fenêtre du système va s'ouvrir, dans laquelle il faudra rechercher le programme qu'on veut ajouter. Pour valider le choix, cliquez sur Sélectionner.

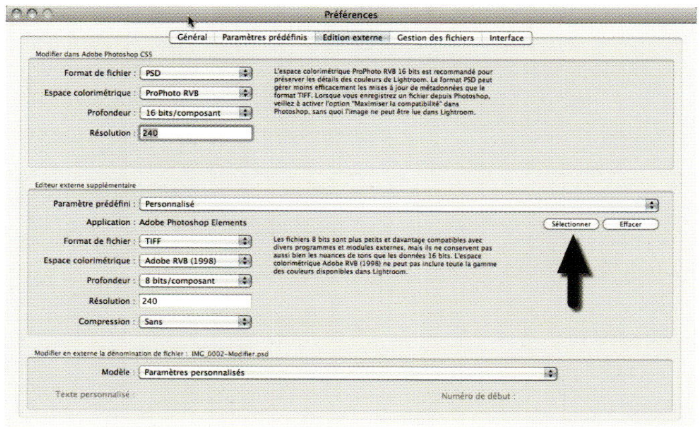

Étape 10

Après fermeture de la boîte de dialogue, le nom de l'application choisie apparaît au-dessus des différentes options de fichiers qu'on s'empressera de régler, avant d'aller dans le menu déroulant Paramètre prédéfini pour tout enregistrer (« Enregistrer les paramètres actuels en tant que nouveau paramètre prédéfini »). Une autre boîte de dialogue va s'ouvrir, dans laquelle on saisira le nom de l'application choisie, avant de valider en cliquant sur Créer.

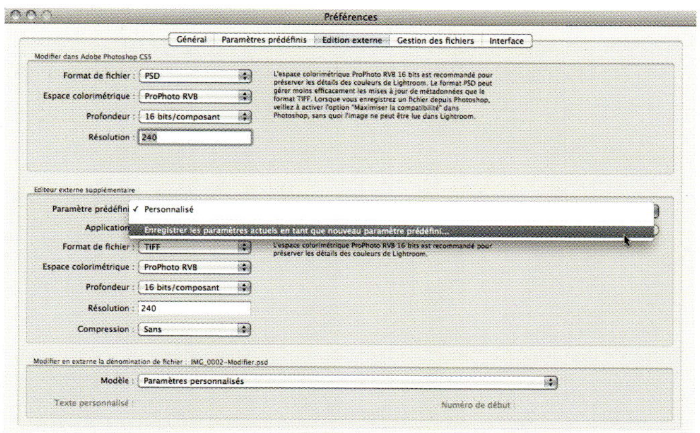

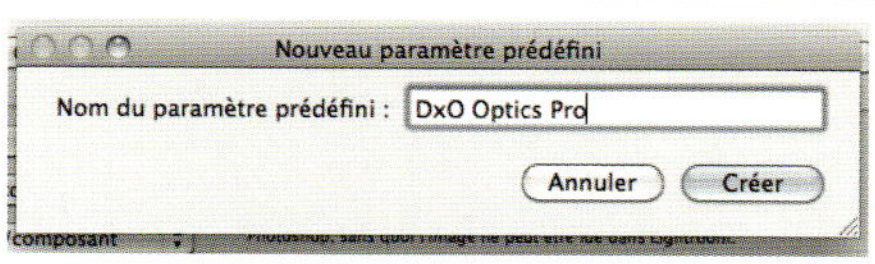

Étape 11

De retour dans Lightroom, on peut voir la liste des éditeurs externes en faisant un clic droit dans l'image, puis en choisissant Modifier dans, dans le menu flottant. Bien entendu, on peut ajouter autant de programmes qu'on le souhaite, et modifier les réglages à tout moment.

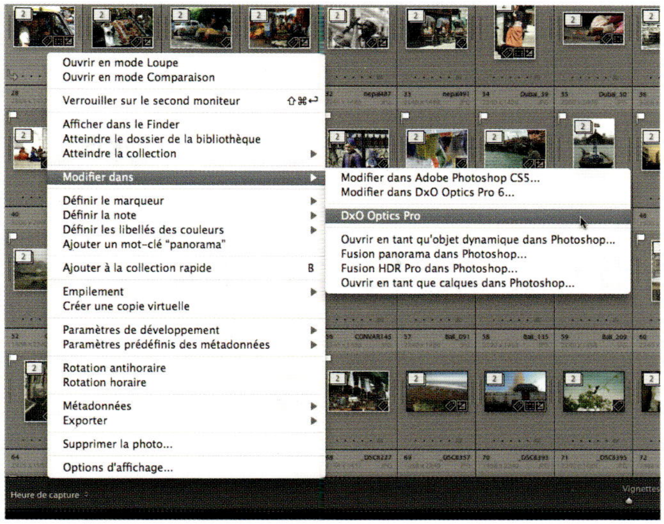

Étape 12

Si on utilise Photoshop comme éditeur externe, notamment avec des fichiers PSD, il y a un réglage important à faire pour assurer une parfaite compatibilité entre les deux programmes :

- dans Photoshop CS5 : allez dans Préférences>Gestion des fichiers>Compatibilité>Maximiser la compatibilité des fichiers PSD et PSB, puis choisissez Toujours, dans le menu déroulant ;
- Dans Photoshop Elements : allez dans Préférences>Enregistrement des fichiers>Compatibilité>Maximiser la compatibilité des fichiers PSD, puis choisissez Toujours, dans le menu déroulant. Validez en cliquant sur OK.

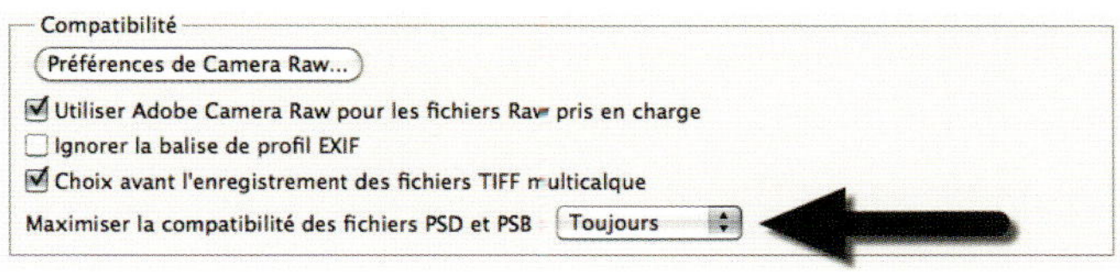

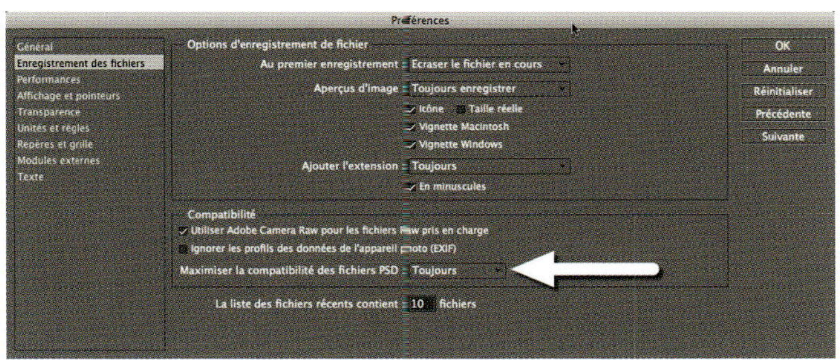

Conclusion : les images traitées dans Photoshop et pourvues de calques seront gérées sans problème par Lightroom, mais il ne sera pas possible d'afficher les calques séparément, ni même de les éditer. Avec Elements, les outils HDR et les objets dynamiques ne sont pas disponibles. D'autres éditeurs externes, comme les utilitaires de Nik Software (Viveza, Silver Efex Pro, etc.) dialoguent parfaitement avec l'application hôte et renvoient automatiquement les images traitées dans le catalogue Lightroom.

06 Les modules externes

Depuis sa version 1.3, Lightroom dispose d'un kit de développement permettant à des éditeurs de logiciels tiers de produire des utilitaires qui s'intègrent dans le flux de travail. La version 2.0 a vu l'arrivée d'un Gestionnaire de modules externes et, désormais, Lightroom 3, grâce au kit de développement, offre des possibilités plus étendues pour l'intégration de nouvelles fonctions dans le module Bibliothèque. Dans cet exercice, nous allons voir comment installer et gérer ces modules externes.

Étape 1

Le Gestionnaire de modules externes est accessible en permanence via le menu Fichier. C'est une interface permettant d'installer, de gérer, de mettre à jour et de supprimer des plug-ins. Dès son ouverture, on peut voir le statut de tous les modules d'un simple coup d'œil : indicateur vert pour un module fonctionnant correctement, jaune ou rouge en cas de problème, et gris lorsque les modules sont désactivés. L'installation et la suppression ne nécessitent pas de redémarrage de Lightroom.

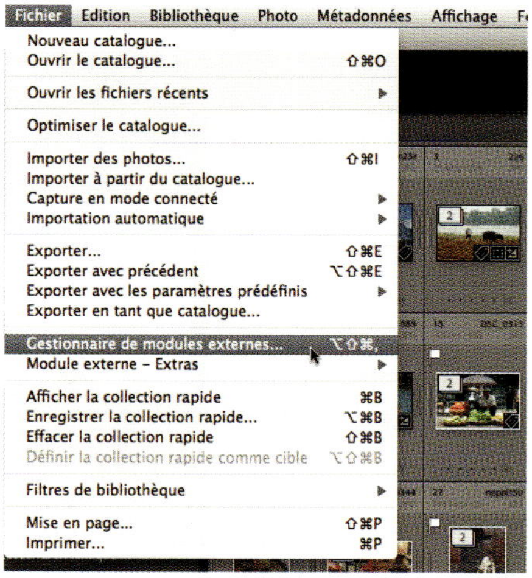

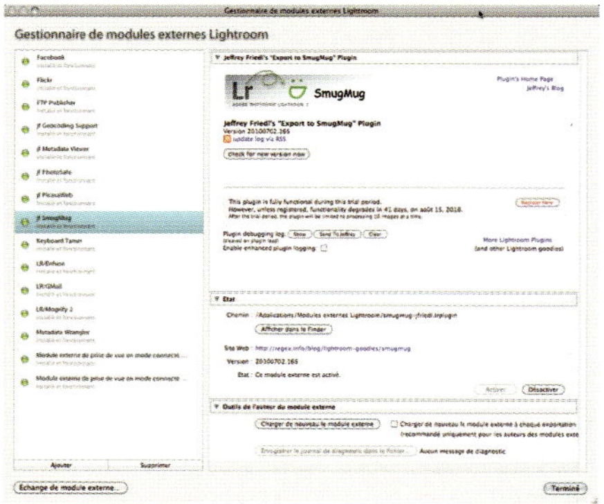

Remarque : il existe de nombreux créateurs de modules externes. Leurs produits (gratuits ou payants) sont rassemblés sur le site Lightroom Exchange. Pour y accéder depuis Lightroom, lancez le Gestionnaire de modules externes, puis cliquez sur Échange de module externe (connexion Internet obligatoire).

Étape 2

L'installation d'un module externe passe d'abord par son téléchargement, puis la décompression, de préférence dans un dossier unique, qui regroupera tous les plug-ins ou, au pire, dans le dossier Programmes ou Applications de votre ordinateur. En général, les modules sont des fichiers très légers, quelques centaines de Ko à peine pour la plupart d'entre eux.

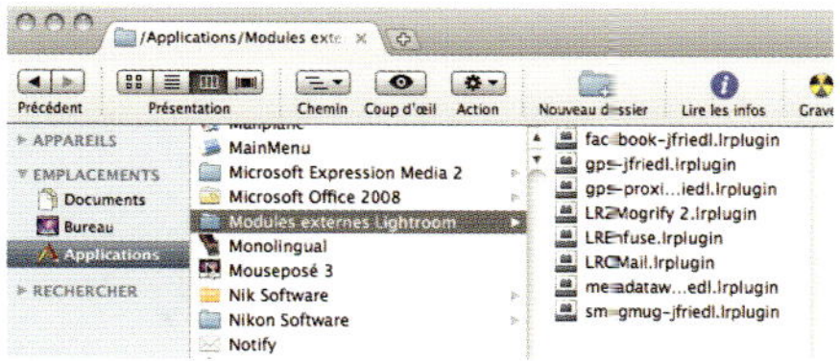

Étape 3

Après le téléchargement, on lance le Gestionnaire pour l'installation. Pour un nouveau module, on clique sur le bouton Ajouter, ce qui entraîne l'ouverture d'une boîte de dialogue du système, dans laquelle on ira pointer le Gestionnaire sur l'emplacement du module. Ensuite, il suffira de cliquer sur le bouton Ajouter un module externe.

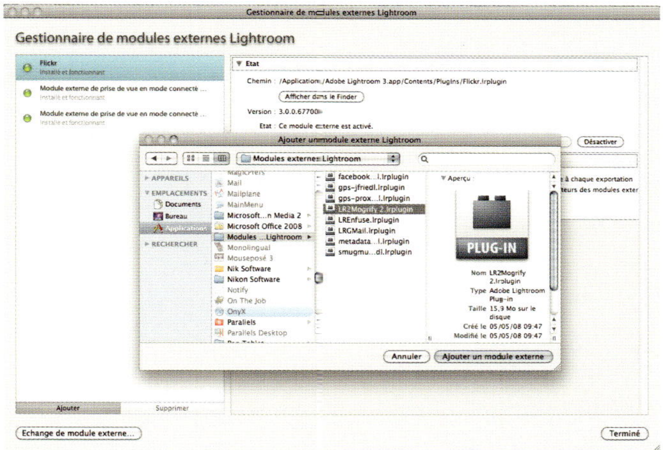

Étape 4

Si le chargement du module externe se passe correctement, celui-ci apparaîtra dans la liste (à gauche dans le Gestionnaire), avec un voyant vert indiquant qu'il est installé et qu'il fonctionne. À droite, selon les modules, on trouvera aussi bien des informations du développeur (clé d'activation, conditions de mise à jour, etc.) que l'état et l'emplacement du module. Une paire de boutons permet également d'activer ou de désactiver le module sans redémarrage de Lightroom. En cas de problème, on peut aussi le recharger ou le supprimer. En général, les mises à jour des modules sont automatiques.

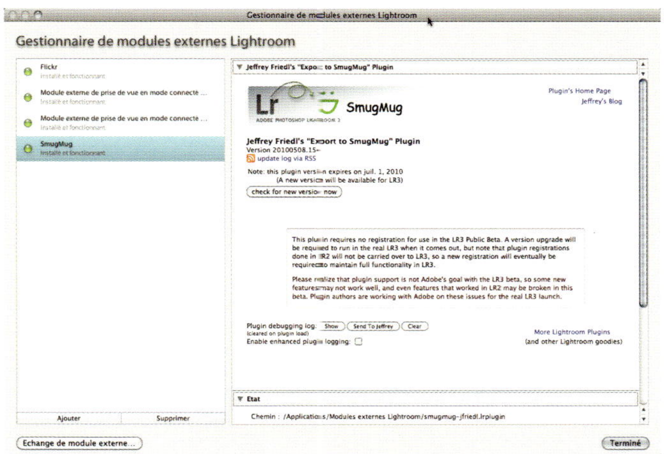

Étape 5

Une fois les modules externes installés, comment utilise-t-on leurs outils ? Les outils les plus faciles à trouver sont situés dans le menu d'exportation des images. Après avoir fait un clic droit sur une photo, on sélectionne Exporter>Exporter dans le menu flottant. S'il s'agit d'un des nombreux modules d'exportation vers une galerie web, d'envoi d'images par e-mail ou de sauvegarde, on le trouvera dans le menu déroulant situé en tête de la fenêtre d'exportation.

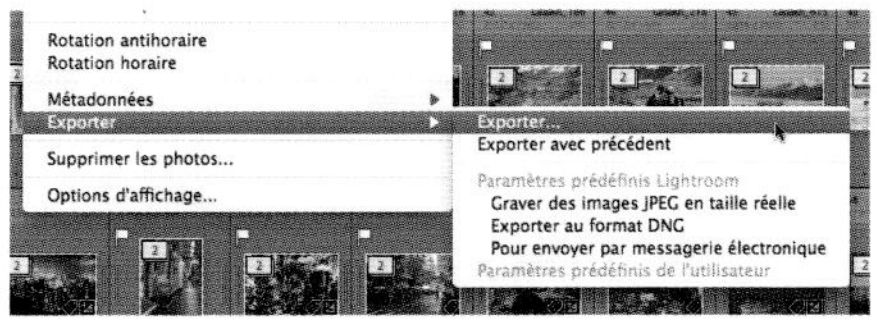

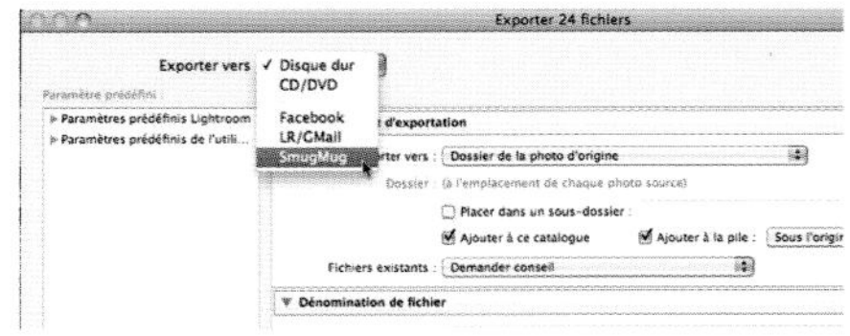

Étape 6

Certains modules de traitement d'images (pour l'ajout de cadres, de filigranes, pour contrôler les métadonnées devant être jointes aux images) s'installent dans la section Actions de post-traitement, dans le coin inférieur gauche du menu Exporter. Cliquer sur Insérer permet de rajouter des fonctions aux outils standards, le tout pouvant être enregistré sous forme de paramètres prédéfinis pour automatiser les tâches d'exportation (voir l'exercice 50).

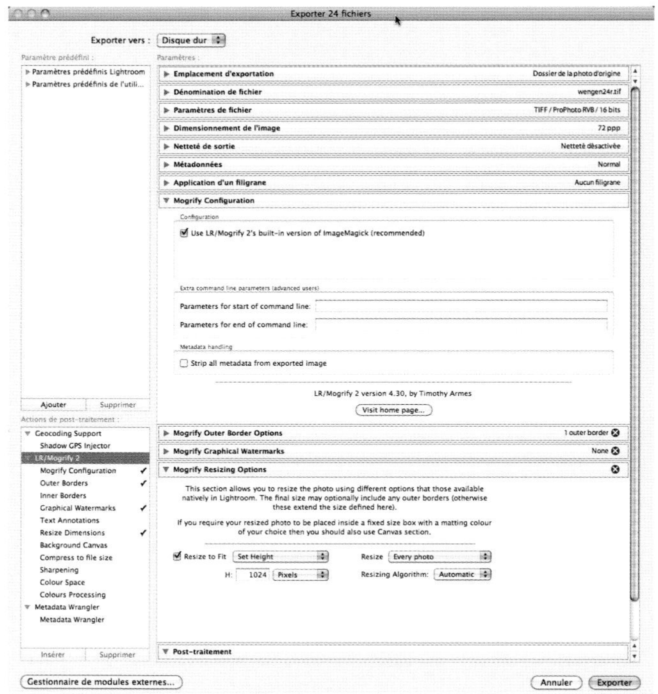

Étape 7

Dorénavant, la plupart des modules externes d'exportation se retrouvent aussi dans le panneau Services de publication du module Bibliothèque. Ce système permet de gérer les images de galeries web à distance, à la manière des collections (voir l'exercice 17). C'est désormais la méthode que nous vous conseillons pour piloter le contenu de vos galeries, avec plus de souplesse que le menu Exporter.

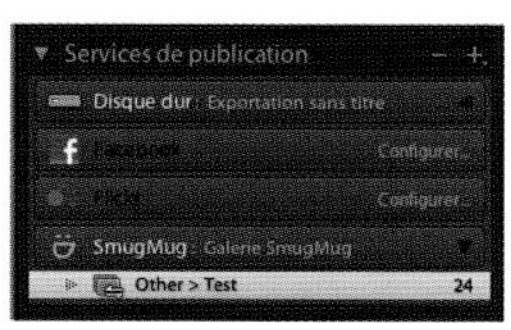

Étape 8

D'autres modules s'installent et s'utilisent directement dans Lightroom, et on les trouve dans le menu Fichier>Module externe – Extras ou Bibliothèque>Module externe – Extras. En général, ils permettent de traiter les images (fusion d'images d'expositions différentes) ou de travailler sur les métadonnées avec, par exemple, des outils de géolocalisation (voir l'exercice 19) ou d'édition de champs de métadonnées.

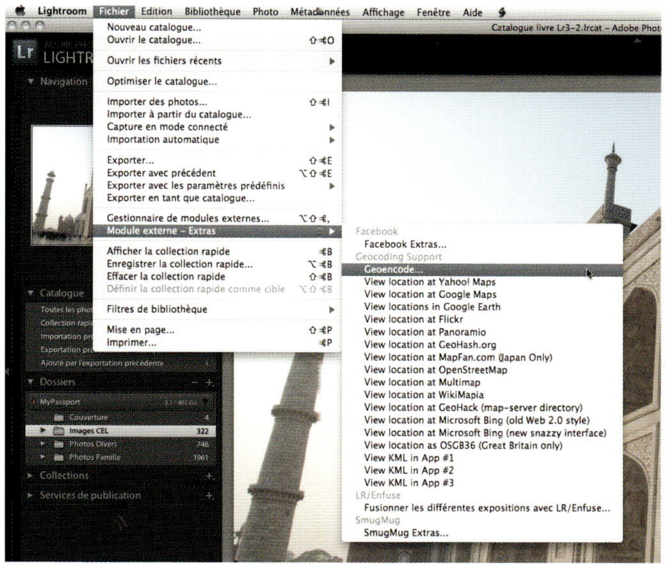

Étape 9

Certains modules externes participent pleinement au catalogage des images, en installant des critères dans le panneau Métadonnées, dans les collections dynamiques et dans le Filtre de bibliothèque. Ainsi, il est particulièrement aisé de retrouver toutes les images chargées dans telle ou telle galerie web à l'aide d'un module externe.

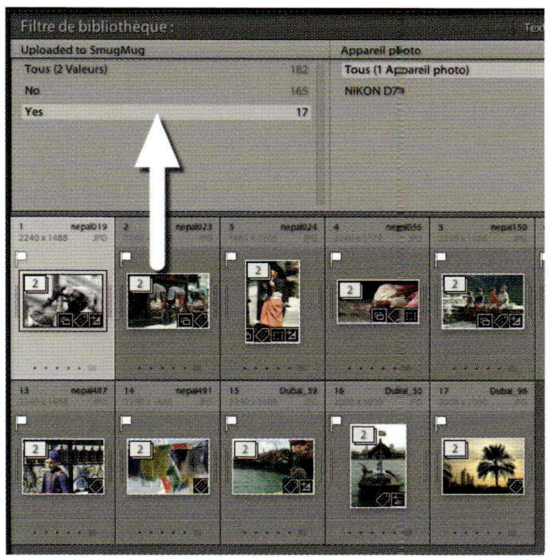

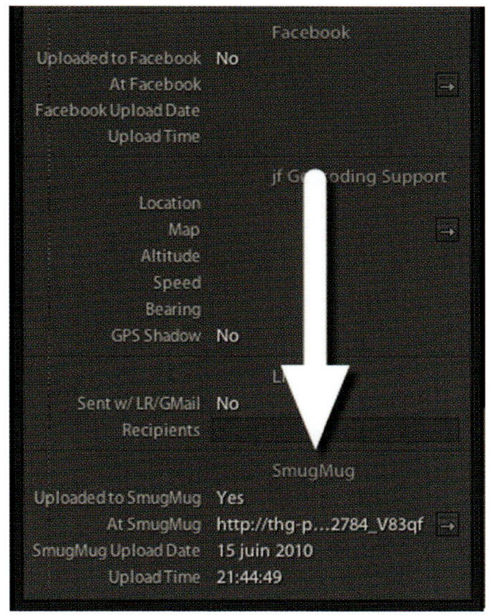

Conclusion : les modules externes pour Lightroom se divisent en quatre catégories principales :

- modules d'exportation : pour envoyer les images sur une galerie web (Flickr, SmugMug, Zenfolio, etc.), par e-mail (via Gmail ou Outlook), à certaines agences, labos en ligne, ou simplement sur un autre volume pour la sauvegarde de vos photos ;
- modules de traitement d'images : fusion d'images exposées différemment, HDR, création de profils colorimétriques, envoi vers des éditeurs externes ;
- modules de gestion de métadonnées : ajout de champs de saisie, gestion des métadonnées de fichiers exportés, géolocalisation ;
- création de sites web.

Avec l'extension de son kit de développement (SDK : la boîte à outil des créateurs de modules externes, www.adobe.com/devnet/photoshoplightroom), Lightroom 3 ouvre de nouvelles possibilités dans l'amélioration du flux de travail.

07 Les piles et les copies virtuelles

Tous les photographes ayant connu le film argentique se souviennent parfaitement des séances de tri de diapositives à la loupe, sur une table lumineuse. On faisait tous des petits tas : les diapos à jeter, celles à revoir et le tas des meilleures photos. Lightroom reprend le même principe, avec les piles, mais avec beaucoup plus de souplesse d'emploi et de confort d'utilisation. Quant aux copies virtuelles, elles permettent de créer plusieurs versions d'une même photo, sans la dupliquer physiquement (et on pourra bien sûr les empiler).

Étape 1

Dans le module Bibliothèque, les piles se reconnaissent immédiatement aux vignettes pourvues d'un pavé blanc, contenant un numéro indiquant le nombre de vues empilées (dans le coin supérieur gauche des images).
Cet indicateur est également visible dans le Film fixe, ce qui permet d'en profiter dans les autres modules de Lightroom.

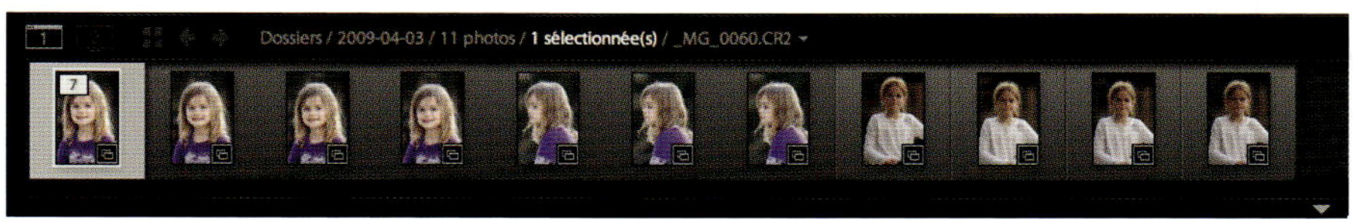

Étape 2

Pour créer une pile, on sélectionne une série d'images ; puis, après avoir fait un clic droit, on va dans le menu flottant Empilement> Associer dans une pile. Les images s'empileront automatiquement, avec le pavé indiquant le nombre de vues de la pile.

Étape 3

Pour désempiler les images, il suffit de cliquer sur le pavé de nombre d'images. Pour empiler à nouveau les images, on clique sur le pavé de la première vignette, celle qui est placée en haut de la pile.

Étape 4

Si on passe le pointeur de la souris dans le coin supérieur gauche de la vignette (l'image, pas le cadre), on verra apparaître le pavé blanc avec les indications successives « 1 sur *x* », « 2 sur *x* », « 3 sur *x* », etc., ce qui indique l'ordre des photos au sein de la pile. Lorsque des images sont désempilées, celle qui se trouve en tête de pile portera un cadre gris clair, et les suivantes un cadre gris sombre, ce qui facilite leur repérage en mode Grille, notamment lorsqu'on a affaire à plusieurs piles.

Étape 5

On peut scinder une pile en deux à partir de l'image sélectionnée. Pour une pile de 7 images, voici ce qui se passe :

- clic droit sur la première image puis choisir Scinder la pile : elle redeviendra indépendante et les trois suivantes formeront une pile ;
- clic droit sur la troisième image : la pile sera scindée en deux piles, respectivement de 2 et 5 images ;
- clic droit sur la dernière image : elle redeviendra une indépendante, et les précédentes formeront une pile.

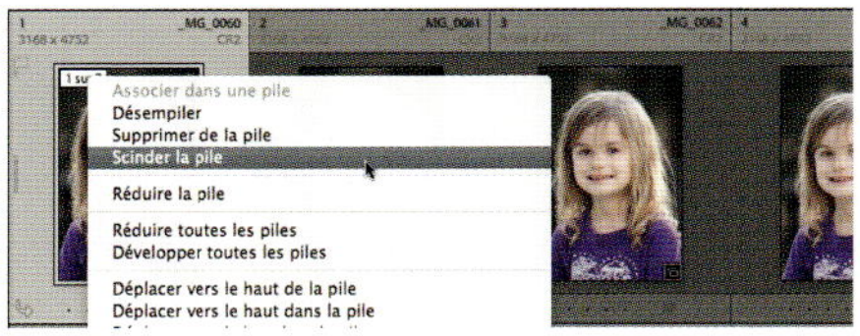

Étape 6

Réduire ou développer toutes les piles s'adresse à la totalité du contenu du catalogue, ou d'un ou plusieurs dossiers sélectionnés. Les trois autres options permettent de gérer l'ordre des images dans la pile :

- Déplacer vers le haut de la pile : déplace une image directement en tête de pile ;
- Déplacer vers le haut dans la pile : déplace une image, position après position, vers le haut d'une pile ;
- Déplacer vers le bas dans la pile : même chose, mais vers le bas.

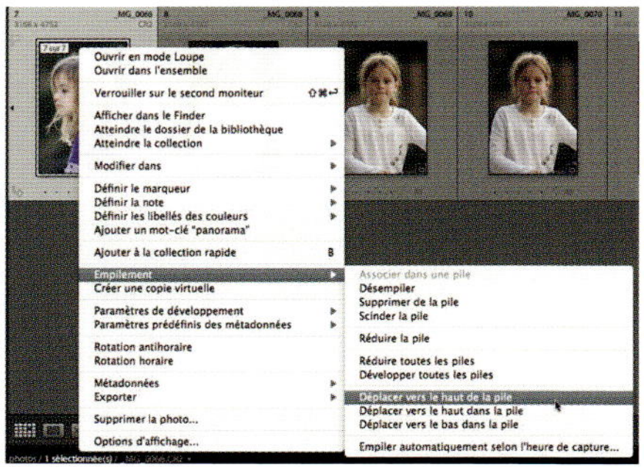

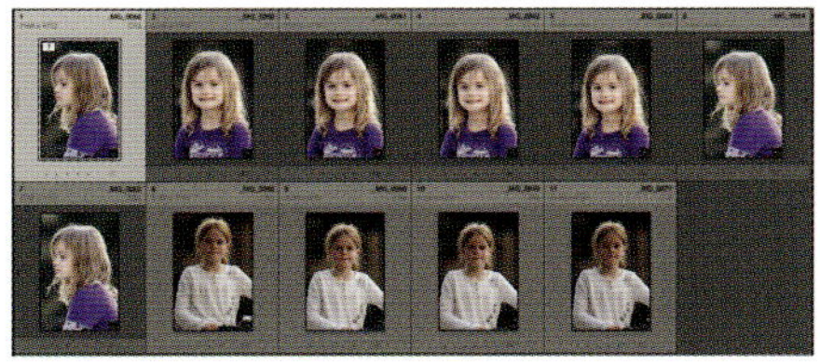

Étape 7

Le menu de gestion des piles propose une option particulièrement intéressante pour les photographes d'action ou de sport, désireux de regrouper les rafales par séquences de prise de vue. Pour cela, il suffit de sélectionner dans le menu flottant « Empiler automatiquement selon l'heure de capture ». Une fenêtre va alors s'afficher, pour choisir l'intervalle entre les piles. Lightroom va analyser le contenu du dossier et tenter de regrouper les images d'une séquence au sein de la même pile, en se basant sur l'intervalle de temps décidé par l'utilisateur.

Étape 8

Les copies virtuelles permettent de dupliquer une image et d'appliquer des réglages différents de l'original. Le duplicata n'est pas physique ; il n'existe que sous forme d'instructions au format texte, mais la copie virtuelle peut être manipulée et corrigée comme n'importe quelle image originale.

Étape 9

La copie virtuelle se reconnaît au coin inférieur gauche de l'image, replié comme celui d'une feuille de papier. On peut créer autant de copies virtuelles que l'on veut, et même décréter l'une d'elles comme nouvel original en allant dans le menu Photo>Définir la copie comme principale (module Bibliothèque).

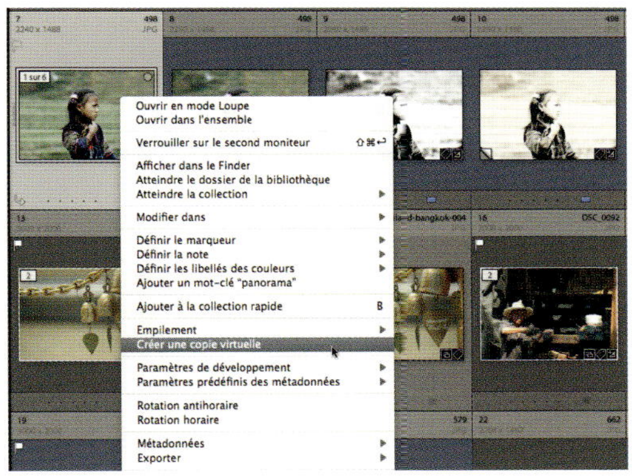

Conclusion : les piles et les copies virtuelles permettent de travailler avec une souplesse incroyable. Avec les copies virtuelles, comment ne pas être tenté de créer de nombreuses versions d'un portrait de la mariée, qu'on déclinera en une variation infinie de teintes noir et blanc, sépia ou encore de traitements croisés et de virages partiels ? De plus, on pourra rassembler toutes ces images dans des piles.

Les piles fonctionnent dans les dossiers du catalogue, mais pas dans les collections. Les copies virtuelles, elles, sont parfaitement bien acceptées et gérées par les collections, comme s'il s'agissait de fichiers image à part entière, alors qu'elles n'existent que sous forme de métadonnées.

Les piles permettent également de regrouper les séquences d'images, comme les panoramas ou les photos HDR destinées à être fusionnées. Dans ce cas, nous vous conseillons de produire un JPEG du panorama ou de l'image HDR, de l'importer dans le catalogue puis de le placer sur la pile des images ayant servi aux assemblages.

08 L'éditeur de filigranes

Dans les précédentes versions de Lightroom, on pouvait incruster un filigrane de copyright extrait des informations enregistrées dans les champs de métadonnées IPTC du module Bibliothèque. Lightroom 3 propose enfin un éditeur visuel de filigranes texte ou graphique, ce dernier n'étant appliqué, bien entendu, que lors de l'exportation des images.

Étape 1

L'éditeur de filigranes est accessible à tout moment, en allant dans le menu Lightroom>Modifier les filigranes (Mac) ou Fichier>Modifier les filigranes (PC). Il s'agit d'un outil se présentant sous la forme d'une fenêtre flottante redimensionnable, et disposant de son propre système d'affichage des images.

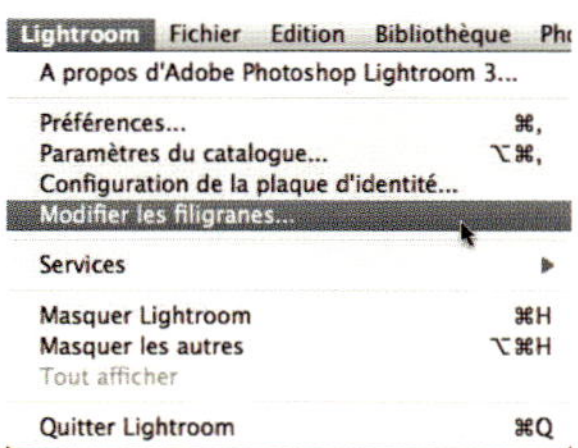

Étape 2

Pour créer un filigrane texte, cochez le bouton Texte, au-dessus de la palette d'outils située du côté droit de l'éditeur. Ensuite, vous pourrez choisir la police, le style, l'alignement et la couleur du texte, et régler tous les paramètres de l'effet d'ombre, comme l'opacité, la dureté des contours, etc. La saisie du texte se fait dans l'espace sous l'image.

Étape 3

Si vous avez un logo au format JPEG ou PNG, vous pouvez l'importer après avoir choisi un style de filigrane graphique. Dans ce cas, les options de texte se désactiveront, car l'éditeur ne permet malheureusement pas d'appliquer simultanément un filigrane texte et un filigrane graphique.

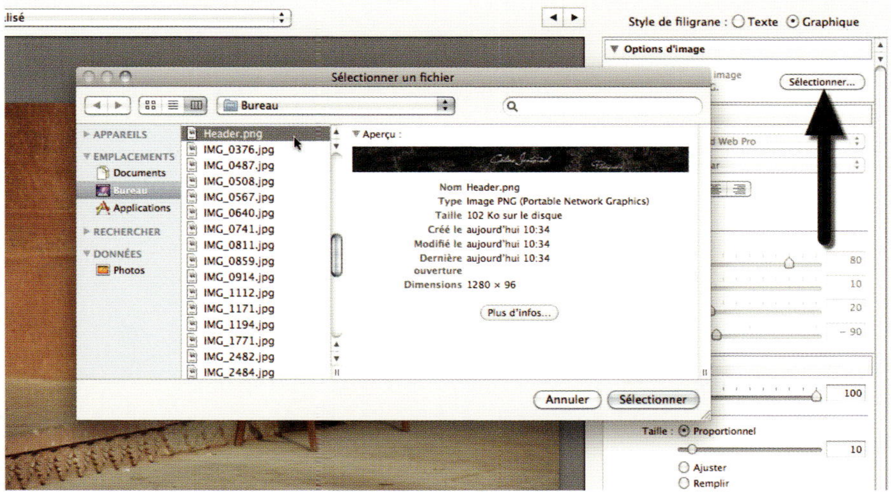

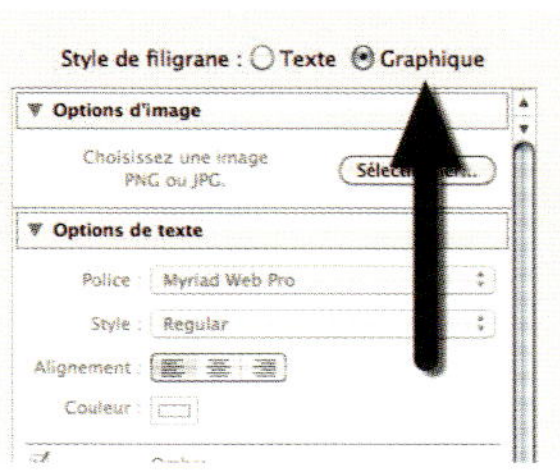

Étape 4

Dans les deux cas, le panneau Effets de filigrane permet de régler l'opacité, la taille, les proportions, l'alignement par rapport au cadre de l'image, la position du filigrane dans celle-ci (neuf possibilités) et, éventuellement, la rotation. Dans cet exemple, le filigrane est à peine visible mais il prend toute la largeur de l'image ; il ne gêne pas la lecture tout en assurant une protection optimale.

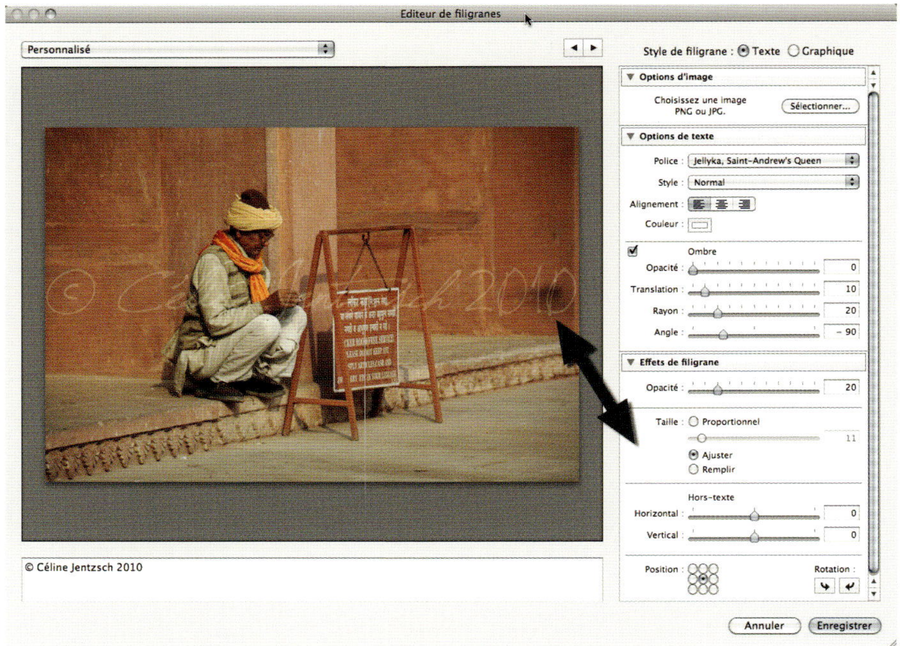

Étape 5

Lorsque tous les réglages auront été effectués, vous pourrez les enregistrer en cliquant sur le bouton Enregistrer ou via le menu déroulant situé au-dessus de l'image. Sélectionnez « Enregistrer les paramètres actuels en tant que nouveau paramètre prédéfini » puis, dans la boîte de dialogue qui s'affiche, nommez votre filigrane. Vous pourrez enregistrer autant de paramètres que vous le voudrez, en fonction de l'usage et de la destination de vos images.

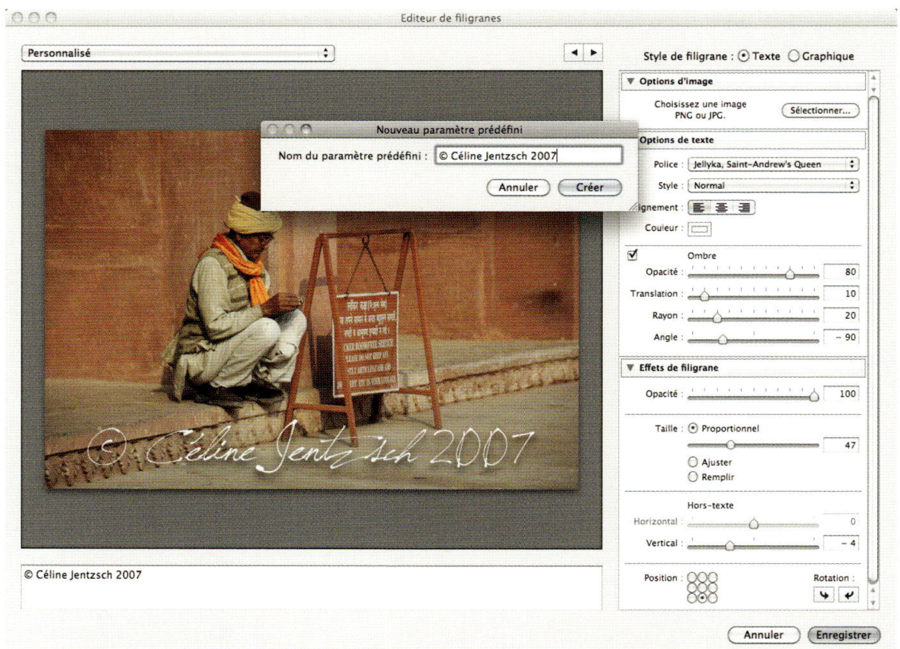

Étape 6

Les filigranes ne s'appliquent pas aux images stockées dans le catalogue, mais vous pouvez avoir un aperçu en faisant défiler les différentes images préalablement sélectionnées avec les flèches de navigation situées en haut de la fenêtre. Pour que l'incrustation soit effective, il faut passer par le menu Exporter, et choisir le filigrane dans le menu déroulant situé dans la section Application d'un filigrane.

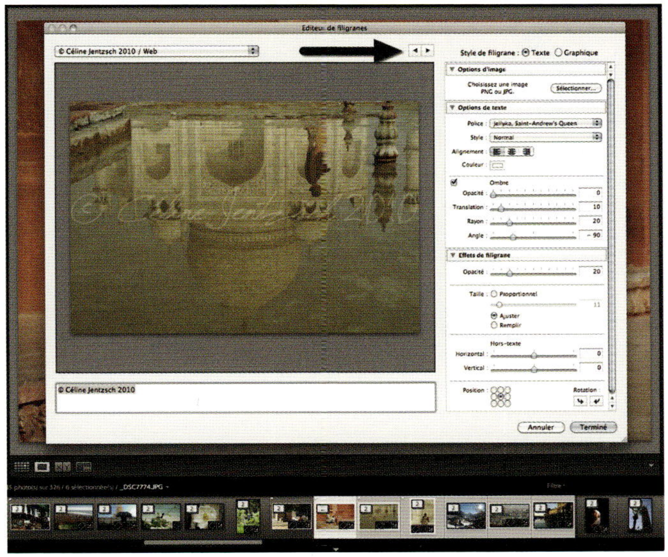

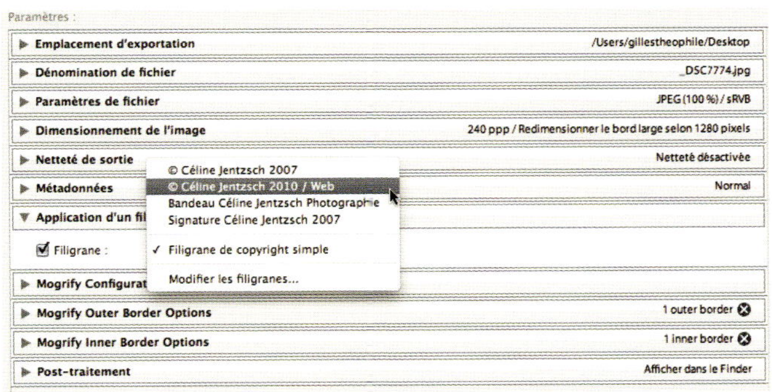

Conclusion : la protection des images est un sujet extrêmement sensible, plus particulièrement pour ceux qui commercialisent leurs photos. Le filigrane de copyright, incrusté dans les images, est un moyen imparable mais il dénature l'image. Nous vous conseillons de le placer au centre de l'image, avec une très faible opacité – il doit à peine se remarquer – et à une taille suffisamment grande pour couvrir la largeur ou la hauteur totale (il ne pourra pas être supprimé par un simple recadrage). Vous pouvez également signer vos tirages papier en appliquant un filigrane via le module Impression (panneau Page>Application d'un filigrane).

Quant à la question cruciale de savoir si un tiers utilisant aussi Lightroom peut modifier ou supprimer un filigrane de copyright dans un original RAW ou DNG, puisqu'on est dans un flux de travail non destructif et réversible, sachez que le menu Exporter ne permet pas de joindre un filigrane si vous choisissez un format de fichier Original ou DNG.

Partie 2

Maîtriser le catalogage

Le catalogage est un terme qui reste assez vague pour désigner la multitude des tâches d'organisation de votre collection d'images qui croît, notamment depuis l'avènement du numérique, de manière exponentielle.

Une partie des exercices de cette deuxième partie est dédiée au flux de travail après la prise de vue, moment où vous allez insérer la carte mémoire dans l'ordinateur. Nous commencerons bien entendu par le nouveau menu d'importation apparu dans Lightroom 3, qui, si vous suivez nos conseils, devrait mâcher une bonne partie de votre travail de catalogage en créant les dossiers par date de prise de vue, avec suffisamment de mots-clés pour démarrer un véritable travail d'organisation.

Nous poursuivrons avec le tri des images, suivi par la création de collections, avant de parler des dossiers. Ceci peut surprendre, mais cet ordre est logique : vos dossiers seront créés à l'importation, pour stocker vos photos, mais vous devez regrouper au plus vite vos meilleures images dans des collections pour organiser votre travail en fonction de la destination des photos.

Nous passerons enfin à d'autres tâches, comme la gestion des métadonnées et le filtrage pour la recherche d'images.

Nikon D70, 18-70 mm f/3,5-4,5, f/7,1, 1/200 s, 200 ISO © Céline Jentzsch

Exercices

09 Le menu Importer

Le premier changement radical auquel les utilisateurs de Lightroom 3 sont confrontés est bien le menu Importer. Même s'il n'apporte pas de réelles nouvelles fonctions, son architecture et sa réactivité rendent la tâche d'importation des images beaucoup plus conviviale, avec une bien meilleure visibilité des périphériques de départ et des dossiers de destination, sans parler des possibilités accrues de tri initial des images. À cela, Lightroom ajoute la prise en charge bienvenue des vidéos et des fichiers CMJN.

Raccourcis clavier

Touche E : passer de la vignette à un affichage de grande taille

Barre d'espace, deux appuis brefs : zoomer à 1:1 puis retour

Barre d'espace, appui, maintenir puis relâcher : zoomer à 1:1 puis retour instantané

Touche G : retour au mode Grille

Touche X : désélectionner une vignette

Touche P : sélectionner une vignette

Touche U : annuler la sélection de la vignette

Flèches : déplacements multidirectionnels dans la grille

Touche « + » : agrandir les vignettes

Touche « - » : réduire les vignettes

Étape 1

Dès son lancement, le menu Importer s'adapte automatiquement à la taille de votre écran. Sa présentation adopte la robe foncée de Lightroom, et le contenu s'inspire du module Bibliothèque. Il est composé de trois parties principales : le panneau de gauche contenant la liste de tous les périphériques connectés à l'ordinateur, y compris tous les dossiers, la partie centrale réservée à l'affichage des images et, enfin, le panneau de droite comprenant les volumes et dossiers de destination, ainsi que tous les outils permettant d'attribuer des métadonnées et régler la qualité des aperçus utilisés pour l'affichage des images dans Lightroom.

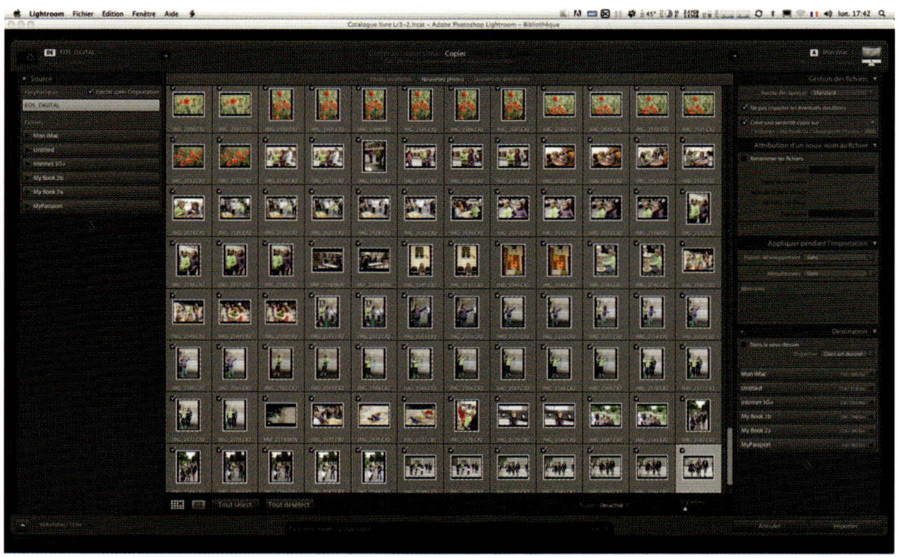

Étape 2

Le bandeau supérieur contient, de gauche à droite, un menu déroulant montrant, notamment, une liste récente des dossiers de départ, une partie centrale avec des options d'importation (Copier, Déplacer ou Ajouter, nous y reviendrons) et un menu déroulant pour la destination, y compris une liste de dossiers récents. Le menu Importer et les panneaux latéraux ne sont pas redimensionnables manuellement.

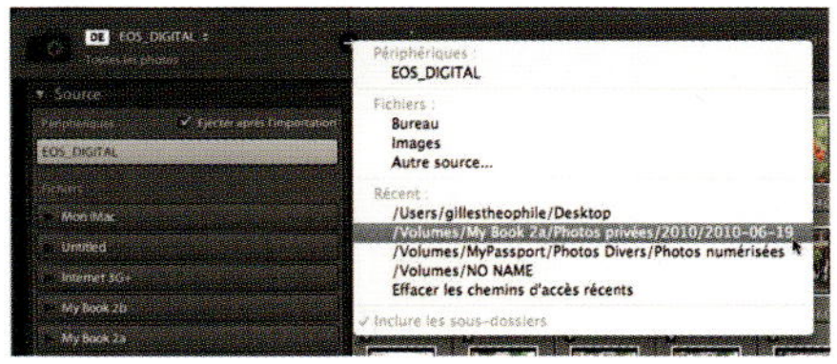

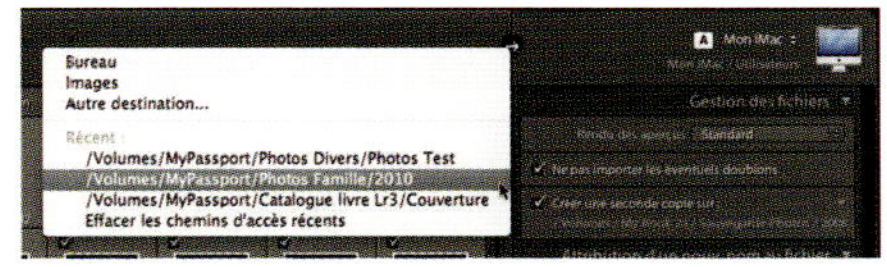

Étape 3

Lorsqu'une carte est insérée dans le lecteur et qu'on lance le menu Importer (à moins qu'il ne s'ouvre automatiquement si les Préférences ont été réglées ainsi), tout le contenu sera analysé et affiché sous forme de grille dans la partie centrale, le nombre total d'images et la taille globale des fichiers étant rappelés dans le coin inférieur gauche. Dans le cas d'une carte mémoire, seule la copie (ou la copie en DNG) est autorisée, sécurité qui permet de toujours avoir un original si un problème de corruption se produit à l'importation. On ne peut donc pas déplacer dans Lightroom le contenu d'une carte ou effacer celle-ci après l'importation. C'est au photographe de reformater la carte dans son appareil, après s'être assuré que les images ont été correctement copiées et qu'un duplicata de sauvegarde a été effectué.

Étape 4

Au-dessus de la grille, vous trouverez un bandeau avec trois options :

- Toutes les photos : affiche toutes les images contenues sur la carte, y compris celles qui ont déjà été exportées – ces dernières seront désactivées et couvertes d'un voile gris ;
- Nouvelles photos : affiche uniquement les images n'ayant pas encore été importées dans Lightroom ;
- Dossiers de destination : affiche les images classées selon les dossiers de destination si l'option Organiser par date a été retenue dans la section Destination (à droite dans le menu Importer).

Étape 5

Les vignettes peuvent être agrandies à volonté, avec le curseur situé en bas du menu, ou avec les touches «+» et «-» du clavier. Grande nouveauté, on peut voir les images en mode Loupe (touche E), comme dans le module Bibliothèque, et même zoomer dedans. Il est donc dorénavant possible de faire un premier tri avant même l'importation des images dans le catalogue. En mode Loupe, on passe à l'image suivante avec les flèches du clavier. Pour revenir en mode Grille, il suffit d'appuyer sur la touche G.

Étape 6

On peut sélectionner les images manuellement, en cochant ou en décochant le bouton du coin supérieur gauche des vignettes. Deux boutons pour tout sélectionner/désélectionner se trouvent sous la grille, près des boutons des modes Grille et Loupe. À droite, un menu déroulant permet de trier les images par heure de capture, par état vérifié (les images désélectionnées sont déplacées en fin de grille) ou par nom. Pour simplifier le flux de travail, laissez le tri sur Désactivé. Les images désélectionnées s'identifient aisément grâce au cadre plus sombre, à l'absence de coche et à un effet de vignetage noir.

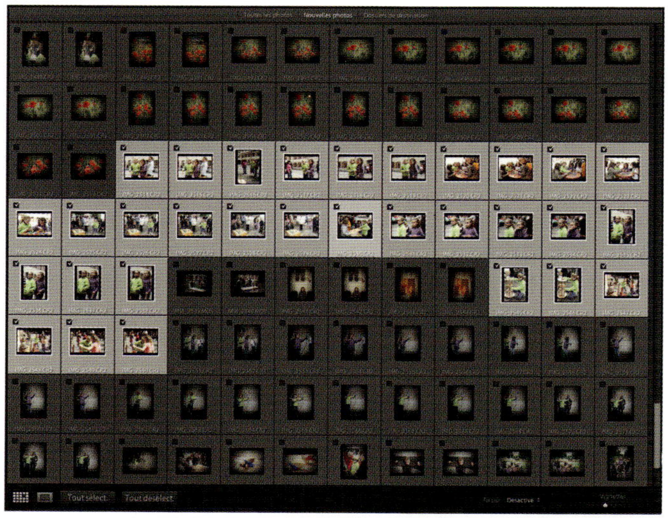

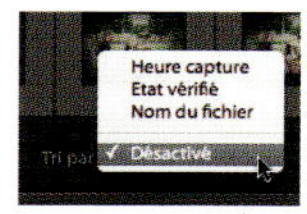

Étape 7

Dès que les images sont sélectionnées, allez dans le panneau de droite du menu Importer. La section Gestion des fichiers est la plus importante : on y réglera le rendu des aperçus (la qualité d'affichage dans Lightroom, sur Standard ou 1:1). Cochez «Ne pas importer les éventuels doublons» : le menu Importer désélectionnera les images déjà dans le catalogue. Créez une seconde copie des images importées sur un disque dur ou un volume de sauvegarde. La duplication se fera à la volée, uniquement sur les fichiers originaux : les modifications (mots-clés, métadonnées, renommage) ne seront pas appliquées.

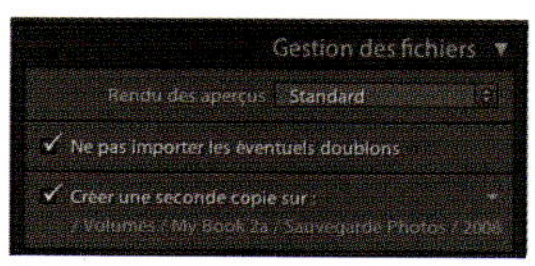

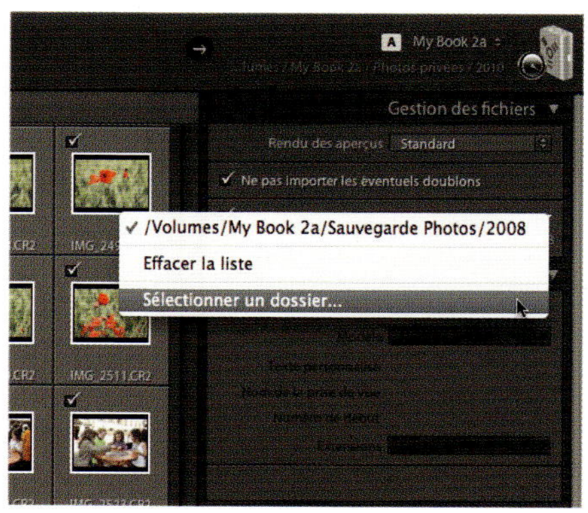

Étape 8

Les images peuvent être renommées dès l'importation, avec un modèle personnalisé. Il vaut mieux ne pas renommer les fichiers, en tout cas pas à ce stade : s'ils deviennent inutilisables en raison d'une corruption ou d'une perte toujours possibles, il sera très compliqué de les remplacer au sein du catalogue avec les duplicatas de sauvegarde qui, eux, auront gardé leur nom original. Conservez les noms attribués par l'appareil photo et ne renommez vos fichiers qu'à l'exportation, au cas par cas, en fonction de la destination ou de vos clients.

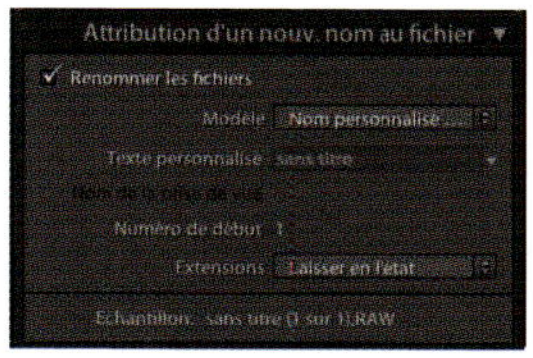

Étape 9

Dans la section suivante, vous pourrez appliquer des mots-clés ou un modèle de métadonnées contenant, par exemple, vos références et votre copyright. Faites-le systématiquement pour protéger vos images. Si la carte mémoire contient plusieurs séances de prise de vue, il sera difficile d'attribuer des mots-clés, mais vous pourrez le faire ultérieurement dans le module Bibliothèque. Vous pourrez également appliquer des paramètres de développement, et parmi toutes les options plus ou moins utiles, c'est le moment idéal d'appliquer les profils de correction d'objectifs (voir exercice 31).

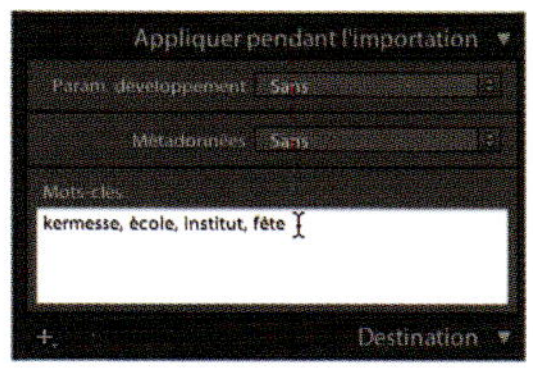

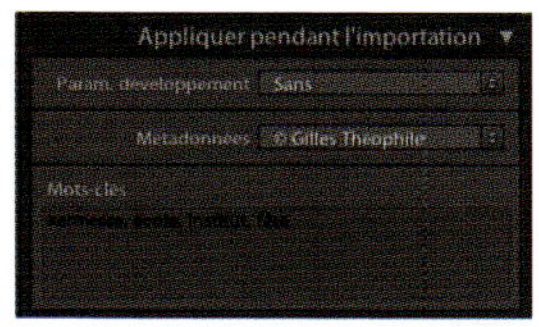

Étape 10

Il est temps de choisir un dossier de destination. Le panneau présente une liste de volumes et de dossiers. Le choix le plus judicieux est d'organiser les images par date, avec un format AAAA-MM-JJ. Après l'importation, vous trouverez toutes vos photos correctement classées, dans un ordre chronologique, et il ne vous restera plus qu'à ajouter une courte description du contenu dans le nom des dossiers.

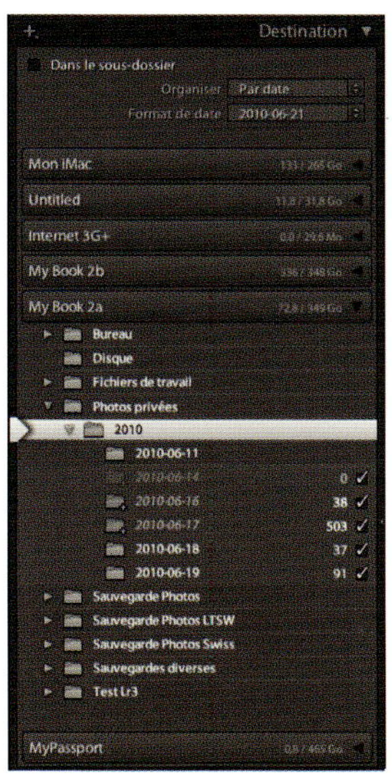

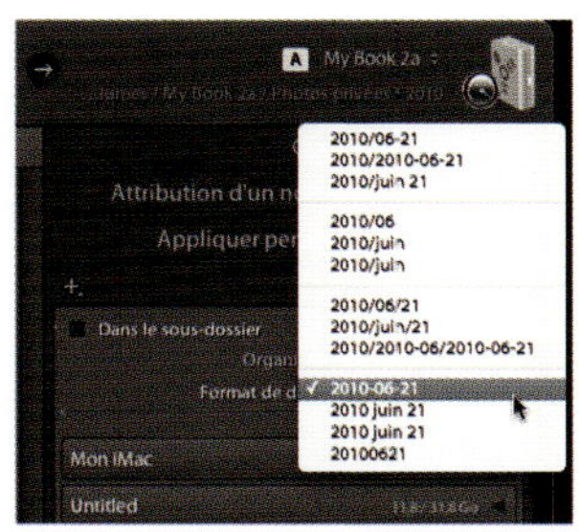

Étape 11

La section Destination permet de créer des dossiers et sous-dossiers sans avoir à retourner dans le système d'exploitation, en cliquant sur le petit bouton « + », dans l'entête. On y trouvera également la possibilité de limiter l'affichage aux seuls dossiers qui seront utilisés lors de l'importation en cours de préparation. Les dossiers de destination apparaissent dans une zone grise plus claire, avec un signe « + » et, à droite, le nombre d'images importées.

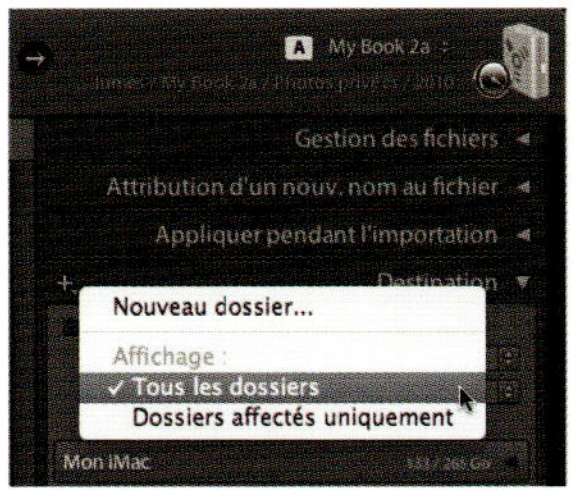

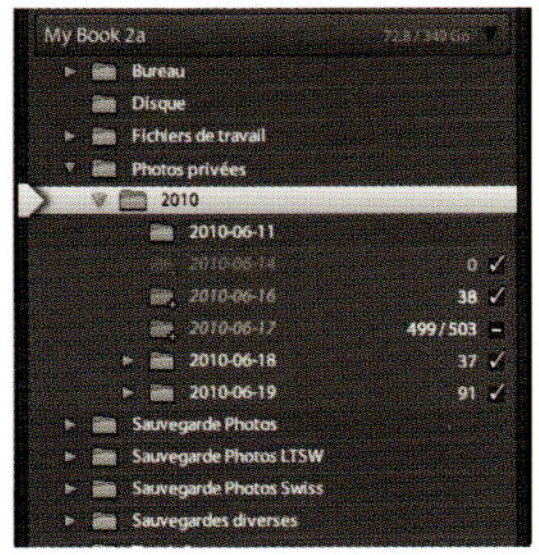

Étape 12

Si l'importation a toujours lieu dans le même dossier, on peut simplifier l'affichage en le « dockant » : faites un clic-droit et sélectionnez Dossier du dock dans le menu contextuel. Ainsi, on crée une hiérarchie ne regroupant que les dossiers qui nous intéressent. Le chemin d'accès est bien plus clair. Le principe s'applique aussi aux dossiers source. Pour annuler, refaites un clic droit et décochez Dossier du dock. Ce système mène d'ailleurs au concept des paramètres prédéfinis d'importation et du menu compact (voir Étapes 14 et 15).

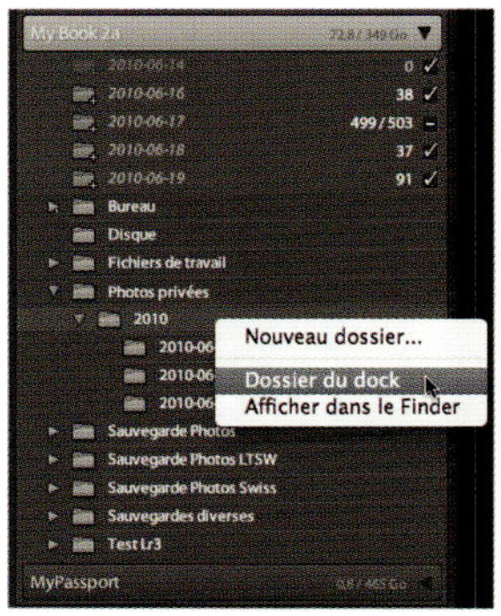

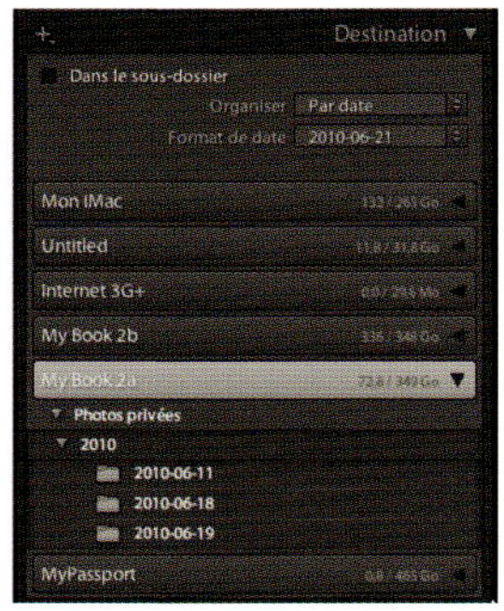

Étape 13

Nouveauté importante de Lightroom 3 : la prise en charge des vidéos issues des appareils photo numériques, compacts ou reflex. Il n'y a pas de distinction ni ne manipulation particulière : les fichiers vidéo s'affichent comme une vignette photo (une image est extraite de la vidéo). On pourra également attribuer des mots-clés et des modèles de métadonnées. Les fichiers photo en CMJN seront également importés dans le catalogue. Dans les deux cas, vidéo et CMJN, aucun de ces fichiers ne pourra être édité ou modifié dans Lightroom, la compatibilité se limitant au catalogage.

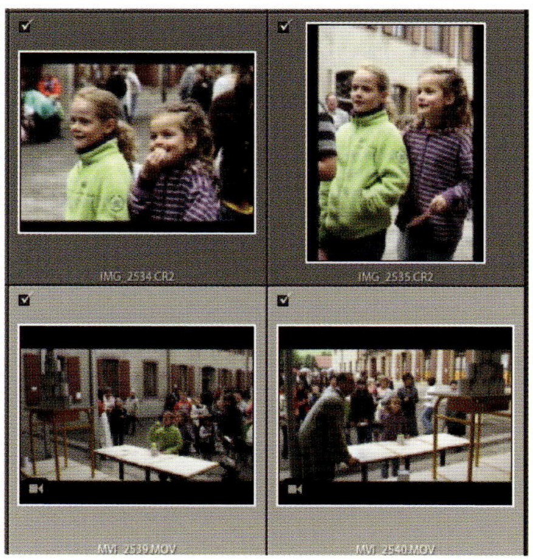

Étape 14

Si les tâches d'importation sont répétitives (mêmes dossiers source et destination), sans parler des réglages concernant les aperçus, la copie de sauvegarde et l'application de métadonnées, on pourra créer un Paramètre prédéfini d'importation, dans le menu déroulant du bandeau inférieur, en choisissant « Enregistrer les paramètres actuels en tant que nouveau paramètre prédéfini ». Ceci est particulièrement utile si on a une production très importante. Pouvoir enregistrer plusieurs paramètres prédéfinis d'importation permet d'adapter le flux de travail en fonction des différents clients, des commandes et de la destination des images importées.

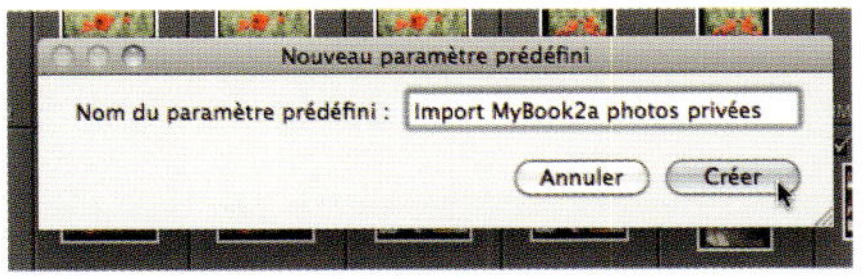

Étape 15

La possibilité d'enregistrer des paramètres prédéfinis d'importation prend tout son sens si on utilise la version compacte du menu Importer : elle n'affiche aucune vignette, mais simplement tous les réglages enregistrés. Une fois que le menu a été réduit en version compacte, en cliquant sur la flèche dans le coin inférieur gauche, il apparaîtra toujours de cette manière lorsqu'une tâche d'importation sera lancée. Pour revenir à un affichage complet, avec les vignettes et toutes les options, cliquez à nouveau sur la flèche en bas à gauche.

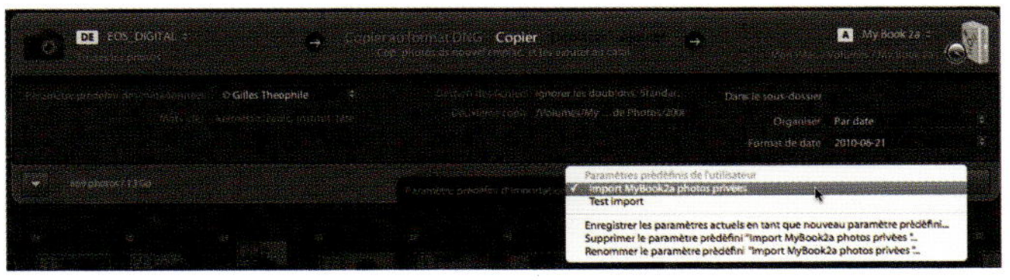

Conclusion : le nouveau menu d'importation de Lightroom 3 est particulièrement bienvenu, notamment grâce à la possibilité de surveiller d'un rapide coup d'œil à la fois les volumes et les dossiers source et de destination. La gestion des vignettes et l'affichage en mode Loupe sont précieux, d'autant que leurs raccourcis et comportements sont les mêmes que dans le module Bibliothèque. Le menu est très véloce, l'analyse du contenu des dossiers ou des cartes mémoire étant particulièrement rapide, avec un affichage des vignettes sans temps mort.

10 Le tri des images

Nous allons nous pencher sur la première tâche à effectuer au sein du flux de travail de Lightroom : le tri des images. Il se déroule en quatre étapes principales : le tri des images retenues ou rejetées, l'examen détaillé, la notation des meilleures images, et enfin, la passe destinée à valider la liste des photos rejetées avant de prendre une décision définitive quant à leur sort. Cette méthode est destinée à vous donner une base de travail que vous adapterez plus tard, en fonction de votre expérience et des besoins qui vous sont propres.

Raccourcis clavier

Touches X/P/U : marqueur Rejetée/Retenue/Neutre
Flèches gauche et droite : déplacement dans le Film fixe
Touches C/E/G : mode Comparaison/Loupe/Grille
Touches 1 à 5 : note de 1 à 5 étoiles
Touche 0 : réinitialiser la note

Étape 1

Le tri des images peut commencer dès la création des premières vignettes, et pendant que Lightroom génère les aperçus.

Pour le tri initial, j'affiche l'image en mode Adapt. (en grand, au centre), puis j'avance dans le Film fixe (flèche droite du clavier, ou gauche pour reculer) et j'applique un marqueur Retenue (touche P) ou Rejetée (touche X). Si vous changez d'avis, vous pouvez utiliser l'une des deux touches, ou appuyer sur U pour redonner un statut neutre à l'image.

Étape 2

Les vignettes des images retenues se parent d'un petit fanion blanc, tandis que les images rejetées se reconnaissent à leur fanion noir avec une croix blanche. Elles se recouvrent aussi d'un voile gris pour être repérées plus aisément dans la grille ou dans le Film fixe. Pour accélérer le travail, enclenchez le verrouillage des majuscules : à chaque fois que vous attribuez un marqueur, vous passerez automatiquement à l'image suivante.

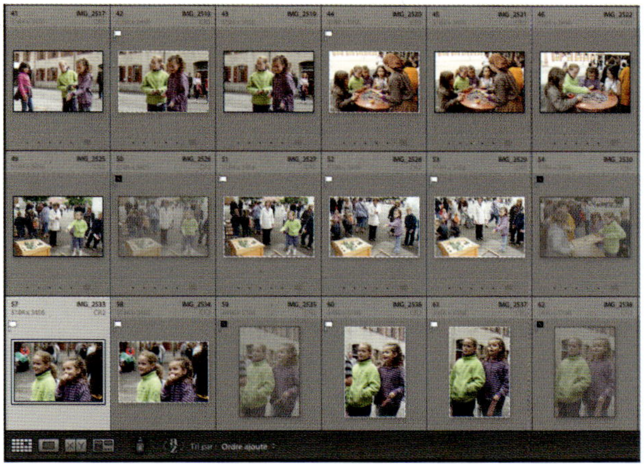

Étape 3

Lorsque toutes les images auront été marquées, vous pourrez passer à la deuxième phase de tri, en vous concentrant tout d'abord sur celles qui sont retenues. Dans le Film fixe, à droite, cliquez sur le petit fanion blanc tout de suite après le mot « Filtre ». Lightroom ne va afficher que les images retenues, que vous allez pouvoir inspecter plus en détail, notamment à l'aide du mode Comparaison et du zoom.

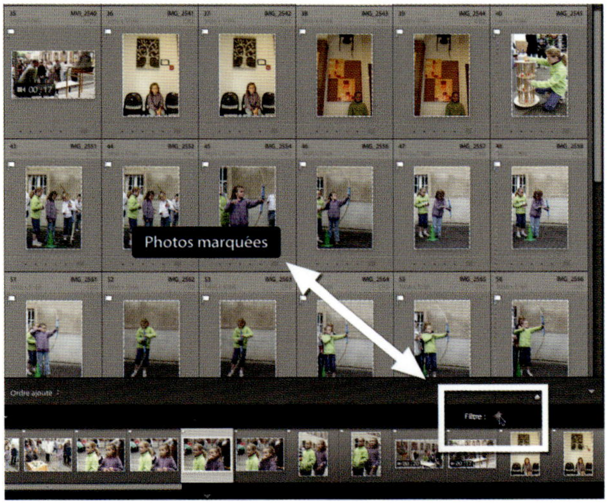

Étape 4

Faites un double-clic sur la première vignette pour afficher l'image en grand (au besoin, escamotez les panneaux latéraux avec la touche Tab, pour gagner de la place). Pour zoomer dans l'image, afin de vérifier sa netteté, appuyez brièvement sur la barre d'espace ; ensuite, déplacez-vous dans l'image centrale avec la main pilotée par la souris, ou en déplaçant le curseur rectangulaire situé dans la fenêtre du panneau Navigation. Pour revenir en arrière, pressez encore la barre d'espace. Vous pouvez également zoomer et revenir brièvement en appuyant longuement sur la barre d'espace, puis en la relâchant.

Étape 5

Si vous estimez que votre photo est nette, bien cadrée et correctement exposée, vous pouvez lui attribuer une note en nombre d'étoiles, en appuyant sur les touches 1 à 5 du pavé numérique. Pour réinitialiser la note, appuyez sur 0 (zéro).

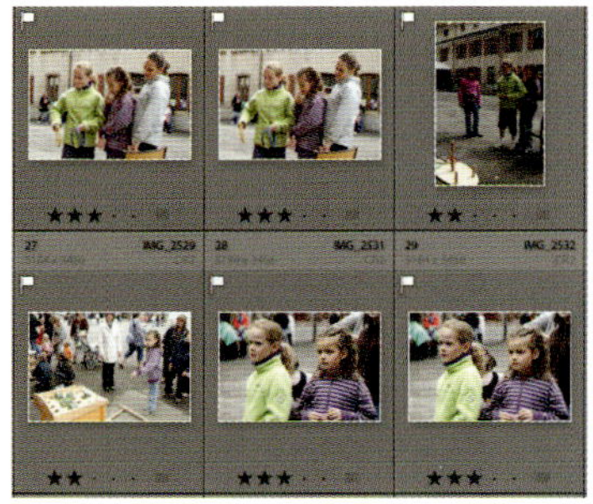

Étape 6

Pour juger un groupe d'images semblables, passez en mode Comparaison et sélectionnez deux images. Appuyez sur la touche C ou cliquez sur le bouton Comparaison (dans la barre d'outils, sous la zone d'affichage centrale). Appuyez ensuite sur la touche I pour afficher les incrustations contenant le nom des fichiers (ce qui permet de s'y retrouver si on permute les images comparées).
On identifie l'image de gauche (« Sélectionner ») dans le Film fixe grâce au cadre clair et au losange clair en haut à droite de la vignette. L'image de droite (« Candidat ») a un cadre gris moyen et le petit losange est noir. C'est l'image de gauche qui va servir de référence pour la comparaison.

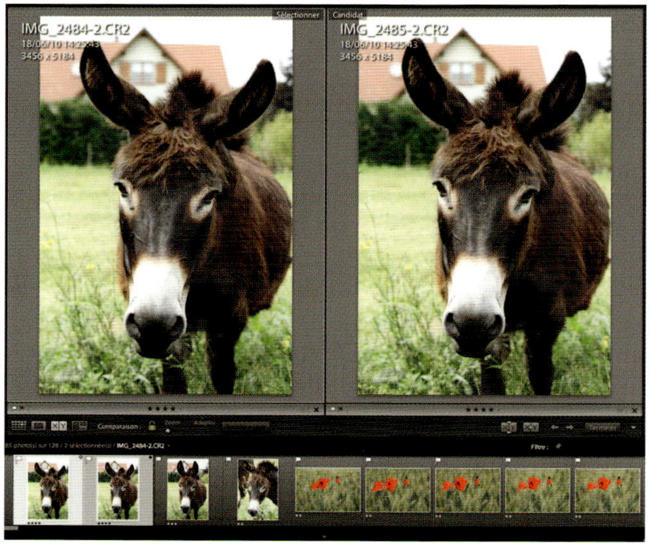

Étape 7

Pour changer d'image candidate, il suffit de passer à la vignette suivante, dans le Film fixe, avec la flèche droite du clavier. Vous pouvez également permuter les deux images avec le bouton Permuter, dans la barre d'outils. Le mode Comparaison permet également d'attribuer un marqueur, une note et un libellé de couleur.

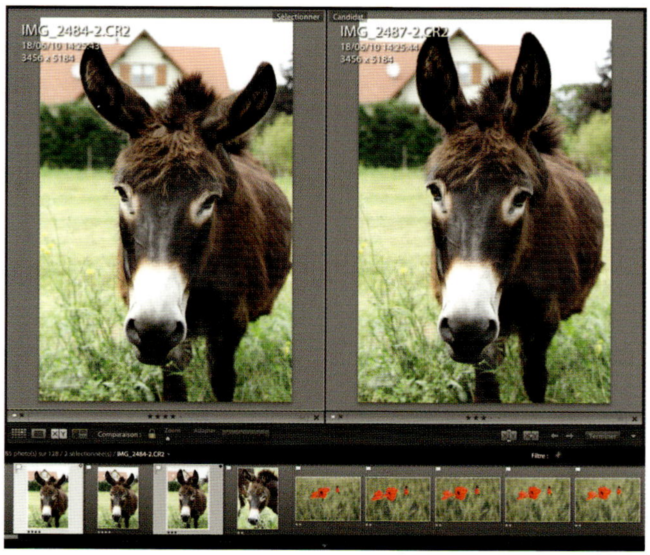

Étape 8

Le mode Comparaison permet de zoomer et de se déplacer dans les deux images de manière synchrone si le petit cadenas de la barre d'outils est fermé. S'il est ouvert, ces opérations pourront s'effectuer de manière asynchrone. Pour resynchroniser instantanément la navigation dans les deux images, appuyez sur le bouton Synchroniser. Pour quitter le mode Comparaison, appuyez sur la touche E pour revenir en mode Loupe, ou sur la touche G pour revenir en mode Grille.

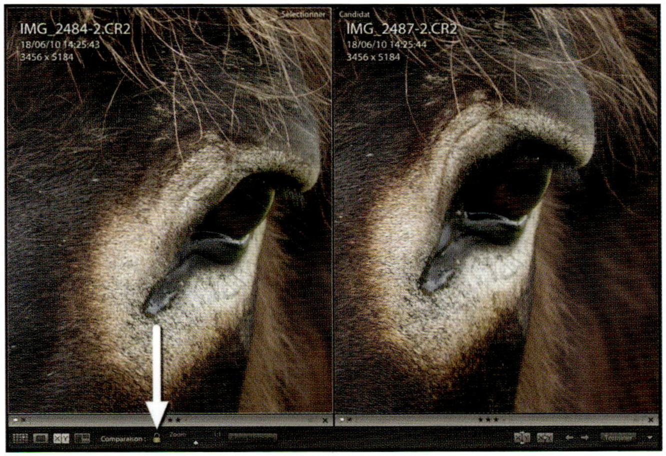

Étape 9

Lorsque toutes les images retenues auront été notées – certaines auront été probablement rejetées en raison, par exemple, d'un manque de netteté – il est temps de revenir sur les images rejetées avant de les supprimer définitivement. Pour cela, désactivez le fanion Retenues dans le filtre du Film fixe, puis cliquez sur le fanion des images rejetées. Recommencez les étapes précédentes pour inspecter vos images. Pour changer le statut d'une image rejetée, appuyez sur la touche U (Neutre) ou P (Retenue) : elles disparaîtront automatiquement de la grille et du Film fixe.

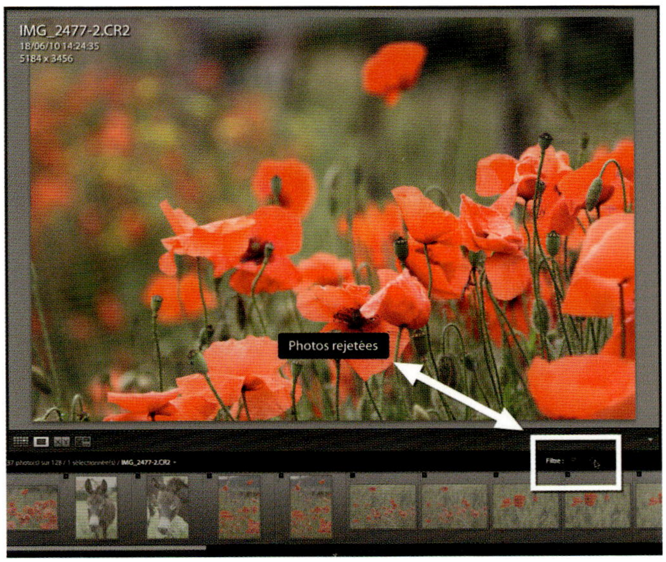

Étape 10

S'il n'y a rien à tirer des images rejetées, repassez en mode Grille, sélectionnez toutes les vignettes (Ctrl/Cmd + A), faites un clic droit et choisissez Supprimer les photos, dans le menu contextuel. Dans la boîte de dialogue qui s'affiche, cliquez sur Supprimer du disque (pour supprimer les images du catalogue et les effacer du disque dur) ou, pour leur donner une chance ultime, cliquez sur Effacer (pour les retirer du catalogue) : les images ne seront pas effacées du disque dur.

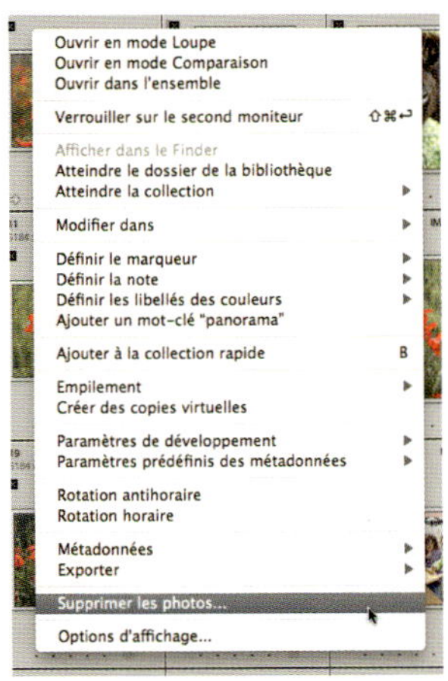

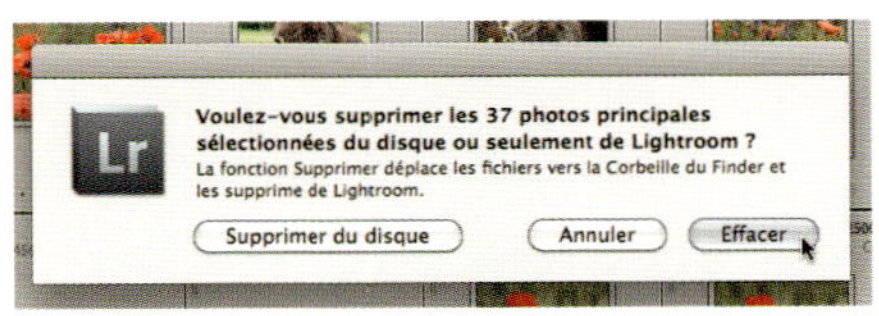

Étape 11

Le fonctionnement des marqueurs de Lightroom est local : ils ne s'appliquent aux images qu'au sein de leurs propres dossiers dans le module Bibliothèque. Si vous créez une collection à partir de ces images, elles conserveront bien leurs marqueurs dans le dossier d'origine, mais les perdront dans la collection, ce qui vous permettra d'appliquer à nouveau des marqueurs de manière indépendante. En effet, il faut bien séparer le rôle des dossiers, qui assurent le stockage, et celui des collections, destinées à gérer et organiser votre production.

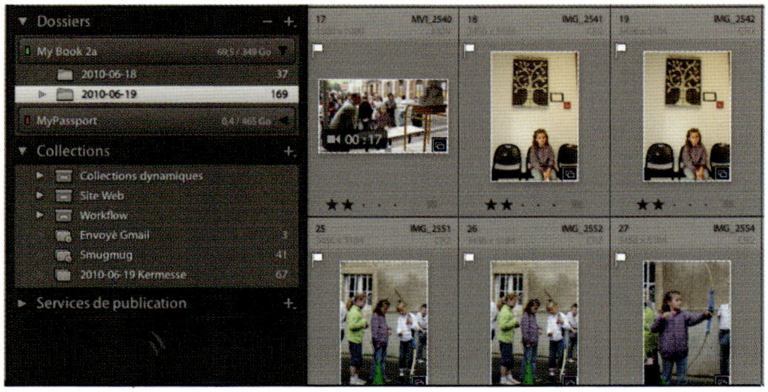

Conclusion : après avoir utilisé les filtres pour afficher les images retenues ou rejetées, n'oubliez pas de les désactiver à l'aide du raccourci clavier Ctrl/ Cmd + L ; ceci vous évitera certains désagréments, comme ne plus voir la totalité de vos images tout simplement parce que vous avez oublié de désactiver un filtre. Le tri et la notation des images constituent une étape essentielle du catalogage. En effet, séparer les photos réussies des images ratées ou banales vous permet de consacrer tout votre temps uniquement aux meilleures d'entre elles. Supprimez les images ratées, mais conservez celles qui vous semblent banales, peut-être changerez-vous d'avis dans quelques mois...

11 Les collections dynamiques

Comme nous suivons le flux de travail d'importation au sein de Lightroom, nous allons traiter ici des collections dynamiques (créées automatiquement en fonction de critères établis par l'utilisateur) avant de parler de la manière d'organiser les dossiers et les collections classiques (gérées manuellement). En effet, après avoir trié les images et attribué des notes, il est indispensable de regrouper dès que possible les meilleures d'entre elles afin de consacrer l'essentiel de son temps à travailler sur les photos qui en valent réellement la peine.

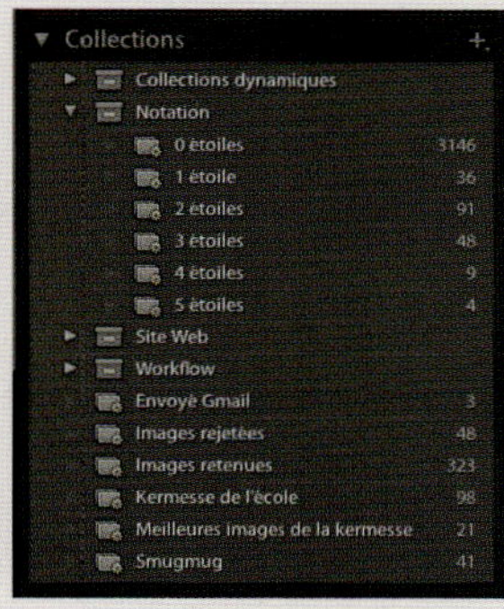

Étape 1

Il faut prendre de bonnes habitudes dès le départ. Après avoir importé, trié et noté les images, conformément aux exercices 09 et 10, nous allons faire en sorte que le logiciel regroupe automatiquement les photos au sein de trois collections :

- les photos ayant reçu un marqueur Retenue ;
- celles qui ont une note égale ou supérieure à 3 étoiles ;
- celles qui contiennent les mots-clés « kermesse » et « école ».

Pour aller plus loin, nous allons créer ensuite une collection dynamique qui regroupera ces trois critères.

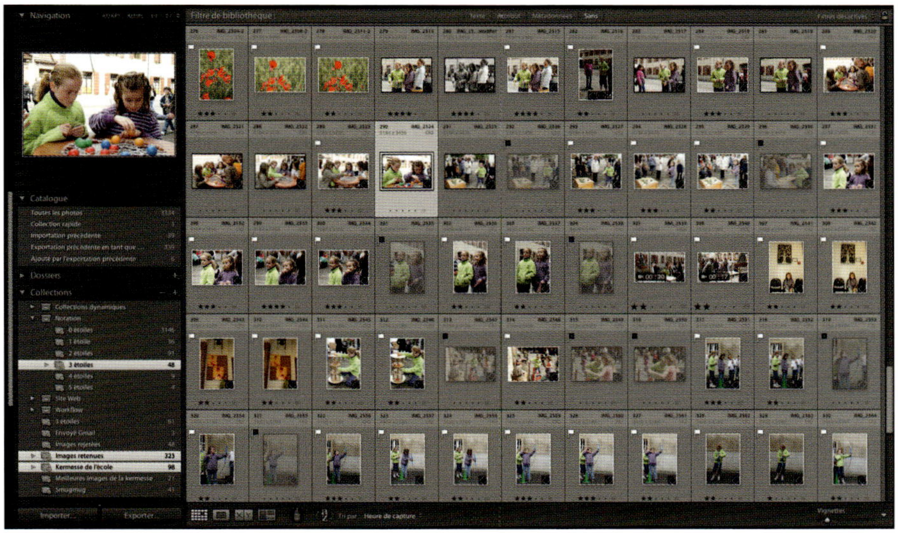

Étape 2

Dans le panneau Collections, cliquez sur « + » et sélectionnez Créer collection dynamique. Dans la boîte de dialogue, saisissez le nom de la collection (ici « Images retenues »). Le menu déroulant Ensemble permet de l'ajouter à une hiérarchie existante. Laissez « Correspond à "toutes les" règles suivantes » tel quel. Dans la partie centrale, déroulez les menus et choisissez : « Marqueur Retenue/ est/marquée ».
Validez en cliquant sur Créer : Lightroom va immédiatement analyser le contenu du catalogue et rassembler toutes les images ayant un marqueur Retenue.

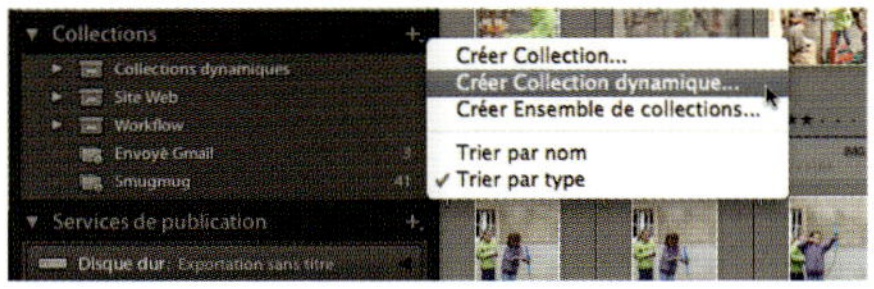

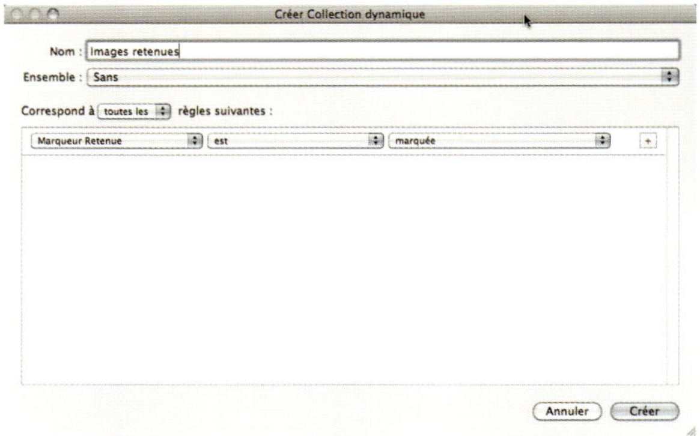

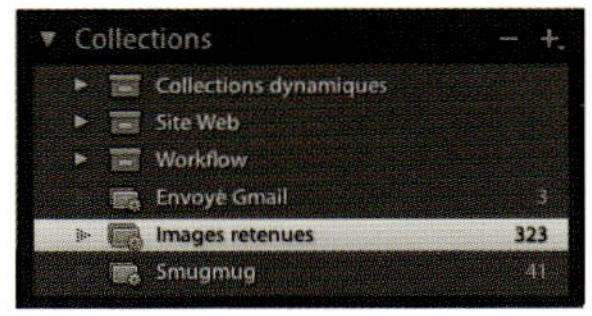

Étape 3

Nous allons reprendre le même exercice, cette fois avec une collection dynamique nommée « 3 étoiles » et réunissant les critères suivants : « Note/est supérieure ou égale à/3 étoiles » (cliquez sur le 3e point).
Validez en cliquant sur Créer : Lightroom affiche toutes les images du catalogue ayant été notées avec au moins 3 étoiles. Bien entendu, on peut créer une collection dynamique active sur un dossier ou une sélection de dossiers, au lieu du catalogue complet.

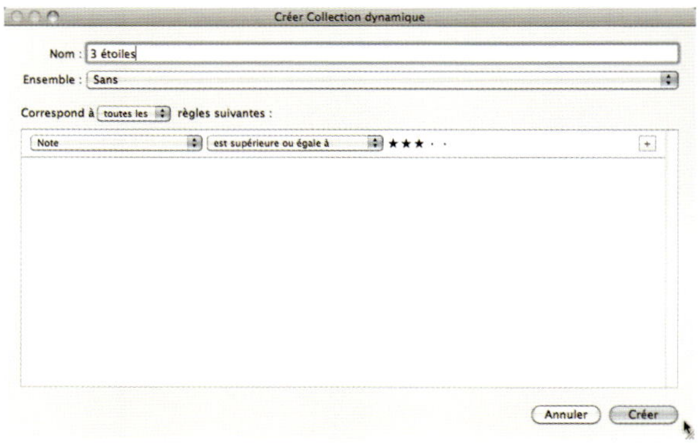

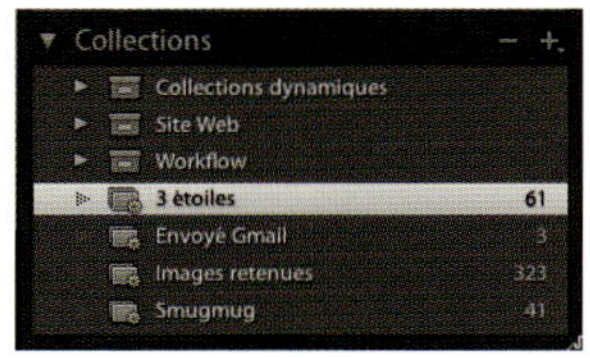

Étape 4

Créer une collection dynamique à partir de mots-clés est tout aussi simple, à condition bien sûr que ces derniers existent déjà dans le catalogue. Dans cet exemple, je nomme la collection dynamique « Kermesse de l'école » et je choisis les critères suivants : « Mots-clés/contient les mots/kermesse, école » (saisis au clavier et séparés par une virgule).
Une fois que vous avez cliqué sur Créer, Lightroom rassemble les images contenant ces mots-clés, quel que soit le statut ou la note des images.

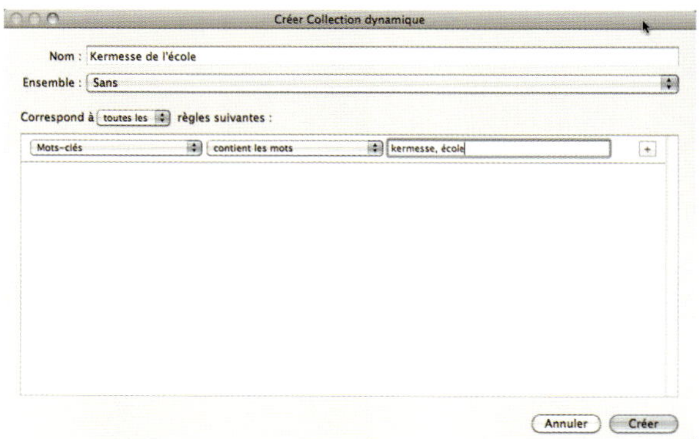

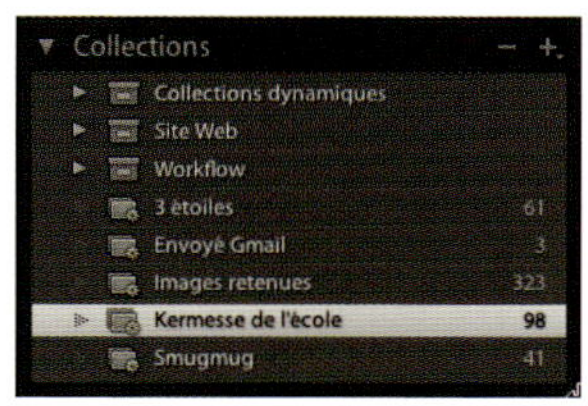

Étape 5

Il est temps de passer à la vitesse supérieure et de créer une collection dynamique combinant les trois critères précédents – image retenue, note supérieure ou égale à 3 étoiles et contenant les mots-clés « kermesse » et « école » – ce qui s'avérera bien plus utile et productif que des collections à critère unique. Cette collection sera nommée « Meilleures images de la kermesse », avec les critères des trois étapes précédentes qu'on additionnera : pour ajouter un critère, cliquez sur le bouton « + » au bout de chaque ligne.

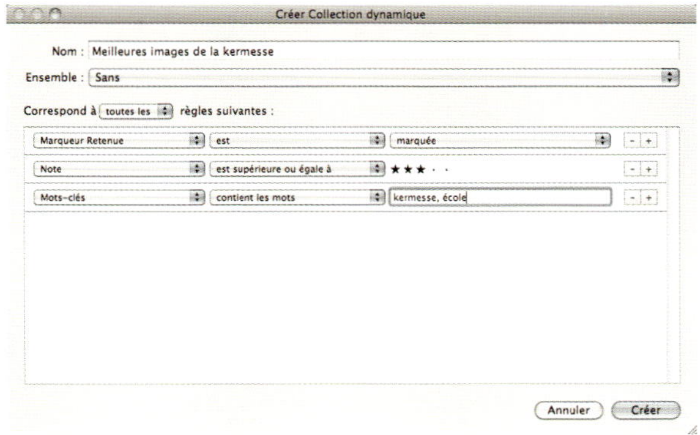

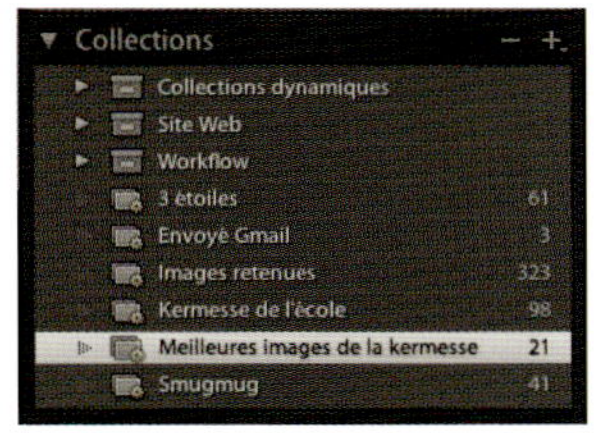

Étape 6

Une fois que vous avez cliqué sur le bouton Créer, Lightroom collecte toutes les images qui ont été retenues, avec une note égale ou supérieure à trois étoiles et qui contiennent les mots-clés « kermesse » et « école ».

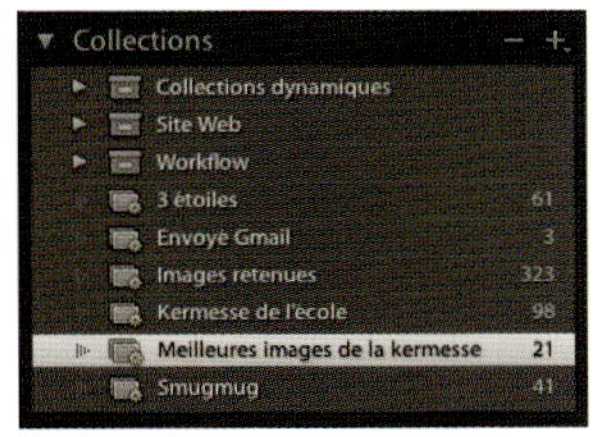

Étape 7

Lors de création d'une collection dynamique à plusieurs critères, il faut faire attention au statut des règles dans la fenêtre de création :

- Correspond à « toutes les » règles suivantes : Lightroom collectera les images qui correspondent à l'ensemble des critères additionnés (marqueur Retenue ET note supérieure ou égale à 3 étoiles ET contenant les mots-clés « kermesse » et « école ») ;
- Correspond « à l'une » des règles suivantes : Lightroom collectera les images qui correspondent au moins à l'un des critères (marqueur Retenue ET/OU note supérieure ou égale à 3 étoiles ET/OU contenant les mots-clés « kermesse » et « école »). On retient ici ET/OU, car si une image présente au moins deux des critères, elle sera incorporée à la collection dynamique ;

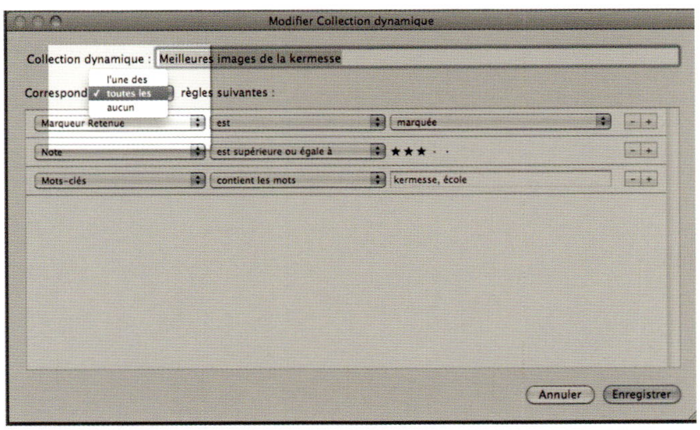

- Correspond à « aucune » des règles suivantes : Lightroom collectera toutes les images du catalogue qui ne correspondent à aucun des critères précédents.

Étape 8

Dès le début de votre travail dans Lightroom, il est indispensable de concevoir une pyramide qualitative de vos images à l'aide de la notation par étoiles, le but étant de vous concentrer sur vos meilleures productions. Pour cela, créez six collections dynamiques de notation de 0 à 5 étoiles, avec les critères suivants :

- choisissez le critère Ensemble : pour classer vos collections, créez au préalable un ensemble de collections que vous appellerez « Notation » ;
- nommez chaque collection dynamique « X étoiles » (de 0 à 5) ;
- choisissez l'ensemble Notation dans la liste déroulante Ensemble ;
- sélectionnez le critère Correspond à « toutes les » règles suivantes ;
- critère Note + est + X étoiles (ne pas cocher les points pour 0 étoiles).

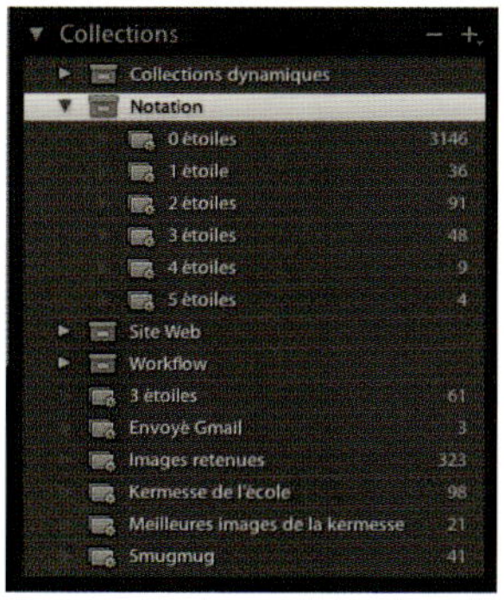

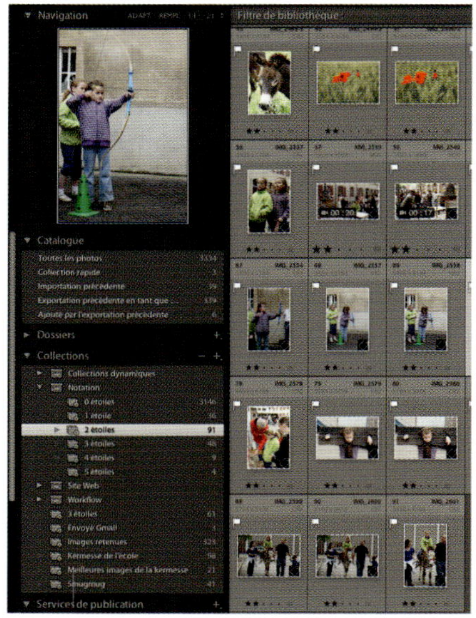

Étape 9

Si l'espace de stockage n'est pas un problème pour vous, il est utile ce créer une collection dynamique qui regroupe toutes les images ayant un marqueur Rejetée, avec les critères suivants : « Marqueur Retenue/est/rejetée ».

Ainsi, au besoin, vous pourrez revisiter ces images et peut-être changer d'avis, après quelques mois.

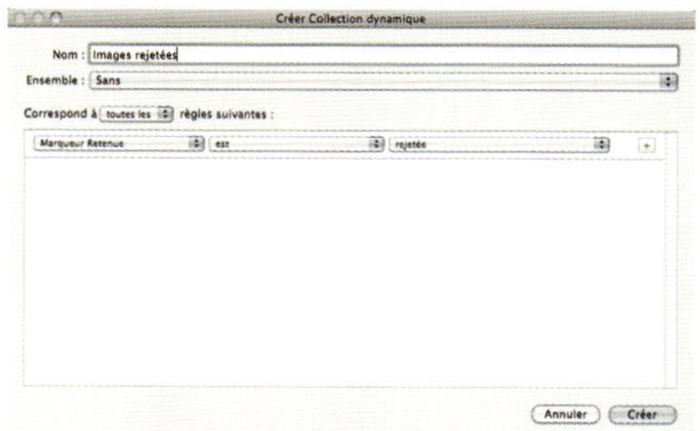

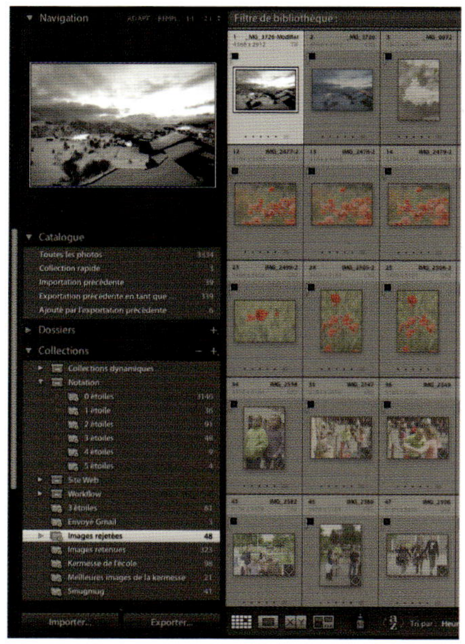

> **Conclusion :** les collections dynamiques sont un outil de tri et de catalogage particulièrement puissant. Les critères sont innombrables, mais (même si cela est possible) évitez les collections dynamiques qui en comportent trop. Le catalogage doit vous aider à retrouver une image rapidement et des collections dynamiques à critères multiples rendront votre travail effroyablement complexe.
>
> Contrairement aux collections classiques, vous ne pouvez pas déposer ou retirer une image à la main dans une collection dynamique. Bien entendu, une image pourra faire partie de plusieurs collections dynamiques, sans être physiquement dupliquée.

12 Les collections

Après avoir vu les collections dynamiques qui permettent, dans un premier temps, de classer automatiquement les images en fonction de leur notation, nous revenons dans cet exercice aux collections classiques telles qu'elles existent depuis Lightroom 1.0. C'est avec elles que vous organiserez et classerez vos meilleures images en fonction du sujet photographié, du thème, de leur destination ou de votre client.

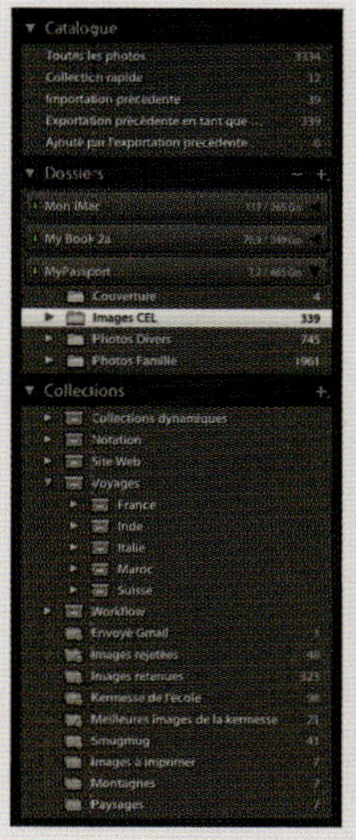

Raccourcis clavier

Ctrl/Cmd + B : afficher la collection rapide

Touche B : ajouter une image à la collection rapide

Étape 1

Les dossiers créés lors de l'importation de photos sont destinés au stockage physique, et sont un miroir des répertoires réellement présents sur le disque dur (voir l'exercice 13). Les collections sont des dossiers virtuels, pouvant contenir un nombre infini d'images. Grâce à ce statut particulier, une image peut faire partie de plusieurs collections. Les collections seront donc utilisées pour classer les images par thèmes, par sujets, par projets ou par clients.

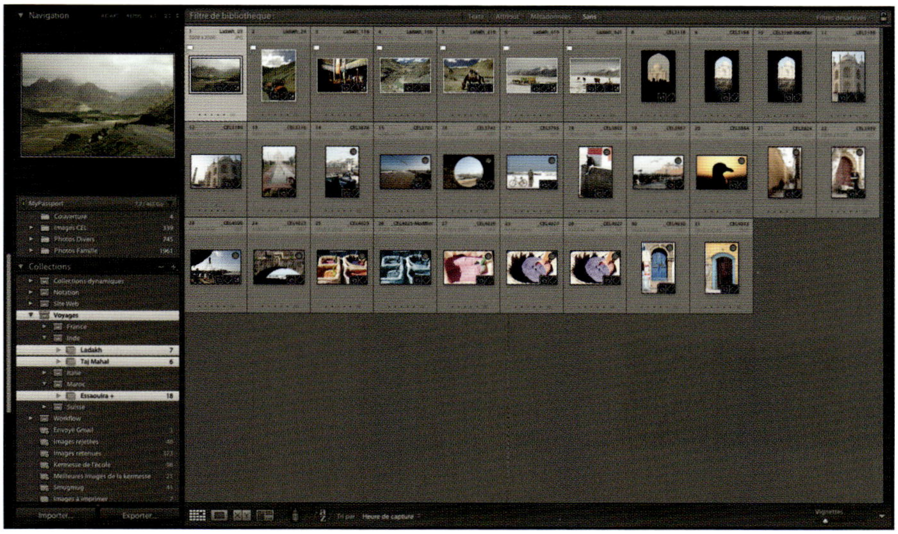

> **Conclusion :** les collections acceptent les copies virtuelles mais il n'est pas possible d'y empiler des images. Comme nous l'avons indiqué dans l'exercice 10, vous pouvez attribuer des marqueurs Retenue/Rejetée dans les collections sans modifier le tri au niveau des dossiers. Malgré tout, évitez cette possibilité, qui ne ferait que compliquer la gestion de vos images ; notez les photos au niveau des dossiers, et n'utilisez les collections que pour le traitement des images.

Étape 2

L'exemple le plus simple pour montrer les avantages des collections est de prendre une série d'images de voyage. Dans quel dossier faudrait-il classer ces photos : Voyages ? Maroc ? Essaouira ? Il suffit de créer un ensemble de collections Voyages contenant un autre ensemble nommé « Maroc », lui-même contenant une collection nommée selon un lieu plus précis, comme « Essaouira », et d'y glisser toutes les photos qui y ont été prises. Si une image appartient à une collection, une icône apparaîtra dans la vignette (deux cadres superposés). En cliquant dessus, on affiche la liste des collections auxquelles appartient l'image ; on peut s'y rendre directement en cliquant sur le nom.

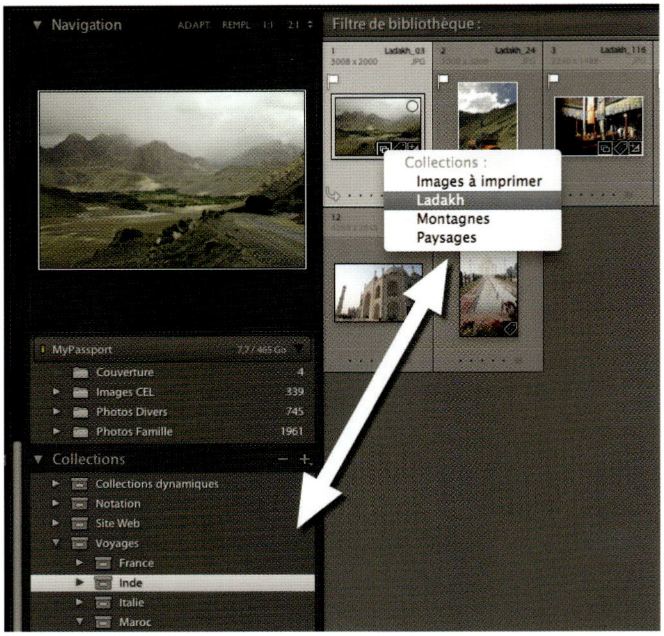

Étape 3

Pour créer une collection, il faut cliquer sur le signe « + » situé dans l'en-tête du panneau Collections, à gauche dans le module Bibliothèque. Sélectionnez Créer collection, dans le menu contextuel, puis, dans la fenêtre de dialogue qui apparaît, saisissez le nom que vous voulez lui donner. Cliquez sur Créer pour valider.

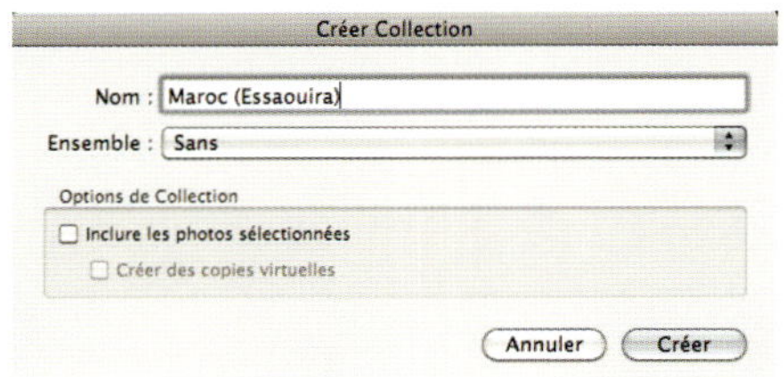

Étape 4

Dès que la collection est créée, retournez dans la grille afin de sélectionner les images puis de les y déposer. Attention de bien les saisir par la vignette et non pas par le cadre. Une méthode encore plus rapide consiste à faire un clic droit sur la collection, puis à choisir la commande Définir comme collection cible, dans le menu contextuel (un petit signe « + » apparaîtra à côté du nom de la collection). À chaque fois qu'une image doit être attribuée à la collection, cliquez sur la vignette puis appuyez sur la touche B du clavier.

Étape 5

Les collections peuvent être regroupées et hiérarchisées dans un ensemble de collections. Pour en créer un, cliquez de nouveau sur le signe «+» et sélectionnez la commande Créer Ensemble de collections. Dans la boîte de dialogue, saisissez le nom de l'ensemble («Voyages»). Le menu déroulant Ensemble permet d'attribuer un ensemble ou une collection à un autre ensemble de collections.

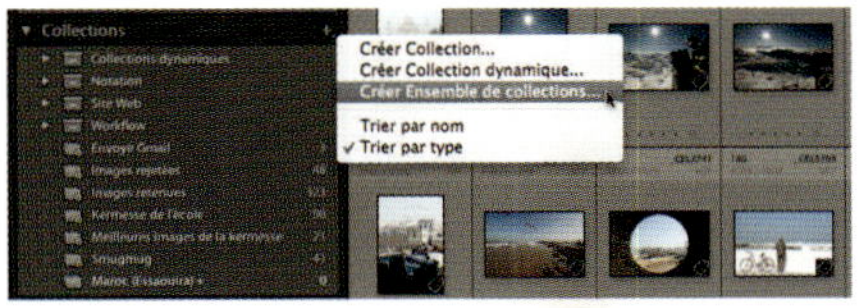

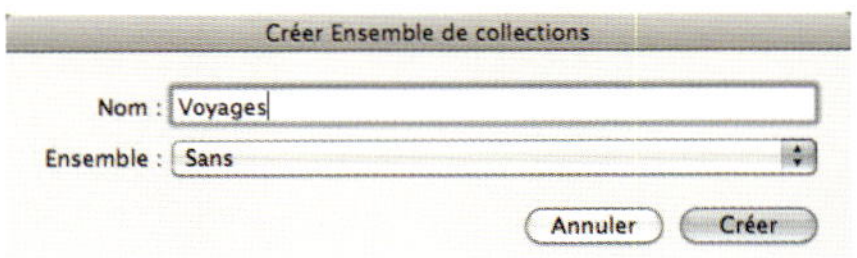

Étape 6

Évitez de vous lancer dans des hiérarchies d'ensembles de collections trop complexes, même si Lightroom le permet. Créez un ensemble représentatif d'un sujet ou d'un thème général, puis ventilez les images dans des collections spécifiques.

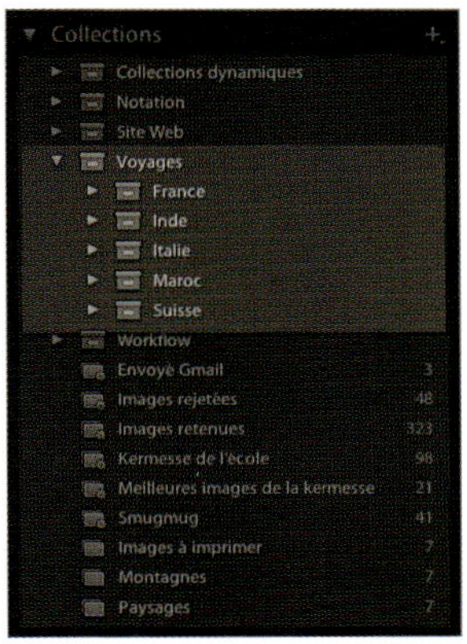

Étape 7

Il existe une méthode de création de collections à la volée : la collection rapide se trouve dans le panneau Catalogue ; le petit signe «+» atteste qu'elle est active. Passez dans la grille et collectez les images en appuyant sur la touche B. Un message «Ajouter à la collection rapide» apparaîtra dans le panneau d'affichage central, ainsi qu'un disque gris dans le coin supérieur droit de la vignette. Pour annuler, appuyez de nouveau sur B.

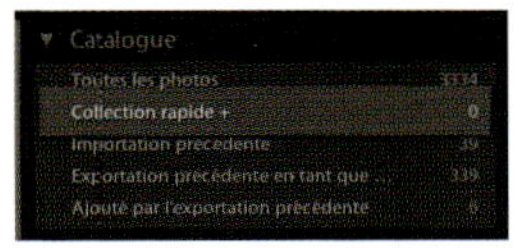

Étape 8

Faites un clic droit sur Collection rapide, dans le panneau Catalogue, au sein du module Bibliothèque, puis choisissez Enregistrer la collection rapide. Dans la boîte de dialogue qui s'affiche, entrez le nom que vous voulez donner à cette collection. Prenez bien soin de cocher l'option Effacer la collection rapide, après l'enregistrement, pour la réinitialiser (afin qu'elle soit prête à être réutilisée). Après enregistrement, votre nouvelle collection apparaît dans le panneau du même nom. Bien entendu, le système de collection rapide fonctionne avec n'importe quelle collection à partir du moment où elle a été définie comme collection cible (avec le signe «+» après le nom).

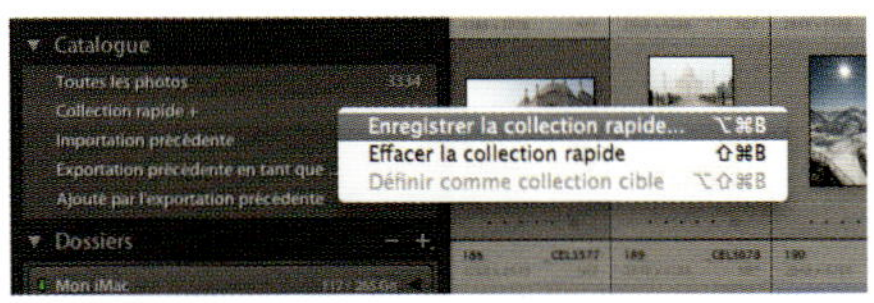

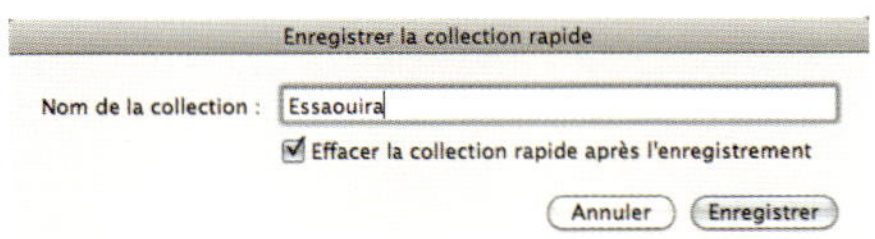

13 Les dossiers

Après avoir fait un tour par les collections, nous revenons ici aux dossiers qui servent avant tout, dans Lightroom, au stockage des images. Les dossiers font partie de la base de données, mais ils représentent exactement ce qui se trouve sur le disque dur. Dans cet exercice, nous allons voir comment organiser les dossiers de manière optimale et comment les utiliser.

Étape 1

La méthode de classement la plus pratique est sans conteste l'ordre chronologique, au format année-mois-jour. Classer les dossiers par sujets ou par thèmes atteint vite ses limites : en effet, si je photographie mes enfants à la kermesse, où dois-je placer les images ? Dans le dossier Enfants ? École ? Si vous photographiez, sur une même image, un chien et un chat, quel dossier choisirez-vous ? Canidé ? Félin ? Classez vos dossiers par dates, et laissez les sujets et les thèmes aux collections.

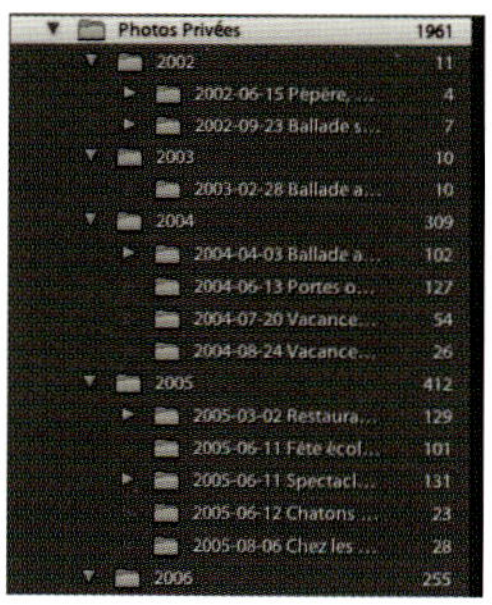

Remarque : la gestion des dossiers dans Lightroom est tout à fait semblable à celle du système d'exploitation, il n'y a donc aucune raison de modifier ou de manipuler vos fichiers en dehors de Lightroom. Ce qui est possible avec les dossiers vaut pour les fichiers et les images : vous pouvez les déplacer d'un dossier à l'autre ou créer à tout moment d'autres dossiers ou sous-dossiers. Là encore, évitez les hiérarchies trop complexes. Et n'oubliez pas d'appliquer les deux règles suivantes :

- utilisez les dossiers pour le stockage et la gestion des images ;
- utilisez les collections pour travailler sur vos images par thèmes, sujets, clients ou publications.

Étape 2

La hiérarchie de dossiers doit comporter un nombre limité de répertoires principaux, par exemple Photos privées et Photos professionnelles. Ceci vous fera gagner beaucoup de temps si vous devez déplacer ou synchroniser le contenu du catalogue. Placez, dans ces répertoires principaux, des dossiers par années : 2009, 2010, 2011, etc. Pour ajouter un dossier dans le module Bibliothèque, cliquez sur le bouton « + » du panneau Dossiers (Ajouter un dossier) ou sélectionnez Créer un dossier dans, dans le menu contextuel (lorsque vous faites un clic-droit sur un dossier).

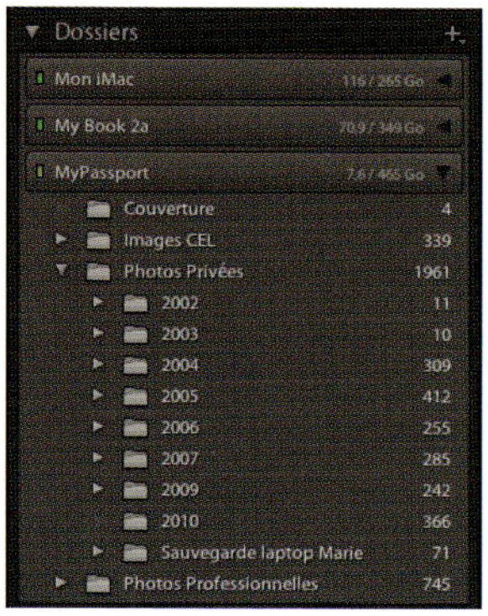

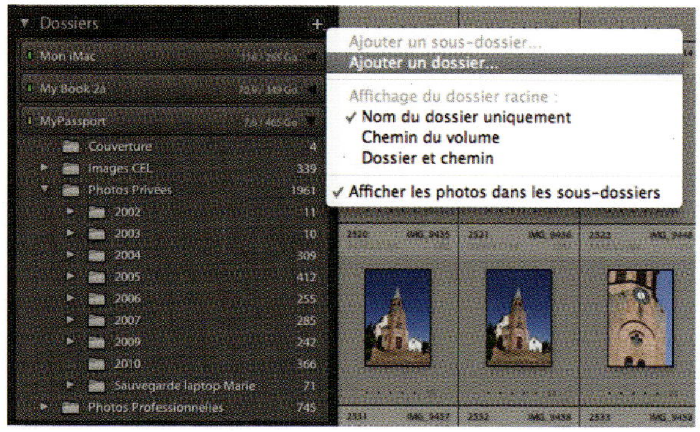

Étape 3

Lors de l'importation, n'oubliez pas de choisir, dans le panneau Destination, la commande Organiser par date et Format de date AAAA-MM-JJ. Ce système présentera l'avantage de ventiler les images de sujets différents pris à la même date :

- 2010-06-19 Kermesse de l'école ;
- 2010-06-19 Balade à dos d'âne ;
- 2010-06-19 Tir à l'arc ;

Résistez à la tentation des hiérarchies de dossiers à plusieurs niveaux, notamment pour ventiler les images prises le même jour. Votre liste de dossiers sera plus longue, mais plus aisée à parcourir.

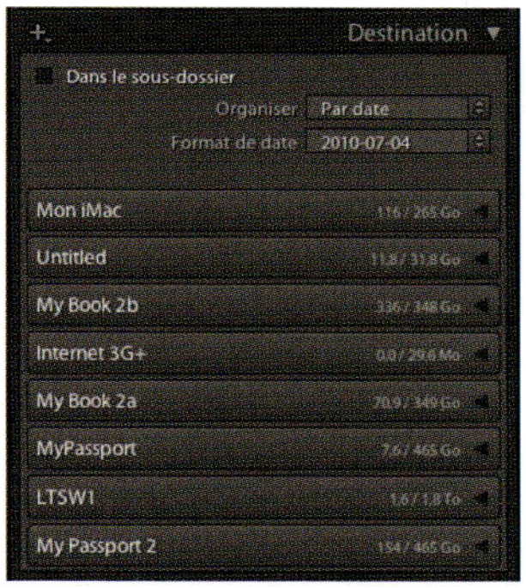

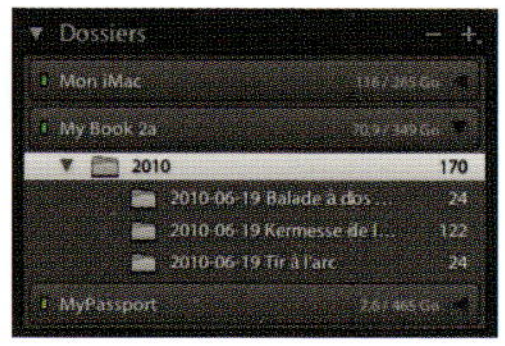

Étape 4

Autre bonne habitude à prendre : ne pas déplacer ou modifier d'images hors de Lightroom, dans l'Explorateur Windows ou dans le Finder de Mac OS X. Bien que les architectures de dossiers entre le logiciel et le système soient les mêmes, ils font partie de la base de données (du catalogue) de Lightroom, et vous risquez de briser le lien entre les dossiers et le catalogue (dans ce cas, les dossiers et vignettes afficheront un point d'interrogation).

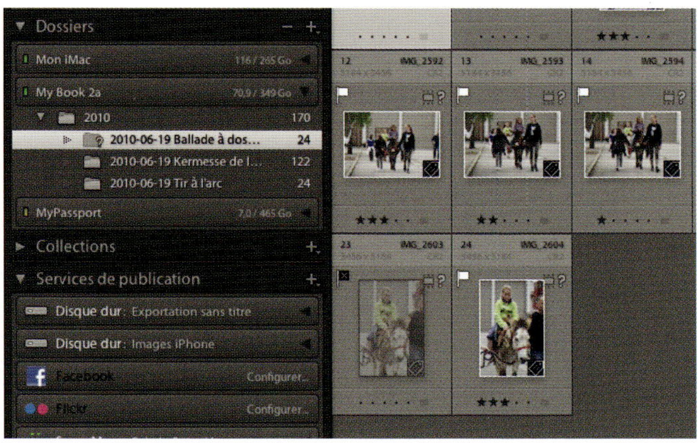

Étape 5

Pour restaurer le lien entre Lightroom et un dossier, faites un clic droit sur le point d'interrogation et sélectionnez Rechercher le dossier manquant. Une fenêtre de dialogue s'ouvrira et vous proposera d'explorer le disque dur pour localiser le dossier ou les fichiers. Dans le cas de ces derniers, Lightroom peut rechercher les photos manquantes situées à proximité, à condition que l'option soit cochée dans la boîte de dialogue.

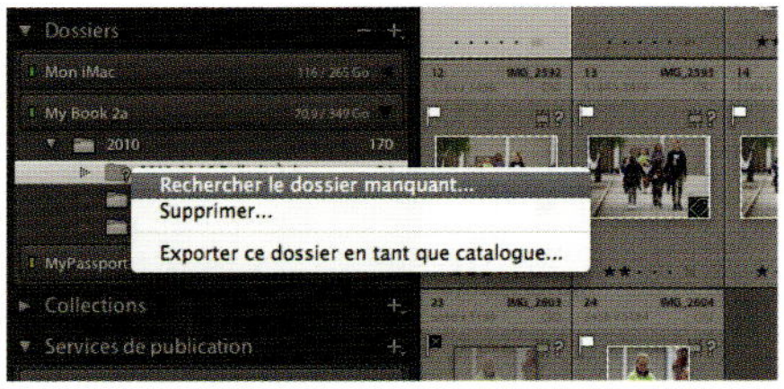

Étape 6

Ne confondez pas la commande Restaurer le lien avec une autre commande du menu contextuel, Mettre à jour l'emplacement du dossier, lorsqu'on fait un clic droit sur un dossier. Cette dernière sera utile si vous travaillez, pour une raison ou une autre, avec des copies de dossiers situées sur d'autres volumes.

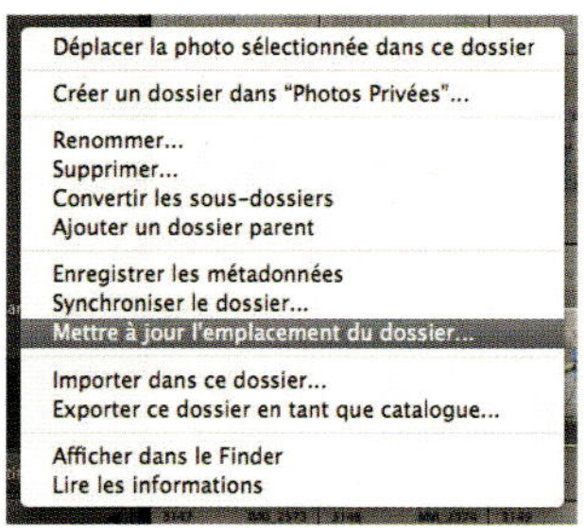

Étape 7

Il y a deux méthodes pour importer de nouvelles images directement dans un dossier : Synchroniser le dossier et Importer dans ce dossier. La première est particulièrement utile si des images ont été ajoutées dans un dossier sans passer par Lightroom. Après avoir fait un clic droit et choisi cette commande dans le menu contextuel, une boîte de dialogue va s'afficher : Lightroom va comparer le contenu du dossier avec celui du disque dur et compter le nombre de nouvelles photos et les photos manquantes (suite à une suppression). Il suffit de cliquer sur Synchroniser pour mettre le contenu du dossier à jour. Une option permet de ne pas lancer le menu d'importation.

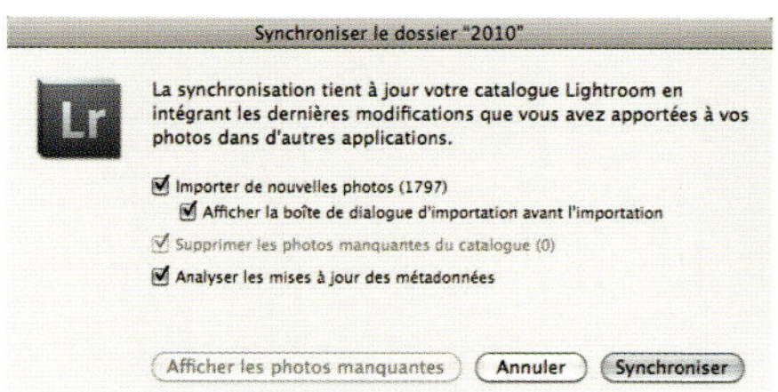

Étape 8

La seconde méthode n'est qu'une méthode d'importation directe dans le dossier choisi. Le menu d'importation va se lancer, mais vous n'aurez pas besoin de choisir la destination des images, puisque le dossier sera automatiquement sélectionné.

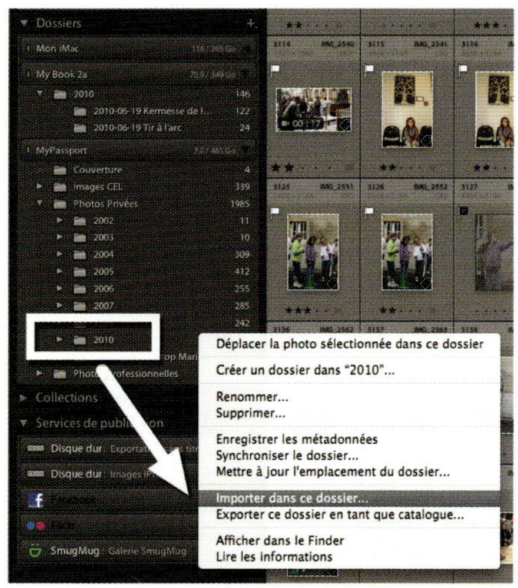

Étape 9

On peut renommer ou supprimer librement un dossier au sein de Lightroom. Il est également possible de déplacer un dossier simplement en le faisant glisser à un autre emplacement, par exemple à l'intérieur d'un autre répertoire. Dans ce cas, il est impératif de le faire dans Lightroom, pour ne pas perdre le lien avec la base de données. En revanche, toute intervention sur un dossier dans Lightroom se produira également sur le disque dur.

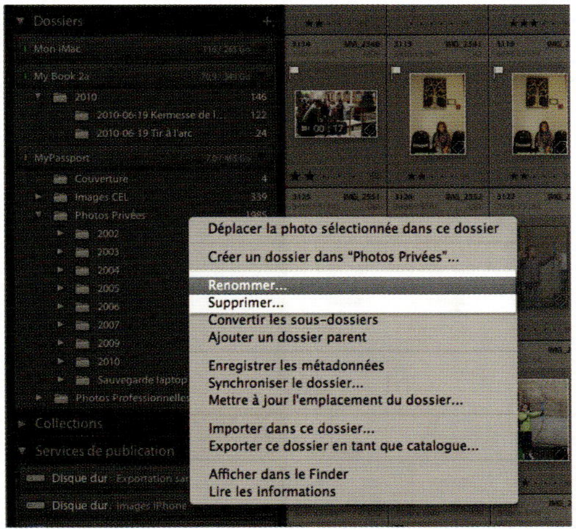

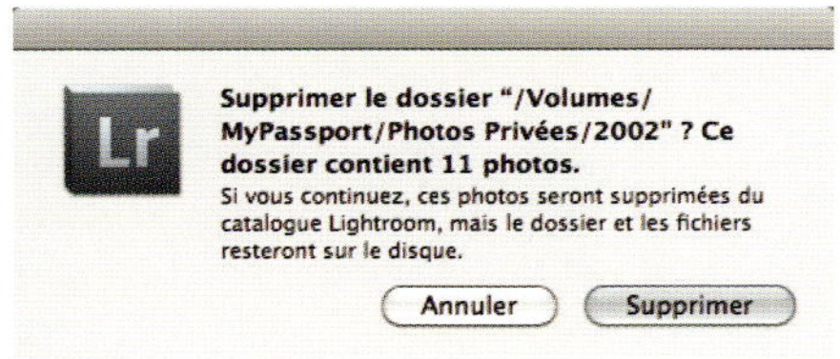

Étape 10

Dans le menu contextuel, on trouvera encore deux fonctions assez ésotériques au premier abord : Convertir les sous-dossiers et Ajouter un dossier parent. Si vous disposez d'une hiérarchie de dossiers, avec un dossier principal 2010 contenant des sous-dossiers, la commande Convertir les sous-dossiers supprimera le dossier principal 2010, et les sous-dossiers seront transformés en liste de dossiers principaux.

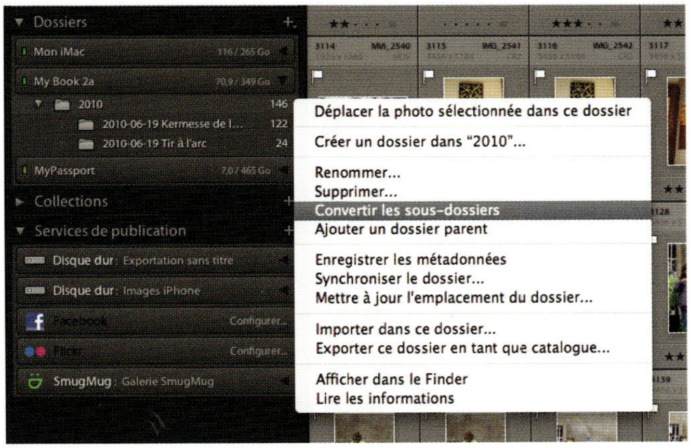

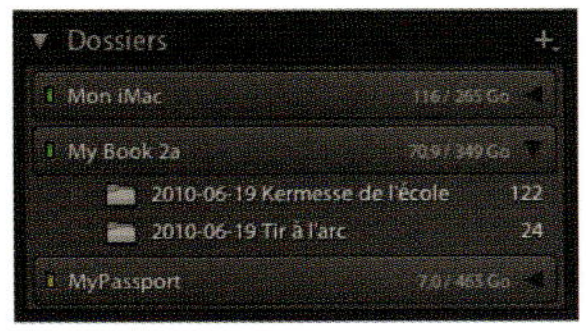

Étape 11

Ajouter un dossier parent fait apparaître un dossier supérieur dans la hiérarchie des dossiers Lightroom. En général, il s'agit d'un répertoire qui existe dans le système mais qui n'est pas référencé dans Lightroom. Concrètement, si votre dossier principal 2010 est un sous-dossier de Photos privées sur votre disque dur, vous le ferez apparaître en faisant un clic droit sur le dossier 2010 et en choisissant l'option Ajouter un dossier parent.

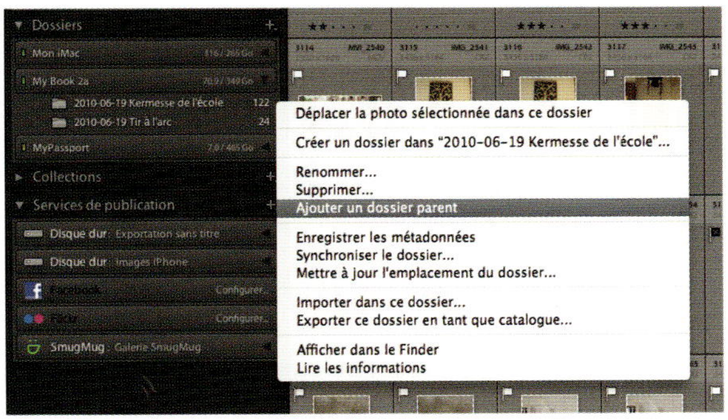

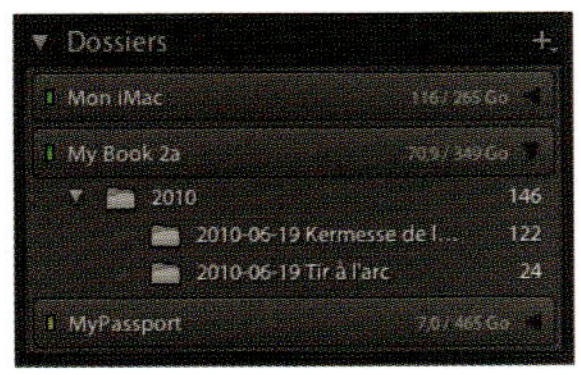

Remarque : à tout moment, Lightroom vous donne la possibilité de voir l'emplacement des dossiers ou des fichiers dans le système. Il suffit de faire un clic droit et de sélectionner Afficher, dans le Finder (ou l'Explorateur sur PC).

Étape 12

Le panneau Dossier affiche également les différents volumes, disques durs et autres, sous forme de barres comportant un voyant dont la couleur donne une indication du taux de remplissage du disque en question :

- vert : plus de 10 Go d'espace disponible ;
- jaune : moins de 10 Go disponible ;
- orange : moins de 5 Go disponible ;
- rouge : moins de 1 Go disponible.

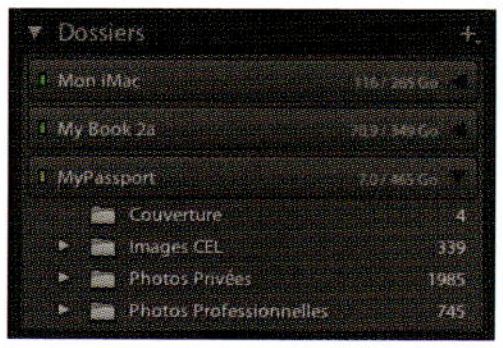

Remarque : le voyant rouge indique une situation critique, puisque Lightroom exige de disposer d'au moins 1 Go de libre pour pouvoir écrire dans les métadonnées, suite à une modification quelconque des images ; vous risquez d'apercevoir un point d'exclamation sur les vignettes, il faudra plus d'espace pour que les métadonnées se mettent à jour.

Étape 13

Un clic droit sur un volume permet de basculer entre les différentes informations affichées, comme la capacité totale du volume, le taux d'occupation, le nombre de photos ou l'état (en ligne ou hors ligne). Sélectionner Lire les informations affiche le dialogue du système décrivant le volume (capacité, emplacement, etc.).

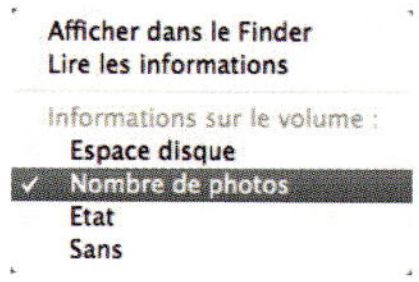

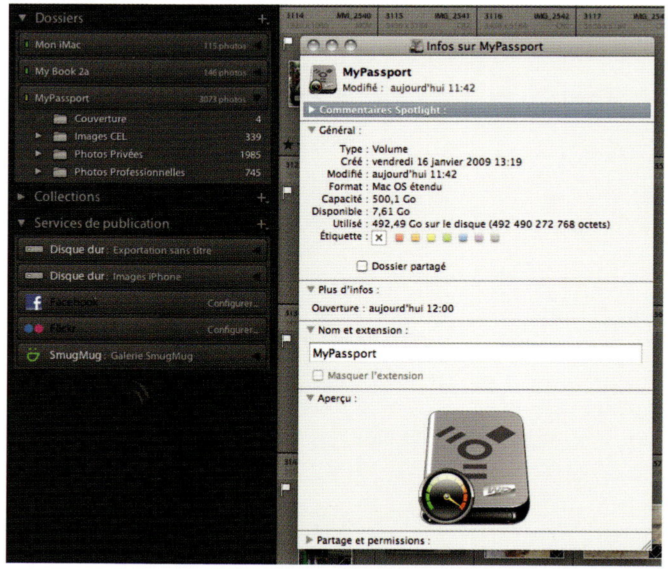

Étape 15

Si le voyant est éteint, le volume est hors-ligne (le disque dur externe n'est pas connecté à l'ordinateur). Si le catalogue et le dossier des aperçus sont installés sur le disque dur interne et que les photos sont stockées sur un volume externe, vous pouvez les afficher et même effectuer certaines tâches de catalogage en mode hors-ligne, comme la notation ou le tri. Lightroom affichera simplement les dossiers et les vignettes avec un point d'interrogation. Dès que le disque dur externe est reconnecté, le logiciel repasse automatiquement en mode en ligne.

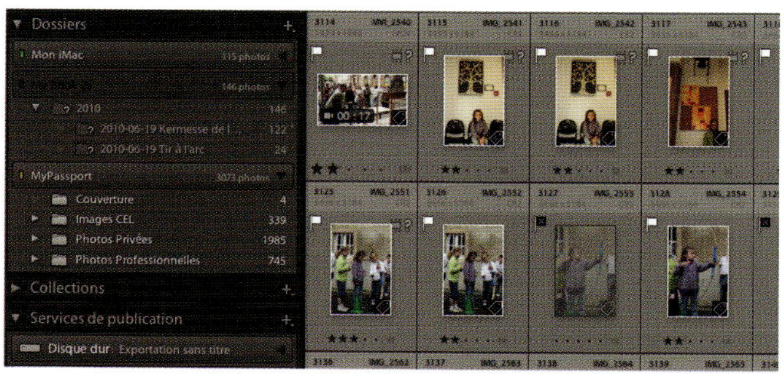

14 Créer un modèle de métadonnées IPTC

Le sujet des métadonnées est vaste, et une description détaillée des outils spécialisés de Lightroom sortirait du cadre de cet ouvrage. Avant de se lancer dans la création et l'application d'un modèle de métadonnées, sachez que les métadonnées IPTC sont conformes à un protocole d'échange de données et d'informations utilisé depuis de nombreuses années dans le monde de l'édition. Le photographe s'en servira pour décrire le contenu de l'image et, comme nous allons le voir dans cet exercice, pour intégrer ses références, ses coordonnées et son copyright dans ses fichiers.

Étape 1

Pour créer un modèle de métadonnées (qu'Adobe persiste à appeler « paramètre prédéfini ») allez dans le panneau Métadonnées (à droite, dans le module Bibliothèque). En tête, on trouvera un menu déroulant Param. prédéf. : sélectionnez Modifiez les paramètres prédéfinis, dans la liste. Aussitôt, une boîte de dialogue va s'afficher, vous permettant de saisir de nombreuses informations. Si une image contenant déjà des champs IPTC renseignés a été sélectionnée au préalable, vous devrez, malheureusement, tout effacer avant d'écrire (l'enregistrement ne supprimera pas les données de cette image).

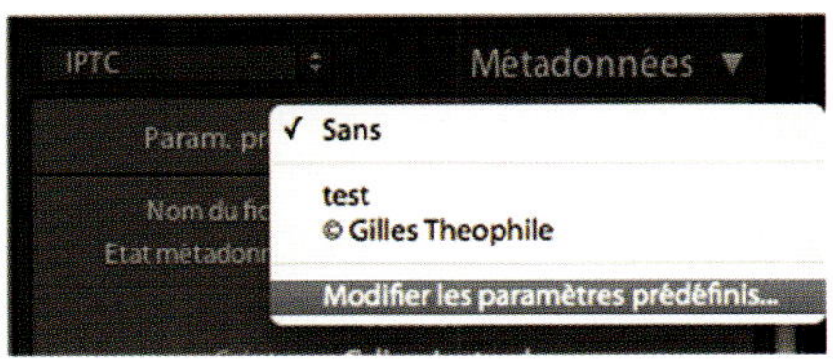

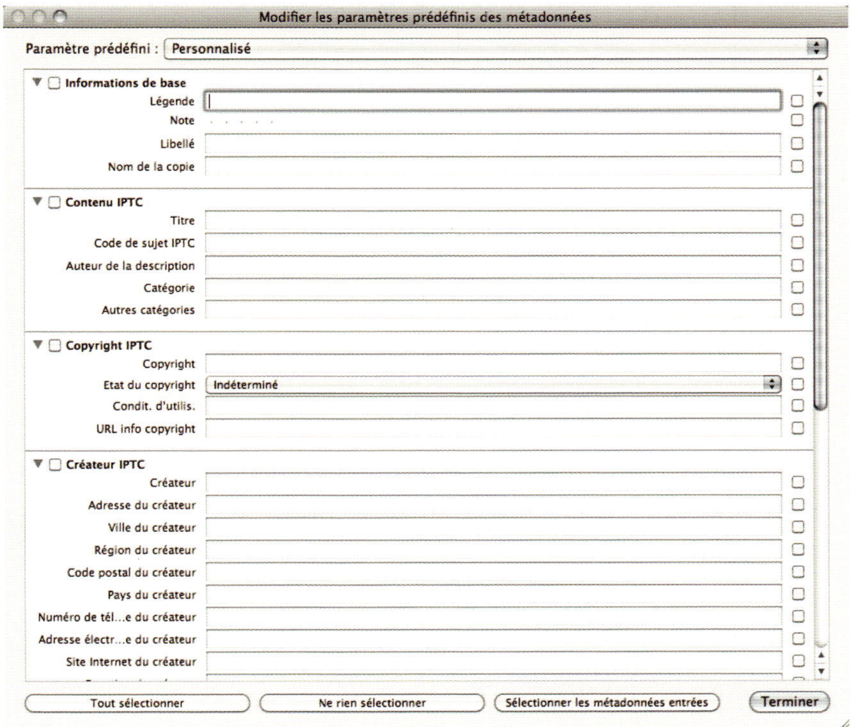

Étape 2

Dans la section Copyright IPTC, remplissez les champs comme suit :

- Copyright : saisissez vos prénom, nom et l'année en cours ;
- État du copyright : sélectionnez Protégé par un copyright, dans la liste déroulante ;
- Condit. d'utilis. : saisissez un texte succinct décrivant les conditions exactes d'utilisation de vos images, comme « Interdiction de copier et de diffuser cette image sans accord écrit de l'auteur » ;
- URL info copyright : si possible, saisissez un lien vers une page web contenant des informations liées à votre activité de photographe et à vos références.

Étape 3

Il est tout aussi important d'enregistrer ensuite vos coordonnées dans la section Créateur IPTC. Vous y mettrez votre nom, votre adresse exacte ainsi qu'un numéro de téléphone, une adresse e-mail et, éventuellement, l'URL de votre site web.

Étape 4

Vérifiez le reste du panneau pour voir s'il n'y a pas d'autres informations oubliées qui ne doivent pas y figurer. Les champs saisis sont automatiquement activés lorsqu'ils sont remplis (les cases sont cochées).

Étape 5

Retournez en haut de la fenêtre et choisissez « Enregistrer les paramètres actuels en tant que nouveau paramètre prédéfini », dans la liste déroulante Paramètre prédéfini. Une nouvelle fenêtre va s'afficher, vous invitant à entrer le nom du modèle. Celui-ci devra être simple, comme © + prénom + nom + année en cours. Pour obtenir le symbole copyright, faites comme indiqué ci-dessous :

- Mac : touches Alt + C.
- PC : touches Alt + 0 + 1 + 6 + 9.

Validez en cliquant sur Créer, puis quittez la fenêtre en cliquant sur Terminer.

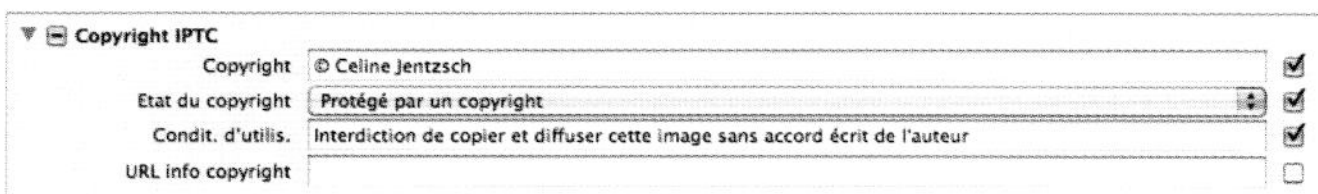

Étape 2

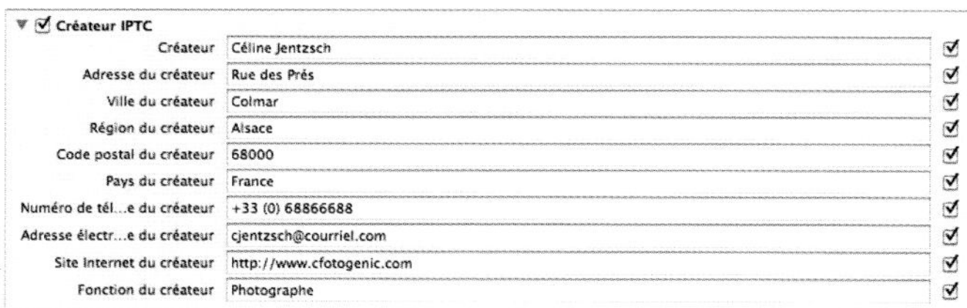

Étape 3

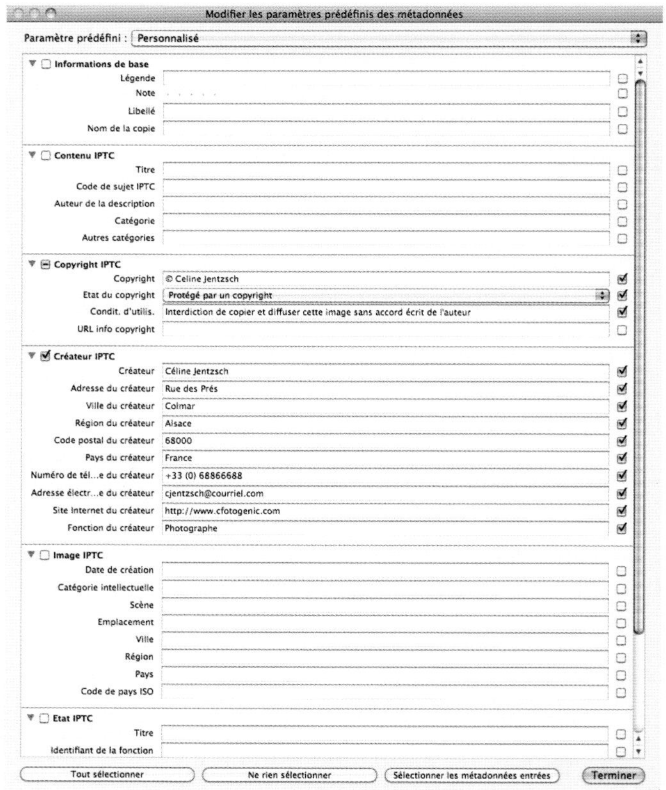

Étape 4

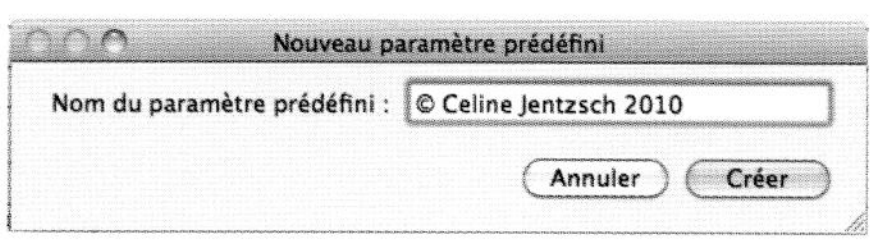

Étape 5

Étape 6

Il y a quatre façons d'appliquer le modèle que nous venons de créer aux images déjà présentes dans le catalogue : application, synchronisation, Copier/Coller, outil Peinture. Pour l'application directe, on sélectionne une série d'images puis, dans le menu déroulant Param. prédéf. du panneau Métadonnées, on choisit le modèle qu'on vient de créer. Une fenêtre de dialogue va s'afficher : cliquez sur le bouton Toutes les photos sélectionnées.

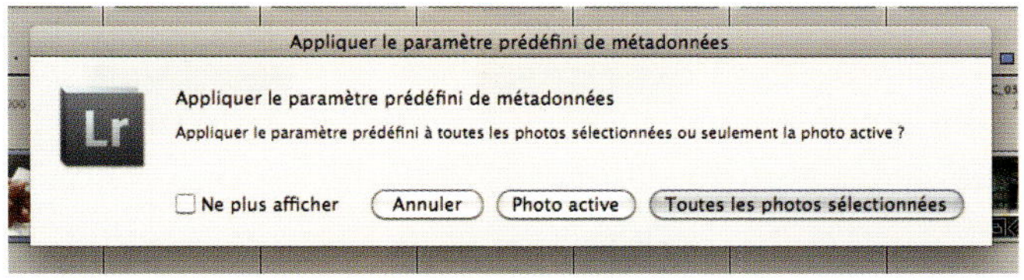

Étape 7

Pour la synchronisation, sélectionnez l'image contenant les métadonnées à transférer, puis une série d'autres images en faisant un Maj + clic ou Ctrl/Cmd + clic. Cliquez sur le bouton Synch. Métad., situé sous le panneau Métadonnées.

Étape 8

Dans la boîte de dialogue qui s'affiche, assurez-vous que les informations de contact et de copyright sont bien cochées, puis cliquez sur le bouton Synchroniser. Il existe également un mode de synchronisation automatique, que l'on peut activer dans le menu Métadonnées>Activer la synchro auto (après avoir sélectionné l'image de départ et une image de destination).

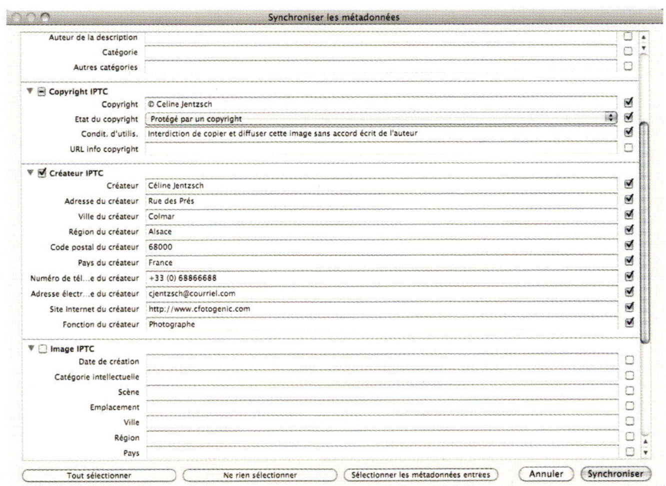

Étape 9

Bien entendu, la méthode du copier/coller est tout aussi efficace. Sélectionnez d'abord l'image contenant les métadonnées à transférer, puis allez dans le menu Métadonnées> Copier les métadonnées. Dans la boîte de dialogue, cochez les informations à copier/coller, puis cliquez sur le bouton Copier. Ensuite, retournez dans la grille, sélectionnez les images de destination puis allez dans le menu Métadonnées>Coller les métadonnées.

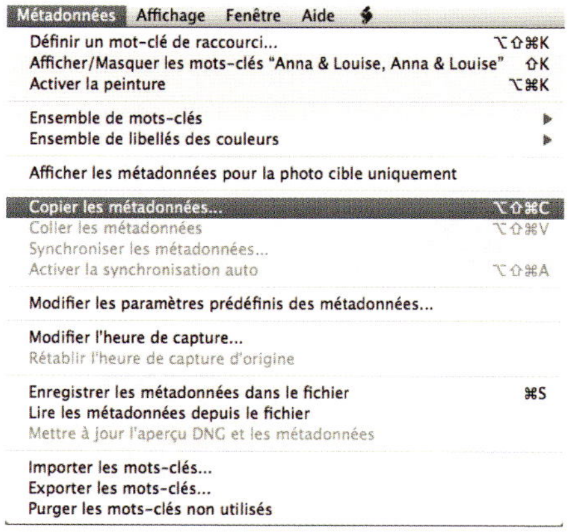

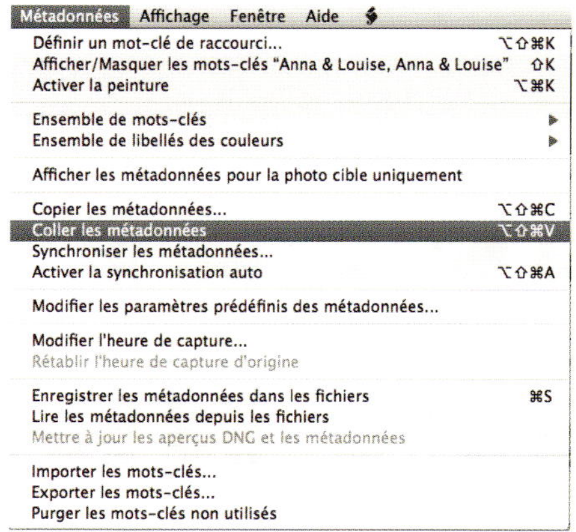

Étape 10

L'application à la bombe de peinture est une méthode plus ludique. Activez l'outil Peinture en cliquant sur son icône, dans la barre d'outils située sous le panneau d'affichage principal de Lightroom. Immédiatement à sa droite, sélectionnez Métadonnées dans la liste déroulante Peindre, puis, encore un peu plus à droite, le modèle de métadonnées. Passez l'outil Peinture sur les vignettes, en appuyant sur le bouton gauche de la souris. Si vous revenez en arrière, la bombe se transforme en gomme pour annuler l'application du modèle sur la ou les vignettes survolées. Lorsque c'est terminé, replacez l'outil Peinture dans son logement de la barre d'outils.

Étape 11

Le moyen le plus pratique d'appliquer un modèle de métadonnées est de le faire dès l'importation, sur toutes les images prises en charge par le catalogue. Pour cela, dans le panneau de droite, section Appliquer pendant l'importation, assurez-vous que le modèle soit sélectionné dans la partie Métadonnées. Pour ne pas avoir à vérifier ce réglage à chaque importation d'images, vous pouvez également enregistrer la configuration du menu Importer sous forme de paramètre prédéfini (voir exercice 09).

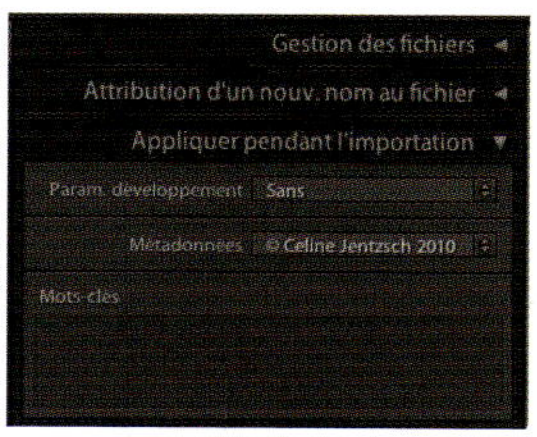

Conclusion : créer et appliquer un modèle de métadonnées dans Lightroom est extrêmement simple. S'il est indispensable d'incorporer vos coordonnées et votre copyright dans chaque image importée puis exportée, le principe des métadonnées ne doit pas se limiter à ce rôle. Les champs IPTC vous permettent de décrire le contenu de l'image, de donner des informations quant au lieu de prise de vue et, depuis la version 3, vous pouvez ajouter des informations plus précises sur les personnes ou les objets que vous photographiez grâce aux champs des extensions IPTC. Les développeurs de modules externes profitent aussi des métadonnées pour indiquer si telle ou telle image a été placée dans une galerie web, envoyée par e-mail ou géolocalisée.
Nous vous encourageons fortement à utiliser les métadonnées, notamment si vous êtes un professionnel. Notez aussi que les filtres de recherche dans le catalogue de Lightroom s'appuient également sur les métadonnées pour vous aider à filtrer et retrouver des images.

15 Les mots-clés

Les mots-clés constituent l'un des piliers du catalogage. Concevoir une liste de mots-clés pertinente, pour une collection de milliers d'images, représente un véritable défi d'ordre intellectuel, un grand sens de l'organisation et aussi une sensibilité très personnelle. Malheureusement, il n'existe pas de méthode « scientifique » pour vous aider à concevoir un tel ensemble de mots-clés. Néanmoins, dans cet exercice, nous allons tenter de vous inculquer les notions de base pour que vous puissiez exploiter au mieux les nombreux outils de gestion de mots-clés proposés par Lightroom.

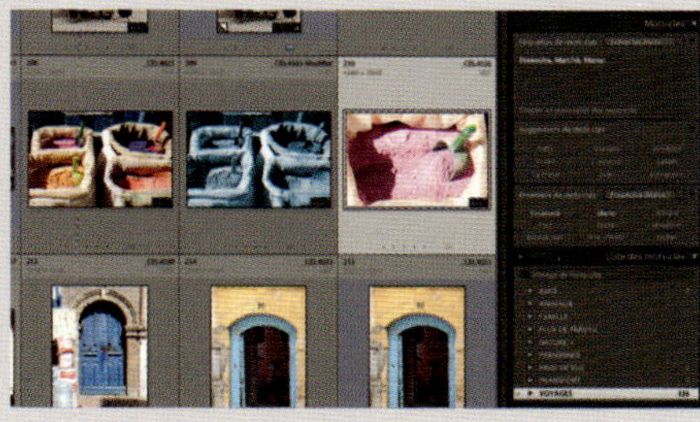

Étape 1

Lightroom dispose de nombreux outils de saisie et d'application de mots-clés. Voyons la méthode la plus simple et la plus directe. Le panneau Mots-clés, situé dans le panneau escamotable droit du module Bibliothèque, est divisé en trois parties :

- Étiquettes de mots-clés : affichage des mots-clés d'une image sélectionnée et saisie des mots-clés ;
- Suggestions de mots-clés : système automatique suggérant des mots-clés en fonction de votre méthode de travail et de l'horodatage des images ;
- Ensemble de mots-clés : système rapide de saisie d'ensembles de 9 mots-clés.

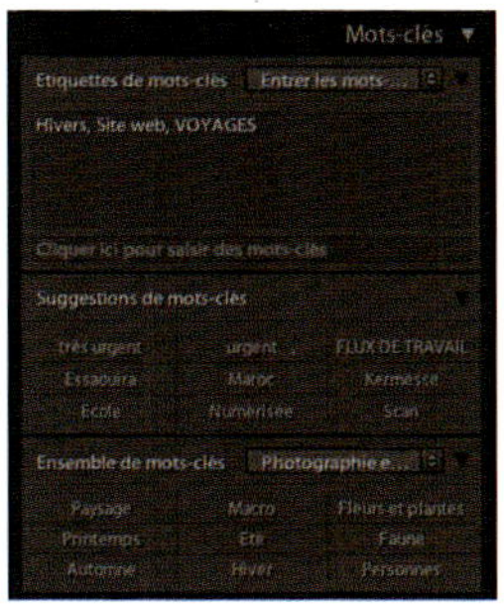

Remarque : La présence de mots-clés dans les images est identifiée par une icône en forme d'étiquette dans les vignettes. Adobe utilise fréquemment la terminologie « Étiquettes de mots-clés », issue du mot anglais *tag* qui signifie « étiquette ».

Étape 2

Pour voir les mots-clés d'une image, sélectionnez-la ou cliquez sur l'étiquette de sa vignette. Ils s'afficheront dans le pavé en tête du panneau Mots-clés. Vous pouvez y ajouter ou supprimer des mots-clés directement. Quand plusieurs images sont sélectionnées, un mot-clé accompagné d'une astérisque (*) indique qu'il n'est commun à aucune d'entre elles. Saisissez un mot-clé en cliquant dans le bandeau au-dessus de la section Suggestions de mots-clés. Si vous entrez plusieurs mots-clés, séparez-les par une virgule, puis appuyez sur Entrée pour valider. Cette méthode fonctionne si plusieurs images sont sélectionnées.

Étape 3

Le panneau Suggestions de mots-clés est un automatisme : en fonction des mots-clés du catalogue et de l'horodatage (date et heure, pour identifier des séquences de prise de vue ayant, en théorie, le même sujet), Lightroom va proposer une grille de 9 mots-clés plus ou moins pertinents. En cliquant sur l'un d'eux, vous l'attribuerez aux images sélectionnées. Le logiciel vous en proposera aussitôt un autre. La pertinence s'améliorera au fur et à mesure de l'enrichissement de votre collection de mots-clés.

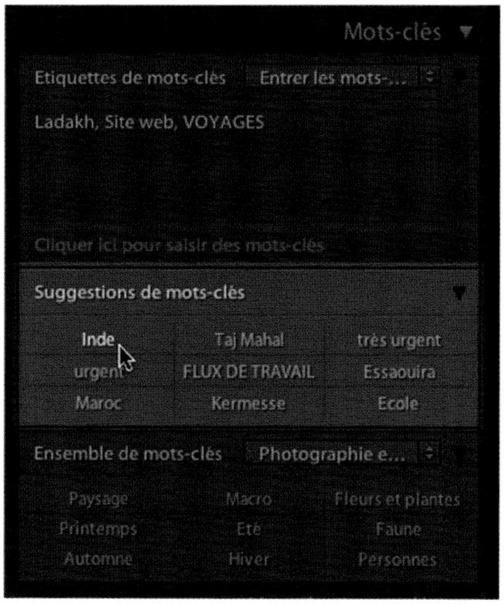

Étape 4

Le système Ensemble de mots-clés permet d'accélérer la saisie à la volée des mots-clés. Chaque ensemble comporte une grille de 9 mots correspondant aux touches du pavé numérique de votre clavier. Si vous appuyez sur Alt/Option, vous verrez les numéros de touches en face de chaque mot-clé. Pour attribuer ces derniers, appuyez sur le chiffre correspondant. Pour passer d'un ensemble de mots-clés à un autre, appuyez sur Alt/Option + 0 (zéro).

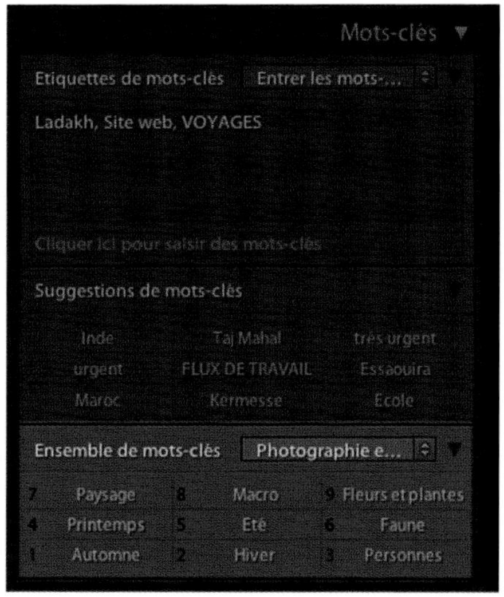

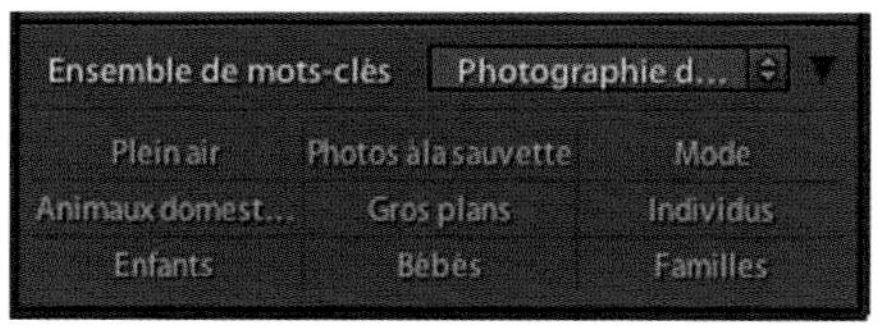

Étape 5

Vous pouvez enregistrer autant d'ensembles de mots-clés que vous le désirez. Dans la liste déroulante, sélectionnez Modifier l'ensemble puis, dans la boîte de dialogue qui s'affiche, saisissez 9 mots liés à un sujet commun ou à une description précise. Dans la liste Paramètre prédéfini, choisissez Enregistrez les paramètres prédéfinis en tant que nouveau paramètre prédéfini. Une nouvelle boîte de dialogue va vous inviter à donner un nom à l'ensemble de mots-clés. Validez en cliquant sur Créer. Bien sûr, vous pouvez modifier à tout moment un ensemble de mots-clés.

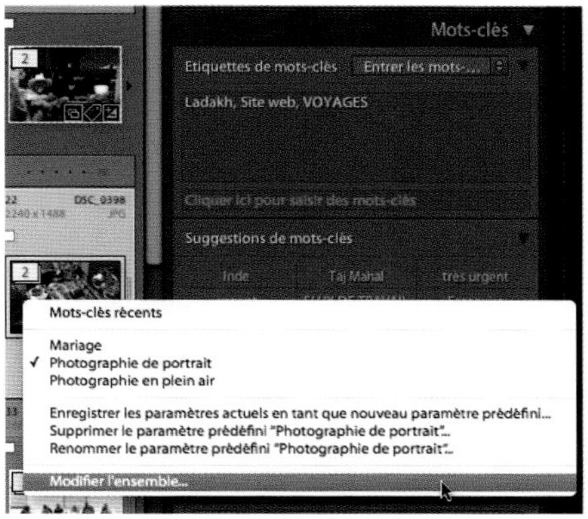

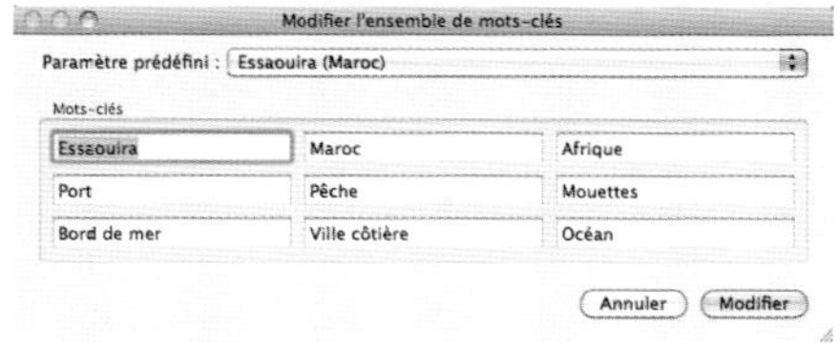

Étape 6

Passons à présent aux choses sérieuses, avec le panneau Liste de mots-clés qui représente le gros morceau de cet exercice. Comme son nom l'indique, il regroupe, sous la forme d'une liste alphabétique, la totalité des mots-clés du catalogue. Lightroom prend également en charge les mots-clés hiérarchiques. Pour commencer, nous allons créer un groupe hiérarchique, « NATURE ». Cliquez sur le bouton « + » pour afficher la boîte de dialogue Créer Étiquette de mot-clé.

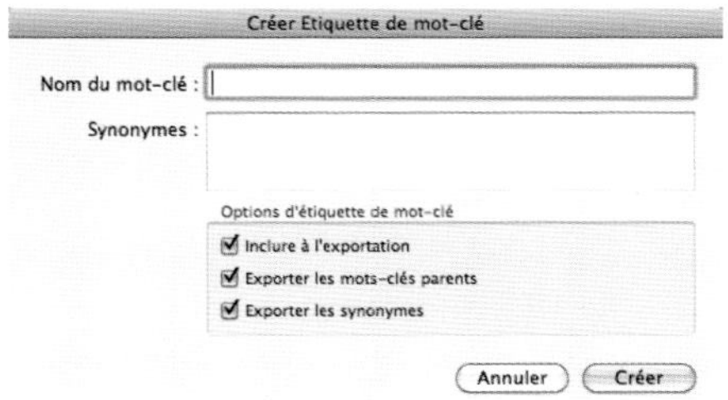

Étape 7

Saisissez « NATURE » dans le champ Nom du mot-clé. Ce sera le point de départ de cette hiérarchie. Pour bien la marquer, utilisez les majuscules (pas obligatoire). En dessous, vous pouvez saisir des synonymes. Lightroom permet la recherche d'images comportant des synonymes de mots-clés, mais ils n'apparaîtront pas dans la liste des mots-clés. Cochez également les options qui vous permettront d'inclure les mots-clés, les mots-clés parents et les synonymes lors de l'exportation des images. Validez en cliquant sur Créer.

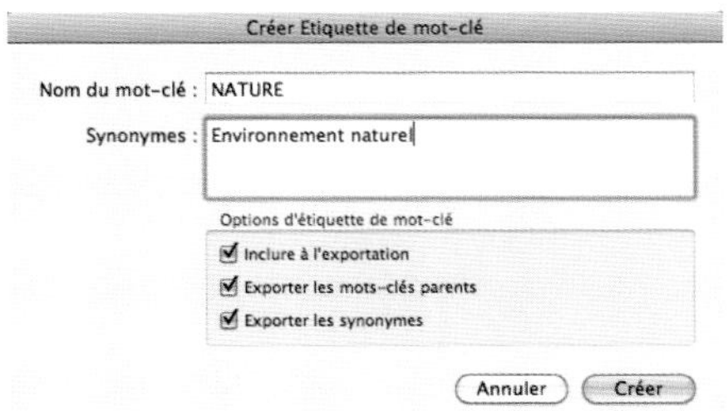

Étape 8

Dans la liste de mots-clés, faites un clic droit sur NATURE et choisissez Créer Étiquette de mot-clé dans NATURE. Dans la boîte de dialogue, saisissez le nom d'un sujet comme « Fleur », « Fleuve », « Hiver », « Lac », « Mer », etc. Cochez les mêmes options que dans l'étape précédente, sans oublier « Placer dans "Nature" ». Bien entendu, vous pourriez créer un deuxième niveau hiérarchique, par exemple avec « Cours d'eau », auquel vous ajouteriez des étiquettes « Fleuve », « Rivière », etc. Si vous débutez, privilégiez une hiérarchie simple, à deux niveaux. Cliquez sur Créer pour valider.

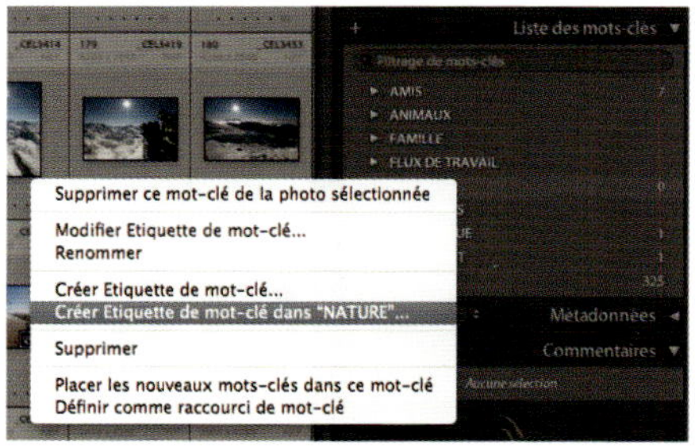

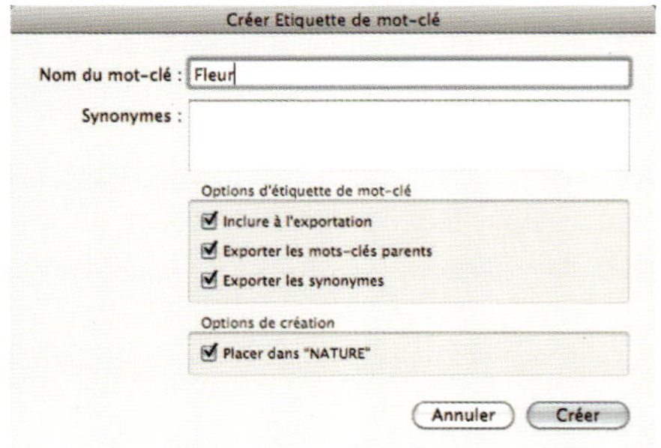

Étape 9

Les étiquettes de mots-clés peuvent être modifiées ou supprimées à tout moment, par l'intermédiaire de la boîte de dialogue appelée par un clic droit. Vous pouvez également réorganiser vos hiérarchies de mots-clés en déplaçant ces derniers à la souris. Vous pouvez aussi attribuer automatiquement de nouveaux mots-clés à une étiquette de mot-clé en sélectionnant « Placez les nouveaux mots-clés dans ce mot-clé », toujours dans le menu contextuel. Un mot-clé cible se reconnaît au petit point situé à sa droite.

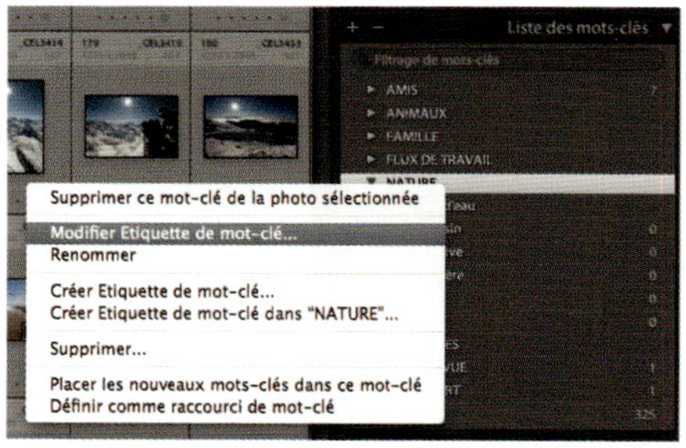

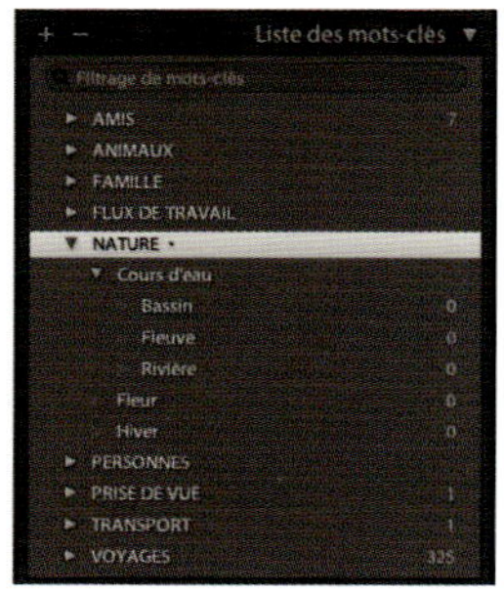

Étape 10

La liste de mots-clés dispose de son propre système de recherche. Tapez les premières lettres dans le champ Filtrage de mots-clés ; la liste se réduira au fur et à mesure de votre saisie. Pour chercher plusieurs mots simultanément, séparez-les par une virgule. Une fois la recherche terminée, n'oubliez pas de réinitialiser le champ de recherche en cliquant sur le bouton X situé à droite. Pour supprimer des mots-clés, sélectionnez-les dans la liste puis cliquez sur le bouton « - » dans l'en-tête du panneau, ce qui fera apparaître une boîte de dialogue vous demandant de confirmer la suppression.

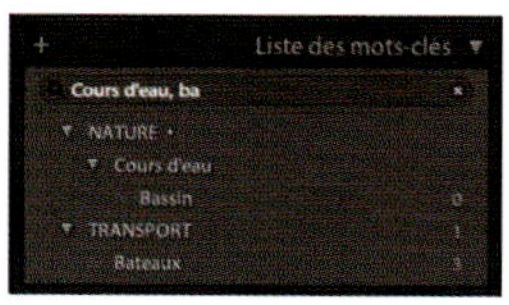

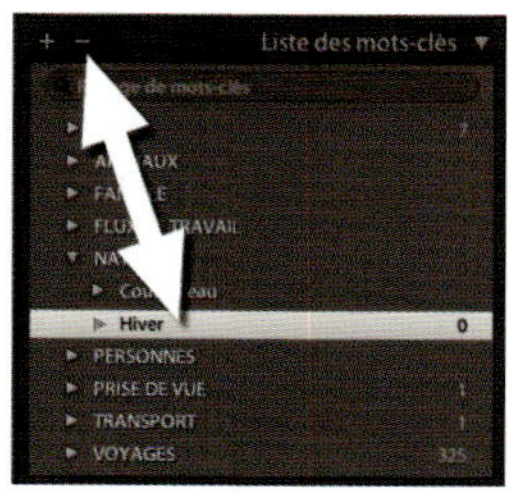

Étape 11

Cette liste de mots-clés a plusieurs rôles ; le premier est de vous montrer le nombre d'images associées à chacun de ces mots. Si vous passez la souris sur un mot-clé, vous verrez apparaître une case à cocher avant le mot-clé et une flèche à la droite du nombre. Dans le premier cas, un clic de souris attribuera (ou retirera) le mot-clé à une image sélectionnée et, dans le second, un clic affichera, dans la grille, toutes les images contenant ce mot.

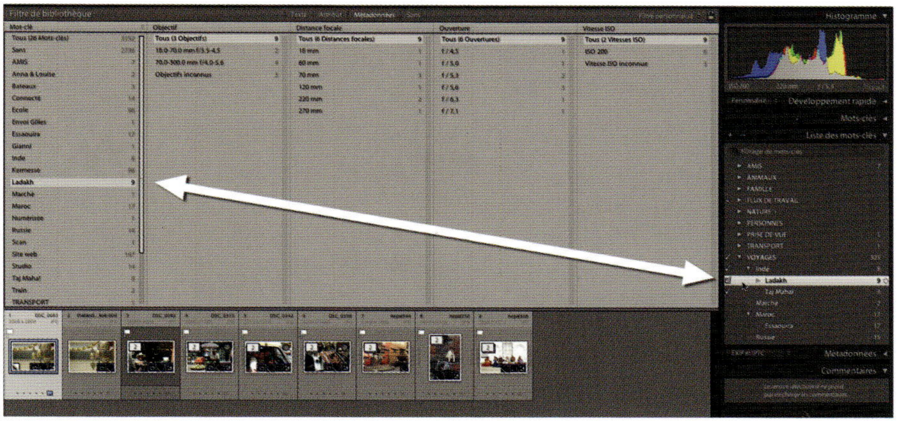

Étape 12

Les mots-clés incorporés à une image sont signalés dans la liste, à chaque fois avec une coche. Un mot-clé parent ou enfant, dans ce cas, peut avoir trois statuts :

- Coche : il est également attribué à l'image sélectionnée, au même titre que les mots-clés enfants ;
- Signe « - » : il n'est pas attribué à l'image sélectionnée, mais ses mots-clés enfants le sont ;
- Pas de coche : le mot-clé n'est pas attribué à l'image sélectionnée.

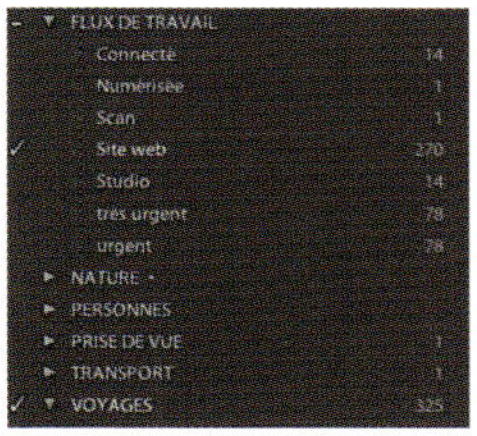

Étape 13

Pour attribuer un mot-clé ou un groupe de mots-clés (sélectionnés par un Ctrl/Cmd + clic) à une ou plusieurs images, à partir de la liste, il suffit de les glisser sur les images de la grille. Le contraire est également possible : on sélectionne plusieurs vignettes et on les glisse sur un mot-clé dans la liste.

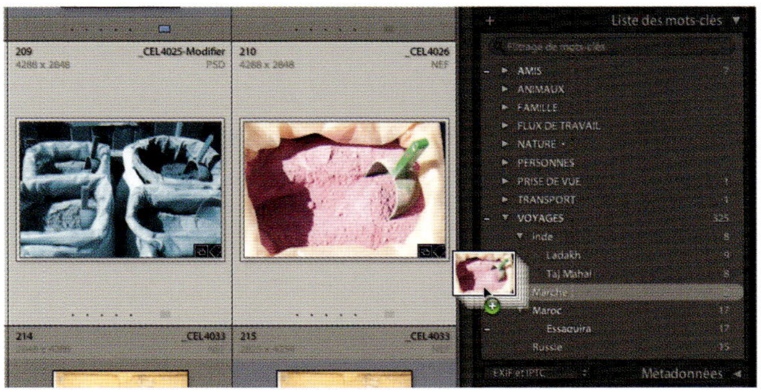

Étape 14

Autre possibilité d'attribuer un mot-clé : la commande Définir comme raccourci de mot-clé, dans le menu contextuel (après avoir fait un clic droit). Un signe «+» apparaît à la droite du mot. Pour l'attribuer, on peut faire un clic droit sur une vignette et sélectionner Ajouter un mot-clé «X» dans le menu flottant. Si vous utilisez l'outil Peinture, le raccourci de mot-clé apparaîtra automatiquement dans le champ de saisie de l'outil ; vous pouvez y saisir d'autres mots-clés (Lightroom vous suggérera des mots-clés en cours de saisie). Il ne vous restera plus ensuite qu'à peindre dans la grille, en maintenant le bouton de la souris enfoncé. Pour revenir en arrière et gommer, appuyez sur la touche Alt/Option.

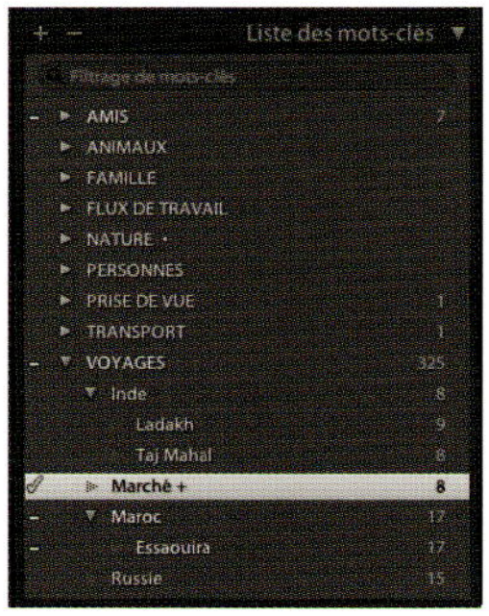

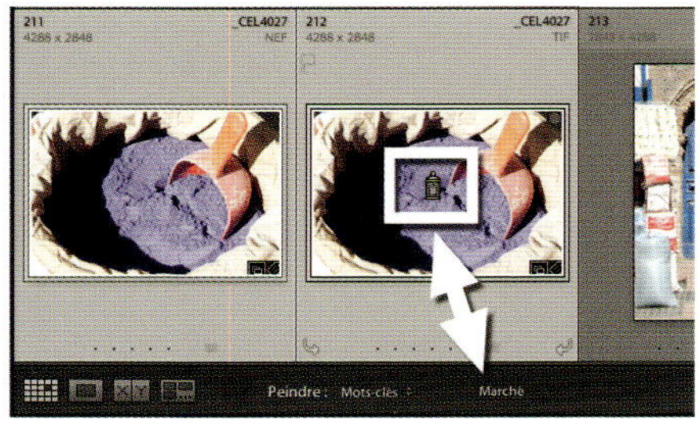

Étape 15

Vous pouvez aussi attribuer les mots-clés d'une image à d'autres images, par synchronisation de métadonnées. Après avoir sélectionné l'image source puis les images de destination, cliquez sur le bouton Synch. métad., situé tout en bas du panneau de droite, dans le module Bibliothèque. Dès que la boîte de dialogue Synchroniser les métadonnées est affichée, appuyez d'abord sur le bouton Ne rien sélectionner, pour désactiver tous les champs qui ne nous intéressent pas à ce stade, et faites défiler le contenu de la fenêtre jusqu'à la section Mots-clés, cochez-la, puis cliquez sur le bouton Synchroniser.

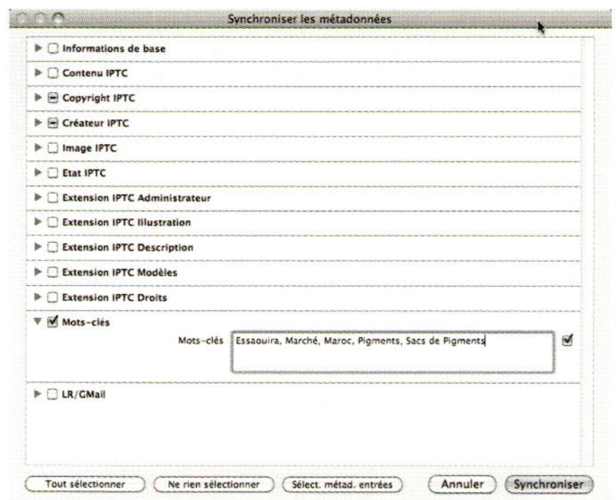

Remarque : Lightroom est riche en outils de création, gestion et attribution de mots-clés. Le menu Importer permet d'en attribuer dès l'arrivée de nouvelles images dans le catalogue, mais cette fonction n'est guère pratique, car vous ne pouvez pas attribuer des mots-clés différents à des groupes d'images correspondant à plusieurs séances de prise de vue. Le kit de développement de Lightroom 3, qui permet à des tiers de créer des outils pour Lightroom, donne plus d'accès à la gestion des mots-clés ; nous devrions voir arriver quelques modules externes spécialisés, comme Keyword Master, de Tim Armes, qui permet de collecter des textes et des listes de mots-clés, notamment sur le Web, de supprimer leur formatage et de les attribuer aux images de votre catalogue.

16 Le Filtre de bibliothèque

Le Filtre de bibliothèque permet de rechercher des images en les filtrant selon un vaste nombre de critères regroupant la notation, les mots-clés et les métadonnées. Dans cet exercice, nous allons voir comment filtrer des images contenant un groupe de mots-clés, contenant l'un des mots-clés ou ne contenant pas les mots-clés saisis, puis nous verrons comment les regrouper dans une collection. Nous allons également créer un filtre personnalisé permettant de voir, d'un seul coup d'œil, les images à haute sensibilité, en vue d'un éventuel traitement dans le module Développement.

Raccourcis clavier

Touche $: escamoter et faire apparaître la barre du Filtre de bibliothèque
Ctrl/Cmd + L : réinitialiser ou réactiver les filtres
Ctrl/Cmd + A : tout sélectionner
Ctrl/Cmd + D : ne rien sélectionner
Touche B : attribuer une image à la collection rapide

Étape 1

La barre du Filtre de bibliothèque est au-dessus de la grille. Si vous ne la voyez pas, appuyez sur la touche $ du clavier. Vous pouvez la faire disparaître de la même manière. Pour afficher les trois critères principaux en même temps, cliquez sur Texte, Attribut et Métadonnées, la touche Maj enfoncée.

> **Remarque :** cette méthode de filtrage et de création de collections manuelle sera judicieusement remplacée par une collection dynamique, qui automatise la tâche en regroupant les images dès l'importation. Mais si vous débutez, la méthode manuelle permet de comprendre comment fonctionnent le Filtre de bibliothèque et les collections. En gérant manuellement le contenu des collections, vous saurez aussi ce qui se passe dans votre catalogue, ce qui n'est pas évident avec les collections dynamiques (une image y apparaîtra ou en disparaîtra en fonction de ses critères, sans que vous en soyez informé). Évitez d'enregistrer des filtres complexes, limitez-vous à deux, trois ou quatre critères (ou colonnes).

Étape 2

On va créer une collection à partir d'images filtrées sur les mots-clés « voyage » et « mer », mais uniquement celles ayant reçu un marqueur Retenue (fanion blanc). Première chose à faire, sélectionner toutes les photos dans le panneau Catalogue, pour faire une recherche sur la totalité des images, ou, à votre guise, sur un dossier ou sélection de dossiers. Dans le filtre Texte, il y a deux listes déroulantes et un champ de saisie.

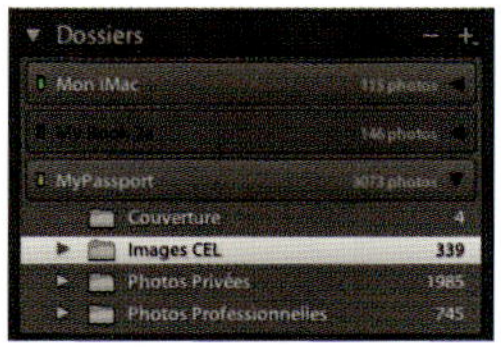

Étape 3

Premier cas : dans le premier menu, on choisit Mots-clés puis, dans le suivant, Contient tout. On saisit « voyage » et « mer », espacés par une virgule, puis on appuie sur la touche Entrée pour valider. Aussitôt, Lightroom regroupe et affiche toutes les images contenant les mots-clés « voyage » ET « mer ».

Étape 4

Deuxième cas : on choisit Mots-clés, puis Contient, et les mots-clés « voyage » et « mer », toujours séparés par une virgule. Après validation, Lightroom affiche toutes les images contenant les mots-clés « voyage » OU « mer ». La nuance est importante, car on regroupe ici des images contenant l'un ou l'autre, ainsi que les deux mots-clés.

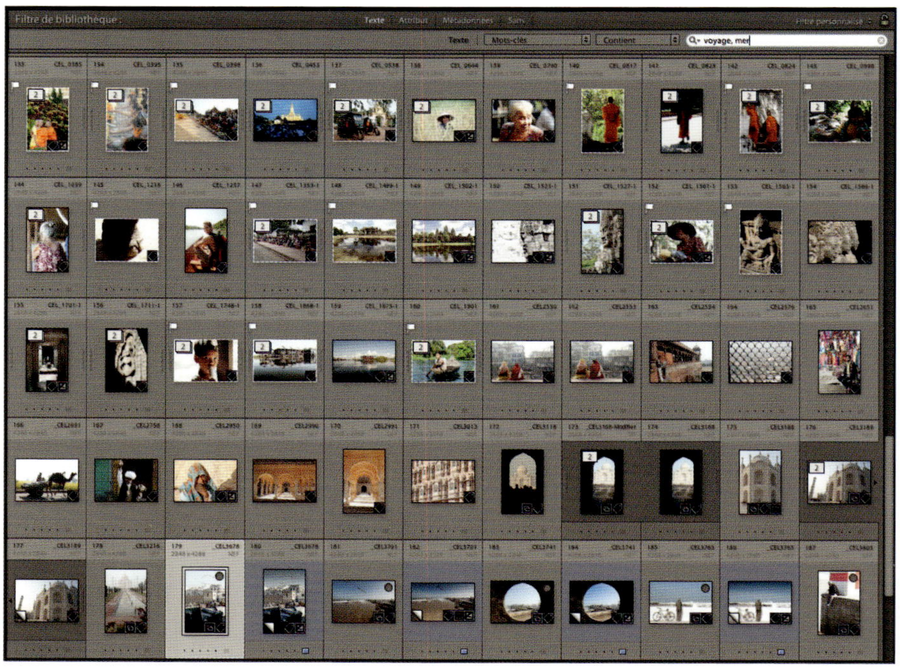

Étape 5

Troisième cas : on veut regrouper toutes les images du catalogue qui ne contiennent ni « voyage », ni « mer ». Il suffit de choisir le critère Ne contient pas dans le menu déroulant adéquat. Vous pouvez constater qu'avec ces trois cas, vous disposez de toutes les bases nécessaires pour un filtrage efficace de vos images.

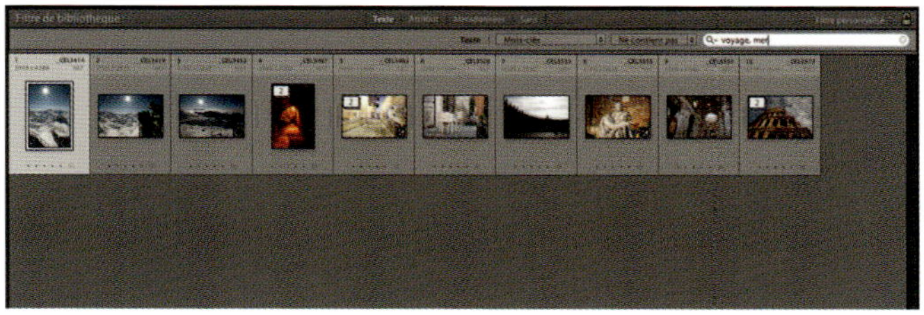

Étape 6

Lorsque le filtrage est fait, sélectionnez toutes les images affichées puis appuyez sur la touche B pour les regrouper dans la collection rapide. Faites un clic droit sur cette dernière, dans le panneau Catalogue, choisissez Enregistrer la collection rapide et donnez-lui un nom (par exemple « Voyage et mer »). Votre nouvelle collection est disponible dans le panneau Collections.

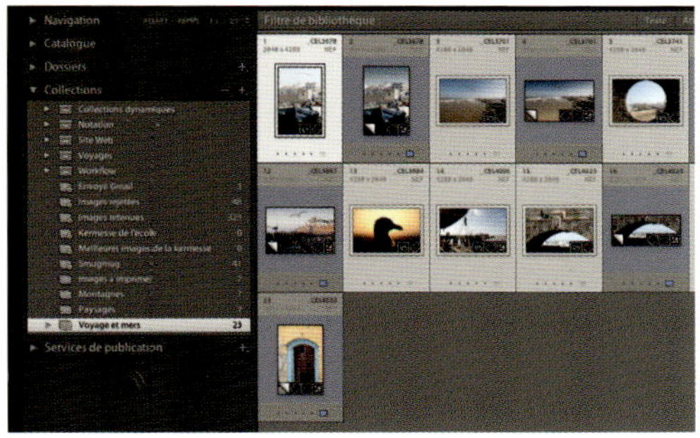

Étape 7

Pour créer un filtre personnalisé, commencez, pour éviter toute erreur, par désactiver tout filtrage en cours avec le raccourci clavier Ctrl/Cmd + L. Sélectionnez toutes les photos dans le panneau Catalogue ou dans un dossier et, dans le Filtre de bibliothèque, cliquez sur Métadonnées. Le filtre affichant trop de colonnes (il en faut seulement deux), faites un clic droit à l'extrémité droite de l'en-tête de l'une d'entre-elles et sélectionnez Supprimer cette colonne dans le menu contextuel. Répétez l'opération jusqu'à ce qu'il ne reste que deux colonnes.

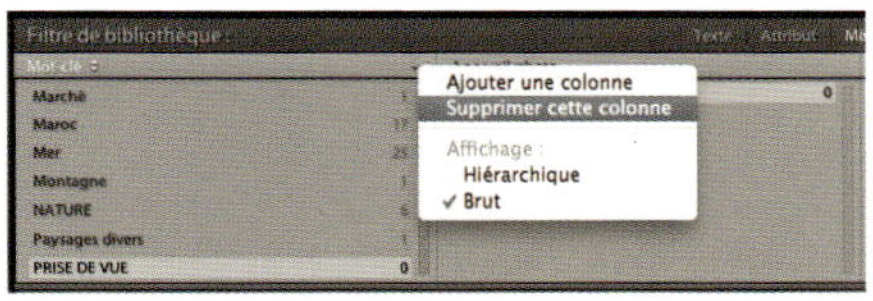

Étape 8

Dans la colonne de gauche, cliquez sur le critère affiché du côté gauche de l'en-tête. Dans la liste déroulante qui s'affiche, choisissez Appareil photo. Aussitôt, une liste de tous les appareils que vous avez utilisés apparaît dans la colonne avec, à droite, le nombre de photos correspondantes.

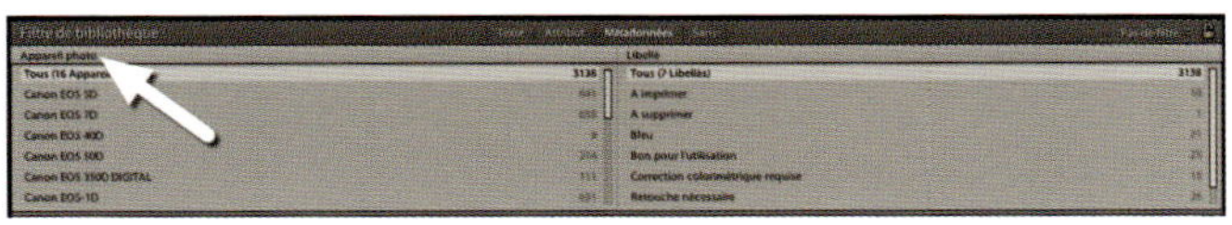

Remarque : si vous possédez plusieurs exemplaires du même modèle, vous pouvez utiliser le numéro de série pour filtrer les images. Sélectionnez un ou plusieurs modèles d'appareil en faisant un Ctrl/Cmd + clic.

Étape 9

Dans la colonne de droite, sélectionnez le critère Vitesse ISO. Dans notre exemple, nous avons choisi de ne traiter que les images dans une plage allant de 1 600 à 3 200 ISO. En maintenant la touche Ctrl/Cmd enfoncée, cliquez sur toutes les sensibilités concernées pour les activer.

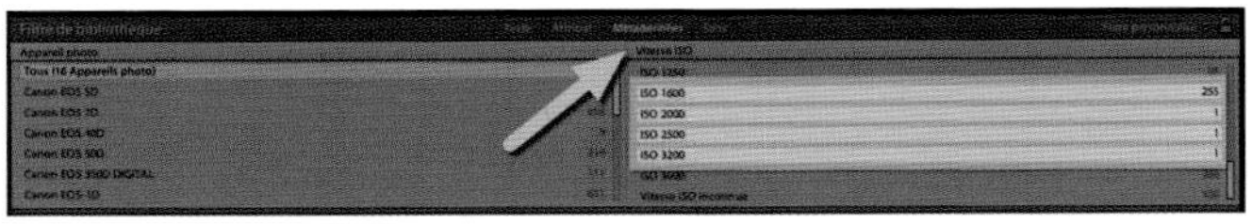

Étape 10

Pour enregistrer le filtre, retournez dans la barre du Filtre de bibliothèque, en haut à droite, et déroulez le menu situé près du petit cadenas. Choisissez « Enregistrer les paramètres actuels en tant que nouveau paramètre prédéfini » puis, dans la boîte de dialogue, saisissez le nom du filtre, par exemple « ISO 1600 à 3200 ». Validez votre choix en cliquant sur Créer. Là encore, vous pouvez créer une collection en suivant la méthode expliquée dans l'Étape 6.

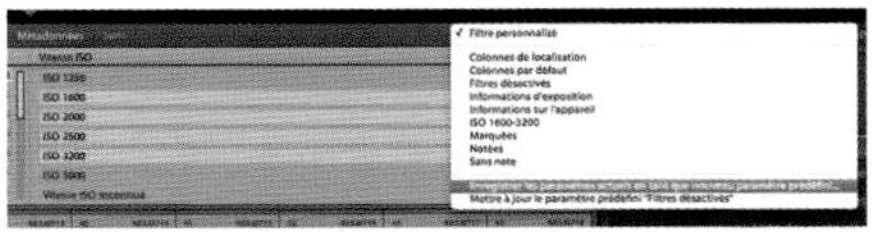

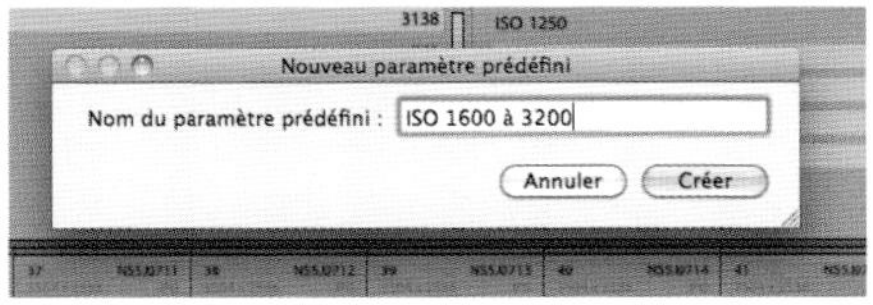

Étape 11

Au bout d'un certain temps, lorsque vous aurez engrangé de nouvelles images, vous pourrez explorer votre catalogue et vos dossiers en sélectionnant ce filtre soit dans la liste déroulante de la barre du Filtre de bibliothèque, en haut à droite, soit, de manière bien plus pratique, dans la même liste dupliquée en bas à droite, dans le Film fixe.

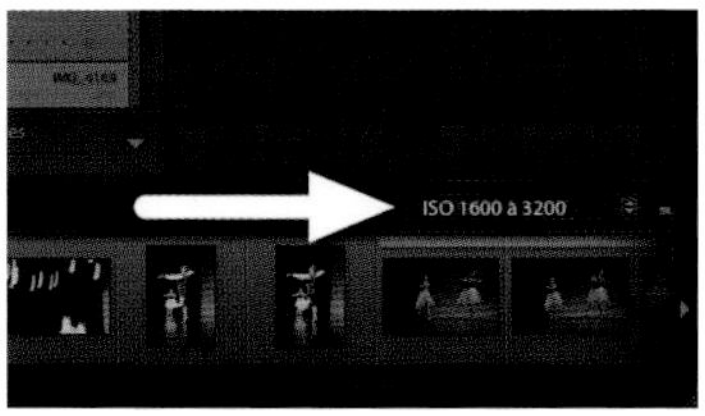

Étape 12

Lorsque vous recherchez des photos répondant à un critère précis, le filtre sélectionné sera réinitialisé en passant d'un dossier à l'autre. Pour activer le filtre de manière permanente, cliquez sur le petit cadenas situé dans la barre de filtre, en haut à droite. Vous pourrez passer d'un répertoire à l'autre en filtrant les images de la même manière. Lorsque cette tâche sera terminée, n'oubliez pas de déverrouiller le filtre en cliquant à nouveau sur le cadenas.

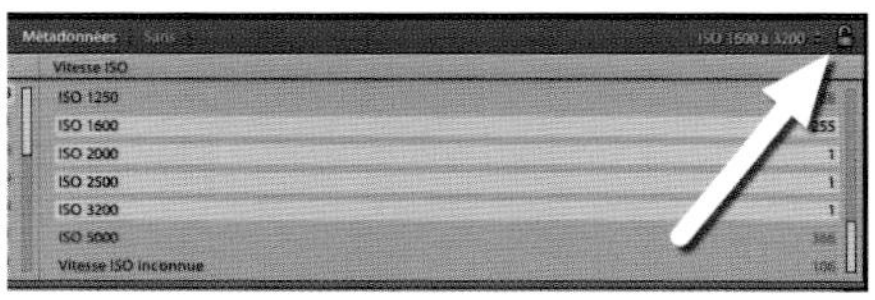

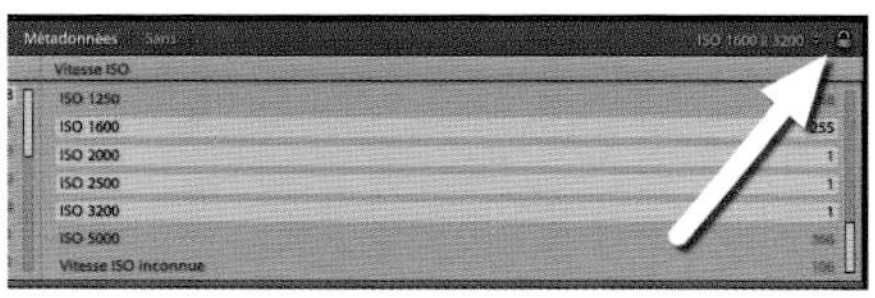

Remarque : cet exercice s'applique à bien d'autres besoins : regroupement d'images en fonction du type d'objectif, s'il y a eu exportation vers une galerie web ou pas, coordonnées GPS ou lieu de prise de vue notés dans les champs IPTC... Les possibilités sont multiples et suffisamment souples d'emploi pour s'adapter à vos méthodes de travail.
Utilisez les filtres à partir du Film fixe, plus pratique que la barre du Filtre de bibliothèque et, surtout, disponible dans tous les modules. Utilisez le cadenas pour verrouiller un filtre lors d'une recherche dans plusieurs dossiers. Après les opérations de filtrage, déverrouillez le cadenas et réinitialisez les filtres en cours.

17 Publier des images sur votre iPhone

Le module Bibliothèque a un nouvel outil relativement discret mais très puissant : les Services de publication, situés dans le panneau de gauche. Sur le principe des collections, ils permettent de gérer, à partir de Lightroom, des dossiers d'images distants et même des galeries web. Toute modification apportée aux images dans Lightroom (suppression, ajout, corrections) pourra être automatiquement synchronisée. Dans cet exercice, nous allons voir comment créer et gérer une petite collection d'images pour un iPhone. Nous reviendrons également sur les Services de publication, notamment en ce qui concerne les galeries web, dans la partie 6, page 197.

Étape 1

On va d'abord créer un nouveau service de publication, en cliquant sur le bouton « + » dans l'en-tête du panneau et en sélectionnant Aller à Publishing Manager. Après l'ouverture du Gestionnaire, allez dans la colonne des services de publication et cliquez sur Ajouter.

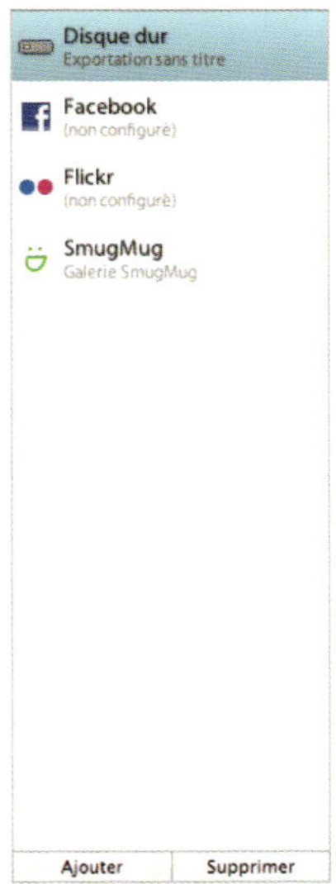

Remarque : les Services de publication sont un outil extrêmement puissant aux applications multiples. Outre la photothèque de votre iPhone, vous pouvez également gérer des dossiers d'images placés sur le serveur de votre entreprise, afin de les mettre à la disposition de certaines personnes ou départements (photos pour le service communication par exemple), ou encore, créer un dossier contenant les portraits du personnel... Les Services de publication sont compatibles avec les galeries web « clés en main » ou des réseaux sociaux (Facebook, Picasaweb, SmugMug, Flickr, Zenfolio...). Certaines de ces galeries permettent même de rapatrier et d'échanger des commentaires avec les visiteurs !

Étape 2

Dans la boîte de dialogue Créer une connexion de publication, faites en sorte que Disque dur soit affiché dans la liste déroulante, puis saisissez le nom du service (« Images iPhone »). Cliquez sur Créer pour valider. Dans le Gestionnaire, nous allons créer un dossier de destination dans la section Emplacement d'exportation. Sélectionnez Dossier spécifique dans le menu déroulant Exporter vers, puis, juste en dessous, sélectionnez le dossier de destination (créez-le au besoin, à l'emplacement qui vous conviendra le mieux).

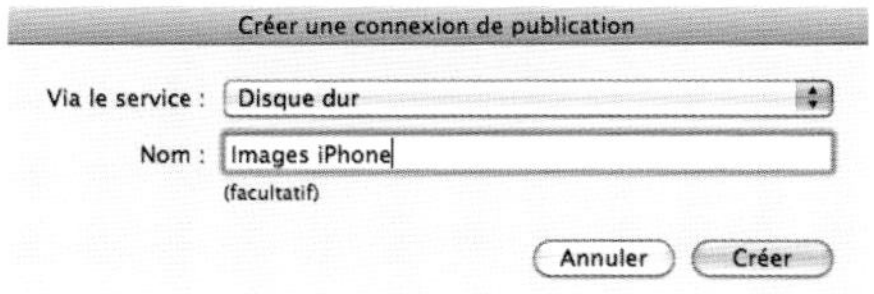

Étape 3

On va également régler les paramètres de fichier, au format JPEG, qualité 100 et dans l'espace colorimétrique sRVB. Les images devront être redimensionnées de la manière suivante : cochez la case Redimensionner, choisissez le critère Largeur et hauteur dans la liste, saisissez les dimensions 480 × 320 pixels (iPhone Edge, 3G et 3Gs) ou 960 × 640 pixels (iPhone 4), pour une résolution de 72 dpi et, enfin, dans la section Netteté de sortie, choisissez Écran et Gain Standard.

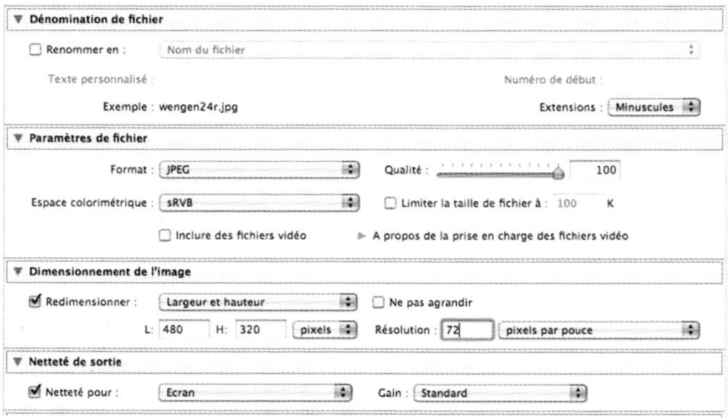

> **Remarque :** iTunes peut redimensionner automatiquement toutes les images lors de la synchronisation avec l'iPhone, néanmoins, faites ce travail dans Lightroom, pour des résultats de meilleure qualité et pour éviter toute mauvaise surprise côté compression et netteté des images.

Étape 4

Cliquez sur Enregistrer, en bas de la fenêtre de dialogue. Aussitôt, le nouveau service apparaît dans le panneau Services de publication. Afin de le préparer à recevoir des images, faites un clic droit sur le service et sélectionnez, dans le menu contextuel, Définir comme collection cible. À partir de ce moment, le symbole « + » apparaîtra à la droite du nom du service.

Étape 5

Parcourez votre catalogue et vos dossiers pour choisir les photos à destination de l'iPhone, et appuyez sur la touche B pour les ajouter à la collection cible. Retournez dans le service de publication Images iPhone ; vous verrez les images affichées sous forme de grille, dans une section Nouvelles photos à publier.

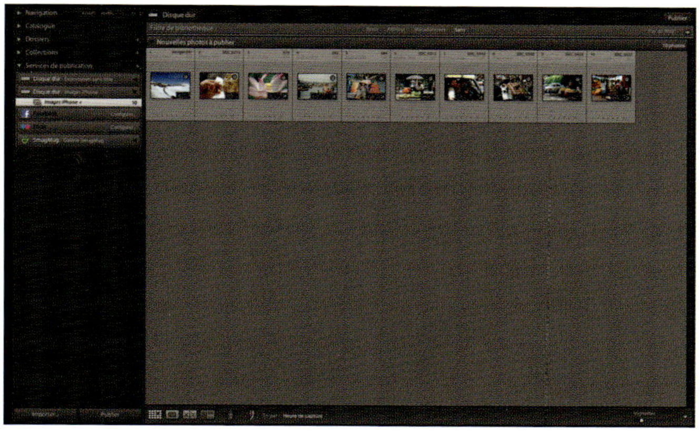

Étape 6

Cliquez sur le bouton Publier, situé tout en haut, à droite. Lightroom commence le transfert des images vers le dossier de destination choisi dans l'Étape 2, tout en convertissant les images selon les réglages de l'Étape 3. Dès que le transfert est terminé, les vignettes de la grille sont transférées dans un nouveau segment appelé « Photos publiées ».

Étape 7

Pour transférer les images sur votre iPhone (les explications suivantes s'appliquent à n'importe quel smartphone et son logiciel dédié), connectez-le à votre ordinateur puis lancez iTunes. Lorsque le téléphone apparaît dans la liste Appareils, cliquez dessus puis allez dans l'onglet Photos. Cochez Synchroniser les photos depuis, et choisissez le dossier qui a été créé à l'Étape 2. Appuyez sur le bouton Appliquer, en bas à droite de la fenêtre iTunes : il lancera automatiquement la synchronisation du contenu du dossier avec le téléphone.

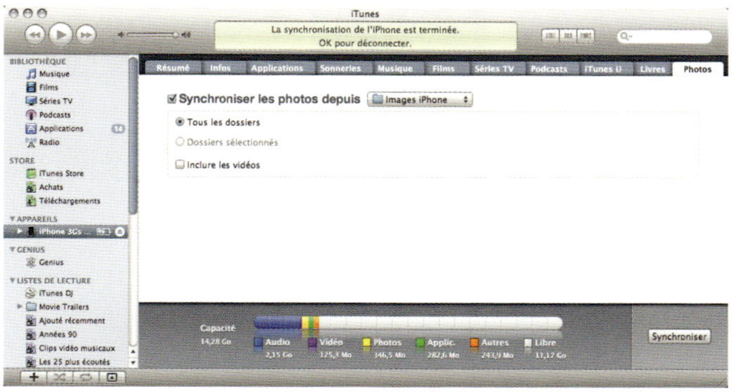

Étape 8

Les services de publication se comportent exactement comme des collections. Vous pouvez rajouter des images, en supprimer (clic droit sur la vignette puis Supprimer de la collection) ou modifier celles qui y figurent déjà. Faites l'expérience en recadrant ou en convertissant certaines d'entre elles en noir et blanc, supprimez une ou deux images et ajoutez-en quelques-unes. L'affichage de la grille va changer, avec trois segments : Photos supprimées à effacer, Photos modifiées à republier et, bien sûr, Photos (déjà) publiées.

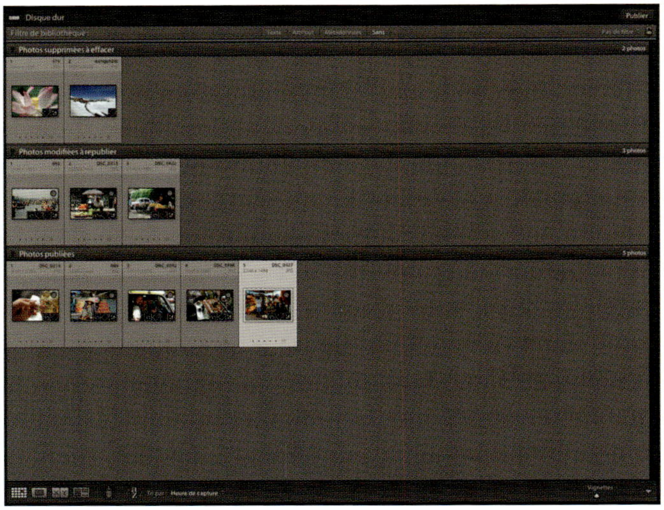

Étape 9

Si vous cliquez sur le bouton Publier, Lightroom va modifier le contenu du dossier Images iPhone : il ne vous restera plus qu'à synchroniser le contenu du téléphone avec l'application iTunes, comme dans l'Étape 7.

> **Conclusion :** vous trouverez des modules externes compatibles sur le site de Jeffrey Friedl, l'un des plus prolifiques auteurs d'outils d'exportation pour Lightroom (http://regex.info/blog/lightroom-goodies). Ils s'installent à la fois dans le menu Exporter et dans le panneau Services de publication (voir exercice 48).

18 Autres méthodes d'importation d'images

Lightroom propose deux autres méthodes alternatives d'importation d'images : l'importation automatique, que nous utiliserons pour un scanner et, nouveauté de Lightroom 3, la prise de vue en mode connecté, avec un appareil photo directement relié au module Bibliothèque. Dans les deux cas, nous allons passer en revue les différents réglages et apprendre à utiliser ces deux fonctions particulièrement utiles.

Étape 1

L'importation automatique permet de surveiller un dossier en particulier et d'ajouter au catalogue toute nouvelle image qui y est déposée, par un scanner par exemple.

Allez dans le menu Fichier>Importation automatique>Paramètres d'importation automatique. Dans la boîte de dialogue qui s'affiche, nous allons créer un Dossier de contrôle (le répertoire que Lightroom va surveiller en permanence). Cliquez sur Sélectionner puis, dans les boîtes de dialogue successives, créez votre dossier à l'emplacement qui vous convient le mieux. Cliquez à nouveau sur Sélectionner pour valider votre choix.

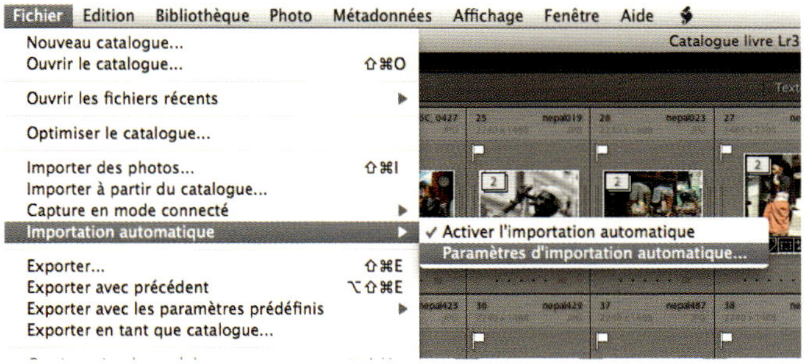

Étape 2

La section Destination, située juste en dessous, indique l'emplacement du sous-dossier dans lequel Lightroom transférera les nouvelles images détectées dans le dossier de contrôle. Il apparaîtra dans le panneau Dossiers du module Bibliothèque. Conservez le réglage proposé d'emblée par Lightroom (ci-contre le cas d'un Mac).

Vous pouvez, dès le départ, mettre en place une stratégie de renommage des fichiers avec, par exemple, un modèle « Date – Nom du fichier » choisi dans la liste déroulante. Pour faciliter la recherche et le regroupement à l'aide d'une collection dynamique, saisissez les mots-clés « Numérisée » et « Scan », puis réglez la qualité des aperçus sur Standard. À la fin, cochez Activer l'importation automatique, en haut de la boîte de dialogue, puis cliquez sur OK pour la prise en compte des paramètres.

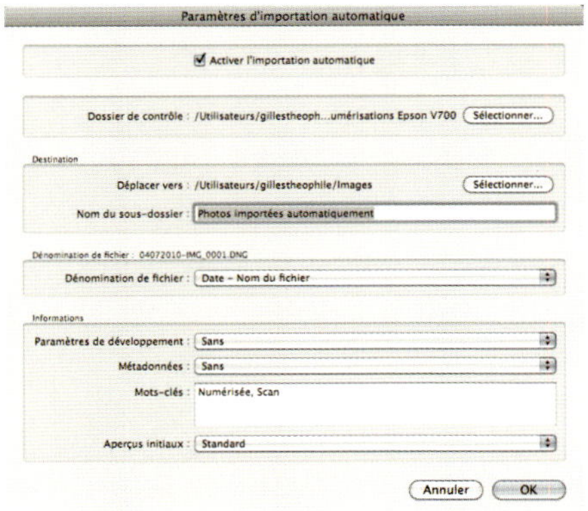

Étape 3

Indiquez au pilote de scanner l'emplacement du dossier de contrôle surveillé par Lightroom. Tout dépend du scanner que vous utilisez, mais si vous numérisez des diapositives et des négatifs, il y a de bonnes chances que ce soit l'un de ces logiciels :

- Epson Scan (scanners 4990, V700 et V750) : avec l'interface en mode professionnel, illustrée ici, cliquez sur l'icône de dossier à côté du bouton Numériser, puis indiquez l'emplacement dans l'option Personnalisé ;
- NikonScan (scanners Coolscan) : allez dans Préférences>Emplacements du fichier>Modifier l'emplacement ;
- Vuescan (pilote universel) : allez dans l'onglet Output>Default folder, puis cliquez sur le bouton @ pour afficher la fenêtre de localisation du dossier.

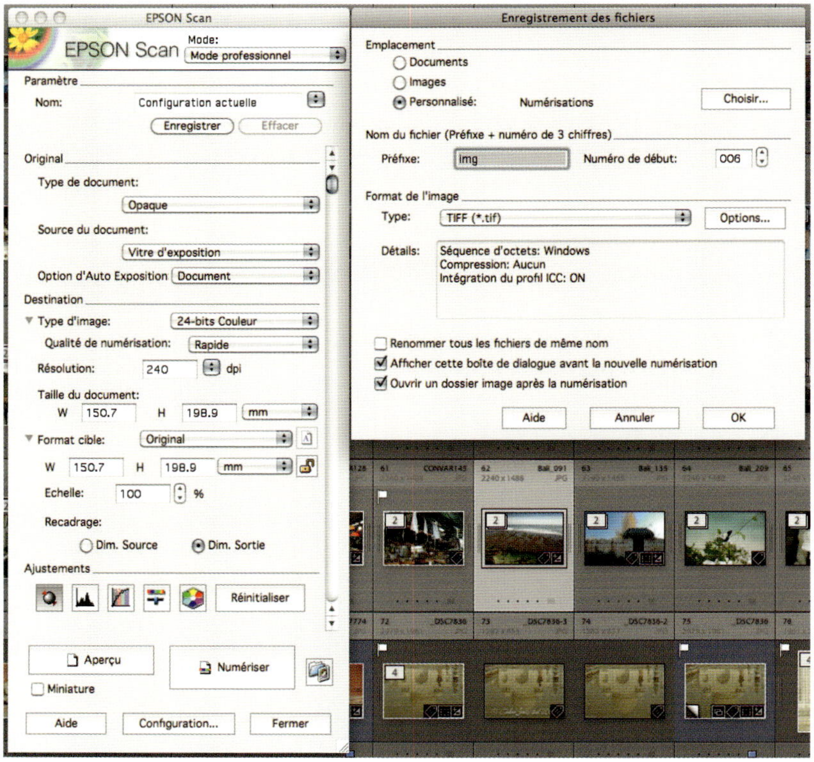

Étape 4

Après la numérisation, l'image apparaît dans le sous-dossier d'importation automatique défini à l'Étape 2. Vous pourrez passer aux tâches de catalogage, comme pour des photos en provenance d'un appareil photo numérique : triez, notez, regroupez-les dans des collections dynamiques (fonctionnant grâce aux mots-clés insérés à l'Étape 2), puis traitement éventuel soit dans Lightroom, soit dans Photoshop.

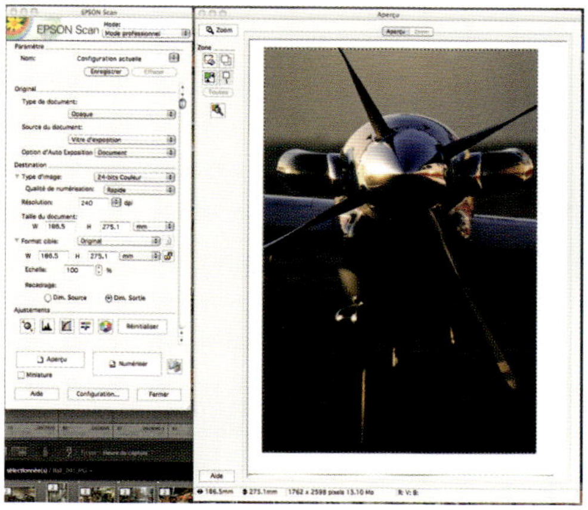

Étape 5

La seconde méthode d'importation d'images est la prise de vue en mode connecté, en reliant un appareil photo à l'ordinateur et en assurant le déclenchement à partir de Lightroom. Tout comme l'importation automatique, il convient de faire quelques réglages dans le menu Fichier>Capture en mode connecté>Démarrer la capture en mode connecté. À ce stade, vous pouvez relier votre appareil photo à l'ordinateur par le port USB (ou Firewire si l'appareil le permet) et le mettre sous tension.

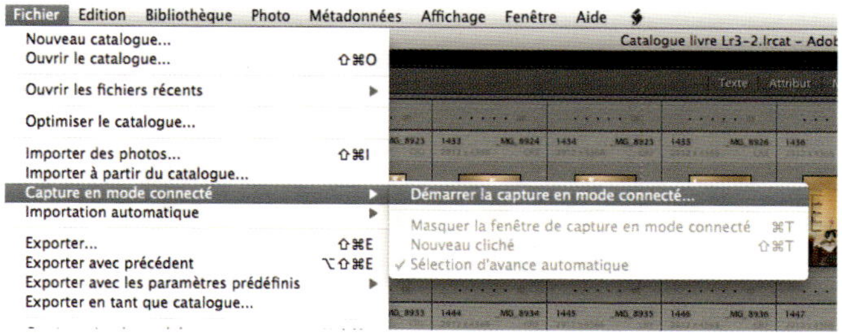

Étape 6

Dans la boîte de dialogue Paramètres de capture en mode connecté, saisissez le nom de la session de prise de vue (Lightroom propose « Session studio » par défaut), choisissez un modèle de dénomination Nom de fichier, qui permet de conserver les noms de fichiers créés par l'appareil photo, et sélectionnez un dossier de destination (que vous nommerez « Studio » si vous voulez différencier ces images dans le panneau Dossiers).

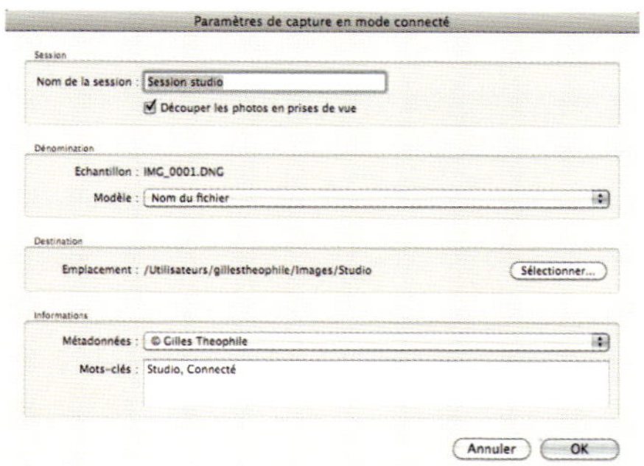

Remarque : la prise de vue en mode connecté ne prend en charge qu'une sélection de boîtiers Canon et Nikon. La liste s'allongera avec les futures mises à jour.

Étape 7

Comme pour l'importation classique, appliquez un modèle de métadonnées de copyright (celui créé à l'exercice 14), et éventuellement entrez les mots-clés « Studio » et « Connecté » pour créer une collection dynamique. Si vous cochez Découper les photos en prises de vue (section Session des paramètres de capture en mode connecté), les séquences seront automatiquement classées dans des sous-dossiers dans le dossier Session studio. Cliquez sur OK pour valider. Si vous avez choisi le découpage en sous-dossier une boîte de dialogue apparaîtra pour saisie et confirmation du nom initial de la prise de vue et des dossiers.

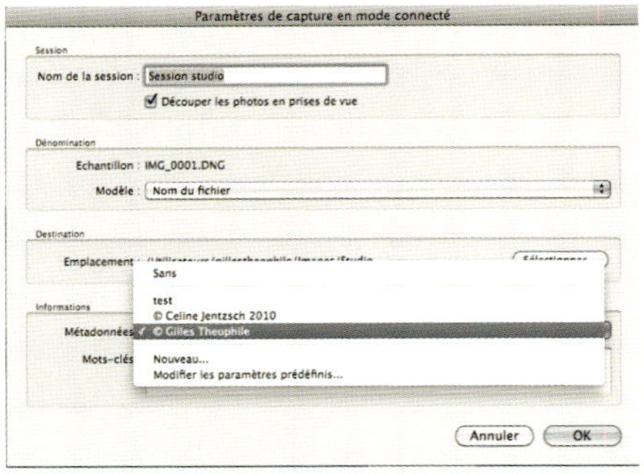

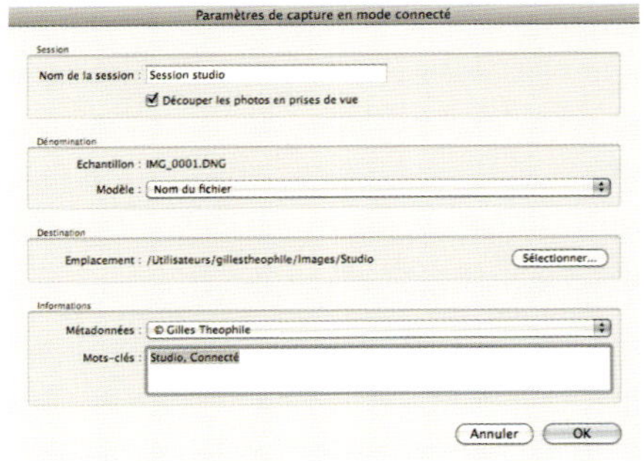

Étape 8

En quittant la fenêtre des paramètres, vous trouverez le dossier Session studio et le premier sous-dossier de prise de vue (panneau Dossiers du module Bibliothèque), ainsi qu'une barre d'outils flottante : à gauche, le nom de l'appareil ou des appareils connectés, le nom du dossier et du sous-dossier de la session ; au centre, les paramètres de prise de vue (vitesse d'obturation, ouverture, sensibilité ISO, modifiables uniquement sur l'appareil) et de balance des blancs (modifiable dans la palette) ; à droite, possibilité de choisir un paramètre prédéfini de développement et le bouton de déclenchement. En bas à droite, une icône en forme de roue dentée permet d'appeler la boîte de dialogue des paramètres (voir Étapes 6 et 7).

Étape 9

Après déclenchement, les images seront importées dans les dossiers spécifiés plus haut. Si vous avez créé une collection dynamique basée sur les mots-clés de l'Étape 7, les images importées via la prise de vue en mode connecté seront automatiquement rassemblées, ce qui vous permettra de retrouver rapidement une session de photo de studio sans avoir à parcourir le contenu des dossiers ou à utiliser le Filtre de bibliothèque.

19 Géolocalisation

Si Lightroom peut détecter et afficher les coordonnées géographiques enregistrées dans les métadonnées EXIF, il ne dispose pas d'outils permettant de géolocaliser les photos, c'est-à-dire d'insérer des informations de positionnement (GPS ou autres) dans les images. En revanche, grâce à son architecture ouverte, des développeurs tiers ont pu créer des outils adaptés qui se présentent sous la forme de modules externes. Dans cet exercice, nous allons géolocaliser des images à l'aide de Google Earth et du plug-in jf Geocoding Support, de Jeffrey Friedl, sans sortir de Lightroom (vous trouverez les liens de téléchargement à la fin de l'exercice).

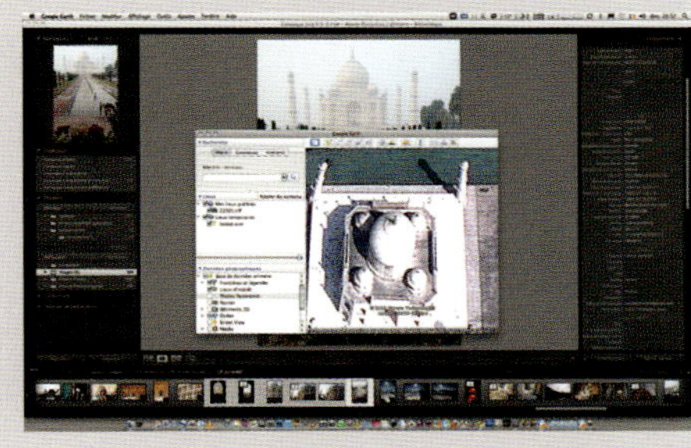

Étape 1

Après avoir téléchargé et installé Google Earth et le module externe, allez dans le menu Fichier>Gestionnaire de modules externes pour effectuer quelques réglages du plug-in. Dans la partie droite du Gestionnaire, première section en partant du haut, cliquez sur le bouton Configure Google Earth Path. Une boîte de dialogue va vous demander de localiser l'application Google Earth dans le système (dossier Applications sur Mac, dossier Program files sur PC).

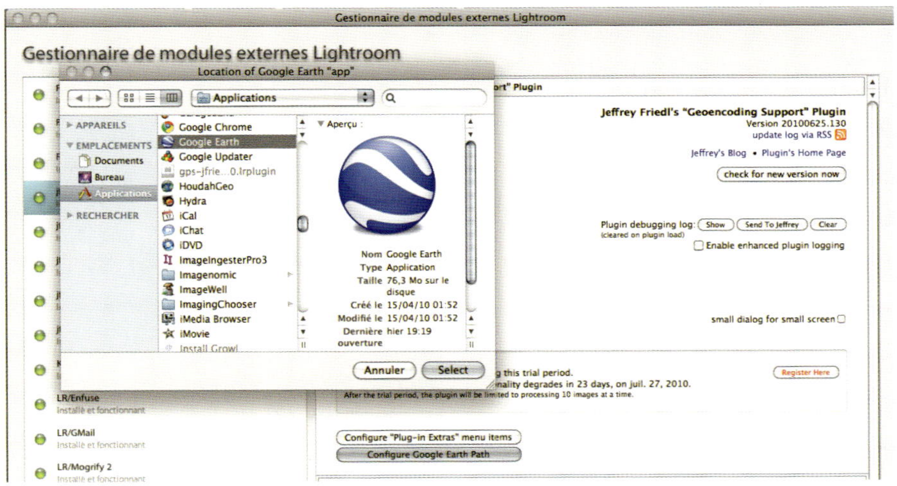

Étape 2

On en profite également pour paramétrer le menu des extras en cliquant sur le bouton Configure Plug-in Extras menu items. En effet, par défaut, le module externe propose une liste de 16 services de géolocalisation en ligne. Pour cet exercice, nous n'aurons besoin que des services Google Earth et Google Maps (2e, 3e et 4e cases à cocher en partant du haut). Cliquez sur OK pour valider puis sur le bouton Terminé pour quitter le Gestionnaire de modules externes. N'oubliez pas de vérifer auparavant que jf Geocoding Support est bien en état de fonctionner (voyant vert).

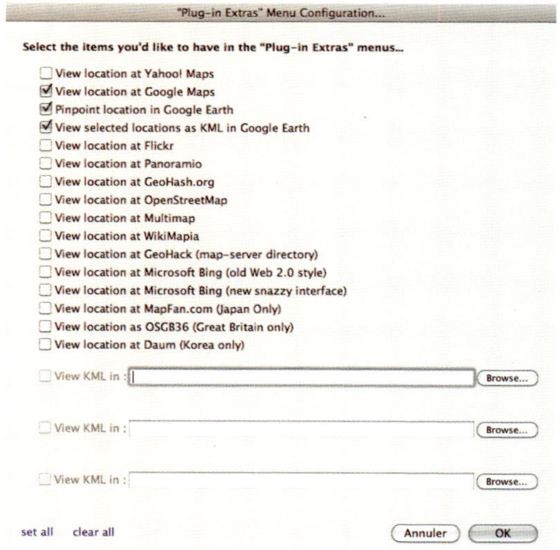

Étape 3

Sélectionnez une image ou une série d'images que vous voulez géolocaliser, que ce soit dans vos dossiers ou vos collections, peu importe, puis allez dans le menu Fichiers (ou Bibliothèque)>Module externe – Extras et choisissez Geoencode dans le menu contextuel, ce qui affichera l'interface des outils de géolocalisation.

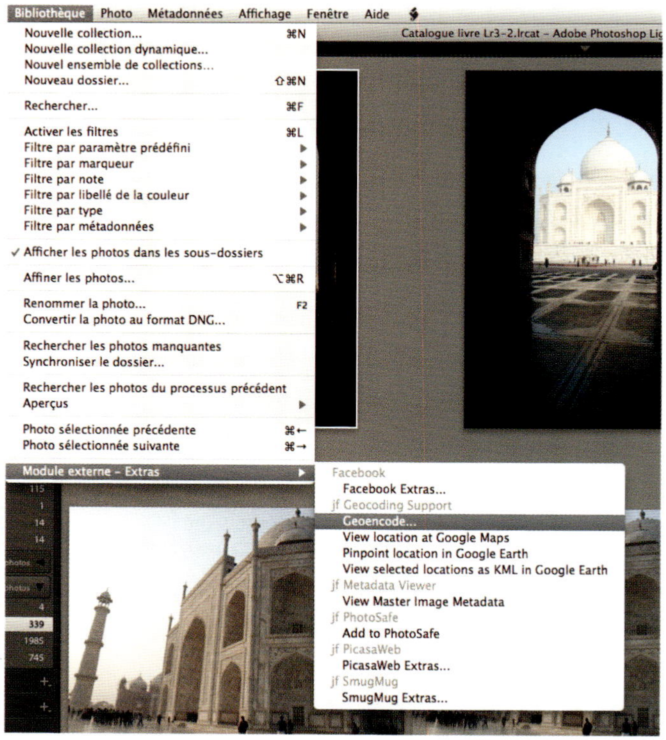

Étape 4

Dans l'onglet Static Locations, affiché par défaut, cliquez sur le bouton Import Location from Google Earth (importer le positionnement à partir de Google Earth). L'application Google Earth va se lancer automatiquement ; vous pouvez également cliquer sur le bouton Show Crosshair Target in Google Earth, pour afficher le pointeur en croix sur la mappemonde.

Les images ayant été réalisées au Taj Mahal, en Inde, nous allons naviguer directement à cet emplacement, soit manuellement, si vous le connaissez avec exactitude, soit en entrant « Taj Mahal » dans le champ de saisie Aller à, de Google Earth, puis en appuyant sur la touche Entrée pour confirmer. Une fois arrivé à destination, zoomez dans la photo satellite pour plus de précision.

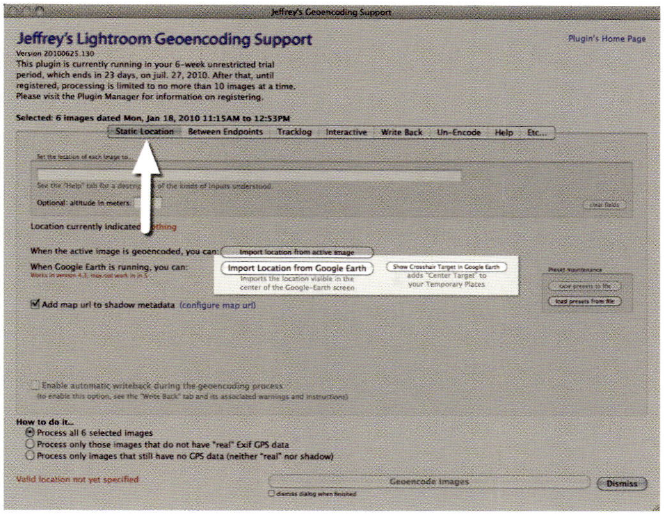

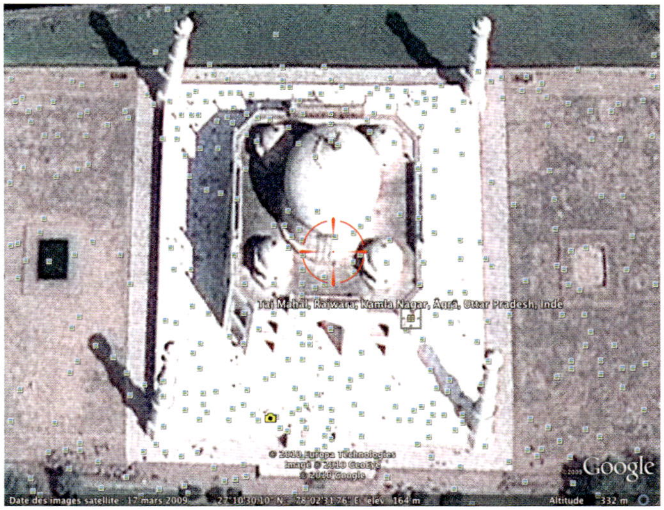

Étape 5

Toujours dans Google Earth, placez le curseur en forme de croix rouge à l'endroit de la prise de vue ou, mieux, là où se trouve le sujet photographié, puis retournez dans Lightroom. Dans le module externe, cliquez à nouveau sur le bouton Import Location from Google Earth. La longitude, la latitude et l'altitude du lieu exact pointé par le curseur rouge sont aussitôt rapatriées et affichées dans le module externe, ainsi que les noms liés à l'emplacement (lieu précis, ville, province, pays).

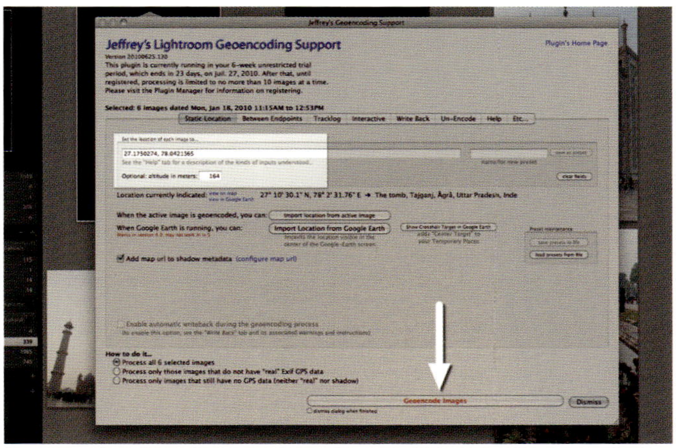

Étape 6

Cliquez sur le grand bouton rouge Geoencode images, situé en bas de la fenêtre du module externe, puis sur Dismiss pour quitter, après confirmation que les coordonnées ont bien été inscrites dans les métadonnées des images. Pour vérifier la bonne exécution de la tâche, il suffit de sélectionner l'une des images géolocalisées et d'aller dans le panneau Métadonnées du module Bibliothèque. Si le mode d'affichage EXIF et IPTC est activé, on trouvera une section jf Geoencoding Support tout en bas du panneau, avec la longitude, la latitude et l'élévation.

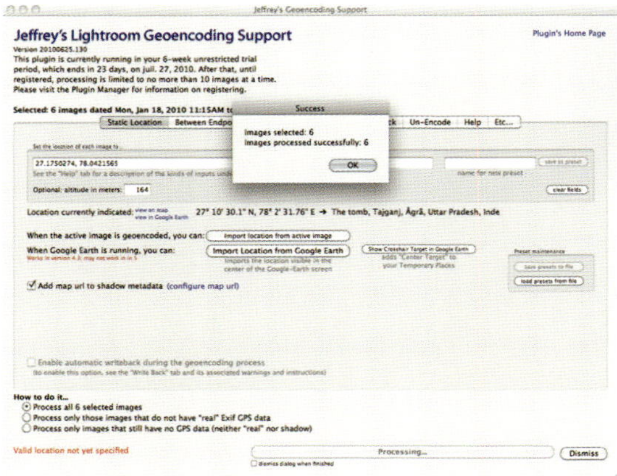

Étape 7

Le champ Map (carte) indique un lien web. Après vous être assuré d'être bien connecté à Internet, cliquez sur la petite flèche à droite. Aussitôt, votre navigateur par défaut va s'ouvrir sur une page Google Maps, avec une vue satellite de l'emplacement de la prise de vue. Vous pouvez également passer par le menu Module externe – Extras pour voir l'emplacement dans Google Earth (Pinpoint location in Google Earth) ou Google Maps (View location at Google Maps).

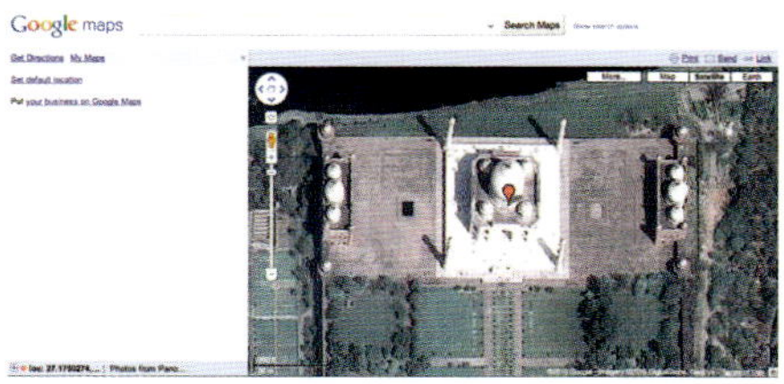

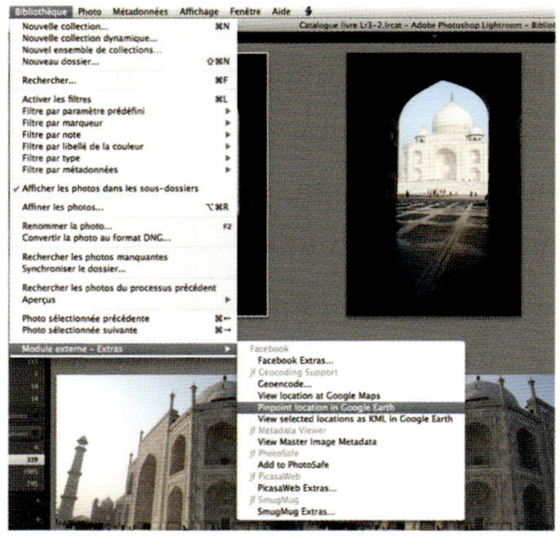

Étape 8

On peut aller un peu plus loin – on ne croit pas si bien dire – en utilisant le module externe pour remplir automatiquement les champs IPTC d'emplacement, ville, région, pays et code ISO du pays. Sélectionnez les images géolocalisées puis relancez le module externe, conformément à l'Étape 3. Allez ensuite dans l'onglet Interactive et passez le langage en français, dans le menu Reverse geocoding options.

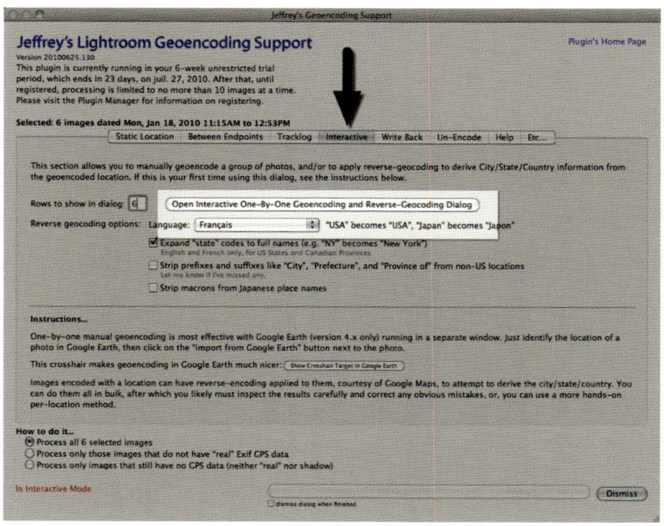

Étape 9

Cliquez sur le grand bouton Open Interactive One-by-One Geoencoding and Reverse-Geocoding Dialog, pour lancer la boîte de dialogue permettant de collecter l'emplacement dans les champs IPTC. Ensuite, cliquez sur le bouton «city, etc., from GPS». Une nouvelle fenêtre s'ouvre, avec les champs déjà remplis à partir des informations collectées automatiquement sur Google Earth. On saisit «Taj Mahal» dans le champ «location» (emplacement) et on valide en cochant la case «apply» (appliquer). Pour mettre à jour les métadonnées, il ne reste plus qu'à cliquer sur le bouton Update everything for the selected photo (Mettre à jour la photo sélectionnée).

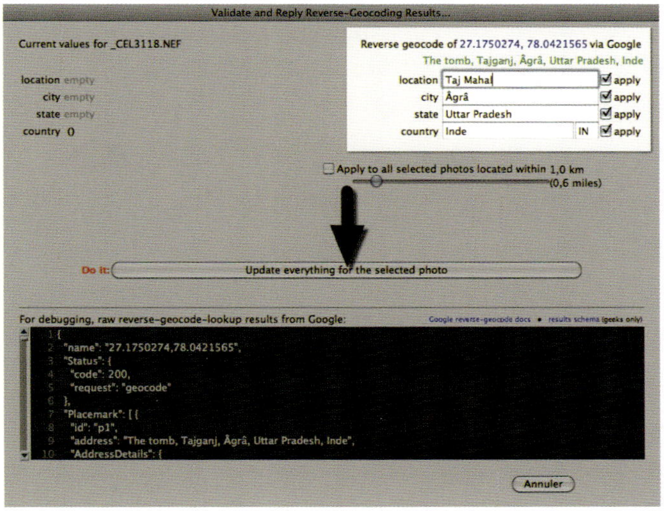

Étape 10

Dans cet exercice, on travaille image par image. Il faut appliquer les mêmes informations aux autres images sélectionnées, tout simplement en cliquant sur «copy from below», si on part du haut, ou «from above», si on part du bas. On valide en cliquant sur OK.

De retour dans l'onglet Interactive, on bascule sur l'onglet Static Location et on clique sur Geoencode Image, en bas de la boîte de dialogue. Après confirmation de la géolocalisation des images, on quitte le module externe en cliquant sur Dismiss.

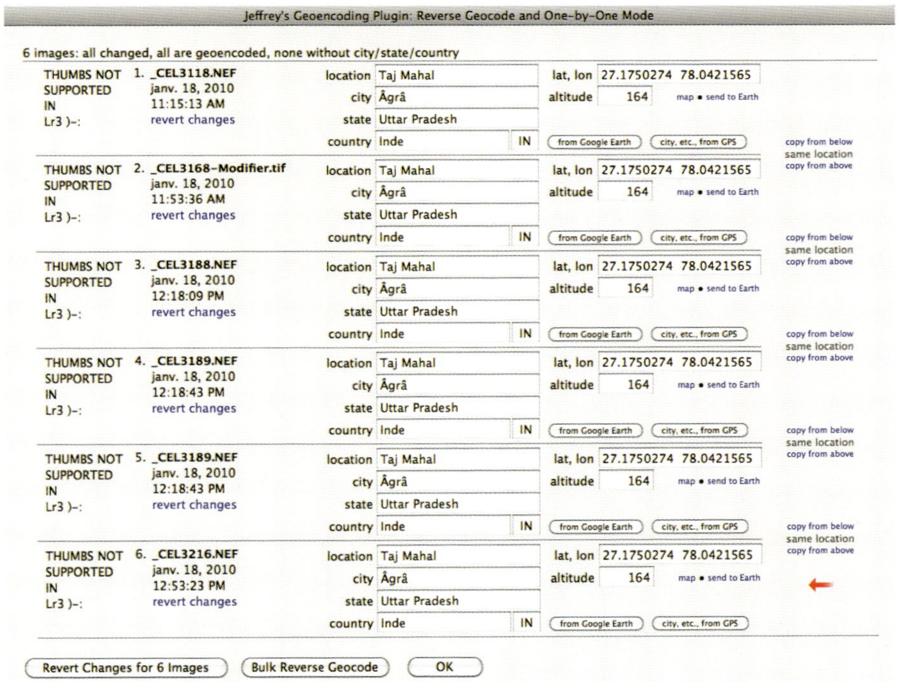

Étape 11

De retour dans le panneau Métadonnées de Lightroom, on constate que les champs Emplacement, Ville, Région, Pays et Code de pays ISO sont correctement renseignés.

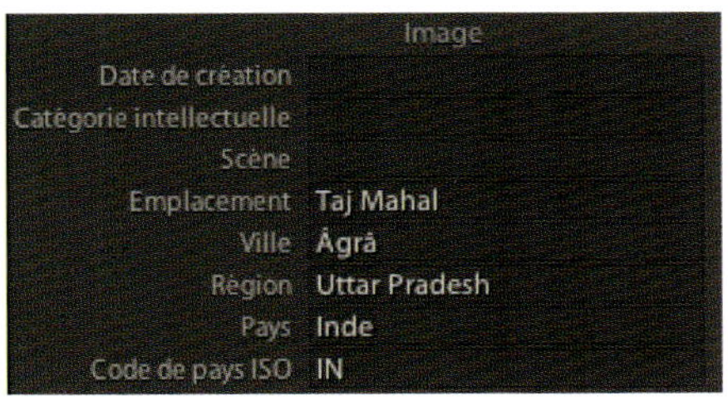

Étape 12

Lightroom n'ayant pas encore d'interface pour gérer les coordonnées GPS, le module externe écrit ces informations sous forme de données « fantômes » (Shadow Metadata). Il est pourtant possible d'inclure les coordonnées GPS dans les métadonnées de l'image avec le module externe :

- sélectionnez les images géolocalisées puis lancez le module externe ;
- allez dans l'onglet Write Back (Réécrire), cliquez sur Write Shadow Data to Images Files/XMP Sidecars, pour copier les données « fantômes » dans les métadonnées des images, et quittez le module ;
- faites un clic droit sur les images sélectionnées et choisissez Métadonnées>Lire les métadonnées dans le fichier, pour mettre à jour les métadonnées EXIF des images.

Les images intègrent enfin les coordonnées GPS dans leurs métadonnées, et pourront être exportées et diffusées telles quelles.

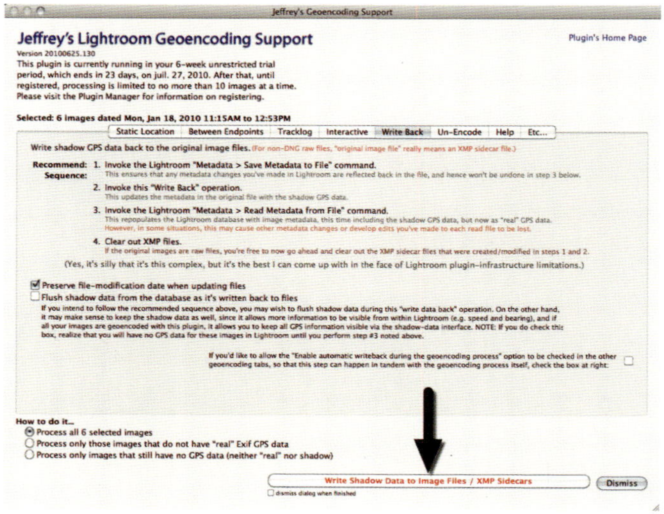

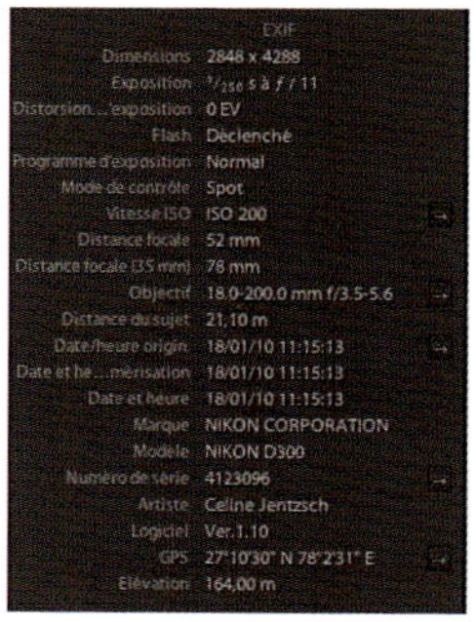

Remarques : il existe plusieurs méthodes pour géolocaliser les images cataloguées par Lightroom. Celle-ci est la plus simple. Lightroom n'ayant à l'heure actuelle aucune architecture permettant d'exploiter ces informations, le module de Jeffrey Friedl passe par un système de métadonnées « fantômes » qu'il est toutefois possible de transférer dans celles de l'image.

Lightroom peut également voir les coordonnées GPS qui ont été enregistrées dans les données EXIF des images avant leur importation. On peut aussi confier la géolocalisation à des utilitaires externes, comme Geosetter (PC) ou HoudahGeo (Mac) : il faudra simplement faire un clic droit et sélectionner la lecture des métadonnées du fichier, comme nous l'avons expliqué à l'Étape 12, pour mettre à jour les informations dans le catalogue.

20 Flux de travail pour photographes pressés

Beaucoup d'utilisateurs de Lightroom se demandent pourquoi le module Bibliothèque dispose d'un histogramme et d'un panneau de développement rapide très bien fourni en outils de correction. La réponse est très simple : ce logiciel est parfaitement équipé pour répondre aux besoins du photographe travaillant dans l'urgence. Nous ne prétendons pas donner ici une méthode universelle, mais nous vous proposons de bonnes pistes pour vous aider à trier, corriger et diffuser les images d'un reportage que votre rédacteur en chef ou responsable de communication attend avec impatience, en vous harcelant de coups de téléphone...

Étape 1

Tout commence avec le menu Importer. Nous vous suggérons d'enregistrer un paramètre prédéfini avec les réglages suivants.

- Éjecter après l'importation.
- Rendu des aperçus Minimum, la qualité sera suffisante pour un affichage en mode Loupe (vous pourrez toujours créer des aperçus de qualité standard ou 1:1 lorsque votre travail aura été livré).
- Pas de création de copie de sauvegarde, mais conservez les images sur la carte mémoire, jusqu'à ce que vous trouviez le temps de faire un duplicata.
- Appliquez votre modèle de copyright, quoi qu'il arrive.
- Saisissez deux ou trois mots-clés, dont le nom du destinataire du reportage et le sujet couvert – vous compléterez plus tard dans le module Bibliothèque.
- Destination : créez un dossier très facile d'accès, par exemple sur le Bureau ou dans le dossier Images du système, que vous nommerez « Urgent_Import ».
- Passez le menu Importer en mode Compact, pour gagner du temps sur la collecte des vignettes.

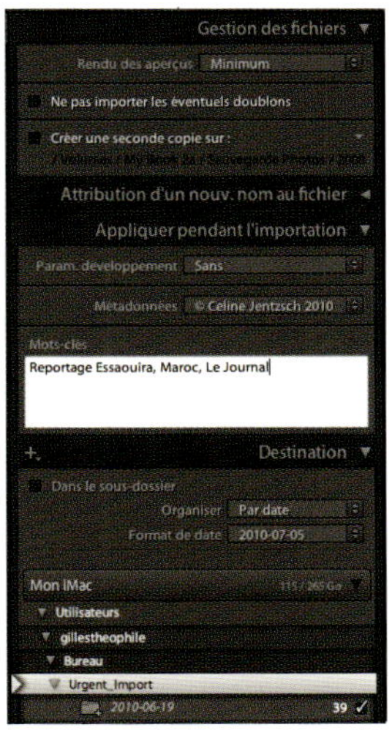

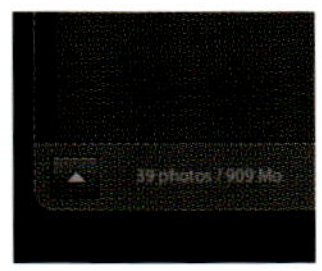

Étape 2

Enregistrez maintenant un paramètre prédéfini nommé tout simplement « Urgent ». Votre menu Importer est prêt pour faire face à toutes les situations où il faut se montrer le plus rapide possible ; si vous êtes attentif, vous verrez que le mode Compact affiche une synthèse de tous les réglages de l'Étape 1 avec, en toute clarté, la source et la destination des images.

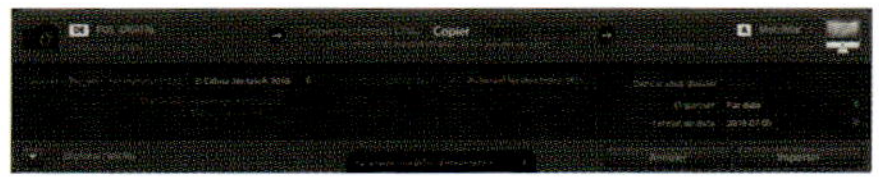

Étape 3

Lors de l'importation, n'attendez pas que toutes les images soient chargées pour commencer le tri avec la méthode déjà expliquée dans l'exercice 10 (Étapes 2 et 3). Faites un double-clic sur la première image de la grille pour l'afficher en mode Loupe, verrouillez les majuscules et attribuez un marqueur Retenue ou Rejetée avec les touches P et X du clavier ; Lightroom passera automatiquement à l'image suivante. Vous pouvez zoomer rapidement en appuyant sur la barre d'espace sans la relâcher, ensuite relâchez-la pour revenir en arrière. Sauf en cas de doute sur la netteté, ne zoomez pas car les aperçus étant de qualité minimale, Lightroom est obligé de recalculer l'affichage, ce qui allonge le temps de chargement.

Étape 4

Vous pouvez également vous déplacer manuellement dans le Film fixe, avec les flèches gauche et droite du clavier. Pour faire un bond rapide en avant ou en arrière, servez-vous du mode Turbo : gardez le doigt appuyé sur la flèche gauche ou droite. Les images défileront à toute vitesse en mode Loupe, mais à faible résolution.

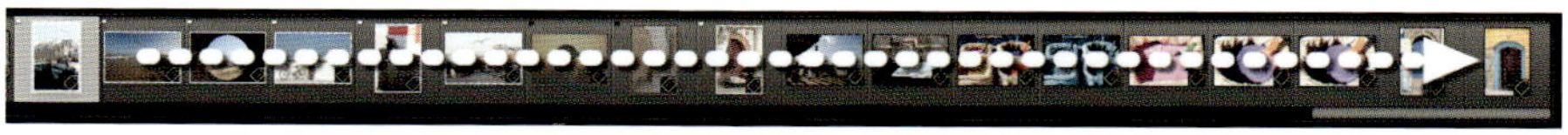

Étape 5

Lorsque le tri est fait, cliquez sur le fanion blanc du filtre situé dans le bandeau supérieur du Film fixe. Ceci aura pour effet de n'afficher que les images retenues. Pour passer à la phase de correction des images, vous pouvez passer en mode Grille (touche G) ou rester en mode Loupe. Dans le premier cas, vous pouvez agrandir les vignettes tout en gardant une vue d'ensemble sur les corrections ; dans le second, si vous êtes un peu moins pressé, vous pourrez corriger les images avec plus de précision.

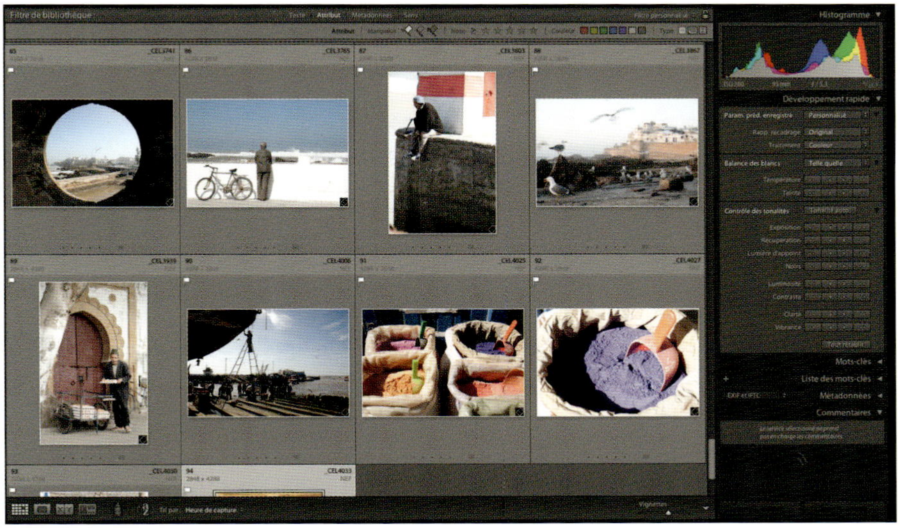

Étape 6

C'est là qu'intervient le panneau Développement rapide. Vous pouvez corriger la balance des blancs, l'exposition et le contraste, utiliser la tonalité automatique ou appliquer un paramètre prédéfini sans aller dans le menu Développement. Les boutons comportent une flèche simple ou une flèche double pour la correction par paliers. Dans le cas de l'exposition, la flèche simple correspond à 1/3 de diaphragme, la flèche double à 1 diaphragme. Si vous appuyez sur la touche Alt/Option, les boutons Clarté et Vibrance deviennent Netteté et Saturation. Passez d'une vignette à l'autre avec les flèches du clavier et appliquez les corrections nécessaires.

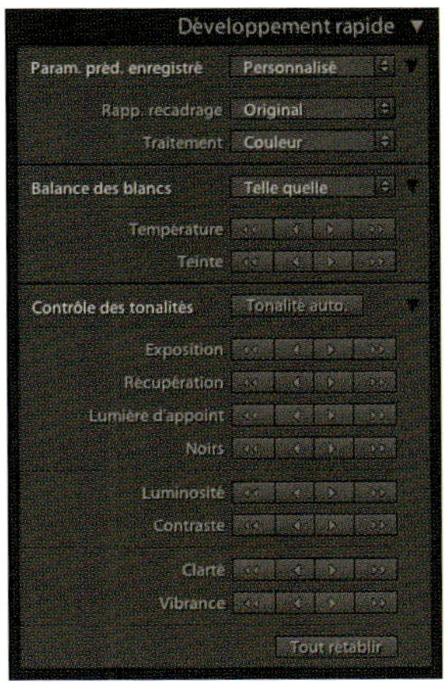

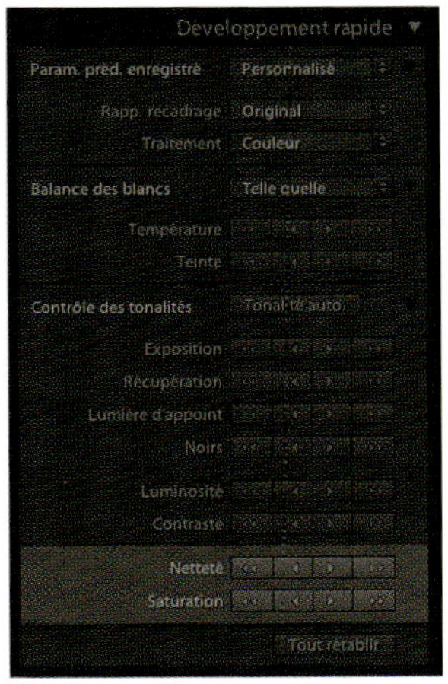

Étape 7

Dans le cas d'un flux de travail rapide, contentez-vous de corriger l'exposition et le contraste, en surveillant l'histogramme. Inutile de toucher au reste (balance des blancs...), sauf absolue nécessité. Pour la netteté, vous pourrez la renforcer automatiquement lors de la phase d'exportation.

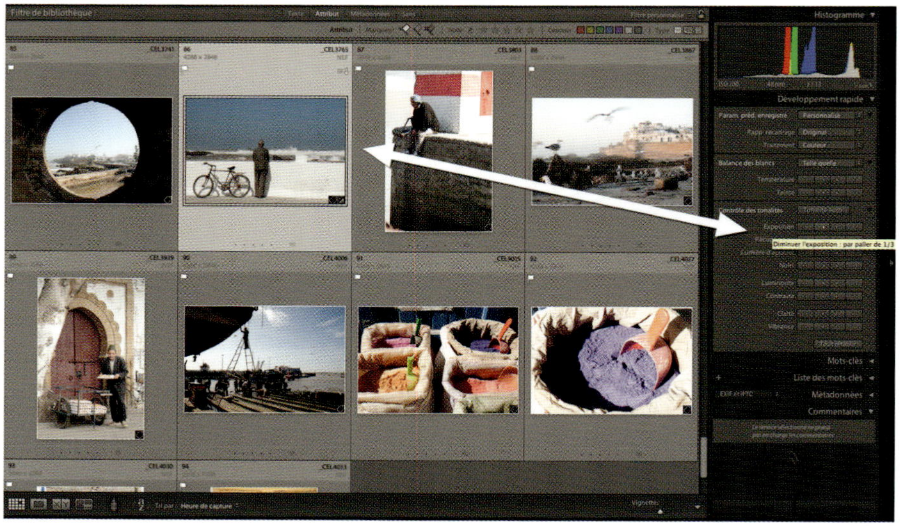

Étape 8

Si vos images ne présentent pas d'écarts d'exposition exagérés, vous pouvez également vous servir de la tonalité automatique. Sélectionnez toutes les images de la grille (Ctrl/Cmd + A) et appuyez sur le bouton Tonalité automatique. Même si les résultats ne seront pas parfaits sur toutes les images, c'est un bon réglage de base, que vous pourrez reprendre manuellement avec les boutons de développement rapide. Vous pouvez aussi annuler les corrections en sélectionnant les images concernées et en cliquant sur Tout rétablir.

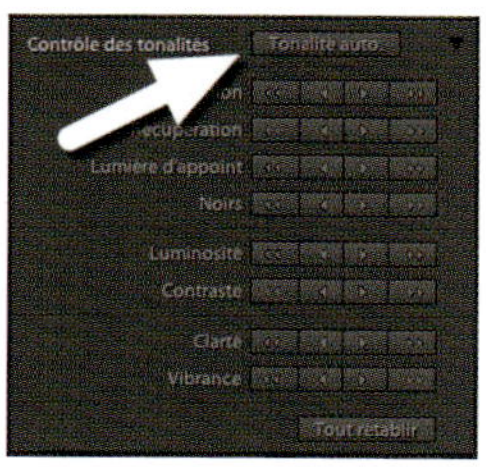

Étape 9

Pour une série d'images semblables dont l'exposition varie d'une vue à l'autre, ce qui arrive fréquemment lorsqu'on photographie au flash, il existe une fonction assez peu connue : Reproduire toutes les expositions. Cliquez sur la photo la mieux exposée de la série pour la sélectionner puis, avec la touche Ctrl/Cmd ou Maj, sélectionnez les images candidates à la correction. Ensuite, allez dans le menu Photo>Paramètres de développement>Reproduire toutes les expositions. Lightroom va automatiquement ajuster l'exposition des images candidates sur le modèle de la première image sélectionnée. Les résultats sont spectaculaires et très rapides.

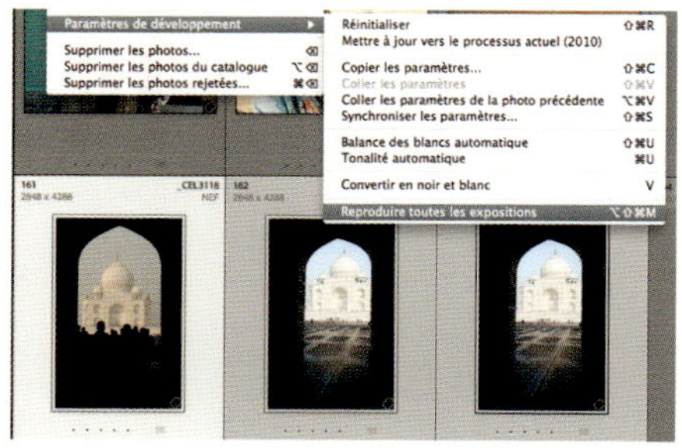

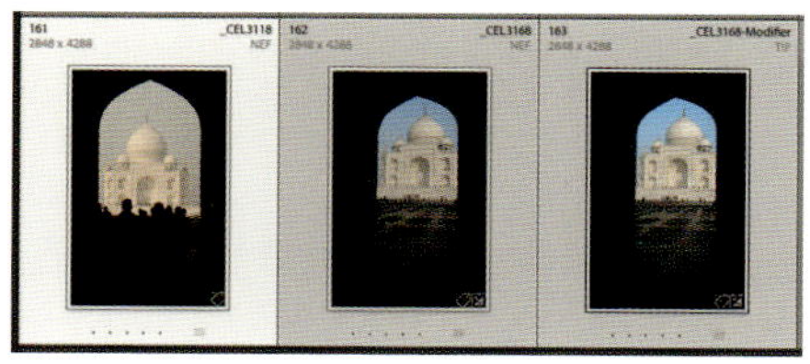

Étape 10

Il ne reste plus qu'à exporter les images. Comme pour le menu Importer, vous devrez configurer à l'avance le menu Exporter et créer des paramètres prédéfinis en fonction de la destination des images : diffusion électronique, envoi à un client pour impression, tirage sur papier par un labo... Les choix sont multiples, il est difficile de donner des réglages universels, mais n'oubliez pas les réglages de netteté à la sortie. Les algorithmes sont de très bonne qualité et, que le support soit électronique ou papier, vous êtes certain de ne jamais vous tromper avec les réglages Faible ou Standard.

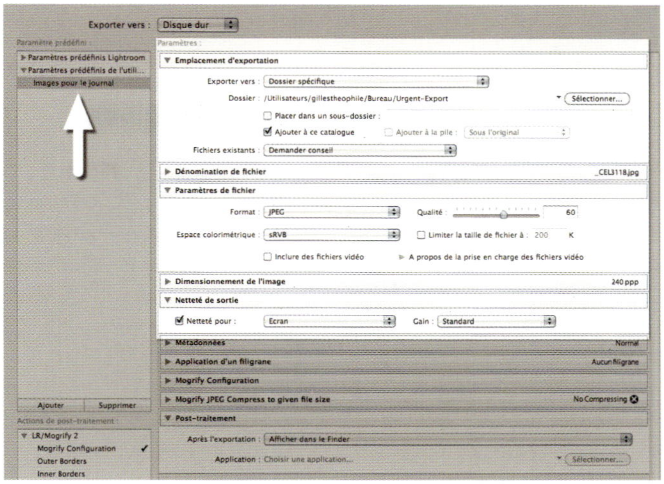

Étape 11

Lorsque vous aurez créé des paramètres prédéfinis d'exportation (voir l'exercice 50), votre flux de travail en sera encore plus rapide car vous n'aurez plus besoin de lancer le menu Exporter. Il suffira de faire un clic droit sur les images sélectionnées et de choisir l'un des paramètres prédéfinis dans le menu contextuel (Exporter>Paramètres prédéfinis de l'utilisateur>...). Si vous souhaitez exporter une seconde fois les mêmes images avec les mêmes paramètres, faites un clic droit et sélectionnez Exporter>Exporter avec précédent, dans le menu contextuel. Bien entendu, vous pouvez lancer une deuxième exportation (ou plus) parallèlement à la première.

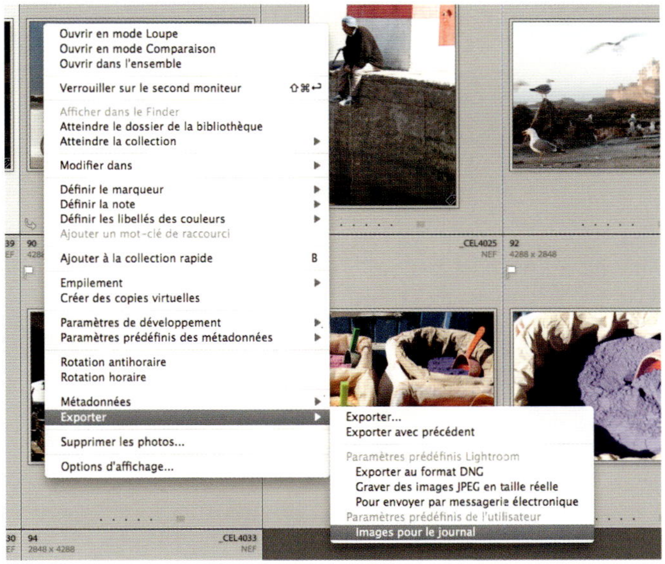

Conclusion : Lightroom peut donner l'image d'un logiciel destiné avant tout aux photographes non soumis aux impératifs et aux délais parfois exigés par la presse ou les services de communication des entreprises. En effet, l'abondance des outils laisse entendre qu'il s'agit d'un logiciel pour ceux qui aiment travailler leurs photos minutieusement. Ce n'est pas tout à fait faux mais le flux de travail est aussi sa spécialité. Le système de paramètres prédéfinis, permettant d'optimiser les menus d'importation ou d'exportation, la possibilité de se passer d'aperçus trop lourds, le panneau de développement rapide et la tonalité automatique sont tous à la disposition du photographe pressé, même s'il travaille en RAW.

Bien entendu, une fois que le travail aura été exécuté et livré, vous devrez faire une copie de sauvegarde des images et, éventuellement, à créer des aperçus de qualité standard ou 1:1 si vous avez l'intention de revenir plus tard sur vos images... Sans parler des tâches de catalogage – notation, mots-clés, champs IPTC, collections – que nous avons volontairement ignorées ici pour parer au plus pressé.

Partie 3

Développer ses images

Le module Développement de Lightroom 3 est entièrement basé sur Camera Raw, le module de traitement de fichiers RAW de Photoshop, dont il partage à la fois le moteur de dématriçage ainsi que les outils. Les deux applications sont d'ailleurs parfaitement compatibles, les corrections effectuées dans l'un pouvant être reprises dans l'autre. On parle bien ici de « développement d'images » et non pas de « retouche » ; en effet, on doit considérer le fichier RAW comme un film négatif ou inversible, devant être « développé » pour que le photographe puisse exploiter ses images.

Cette section aborde les corrections de base, à commencer par la balance des blancs, avant de passer aux réglages de l'exposition, du contraste, de la saturation des couleurs, du traitement du bruit puis de l'accentuation de la netteté.

Le traitement des images dans Lightroom est non destructif, chaque modification est totalement réversible, à tout moment ; les corrections sont inscrites sous forme de métadonnées dans des fichiers annexes (pour les RAW) ou dans les en-têtes des images elles-mêmes (pour les JPEG, les TIFF, les PSD et les DNG).

Nikon D70, 18-70 f/3,5-4,5, 1/250 s, f/8, 200 ISO © Céline Jentzsch

Exercices

21 La tonalité automatique tout en finesse

La tonalité automatique a été brièvement abordée dans l'exercice 20 consacré au flux de travail rapide. Au fur et à mesure de la sortie de nouvelles versions de Lightroom, les algorithmes ont été sensiblement améliorés ; pourtant, les automatismes ne sont pas toujours parfaits, et il existe une méthode pour utiliser cet outil avec plus de finesse.

Les fichiers associés à cet exercice sont sur le DVD-Rom dans le dossier Partie3_ex21.

Raccourcis clavier

Touche D : passer au module Développement

Touche Maj + double-clic sur les curseurs Exposition, Récupération, Lumière d'appoint, Noirs, Luminosité et Contraste : tonalité automatique restreinte au curseur concerné

Étape 1

Ouvrez l'image Originale_21.nef. Il est parfois difficile de mettre la tonalité automatique en défaut, mais dans certains cas difficiles, comme cette image comportant de nombreux tons très clairs, elle aura tendance à se laisser abuser et à exagérer les corrections. En voulant récupérer un maximum de détails dans le mur blanc, Lightroom a trop assombri l'image. Bien sûr, on pourrait faire une correction manuelle à l'aide des curseurs du panneau Réglages de base, mais le travail risque d'être trop fastidieux. Comment faire ? Doit-on renoncer à utiliser la tonalité automatique dans les cas difficiles ?

Étape 2

Il serait dommage de se priver des services de la tonalité automatique, notamment si on est pressé ou si on recherche une base de travail fiable lorsqu'on n'a pas trop d'expérience. Elle agit sur les curseurs Exposition, Récupération (hautes lumières), Lumière d'appoint (nouveauté de Lightroom 3), Noirs, Luminosité et Contraste (ces deux derniers agissant sur les tons moyens). Dans le cas de cette image, tous les curseurs ont été affectés, sauf Lumière d'appoint (il n'y a pas d'ombres à éclaircir).

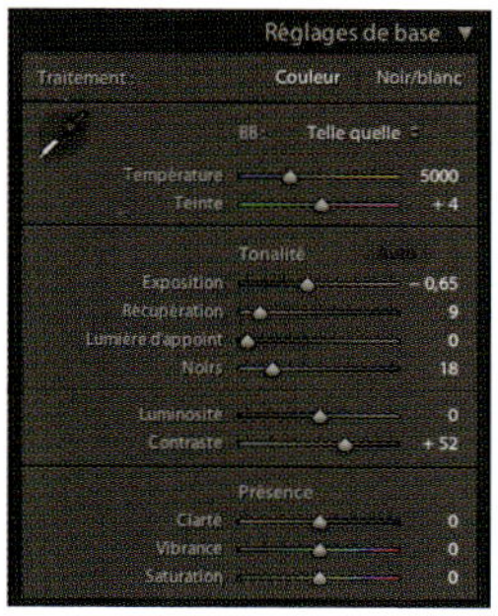

Étape 3

Avant de reprendre les corrections, il faut réinitialiser les réglages en cliquant sur le bouton Réinitialiser (en bas du panneau droit), ou revenir en arrière à l'un des stades juste avant la tonalité automatique, dans le panneau Historique (côté gauche du module Développement).

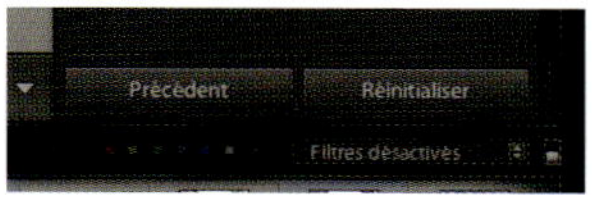

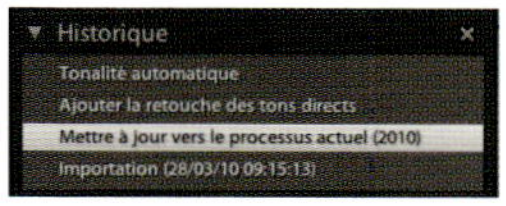

Étape 4

Il est temps de révéler le secret de la tonalité automatique en finesse : elle fonctionne curseur par curseur si vous double-cliquez sur chacun d'entre eux, l'un après l'autre, tout en maintenant la touche Maj enfoncée. Commencez par le curseur Exposition. Touche Maj enfoncée, faites un double-clic sur le mot «Exposition» : Lightroom applique aussitôt une correction de -0,65 diaphragme. Le mur blanc récupère du détail, tout en restant naturellement brillant, le ciel prend une belle teinte et le personnage et le vélo sont bien plus présents.

Étape 5

On continue avec le curseur Récupération, qui passe de 0 à 9 : on constate l'effet sur le mur blanc qui affiche plus de détails mais de manière subtile. Rien ne vous empêche d'ajuster manuellement la correction, en déplaçant le curseur, mais en gardant à l'esprit qu'une récupération excessive de hautes lumières a toujours un effet négatif car elle diminue le contraste.

Étape 6

Le curseur Lumière d'appoint, sans surprise, ne bouge pas de la position 0 puisque l'image n'a pas à proprement parler de zones sombres à éclaircir. En revanche, le curseur Noirs passe d'un réglage par défaut de 5 points à 18 : cela a pour effet d'accentuer la présence de l'océan et des rochers, ce qui est plutôt bien, mais le personnage et la bicyclette sont un peu trop présents. Ramenez le curseur à une valeur intermédiaire, aux alentours de 8 à 10, pour un résultat plus réaliste.

Étape 7

Les curseurs Luminosité et Contraste ont la particularité d'agir principalement sur les tons moyens de l'image : il est donc plus judicieux de les utiliser après avoir corrigé l'exposition. Tout en maintenant la touche Maj enfoncée, on s'aperçoit que c'est le curseur Luminosité qui provoque l'assombrissement général constaté dans l'Étape 1. En effet, on passe d'une valeur par défaut de +50 à 0, certainement pour récupérer le plus de détails possibles dans le mur blanc. Le curseur Contraste se trompe aussi en passant de +25 à +52. On réinitialisera les deux réglages en faisant un double-clic sur chacun des deux curseurs.

Étape 8

Dans certains cas difficiles, la tonalité automatique peut réserver de très bonnes surprises, comme cette image à contre-jour dont nous voyons ici une portion centrale. Les personnages ont été éclairés avec le curseur Lumière d'appoint, sans que le côté artistique de l'image – un contre-jour volontaire – ne soit dénaturé.

Étape 9

La tonalité automatique est également un bon moyen de retrouver les conditions d'éclairage d'une scène qui n'a pas été correctement interprétée par le système d'exposition. Dans cet exemple, l'image du haut a été photographiée à 19 h 45, mais elle semble nettement trop claire. La tonalité automatique permet, comme vous pouvez le constater dans l'image du bas, de se rapprocher d'un aspect plus naturel, à partir duquel on pourra travailler plus en finesse pour éclaircir un peu l'avant-plan et redonner du contraste à l'arrière-plan.

Conclusion : dans le cas de l'homme au vélo observant l'océan, seuls les curseurs Luminosité et Contraste se sont laissés piéger, certainement à cause du mur blanc omniprésent et de la quasi-absence de tons moyens auxquels sont destinés ces curseurs. Toutes les corrections étant réversibles et modifiables à volonté, n'hésitez pas à faire des expériences : vous vous rendrez rapidement compte que la tonalité automatique de Lightroom apporte beaucoup au flux de travail du photographe.

22 Réglage de la balance des blancs

Bien que la balance des blancs soit la seule information de correction d'images produite par l'appareil photo que Lightroom sache interpréter, il est évident que la prise de vue en RAW permet une grande souplesse quant aux réglages possibles en postproduction. Dans cet exercice, nous allons voir comment équilibrer les couleurs d'une image, toutefois sans perdre l'essentiel, c'est-à-dire l'ambiance particulière due à l'éclairage.

Les fichiers associés à cet exercice sont sur le DVD-Rom, dans le dossier Partie3_ex22.

Raccourcis clavier

Touche W : pipette de balance des blancs (également à partir du module Bibliothèque)

Touche L : passer en mode d'affichage avec éclairage de fond atténué (meilleure visibilité des corrections)

Touches Maj + S : revenir instantanément à l'image originale puis à l'image en cours de modification

Étape 1

Ouvrez l'image Originale_22A.nef. Une rapide analyse de cette image, prise dans une poissonnerie au Japon, permet de constater que l'appareil a particulièrement bien interprété l'éclairage artificiel de la scène. Pourtant, pourquoi ne pas essayer de l'améliorer encore, soit en utilisant les réglages automatiques, soit en faisant une balance des blancs à l'aide de la pipette. L'outil de balance des blancs se situe dans le panneau Réglages de base du module Développement.

Étape 2

Avant d'utiliser la pipette, essayons de corriger l'image avec l'un des préréglages du menu déroulant BB. Pour comparer plusieurs résultats, on peut créer autant de copies virtuelles que nécessaire, et appliquer un réglage différent à chacune d'entre elles. Ici, dans le sens des aiguilles d'une montre : « Telle quelle » (interprétation du boîtier), « Auto », « Tungstène » et « Fluorescente ». Bien que l'image équilibrée en mode Auto soit visiblement la meilleure, les blancs tirent trop sur le bleu. Nous allons donc corriger la balance des blancs avec la pipette.

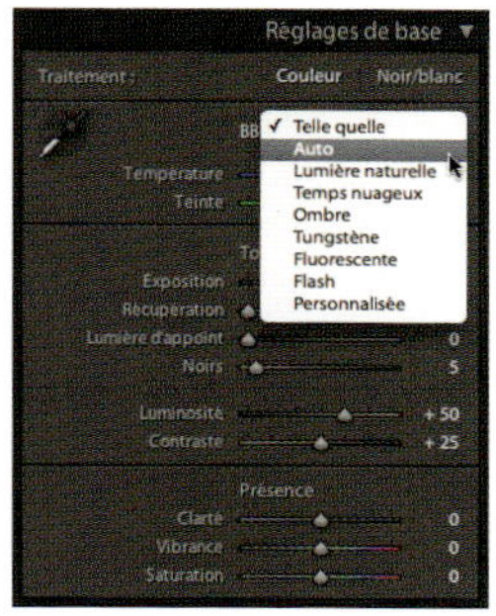

Étape 3

Revenez au réglage du boîtier (Telle quelle), puis cliquez sur la pipette pour la libérer de son logement. En la plaçant sur l'image, on s'aperçoit qu'elle est accompagnée d'une palette flottante comportant une grille. Le pas de la grille est réglable avec la molette de la souris, au pixel près, pour un prélèvement de grande précision. Les chiffres indiquent, en pourcentages, les valeurs RVB des pixels survolés. La fenêtre de Navigation affiche en temps réel un aperçu de la correction calculé à partir du pixel (ou du groupe de pixels) survolé.

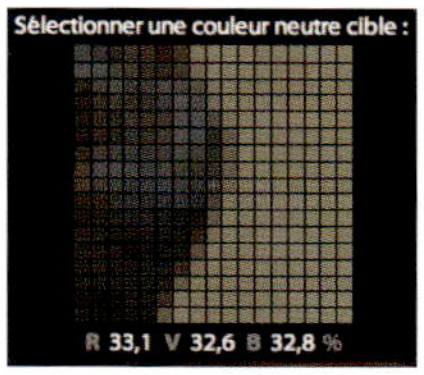

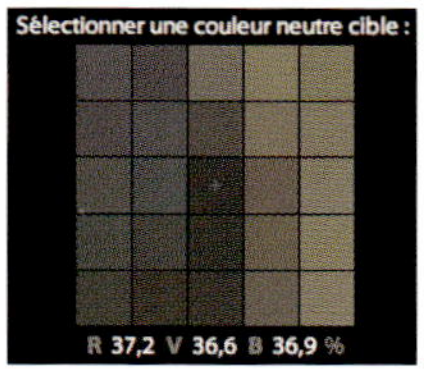

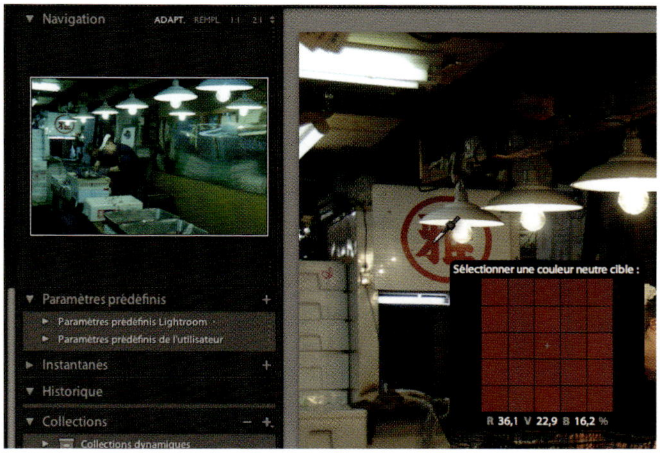

Étape 4

Le but de la manœuvre est de trouver une zone neutre, de préférence un gris moyen ou du blanc. Si les surfaces neutres sont minuscules, réglez le pas de la grille jusqu'à ce que vous puissiez travailler au pixel près. Ici, placer la pipette sur les boîtes en polystyrène donne un résultat trop bleu, malgré leur couleur blanche. En observant mieux la scène, qui a une teinte générale chaude, on aperçoit une boîte légèrement bleutée sous le panier près de l'écailler. Comme l'outil compense toujours vers une teinte opposée, on place la pipette dessus et on clique : l'image retrouve une teinte plus équilibrée.

Étape 5

Vous pouvez alors replacer la pipette dans son logement. Vous pouvez modifier légèrement la correction à l'aide des curseurs Température (plus froid vers le bleu, plus chaud vers le jaune) et Teinte, en allant très légèrement vers le vert (rendu blafard) ou le magenta (rendu plus naturel). Notez sous l'histogramme ci-contre les valeurs RVB avant/après lorsqu'on passe le pointeur dans l'image.

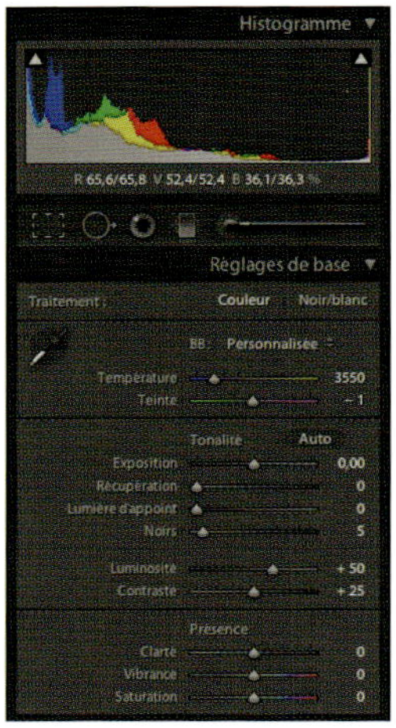

Étape 6

Ouvrez l'image Originale_22B.nef. Une correction parfaite de la balance des blancs ne s'impose pas toujours. C'est une question de goût personnel, mais nous croyons qu'il est essentiel de conserver l'ambiance de la scène photographiée. Bien sûr, les considérations d'ordre artistique sont à prendre en compte. Dans cette image, la correction est un appel du pied à une conversion et à un travail en profondeur en noir et blanc.

Conclusion : la correction de la balance des blancs est un exercice particulièrement facile qui est également la porte ouverte à l'expression artistique, en amplifiant ou en modifiant complètement l'aspect des images. Elle doit se faire en amont du flux de travail, avant toute autre modification à l'exception de l'application d'un profil de simulation de rendu spécifique au fabricant de votre appareil photo, ou d'un profil d'étalonnage établi à partir d'une charte de couleurs (voir l'exercice 37). De plus, si vous avez plusieurs images dans la même série, vous pourrez appliquer les corrections d'une image *master* vers toutes les autres grâce aux outils de synchronisation (voir l'exercice 39).

23 Correction de l'exposition et du contraste

Les appareils photo numériques, malgré leurs systèmes de mesure sophistiqués, ne sont jamais à l'abri de l'erreur d'exposition, d'autant que leur plage dynamique, c'est-à-dire leur capacité à enregistrer des informations aussi bien dans les noirs que dans les hautes lumières, est relativement restreinte, tout en étant comparable à la diapositive. Le format RAW permet une latitude de correction assez importante, et nous allons étudier ici quelques cas types.

Les fichiers associés à cet exercice sont sur le DVD-Rom, dans le dossier Partie3_ex23.

Étape 1

Ouvrez l'image Originale_23A.nef. Cette photo d'un jardin zen est correctement exposée, puisque l'histogramme montre un bon étalement de la plage tonale, avec des informations présentes dans les noirs (extrémité gauche) jusqu'aux tons clairs (à droite). Toutefois, le gravier semble un peu trop clair, ce que confirme le pic de l'histogramme, à droite, avec des hautes lumières légèrement écrêtées, comme l'indique le petit triangle blanc, en haut à droite.

Étape 2

La correction à faire est très simple : placez la souris sur le pic de l'histogramme, cliquez et tirez vers la gauche jusqu'à ce que le résultat vous convienne. Lorsque le pointeur sera positionné, vous verrez apparaître une zone en gris et le mot « Exposition » sous la fenêtre. L'histogramme est interactif, et les corrections qui y sont faites correspondent aux quatre curseurs Exposition, Récupération, Lumière d'appoint et Noirs du panneau Développement de base. Une correction de -0,45, presque un 1/2 diaphragme, suffit à redonner de la matière et à récupérer les valeurs écrêtées.

Étape 3

Ouvrez l'image Originale_23B.nef. Ici, l'histogramme indique des tons foncés écrêtés et des hautes lumières cramées. Le ciel est irrémédiablement perdu mais on peut récupérer le sommet des immeubles : placez la souris tout à droite de l'histogramme, pour corriger les hautes lumières, et tirez vers la gauche jusqu'à ce que le sommet des immeubles réapparaisse. Pour cette image, la correction sera maximale, à 100. Ensuite, ramenez l'extrémité gauche de l'histogramme jusqu'à ce que le triangle gauche s'éteigne (le curseur Noirs sera à 4 ou 5).

Étape 4

Une autre méthode consiste à afficher les images sans aucune information de couleurs. Appuyez sur Alt/Option et agissez sur l'histogramme interactif ou sur les curseurs, comme dans l'étape précédente. Il faut que les sommets des immeubles deviennent totalement noirs. De cette manière, les seuils de correction s'affichent plus tôt, ce qui évite, dans le cas des hautes lumières, de pousser inutilement le curseur à 100 (comme dans l'Étape 3), au risque de diminuer le contraste de l'image. Ici, une correction de 30 est suffisante.

Étape 5

Ouvrez l'image Originale_23C.nef. La Courbe de tonalités est un autre outil important, même si son utilisation reste occasionnelle. Cet exemple est parfait : l'histogramme « dodu » indique une bonne exposition, avec de nombreuses informations dans les tons moyens et une plage tonale idéalement répartie, des tons foncés jusqu'aux tons les plus clairs. Nous allons utiliser la courbe pour redonner du contraste et atténuer l'effet de la fumée dégagée par les brûleurs d'encens. Cet outil se trouve dans le panneau en dessous de celui des réglages de base.

Étape 6

Avec une courbe en S (procédé classique pour un résultat contrasté), on risque d'éclaircir la fumée et de masquer du contenu. Nous allons employer l'outil d'ajustement de la cible à plusieurs endroits dans la photo. Cliquez sur le bouton en haut à gauche du panneau de la courbe, placez-le sur la tête de la femme au milieu et appuyez quatre ou cinq fois sur la flèche bas du clavier pour emmener les teintes sombres à -50 (ou utilisez les curseurs). Placez l'outil sur le bras, plus clair, et diminuez à -30 (curseur des teintes claires). Cherchez des tons encore plus clairs dans les fleurs jaunes, en haut à gauche, et passez à -30.

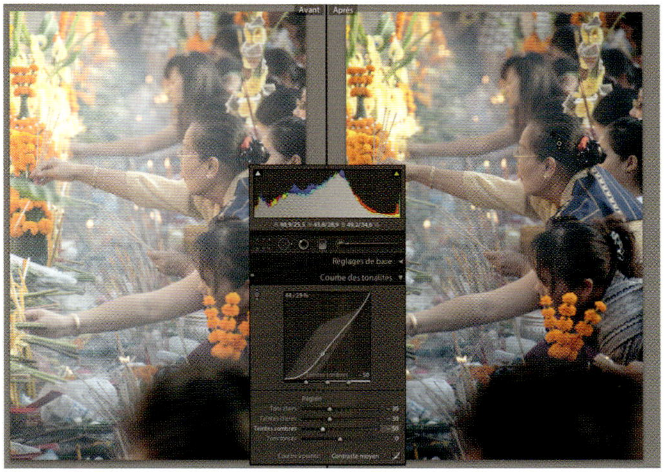

Étape 7

Pour la finition, retournez dans le panneau des réglages de base : l'histogramme s'est décalé à gauche, mais a gardé son aspect dodu. On ramène la section des noirs à +3, pour supprimer l'écrêtage (on pourrait appliquer du contraste global aux tons moyens, avec le curseur Contraste, mais il faut garder l'ambiance « enfumée »). Le curseur Clarté est ici bien utile, car il permet d'améliorer discrètement le microcontraste local, tout en donnant du tonus à la photo. La valeur appliquée est de +50. Le résultat est impeccable, l'image a gagné en relief, sans qu'on sacrifie l'ambiance.

Étape 8

Ouvrez l'image Originale_23D.nef. Lightroom 3 a permis de gommer des différences qui existaient avec Camera Raw, dont l'absence de courbe à points. On l'active en cliquant sur l'icône du coin inférieur droit du panneau Courbe de tonalités. Elle permet de modifier le contraste sur une portion de l'image uniquement. Il suffit de cliquer sur la courbe pour ajouter un point de contrôle. Ici, nous avons éclairci la zone noire en tirant le pied de la courbe vers le haut, et assombri le ciel à l'aide de deux points en tête de courbe. Servez-vous de la courbe à points pour protéger plus efficacement des portions de l'image d'une modification excessive de contraste.

Étape 9

Ouvrez l'image Originale_23E.nef. Quelle est la différence entre les curseurs de tonalité (Exposition, Récupération, Lumière d'appoint et Noirs) et les curseurs Luminosité et Contraste ? Le curseur Exposition agit plutôt sur les tons clairs, et les curseurs Luminosité et Contraste agissent sur les tons moyens. Vous les utiliserez après avoir corrigé l'exposition. Cette image présente une forte proportion de tons moyens ; nous avons corrigé le léger écrêtage des tons clairs et foncés, puis déplacé les curseurs Luminosité de +50 à +40 et Contraste de +25 à +50 pour un résultat plus accrocheur.

Conclusion : les curseurs Luminosité, Contraste et Clarté ainsi que la courbe doivent s'utiliser après avoir corrigé l'image à l'aide de l'histogramme interactif et des 4 curseurs associés. Il existe plusieurs méthodes pour manipuler les curseurs :

- déplacer le curseur à la souris ;
- placer le pointeur de la souris sur le curseur et utiliser les flèches haut et bas du clavier (grands incréments), la touche Maj permettant de varier les valeurs par petits incréments ;
- placer le pointeur sur les chiffres à droite du curseur, maintenir le bouton enfoncé puis faire glisser la souris à gauche pour diminuer les valeurs (à droite pour les augmenter) ;
- cliquer sur les chiffres et saisir les valeurs au pavé numérique, précédées de « - » pour diminuer et de « + » pour augmenter.

Les curseurs se réinitialisent par un double-clic.

24 Correction des couleurs

Après avoir corrigé la balance des blancs, puis l'exposition et le contraste, nous allons faire un petit tour par les outils de correction des couleurs. Nous allons commencer par les curseurs Vibrance et Saturation, voir quelles sont leurs différences, avant de passer aux outils du panneau TSI qui permettent de corriger des plages de couleurs aussi bien sur des images en couleurs qu'en noir et blanc...

Les fichiers associés à cet exercice sont sur le DVD-Rom, dans le dossier Partie3_ex24.

Raccourci clavier
Échap/Esc : désactiver l'outil d'ajustement de la cible

Étape 1

Ouvrez l'image Originale_24A.nef. Pour comprendre la différence entre les outils Saturation et Vibrance, nous créons une copie virtuelle. Nous réglons la saturation à +80 puis, dans la copie virtuelle, la vibrance à +80 également.

Dans la première image (en haut), toutes les couleurs ont dérivé, alors que dans celle du bas, ce sont les teintes naturellement saturées qui ont changé. Le plus intéressant, c'est que la couleur des sacs – qui rappelle un peu les tons chair – n'a pas beaucoup changé. En résumé, Vibrance est un outil de saturation non linéaire, qui a l'avantage de protéger les tons chair.

Étape 2

Ouvrez l'image Originale_24B.nef. Ce portrait pris sur le vif est d'une composition impeccable, mais nous aimerions rehausser les couleurs de la scène. Puisque nous avons des tons chair, inutile d'essayer la saturation, nous passons directement au curseur Vibrance qu'on déplacera vers la droite, quitte à aller un peu trop loin et à revenir ensuite en arrière. L'effet est très subtil, on le voit dans le vêtement, et les tons chair commencent à être affectés à partir de +25.

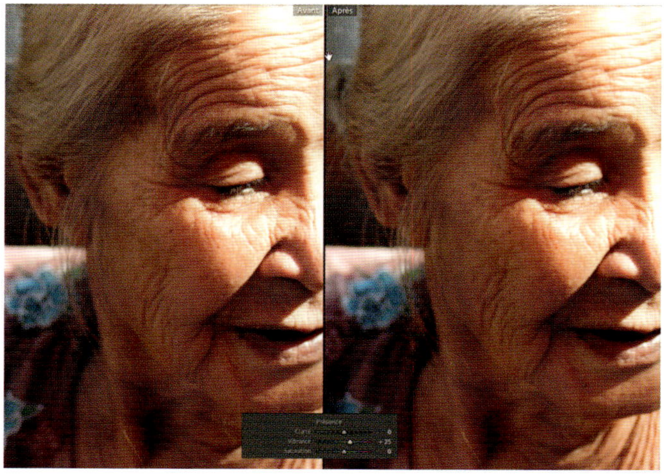

Étape 3

Ouvrez l'image Originale_24C.nef. Dans une image déjà très colorée, vous pourrez combiner le curseur Vibrance avec le curseur Clarté, pour obtenir une image avec beaucoup de pêche. Après avoir corrigé l'exposition (curseurs Noirs à 2 et Récupération à 15), réglez la clarté à +25 et la vibrance à +40. Ce type d'image, ne contenant que des objets, passe très bien avec des réglages assez poussés. La teinte rose et le plancher vert du bateau sont bien soutenus.

Étape 4

Ouvrez l'image Originale_24D.nef. Le panneau TSI regroupe une série de curseurs pour modifier la teinte, la saturation et la luminance des plages de couleurs. Ici, nous allons approfondir le bleu du ciel et atténuer la dominante rouge-orangé de l'océan. Le ciel étant un peu pâle et jaunâtre, sélectionnez d'abord l'onglet Teinte dans le panneau TSI, puis cliquez sur le bouton en haut à gauche pour activer l'outil d'ajustement de la cible : placez-le dans le ciel, du côté gauche. Corriger la teinte consiste à modifier la couleur : la plage bleue est activée dans les curseurs, et appuyez sur la flèche Haut du clavier pour approfondir le bleu de +20 (au-delà, on introduit une dominante magenta).

Étape 5

Passons dans l'onglet Saturation pour modifier l'intensité des couleurs, et replaçons l'outil dans le ciel pour ajouter +20 dans le canal bleu. Ensuite, déplacez l'outil dans le bas de l'image, où les eaux sont bien brun-orangé. Cette fois, ce sont les canaux Orange et Jaune qui sont sollicités : diminuez-les respectivement à -16 et -9. L'océan retrouve une teinte plus réaliste.

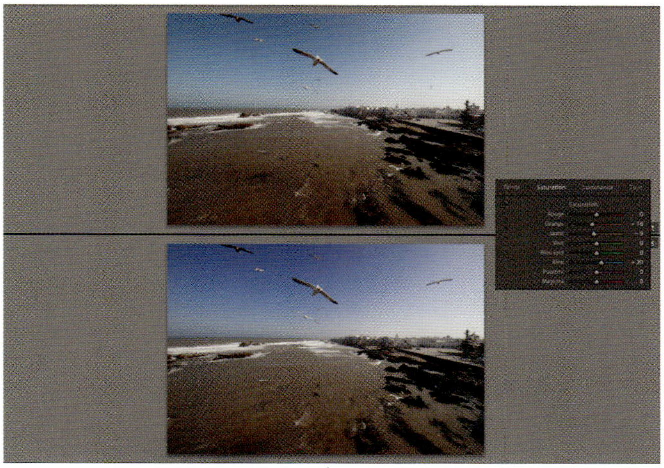

Étape 6

Pour finir avec cette image, allez dans l'onglet Luminance pour corriger la luminosité des plages de couleurs que nous venons de modifier. Réglez le bleu du ciel à -10, pour lui donner un peu plus de présence, et augmentez la luminosité des oranges/jaunes à +12/+9 pour débarrasser l'océan de son aspect boueux.

Remarque : le traitement et la correction des couleurs est d'abord une question de goût. L'auteur de la photo traitée aux étapes 4 à 6 aura probablement une interprétation très différente des modifications à apporter à son image... L'outil TSI est assez peu connu et souvent sous-exploité par les utilisateurs de Lightroom, bien qu'il s'agisse du meilleur moyen pour redonner une teinte plus agréable à un ciel tirant trop sur le cyan. Nous reviendrons sur ce panneau dans l'exercice 27 consacré à la conversion noir et blanc.

25 Traitement du bruit

Lightroom 3, en plus du nouveau moteur de rendu, propose un outil de correction du bruit particulièrement performant, qui présente l'avantage d'agir au moment du dématriçage des fichiers RAW. Oubliés les amas de pixels verts et magenta des anciennes versions, et place à une granulation serrée bien plus agréable, qui n'est pas sans rappeler le grain du film argentique. Dans cet exercice, nous allons passer en revue tous les nouveaux curseurs présents dans le panneau Détail, et voir comment ils interagissent et à quoi ils servent.

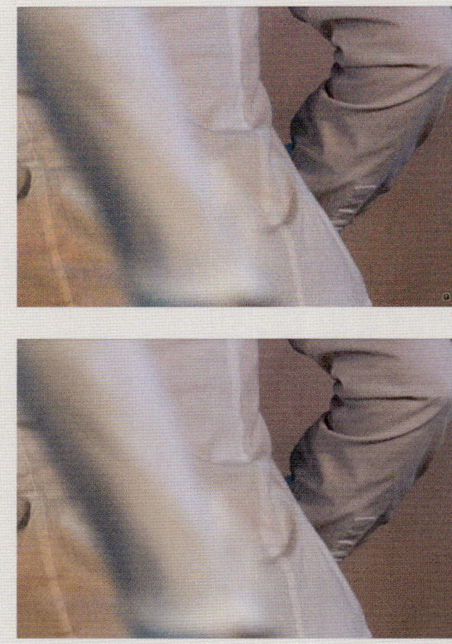

Les fichiers associés à cet exercice sont sur le DVD-Rom, dans le dossier Partie3_ex25.

Étape 1

Ouvrez l'image Originale_25A.cr2. Cette illustration donne une bonne idée de la différence de traitement du bruit entre les anciennes versions de Lightroom (à gauche) et de Lightroom 3. Cette image, prise à 3 200 ISO avec un EOS 7D, montre le traitement par défaut à l'ouverture du fichier. Dans le cas de Lightroom 3, le curseur Luminance est donc à 0 et le curseur Couleur à 25. Le traitement du bruit se fait par type de boîtier et de capteur, c'est-à-dire qu'il ne sera pas le même entre un Canon EOS 7D et un Nikon D700, par exemple.

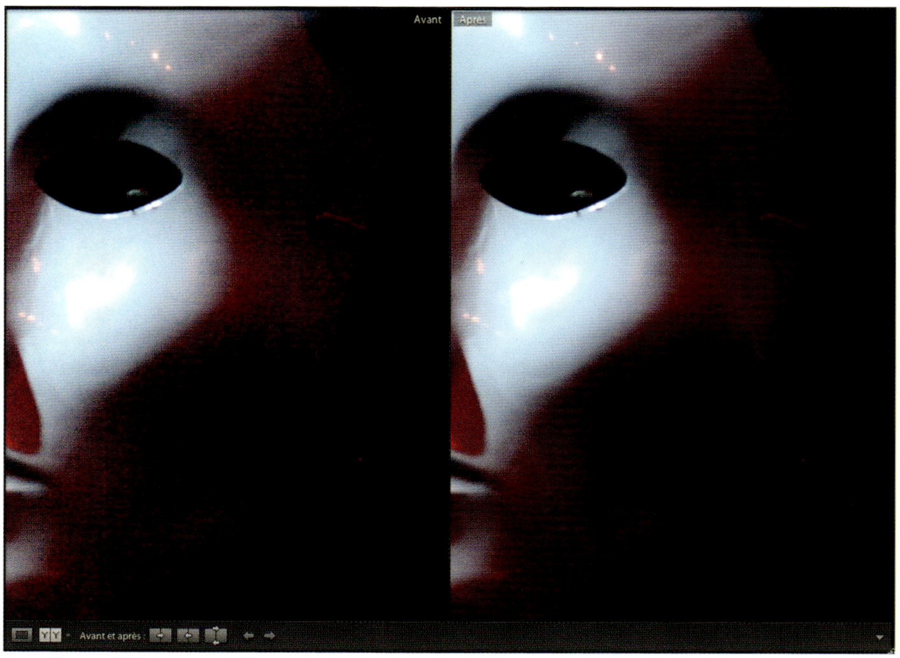

Étape 2

Les curseurs sont divisés en deux groupes : Luminance et Couleur. Le curseur Luminance est réglé par défaut à 0 (aucune correction n'est appliquée), il contrôle le niveau de correction du bruit de luminance qui se traduit à l'image par du grain plus ou moins serré. Pour atténuer le grain sans perte de détail, une valeur de 25 est le meilleur compromis. Au-delà, on risque de perdre les micro détails.

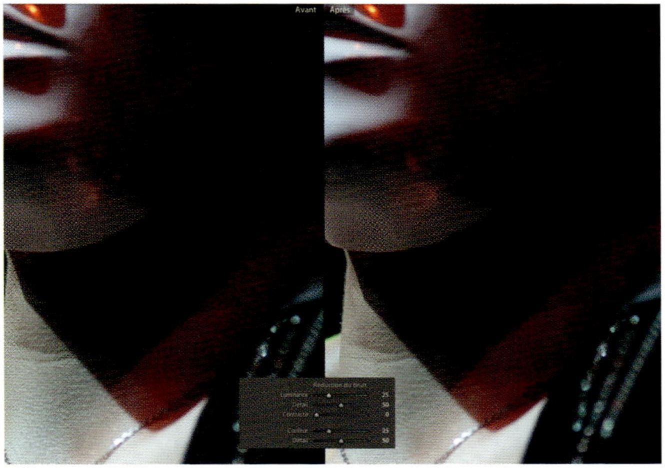

Étape 3

Le curseur Détail permet d'améliorer les détails de l'image. Sa valeur par défaut est de 50. Si on le déplace vers la droite, il va préserver plus de détails ; vers la gauche, il va les adoucir. Dans les deux cas, il y a un risque que les plus fins détails soient pris pour du bruit. Ce curseur est utile pour les images très bruitées ; si vos originaux sont très propres à haute sensibilité, le réglage par défaut de 50 n'aura pas besoin d'être modifié. Ci-contre, le curseur a été réglé à 0, ce qui se traduit par un adoucissement de la texture de la peau (image de droite).

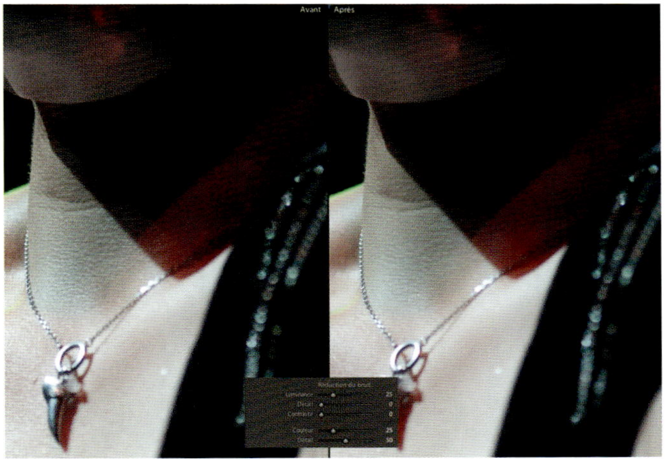

Étape 4

Ouvrez l'image Originale_25B.cr2. Le curseur Contraste agit sur les textures, et son effet est négligeable sur les images prises à moins de 6 400 ISO. Pour préserver les textures, il faut déplacer le curseur vers la droite, au risque de voir se former des paquets granuleux et irréguliers. Si on le déplace vers la gauche, on garde une granulation fine mais les textures seront lissées. La valeur par défaut est 0. L'illustration montre un réglage à 100, avec la formation de ces paquets irréguliers, visibles à droite (notamment dans la paume) ou dans les détails de la peau, tout en haut de l'image.

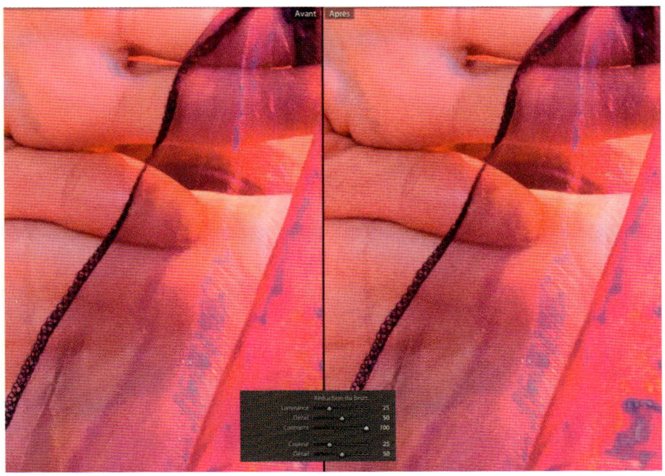

Étape 5

Sur la nouvelle image ci-contre, la correction du bruit de chrominance fait appel à deux outils : Couleur et Contraste. Le curseur Couleur permet d'atténuer ou de supprimer le bruit qui se manifeste sous la forme de grain ou d'amas verts et magenta. La valeur par défaut est de 25 pour les fichiers RAW, et de 0 pour les autres. Si on déplace le curseur sur 0, aucune correction n'est appliquée ; au-delà de 25, la correction est de plus en plus agressive, avec des risques de dérive des couleurs. Notez l'efficacité de l'outil dans les mèches de cheveux...

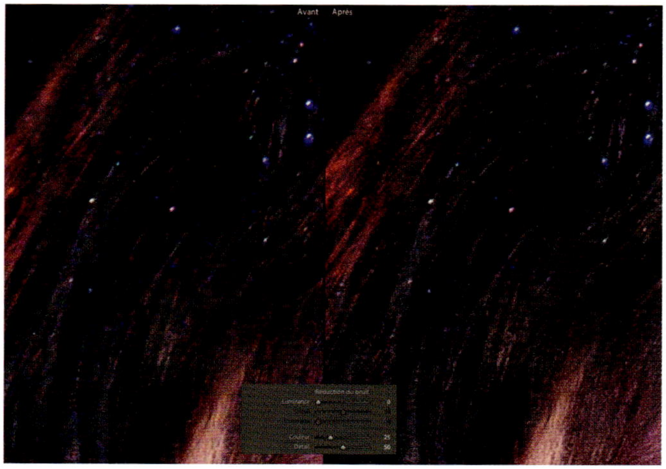

Étape 6

Sur ce dernier exemple, le curseur Détail permet de maîtriser les dérives et les pertes de couleurs au niveau des contours, dans le cas d'images très bruitées. La valeur par défaut est de 50 ; en allant vers 100, les couleurs des contours sont préservées, mais des pixels colorés apparaissent. Près de 0, les taches disparaissent au détriment des couleurs de contours. Ci-contre, le curseur est à 0 pour l'image de gauche, avec un résultat propre mais des couleurs lissées, et fixé à 100 à droite, ce qui produit des taches colorées mais conserve bien plus de nuances dans les détails de l'iris, des paupières ou des cernes.

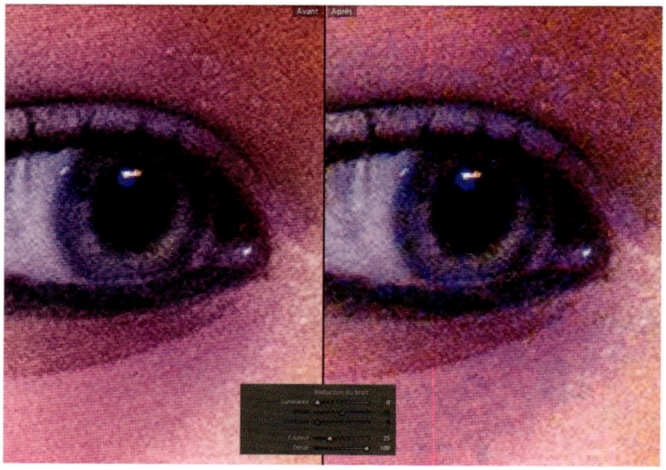

Conclusion : le traitement du bruit dans Lightroom 3 est d'une efficacité redoutable, l'un des meilleurs du marché. Les corrections, entièrement réversibles et se produisant lors du dématriçage, permettent de se passer totalement d'outils tiers (éditeurs externes) qui ont l'inconvénient de briser le flux de production RAW. Il n'y a pas de règle précise quant à la meilleure façon de corriger le bruit d'une image : tout dépend de son contenu et de l'appréciation très subjective de l'utilisateur. Nous vous invitons donc à suivre les étapes de cet exercice, et à faire des essais sur le plus grand nombre d'images possibles.

Dernier conseil : corrigez le bruit le plus en amont du flux de travail, et toujours avant la phase d'accentuation de la netteté.

26 Accentuation de la netteté

Adobe préconise une accentuation de la netteté en trois étapes : après l'importation des images (pour compenser l'adoucissement dû au filtre passe-bas du capteur), lors de la phase créative (retouche) et à l'exportation, en fonction du support de sortie (papier ou électronique). De ce point de vue, les outils de Lightroom 3 sont restés les mêmes, mais tous les algorithmes ont été revus. De plus, le nouveau moteur de dématriçage extrait plus de détails et produit des images plus accentuées par rapport à Lightroom 2, ce qui va peut-être vous pousser à revoir les images déjà traitées.

Les fichiers associés à cet exercice sont sur le DVD-Rom, dans le dossier Partie3_ex26.

Étape 1

Ouvrez l'image Originale_26.nef. Le travail d'accentuation doit se faire à 1:1, pour mieux voir les effets des outils, ce qui est plus pratique que d'utiliser la minuscule fenêtre du panneau Détail. Mais par rapport à la précédente version, la netteté se voit enfin à un agrandissement inférieur à 1:1, aussi bien dans le module Développement que Bibliothèque. Il y a une bonne astuce pour préparer l'image à un travail d'accentuation : appliquer de la clarté. En effet, le renforcement du micro contraste local va donner du tonus à l'image. Malgré tout, cette technique ne conviendra pas aux portraits. Ouvrez l'image de travail dans le module Développement et réglez le curseur Clarté, dans le panneau Réglages de base, sur 30.

Étape 2

Allez dans le panneau Détail, assurez-vous que l'image est affichée à 1:1 (1 pixel à l'écran = 1 pixel de l'image, l'équivalent de 100 % dans Photoshop). On va d'abord utiliser le curseur Gain qui applique un niveau de netteté à l'ensemble de l'image. Pendant tout l'exercice, on utilisera la touche Alt/Option qui supprime l'affichage des couleurs pour mieux voir les corrections, notamment au niveau des contours. Maintenez la touche enfoncée et déplacez le curseur Gain jusqu'à 75. L'image de départ est très piquée, mais si vous faites un affichage Avant/Après, vous verrez qu'il y a encore de la marge.

Étape 3

Le curseur Rayon permet de déterminer le nombre de pixels adjacents aux contours qui seront affectés par l'accentuation. Plus vous le déplacez vers la droite, plus l'accentuation des petits détails sera grossière. La surface de cette divinité se prête particulièrement bien à ce genre d'expérience. À gauche, le rayon est de 3 pixels, à droite, de 0,5 pixel. Pour des images très détaillées, optez pour une valeur entre 0 et 1, 1 étant le rayon par défaut qui conviendra à la plupart des images. C'est également le réglage que nous retiendrons pour l'exercice.

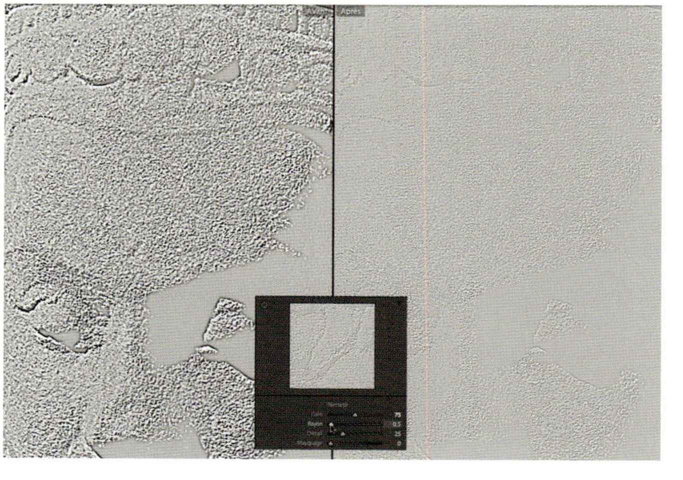

Étape 4

Si l'accentuation est exagérée, des halos peuvent se former et devenir visibles. Le curseur Détail permet de limiter leur formation lorsqu'on diminue la valeur qui, par défaut, est de 25. Si on le déplace vers la droite, on pourra extraire beaucoup plus de détails mais il faudra composer avec les halos. L'idéal est de passer la valeur sous 25, quitte à augmenter encore un peu le Gain. La comparaison ci-contre montre une valeur de Détail de 100 à gauche, contre 10 à droite. Pour l'exercice, nous garderons la valeur par défaut de 25.

Étape 5

Le curseur Masquage empêche le renforcement de netteté à l'intérieur des contours. Il est très utile pour augmenter la netteté d'un portrait sans faire monter les détails dans la peau, ou éviter la montée du grain d'une image argentique numérisée, par exemple. Avec le curseur à 0 et en appuyant sur Alt/Option, l'image est toute blanche. Au fur et à mesure du déplacement du curseur, les détails montent et, petit à petit, se fondent dans le noir. Les détails blancs représentent les éléments accentués, et les plages noires, les éléments non accentués grâce au masque. Ici, nous n'avons pas besoin de cet outil, nous le laissons donc à 0.

Étape 6

Si vous préférez travailler avec la petite fenêtre du panneau Détail, vous pouvez laisser l'image affichée en mode adapté à l'écran. Cliquez sur le petit réticule en haut à gauche et promenez-le sur l'image à l'aide de la souris : la portion survolée apparaît dans la petite fenêtre. Vous pouvez verrouiller le déplacement en cliquant dans l'image. Si vous avez besoin de bouger, déplacez-vous dans la petite fenêtre avec l'outil Main. En faisant un clic droit dans la fenêtre, vous pouvez choisir un affichage à 1:1 ou 2:1 (100 ou 200 %).

Conclusion : nous venons d'aborder les deux premières étapes de l'accentuation préconisée par Adobe et qui se pratiquent simultanément dans Lightroom puisque le moteur de dématriçage se charge d'extraire les détails de l'image. La partie créative prend le relais, avec les outils du panneau Détail, et peut être complétée par le pinceau de retouche locale ou le filtre gradué, qui possèdent tous les deux un réglage de netteté (valeurs positives) et de flou (valeurs négatives). En ce qui concerne l'accentuation de sortie, on trouvera également des réglages dans le menu Exporter ainsi que dans les modules Impression et Web. Notez que l'accentuation de sortie est hautement automatisée par Lightroom, avec des algorithmes qui s'adaptent à la nature, la taille et la résolution du document. De plus, l'accentuation doit toujours être effectuée à la fin du flux de travail, après avoir fait toutes les corrections nécessaires dans vos images.

Partie 4

Corriger ses images

Une fois que vous avez effectué les corrections de base, Lightroom met à votre disposition une grande quantité d'outils pour parfaire le traitement de vos images, aussi bien d'un point de vue technique qu'en donnant ensuite libre cours à votre sens artistique.

Les outils techniques sont nombreux. Ils concernent le recadrage, les corrections de l'objectif (pour la distorsion, le vignetage et l'aberration chromatique), la correction de perspectives (pour redresser les fuyantes d'un bâtiment pris en contre-plongée, par exemple), sans oublier le pinceau de suppression de poussières ainsi que la possibilité de créer et d'utiliser des profils d'étalonnage des couleurs en fonction de la source d'éclairage.

Pour la partie plus artistique, vous disposerez du pinceau de retouche locale et du filtre gradué, d'un excellent mélangeur de couches pour la conversion noir et blanc, sans parler des outils qui permettent d'ajouter un effet de vignetage et du grain, ou bien un virage partiel pour teinter vos images monochromes.

Nous aborderons également dans cette partie l'interface de conversion des images traitées dans Lightroom 2 dans le processus de développement de Lightroom 3.

Nikon D300, 18-200 mm f/3,5-5,6, 1/125 s, f/5,6, 800 ISO © Céline Jentzsch

Exercices

27 Conversion en noir et blanc

Les amateurs de noir et blanc connaissent parfaitement le mélangeur de couches de Photoshop, en raison de ses qualités intrinsèques et de sa très grande souplesse d'emploi. Celui de Lightroom n'est pas en reste, puisqu'il s'appuie sur les mêmes méthodes et outils que son grand frère. Cet exercice vous donnera quelques bases pour bien démarrer, et se prolongera dans les exercices consacrés au virage partiel (exercice 28), à l'ajout de grain et de vignetage (exercice 29).

Les fichiers associés à cet exercice sont sur le DVD-Rom, dans le dossier Partie4_ex27.

Étape 1

Ouvrez l'image Originale_27A.nef. La méthode la plus simple pour convertir une image en noir et blanc est de cliquer sur l'onglet Noir/blanc, dans le panneau Réglages de base. Si vous avez suivi l'ordre des exercices, vous devriez avoir coché, dans les Préférences, l'option Appliquer le mélange automatique lors de la conversion initiale en noir et blanc (voir l'exercice 01, Étape 4). Dans ce cas, Lightroom va analyser l'image et proposer une conversion pertinente qui vous servira de base de travail. Vous pouvez aussi passer directement au panneau TSI et cliquer sur NB, ce qui vous permettra, par la même occasion, de voir les réglages proposés par Lightroom dans l'un des huit canaux de couleurs, que vous pourrez retoucher à votre guise.

Étape 2

Activez l'outil d'ajustement de la cible (bouton en haut à gauche) et placez-le sur la statue bien nette. Vous devriez voir le canal orange et le canal jaune s'activer. Utilisez la flèche Bas du clavier pour assombrir, et la flèche Haut pour éclaircir, en fonction du rendu que vous recherchez. Nous avons éclairci à +47 (orange) et +33 (jaune). Vous pourrez aussi modifier le contraste avec la courbe de tonalités : c'est ce que nous avons fait en donnant à la courbe une forme de S, typique des images à fort contraste (nos réglages donnent des valeurs de 0, +25, -15 et -15 pour les 4 curseurs, du haut vers le bas).

Étape 3

Une autre solution, encore plus facile, consiste à utiliser un paramètre prédéfini. Lightroom 3 est livré avec de nombreux préréglages tout neufs. Ici, nous avons utilisé (dans le sens des aiguilles d'une montre) les réglages proposés dans les Étapes 1 et 2, puis, successivement, les paramètres prédéfinis Création en noir et blanc Aspect 1, Filtre noir et blanc – Filtre vert et Filtre noir et blanc – Filtre bleu. Les paramètres prédéfinis se trouvent dans le module Développement>panneau de gauche>panneau Paramètres prédéfinis> Paramètres prédéfinis de Lightroom.

Étape 4

Ouvrez l'image Originale_27B.nef. Pour créer une image noir et blanc comportant un détail en couleur, allez dans le panneau TSI, onglet Saturation, et ramenez les huit curseurs à gauche (-100). Allez ensuite dans le pinceau de retouche locale, cliquez deux fois sur le mot « Effet » pour réinitialiser les précédents réglages, puis mettez le curseur Saturation à droite (100). Commencez à peindre dans l'image, là où vous voulez récupérer les couleurs. Peignez précautionneusement, et servez-vous du masquage automatique pour ne pas déborder sur les parties qui doivent rester en noir et blanc.

Étape 5

La méthode de conversion en noir et blanc par désaturation, décrite dans l'Étape 4, ne produit qu'une conversion en niveaux de gris, sans véritables noirs profonds. Ci-contre, l'image du haut a été traitée par le mélangeur, et celle du bas avec les curseurs Saturation : on voit la différence dans les vêtements de la femme assise à droite. Elle peut paraître négligeable, mais avoir de vrais noirs permet d'obtenir une image noir et blanc riche et contrastée.

Étape 6

Ouvrez l'image Originale_27C.nef. Nous allons maintenant convertir cette image en noir et blanc dans le but de la préparer pour l'exercice 28, consacré au virage partiel. On corrige d'abord l'image en couleurs à l'aide de l'histogramme interactif, puisqu'elle présente des tons clairs écrêtés dans le ciel (tout ne sera pas récupérable), puis on retourne dans le panneau TSI pour convertir la photo en cliquant sur l'onglet NB.

Conclusion : la conversion noir et blanc dans Lightroom est un régal. Les possibilités sont infinies et l'on peut créer des images monochromes de très grande qualité, avec une sophistication et une finesse des réglages comme les laborantins n'en ont jamais osé rêver. Avant de passer à l'exercice suivant, consacré au virage partiel et qui prolonge l'acte de conversion en noir et blanc, nous vous conseillons de créer une copie virtuelle de l'original, ce qui vous permet d'expérimenter de multiples versions de votre image, sans encombrer le disque dur…

28 Virage partiel

La technique du virage partiel consiste à teinter différemment les tons d'une image noir et blanc. Là encore, les possibilités sont infinies et dépendent de la sensibilité artistique du photographe ou de l'utilisateur de Lightroom. Nous allons reprendre la dernière image convertie en noir et blanc dans l'exercice 27, et appliquer un virage aux tons clairs et aux tons foncés.

Les fichiers associés à cet exercice sont sur le DVD-Rom, dans le dossier Partie4_ex27.

Étape 1

Ouvrez l'image Originale_27C.nef (convertie en noir et blanc dans l'exercice 27). Le panneau Virage partiel se situe à droite, dans le module Développement, immédiatement après le panneau TSI. Il est divisé en trois sections : Tons clairs, Tons foncés et Balance (pour modifier le rapport de force entre ces deux derniers). Le plus difficile, à ce stade, va être de trouver deux teintes qui se complètent et qui donnent une belle atmosphère à l'image.

Remarque : la technique du virage partiel n'est limitée que par votre imagination. Après cet exercice, si votre cœur balance entre plusieurs réglages possibles, nous ne pourrons que vous encourager à vous faire plaisir en créant plusieurs versions de l'image sous forme de copies virtuelles, et de les soumettre au jugement de vos proches ! Pensez également aux paramètres prédéfinis du module Développement, qui proposent de nombreux exemples de virages fort intéressants.

Étape 2

Cliquer sur l'un des pavés affiche un nuancier dans lequel on pourra prélever et enregistrer des teintes. Si on déplace la pipette dans le nuancier, on verra changer les valeurs numériques des indicateurs H (teinte, déplacement horizontal) et S (saturation, déplacement vertical). Lorsqu'on clique dans une teinte, elle est activée, comme l'indique le pavé situé en haut à droite. Les cinq carrés permettent de mémoriser des teintes : il faut d'abord cliquer dans une teinte pour l'activer, puis faire un clic prolongé dans l'un des carrés. Quitter le nuancier n'efface pas les teintes mémorisées.

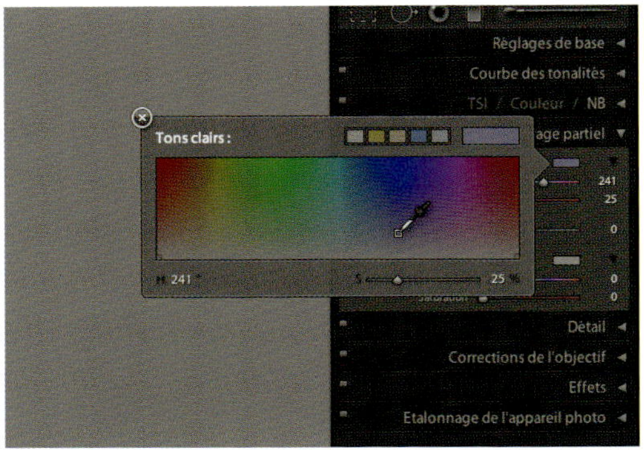

Étape 3

Nous allons d'abord choisir et appliquer une teinte pour les tons clairs de l'image. Comme il s'agit d'une scène urbaine, dans un endroit poussiéreux, nous allons tenter de donner un aspect plutôt chaud aux teintes claires, dans la partie supérieure. Après avoir ouvert le nuancier, on sélectionne un jaune (H = 60, S = 30) que l'on mémorise dans l'un des petits carrés, avant de quitter le nuancier. Il y aura certainement quelques ajustements à faire lorsque la teinte foncée sera également appliquée.

Étape 4

Dans la section des tons foncés, cliquez sur le pavé du nuancier et recherchez une teinte franchement opposée, dans les bleus (H = 243, S = 46), qui s'applique magnifiquement bien à la foule, aux deux rues perpendiculaires et aux deux femmes (dans la moitié basse de l'image).

Étape 5

Pour finir le travail de virage partiel, il faut trouver un bon équilibre entre les tons clairs (jaunâtres) et les tons foncés (bleutés), à l'aide du curseur Balance. Vers la droite, on privilégie les tons clairs, vers la gauche, les tons foncés. Dans l'exemple ci-contre, nous avons favorisé la teinte bleue, avec le curseur Balance à -30.

Étape 6

Si vous hésitez pour la version finale de l'image, pourquoi vous priver ? Créez une copie virtuelle, à laquelle vous pouvez appliquer (par exemple) une balance de +20 qui met en valeur les teintes claires et les jaunes. C'est finalement cet aspect de « photo vieillie » qui restera notre choix définitif.

29 Grain et vignetage

Le plus drôle avec la photo numérique et le traitement des images sur ordinateur, c'est qu'il n'a jamais été aussi facile de reproduire et de simuler des photos vieillies, grâce à des outils à la précision remarquable. Lightroom 3 propose dorénavant d'introduire du grain dans vos images, et l'outil Vignetage a été très amélioré. C'est ce que nous allons voir en continuant de travailler avec la photo utilisée dans l'exercice précédent.

Les fichiers associés à cet exercice sont sur le DVD-Rom, dans le dossier Partie4_ex27.

Étape 1

Ouvrez l'image Originale_27C.nef (convertie en noir et blanc puis modifiée dans les exercices 27 et 28). Les outils Vignetage et Grain ont été regroupés dans le panneau Effets. Le vignetage appliqué par Lightroom 2 ressemblait à un simple masque, celui de Lightroom 3 simule à la perfection le phénomène optique d'assombrissement des bords de l'image. Quant au grain, nous verrons qu'il se comporte comme en argentique, avec une densité et un rendu qui varient selon les tons clairs et les tons foncés.

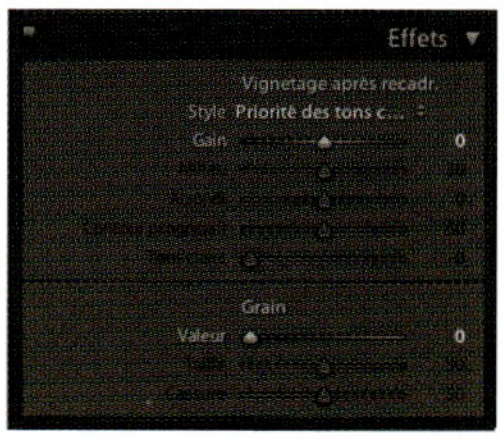

Remarque : même si vous n'appréciez pas de modifier vos images, il est difficile de ne pas se prendre au jeu du vieillissement des photos. Bien entendu, les résultats les plus élégants seront obtenus grâce à un usage modéré des outils disponibles dans le panneau Effets. Notez que l'outil Vignetage après recadrage peut s'utiliser aussi bien avec des images originales non recadrées qu'avec, comme son nom l'indique, des images qui ont été préalablement recadrées.

Étape 2

Commençons d'abord par le grain. Le curseur Valeur contrôle la quantité de grain appliquée. Pour cette image, démarrez par 50, en observant le résultat global, puis zoomez pour voir l'effet produit au niveau des détails (il commence à se faire sentir à partir de 15 ou 20). Ensuite, déplacez le curseur Taille, qui agit sur les particules de grain : en allant vers la gauche, on resserre le grain, vers la droite, il devient plus grossier. Nous retiendrons ici une taille de 25 pour préserver la finesse des détails de l'image.

Étape 3

Le curseur Cassure agit sur l'uniformité du grain. En le tirant vers la gauche, vous répartirez régulièrement le grain, ce qui ressemblera ainsi au bruit de luminance. Pour éviter l'aspect un peu trop « propre » du numérique et se rapprocher d'un rendu argentique, on réglera la cassure à 70.

Nous en avons terminé avec le grain, vous pouvez revenir à un affichage en mode Adapté.

Étape 4

Nous allons maintenant appliquer un effet de vignetage et choisir l'option Priorité des tons clairs, puisque la périphérie de la photo est principalement constituée de zones claires, avec un ciel proche de l'écrêtage. Si on utilise l'option Priorité de la couleur, il sera difficile d'assombrir les coins supérieurs de cette image. Réglez le curseur Gain à -50 pour assombrir la périphérie de l'image.

> **Remarque :** l'incrustation de peinture existait déjà dans Lightroom 2, son effet de simple masque gris n'était pas très plaisant...

Étape 5

Le curseur Milieu permet d'élargir plus ou moins l'étendue de l'effet de vignetage. Réglez-le sur 60 pour qu'il ne recouvre pas trop la femme placée complètement à gauche. Dans la même optique, ramenez le curseur Arrondi à -30 : cela donnera une forme un peu plus ovale à l'effet. Le Contour progressif permet de créer une transition plus ou moins marquée du vignetage : nous le laisserons sur la valeur par défaut de 50.

Étape 6

Dans le simple but de comparer les effets, nous avons conservé exactement les mêmes réglages mais appliqué l'effet Incrustation de peinture qui existait déjà dans Lightroom 2. Inutile de dire que le rendu est beaucoup moins réaliste et moins plaisant à l'œil...

30 Recadrer et redresser une image

Lightroom dispose d'un outil de recadrage particulièrement complet et très convivial à utiliser. Il satisfera tous les spécialistes des horizons obliques – dont votre obligé – ainsi que ceux qui sont très attachés aux cadrages pointus, grâce à ses six différentes grilles, dont une spirale de Fibonacci basée sur le nombre d'or. Dans cet exercice, nous verrons d'abord comment redresser une image avant de passer aux outils de recadrage, avec ou sans verrouillage du rapport largeur sur hauteur.

Les fichiers associés à cet exercice sont sur le DVD-Rom, dans le dossier Partie4_ex30.

Raccourcis clavier

Touche R : lancer l'outil de recadrage, valider le recadrage puis fermer
Touche O : passer d'une grille de recadrage à l'autre
Maj + O : changer l'orientation de la spirale et de la grille au nombre d'or
Échap : annuler les outils Aspect ou Angle

Étape 1

Ouvrez l'image Originale_30A.nef. Cette photo du Taj Mahal est inclinée sur la droite. On peut la redresser avec la grille de recadrage ou avec l'outil Angle.

Pour lancer l'outil de recadrage, cliquez sur l'icône placée sous l'histogramme, dans le module Développement, ou sur la touche R (y compris depuis le module Bibliothèque). Dans cette première méthode, il suffit de rapprocher le pointeur de la souris de l'angle inférieur droit de l'image jusqu'à ce qu'il se transforme en double-flèche coudée, et de faire pivoter l'image jusqu'à ce que la ligne d'horizon soit alignée sur la grille. Pour annuler, cliquez sur Réinitialiser, dans le panneau de l'outil.

Étape 2

La seconde méthode consiste à tracer une ligne sur une droite de référence verticale ou horizontale, après avoir cliqué sur l'outil Angle pour le libérer. C'est l'outil idéal pour du travail de grande précision.

Dans cette image, on ne voit guère la ligne d'horizon, on tracera donc une ligne horizontale sur le mur de la plate-forme, au centre de l'image. Dès qu'on relâche la souris, l'image se redresse ; il suffit ensuite de quitter l'outil ou d'appuyer sur la touche R pour valider le redressement et le recadrage qui en découle.

Étape 3

Ouvrez l'image Originale_30B.nef. Le recadrage peut être fait soit en respectant les proportions de l'original, soit librement. Dans le premier cas, il faut que le petit verrou situé dans le panneau soit fermé. Pour recadrer, on saisit le bord ou le coin de la grille et on resserre le cadrage jusqu'à l'obtention du résultat désiré.

Si le sujet n'est pas bien aligné ou bien placé, on peut déplacer l'image librement dans tous les sens. En effet, dans Lightroom, ce n'est pas la grille qu'on déplace, mais l'image qui est derrière.

Étape 4

Si, pour une raison ou une pour une autre, vous voulez basculer d'un recadrage vertical à un recadrage horizontal, ou l'inverse, vous pouvez utiliser le nouveau raccourci introduit dans Lightroom 3, en appuyant sur la touche X.

Étape 5

Quand le verrou est ouvert, on peut tracer un recadrage aux proportions libres avec l'outil Aspect. Dès qu'on relâche l'outil, on peut affiner le recadrage en déplaçant l'image derrière le cadre et redimensionner l'image en saisissant les angles ou les bords de la grille.

Étape 6

L'outil de recadrage de Lightroom propose six grilles différentes, que vous pouvez sélectionner en appuyant successivement sur la touche O du clavier. Certaines, comme la spirale du nombre d'or, peuvent être orientées différemment à l'aide de la combinaison des touches Maj et O.

Conclusion : l'outil de recadrage de Lightroom permet également de mémoriser jusqu'à cinq rapports largeur/hauteur personnalisés. Le panneau Recadrer et redresser comporte aussi une option à cocher, Contraindre jusqu'à déformation, liée aux outils de correction des perspectives. Pour de plus amples détails, voir l'exercice 32.

31 Corrections de l'objectif

Lightroom 3 propose enfin un système de profils corrigeant automatiquement les défauts optiques, comme la distorsion, le vignetage et les aberrations chromatiques. Les outils sont regroupés dans le panneau Corrections de l'objectif, dans le module Développement. On y trouvera également des outils de redressement de la perspective, que nous aborderons dans l'exercice 32. En attendant, nous allons voir comment corriger les défauts optiques et comment modifier les profils par défaut.

Les fichiers associés à cet exercice sont sur le DVD-Rom, dans le dossier Partie4_ex31.

Étape 1

Ouvrez l'image Originale_31A.nef. Pour corriger les défauts d'un objectif, il faut sélectionner une image, puis aller dans le panneau Corrections de l'objectif et cocher le bouton Activer les corrections de profil. Si un profil est disponible pour le modèle d'objectif, Lightroom affichera la marque, le modèle et le type de profil, tout en appliquant les corrections, le profil tenant compte du type de fichier concerné (RAW ou autre).

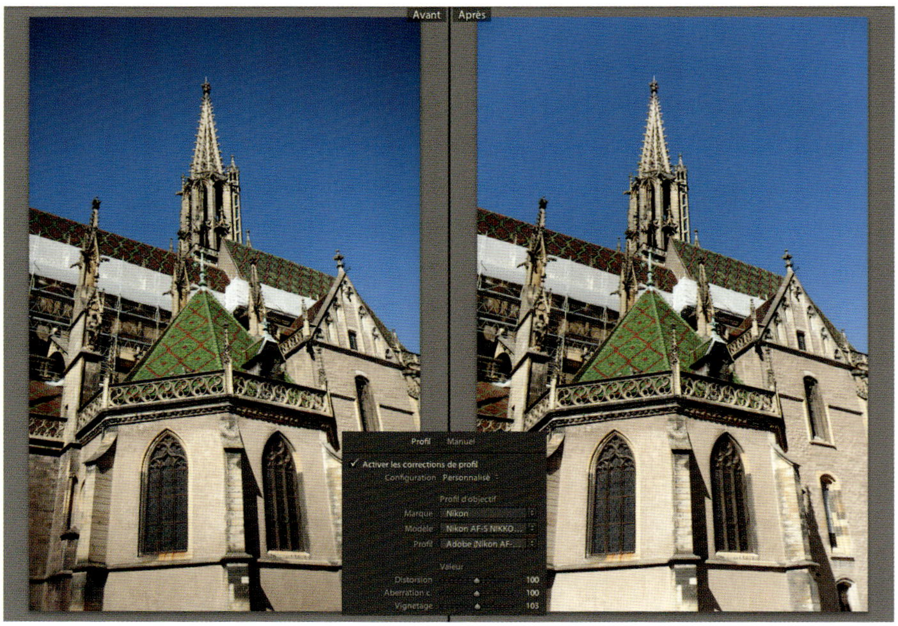

Étape 2

Ouvrez l'image Originale_31B.nef. Le premier défaut corrigé, et le plus visible, est celui du vignetage et de la distorsion. Le vignetage est l'assombrissement en périphérie d'image, plus marqué lorsqu'on utilise l'objectif à pleine ouverture, particulièrement face à un arrière-plan clair. La distorsion peut revêtir plusieurs formes, en coussinet (droites de l'image incurvées vers l'intérieur), en barillet (droites incurvées vers l'objectif) ou en moustache (les droites forment des vagues).

Étape 3

Ouvrez l'image Originale_31C.nef. Le profil corrige les aberrations chromatiques qui se manifestent sous forme de franges colorées (rouges, vertes ou violettes) le long des contours d'objets placés devant un arrière-plan lumineux, comme les branches d'arbre contre le ciel. Dans l'exemple ci-contre, on voit des franges vertes et rouges sur les contours, notamment sur le toit, les haut-parleurs ou à l'intérieur des arcades. Le profil Adobe pour le zoom Nikon 18-200 les corrige parfaitement.

Étape 4

Si on sélectionne plusieurs images, Lightroom appliquera les corrections optiques automatiquement, même si chaque photo a été prise avec un objectif différent. Les corrections peuvent également être synchronisées d'une image à un groupe d'autres images sélectionnées, en cliquant sur Synchroniser puis en cochant Corrections du profil de l'objectif, dans la boîte de dialogue. Bien entendu, Lightroom se chargera dans ce cas d'appliquer les bons profils si les photos ont été prises avec plusieurs objectifs différents.

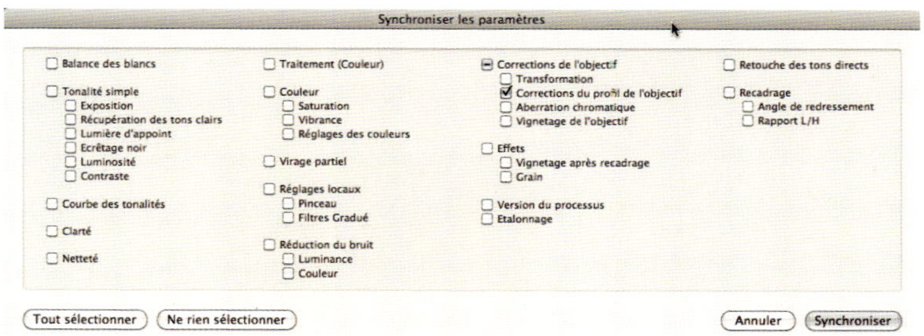

Étape 5

Les corrections automatiques peuvent être modifiées manuellement, avec les trois curseurs de la section Valeur (Distorsion, Aberration chromatique, Vignetage), notamment si vous estimez que le profil par défaut agit de manière excessive ou insuffisante. Dans ce cas, vous pouvez enregistrer les modifications en allant dans le menu déroulant Configuration et choisir Enregistrer les nouveaux profils d'objectif par défaut. Pour annuler la modification, retournez dans le même menu et sélectionnez Réinitialisez les profils d'objectif par défaut : les curseurs altérés par vos réglages reviendront automatiquement à leur valeur par défaut (100).

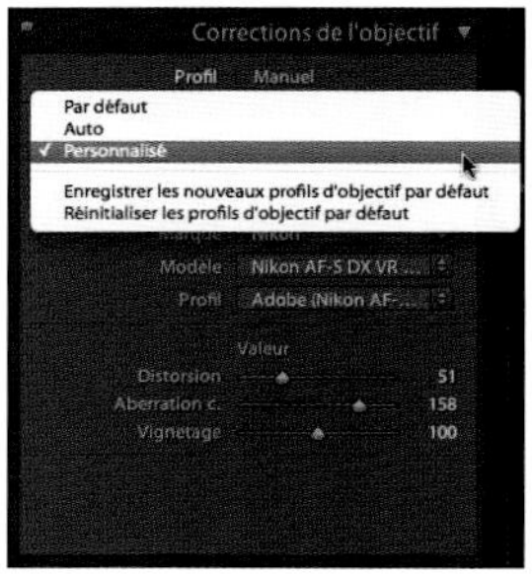

Étape 6

Pour automatiser au maximum les corrections de l'objectif, l'idéal est de créer un paramètre prédéfini de développement et de l'appliquer dès l'importation. Quel que soit le profil d'objectif actif dans le panneau, assurez-vous que le menu Configuration soit bien sur Défaut, puis allez dans le panneau Paramètres prédéfinis, cliquez sur le bouton «+» et, dans la boîte de dialogue, saisissez un nom («Corrections optiques»). Cochez Corrections du profil de l'objectif – et rien d'autre – puis cliquez sur Créer, pour valider. Ensuite, vous n'aurez qu'à choisir le paramètre de développement Corrections optiques, dans le panneau Appliquer pendant l'importation du menu d'importation. Lightroom corrigera les images même si des objectifs différents ont été utilisés.

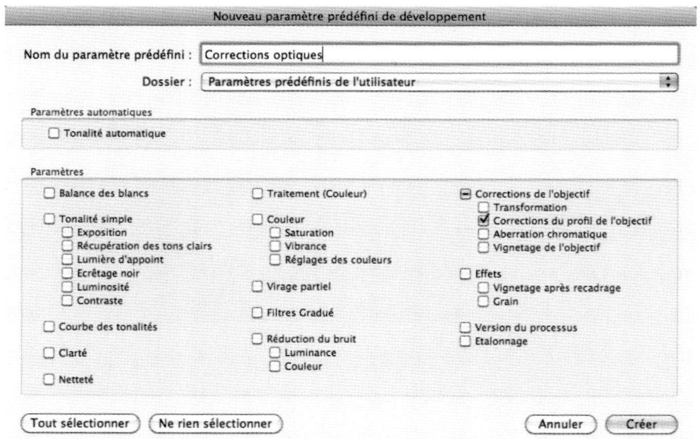

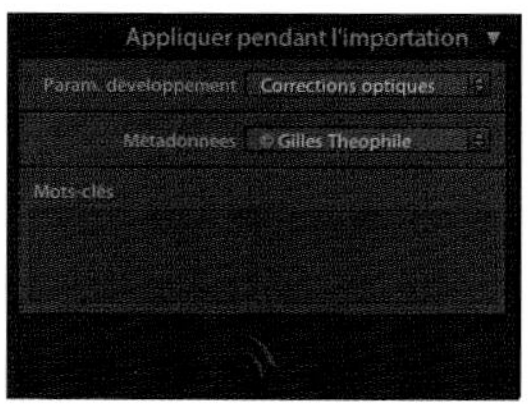

Conclusion : la correction des objectifs dans un flux de travail non destructif est une avancée majeure pour Lightroom, et son pendant Camera Raw. Pour l'instant, la plupart des profils disponibles s'adressent à du matériel Canon et Nikon ; ils ont été créés par Adobe ou développés par les fabricants d'objectifs dans le cadre d'un partenariat (Sigma, Zeiss, Pentax, Tamron).
Les mises à jour successives de Lightroom permettront d'installer de nouveaux profils. Les profils sont différents selon le type de fichier – RAW ou autres – et sont capables de faire la différence entre un capteur plein format ou APS-C d'un appareil photo.

32 Correction de perspectives

Parallèlement à la correction des objectifs, Adobe a pensé à un outil de correction de perspectives qui permet, par exemple, de redresser un bâtiment photographié en contre-plongée. La correction logicielle ne remplacera jamais un objectif à décentrement, puisqu'elle exige un recadrage systématique entraînant une perte de la surface d'image utile, néanmoins, l'outil de transformation de Lightroom est une excellente alternative qui fonctionne, bien sûr, de manière non destructive.

Les fichiers associés à cet exercice sont sur le DVD-Rom, dans le dossier Partie4_ex32.

Étape 1

Ouvrez l'image Originale_32A.nef. L'outil de correction de perspectives, appelé « Transformation », se trouve dans l'onglet Manuel du panneau Corrections de l'objectif. Si votre objectif est pris en charge, nous vous conseillons d'appliquer en premier lieu une correction automatique, notamment pour la distorsion, conformément à ce que nous avons présenté à l'exercice 31. Ensuite, vous passerez dans l'onglet Manuel pour les travaux de transformation. Bien entendu, corriger une image très déformée n'a aucun sens : le recadrage serait tel que le résultat deviendrait inexploitable. Si vous prévoyez de corriger la perspective dans un logiciel, cadrez suffisamment large et évitez les plongées ou contre-plongées excessives.

Étape 2

Cette image, prise avec un zoom universel, est un exemple qui rentre parfaitement dans le cadre – et les limites – de l'outil Transformation. Une courte analyse de l'image montre qu'elle s'évase vers le haut, et est légèrement penchée à gauche. La première chose à faire est d'effectuer une légère rotation vers la droite, pour redresser l'horizon. Notez que dès que la souris survole un curseur, une grille de repérage s'affiche automatiquement dans l'image. On déplace le curseur vers la droite, en se basant sur la plate-forme au pied du monument, ce qui donne une valeur de +0,8.

Étape 3

Faisons une première tentative de correction de la perspective avec le curseur Vertical, que nous amenons à +14. Les minarets sont redressés, ainsi que le temple lui-même. En revanche, le minaret de gauche se déforme imperceptiblement vers le bord de l'image, et le bord du bassin, au premier plan, n'est pas encore parallèle à la grille.

Étape 4

Nous allons donc utiliser le curseur Horizontal, que nous amenons à une valeur de +5. Ceci a pour effet d'aligner le bord du bassin avec la grille, mais, comme une correction à un endroit de l'image a obligatoirement un impact ailleurs, le Taj Mahal penche de nouveau vers la gauche. Dans un cas comme celui-là, il faut toujours corriger un peu plus pour anticiper et compenser la correction suivante. On ramène donc le curseur Horizontal à +3, car on va opérer une nouvelle rotation vers la droite.

Étape 5

Une rotation supplémentaire (de +0,8 à +1,0) permet d'aligner à la fois le bord du bassin, la plate-forme au loin et le sommet des minarets.

Étape 6

La correction menée ici va entraîner une perte importante de la surface exploitable de l'image. En effet, malgré une distorsion modérée, nous allons sacrifier pratiquement 20 % de la photo.
Cochez l'option Contraindre le recadrage pour recadrer automatiquement l'image au plus près des bords utilisables, comme vous pouvez le constater ci-contre.

Étape 7

Ouvrez l'image Originale_32B.nef. La perte de surface exploitable après redressement exige de réserver l'outil Transformation à des corrections minimalistes, anticipées dès la prise de vue, comme dans l'exemple ci-contre. Dans ce nouveau cas, le curseur Vertical positionné à -12 a amplement suffi à compenser la déformation due à la contre-plongée.

Étape 8

Ouvrez maintenant l'image Originale_32C.nef. Ici, elle a été corrigée avec des valeurs de -14 pour le curseur Vertical, -3 pour le curseur Horizontal et -0,5 en rotation, la surface totale sacrifiée étant d'environ 15 %.

Conclusion : dans la mesure du possible, essayez de parfaire vos images d'architecture au moment de la prise de vue. Certes, les outils logiciels sont devenus particulièrement performants, s'inscrivant dans un flux totalement réversible, mais dans tous les cas de figure, et malgré le soin que vous apportez à votre travail, vous perdrez toujours de 15 à 30 % de la surface exploitable de votre image ; il est donc dommage d'investir dans un appareil photo coûteux si vous ne pouvez utiliser qu'une portion de son capteur... Pensez-y et cadrez suffisamment large.

33 Nettoyage des images

Depuis quelques années, tous les reflex numériques sont équipés de dispositifs antipoussière, très efficaces. Cependant, ils n'ont aucun effet sur les taches dues aux projections de graisse, par ailleurs vos plus anciennes photos et vos archives numérisées comportent forcément encore de nombreuses traces. Dans cet exercice, nous vous proposons une méthode de nettoyage particulièrement rapide et efficace, mettant en œuvre l'outil de retouche des tons directs.

Les fichiers associés à cet exercice sont sur le DVD-Rom, dans le dossier Partie4_ex33.

Étape 1

Ouvrez l'image Originale_33.cr2. Pour lancer l'outil de retouche des tons directs, appuyez sur la touche Q. Dans le panneau, veillez à choisir l'option Corriger au lieu de l'option Dupliquer. En effet, cette dernière se contente de copier des pixels sans tenir compte de la luminosité, du contraste et des couleurs de la zone à corriger...

Réglez ensuite l'opacité sur 100 ; le diamètre du pinceau se contrôle, lui, avec la molette de la souris.

Étape 2

La photo à nettoyer doit être affichée à 1:1, le coin supérieur gauche étant notre base de départ. Nous naviguerons avec les flèches Haut/Bas de page ; en arrivant en bas de page, Lightroom passera automatiquement en haut de la colonne suivante. Si vous préférez un déplacement latéral, appuyez sur la touche Maj en plus des flèches Haut/Bas de page.

Étape 3

Pour éliminer une tache, on place le pinceau circulaire en faisant en sorte qu'il l'englobe totalement, puis on clique. La tache est supprimée. On aperçoit alors le cercle de sélection et un second cercle, plus épais, avec une flèche qui indique la source (c'est-à-dire là où Lightroom a trouvé la zone idéale à dupliquer).

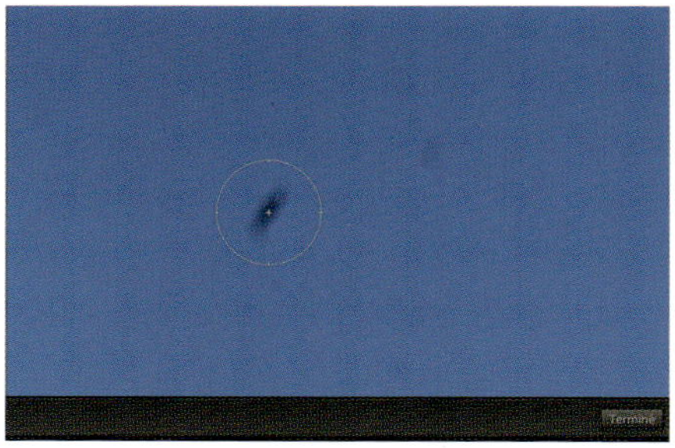

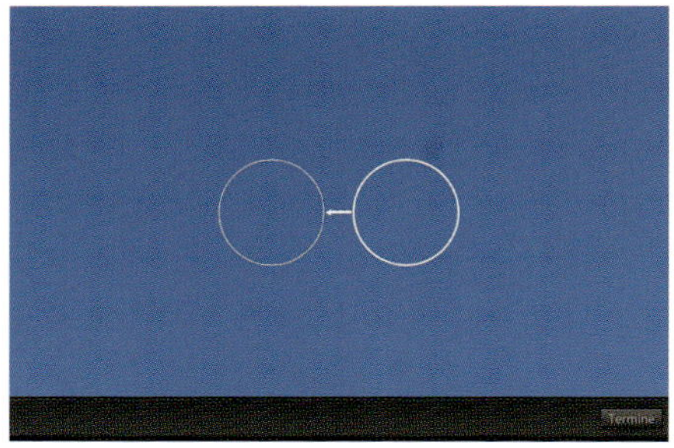

Étape 4

Si vous devez supprimer une tache près d'un objet, vous risquez de retrouver les contours de l'objet dans le cercle de sélection. Dans ce cas, vous avez la possibilité de déplacer légèrement le cercle de la source de prélèvement, soit à la souris, soit, plus finement, à l'aide des quatre flèches du clavier (petits incréments) ou les quatre flèches et la touche Maj (grands incréments).
Si vous voyez encore des artéfacts (résidus des contours proches) dans le cercle de sélection, réduisez légèrement son diamètre pour les éliminer.

Étape 5

Les corrections effectuées sur des plages unies, comme le ciel, fonctionnent très bien, ce qui n'est plus toujours le cas quand on doit nettoyer une portion d'image comprenant de nombreux détails : après avoir cliqué sur la tache à supprimer, il faudra alors très certainement repositionner le cercle de prélèvement comme nous l'avons expliqué dans l'étape précédente.

Étape 6

La commande Opacité permet d'atténuer plus ou moins une tache dans l'image. Dans l'exemple ci-contre, une opacité de 50 a été appliquée à la tache noire ; si la valeur avait été de 100, la tache aurait complètement disparu.

Un exemple concret d'utilisation de la commande Opacité est le nettoyage de la peau dans un portrait : on peut atténuer un détail, comme un grain de beauté, sans avoir à le supprimer et sans dénaturer l'image.

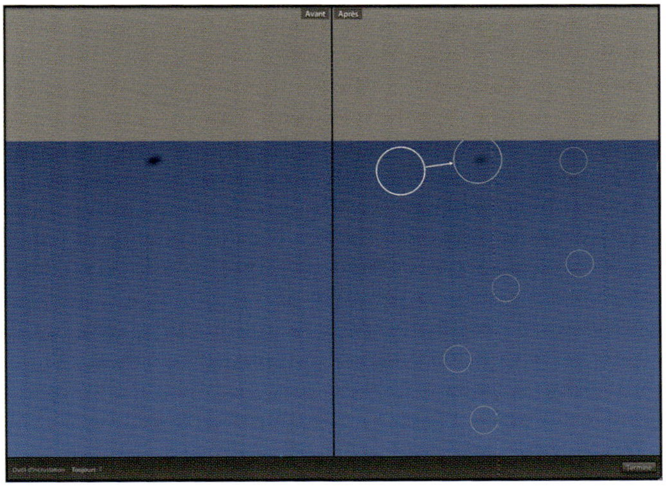

Étape 7

Voici à quoi ressemble l'image après son nettoyage. On peut afficher ou escamoter les cercles blancs du pinceau de retouche des tons directs soit avec la touche H du clavier, soit en choisissant l'une des options d'affichage dans le menu Outil d'incrustation, situé dans la barre d'outils, directement sous l'image.

Étape 8

Nettoyer une image est un travail fastidieux. Lorsqu'une série de photos présente les mêmes imperfections, on peut synchroniser les corrections d'une image *master* vers une sélection d'autres images. Pour cela, sélectionnez toutes les photos (le *master* a le cadre le plus clair), puis cliquez sur le bouton Synchroniser ; dans la boîte de dialogue qui s'affiche, cochez Retouche des tons direct et cliquez sur Synchroniser.

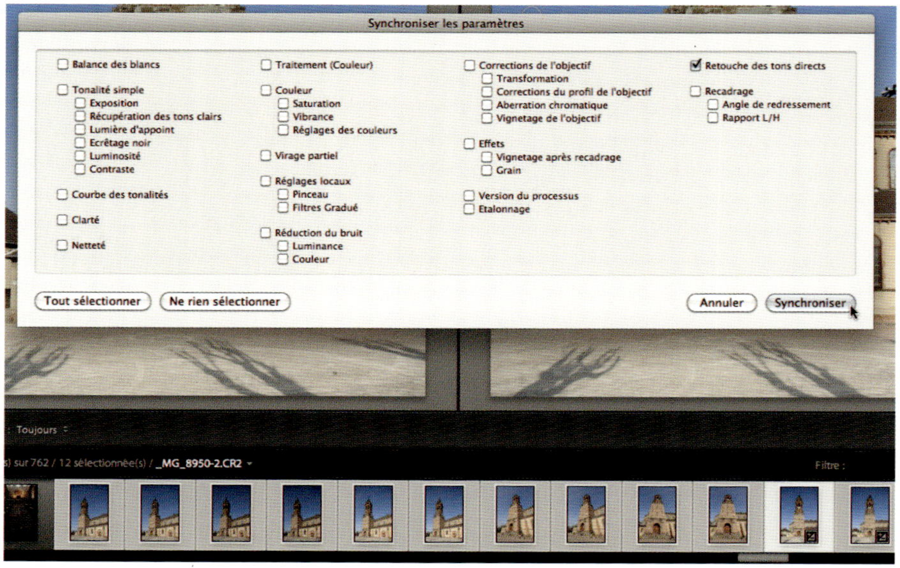

Étape 9

La synchronisation de la retouche des tons directs est particulièrement efficace si on se limite à une même série d'images et aux taches et autres poussières présentes dans les aplats. Il faut en revanche se méfier des corrections faites dans des zones de l'image qui comportent des détails, car la duplication ne sera pas toujours correcte et il faudra souvent vérifier le rendu et reprendre les corrections à la main. Notez que Lightroom est tout à fait capable d'identifier les images verticales des images horizontales, et de les corriger correctement !

Remarque : beaucoup d'utilisateurs de Lightroom tentent de se servir de la retouche des tons directs pour essayer de supprimer certains détails gênants de l'image, comme des lignes à haute tension, des câbles, des barbelés, etc. Malheureusement, le résultat est rarement à la hauteur de leurs espérances, tout simplement parce que cet outil n'est pas adapté à ce type de travail. Si vous voulez faire ce genre de retouche, vous n'avez pas d'autre choix que de passer dans Photoshop... en espérant qu'Adobe implémente un jour un outil de retouche non circulaire et des algorithmes plus sophistiqués dans Lightroom.

34 Filtre gradué : contrer le voile atmosphérique

L'outil Filtre gradué de Lightroom est une bonne alternative à l'utilisation de filtres ND pour équilibrer le contraste entre le sol et le ciel dans une photo de paysage. Il permet également d'intervenir sur des réglages de netteté, de saturation, de microcontraste, de couleur et de luminosité des tons moyens, totalement hors d'atteinte d'un filtre photo ND. Dans ce premier exercice consacré à la retouche locale, nous allons voir comment lutter contre le voile atmosphérique.

Les fichiers associés à cet exercice sont sur le DVD-Rom, dans le dossier Partie4_ex34.

Étape 1

Ouvrez l'image Originale_34.nef. Avant toute chose, il faut vérifier et corriger l'exposition de cette photo qui montre quelques signes d'écrêtage dans les hautes lumières. Appuyez sur la touche Alt/Option et déplacez l'extrémité de l'histogramme vers la gauche, jusqu'à ce que les hautes lumières cramées – indiquées par les zones rouges – soient récupérées (valeur d'environ 25 sur le curseur Récupération).

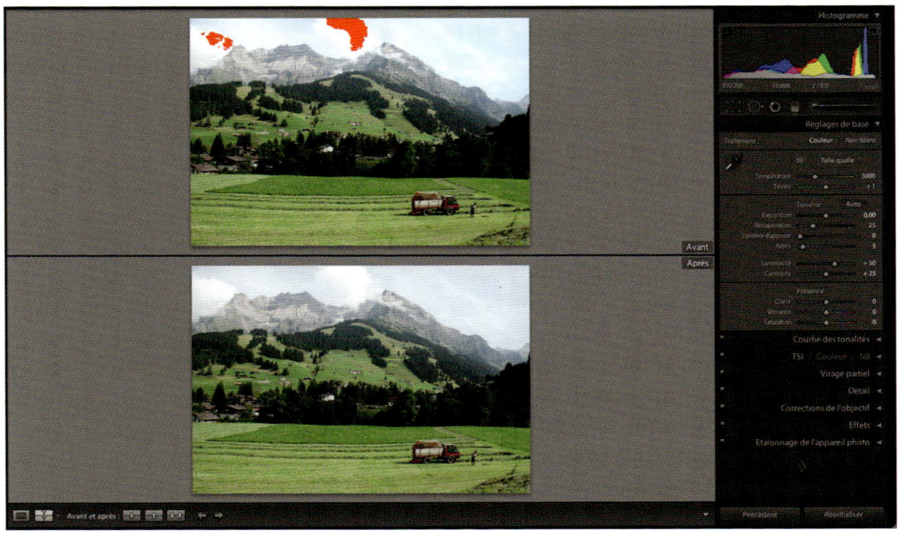

Étape 2

Ouvrez le panneau Filtre gradué, soit en cliquant sur l'icône placée en quatrième position sous l'histogramme, soit à l'aide de la touche M du clavier. Lorsque le panneau est ouvert, vérifiez que les curseurs sont tous à zéro et, si ce n'est pas le cas, faites un double-clic sur le mot « Effet », situé en haut à gauche.

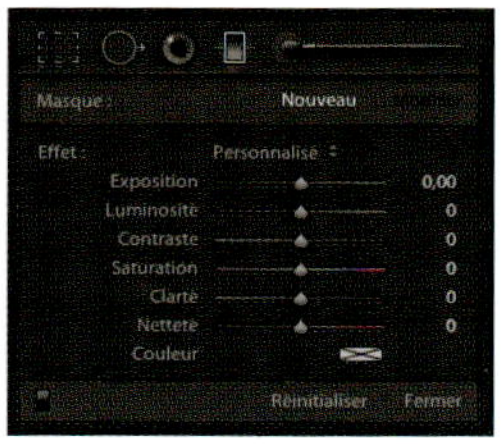

Étape 3

Le Filtre gradué que nous allons créer doit agir sur le tiers supérieur de l'image : tracez-le à partir du haut, à la souris, tout en maintenant la touche Maj enfoncée afin de rester bien droit. Le masque du filtre étant représenté par trois lignes parallèles, placez celle du milieu au niveau du chalet situé complètement à droite.

Étape 4

Saisissez ensuite la ligne centrale (celle qui passe par l'épingle d'édition) inclinez-la et, au besoin, saisissez l'épingle et déplacez-la vers le haut. Le but est de placer la ligne sur un axe partant du haut de la colline, à gauche, et qui passe par le chalet, à droite. En appuyant sur la touche Alt/Option, déplacez la ligne du haut jusqu'au coin supérieur droit de la photo, de sorte que l'application des réglages couvre, peu ou prou, la partie de l'image affectée par le voile atmosphérique. Le fait que la ligne supérieure sorte du cadre n'a aucune importance.

Étape 5

Il est temps de passer aux effets à appliquer. Dans le panneau, réglez les curseurs Exposition sur -0,66, Luminosité sur -8, Contraste sur 10, Saturation sur 5, Clarté sur 20 et laissez le curseur Netteté à 0. Aussitôt, l'image retrouve un bon équilibre entre le tiers supérieur et le reste, qui était correctement exposé et bien contrasté.
Dans le panneau Filtre gradué, cliquez sur Fermer.

Étape 6

Si on est perfectionniste, on peut utiliser le pinceau de retouche locale pour renforcer le contraste dans le massif montagneux, à l'arrière-plan, avec les curseurs Exposition à -0,20, Luminosité à -5, Contraste à 10 et Clarté à 20.

Remarque : la grande force de l'outil Filtre gradué de Lightroom est qu'il peut s'utiliser de concert avec le pinceau de retouche locale : ce dernier va permettre d'améliorer l'effet du filtre en intervenant de manière très localisée, vous pourrez même inverser les réglages en repeignant les éléments de l'image qui ne sont pas censés subir cet effet : si vous assombrissez un ciel, vous devrez retrouver l'éclairage naturel des immeubles en quelques coups de pinceau, ce qu'un filtre optique ne vous permettra jamais de faire.

35 Pinceau de retouche locale : prise en main

Le pinceau de retouche locale est suffisamment complexe pour que nous vous proposions de découvrir une prise en main illustrée avant de passer à un exercice pratique. La retouche consiste à modifier le contenu d'une partie de l'image, contrairement aux outils de développement comme les réglages de base (exposition, contraste, saturation) qui s'appliquent de manière globale, c'est-à-dire sur la totalité de l'image.

Les fichiers associés à cet exercice sont sur le DVD-Rom, dans le dossier Partie4_ex35.

Étape 1

Ouvrez l'image Originale_35.cr2. Le pinceau de retouche – ou de réglage, selon la terminologie Adobe – se trouve sous l'histogramme (icône en forme de pinceau). On peut également l'ouvrir avec la touche K.

Le panneau est composé de trois sections : Masque (créer un masque d'application d'effets), Effet (type de correction) et Pinceau (réglages de l'outil).

Étape 2

Le pinceau est composé de deux cercles concentriques : le cercle intérieur délimite l'application de l'effet (signe « + » au centre), son diamètre se règle avec la molette de la souris ou le curseur Taille, dans la section Pinceau. L'espace entre le cercle intérieur et le cercle extérieur délimite la progressivité de l'application : plus il est restreint, plus les contours seront nets (voir ci-contre, de bas en haut). Ceci se règle avec le curseur Contour progressif ou le raccourci Maj et virgule/point-virgule. Si on utilise le pinceau avec la touche Alt/Option enfoncée, il se transforme en gomme, avec le signe « - » au centre (ci-contre, en bas, le pinceau et la gomme côte à côte).

Étape 3

L'option de masquage automatique, située dans la section Pinceau, permet de protéger les contours lors de l'utilisation du pinceau. Le système se base sur les différences de tons et de couleurs. À gauche, vous pouvez constater que le masque a parfaitement rempli son rôle puisque le coup de pinceau (en rouge), donné sans précautions particulières, n'a pas débordé sur le ciel bleu, ce qui n'est pas le cas avec l'exemple de droite, dans lequel le masquage automatique a été désactivé.

Étape 4

Si vous débordez, il suffit d'appuyer sur la touche Alt/Option pour que le pinceau se transforme en gomme. Sachez que vous pouvez également régler le diamètre de la gomme et l'épaisseur du contour progressif, le masquage fonctionnant aussi parfaitement dans cette situation.

Étape 5

Une autre astuce importante concerne le comportement du masquage automatique quand on passe le pinceau à l'intérieur d'un objet comportant beaucoup de détails : s'il est actif, l'effet ne s'appliquera pas à certains tons, comme vous pouvez le voir à gauche. Si on le désactive, l'effet s'applique partout (à droite). Par conséquent, en cours d'application d'effet, il faut parfois désactiver ou réactiver le masque. Ceci est facilité par la touche A du clavier, qui permet de passer d'un état à l'autre en cours d'utilisation du pinceau.

Étape 6

Lorsqu'on clique sur Nouveau, on crée un nouveau masque d'effet symbolisé par une épingle d'édition. Elle indique le point de départ des coups de pinceau. Une épingle inactive est composée d'un disque gris ; un point noir apparaît lorsqu'on l'active.

On ne peut pas déplacer une épingle à la souris, mais on peut la supprimer en l'activant, puis en appuyant sur la touche Supprimer du clavier.

Étape 7

On peut afficher les masques d'effets, soit en permanence, soit en survolant les épingles d'édition avec la souris. Les options d'affichage du masque et des épingles se trouvent dans un menu de la barre d'outils, sous l'image.

Les masques sont disponibles dans quatre couleurs (Maj + O) : vert, gris clair, gris foncé et rouge, comme vous pouvez le voir dans les étapes précédentes.

Étape 8

Pour peindre deux zones différentes de l'image, vous pouvez créer un nouveau masque en gardant les mêmes réglages de l'effet. Vous pouvez aussi rester dans le même masque et passer à un autre endroit : la retouche locale permet d'appliquer des effets discontinus. On peut aussi cumuler et additionner les effets en empilant plusieurs masques, après avoir sélectionné Nouveau, pour chacun d'entre eux.

Étape 9

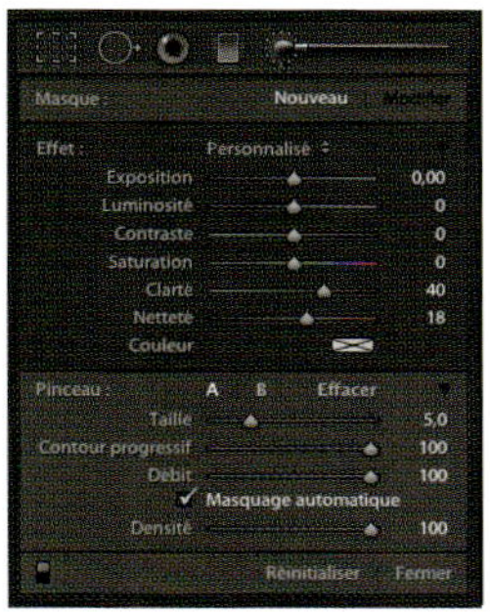

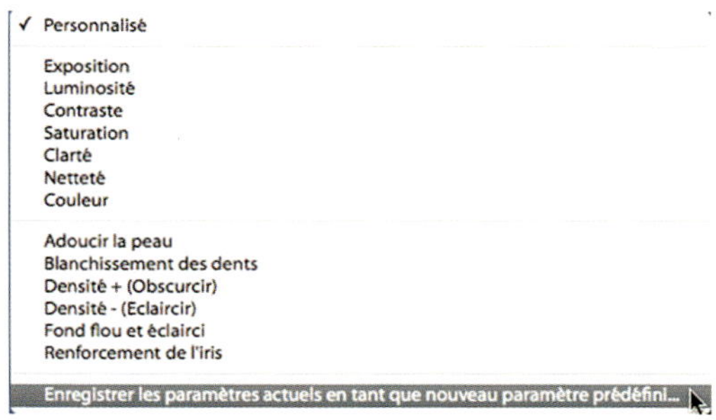

Les sept effets peuvent s'utiliser séparément ou simultanément dans le même masque. Par exemple, vous pouvez créer un effet mettant en œuvre la clarté et la netteté, et l'enregistrer sous forme de paramètre prédéfini en allant dans le menu déroulant Personnalisé.

Au même titre que tous les outils de Lightroom, la retouche locale est réversible ou modifiable à l'envi.

Conclusion : vous savez maintenant l'essentiel sur le pinceau de retouche locale, et vous êtes prêt à passer aux exemples pratiques de l'exercice 36. Lorsque vous démarrez l'outil, n'oubliez pas de réinitialiser les curseurs en faisant un double-clic sur le mot « Effet », puisque Lightroom ne le fait pas automatiquement quand vous quittez le pinceau de réglage.

Dernier détail, les lettres A et B, dans la section Pinceau, sont des boutons qui vous permettront de mémoriser et rappeler deux réglages de pinceaux différents.

36 Pinceau de retouche locale : applications pratiques

Après l'exercice de prise en main, voici quelques cas concrets d'utilisation du pinceau de retouche. L'outil n'est pas destiné aux modifications lourdes de vos images, mais aux corrections fines, comme nous le verrons dans les étapes suivantes. Notez dès à présent que les outils n'ont pas fondamentalement changé depuis Lightroom 2, si ce n'est l'effet Netteté qui propose davantage de flou lorsque le curseur est dans les valeurs négatives.

Les fichiers associés à cet exercice sont sur le DVD-Rom, dans le dossier Partie4_ex36.

Étape 1

Ouvrez l'image Originale_36A.nef. Ce visage est légèrement trop sombre, à cause du contre-jour. Nous allons l'éclaircir en combinant les effets Exposition et Luminosité. Après avoir ouvert le pinceau de retouche, on double-clique sur le mot « Effet » pour réinitialiser les curseurs, puis on règle les curseurs Exposition à 0,50 (+1/2 diaph) et Luminosité à 10. L'option Masquage automatique doit être activée, et l'affichage de l'incrustation du masque désactivé, pour voir directement les effets de la retouche. Zoomez à 1:2 sur le visage pour faciliter le travail.

Étape 2

Une fois le visage éclairci, et tant que le masque reste actif, on peut si nécessaire ajuster les réglages des curseurs. Dans le cas de ce portrait, la correction de luminosité est suffisante, mais on peut améliorer simplement la netteté en déplaçant le curseur approprié sur 40. L'effet sera subtil mais suffisant – en effet, l'image sera encore accentuée au moment de l'exportation.

Étape 3

Il ne reste plus qu'à fermer le panneau du pinceau de retouche, puis à revenir à un affichage en mode Adapté pour apprécier l'image corrigée dans son ensemble. Vous pouvez également, comme ci-contre, afficher une vue Avant/Après. Le changement est discret mais parfaitement visible, sans mettre en danger l'aspect naturel de la composition.

Étape 4

Autre exemple : ouvrez maintenant l'image Originale_36B.nef. Cette scène de rue, au Maroc, est un peu terne et mériterait d'être mise en valeur. Nous allons retoucher plusieurs éléments, à commencer par le minaret qui va être traité en deux fois : d'abord une retouche complète avec le curseur Effet exposition à -0,3 (-1/3 de diaphragme), puis une seconde sur toutes les parties couleur pierre, également avec l'exposition à -0,3 et la luminosité à -5. Un troisième masque sera créé pour assombrir le haut du mur, au fond, avec l'exposition à -0,1 et la luminosité à -2.

Étape 5

Nous continuons avec le mur, à gauche, sur lequel nous appliquons un nouveau masque, avec des corrections d'exposition (-0,1), de contraste (+15) et de saturation (+40). Le contraste est augmenté pour donner plus de présence au mur, quant à la saturation, elle rehausse des couleurs trop pâles. Le visage du personnage au premier plan, lui, a droit à un éclaircissement (exposition entre 0,2 et 0,3).

Étape 6

Dernière étape, on crée un nouveau masque pour saturer les volets bleus et le lampadaire bleu, au fond, avec une saturation passée à 24. Ensuite, toujours avec un nouveau masque (et sans oublier de réinitialiser les curseurs), on augmente le contraste du sol avec les curseurs Contraste à 20 et Clarté à 40.

Étape 7

Lorsqu'on compare les deux images, on voit à quel point ce travail de retouche, qui n'aura pris que 5 minutes, permet de donner plus de présence et de chaleur à une photo, sans en modifier le contenu, et sans trahir la vision du photographe.

Étape 8

Troisième et dernier exemple, le portrait. Ouvrez l'image Originale_36C.nef. Même si un enfant n'en a vraiment pas besoin, voici un excellent cas de figure dans lequel on adoucit les détails et petits défauts de la peau. On crée un nouveau masque combinant une clarté négative, à -80, qui va diffuser les microdétails, et une accentuation à 20 ou 25, pour récupérer des détails – vous noterez que les sourcils et le duvet sont parfaitement conservés. Lorsque vous aurez passé le pinceau, n'hésitez pas à vérifier et à diminuer le réglage de clarté négative, si le visage prend l'aspect d'une poupée de cire.

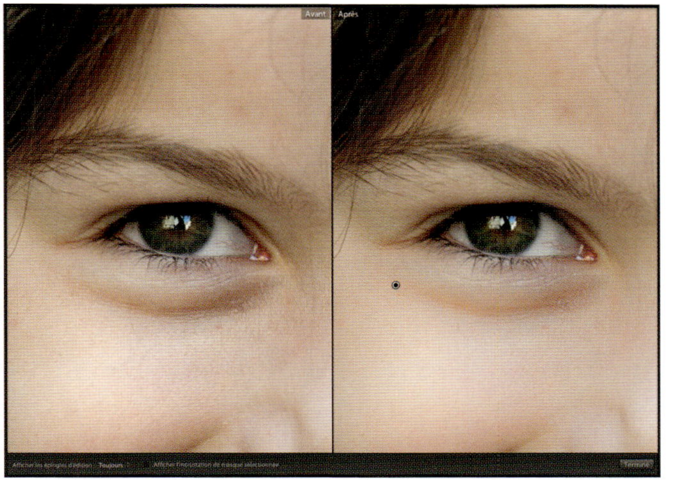

Étape 9

On peut également rehausser et mettre en valeur le regard, en traitant l'iris de l'œil avec un masque comprenant une exposition à 0,3 (évitez de trop l'éclaircir, pour ne pas dénaturer le regard), une saturation à 50 et une clarté à 65. Lorsque vous accentuez la netteté des yeux, pensez à désactiver le masquage automatique en appuyant sur la touche A pour que l'effet soit appliqué de manière homogène. Pour le blanchiment des dents, on a créé un nouveau masque avec les réglages suivants : 0,4 pour l'exposition et -60 pour la saturation.

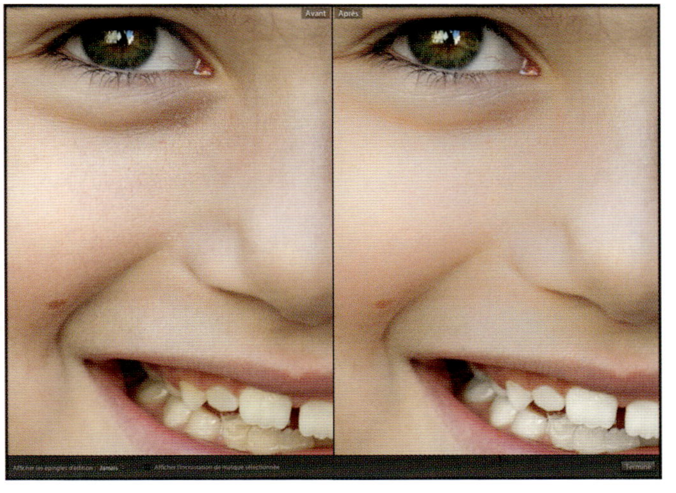

Conclusion : la retouche locale non destructive de Lightroom est un formidable outil de correction qu'il faut savoir utiliser avec modération. Après avoir peint un effet, n'hésitez pas à modifier les curseurs, dans les deux sens, pour trouver un réglage optimal. De notre point de vue, le pinceau de Lightroom devrait être exclusivement réservé aux corrections légères localisées, comme cet exercice le montre. Ceux qui ont besoin de modifications profondes de leurs images se rabattront sur un logiciel de retouche spécialisé, en l'occurrence Photoshop.

37 Créer un profil personnalisé

Quand vous sélectionnez un fichier RAW dans Lightroom, vous avez la possibilité, pour certains modèles d'appareils photo, d'appliquer des profils qui simulent le rendu des logiciels de fabricants des boîtiers (DPP, NX2...). Le panneau Étalonnage de l'appareil photo permet également d'importer et de charger des profils personnalisés réalisés à l'aide d'une charte de couleurs sous une source d'éclairage particulière. Le système ColorChecker Passport propose un module externe permettant de créer de tels profils. Cet exercice exige que vous possédiez une charte ColorChecker Passport, et que vous soyez un client enregistré pour accéder aux mises à jour du logiciel et du plug-in pour Lightroom.

Les fichiers associés à cet exercice sont sur le DVD-Rom, dans le dossier Partie4_ex37.

Étape 1

Ouvrez l'image Originale_37.nef. Assurez-vous d'avoir installé l'utilitaire ColorChecker Passport, et plus particulièrement la déclinaison module externe qui doit apparaître dans le menu Exporter de Lightroom, en choisissant Présélections X-Rite dans le menu déroulant Exporter vers.

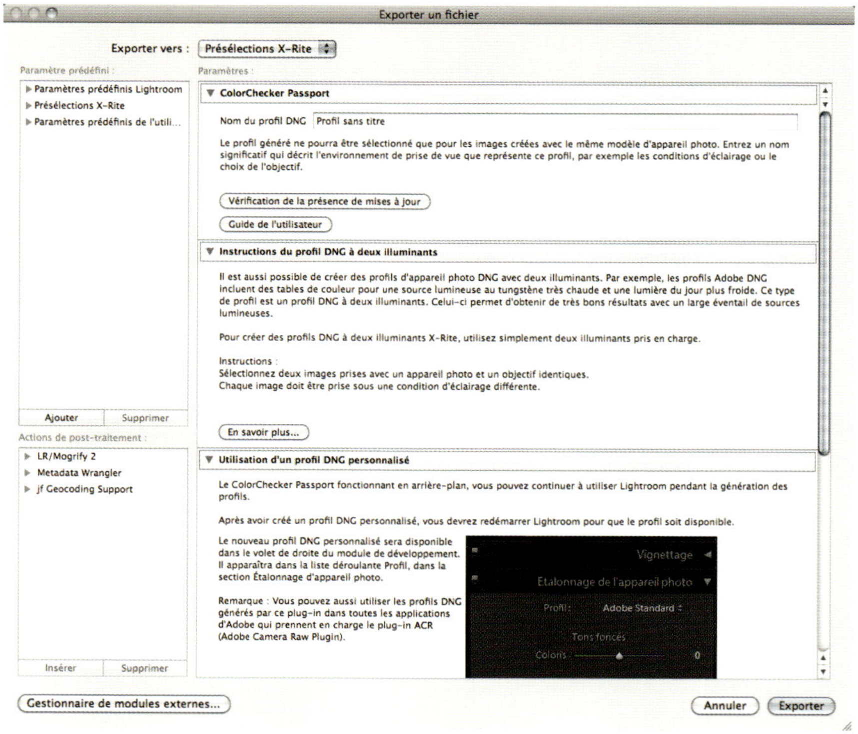

Remarque : le système ColorChecker Passport, de X-Rite, est un outil convivial, peu coûteux et facilement transportable – la charte est dans un écrin en plastique noir à peine plus grand qu'une calculatrice de poche.

Étape 2

Photographiez la charte ColorChecker Passport, en cadrant le damier au plus serré (vous pouvez également recadrer le damier au plus près dans Lightroom), sous l'illuminant (l'éclairage) à partir duquel vous voulez créer un profil personnalisé, et en utilisant l'objectif qui vous servira à photographier la scène. Importez les images dans le catalogue de Lightroom.

Étape 3

Choisissez une des images de la charte ColorChecker Passport, puis faites un clic droit et sélectionnez Exporter>Exporter, pour lancer le menu d'exportation des fichiers. Basculez ensuite dans l'outil Présélection X-Rite, comme indiqué dans la première étape. Si vous voulez travailler avec les images fournies, sélectionnez l'image Charte_CC.nef (sur le DVD-Rom, dossier Partie4_ex37) pour créer le profil adéquat.

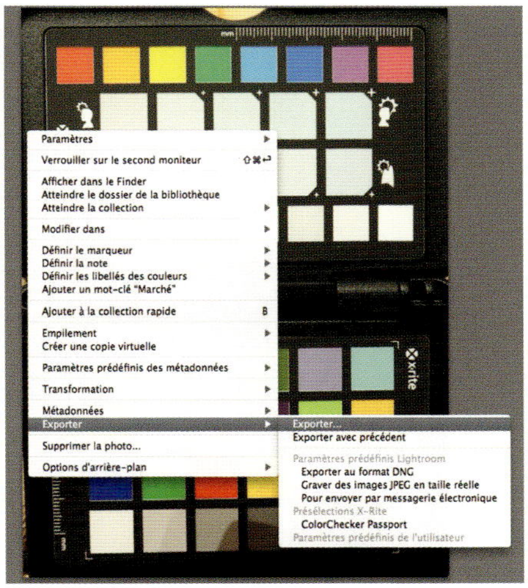

Étape 4

Dès que vous êtes dans le module Présélections X-Rite, saisissez un nom explicite dans le champ Nom du profil DNG, puis allez tout en bas du menu et cliquez sur Exporter. Le module externe va analyser la charte et créer un profil, mais, à part la barre de progression, vous ne verrez rien de particulier à l'écran. Lorsque le profil sera créé, un message vous invitera à redémarrer Lightroom pour l'activer (cliquez sur OK).

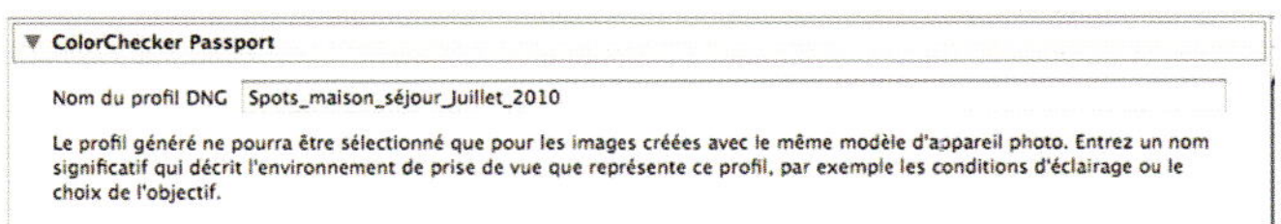

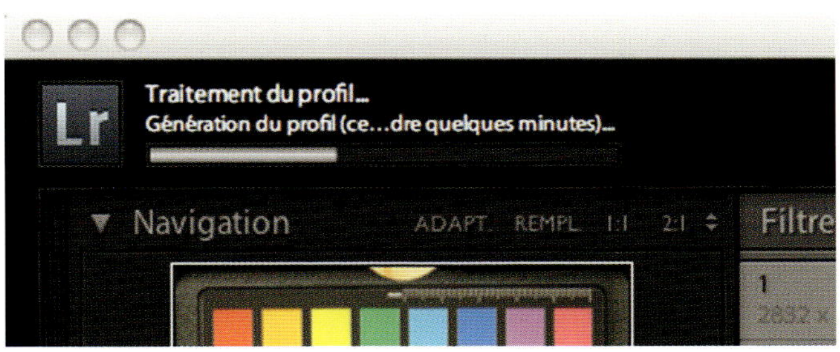

Étape 5

De retour dans Lightroom, vous trouverez votre profil dans le module Développement, panneau Étalonnage de l'appareil photo, menu déroulant Profil.

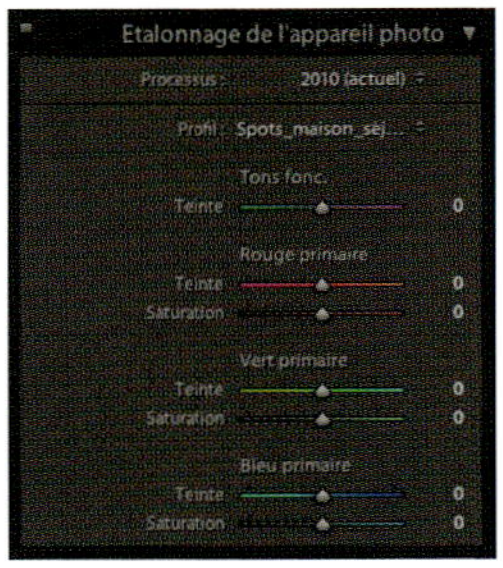

Étape 6

Sélectionnez une image prise sous l'illuminant ayant servi à créer le profil, puis choisissez le profil créé pour appliquer les corrections. Ensuite l'image sera prête pour d'autres corrections, sachant que le changement de profil doit se faire en amont, avant toute intervention sur l'image. Dans notre exemple, l'original, à gauche, tirait trop vers le rouge...

Conclusion : les applications du système ColorChecker Passport sont multiples, et le logiciel permet même de créer des profils compatibles avec deux illuminants différents. Notez que, pour évaluer correctement les résultats, votre écran d'ordinateur doit être calibré.
Retenez aussi que les profils sont également pris en charge par Camera Raw.

38 Convertir les images dans le Processus 2010

Sous ce titre se cache la nouveauté essentielle de Lightroom 3 : le Processus 2010, c'est-à-dire le nouveau moteur de dématriçage qui remplace celui de Lightroom 2 (datant de 2003), avec une qualité d'image supérieure, une meilleure extraction des détails, une netteté et une correction de bruit très améliorées. Pour le passage en douceur du contenu de votre catalogue d'un processus à l'autre, Adobe a prévu une interface particulière que nous allons étudier ici.

Les fichiers associés à cet exercice sont sur le DVD-Rom, dans le dossier Partie4_ex38.

Étape 1

Ouvrez l'image Originale_38.nef. Comment peut-on reconnaître des images qui n'ont pas encore été converties ? C'est très simple : lorsque vous ouvrez une de ces images dans le module Développement, vous allez être averti par un point d'exclamation dans le coin inférieur droit de l'image. Vous pouvez également vérifier que « Processus : 2003 » est bien affiché dans le panneau Étalonnage de l'appareil photo.

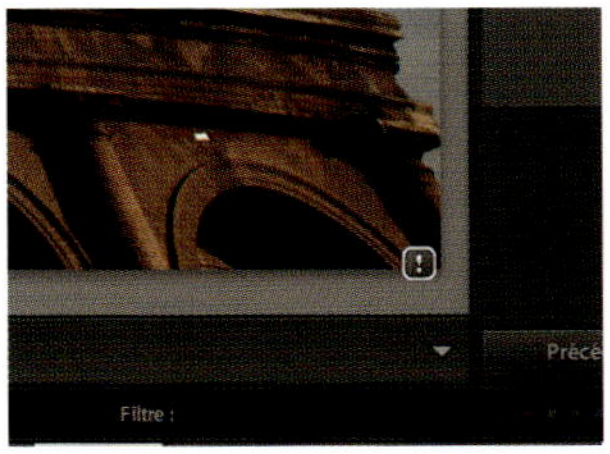

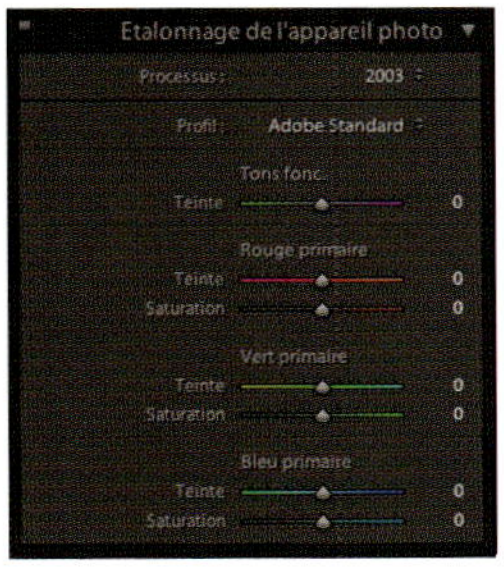

Étape 2

Si vous cliquez sur le point d'exclamation, une boîte de dialogue va s'afficher. Elle vous propose de convertir l'image sélectionnée ou toutes les images présentes dans le Film fixe. Vous avez également la possibilité d'inspecter les modifications en affichant l'image en mode Avant/Après. Cochez cette option, puis cliquez sur Mettre à jour.

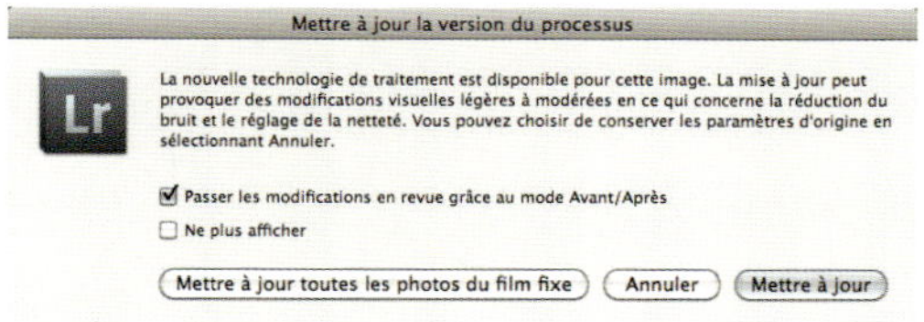

Étape 3

La conversion d'une image est quasiment instantanée. Dans le mode Avant/Après, vous pouvez zoomer pour voir les différences qui peuvent être très subtiles et, en tout cas, impossibles à reproduire ici. Observez les différences au niveau du bruit, de la netteté et des détails dans les éléments les plus fins de l'image (cheveux, pelage, tissus, textures, etc.). En ce qui concerne les couleurs, vous n'avez rien à craindre, il n'y aura aucune dérive, comme vous pouvez le voir ci-contre.

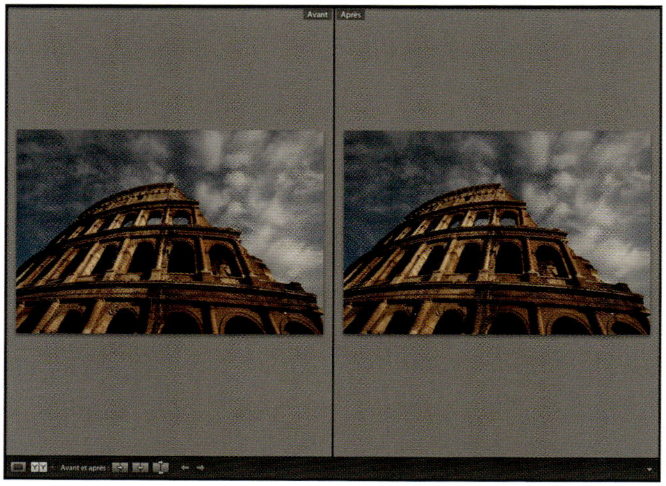

Étape 4

Vous pouvez vérifier à tout moment si la conversion a bien eu lieu, aussi bien dans le panneau Historique du module Développement qu'en retournant dans le panneau Étalonnage de l'appareil photo pour voir si « Processus : 2010 (actuel) » est bien affiché. Si vous voulez revenir à l'ancien processus, vous pouvez le faire à tout moment à cet endroit ou dans le menu Paramètres>Processus, en sélectionnant 2003 dans la liste.

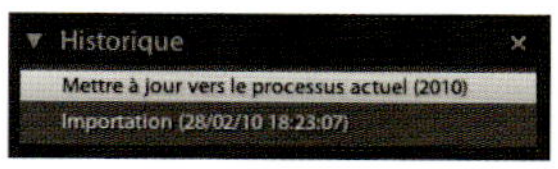

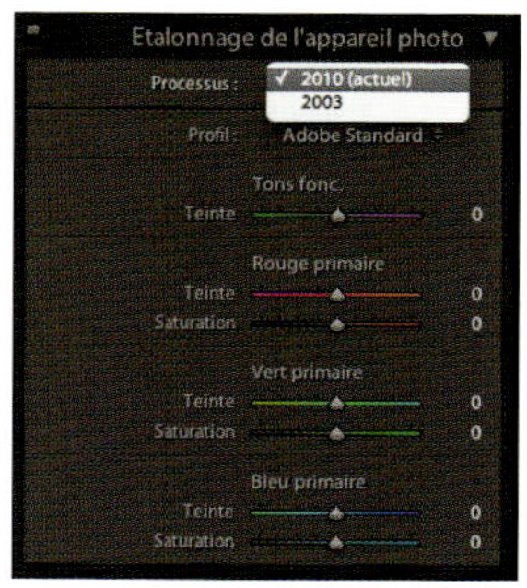

Étape 5

Lightroom vous donne en permanence la possibilité de rechercher, regrouper et afficher toutes les images du catalogue qui n'ont pas encore été converties au Processus 2003. Pour cela, allez dans le module Bibliothèque, puis dans le menu Bibliothèque>Rechercher les photos du processus précédent (inutile de sélectionner au préalable Toutes les photos dans le panneau Catalogue). La recherche et l'affichage des vignettes ne prennent que quelques secondes.

Étape 6

Une fois les images de l'ancien processus regroupées, une collection temporaire Photos du processus précédent est créée dans le panneau Catalogue, et elles s'affichent dans la grille. Vous pouvez laisser la collection temporaire dans le panneau Catalogue, mais, si vous convertissez d'autres photos, le décompte ne sera mis à jour que si vous faites une nouvelle recherche. Pour la supprimer du panneau Catalogue, faites un clic droit sur Photos du processus précédent et cliquez sur Supprimer cette collection temporaire, dans le menu contextuel.

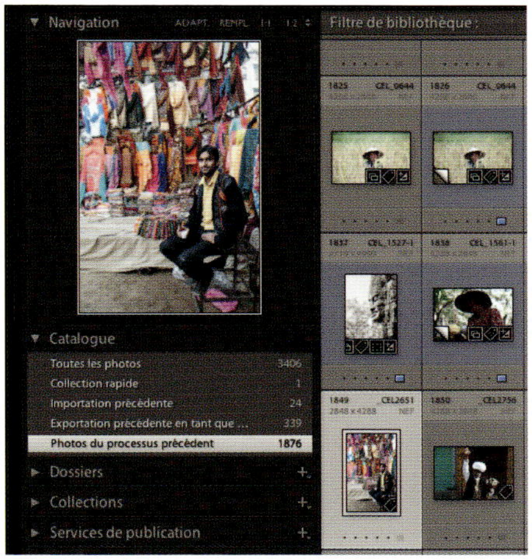

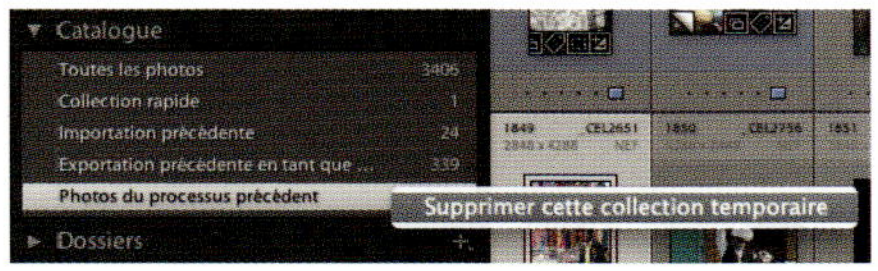

Conclusion : afin de protéger vos images déjà développées et traitées dans Lightroom 2, Adobe s'est refusé à convertir automatiquement vos photos lors de la mise à jour du contenu du catalogue vers Lightroom 3. En effet, le nouveau processus de développement, à cause de la netteté et de l'extraction de détails, pourrait modifier l'aspect d'images déjà accentuées.
La conversion reste donc manuelle, et c'est à vous de revenir sur vos anciennes images et de décider de les convertir ou pas. Bien entendu, vous pouvez revenir à tout moment à l'ancien processus...

Partie 5

Optimiser son flux de travail

Dans cette avant-dernière partie, nous allons revenir à des notions de flux de travail. En effet, traiter une grande quantité d'images oblige à accélérer la postproduction.
Lightroom dispose, à tous les niveaux, de moyens de traitement des images par lots, avec des outils de synchronisation permettant d'appliquer rapidement les corrections d'une image, choisie comme master, à une autre série de photos, et ce, quels que soient les outils utilisés. Vous découvrirez également la synchronisation automatique, pour appliquer en temps réel des corrections d'une image à un groupe d'autres images sélectionnées.
Les paramètres prédéfinis ne sont pas en reste, puisqu'ils vous permettent d'enregistrer des réglages et de les appliquer à un lot de photos, aussi bien dans le module Développement que dans le module Bibliothèque, sans oublier la phase d'importation dans le catalogue. Enfin, quelques exercices vous montreront, de manière concrète, comment traiter des images avec des modules externes ou avec Photoshop, le tout à partir de Lightroom.

Nikon D70, 18-70 mm f/3,4-4,5, 1/200 s, f/7,1, 200 ISO © Céline Jentzsch

Exercices

39 Travailler par lots

Lightroom dispose de tous les outils pour un traitement minutieux des images, ce qui implique de passer beaucoup de temps sur chacune d'elles. Il est également possible d'accélérer considérablement le flux de travail avec les outils de synchronisation et les paramètres prédéfinis de développement. Cet exercice va vous faire découvrir la synchronisation et sa variante, moins connue, la synchronisation automatique.

Les fichiers associés à cet exercice sont sur le DVD-Rom, dans le dossier Partie5_ex39.

Étape 1

Ouvrez les images Originale_39A.cr2 et Originale_39B.cr2. Supposons que nous voulions appliquer le même traitement à ces deux images, corrections portant sur l'exposition et le contraste, ainsi qu'une conversion noir et blanc, l'application d'un filtre gradué pour renforcer le contraste du ciel, de corrections de l'objectif et, enfin, un effet de vignetage.

Étape 2

Pour l'exposition et le contraste, sélectionnez d'abord l'image master, puis la seconde en cliquant tout en maintenant enfoncée la touche Ctrl/Cmd. Ensuite, allez dans le menu Paramètres>Reproduire toutes les expositions. Cette méthode est ici la plus simple puisque les images ont un cadrage identique et ont été prises à quelques secondes d'intervalle. Dans l'histogramme, corrigez ensuite les hautes et basses lumières écrêtées (Récupération : 20, Noirs : 0). Notez, dans le Film fixe, que seule l'image master change, bien que l'autre soit toujours sélectionnée.

Étape 3

Dans le panneau Réglages de base, convertissez l'image en noir et blanc avant de passer dans le Filtre gradué. Réinitialisez d'abord les réglages mémorisés (double-clic sur « Effet »), puis tracez un filtre du haut vers le bas, avec l'épingle d'édition à peu près au centre de l'image. Nous vous suggérons d'appliquer les réglages suivants : Exposition : -1, Luminosité : -5. Cliquez sur Fermer pour valider le filtre.

Étape 4

Dans le panneau Corrections de l'objectif, onglet Profil, cliquez sur Activer les corrections du profil, pour que Lightroom puisse automatiquement corriger les défauts optiques de l'appareil de prise de vue (ici un Canon G10) puis, dans l'onglet Manuel, redressez la perspective verticale à -10 et cochez l'option Contraindre le recadrage. Enfin, dernière correction, dans le panneau Effets, appliquez un vignetage Priorité des tons clairs (Gain : -30, Arrondi : -80) et du grain (Valeur : 70, Taille : 25, Cassure : 60).

Étape 5

Pour appliquer toutes ces corrections à l'autre image sélectionnée, cliquez sur le bouton Synchroniser, en bas à droite. Dans la boîte de dialogue qui s'affiche, cochez toutes les corrections que nous venons de faire : Tonalité simple (Récupération et Écrêtage noir), Traitement (Noir et blanc), Réglages locaux (Filtre gradué), Corrections de l'objectif (Transformation, Corrections du profil), Effets (Vignetage après recadrage, Grain), puis cliquez sur Synchroniser.

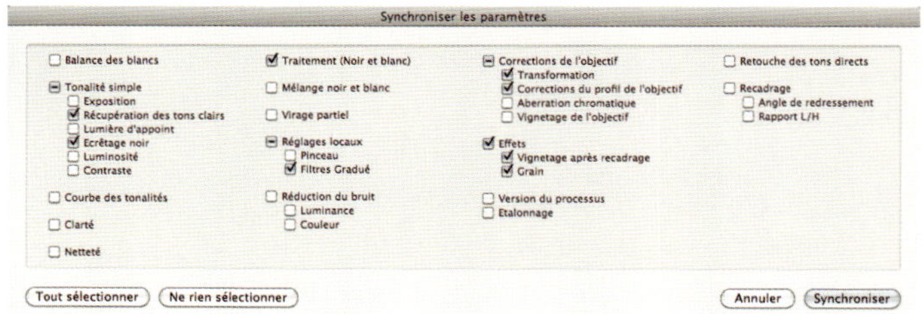

Étape 6

Si vous ouvrez les deux images en mode d'affichage Ensemble, vous pouvez voir qu'elles ont été traitées exactement de la même façon, même si un examen attentif montre de petites différences dues aux très légères variations de cadrage et d'exposition, que vous pourrez ajuster manuellement si nécessaire. Si vous vérifiez les curseurs que nous avons utilisés dans les étapes précédentes, vous pourrez constater que les réglages sont exactement les mêmes.

Étape 7

On peut pousser encore plus loin l'automatisation du flux de travail en utilisant la fonction de Synchronisation automatique. Contrairement à la synchronisation normale, elle applique en temps réel les corrections de l'image master vers une autre – ou vers plusieurs autres images sélectionnées. Pour l'activer, il suffit de cliquer sur le petit interrupteur situé dans le bouton Synchroniser : le bouton passe en mode Synch. auto.

Étape 8

Dans cet exemple, on corrige l'image avec des curseurs du panneau Réglages de base (Exposition, Luminosité, Contraste, Vibrance, etc.), ainsi que le recadrage, et les réglages s'appliquent automatiquement à la deuxième image en temps réel.

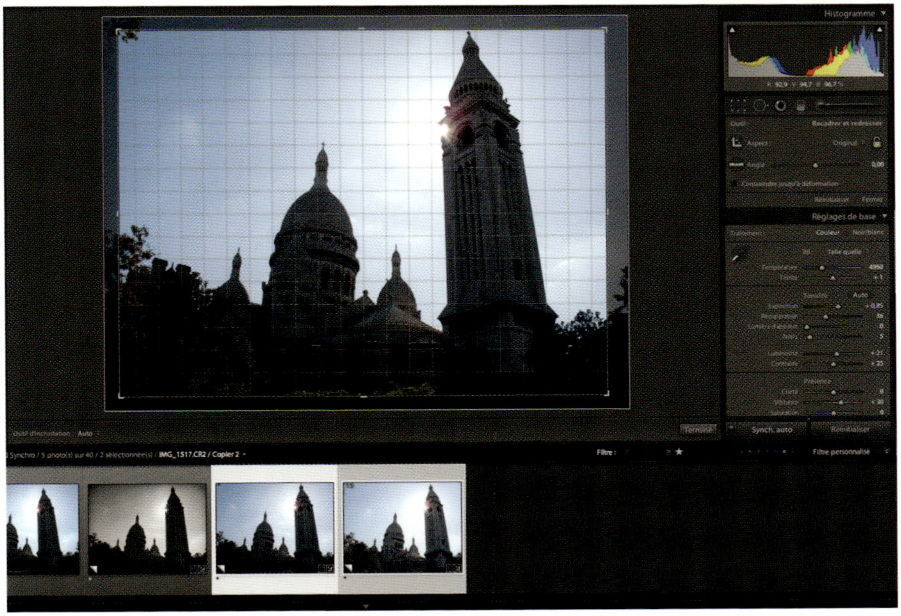

Conclusion : le mode de Synchronisation automatique ne fonctionne pas avec tous les outils, notamment le pinceau de retouche locale et le filtre gradué. Il faut également rester vigilant quant à cette méthode, notamment si des images ont été sélectionnées par mégarde ou oubliées : on risque d'appliquer des corrections qui ne leur sont pas destinées. Avant d'enclencher le mode de Synchronisation automatique, vérifiez donc bien les images sélectionnées.

40 Paramètres prédéfinis de développement

Les paramètres prédéfinis de développement sont tout simplement des réglages qui ont été enregistrés dans un dossier et qui peuvent être appliqués aussi bien dès l'importation, qu'à tout moment dans le flux de travail au sein de Lightroom. Nous allons reprendre les réglages de l'exercice précédent, consacré à la synchronisation, et créer un paramètre prédéfini, puis le stocker et voir de quelle manière on peut le partager avec un autre utilisateur de Lightroom ou de Camera Raw.

Les fichiers associés à cet exercice sont sur le DVD-Rom, dans le dossier Partie5_ex39.

Étape 1

À l'exercice 39 nous avons appliqué plusieurs réglages aux images Originale_39A.cr2 et Originale_39B.cr2 : correction de l'exposition et de l'écrêtage, conversion noir et blanc, filtre gradué pour renforcer le ciel, corrections de l'objectif et de la perspective, et effet de vignetage et de grain.

Remarque : les paramètres prédéfinis de Lightroom sont parfaitement compatibles avec ceux de Camera Raw, et inversement. Assurez-vous simplement que les versions coïncident (certains outils ne sont pas disponibles dans des versions plus anciennes).

Étape 2

Pour créer un paramètre prédéfini de développement, sélectionnez l'image qui a été corrigée, ouvrez-la dans le module Développement, puis vérifiez tous ses réglages et corrections dans les différents panneaux et outils. Ensuite, allez dans le panneau Paramètres prédéfinis, à gauche, et cliquez sur « + » pour ouvrir la boîte de dialogue Nouveau paramètre prédéfini de développement. Cliquez sur Ne rien sélectionner, pour réinitialiser le contenu et éviter ainsi d'enregistrer un réglage oublié ou incongru.

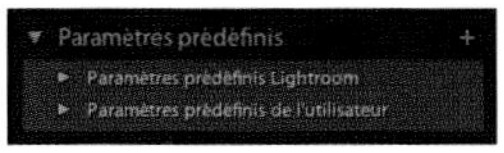

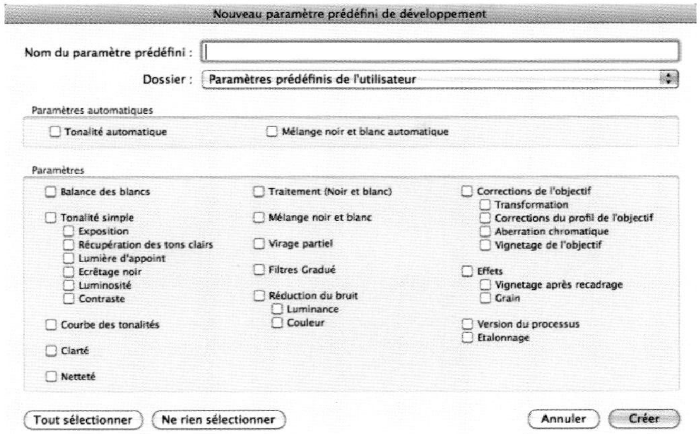

Étape 3

Saisissez d'abord le nom du paramètre prédéfini. Le panneau Paramètre prédéfini vous oblige à enregistrer le paramètre dans le dossier de l'utilisateur. Vous ne pouvez pas le placer dans les paramètres Lightroom fournis par Adobe, en revanche, vous avez la possibilité de créer un nouveau dossier (voir Étape 5). Cochez les paramètres correspondant aux réglages de l'image master puis cliquez sur Créer.

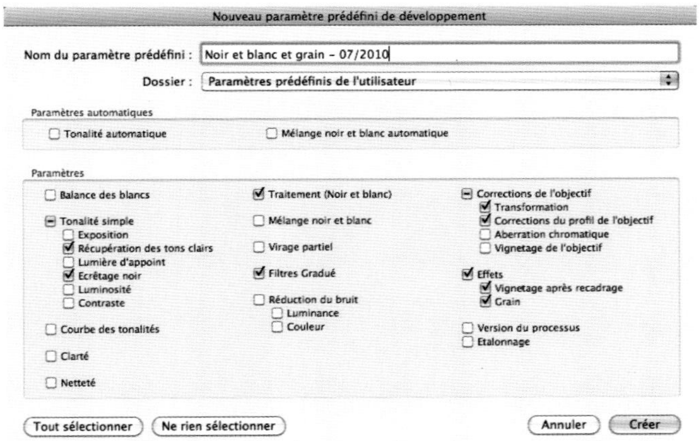

Étape 4

Une fois créé, votre nouveau paramètre prédéfini apparaît dans la liste Paramètres prédéfinis de l'utilisateur.

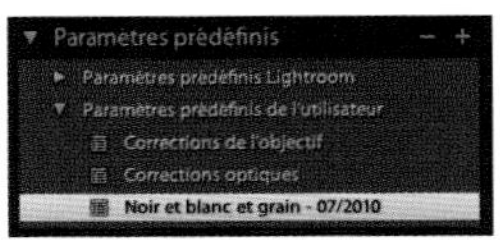

Étape 5

Si vous voulez créer un nouveau dossier, faites un clic droit dans le panneau et choisissez Nouveau dossier, dans le menu contextuel. Saisissez un nom dans la boîte de dialogue puis cliquez sur Créer. Vous pouvez créer des hiérarchies de dossiers, et glisser les paramètres prédéfinis à l'intérieur.

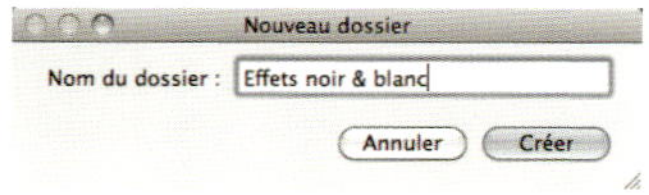

Étape 6

Il existe plusieurs méthodes pour appliquer un paramètre prédéfini. Dans le module Développement, sélectionnez d'abord une image, puis passez la souris sur le paramètre en question, dans le panneau Paramètres prédéfinis, pour avoir un aperçu dans le panneau de Navigation. Pour l'appliquer, cliquez dessus, tout simplement.

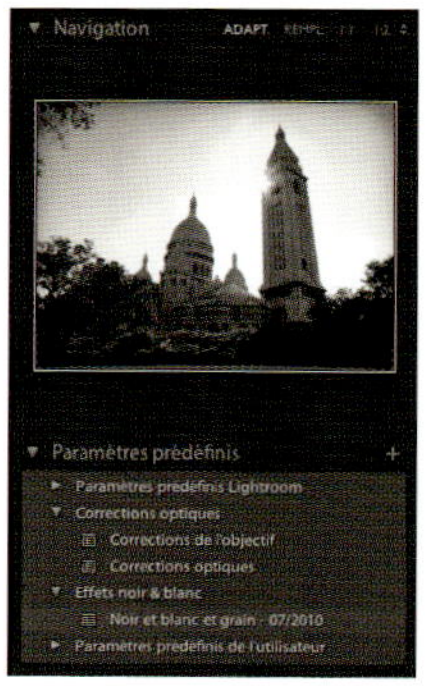

Étape 7

On peut également appliquer le paramètre prédéfini dans le panneau Développement rapide du module Bibliothèque, en le sélectionnant dans le menu déroulant Param. préd. Enregistré. La liste peut être très longue et il n'y a pas de hiérarchie ou de classement par dossiers. Si plusieurs images ont été sélectionnées, elles seront toutes modifiées.

Le menu d'importation vous permet également d'appliquer un paramètre de développement à la volée (panneau Appliquer pendant l'importation). Malgré tout, nous ne vous conseillons pas d'appliquer des paramètres artistiques dès l'importation (faites-le dans le menu Développement, où vous pourrez aisément retoucher les réglages), et gardez cette possibilité pour les applications techniques ou générales (correction optique, conversion noir et blanc, correction du bruit, etc.).

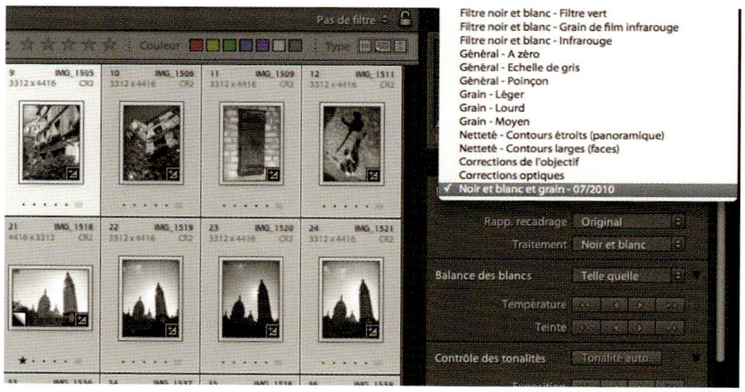

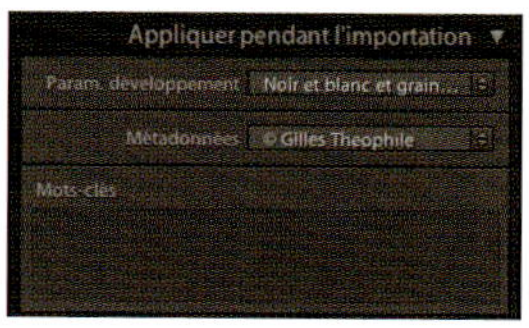

Étape 8

Vous devez également savoir à quel endroit sont stockés vos paramètres prédéfinis, notamment si vous voulez les partager avec d'autres personnes. Pour cela, allez dans les Préférences, onglet Paramètres prédéfinis, puis cliquez sur Afficher le dossier des paramètres prédéfinis Lightroom. Pour envoyer un paramètre par e-mail, il ne vous restera plus qu'à le mettre en pièce jointe, comme n'importe quel document (un paramètre prédéfini pèse à peine quelques kilooctets).

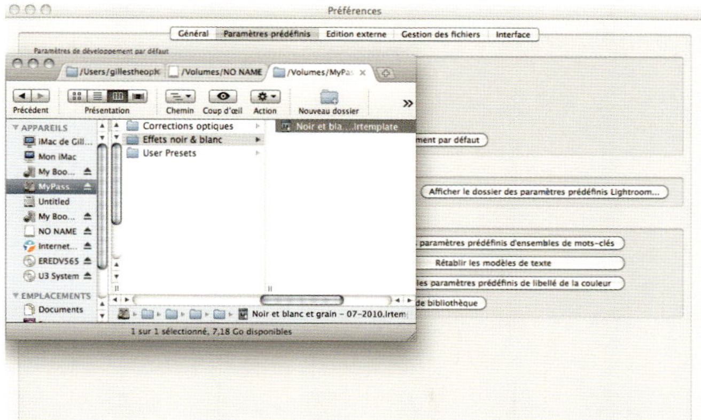

Étape 9

Vous pouvez exporter ou importer un paramètre prédéfini, il suffit de faire un clic droit et de choisir la bonne option dans le menu contextuel qui passera le relais à une boîte de dialogue de votre ordinateur. Le menu contextuel vous permet également de supprimer, de renommer ou même de rafraîchir un paramètre prédéfini, si vous avez modifié quelques réglages. Enfin, vous pouvez aussi afficher son emplacement dans le Finder (Mac) ou l'Explorateur (Windows).

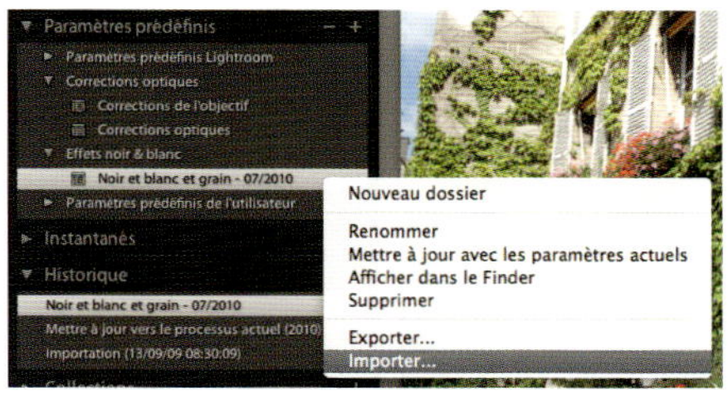

Conclusion : les paramètres prédéfinis de développement sont un élément essentiel du flux de travail dans Lightroom, car ils s'intègrent aussi bien à une simple démarche artistique, pour corriger quelques images, qu'aux besoins des photographes pressés ou qui ont une grosse production. Les paramètres prédéfinis pour Lightroom ne manquent pas sur Internet, il y en a pour tous les goûts, des bons et d'autres plus discutables. Si vous pensez commercialiser des paramètres prédéfinis, c'est peine perdue car d'autres auront probablement eu les mêmes idées que vous, à moins que vous n'en ayez une série impressionnante et parfaitement cohérente...

41 Flux de travail avec Photoshop

Le fonctionnement et les réglages des éditeurs externes ont été abordés dans l'exercice 05. Dans ce nouvel exercice, nous avons décidé de vous montrer un flux de travail typique avec Photoshop, notamment le panorama. Cette méthode, qui couvre également le catalogage, peut s'appliquer à bien d'autres cas, comme la HDR et le traitement par lots – et pas uniquement dans Photoshop.

Les fichiers associés à cet exercice sont sur le DVD-Rom, dans le dossier Partie5_ex41.

Étape 1

Sélectionnez toutes les images Originale_41A à Originale_41J.cr2. Pour faciliter le flux de travail, faites en sorte, avant toute chose, que la séquence d'images à assembler soit regroupée dans une collection ou dans une collection dynamique basée sur le mot-clé « panorama ».

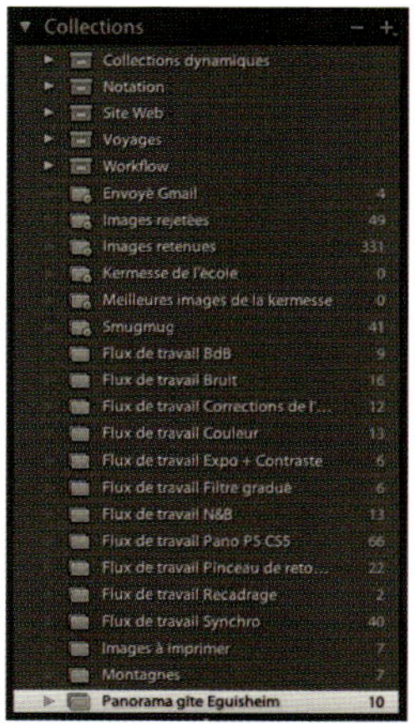

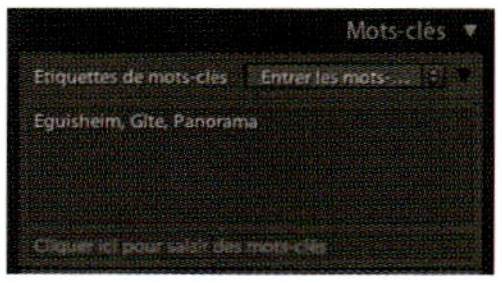

Étape 2

Sélectionnez toutes les images à assembler dans la grille, puis faites un clic droit et sélectionnez Modifier dans>Fusion panorama dans Photoshop. Ce dernier va s'ouvrir et afficher la boîte de dialogue Photomerge, avec la liste des fichiers et les différentes méthodes d'assemblage (que nous avons laissées pour cet exercice sur Auto). Après avoir cliqué sur OK, Photoshop commence le travail d'assemblage, qui prendra de longues minutes.

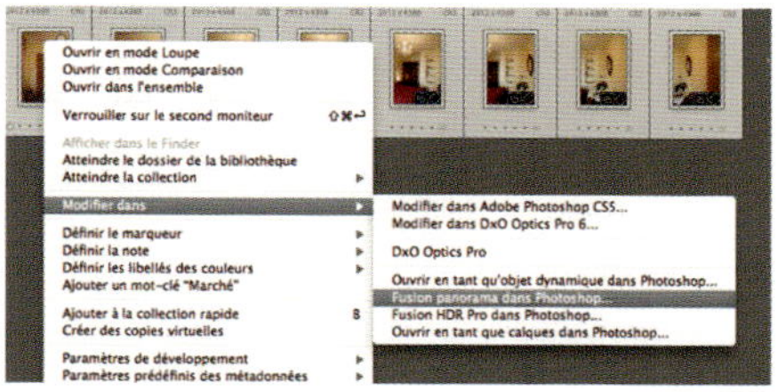

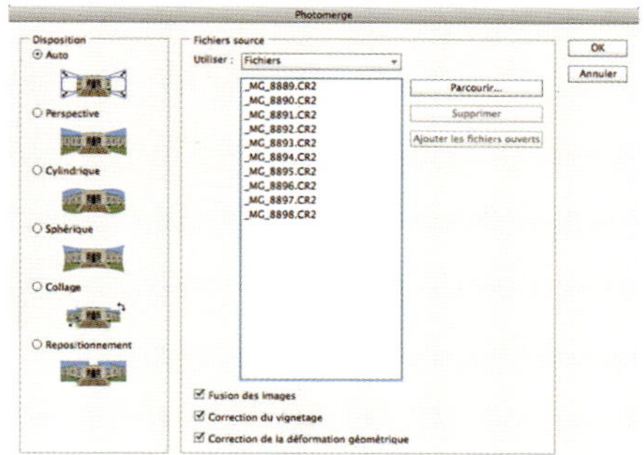

Étape 3

Lorsque l'assemblage est terminé dans Photoshop, cliquez sur le bouton de fermeture de l'image, ce qui aura pour effet d'ouvrir la boîte de dialogue d'enregistrement. Cliquez sur Enregistrer : Photoshop enregistre dans le format spécifié dans les Préférences de Lightroom, onglet Édition externe (PSD ici).

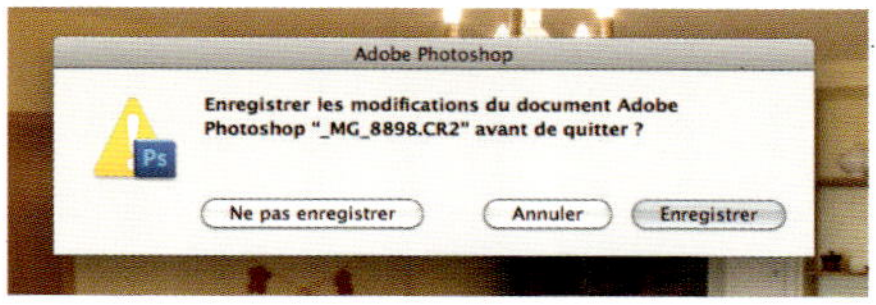

Étape 4

Le panorama assemblé au format PSD est automatiquement rapatrié dans le catalogue Lightroom, y compris dans la collection que nous avions créée. Les mots-clés inclus dans les images originales ont également été conservés.

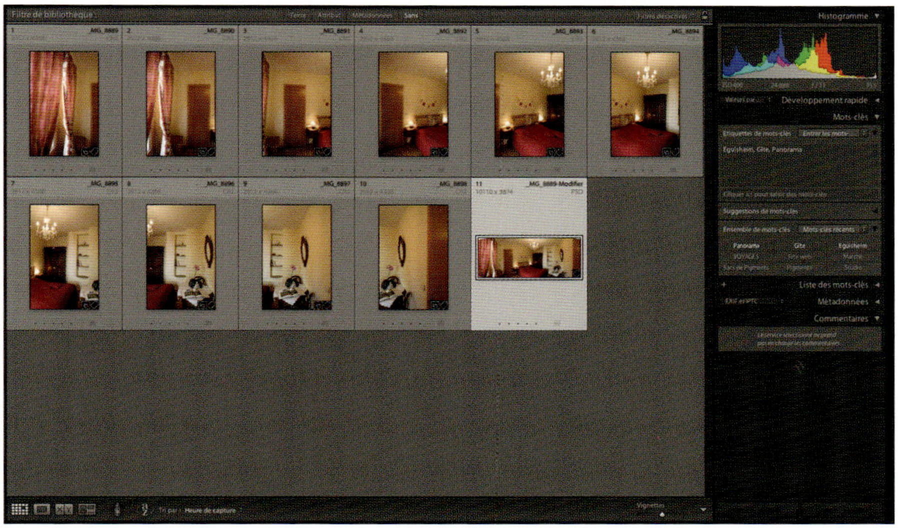

Étape 5

L'image panoramique est prête à être éditée, corrigée et recadrée. Ne perdez pas de vue qu'il s'agit ici de fichiers particulièrement lourds à manipuler. Dans ce cas, exportez une version JPEG légère, que vous réimporterez dans le catalogue, dans le même dossier (pour la méthode de réimportation automatique d'images exportées, voir l'exercice 50). Pensez également à glisser le JPEG dans la collection.

Étape 6

Ensuite, il ne vous reste plus qu'à faire un peu de rangement. Dans le dossier (pas dans la collection), sélectionnez toutes les images individuelles et les panoramas assemblés, et créez une pile en faisant un clic droit puis en choisissant Empilement>Associer dans une pile. Si l'assemblage JPEG est l'image la plus sélectionnée, elle figurera en tête de la pile, ce qui est une bonne chose ; si nécessaire, déplacez le PSD en bas de la pile. Pour faciliter l'identification, vous pouvez aussi utiliser les libellés de couleur (ici, en vert : images assemblées, en rouge : images à assembler).

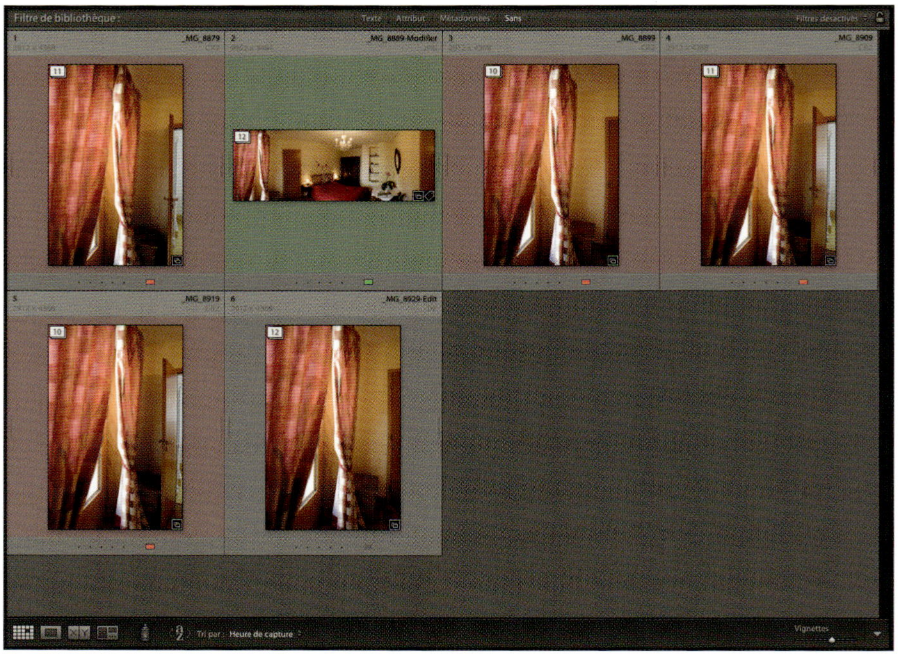

Conclusion : l'intégration entre Lightroom et Photoshop est exemplaire. Si vous avez la chance de posséder ces deux logiciels, exploitez-les pour développer votre créativité. Photoshop CS5 et Lightroom 3 vous permettent également d'assembler des images à grande plage dynamique dans le tout nouvel outil HDR Pro, qui travaille directement avec des fichiers RAW.

Si vous voulez retoucher vos images dans Photoshop et rester dans un flux non destructif et réversible, transférez vos images en tant qu'objets dynamiques. De plus en plus de plug-ins sont compatibles avec ce système extrêmement puissant et souple d'emploi.

42 Assemblage d'images avec LR/Enfuse

Parmi les modules externes pour Lightroom, LR/Enfuse est certainement l'un des plus pratiques et des plus faciles à utiliser. Il permet de fusionner des images d'expositions différentes et, depuis peu, des images à mises au point diverses, pour augmenter artificiellement la profondeur de champ. Cet exercice va vous montrer comment faire pour obtenir une image prise à l'intérieur, tout en gardant tous les détails du monde extérieur visibles à travers une baie vitrée.

Les fichiers associés à cet exercice sont sur le DVD-Rom, dans le dossier Partie5_ex42.

Étape 1

Sélectionnez toutes les images Originale_42A à Originale_42E.nef. Pour une fusion, il faut choisir des images successivement exposées pour les ombres, les tons moyens et les hautes lumières.

Ensuite, lancez LR/Enfuse en allant dans le menu Fichiers>Module externe – Extras> Fusionner les différentes expositions avec LR/Enfuse.

Étape 2

LR/Enfuse s'ouvre sur l'onglet Configuration de la boîte de dialogue. Lors de la première utilisation, vous serez invité à installer les applications Enfuse et Align Image Stack (du projet Hugin), en cliquant sur le bouton Install Apps (méthode conseillée, qui va aller chercher les dernières versions sur le serveur de l'éditeur). Ces applications contiennent tous les algorithmes d'alignement et de fusion que, bien entendu, Lightroom ne possède pas.

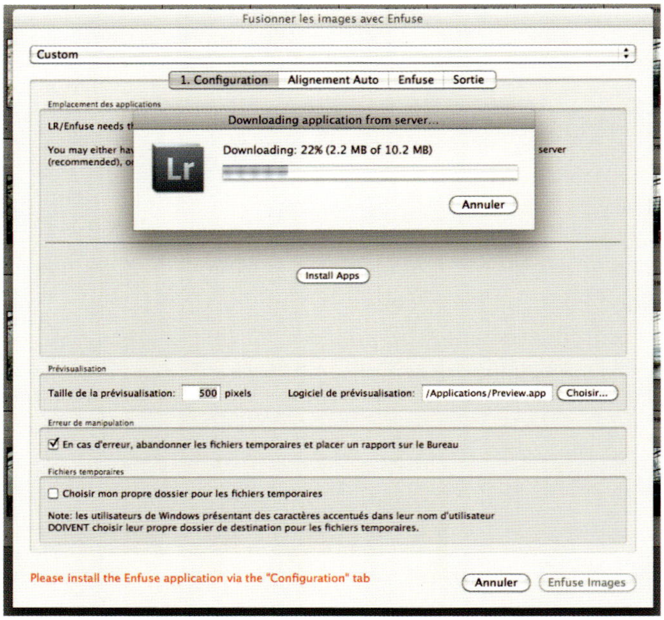

Étape 3

Allez ensuite dans l'onglet Alignement Auto et vérifiez que l'option Alignement automatique des images avant fusion n'est pas cochée (si vos photos ont été prises avec un trépied). Dans l'onglet Sortie, section Fichier de sortie, assurez-vous que l'option Joindre le résultat au dossier de l'image principale est, elle, bien cochée, et qu'un nom de fichier par défaut est saisi en face du bouton Utiliser (saisissez le nom « Enfuse » par défaut, pour identifier les fichiers fusionnés dans le catalogue). Le format devra être en TIFF 16 bits, sans compression, espace ProPhoto, pour la meilleure qualité possible.

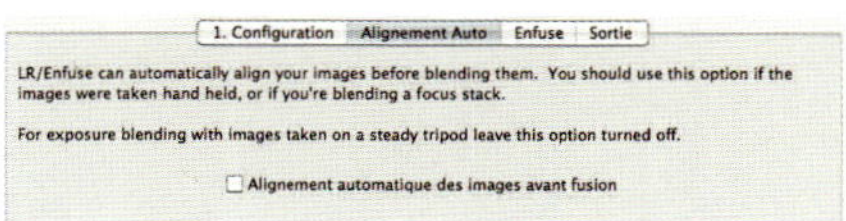

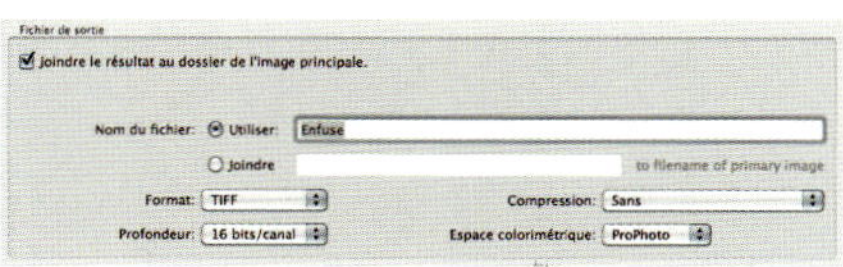

Étape 4

Toujours dans l'onglet Sortie, paramétrez la section Après fusion en cochant toutes les options disponibles, et surtout Réimporter l'image dans Lightroom. En effet, l'image sera automatiquement importée dans le catalogue, dans le dossier des images originales. Vous pouvez également voir le résultat dans toute application extérieure de votre choix. Si vous le désirez, vous pouvez enregistrer vos réglages sous forme de paramètre prédéfini, dans le menu déroulant, et en sélectionnant « Save current settings as new preset ».

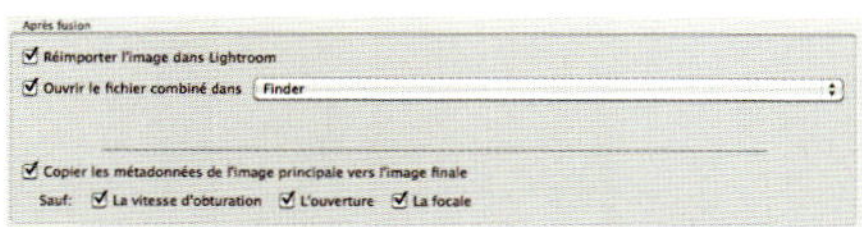

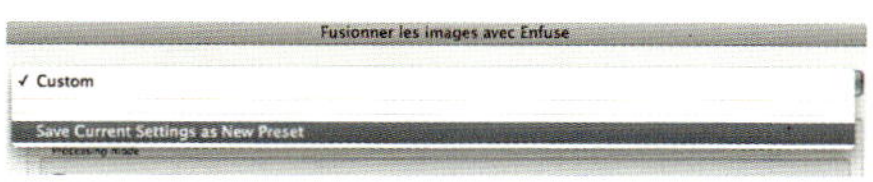

Étape 5

Dès que tous les réglages auront été vérifiés, cliquez sur le bouton Enfuse Images. Le module externe va commencer l'analyse puis la fusion des images, que vous pourrez suivre dans la barre de progression Lightroom.

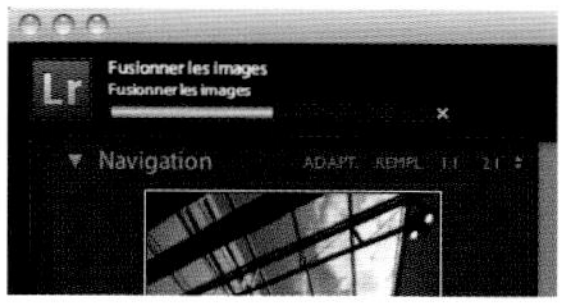

Étape 6

Conformément à vos réglages, l'image fusionnée est réintégrée dans le catalogue. Vous pouvez vérifier les résultats puis passer aux tâches de catalogage, en attribuant une note, des mots-clés et en renseignant toutes les informations nécessaires dans les champs de métadonnées IPTC.

Conclusion : les modules externes HDR pour Lightroom ne manquent pas, notamment Photomatix ou Hydra. LR/Enfuse est une alternative de qualité, qui produit d'excellents résultats à l'aspect naturel, pour un coût modique (l'auteur demande une donation libre). De plus, sa facilité d'utilisation et son intégration à Lightroom en font un outil idéal, aussi bien pour ceux qui assemblent très fréquemment des images d'expositions différentes, que pour ceux qui n'en font qu'un usage occasionnel.

43 Travailler avec LR/Mogrify 2

LR/Mogrify 2 est un module externe indispensable lorsqu'on utilise Lightroom. Installé dans le menu d'exportation, il permet de créer des cadres, de combiner des filigranes texte et graphique, de mettre des annotations, de choisir le mode de compression JPEG, de fixer la taille maximale des fichiers exportés, et bien d'autres choses encore. Dans cet exercice, nous allons créer un cadre, ajouter un filigrane de copyright et des annotations de paramètres de prise de vue.

Les fichiers associés à cet exercice sont sur le DVD-Rom, dans le dossier Partie5_ex43.

Étape 1

Ouvrez l'image Originale_43.nef. Après avoir choisi l'image, qui aura été traitée et corrigée au préalable dans le module Développement, effectuez un clic droit et sélectionnez Exporter>Exporter, dans le menu contextuel. Dans la section Actions de post-traitement, du menu Exporter, sélectionnez ensuite les différents outils de LR/Mogrify 2 que vous allez utiliser ici : Configuration, Outer et Inner Borders, Text Annotations et Compress to file size. Cliquez à chaque fois sur Insérer pour que les outils s'affichent dans le menu Exporter.

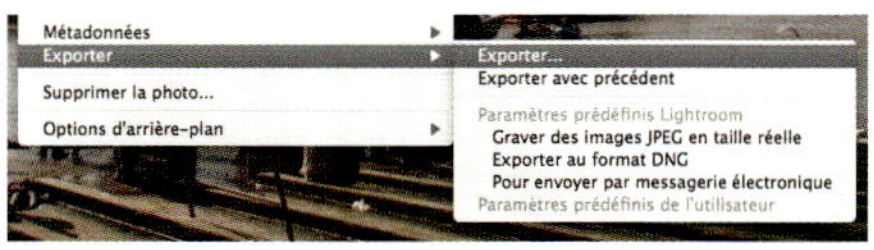

Étape 2

Lorsque la configuration est terminée, vous verrez les différents outils de LR/Mogrify 2 affichés dans le menu Exporter, en dessous des outils standards de Lightroom. Pour déployer l'interface de chaque outil, cliquez sur la flèche à gauche, dans la barre de titre ; pour le supprimer, cliquez sur la croix située à droite.

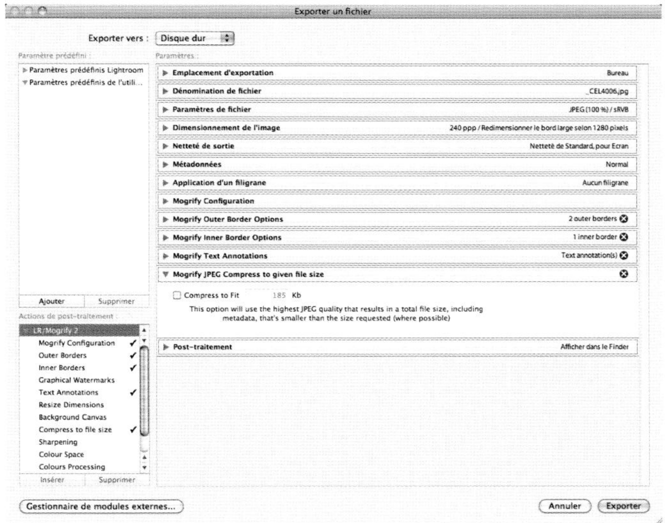

Étape 3

Nous allons d'abord créer des bordures, un liséré blanc à l'extérieur et un cadre gris translucide à l'intérieur, dans lequel on mettra plus tard un texte. Pour le liséré blanc, allez dans le panneau Mogrify Outer Border Options et cliquez sur « + » pour définir une nouvelle bordure. Cochez Identical borders, pour que l'épaisseur de chacun des quatre côtés soit identique, et entrez une valeur de 20 pixels dans l'un des champs de saisie (les trois autres se remplissent automatiquement). Puis, cliquez sur le pavé et sélectionnez un blanc dans le nuancier.

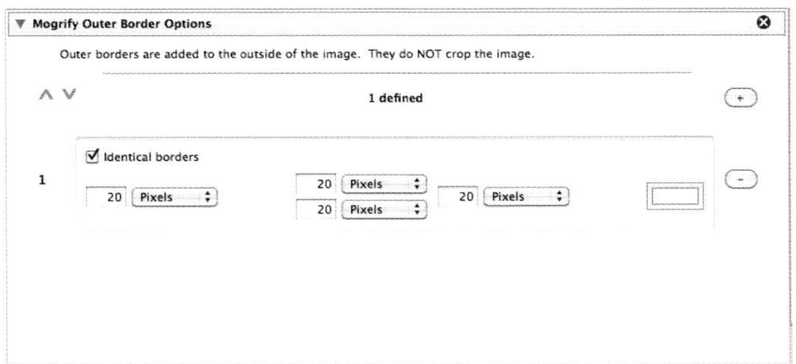

Étape 4

Passons au panneau Inner border pour créer la bordure intérieure. Cliquez sur « + ». Cochez Identical borders, puis entrez 5 dans l'un des champs Size (taille) ; choisissez aussi « % of Width » (pourcentage de la largeur de l'image). Pour la couleur, le noir convient très bien, mais réglez l'opacité à 40 %. Le champ Inset permet d'insérer un espace entre deux bordures, mais nous ne l'utiliserons pas ici.

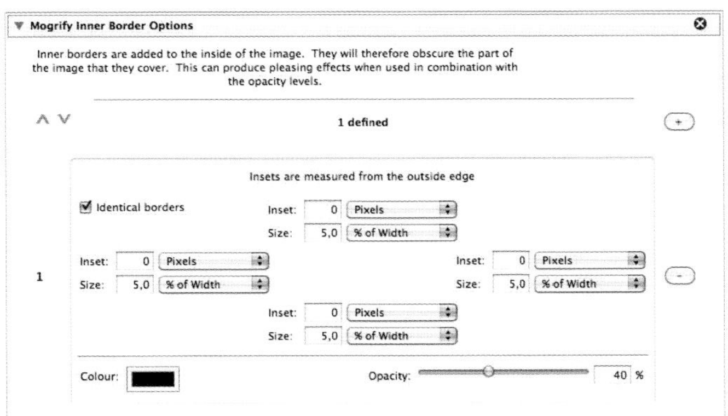

Étape 5

Les annotations de texte permettent de placer soit un texte libre, soit une sélection d'informations extraites des métadonnées. Nous allons d'abord placer un filigrane de copyright en bas, puis quelques paramètres de prise de vue sur le côté droit.

Cliquez sur « + » pour créer un nouveau texte ; ici, choisissez la police qu'utilise habituellement le photographe, avec une taille de police de 6 % « of height » (de la hauteur), en blanc, en écriture horizontale (cochez le A vertical), et un centrage vertical de 3 pixels (Vertical inset).

Saisissez le texte puis sélectionnez la position (en bas, centrée). Les options Add annotation et Background sont désactivées.

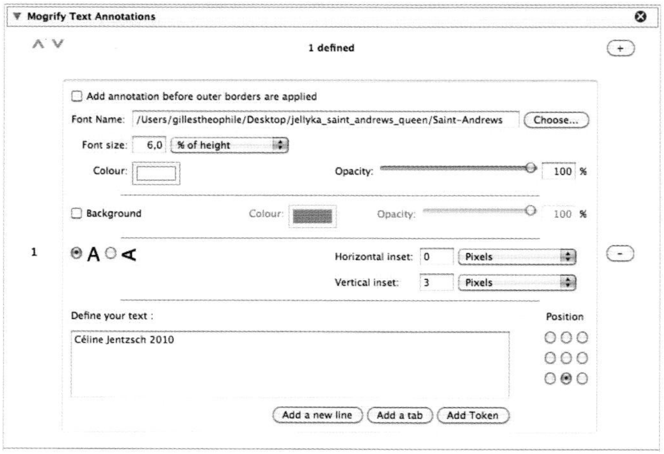

Étape 6

Pour l'incrustation de paramètres de prise de vue, cliquez sur « + » pour créer une seconde annotation. Choisissez une autre police (Arial Bold), toujours en blanc, avec une taille de 2 % de la hauteur (height), orientation verticale (A couché), avec un décalage (inset) de 30 pixels pour décoller les informations du bord de l'image.

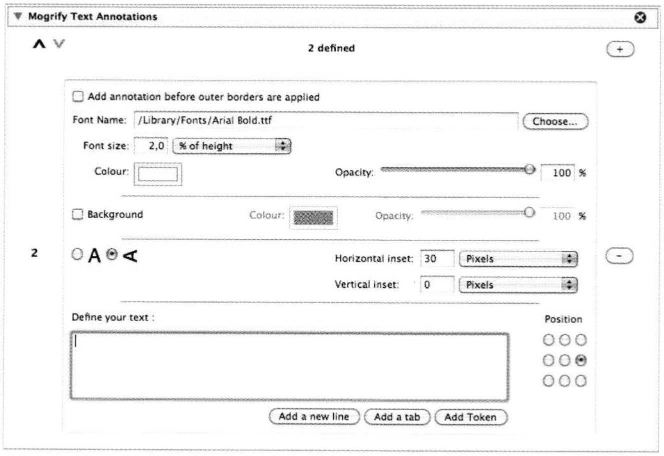

Étape 7

Les paramètres de prise de vue sont incrustés en cliquant sur Add token.
Dans la boîte de dialogue qui s'affiche, nous avons sélectionné, dans les EXIF, la vitesse d'obturation, l'ouverture, la sensibilité ISO, le type d'objectif et la focale en équivalent 35 mm. Nous avons séparé les informations par un tiret, et mis la focale entre parenthèses, précédée de « à », après le type d'objectif, tout simplement au clavier, entre les tokens affichés dans le champ de saisie.
N'oubliez pas de définir la position (centre, droit).

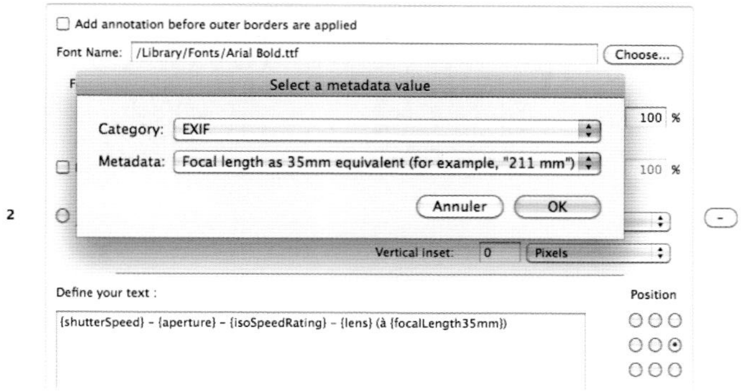

Étape 8

Supposons que le destinataire de l'image exige des fichiers de 1 Mo maximum. Allez dans la section « JPEG Compress to given file size » (Compresser le JPEG à la valeur indiquée), cochez le bouton Compress to fit (Compresser pour) et saisissez « 1024 » dans le champ. Vérifiez que l'option Dimensionnement de l'image, plus haut dans le menu Exporter, ne soit pas activée, pour éviter tout conflit entre Lightroom et le module externe.

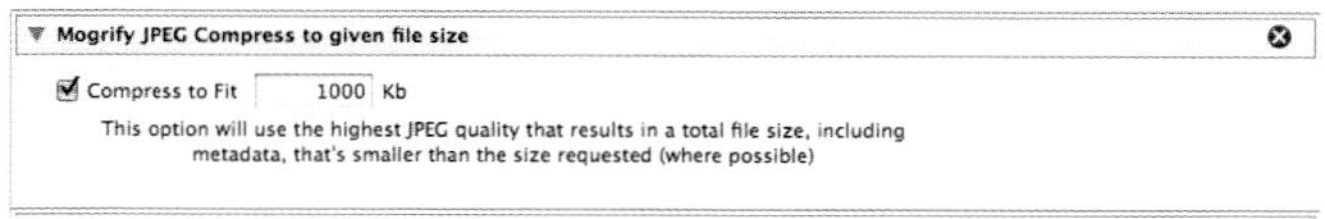

Remarque : le plus gros inconvénient de LR/Mogrify 2 est l'obligation de travailler en aveugle, car le menu Exporter ne permet pas d'afficher un aperçu des réglages en cours, comme le fait l'éditeur de filigranes de Lightroom. Vous devrez donc, pendant le travail, exporter l'image pour voir le résultat du travail en cours. Si le module externe demande de travailler à tâtons, il laisse néanmoins plus de marge de manœuvre que le menu Exporter de base ; une fois que vous aurez créé des cadres et des filigranes, vous pourrez enregistrer le tout en tant que paramètre prédéfini pour automatiser les tâches à l'exportation (voir l'exercice 50).

Étape 9

Pour appliquer tous les réglages, pressez simplement le bouton Exporter avec, éventuellement, Afficher dans le Finder (Mac) ou Afficher dans l'Explorateur (PC) sélectionnés dans la section Post-traitement (pour afficher le résultat à l'écran, immédiatement après l'exportation).

44 Traiter un RAW dans un autre logiciel

Certains utilisateurs de Lightroom restent attachés au logiciel de développement RAW du fabricant de leur appareil photo, comme Canon DPP ou Nikon Capture NX2. Lightroom ne permettait pas d'ouvrir un fichier RAW dans l'un de ces logiciels, à partir du catalogue. C'était sans compter les développeurs de modules externes : Open Directly permet maintenant de le faire !

Étape 1

Le module externe Open Directly s'installe dans Lightroom comme tous les autres plug-ins, à l'aide du Gestionnaire de modules externes (voir l'exercice 06).

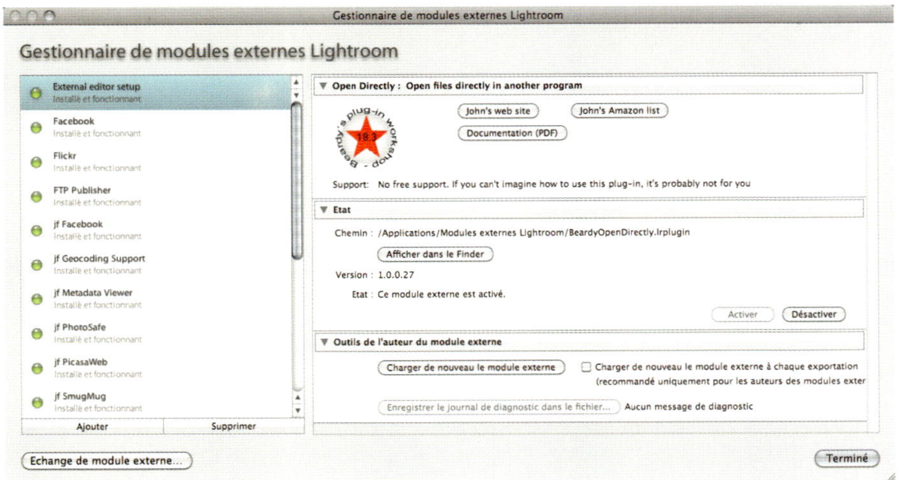

> **Remarque :** ce petit utilitaire tout simple a le mérite de fluidifier le flux de travail si vous continuez à utiliser, parallèlement à Lightroom, plusieurs logiciels pour traiter vos fichiers RAW.

Étape 2

Pour configurer Open Directly, allez dans le menu Module externe - Extras>Open Directly ou Bibliothèque>Module externe - Extras>Open Directly.

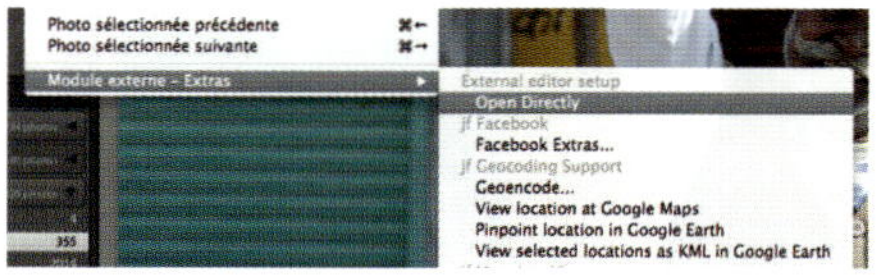

Étape 3

L'interface est extrêmement simple. Pour ajouter une application ou un éditeur, il suffit de cliquer sur le bouton situé à droite du champ de saisie. Ceci ouvrira une boîte de dialogue du système, afin que vous puissiez pointer vers le programme à ajouter.

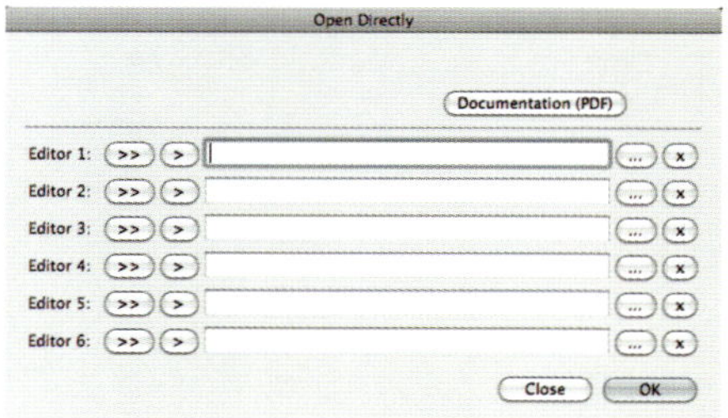

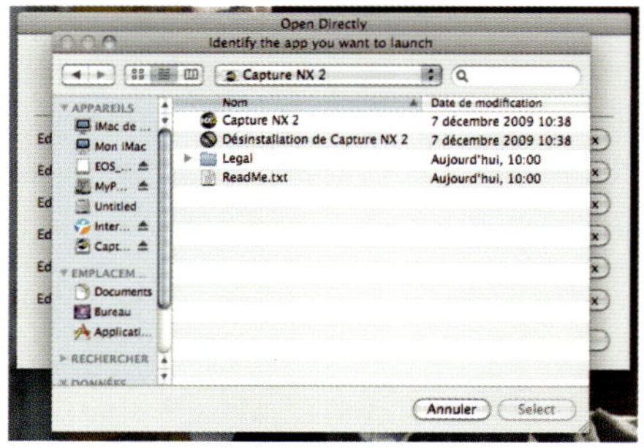

Étape 4

Après avoir enregistré Capture NX2 dans le module externe, sélectionnez un fichier NEF d'appareil Nikon dans le catalogue Lightroom et ouvrez-le directement dans NX2 en allant dans le menu Bibliothèque>Module externe - Extras>Open Directly. Ensuite, il suffit de cliquer sur le bouton « > » ou « >> » situé à droite du chemin d'accès de Capture NX2.

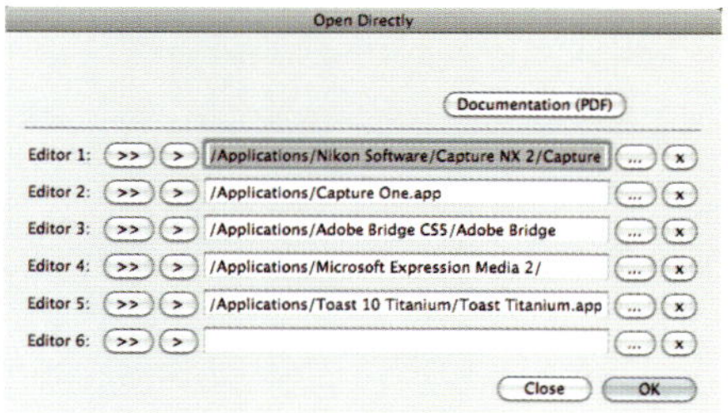

> **Remarque :** le module externe Open Directly ne se cantonne pas aux logiciels de développement RAW. Vous pouvez rajouter n'importe quelle application capable de prendre en charge les fichiers gérés par Lightroom, que ce soit un autre catalogueur (Expression Media 2) ou un utilitaire de gravure de CD et de DVD (Toast, Nero, etc.).

Étape 5

Après avoir corrigé le fichier NEF dans Capture NX2, il faudra y enregistrer les corrections, mais elles ne seront pas visibles dans Lightroom, qui n'utilise pas le même moteur de développement. En revanche, si vous renvoyez l'image ultérieurement dans NX2, vous retrouverez toutes les corrections faites dans ce logiciel.
Si vous voulez un aperçu des corrections dans Lightroom, vous pouvez créer, dans NX2, un fichier de travail en TIFF 16 bits que vous enregistrerez dans le dossier du fichier NEF original.

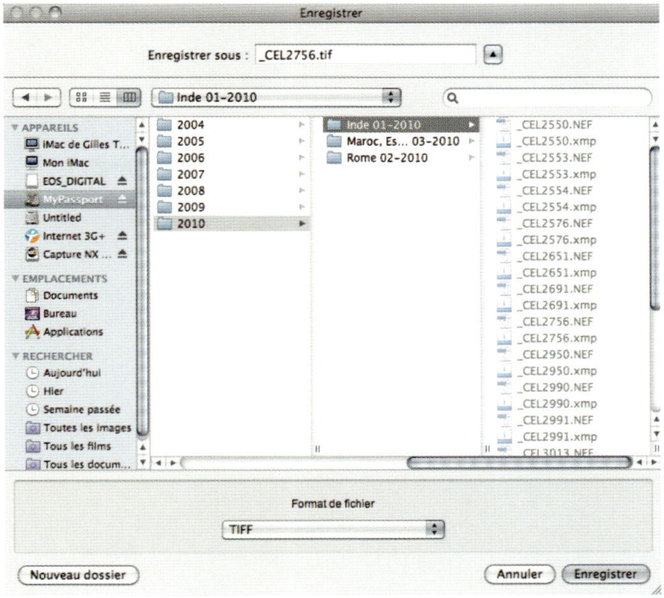

Étape 6

Le rapatriement du TIFF créé dans l'application externe se fera par synchronisation du dossier d'origine dans Lightroom (voir l'exercice 13, Étape 7). Pour faciliter le catalogage, appliquez un libellé de couleur pour indiquer une image traitée hors Lightroom, et renseignez les mots-clés à ce propos. Quant au TIFF, vous pouvez voir qu'il a pour origine Capture NX2 en allant dans le panneau Métadonnées>EXIF>Logiciel.

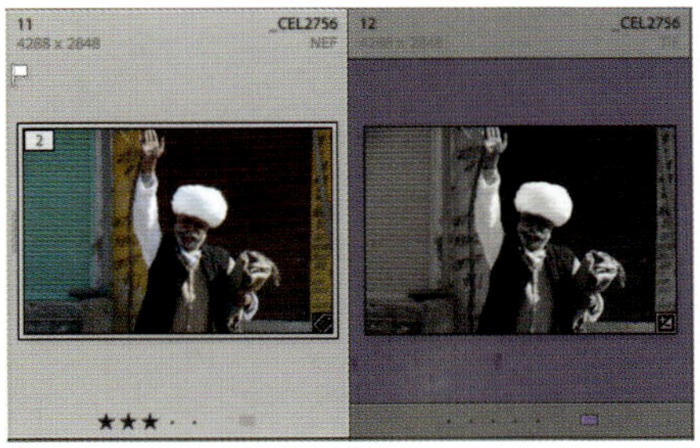

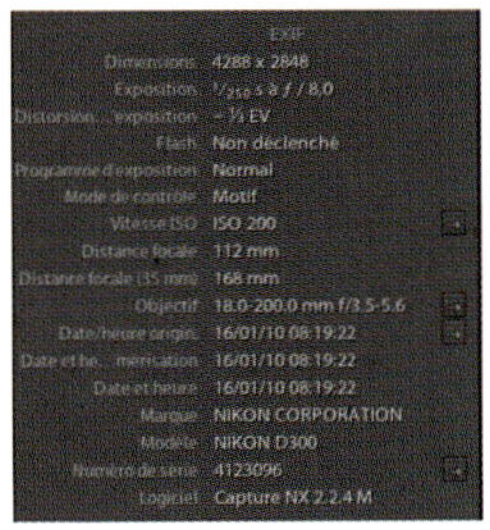

Partie 6

Diffuser ses images

Après avoir catalogué puis développé vos photos, vous devrez les diffuser et les publier. Cette dernière section est consacrée aux modules de sortie de Lightroom – Diaporama, Impression et Web – ainsi qu'au menu Exporter les fichiers.
Nous commencerons d'abord par les collections spécifiques à ces modules, qui présentent l'avantage de mémoriser tous vos réglages et vos mises en page. Nous verrons comment créer un diaporama et l'exporter en vidéo, comment créer une planche-contact et, surtout, quels sont les réglages à faire pour une gestion correcte des couleurs à l'impression.
Le module Web offre tellement de possibilités, notamment grâce aux modèles de galeries très sophistiqués créés par des éditeurs tiers, qu'il justifierait à lui seul un ouvrage complet. Nous nous contenterons ici d'une présentation qui, nous l'espérons, aiguisera votre appétit et vous poussera à mettre la main à la pâte.
Pour finir, le menu Exporter sera traité en détail, en mettant l'accent sur les réglages les plus importants et sur ceux qui peuvent paraître un peu obscurs, avant d'aborder, là encore, tous les moyens qu'il offre pour accélérer le flux de travail.

Nikon D300, 18-200 mm f/3,5-5,6, 1/500 s, f/11, 200 ISO © Céline Jentzsch

Exercices

45 Les collections des modules de sortie

Dans les exercices 11 et 12, consacrés aux collections dynamiques et aux collections, nous avons volontairement omis de parler des collections spécifiques aux modules de sortie, c'est-à-dire les modules Diaporama, Impression et Web. Elles présentent la particularité d'enregistrer les réglages et la mise en page avec les collections d'images.

Étape 1

Dans l'exercice 46, nous allons préparer une série d'images pour un diaporama. Comment faire si plus tard nous voulons ajouter ou retirer des photos à cette présentation ? Faudra-t-il reprendre tout le travail de mise en page pour chaque nouvelle photo ? La réponse est non, car les collections spécifiques aux modules de sortie vont garder en mémoire tous les réglages et la mise en page des diaporamas, des modèles d'impression ou des galeries web. À chaque fois que vous ajouterez une image à l'une de ces collections, elle en adoptera tous les réglages. Bien entendu, une image pourra être utilisée dans plusieurs collections à la fois.

Étape 2

Nous allons simplement créer une collection Diaporama, en cliquant sur le bouton « + » du panneau Collections. Créez d'abord un Ensemble de collections Diaporama : saisissez « Diaporama » dans le champ de saisie Nom, puis cliquez sur Créer. Ensuite, cliquez à nouveau sur « + » pour créer un nouveau diaporama au sein de l'ensemble. Dans la boîte de dialogue, saisissez le nom de la collection, choisissez Diaporama dans la liste Ensemble, puis cliquez sur Créer. Si des images ont été préalablement sélectionnées, cochez l'option Inclure les photos sélectionnées.

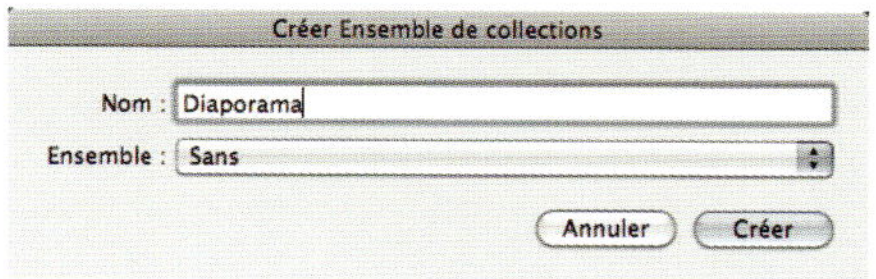

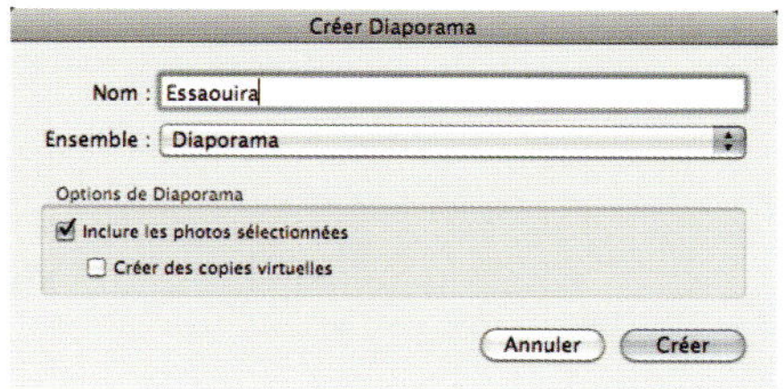

Étape 3

Vous retrouvez votre collection Diaporama dans le panneau Collections avec une icône en forme de diapositive. Les collections spécifiques aux modules de sortie se comportent exactement comme des collections classiques, vous pouvez les désigner comme collection cible et y rajouter facilement des images. Retournez dans le module Bibliothèque et ajoutez des images en cliquant sur les vignettes et en appuyant sur la touche B.

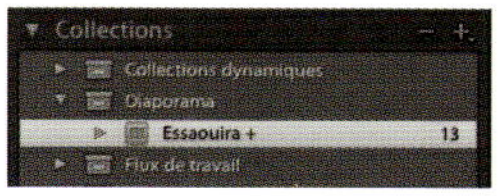

Étape 4

Après avoir ajouté des images, si vous cliquez sur la collection dans le module Bibliothèque, vous verrez apparaître le contenu en mode Grille dans le panneau d'affichage principal de Lightroom.

Étape 5

En revanche, si vous retournez dans le module Diaporama, les images ajoutées à la collection prendront automatiquement l'aspect et la mise en page du Diaporama sélectionné.

Étape 6

Vous pouvez créer un autre diaporama avec les mêmes images mais avec des réglages totalement différents. Sélectionnez toutes les images du diaporama précédent, puis sélectionnez un autre modèle dans l'Explorateur. Ensuite, créez une nouvelle collection Diaporama, comme indiqué dans l'Étape 2, et surtout, donnez-lui un nom différent. Si vous êtes dans le module Bibliothèque, et que vous tombez sur une image qui vous plaît, vous pouvez la glisser immédiatement dans l'une ou dans chacune des collections Diaporama.

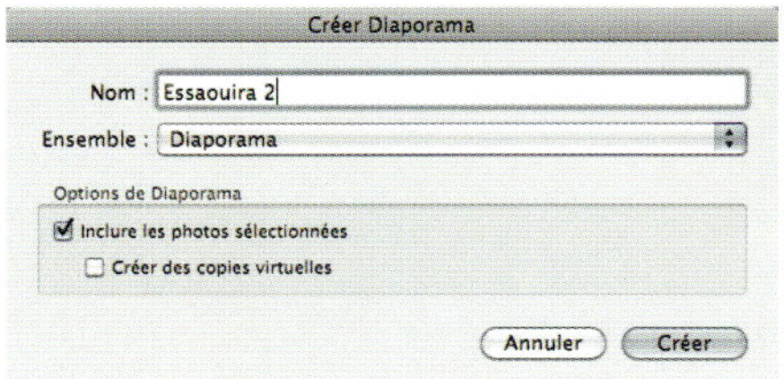

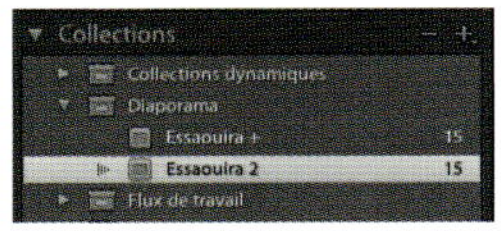

Conclusion : dans le module Impression, le système des collections permet de préparer des séries d'images que vous pourrez glisser dans des collections dont les réglages et la mise en page sont totalement différents. En ce qui concerne le module Web, les collections pourront être utilisées pour créer les différentes galeries appelées à être chargées sur votre site. Les collections spécifiques aux modules de sortie peuvent aussi bien être gérées à partir des modules concernés, qu'à partir du module Bibliothèque.

46 Créer un diaporama

Jusqu'à présent, le module Diaporama de Lightroom était conçu pour une présentation locale, au sein de l'application même, par exemple pour un photographe de mariage qui fait tourner les premières images sur son portable lors du vin d'honneur. Les possibilités d'exportation étaient très limitées, mais Lightroom 3 corrige le tir avec la possibilité de créer des diaporamas vidéo au format MPEG-4 (extension .mp4).

Étape 1

La première chose à faire est, bien entendu, de sélectionner une série de photos destinées au diaporama et de les regrouper dans une collection. Lorsque vous passerez dans le module Diaporama, elles seront affichées dans le Film fixe. Attention à ne pas sélectionner un dossier trop volumineux, ou Lightroom passera beaucoup de temps à générer votre diaporama...

Remarque : l'exportation de diaporamas au format MPEG-2 (CD/DVD vidéo) n'a pas été prévue.

Étape 2

Avant de commencer la mise en page, il faudra choisir un modèle de diaporama dans le panneau Explorateur de modèles situé à gauche. Pour cet exercice, nous allons partir sur la base du modèle nommé « Par défaut ». Vous pouvez voir à quoi ressemblent les modèles dans la fenêtre Aperçu, lorsque vous les survolez avec la souris.

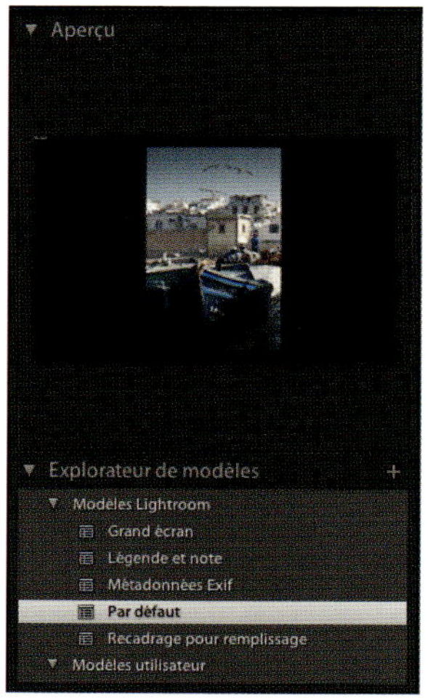

Étape 3

Passons du côté droit du module pour utiliser les différents outils de mise en page. On va d'abord changer la couleur noire du fond pour un gris, en allant dans le panneau Fond et en choisissant une nuance après avoir cliqué sur le pavé noir situé dans la section Dégradé de couleurs. Ensuite, on règle l'angle à -90° pour un dégradé sombre en haut, et plus clair en bas.

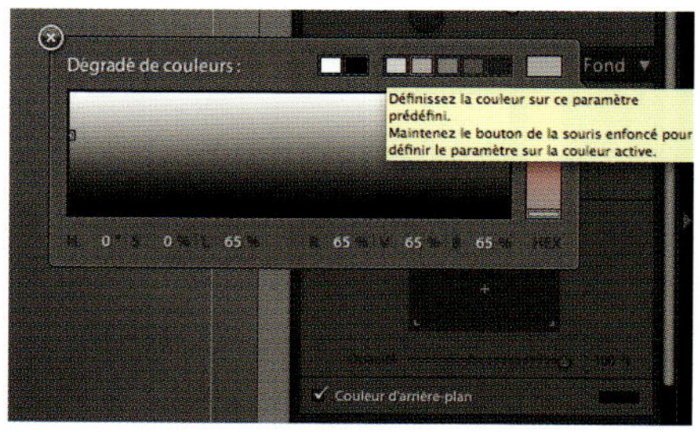

Étape 4

On remonte vers le panneau Options, tout en haut, pour définir le cadre de l'image. Cochez l'option Contour du cadre et choisissez un blanc dans le nuancier, après avoir cliqué sur le pavé. L'épaisseur sera de 2 pixels. Le fond étant sombre, inutile de conserver l'ombre portée (décochez le bouton). On règle également les repères à environ 110 pixels pour réduire un peu la taille des images.

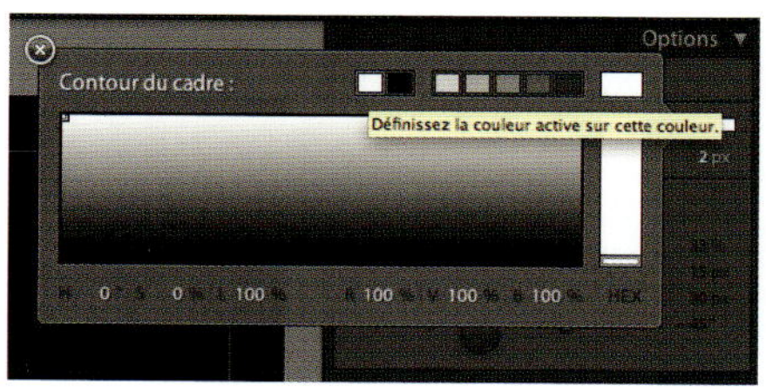

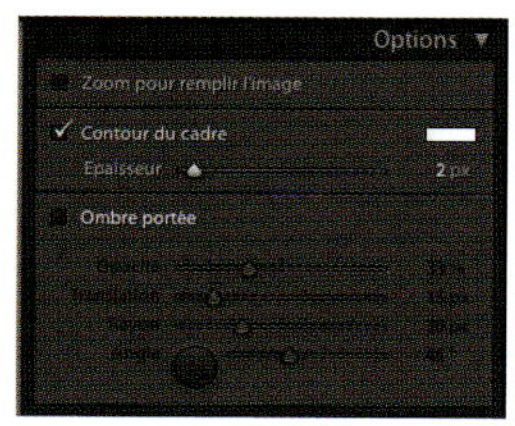

Étape 5

On ajoute la plaque d'identité personnalisée (qui remplace le logo Lightroom 3 si elle est activée) en cochant l'option adéquate dans le panneau Incrustations. L'échelle sera réglée à 15 %, l'opacité à 50 %, puis on saisira la plaque directement dans la page pour la glisser en bas, au centre, sous l'image. On ajoute également, en restant dans le même panneau, une ombre, dont l'opacité ici est de 100 % (Translation : 40, Rayon : 3, Angle : -46°). La mise en page étant terminée, décochez Afficher les repères dans le panneau Disposition.

Étape 6

Les derniers réglages se font dans le panneau Lecture. Nous n'avons pas prévu de rajouter de bande-son, mais on peut régler la durée d'affichage de la diapositive et le fondu. Pour un diaporama en boucle, cochez l'option Répétition. Pour éviter que Lightroom ne calcule les aperçus au fur et à mesure, ce qui risque de ralentir ou de saccader le diaporama, activez également l'option Préparer les aperçus à l'avance.

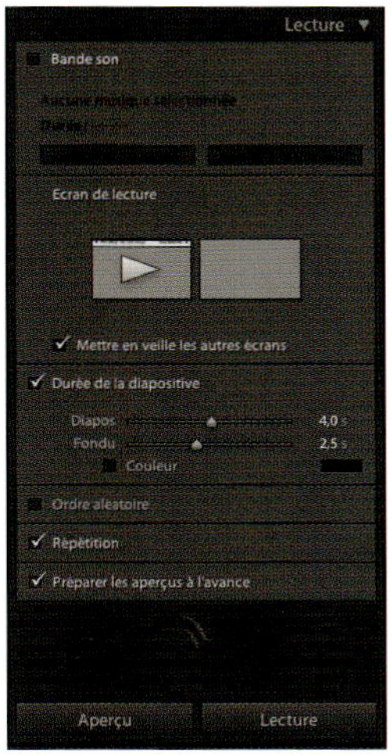

Étape 7

Le bouton Aperçu, situé tout en bas à droite, permet de voir le diaporama dans la fenêtre centrale de Lightroom. Le bouton Lecture, lui, permet de le passer en mode Plein écran. Si vous avez deux écrans, n'oubliez pas de cocher l'option de mise en veille de l'écran inutilisé pendant la lecture. Si vous voulez passer le diaporama sur l'autre écran, cliquez dessus, dans le panneau Lecture. Pour interrompre une lecture, appuyez sur Échap. Vous pouvez également sélectionner quelles photos seront utilisées (toutes les photos du Film fixe, ou uniquement celles qui sont sélectionnées ou marquées), dans les options de la barre d'outils.

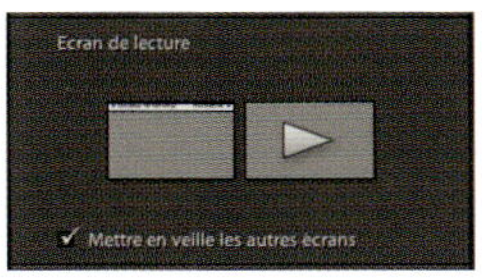

Étape 8

Vous pouvez enregistrer ce nouveau modèle en allant dans le panneau de l'explorateur et en cliquant sur « + ». Dans la boîte de dialogue, saisissez le nom du modèle et le dossier dans lequel vous voulez le placer.

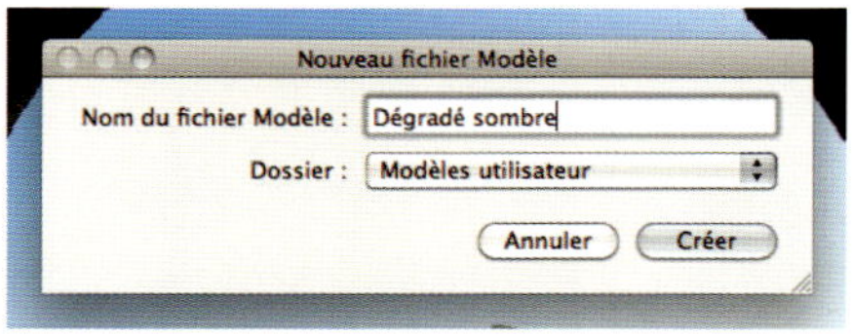

Étape 9

Pour exporter le diaporama, cliquez sur le bouton Exporter la vidéo, en bas à gauche. Dans la boîte de dialogue, saisissez le nom du diaporama et choisissez la destination, puis l'un des formats vidéo. Chaque format est accompagné d'une explication relative à son usage. Vous n'avez plus qu'à cliquer sur le bouton Exporter. La création du diaporama peut prendre beaucoup de temps selon le nombre d'images et la qualité demandée. La lecture sera assurée par des utilitaires prenant en charge le format MPEG-4 (QuickTime, VLC, WMP, etc.).

Conclusion : comme les anciennes versions, Lightroom 3 permet aussi de créer un diaporama au format PDF (bouton Exporter PDF) ou de préparer des JPEG de chaque diapositive en appuyant sur ce bouton tout en maintenant la touche Alt/Option.

47 Le module Web

Le module Web, à lui tout seul, pourrait être un logiciel à part entière, tellement il est riche en outils. Son utilisation risque de rebuter un peu les débutants, pourtant, il existe de nombreux modèles de sites développés par des éditeurs tiers et qu'on peut installer au sein de Lightroom. Nous ferons ici un petit tour d'horizon des fonctions principales et des conseils d'utilisation.

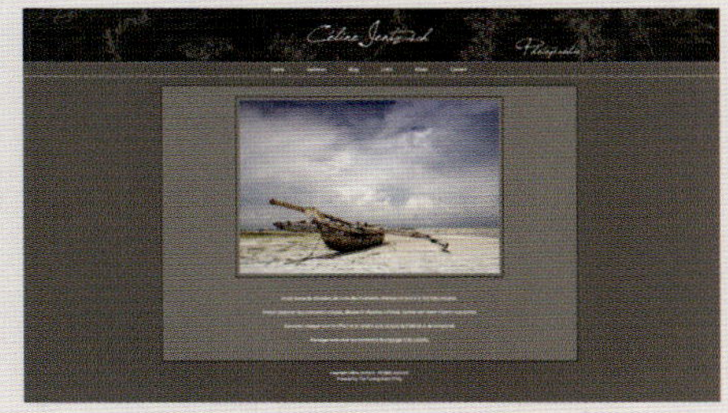

Étape 1

Lightroom est fourni d'emblée avec de nombreux modèles de galeries web en Flash ou en HTML, qu'on trouvera dans le panneau Explorateur de modèles. Dès qu'on sélectionne un modèle, il apparaît dans le panneau Aperçu et, si des images sont sélectionnées, elles commenceront à charger. Vous devrez donc faire attention au nombre d'images présélectionnées, pour éviter de ralentir le fonctionnement de toute l'application.

Étape 2

Bien entendu, toute modification de mise en page peut être réenregistrée en tant que nouveau modèle (dans le panneau Explorateur de modèles, comme dans le module Diaporama ou Impression).

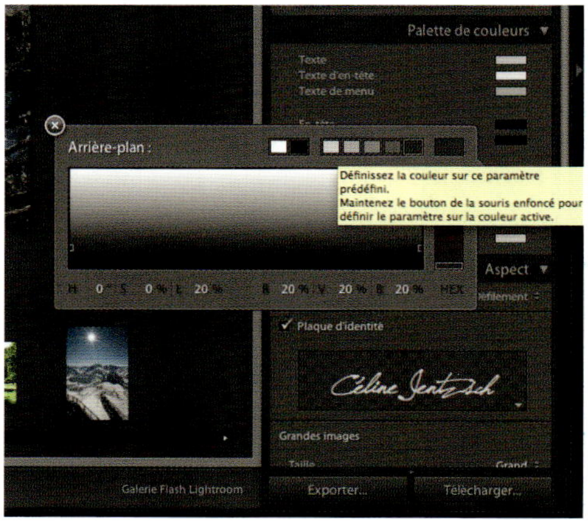

Étape 3

À tout moment, il est possible de voir à quoi ressemble le travail en cours en cliquant sur le bouton Aperçu dans un navigateur, situé dans le coin inférieur droit. Lightroom va préparer la galerie puis démarrer automatiquement le navigateur web par défaut. Bien entendu, nous vous conseillons de tester votre galerie dans les navigateurs les plus utilisés du moment, comme Firefox, Safari, Chrome ou IE8, pour détecter et corriger les problèmes éventuels avant de mettre votre galerie en ligne.

Étape 4

Le chargement de la galerie web se fera sur votre serveur FTP, directement à partir du module Web mais, auparavant, vous devrez enregistrer les paramètres de connexion dans le panneau Paramètres de téléchargement>Serveur FTP>Paramètres personnalisés. Si vous éprouvez des difficultés à charger vos galeries, essayez à l'aide d'une application tierce spécialisée, comme FileZilla.

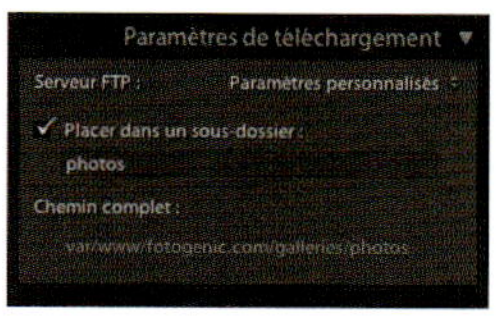

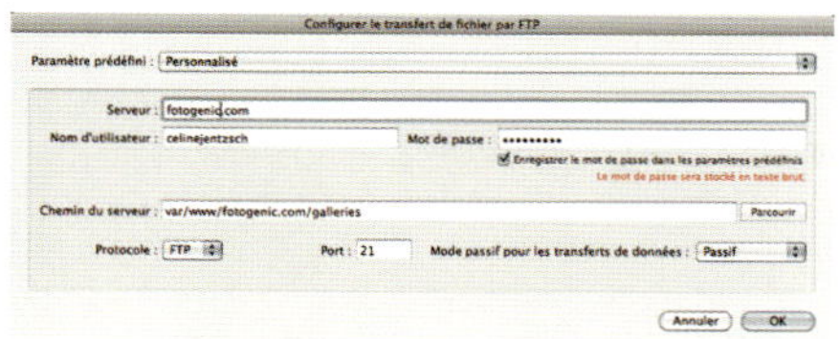

Étape 5

Il existe de nombreux développeurs tiers de galeries web pour Lightroom. Une fois ces modèles de galeries installés, il reste un gros travail de mise en page à faire, avec les nombreux outils disponibles dans le panneau de droite du module Web. Les possibilités sont infinies. Vous pouvez bien sûr installer plusieurs modèles, créer et gérer plusieurs galeries sur le Web.

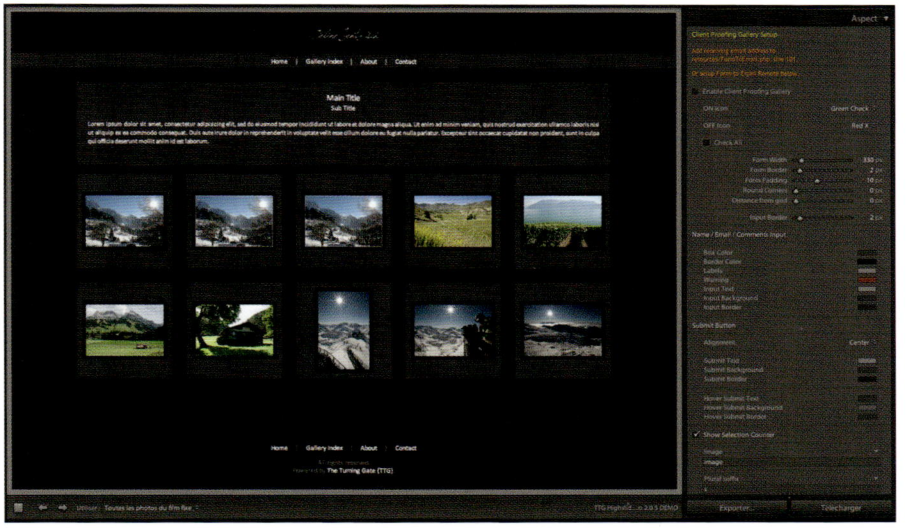

Étape 6

Ceci est un exemple de galerie web entièrement créée dans Lightroom, avec un modèle TTG Highslide, de Matthew Campagna, le fondateur du site The Turning Gate, qui propose un vaste choix de modèles de galeries et d'utilitaires d'indexation.

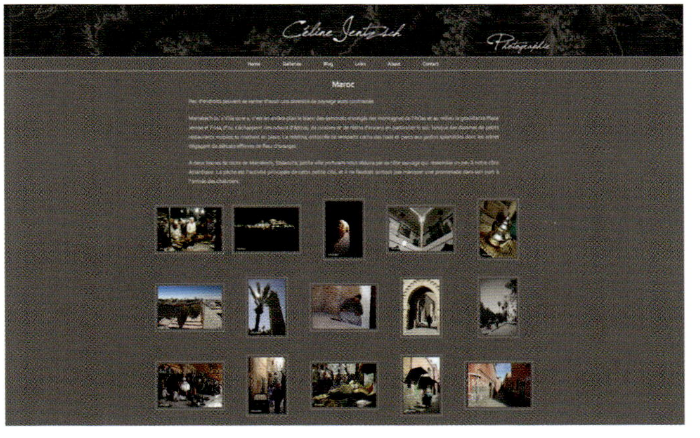

Remarque : les modèles de galeries web fournis par Lightroom sont très simples et intéressants pour débuter. Ceux des éditeurs tiers comme TTG, SlideShow Pro ou The Photographer's Toolbox peuvent être très sophistiqués, avec des fonctions permettant la commercialisation des images en ligne, la géolocalisation, la possibilité de verrouiller certaines galeries avec un mot de passe ou encore des systèmes d'épreuvage permettant aux clients de sélectionner et de commander les images qui leurs sont soumises dans le cas d'une commande ou d'un reportage.

48 Créer une galerie web avec un module externe

Le module Web permet de créer des sites et des galeries très sophistiqués. Pour ceux que cette tâche rebute, par manque de temps ou de connaissances, il existe des galeries web livrées « clés en main », d'excellente qualité, ainsi que de nombreux outils pour les gérer à partir de Lightroom. C'est ce que nous allons voir dans cet exercice, en créant une galerie de photos sur SmugMug à l'aide du module externe de Jeffrey Friedl.

Étape 1

Pour créer notre galerie sur SmugMug (en supposant que nous y avons ouvert un compte), nous allons nous servir à la fois du menu Exporter, pour créer la galerie, et des services de publication du module Bibliothèque (voir l'exercice 17), pour collecter, gérer et charger les images.

Étape 2

Tout d'abord, allez dans le menu Exporter en faisant un clic droit sur une image. Lorsqu'il s'affiche, choisissez le module jf SmugMug dans la liste Exporter vers, située en haut de la fenêtre. Si vous avez une connexion Internet, Lightroom se connectera à votre compte, et le fera même automatiquement dès la deuxième visite.

Étape 3

Un peu plus bas, dans la section SmugMug Tools, nous allons créer une nouvelle galerie vierge. Ceci n'est pas encore possible à partir du panneau Services de publication, ce qui explique pourquoi il faut le faire dans le menu Exporter (l'auteur du module travaille à une solution). Nous allons laisser les options des menus déroulants tels quels (catégorie Other – Autre, et accès public) et tout simplement saisir le nom de cette nouvelle galerie (Voyages). Aussitôt, vous verrez apparaître de nombreuses options de configuration, y compris la possibilité de demander un mot de passe. Pour créer la galerie, cliquez sur le bouton Create.

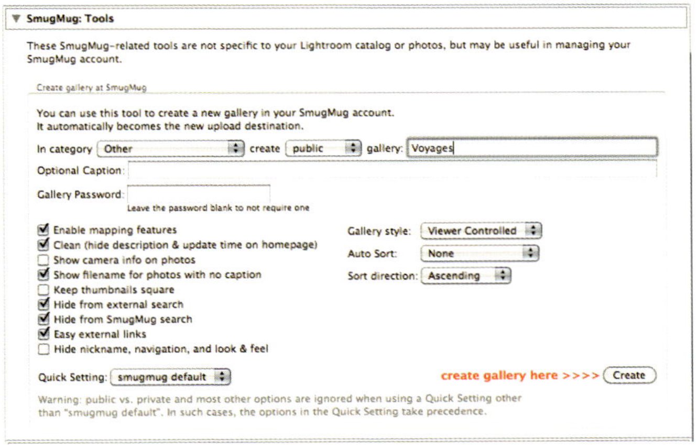

Étape 4

Vous aurez une confirmation que la galerie a bien été créée en allant dans la section suivante, SmugMug : Upload destination. Celle-ci est sélectionnée en vert, dans la bonne catégorie (Other). Vous pouvez alors fermer le menu Exporter, en cliquant sur Annuler, puis vous rendre dans le panneau Services de publication.

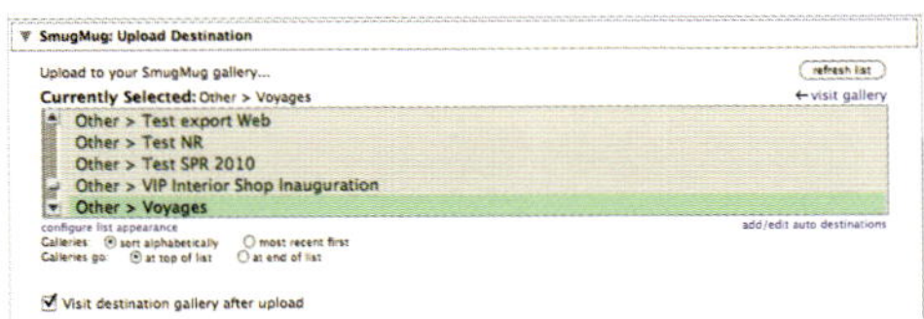

Étape 5

Dans la barre jf SmugMug, cliquez sur Configurer. Dans la boîte de dialogue, vous devrez saisir, tout d'abord, les identifiants de connexion à votre compte SmugMug. Ici, on règle les paramètres de fichiers sur JPEG, sRVB, qualité 90, une dimension sur le côté le plus large égale à 1 024 pixels, on désactive l'option Netteté de sortie (SmugMug applique aussi une accentuation) et on applique un filigrane de copyright. Lorsque les sections sont fermées, vous pouvez voir un récapitulatif des réglages dans les barres.

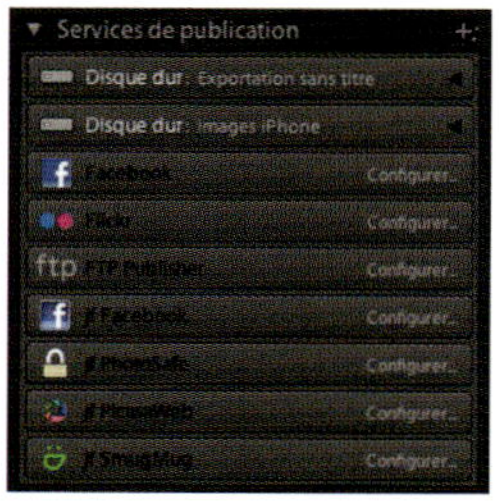

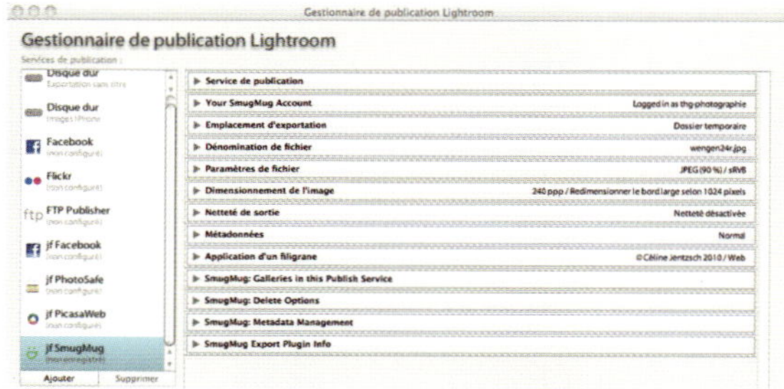

Étape 6

Dans la section SmugMug : Galleries in this Publish Service, vous verrez la liste de toutes vos galeries SmugMug existantes, à moins que la galerie Voyages ne soit la toute première. Cherchez-la dans la liste et cliquez sur Normal pour la sélectionner. Pour finir, cliquez sur Enregistrer pour créer le service. Dans le panneau Services de publication, faites un clic droit sur la collection Other>Voyages, située sous la barre jf SmugMug. Choisissez Définir comme collection cible dans le menu contextuel : un « + » y apparaîtra. La collection est prête à recevoir des images.

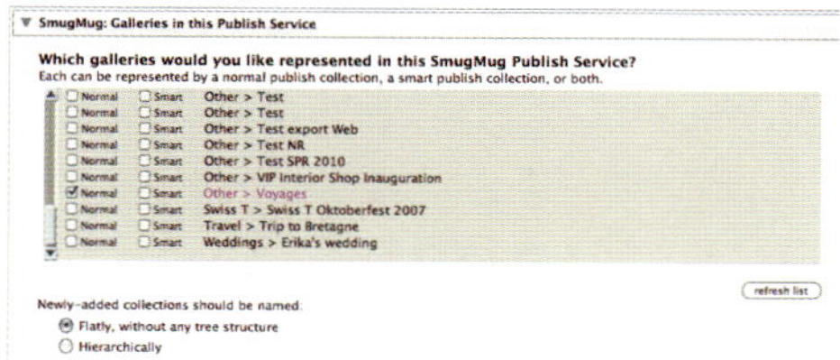

Étape 7

Retournez dans vos dossiers et choisissez les photos que vous voulez publier sur votre galerie en les sélectionnant puis en appuyant sur la touche B pour les envoyer dans la collection cible. Retournez dans le panneau Services de publication et cliquez sur la collection Other>Voyages. Les photos sélectionnées s'afficheront sous forme de grille sous un bandeau « Nouvelles photos à publier ». Cliquez sur le bouton Publier, tout en haut à droite, pour lancer le transfert des photos selon les réglages indiqués à l'Étape 5.

Étape 8

Dès que les images auront toutes été transférées, vous pourrez aller vérifier la galerie avec votre navigateur web.

Étape 9

L'intérêt des services de publication de Lightroom est de fonctionner comme une collection capable de gérer une galerie à distance. Si on supprime et si on modifie des photos de la collection Voyages, et que l'on clique à nouveau sur le bouton Publier, Lightroom va mettre à jour la galerie en effaçant les images à supprimer et en remplaçant, par écrasement, celles qui auront été modifiées.

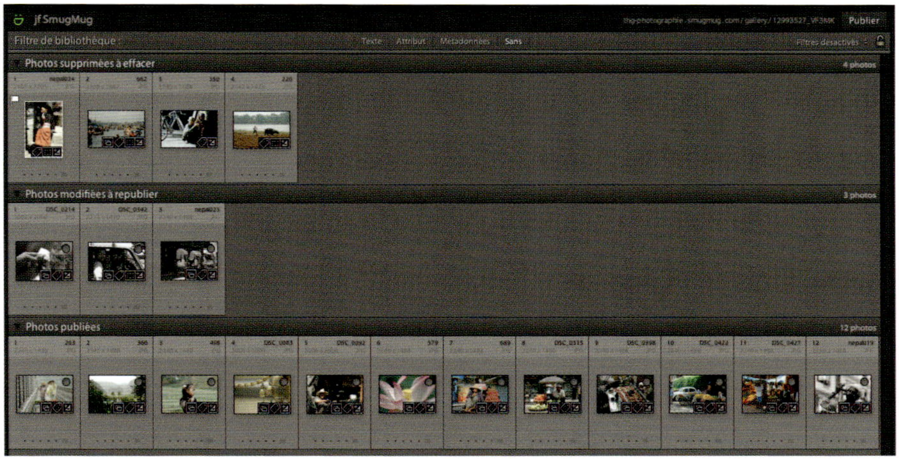

Conclusion : Lightroom 3 propose d'emblée des modules externes Flickr, Facebook et SmugMug, mais Jeffrey Friedl propose aussi des modules pour la plupart des fournisseurs connus, comme Flickr, bien sûr, mais également Picasaweb, SmugMug, Zenfolio et bien d'autres, ainsi que des réseaux sociaux comme Facebook. Avec certains fournisseurs et certains types de comptes –, comme Flickr Pro –,vous pouvez même lire et répondre aux commentaires des visiteurs. Une option dans ces modules permet également de publier une notification sur votre Twitter à chaque fois que vous chargez des images sur vos galeries.

49 Créer une planche-contact

Avec la nouvelle version 3, le module Impression de Lightroom gagne la possibilité de placer des images différentes dans la mise en page, ce qui n'était pas possible jusqu'à présent. Dans cet exercice, nous allons créer une planche-contact, puis nous ferons un tour dans les outils de mise en page avant de voir quelques recommandations sur la gestion des couleurs.

Étape 1

Le principe est le même pour tous les modules de sortie : les modèles de mise en page sont disponibles dans le panneau Explorateur de modèles, situé à gauche. Pour un aperçu rapide des modèles, passez la souris dans la liste, vous verrez à quoi ils ressemblent dans le panneau Aperçu placé au-dessus. Pour cet exercice, nous sélectionnons le modèle Planche contact 4 × 5. Si vous voulez mettre la totalité des photos du dossier sélectionné dans la planche-contact, choisissez Toutes les photos du film fixe, dans la barre d'outils, au centre.

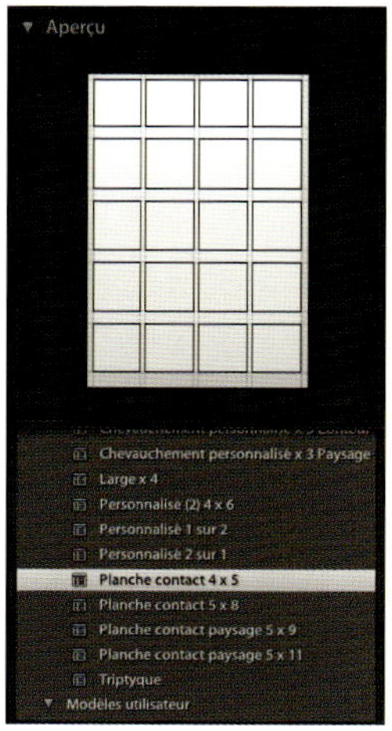

Étape 2

Passez à droite pour les outils de mise en page, tout d'abord pour changer la couleur du fond, en allant dans le panneau Page. Cochez Couleur d'arrière-plan de la page, puis cliquez sur le pavé pour ouvrir le nuancier dans lequel on va sélectionner un gris moyen.

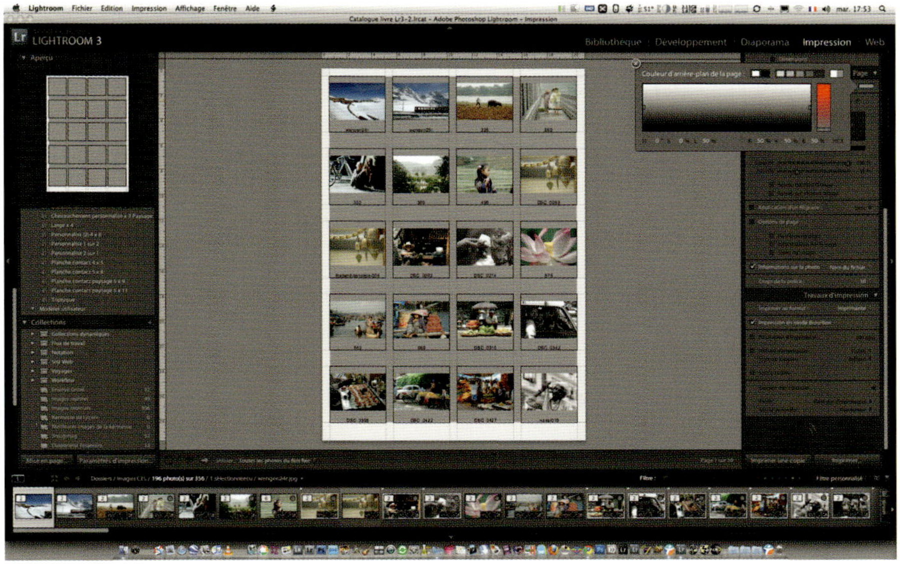

Étape 3

Pour insérer la plaque d'identité, il faut dégager de l'espace en pied de page. Pour cela, allez dans le panneau Disposition, et déplacez le curseur Marges de pied vers la droite, à environ 3,5 cm. Profitez-en pour régler les marges de tête, gauche et droite à 1 cm. De retour dans le panneau Page, on active l'incrustation de la plaque d'identité, puis on la glisse à la main en pied de page.

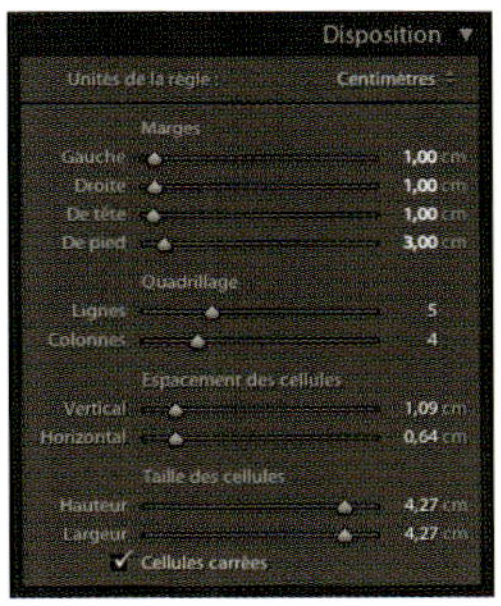

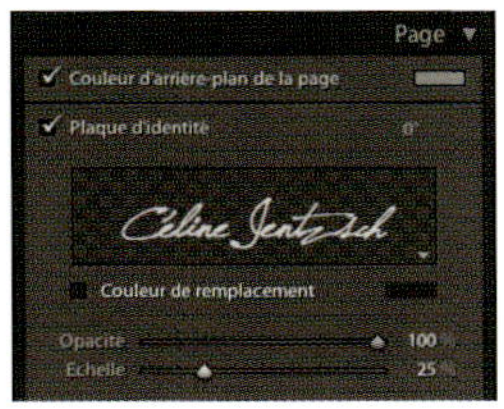

Étape 4

Pour donner un peu plus de relief aux vignettes, on active l'option Contour de cadre, dans le panneau Paramètres d'image, puis on clique de nouveau sur le pavé pour obtenir le nuancier, dans lequel on va choisir tout simplement un blanc, avant de régler l'épaisseur sur 1 point.

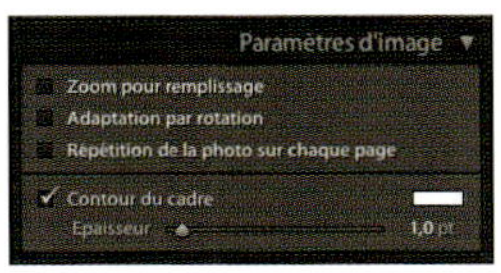

Étape 5

Par défaut, seul le nom du fichier apparaît sous les vignettes, or on peut vouloir ajouter certains paramètres de prise de vue. Allez dans le panneau Page>Informations sur la photo puis, dans le menu déroulant, choisissez Modifier. Dans la boîte de dialogue, section Données EXIF, choisissez Exposition, Vitesse ISO, Distance focale et Nom de fichier à la fin. Séparez les échantillons par un espace. Vous pouvez enregistrer vos choix en tant que paramètre prédéfini si vous le désirez. Cliquez sur Terminer. Si la planche-contact a plusieurs pages, activez Numéros de page dans la section Options de page.

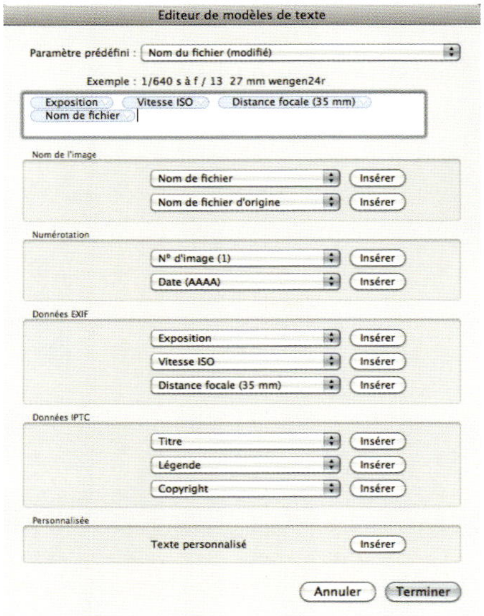

Étape 6

Dès que la mise en page est terminée, nous vous conseillons de l'enregistrer immédiatement en tant que nouveau modèle, en cliquant sur le bouton « + », dans le panneau Explorateur de modèles. Ceci vous épargnera tout le travail à refaire, la prochaine fois que vous aurez besoin d'une planche-contact.

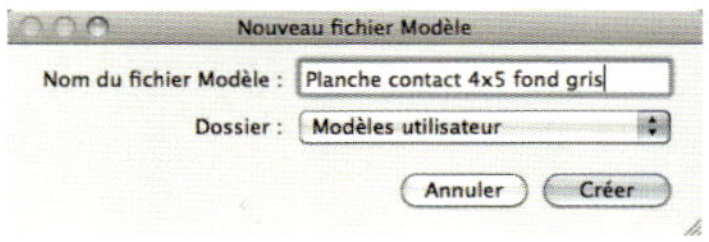

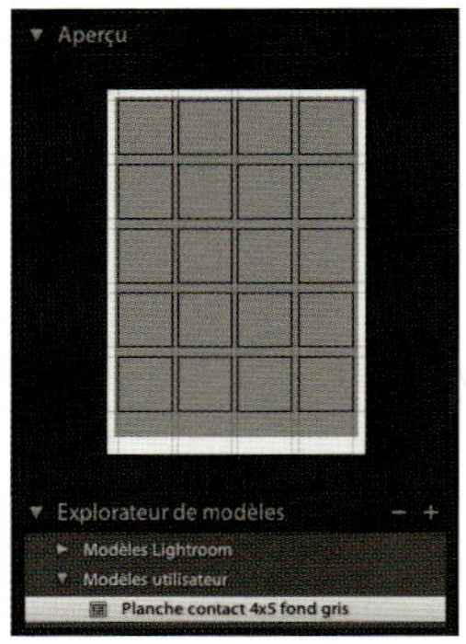

Étape 7

Pour mettre en page plusieurs photos différentes, il faut d'abord sélectionner Collection personnalisée, dans le panneau Style de disposition. Ensuite, il suffit de prendre des images du Film fixe et de les glisser n'importe où dans la page.

Étape 8

Notez qu'au fur et à mesure de votre mise en page, le modèle affiché par l'Aperçu se met à jour en temps réel. Bien entendu, vous pourrez enregistrer le modèle à tout moment, conformément aux instructions données dans l'Étape 6.

Étape 9

Lorsque la mise en page est terminée, il faudra effectuer quelques réglages dans le panneau Travaux d'impression. Dans la section Imprimer au format, vous avez le choix entre Imprimante ou Fichier JPEG (jusqu'à 1 200 ppp) si vous voulez faire tirer votre planche par un labo. L'impression en mode Brouillon se fait uniquement à partir des aperçus.

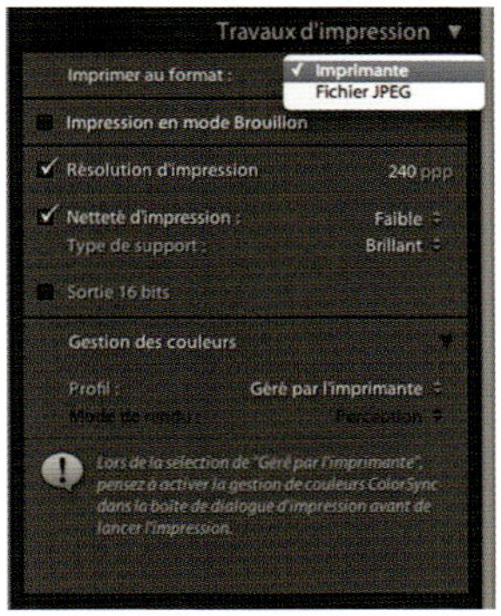

Étape 10

La netteté d'impression dépend du type de support, brillant ou mat, et comprend 4 options : pas de netteté (option non cochée), Faible, Standard, Élevée. Lightroom applique des algorithmes sophistiqués qui tiennent également compte de la taille de sortie et de la résolution. N'hésitez pas à imprimer quelques épreuves pour trouver le réglage qui vous convient le mieux.

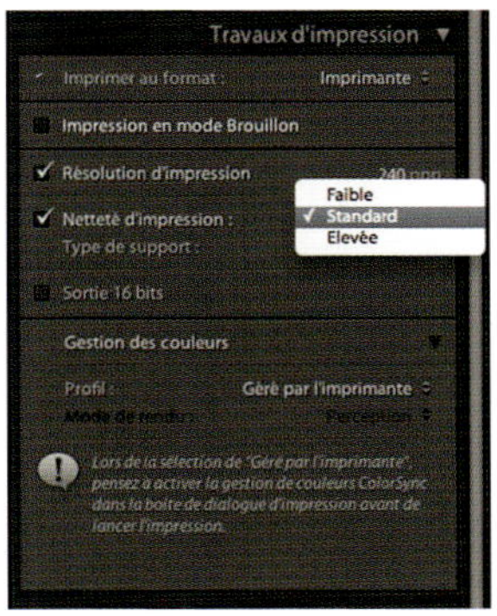

Étape 11

Pour la gestion des couleurs, nous vous conseillons de laisser Lightroom s'en charger, en choisissant Autres dans la liste déroulante Profil. Une boîte de dialogue va s'ouvrir, vous devrez y choisir un profil correspondant à l'imprimante et au type de papier que vous allez utiliser. Cliquez sur OK pour valider, le profil apparaîtra désormais dans la liste, vous n'aurez pas besoin de le chercher dans le système à la prochaine impression.

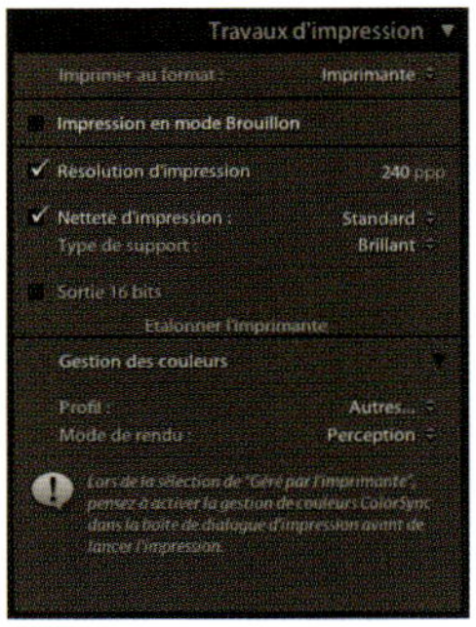

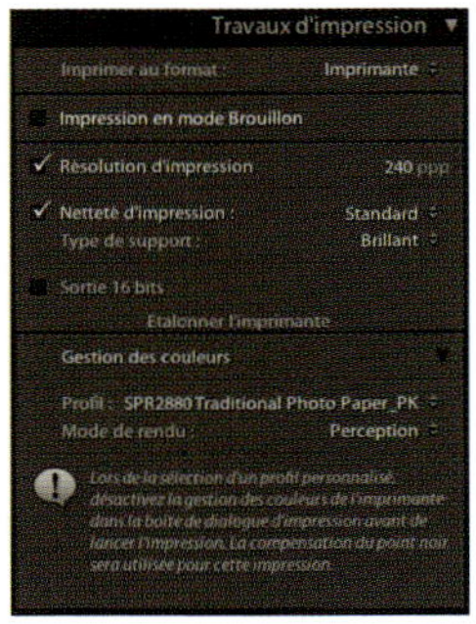

Étape 12

Comme le message d'information situé en bas du panneau l'indique, laisser Lightroom gérer les couleurs à l'impression exige de désactiver la gestion des couleurs dans le pilote de l'imprimante. Pensez-y, au risque de subir une double gestion et de vous retrouver avec des couleurs complètement erronées...

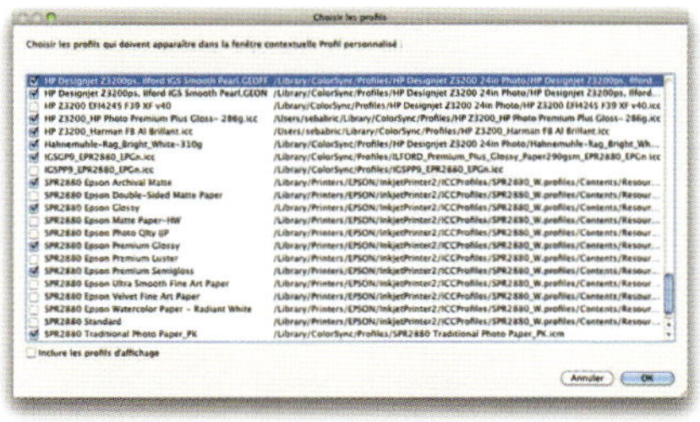

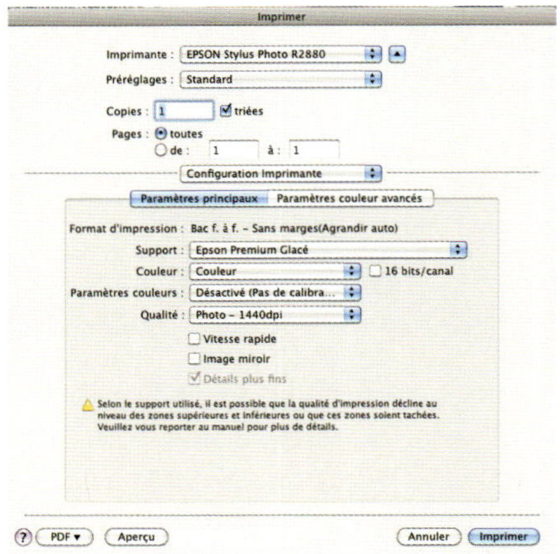

Conclusion : le module Impression de Lightroom vous permet de mettre des photos en page facilement et de manière très visuelle. On peut dorénavant imprimer jusqu'à 740 ppp, et le mode 16 bits de certaines imprimantes est également pris en charge. Il ne manque plus guère que l'épreuvage à l'écran, ou softproofing, qui consiste à simuler un tirage papier à l'écran pour juger les couleurs et le rendu. En attendant que cette fonction apparaisse un jour dans Lightroom, vous pouvez toujours passer par Photoshop qui, en passant, produira exactement les mêmes tirages que Lightroom.

50 Le menu Exporter

Le menu Exporter est, fort logiquement, la dernière étape du flux de travail dans Lightroom, et le dernier exercice de ce livre. Nous n'allons pas détailler tous les outils disponibles, mais mettre l'accent sur les options importantes et certaines fonctions un peu obscures. Ensuite, nous allons nous intéresser à la meilleure manière de les configurer, pour accélérer et automatiser l'utilisation du menu Exporter, notamment grâce aux paramètres prédéfinis qui prennent ici tout leur sens.

Étape 1

Pour lancer le menu Exporter, le plus simple est de faire un clic droit sur une image, ou un groupe d'images, et de choisir Exporter dans le menu contextuel. Vous pouvez aussi aller dans le menu Fichier>Exporter. Nous reviendrons plus tard sur les fonctions Exporter avec précédent et Exporter avec les paramètres prédéfinis.

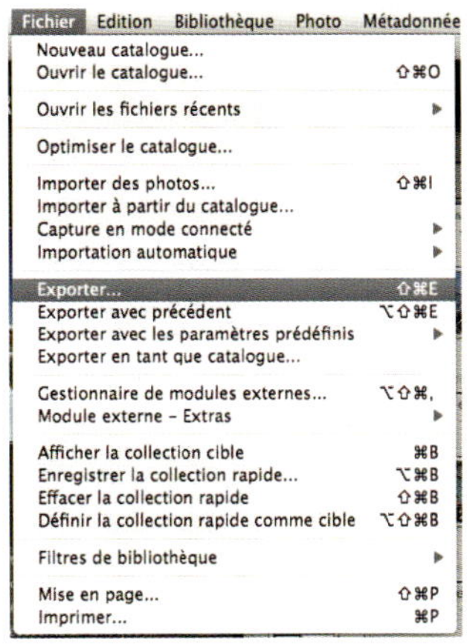

Étape 2

Le menu Exporter est divisé en trois zones. La zone principale, qui contient toutes les options et tous les outils ; la liste des paramètres prédéfinis, à gauche, et une troisième partie, appelée « Actions de post-traitement » qui contient certains modules externes et leurs outils associés, qu'on peut mêler à ceux de Lightroom.

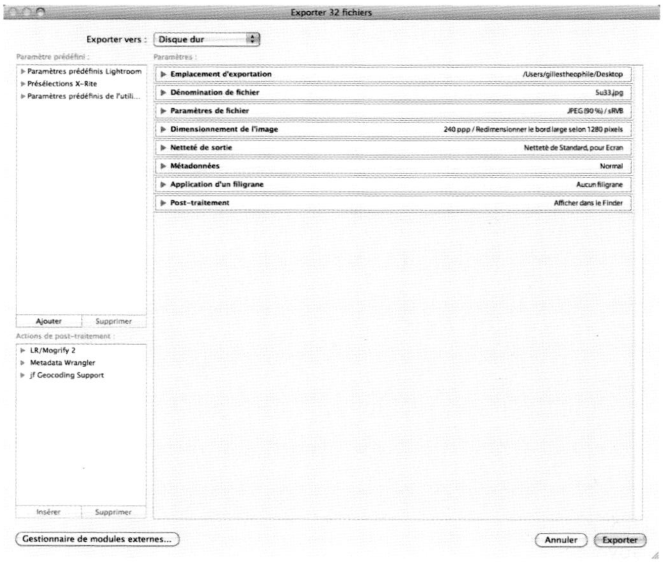

Étape 3

Le menu déroulant Exporter vers présente deux options qui configurent le menu : Disque dur, pour tous types d'exportations, quelle que soit la destination, et CD/DVD pour graver les images exportées sur un disque optique. Si des modules externes installent des outils dans le menu Exporter, on les retrouvera également dans cette liste.

Étape 4

L'une des sections les plus importantes est l'Emplacement d'exportation : vous y choisirez le dossier de destination de vos images. Les fonctions sont assez classiques, avec la possibilité de créer des sous-dossiers à la volée. Mais certains points demandent à être clarifiés. Dans le menu déroulant Exporter vers, on trouve, entre autres, les options suivantes :

- Dossier spécifique : vous pouvez spécifier n'importe quel dossier de destination, et même choisir ceux gardés en mémoire dans la liste à côté du bouton Sélectionner. Si vous cochez Ajouter à ce catalogue, le dossier nouvellement créé et les images qu'il contient seront automatiquement indexés par le catalogue ;
- Sélectionner le dossier ultérieurement : si vous créez des paramètres prédéfinis, vous ne savez pas forcément à l'avance où iront vos images exportées. Cette option vous laissera le choix de la destination lorsque vous utilisez un paramètre prédéfini.

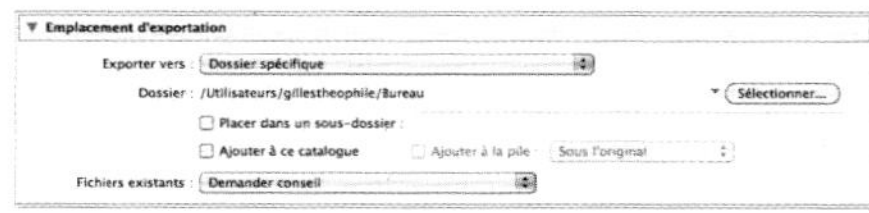

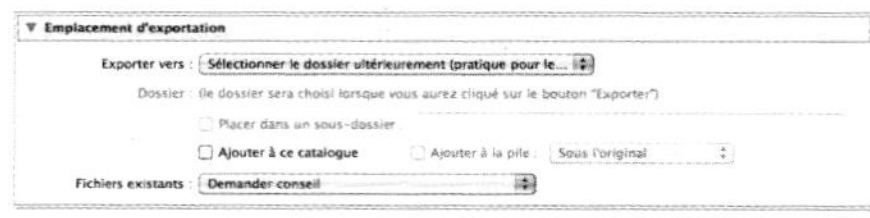

Étape 5

Dossier de la photo d'origine : si vous voulez réimporter dans le catalogue les images exportées, cochez l'option Ajouter à ce catalogue. Si vous exportez à partir d'un dossier, vous pourrez empiler les images réimportées avec les originaux, en cochant Ajouter à la pile. Le menu Fichiers existants permet de contrôler l'écrasement de fichiers déjà exportés ; par sécurité, laissez-le sur Demander conseil (en cas de risque, une boîte de dialogue vous demandera de renommer les fichiers ou de remplacer les fichiers précédents).

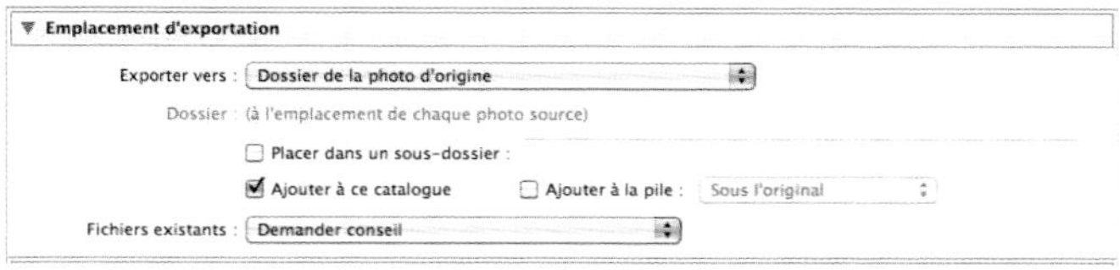

Étape 6

Dans la section Paramètres de fichier, vous pouvez spécifier la taille maximale des fichiers, par exemple pour envoyer une image par e-mail. Une qualité JPEG supérieure à 85 ou 90 est rarement utile, la différence ne sera pas perceptible. Si vous disposez de LR/Mogrify 2, utilisez la même option dans le module externe, les résultats sont moins aléatoires (voir l'Étape 8 de l'exercice 43). Si vous cochez Inclure des fichiers vidéo, pris en charge par Lightroom 3, ils seront exportés comme les images, mais les options de redimensionnement, d'accentuation, de métadonnées et de filigranes ne seront pas appliquées.

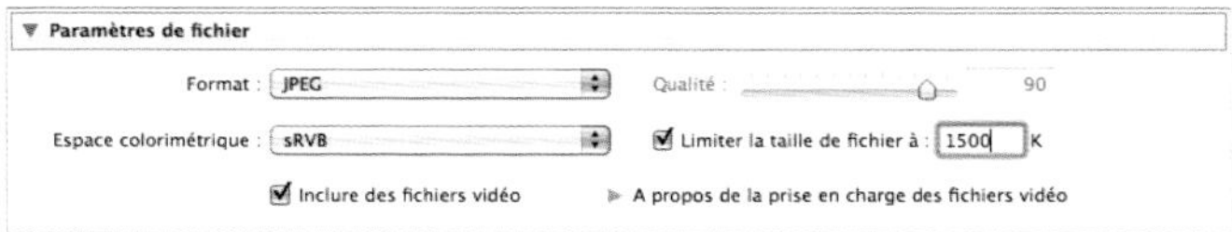

Étape 7

Le dimensionnement pose aussi problème aux non-initiés. Pour exporter à des dimensions précises, choisissez Largeur et Hauteur ou Dimensions dans le menu Redimensionner, puis saisissez-les dans les champs idoines. Pour exporter, par exemple, des images dont le bord le plus large ne doit pas dépasser 1 024 pixels, choisissez Bord large et saisissez « 1 024 pixels ». Si vous cochez Ne pas agrandir, les images de moins de 1 024 pixels ne seront pas agrandies à cette taille. Cette fonction est très utile si vous exportez un lot d'images de différentes tailles. Inutile de renseigner le champ Résolution, à moins de vouloir exporter une image à une taille et à une résolution précises.

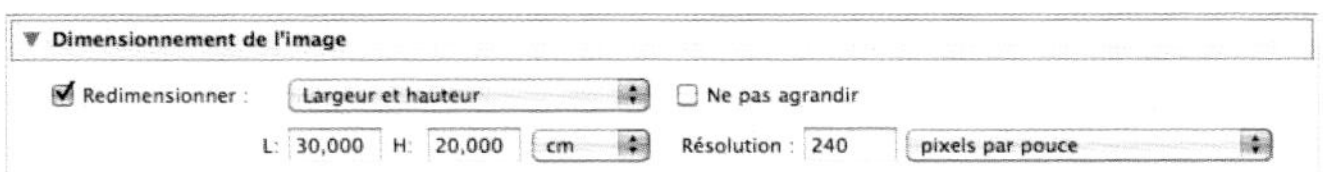

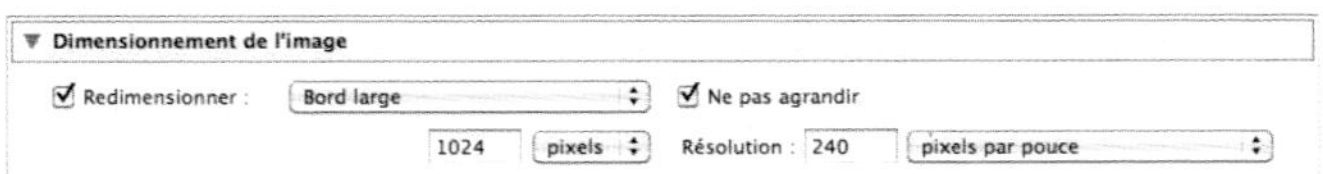

Étape 8

La section Métadonnées ne comporte que deux options. Réduire les métadonnées incorporées va supprimer toutes les métadonnées de l'image, sauf les informations de copyright et les données liées à l'espace colorimétrique. L'information concernant la résolution, abordée à l'étape précédente, sera également supprimée. Si vous êtes certain que le destinataire de vos images utilise Lightroom ou un logiciel acceptant les mots-clés hiérarchiques Lightroom, vous pouvez cocher la deuxième option.

Étape 9

La section Post-traitement vous permet d'ouvrir les images dans tout logiciel à votre convenance, immédiatement après l'exportation. Si vous tenez vraiment à vérifier les images, choisissez Afficher dans le Finder (Mac) ou dans l'Explorateur (Windows).

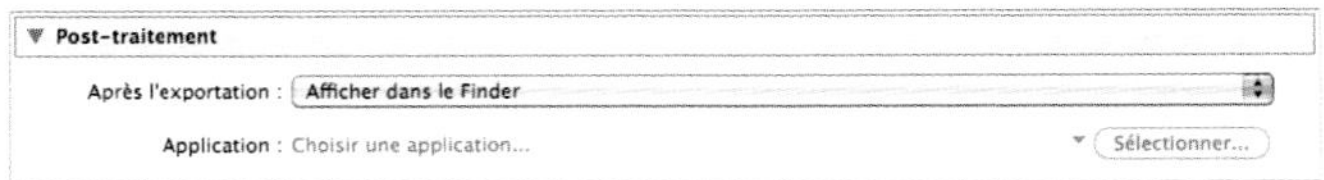

Étape 10

La création d'un paramètre prédéfini pour le menu Exporter est très simple. Après avoir procédé à tous les réglages, vous pouvez cliquer sur Ajouter, sous la colonne Paramètres prédéfinis, à gauche. Dans la boîte de dialogue, saisissez un nom et choisissez un dossier dans le menu déroulant. Vous pouvez créer un nouveau dossier à ce stade : cliquez sur Créer, le paramètre apparaît dans le panneau de gauche. Si vous cliquez dessus, le menu Exporter se configurera automatiquement avec les options choisies.

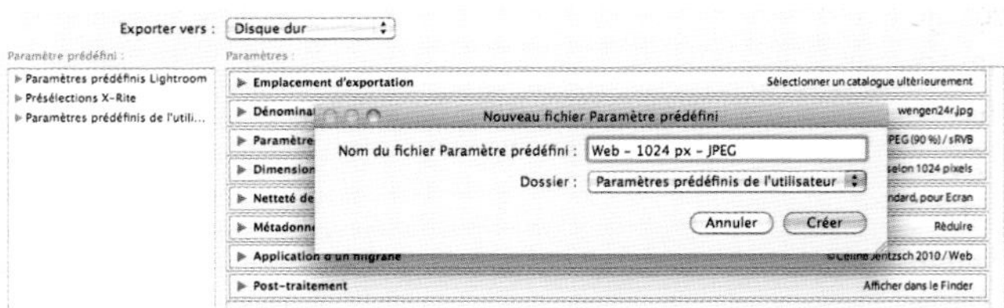

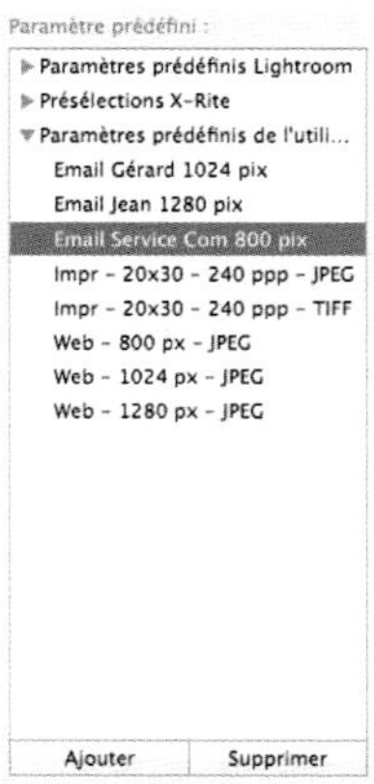

Étape 11

Vous pouvez Exporter directement, avec un paramètre prédéfini, en faisant un clic droit sur une image ou un groupe d'images, en sélectionnant Exporter, puis le paramètre prédéfini dans le menu contextuel. L'exportation sera directe, sans ouvrir le menu Exporter.

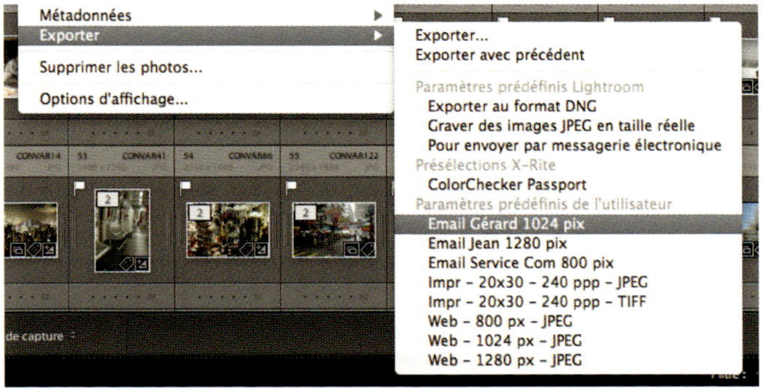

Étape 12

Si vous devez exporter un autre groupe d'images avec les mêmes réglages que la fois précédente, vous n'avez même pas besoin de resélectionner le paramètre prédéfini. Il suffit de faire un clic droit et de choisir Exporter>Exporter avec précédent.

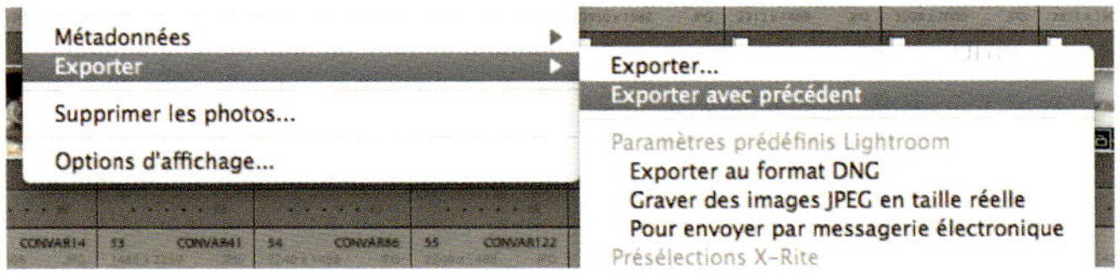

Étape 13

Si vous avez installé le module externe LR/Gmail, voici quelques réglages pour redimensionner et préparer automatiquement vos images devant être expédiées par e-mail : Paramètres de fichier (JPEG, 90, sRVB), Dimensionnement (bord large 1 280 pix), netteté de sortie (standard, écran), application d'un filigrane, bordures Mogrify (de l'exercice 43, page 188), enregistré sous Gmail 1 280 pix avec bordures.

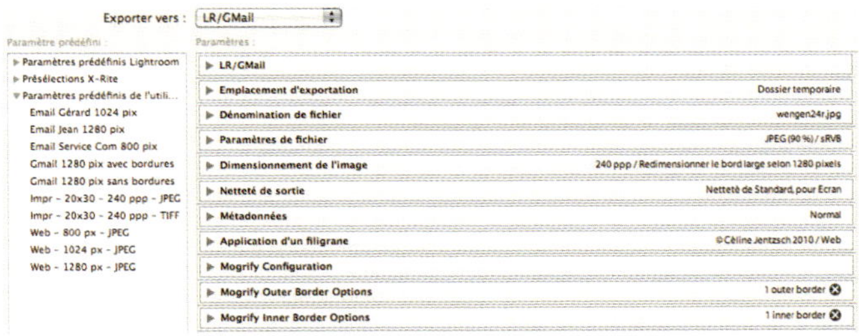

Étape 14

Pour ceux qui veulent contrôler avec précision les métadonnées devant être jointes ou pas aux images exportées, vous pouvez utiliser le module externe Metadata Wrangler.

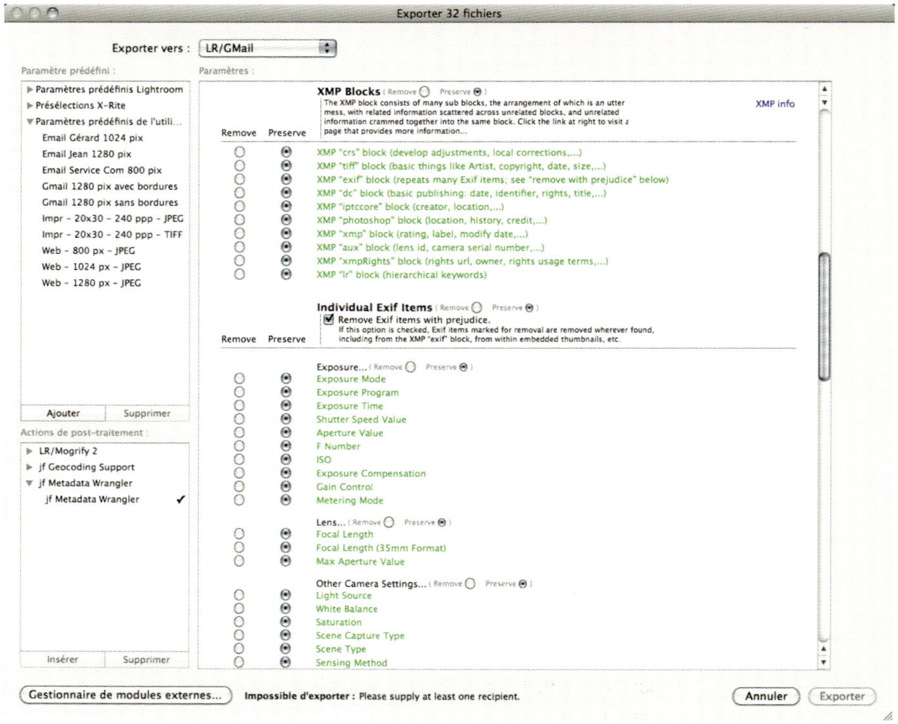

> **Conclusion :** l'utilisation du menu Exporter peut vite devenir répétitive - éditer, exporter, modifier, exporter. N'hésitez pas à le configurer et à abuser des paramètres prédéfinis, vous gagnerez un temps considérable. De plus, une fois l'exportation lancée, vous pouvez retourner travailler dans Lightroom, importer de nouvelles images ou même lancer plusieurs exportations parallèles.

Pour conclure cet ouvrage

Le menu Exporter conclut cet ouvrage consacré à Lightroom 3. En parcourant tous les exercices, vous vous êtes sans doute aperçu de la richesse de ses outils et de ses innombrables fonctionnalités.

Bien sûr, si vous n'avez jamais utilisé ce logiciel, vous vous sentez peut-être un peu effrayé à l'idée de ne pas savoir par où commencer. Pourtant, l'organisation du flux de travail au sein de Lightroom est extrêmement simple, avec des étapes bien délimitées par le système de modules. Ensuite, la logique de travail est toujours la même : les outils d'organisation, comme les dossiers, les collections ou les modèles d'impression, sont toujours situés à gauche, et les outils de travail à droite. L'ordre d'utilisation des outils n'est pas réellement important, mais nous vous conseillons de prendre l'habitude de travailler du haut vers le bas, quel que soit le module.

Après quelques jours d'expérimentation, vous trouverez rapidement vos marques, même si parfois de nombreux changements d'habitudes, imposés par ce système de traitement non destructif, vous sembleront difficiles à acquérir. Pourtant, vous vous rendrez rapidement compte du temps qu'un tel logiciel peut vous faire gagner et, au bout de quelques mois, vous ne pourrez plus vous en passer.

Il y a toujours quelque chose à apprendre avec Lightroom. N'hésitez pas à faire des essais ou des expériences, vos images ne courent aucun risque, car toute modification reste parfaitement réversible. Parcourez les exercices de ce livre, appliquez-les à la lettre ou pas, mais n'oubliez pas la dernière des cinq règles, que vous trouverez en allant dans le menu Aide>Les cinq règles : «Amusez-vous !»

Maquette et mise en pages : Nord Compo.

Achevé d'imprimer en septembre 2010
N° d'éditeur : 8267
IMPRIMÉ EN SLOVÉNIE
par l'imprimerie DZS Grafik
Dépôt légal : septembre 2010

*Cet ouvrage est imprimé, pour l'intérieur, sur du « Luxo Satin 135 g »,
de la Papeterie STORA ENSO, certifié SCF et pour la couverture sur du
« Symbol Card 240 g » de la papeterie FEDRIGONI, certifié SCF.*

VERGNÜGT VEGAN

VERGNÜGT VEGAN

Rezepte und Tipps
für die ganze Familie

PEGGY BRUSSEAU

GERSTENBERG

Der Macht des Grünen und der Fülle der Natur gewidmet, in Liebe und Dankbarkeit für meine drei Männer.

Die Originalausgabe erschien 2021 unter dem Titel *The Contented Vegan. Recipes and Philosophy from a Family Kitchen* bei Head of Zeus Ltd.

Head of Zeus Ltd
5–8 Hardwick Street
London EC1R 4RG
headofzeus.com

Aus dem Englischen von Anke Albrecht

1. Auflage 2022

Deutsche Ausgabe

Redaktion und Satz: twinbooks, München

Printed and bound in China

www.gerstenberg-verlag.de
ISBN 978-3-8369- 2185-5

Lernen Sie Peggy und viele weitere Infos über die vegetarische Lebensweise auf der Website der Autorin kennen: *PeggyBrusseau.com*

ANMERKUNGEN ZU DEN REZEPTEN

Soweit nicht anders angegeben, beziehen sich alle Mengenangaben in den Rezepten auf mittelgroße Portionen für vier Personen.

Die meisten Zutaten sind überall zu kaufen, nach anderen werden Sie in Lebensmittelgeschäften, die Zutaten aus anderen Regionen der Welt führen, suchen müssen. Ich kaufe gerne in solchen Läden ein, denn mich faszinieren die für mich ungewöhnlichen Produkte, die in den Küchen verschiedener Religionen, Ethnien und Weltgegenden zum Einsatz kommen. Einige wenige Zutaten finden Sie eventuell nur in Onlineshops.

Alle Zeitangaben zur Zubereitung sind ungefähre Angaben.

Frische Produkte – Obst, Gemüse, Salate, Kräuter – sollten vor der Verarbeitung gründlich gewaschen werden.

Jeder Backofen heizt anders, bitte schauen Sie in die Gebrauchsanleitung des jeweiligen Herstellers.

Nicht reaktive Töpfe, Pfannen und Schüsseln sind aus Edelstahl, Ton, Emaille, Glas, Kunststoff.

Pfeffer heißt, so nicht anders angegeben: schwarzer Pfeffer.

Der Verlag richtet sich bei den Angaben zum täglichen Nährstoffbedarf nach den Empfehlungen der Deutschen Gesellschaft für Ernährung (DGE).

INHALT

EINLEITUNG

WILLKOMMEN

Seit 30 Jahren esse und koche ich nur vegan. Während dieser Zeit war ich zweimal gesund und glücklich schwanger, habe anschließend gestillt und – mit meinem Mann – zwei kräftige, athletische Söhne großgezogen, die noch immer Veganer sind. Ich habe täglich für meine Familie und Freunde, die vorbeikamen, reichliche und preiswerte Mahlzeiten auf Pflanzenbasis zubereitet. Doch leicht war es anfangs nicht.

Damals war »vegan« ein Wort, das man nicht oft in den Mund nahm. Vegetarier zu sein, war schon ungewöhnlich genug, aber Veganer ... Das klang ziemlich exzentrisch. Man bekam kaum Informationen, und die Informationen, die man bekam, waren oft nicht sehr hilfreich. Viele Rezepte waren langweilig. Restaurants und selbst Freunde mussten »vorgewarnt« werden, bevor wir zum Essen kamen. Freunde, Verwandte und Menschen aus medizinischen Berufen nahmen uns ins Kreuzverhör – war es wirklich klug, nur vegan zu essen? Wussten wir, was wir taten?

Wir wussten es. Wir mussten wissen, was wir taten. Nicht nur unseretwegen, sondern auch unserer heranwachsenden Kinder wegen. Wir haben uns alles Verfügbare über vegane Ernährung angeeignet, wir haben uns mit den ethischen und philosophischen Argumenten befasst und wir haben natürlich gelernt, so zu kochen, dass Fleischessern das Wasser im Mund zusammenlief.

Anfangs kam es uns so vor, als würden wir gegen den Strom schwimmen, jetzt scheint uns die Strömung zu tragen. Es wird immer populärer, sich pflanzlich zu ernähren, und es gibt gute Gründe dafür. Es ist nicht anstrengend, vegan zu essen. Man hat nicht einmal das Gefühl, auf etwas zu verzichten. Nein, man gibt etwas auf, das einen belastet hat, und hält nur am wirklich Wertvollen fest. Der Entschluss, sich, und sei es nur für kurze Zeit, vegan zu ernähren, bringt Lebensfreude. Man fühlt sich gesünder, heiterer, positiver. Man gewinnt geistige wie körperliche Energie. Eine vegane Ernährung tut Ihnen gut – und unserem Planeten erst recht.

Isst man am unteren Ende der Nahrungskette, belastet man die natürlichen Ressourcen weniger. Das wirkt sich auf einige der brennendsten ökologischen Probleme unserer Zeit – wie die Abholzung der Regenwälder, das Überleben indigener Völker und den Klimawandel – aus. Um es kurz zu machen: Wenn Ihnen etwas an der Erde liegt, ist die Umstellung auf veganes Essen eine der besten Entscheidungen, die Sie treffen können.

Man tut damit nicht nur Gutes, man fühlt sich auch gut! Das Zubereiten veganer Mahlzeiten ist nämlich die reine Freude. Der tägliche Kontakt mit Nahrungspflanzen erdet und heilt, man fühlt sich als Teil der ungeheuren Fülle der Natur. Mit dem Erkunden der Texturen und Aromen der Mahlzeiten erkundet man auch die eigene Kreativität. Meine Rezepte und Erfahrungen sollen Sie auf Ihrer Entdeckungsreise begleiten.

Peggy Brusseau

DIE UMSTELLUNG

Schon als die Menschen noch als Jäger und Sammler lebten, waren Pflanzen ein wesentlicher Teil ihrer täglichen Verpflegung, sie ermöglichten das Überleben und die Weiterentwicklung der Menschheit. Vegetarisch ernährten sich unzählige Menschen seit Jahrhunderten, doch der Begriff »vegan« wurde erst 1944 in Großbritannien geprägt. Donald Watson, der Begründer der »Vegan Society« soll ihn ersonnen haben – er setzte ihn aus den ersten und letzten Buchstaben des Wortes »VEGetariAN« zusammen, weil er den Veganismus als natürliche Fortsetzung des Vegetarismus ansah.

Heutzutage entschließen sich immer mehr Menschen, vegan zu essen. Sie haben dafür diverse Beweggründe, die man aber in vier weit gefasste Kategorien einordnen kann:

* Umwelt – sie haben erkannt, dass eine pflanzliche Ernährung dazu beiträgt, ökologische Probleme zu reduzieren.
* Vegetarismus – sie sehen die Umstellung auf eine vegane Ernährung als natürliche Entwicklung ihrer vegetarischen Lebensweise an.
* Gesundheit – sie wollen sich entweder ihre gute Gesundheit erhalten oder hoffen, eine vegane Ernährung könnte spezielle gesundheitliche Probleme minimieren.
* Tierwohl – sie sehen die Ausbeutung von Tieren als ethisches Problem an und wollen nicht länger durch den Verzehr tierischer Produkte dazu beitragen.

Egal aus welchem Grund sie auf eine pflanzliche Ernährung umgestellt haben, beginnen sie nach einer Weile, Querverbindungen zu sehen, die ihnen vorher entgangen waren. Sie gewinnen neue Erkenntnisse über sich selbst. Das mag daran liegen, dass die Entscheidung, vegan zu essen, nicht allein eine praktische ist, sondern das Seelenleben jedes Einzelnen berührt. Viele Menschen, die ihre Ernährungsweise umgestellt haben, berichten, sie seien mit sich zufriedener und insgesamt erfüllter als zuvor.

Vegane Ernährung ist von einer Einfachheit, die nicht nur gegen überzählige Pfunde und gesundheitliche Probleme hilft, sondern uns auch von Gewohnheiten und Verhaltensmustern befreien kann, die unser Denken und Fühlen belasten. Das ist nicht verwunderlich, denn vegan zu essen bedeutet, auf andere Lebensformen Rücksicht zu nehmen. Veganer verzichten auf alle Produkte, die aus einem Tierkörper hervorkommen – d. h. Fett, Fleisch und Haut eines Säugetiers, Fischs oder Vogels sowie Knochen, Blut, Eier und Milch. Viele Veganer essen auch keinen Honig (*siehe* Seite 36). Entscheidungen, die mit dem Kopf *und* dem Herzen getroffen werden, können uns ungemein guttun.

Viele Menschen suchen im Austausch mit anderen und in der Literatur nach Argumenten und Antworten auf ihre tieferen Fragen. Das Thema taucht erstaunlich oft in Gesprächen mit Freunden und Bekannten auf und beschäftigt auch Ethiker, Sozialhistoriker und Religionsforscher. Zusammengenommen schaffen diese Diskussionen eine philosophische Plattform für die vegane Lebensweise. Sie bekräftigen, dass der Veganismus nicht nur eine flüchtige Laune, sondern ein wohlüberlegter Lebensentwurf ist, der jahrhundertelang von Bedeutung war und heute immer beliebter wird.

DIE 80/20-REGEL

Lassen Sie sich bei der Umstellung auf eine pflanzliche Ernährung nicht entmutigen, Sie können sofort anfangen, die Wahl Ihrer Lebensmittel anzupassen, und Sie müssen nicht gleich komplett auf vegan umstellen! Gestalten Sie sich den Übergang stressfrei und köstlich. Haben Sie Geduld, lassen Sie sich Zeit. Diese Regel macht es Ihnen leicht.

Die 80/20-Regel ist ganz simpel: Ihre Ernährung ist vermutlich zu etwa 80 Prozent bereits pflanzlich, es müssen also nur die restlichen 20 Prozent umgestellt werden. Testen Sie es selbst, überlegen Sie, was Sie letzte Woche gegessen haben. Zum Beispiel:

- In dem Burger, den Sie sich gegönnt haben, war Rindfleisch, aber Brötchen, Pommes und die Füllung waren größtenteils, wenn nicht ganz, pflanzlich.
- Sie gießen vielleicht jeden Morgen Milch über Ihr Müsli, aber das Müsli selbst, die zusätzlichen Beeren und der Orangensaft nebenher sind pflanzlich.

Bei den meisten Speisen reicht es, nur wenige Zutaten auszutauschen, um sie vegan zu machen. Machen Sie aus dem Fleisch-Burger einen Bohnen-Burger, bereiten Sie Ihr Müsli mit Pflanzendrinks zu und schon haben Sie ohne große Mühe zwei vegane Mahlzeiten am Tag. Wenn Sie sich bereits zu 80 Prozent pflanzlich ernähren und nur noch an den verbleibenden 20 Prozent arbeiten müssen, essen Sie bald komplett vegan.

Die 80/20-Regel können Sie auch weitgefasst anwenden. Selbst wenn das meiste, das Sie essen, vegan ist, wird es doch nicht immer frisch zubereitet, vollwertig oder ökologisch angebaut sein. Im Restaurant oder bei Freunden zu essen, mag Ihnen problematisch erscheinen. Das sollte es nicht. Lehnen Sie eine Einladung nicht ab, sondern verlassen Sie sich auf die Regel. Essen Sie eine Mahlzeit mit importierten oder raffinierten Lebensmitteln und fühlen Sie sich dabei wohl. Wenn Sie sich sonst pflanzlich ernähren und bei diesen Gelegenheiten zu 80 Prozent, machen Sie es richtig.

Es ist immer möglich, noch etwas anzupassen oder zu verbessern. Ich genieße das, dann kann ich nämlich ausprobieren und entdecken. Ich kann zum Beispiel darüber nachdenken, wie ich 20 Prozent meiner Gewürze umstellen kann oder 20 Prozent der Haushaltsprodukte. Mithilfe der 80/20-Regel können Sie sich überlegen, welche pflanzlichen Nahrungsmittel Sie »aufbessern« möchten, etwa um eine größere Auswahl an Pflanzen auf den Speiseplan zu setzen. Wenn Sie sich ausgewogen, »regional« (*siehe* Seite 12) und »saisonal« (*siehe* Seite 14) ernähren wollen, brauchen Sie Abwechslung.

Hält man sich an die 80/20-Regel, darf man nicht vergessen, dass eine vegane Ernährung eine individuelle Angelegenheit ist. Es lauert keine vegane Polizei im Hinterzimmer, um Sie auf die Straße zu zerren, sobald Sie etwas Verbotenes genascht haben. So im besten Sinne weitreichend die vegane Entscheidung ist – es ist *Ihre*.

LASSEN SIE ESSEN IHRE MEDIZIN SEIN

Sie müssen sich darüber im Klaren sein, dass eine vegane nicht automatisch eine gesunde Ernährung garantiert – doch Sie können ganz einfach dafür sorgen. Eine nährstoffreiche Ernährung, die Sie, Ihre Familie und die Natur gesund erhält, basiert auf vier Kernideen:

* Essen Sie möglichst vollwertige (nicht verarbeitete) pflanzliche Lebensmittel.
* Wählen Sie möglichst Bio- und/oder regional angebaute Produkte.
* Wählen Sie möglichst saisonale Produkte aus.
* Essen Sie täglich abwechslungsreiche Nahrung.

Im 5. Jahrhundert v. Chr. beobachtete der Arzt Hippokrates (den man oft den »Vater der westlichen Medizin« nennt), dass tägliche »Dosen« nährstoffreicher Lebensmittel sich insgesamt positiv auf die Gesundheit auswirken, während Dosen nährstoffarmer Lebensmittel einen insgesamt negativen Effekt haben. Hippokrates lehrte, dass eine einfache Ernährung mit vorwiegend regionalen Gemüsen, Früchten, Nüssen, Ölen, Kräutern und Vollkorn der Gesundheit dient, weil sie Krankheiten vorbeugt – beziehungsweise im Krankheitsfall heilen kann. Man schreibt ihm auch den Satz »Lass Nahrung deine Medizin und Medizin deine Nahrung sein« zu.

Im 21. Jahrhundert dürfte klar geworden sein, wie recht er hatte. Nachdem die moderne Medizin die Bedeutung der Ernährung jahrzehntelang heruntergespielt hat, erkennt sie jetzt allmählich an, wie wichtig sie ist. Krebs, degenerative, Autoimmun- und Herzkrankheiten, Diabetes und Fettleibigkeit werden von der Ernährung beeinflusst. Dasselbe gilt für Allergien, Migräne, Schlaflosigkeit, Hyperaktivität und das prämenstruelle Syndrom, um nur einige zu nennen. Sie haben selbst sicher schon gespürt, wie das Essen sich auf Ihr Befinden auswirkt. Da scheint es doch sinnvoll zu sein, eine köstliche »Diät« zusammenzustellen, die Sie, Tag um Tag, gesünder macht.

In einer abwechslungsreichen Kost aus vollwertigen pflanzlichen Lebensmitteln stecken die wesentlichen Nährstoffe in zuträglichen Dosen. Inzwischen weiß man, dass diese Nährstoffe sehr wirksame Begleiter haben: eine Vielzahl bioaktiver Substanzen, die man »phytochemische« oder sekundäre Nährstoffe nennt (*phyto* leitet sich vom griechischen Wort für Pflanze ab). Diese wirken mit den in der Pflanze vorhandenen Vitaminen und Mineralien zusammen und verhindern, dass einer dieser Nährstoffe exzessiv wirkt. Synergie, will heißen, das Ganze ist mehr als die Summe seiner Teile, ist ein guter Begriff dafür – und Pflanzen scheinen das verinnerlicht zu haben.

Wenden Sie die 80/20-Regel an, folgen Sie den oben aufgeführten Kernideen und verwandeln Sie 80 Prozent Ihrer Kost in eine phytochemische Hausapotheke. Zu den restlichen 20 Prozent kann Folgendes gehören:

* angereicherte Lebensmittel wie mit Vitamin B_{12} angereicherte Hefeflocken
* nicht regionale Kost, Lebensmittel aus aller Welt, die Ihren Horizont erweitern, wie Olivenöl, Avocados, tropische Früchte, exotische Gewürze, Getreide und Gemüse

WAS VOLLWERTIG BEDEUTET

»Vollwertige« Lebensmittel sind vorwiegend unverarbeitet oder nicht vorbehandelt, das Pflanzenmaterial bleibt mitsamt seinen Nährstoffen ganz oder größtenteils erhalten. Bei verarbeiteten oder raffinierten Lebensmitteln wird ein erheblicher Teil der Nährwerte entfernt, in der Regel, weil diese Nährstoffe eine Lagerung über längere Zeit erschweren – da zählen wirtschaftliche Interessen mehr als die Gesundheit der Konsumenten.

Beim Raffinieren können so viele Nährstoffe verloren gehen, dass schließlich ein »nährwertloses« Nahrungsmittel entsteht, das neben Kalorien kaum etwas anderes enthält. Raffiniertes Mehl etwa ist in der Regel weiß. Dieses Weiße ist der stärkehaltige Endosperm (oder Mehlkörper), der dem Korn, genauer, dem Keimling, die Nahrung liefert, die er zum Wachsen benötigt. Die schützende äußere Hülle, die sogenannte Kleie, wird beim Mahlen entfernt – ein Jammer, denn sie ist reich an Fasern, Mineralstoffen, B-Vitaminen und phytochemischen Stoffen wie Antioxidantien. Doch es geht nicht nur die Kleie, sondern auch der Keimling im Inneren des Korns verloren – obwohl er als potenzielle Pflanze voller Nährstoffe, also voller Leben steckt. Insgesamt büßt das Korn bei der Raffinade zu Weißmehl bis zu 90 Prozent seiner Nährstoffe ein.

Wenn Sie vorwiegend raffinierte Lebensmittel essen, versorgen Sie sich zwar täglich mit ausreichend Kalorien, nicht aber mit Nährstoffen. Sie haben gegessen, doch Ihr Körper verlangt noch immer nach Nährstoffen, denn die halten Sie gesund. Also essen Sie mehr. Wenn Sie weiterhin stark raffinierte Produkte essen, legen Sie Gewicht zu – Sie können sogar fettleibig werden – und Sie wären doch unterernährt.

ANREICHERUNG UND ERGÄNZUNGSMITTEL

Lebensmittelhersteller bemühen sich, ihren raffinierten Produkten wieder Nährstoffe »zurückzugeben«. Das ist eine (doch nicht die beste!) Form der Anreicherung. Damit sie funktioniert, werden weitere Zusätze wie Konservierungsmittel, Farbstoffe, Geschmacksverstärker, Füll- und Bindemittel benötigt. Das Ergebnis ist ein Produkt, das uniform, einfach zu verpacken und lange haltbar ist, aber nicht vollwertig.

Was beim Raffinieren entfernt wurde, wird weiterverkauft – oft genug an Sie, zum Beispiel als Kleie, die Sie über Ihr Müsli streuen können. Doch ein Halbes plus ein Halbes ergibt nicht immer ein Ganzes. Man kann die Teile nicht einfach wieder zusammenfügen. Bei der Raffinade gehen lebenswichtige Nährstoffe verloren, die nicht ersetzt werden können, auch nicht durch Anreicherung. Man fand heraus, dass Nährstoffe, die aus dem Verbund ihrer Pflanze herausgebrochen wurden, einen schwächeren oder unbeständigeren schützenden Effekt haben, als wenn sie als Teil des vollwertigen Lebensmittels gegessen werden. Dieses Feld muss noch weiter erforscht werden.

Sie können aus einer Raffinade-Spirale ausbrechen, indem Sie ein oder zwei Nahrungsmittel, die Sie gerne essen, in ihrer vollwertigen Form zu sich nehmen. Verwenden Sie zum Beispiel Vollkornreis oder ungeschälte Kartoffeln. Auch hier können Sie die 80/20-Regel anwenden und Ihr Essverhalten langsam und genussvoll ändern.

REGIONAL IST VITAL

Stellen Sie sich vor, Sie lebten in der Jungsteinzeit und sammelten sich Ihr Essen im Wald und am Waldrand. Da drüben versteckt sich eine süße Wurzel neben einer Pflanze mit würzigem Laub. Weiter hinten leuchten Äpfel, und wenn Sie nach ihnen greifen, merken Sie, dass die Früchte der Brombeeren, die an Ihrem Umhang zerren, bald reif sein werden. Wenn Sie zum Lager zurückkehren, tragen Sie eine Wurzel, einen Beutel mit Blättern und ein oder zwei Äpfel bei sich. Den Rest haben Sie schon gegessen. Sie haben geknabbert und probiert – und den Reichtum entdeckt, der Sie umgibt.

Wirklich frische Lebensmittel sind frisch geerntete – frischer als die Ihres steinzeitlichen Vorfahren kann eine Mahlzeit nicht sein. Heute würde man solch eine Mahlzeit als »super« oder »mega« vermarkten, denn ihre Aromen und Farben wären kräftig und charakteristisch, ihre Texturen die einer vitalen Pflanze.

Wesentlicher ist, dass jeder einzelne Bestandteil der Mahlzeit viel nährstoffreicher gewesen wäre als bei einer heute gesammelten. Ernst zu nehmende Studien haben aufgezeigt, dass Früchte und Gemüse in den letzten 50 Jahren erheblich an Nährstoffen verloren haben. Das liegt vor allem an den veränderten Anbaumethoden, die die Böden ausgelaugt haben. Eine Pflanze kann keine Nährstoffe aufnehmen, wenn sie nicht im Boden sind – und wenn sie nicht in der Pflanze sind, bekommen auch wir sie nicht.

Außerdem verringert die moderne Methode, Obst und Gemüse zu ernten, bevor es reif ist, den Nährstoffgehalt, der auf unseren Tellern landet. Diese noch nicht ganz genussreifen Nahrungsmittel werden teils über riesige Distanzen zu den Konsumenten transportiert. Während der Nährstoffgehalt sinkt, steigen die Kosten um bis zu 80 Prozent. Damit die unreifen weit gereisten Lebensmittel in essbarer Form in die Regale kommen, werden sie nämlich oft mit teuren Produkten und Prozeduren »behandelt«.

Die Qualität eines Lebensmittels ergibt sich aus Geschmack, Farbe, Textur und Nährstoffgehalt. Diese sind abhängig von der Gesundheit der Pflanze und des Bodens, in dem sie wächst. In dem Moment, in dem die Pflanze geerntet wird, verliert sie ihre Nährstoffquelle, und ihre Qualität beginnt nachzulassen. Sie ist »nicht mehr frisch«.

In der heutigen Lebensmittelproduktion werden Methoden angewendet, die Frische simulieren, den Nährstoffverlust aber nicht verhindern – vor allem bei Obst und Gemüse, das lange gelagert oder transportiert wird. Dazu gehören Tauchbäder in chlorhaltigem Wasser, um Keime an der Oberfläche zu bekämpfen; das Auftragen von Wachs, damit keine Feuchtigkeit verloren geht; die Verlangsamung des Reifungsprozesses über geregelte Temperaturen oder die Zugabe von Ethylen, um den Reifungsprozess zu beschleunigen.

Der offenkundigste Grund für den Qualitätsverlust ist der Zeitfaktor. Unser steinzeitlicher Sammler bekam den maximalen Nährstoffgehalt und höchste Qualität, weil er praktisch von der Hand in den Mund lebte.

Damit auch Sie Obst und Gemüse von größtmöglicher Qualität essen können, sollten Sie beim Einkauf einen oder mehrere der folgenden Punkte beachten:

* Kaufen Sie auf Bauernmärkten in Ihrer Nähe ein. Es macht Spaß, die Leute kennenzulernen, die Ihr Essen anbauen, und zu lernen, was gerade frisch vom Feld kommt.
* Finden Sie Märkte oder Händler, die ihre Waren aus einem Umkreis von 100 Kilometern beziehen. Das bedeutet nicht einmal eine Tagesreise, was wiederum heißt, dass die Produkte am selben Morgen oder am Nachmittag zuvor geerntet wurden. Im Zweifelsfall fragen Sie einfach!
* Finden Sie einen Bio- oder biodynamischen Anbaubetrieb und kaufen Sie dort ein, diese Betriebe achten auf Bodenfruchtbarkeit, die für Nährstoffe sorgt.
* Abonnieren Sie eine »Obst- und Gemüsekiste«. In der Kiste kommen saisonale, regional angebaute, meist biologische Produkte, die Sie oft selbst zusammenstellen können, wöchentlich oder zweiwöchentlich ins Haus.
* Finden Sie eine Gärtnerei in der Nachbarschaft, die Obst und Gemüse anbaut.
* Bepflanzen Sie Ihren eigenen Garten! Auch auf der Terrasse, dem Balkon oder der Fensterbank lässt sich vieles ziehen!

Es gibt noch mehr Gründe, regional einzukaufen:

* Sie unterstützen Betriebe vor Ort, stärken den Gemeinschaftssinn und bauen sich ein Netzwerk von Gleichgesinnten auf.
* Sie sorgen dafür, dass weniger konserviert und verpackt werden muss.
* Sie helfen, Kosten und Umweltbelastung von Nahrungstransporten zu reduzieren.

Es ist nirgends festgelegt, was »regional« genau bedeutet, aber man *fühlt* einfach, dass damit der eigene Winkel der Welt gemeint ist, Landwirte, Gärtner und Pflanzen aus der Umgebung. Pflanzen, die dort angebaut werden, wo Sie leben, passen wahrscheinlich zu Ihnen, vor allem, wenn sie biologisch angebaut wurden. Da sie im selben Klima, im selben saisonalen Rhythmus wie Sie leben, liefern sie Ihnen die in der jeweiligen Jahreszeit benötigten Nährstoffe.

EIN HOCH AUF DIE JAHRESZEITEN

Sie wissen ja, wie es meist läuft. Der Frühling drückt sich unter den letzten grauen Schneeresten und nassen Blätterhaufen herum und wartet darauf, dass sich die Erde auf ihrer Bahn der Sonne zuneigt. Und ganz plötzlich ist er da: grün und mild. Wir haben ihn erwartet, sonnige Wochenenden, Salate und leichte Kleidung herbeigesehnt. Die Monate gleiten in die Sommerwärme und laue Abende hinüber, die Parks sind voll, die Gehwege auch. Alle Leute sammeln Sonnenlicht und speichern es für dunkle Zeiten.

Am Ende des Sommers öffnet die Erde großzügig ihre Arme. Nahrungspflanzen werden reif und rund. Es scheint alles im Überfluss zu geben. Wenn Sie einen Garten haben, mag Ihnen das zu viel werden. Aber da ist noch etwas in der Luft, ein Flüstern, das Sie daran erinnert, manches für später aufzuheben. Der Spruch »Spare in der Zeit, so hast du in der Not« kann auch für die Erntezeit gelten, denn bis vor nicht allzu langer Zeit haben die Menschen im Spätsommer und Frühherbst Nahrungsmittel eingemacht, eingekocht und eingelagert, um im Winter nicht hungern zu müssen.

Heutzutage wird im großen industriellen Stil geerntet und eingelagert. Wir können jederzeit in den Supermarkt gehen und uns kaufen, was immer wir brauchen oder wollen. Da kommt leicht der Eindruck auf, die Jahreszeiten spielten keine Rolle. Aber das tun sie. Die Verbindung von Nahrung und Jahreszeit ist nur nicht mehr so sichtbar, vor allem für Städter nicht. Wenn Sie Obst und Gemüse in der Zeit essen, in der es reif wird, dann …

- essen Sie wahrscheinlich regional angebautes und tun etwas für die Umwelt, die Gesellschaft und Ihre Gesundheit.
- kommen Sie in den Genuss von mehr Nährstoffen, Geschmack, Farbe, Textur und Frische.
- vergrößern Sie auf natürliche, einfache und ideale Weise die Vielfalt Ihres Speiseplans.
- ziehen Sie größeren Nutzen aus den phytochemischen Stoffen.
- merken Sie, dass es weniger kostet als außerhalb der Erntezeit.

Sie können sich vom Wechsel der Jahreszeiten dazu anregen lassen, ein paar frische Kräuter auf der Fensterbank zu ziehen, ein Picknick zu machen oder warme, aromatische Speisen zu kochen, die bei allen Wohlbefinden auslösen. Das Leben mit den Jahreszeiten liefert uns Gründe, neue Gerichte und Kochstile auszuprobieren. Es ist das natürliche Mittel gegen die Monotonie »altbackener« Kost.

Es ist schon wunderbar, wenn man, egal zu welcher Jahreszeit, exotische Früchte und ausgefallene Zutaten aus aller Welt probieren kann. Sie können das ruhig auskosten. In der übrigen Zeit macht es genau solchen Spaß, saisonales Obst und Gemüse in der eigenen Region zu entdecken. Machen Sie sich eine Liste mit den entsprechenden Nahrungsmitteln, reden Sie mit Gärtnern und wenden Sie die 80/20-Regel an, um Ihre Ernährung nach und nach auf mehr frische, nahrhafte, saisonale Produkte umzustellen.

SAISONALE PRODUKTE

FRÜHLING	SOMMER		HERBST		WINTER
Bärlauch	Aprikosen	Liebstöckel	Äpfel	Nesseln	Chicorée
Blumenkohl, früher	Artischocken	Loganbeeren	Auberginen	Orangen	Feldsalat
Brokkoli	Auberginen	Majoran	Basilikum	Oregano	Grünkohl
Brokkoli 'Purple Sprouting'	Basilikum	Mangold	Birnen	Palmkohl *(Cavolo nero)*	Karotten
Brunnenkresse	Birnen	Maulbeeren	Blaubeeren (Heidel-)	Pastinaken	Lauch (Porree)
Erdbeeren	Blaubeeren	Melonen	Blumenkohl	Petersilie	Mangold
Frühkartoffeln	Blumenkohl	Minze	Borretsch	Pflaumen	Palmkohl
Frühlingszwiebeln	Borlotti-Bohnen	Nesseln	Brombeeren	Pilze	Pastinaken
Gurken	Borretsch	Pak Choi	Brunnenkresse	Quitten	Radicchio
Holunderblüten	Brokkoli	Paprika	Chicorée	Romanesco	Rosenkohl
Karotten, frühe	Brunnenkresse	Petersilie	Chilischote	Rosmarin	Rucola
Kohlrabi, früher	Chilischote	Pfirsiche	Cranberrys	Rosenkohl	Schwarzwurzeln
Mairüben	Dicke Bohnen	Pflaumen	Dill	Rote Bete	Steckrüben
Mangold	Dill	Radieschen	Endivien	Rucola	Topinambur
Minze	Erbsen	Renekloden	Esskastanien (Maronen)	Salat	Winter-Bohnenkraut
Nesseln	Erdbeeren	Rhabarber	Estragon	Salbei	Winter-Kopfsalat
Pastinaken	Estragon	Rosmarin	Feigen	Sauerampfer	Winterwirsing
Petersilie	Feigen	Rote Bete	Fenchel	Schlehen	Zwiebeln
Radieschen	Fenchel	Rucola	Grünkohl	Schnittlauch	
Rhabarber	Feuerbohnen	Salate	Haselnüsse	Schwarze Johannisbeeren	
Sauerampfer	Frühkartoffeln	Salbei	Holunderbeeren	Schwarzwurzeln	
Schalotten	Frühlingszwiebeln	Sauerampfer	Kapuzinerkresse	Staudensellerie	
Schnittlauch	Grüne Bohnen (Garten-)	Schnittlauch	Karotten	Steckrübe (Kohl-)	
Spargel	Gurken	Sommer-Bohnenkraut	Kartoffeln	Tatsoi	
Spinat	Himbeeren	Spargel	Kerbel	Thymian	
Stachelbeeren	Holunderblüten	Spinat	Knollensellerie	Topinambur	
Staudensellerie	Johannisbeeren (rot, weiß, schwarz)	Stachelbeeren	Kohl	Walnüsse	
Wirsing	Kapuzinerkresse	Thymian	Kohlrabi	Weintrauben	
	Karotten	Tomaten	Koriander	Weiße Rüben	
	Kartoffeln	Topinambur	Kürbisse	Winter-Bohnenkraut	
	Kerbel	Weiße Rüben	Lauch (Porree)	Zitronenmelisse	
	Kirschen	Zitronenmelisse	Lavendel	Zucchini	
	Knoblauch	Zucchini	Liebstöckel	Zuckermais	
	Kohlrabi	Zucchiniblüten	Loganbeeren	Zwetschgen	
	Kopfkohl	Zuckererbsen	Majoran	Zwiebeln	
	Koriander	Zuckermais	Mangold		
	Kürbisse	Zwetschgen	Meerrettich		
		Zwiebeln	Minze		
			Mispeln		

IN DER ABWECHSLUNG LIEGT DIE KRAFT

Zum Thema Ernährung können Sie in fast jedem Zeitschriftenartikel oder jeder Empfehlung der Landwirtschaftsministerien lesen: »Essen Sie eine abwechslungsreiche Kost aus Obst und Gemüse.« Vielfalt und Abwechslung sind also gesund? Und warum?

ERNÄHRUNGSMUSTER

Was ist falsch daran, sich mit ein paar Gerichten zu begnügen, die man gerne isst und kochen kann? Darauf gibt es zwei Antworten.

Die erste lautet: Eine eintönige Kost finden Sie sicherlich bald öde. Neues auszuprobieren liegt in unserer Natur – und macht das Essen interessant. Es macht Spaß, Rezepte nach neuen Lieblingsspeisen zu durchforsten. Und wenn Sie kulinarisches Neuland erkunden, tun Sie das in gespannter Erwartung, die dann Ihre Verdauung ankurbelt.

Zwischen diesen beiden Extremen – der Langeweile der eintönigen Speisen und dem Kitzel, neue Nahrungsmittel zu entdecken – liegt Ihre »normale« Ernährung. Die Gewohnheiten, die Ihre Art der Nahrungsauswahl bestimmen, nennt man »Ernährungsmuster«. Isst man nur verarbeitete Lebensmittel und Junkfood bzw. knabbert zwischendurch ständig Süßes, ist das ein Ernährungsmuster-Desaster. Nach nur zwei oder drei Tagen wird aus einer Laune ein festes Ernährungsmuster. Und schon nach wenigen Wochen stecken Sie in einem ausgewachsenen Mangelernährungsmuster. Abwechslung kann dieses Muster aufbrechen, Ihren Tag, Ihre Taille und wahrscheinlich auch Ihre Gesundheit retten.

Die zweite Antwort lautet: Wenn Sie abwechslungsreich essen, ist die Wahrscheinlichkeit, dass Sie alle Nährstoffe, die Sie benötigen, zu sich nehmen, viel größer. Nährstoffe, die einem Nahrungsmittel fehlen, können in einem anderen reichlich vorhanden sein. Wenn Sie das bei Ihrer Ernährung berücksichtigen, haben Sie bald Ihre Nährstoff-Lücken geschlossen. Möglicher Nährstoffmangel, der chronische Erkrankungen und Störungen wie Schlaf- oder Konzentrationsbeschwerden verursachen kann, lässt sich beheben. Mit einer abwechslungsreichen Obst-und-Gemüse-Kost können Sie das Risiko von Herzkrankheiten reduzieren und sich sogar vor einigen Krebsarten schützen. Abwechslung verhilft Ihnen zu ausreichenden – d. h. gesunden – Mengen an Nährstoffen.

PEPPEN SIE IHR MUSTER AUF

Es ist nicht schwer, Abwechslung in Ihre Ernährung zu bringen. Es mag Sie ein paar Tage Aufmerksamkeit kosten, aber danach wird es zu einer mühelosen, positiven, bestärkenden Angewohnheit. Wenn Sie auf vollwertige, regionale und saisonale Produkte setzen, ernähren Sie sich automatisch abwechslungsreich.

Wenn bestimmte Lebensmittel nicht mehr frisch erhältlich sind, wechseln Sie einfach zum neuen Angebot der Saison. Die Natur *ist* abwechslungsreich.

ABWECHSLUNG MIT GENUSS VERFEINERN

Machen Sie für sich eine Aufstellung bzw. eine Ernährungspyramide mit veganen Lebensmittelgruppen. Sie führen fünf bis zwölf Lebensmittelgruppen auf wie etwa: Obst, Wurzel- oder stärkehaltiges Gemüse, grünes Gemüse, oranges und rotes Gemüse, Bohnen und Linsen, Nüsse und Samen, Getreide, Fette und Öle, pflanzenbasierte Getränke. Mit ihrer Hilfe können Sie Ihre Ernährung einmal querbeet durch diese Gruppen zusammenstellen.

Sie können sich auch nach den empfohlenen Portionen für jede dieser Gruppen richten. Die US-Regierung z. B. empfiehlt, täglich fünf bis dreizehn Portionen Obst und Gemüse zu essen, britische und bundesdeutsche Ministerien empfehlen fünf (wobei eine Portion einer Handvoll entspricht). Es sind allgemein gehaltene Empfehlungen, doch sie regen zur Abwechslung an (mal ehrlich, wer wollte schon dreizehn Bananen am Tag essen?)

Der Anteil von Makronährstoffen (Fette, Proteine, Kohlenhydrate) in unserem Essen wird meist in Kalorien-Prozenten gemessen. Als alleiniges Kriterium mag das nicht alle von uns zufriedenstellen, aber Sie sollten diesen Ansatz im Auge behalten. Die Weltgesundheitsorganisation WHO empfiehlt, weniger als 30 Prozent des täglichen Kalorienbedarfs durch Fette zu decken, höchstens 10 Prozent gesättigte Fette zu sich zu nehmen und auf Transfette (Transfettsäuren) völlig zu verzichten. Die meisten Regierungen und Ernährungsorganisationen geben ganz ähnliche Empfehlungen.

Neue Ernährungsstudien verwenden ein Farbleitsystem für eine abwechslungsreiche und gesunde Ernährung. Pflanzliche Nahrung wird nach ihrer Pigmentierung geordnet, denn Nahrungsmittel mit ähnlichen Farben haben auch ähnliche phytochemische Eigenschaften. Empfohlen wird, täglich Nahrung aus allen fünf Farbkategorien – rot, orange/gelb, grün, blau/violett und weiß – zu sich zu nehmen.

EIN BILD AUF DEM TELLER

Eine Methode, die all diese Vorschläge bündelt, präsentierte der amerikanische Mediziner Michael Klaper in einem Vortrag im Royal Homoeopathic Hospital in London. Er schlug vor, sich einen Teller mit einer gesunden Mahlzeit vorzustellen, dessen Bild dem »einer ziemlich berühmten Comic-Maus« ähnelt:

- Eine Hälfte des Tellers für energiereiche, stärkehaltige Kohlenhydrate wie Getreide oder Kartoffeln.
- Ein Viertel sollte aus grünen Gemüsen bestehen.
- Ein Viertel sollte aus gelben/orangen Gemüsen bestehen.
- Ein »Ohr« sollte aus Proteinreichem wie Bohnen, Nüssen oder Samen bestehen.
- Das andere »Ohr« aus Obst, vorzugsweise aus blau/violettem, rotem oder gelb/orangem.

Dieser inzwischen beliebte »Teller«-Ansatz ist visuell und sehr eingängig, leicht umzusetzen und natürlich mit einer großen Auswahl an Nährstoffen aus abwechslungsreichen Pflanzen zu variieren.

DIE VEGANE KÜCHE AUSRÜSTEN

Sie können mit den gewöhnlichen Utensilien, die Sie bereits in Ihrer Küche haben, auf eine vegane Ernährung umstellen: Messer, Schneidbrett, Sieb, Seiher, Rührschüssel, ein bis zwei Pfannen und Töpfe, Löffel, Spatel und Pfannenwender aus Holz. Wenn Sie etwas neu oder zusätzlich anschaffen möchten, sind hier ein paar Tipps:

- Pfannen: ideal sind solche aus Gusseisen, Emaille oder Edelstahl. Setzen Sie beim Kauf auf Qualität, Handhabbarkeit und lange Lebensdauer.
- Eine Antihaftbeschichtung ist nicht notwendig.
- Vielseitig, praktisch: Kochgeschirr mit Deckel, in dem man Essen servieren kann.
- Ein Satz Glasrührschüsseln ist immer nützlich.
- Mit einem Gemüsedampfgarer behält Ihr Essen Nährstoffe, Aromen und Texturen. Dampfgarer sind als stapelbare Garnituren mit mehreren Garbehältern, in denen Sie mehr als ein Gemüse gleichzeitig garen können, erhältlich. Es gibt auch Dämpfeinsätze, die in fast alle Topfgrößen passen.

Es gibt diverse Geräte, mit denen Sie sich die Zubereitung Ihrer Mahlzeiten erleichtern können, z. B.:

- Salatschleuder: zum Trocknen gewaschener Blätter; auch zur Aufbewahrung im Kühlschrank
- Dampfkochtopf: sehr zeit- und energieeffizient; empfiehlt sich für Bohnen
- Passiermühle (Flotte Lotte): für Saucen, Marmeladen, Chutneys, Suppen, manche Bohnengerichte
- Stabmixer: für Smoothies, Suppen, Saucen, bestimmte dünne Rührteige
- Küchenwaage, Messlöffel und Messbecher (mit Skalen für verschiedene Zutaten): damit Sie die Mengen im Griff haben

Zu den ausgesprochen praktischen und schnellen Küchenhelfern, die Sie nicht sofort brauchen, gehören:

- Mörser und Stößel: zum Zerstoßen von frischen Kräutern, Gewürzen, Leinsamen
- Silikon-Knoblauchschäler: Zehe in die Röhre schieben, rollen und … es funktioniert!
- Knoblauchpresse: z. B. für Knoblauch im Salatdressing
- Ingwerreibe: eine Handreibe mit Stacheln, nicht Klingen
- Nussmühle: elektrisch und manuell, zum Zerkleinern und/oder Mahlen
- Zitronen- oder Zitruspresse: für Saft im Handumdrehen
- Olivenentsteiner: einfach Olive einlegen und Stein herausdrücken

Spezialwerkzeuge machen Spaß, vor allem, wenn Sie sich auf ein Gericht oder einen Kochstil spezialisiert haben, aber für die Rezepte in diesem Buch benötigen Sie keine. Wenn Sie sich eines wünschen, setzen Sie es doch auf Ihre Wunschliste zum Geburtstag …

MOULI-BABY

ERNÄHRUNG 101

Diese Tabelle bietet Ihnen einen Rahmen für eine gesunde Ernährung. Lebenswichtige Nährstoffe werden in zwei Kategorien eingeteilt: Makronährstoffe und Mikronährstoffe. Die vier Makronährstoffe (wobei Wasser kein Energielieferant ist) müssen wir täglich in recht großen Mengen zu uns nehmen. Die Mikronährstoffe werden in Vitamine und Mineralien unterteilt, die Mineralien wiederum in Makroelemente und Mikroelemente. Makroelemente sollte man pro Tag in Mengen von 100 Milligramm (mg) oder mehr zu sich nehmen, bei den Mikroelementen reichen wenige Milligramm. Mit der Ausnahme von Kobalt bietet eine abwechslungsreiche Kost aus Vollkorn, Bohnen und Linsen, Obst, Gemüse, Nüssen, Hefeprodukten und Meeresalgen all diese Nährstoffe.

NÄHRSTOFF	NUTZEN	QUELLE
MAKRONÄHRSTOFFE		
KOHLENHYDRATE	Treibstoff für den Körper; enthalten Vitamine, Fette, Mineralien, Proteine, Wasser. Die kleinsten Bausteine, Einfachzucker, liefern einen Energiekick; Mehrfachzucker Langzeit-Energie und Ballaststoffe	Einfachzucker aus Frucht- und Traubenzucker; Mehrfachzucker aus Vollkorngetreide, Hülsenfrüchten, Obst und Gemüse
PROTEINE	auch »Bausteine des Lebens« genannt, bauen Zellen auf, erhalten und reparieren sie; regen Zellprozesse an und kontrollieren sie	jede Pflanze und jedes andere Lebewesen
FETTE	nötig für die Zellfunktion, die Produktion von Hormonen, den Transport von Vitaminen, den Schutz und die Aktivierung der Nerven	Nüsse und Samen, ihre Öle, Margarinen und Muse; Sojabohnen, Mais, Avocados
WASSER	ermöglicht den Transport von Vitaminen, Mineralien und anderen Nährstoffen; reguliert die Körpertemperatur; ermöglicht die Ausscheidung über Urin, Schweiß und Atem; schmiert Gedärme, Gelenke und verdünnt den Schleim in den Atemwegen	Obst, Gemüse, Pflanzendrinks, Kräutertees, Säfte, frisches Wasser
MIKRONÄHRSTOFFE		
VITAMINE		
VITAMIN D	ermöglicht die Aufnahme von Mineralien, die für gesunde Knochen und Nieren sorgen	täglich 30 Minuten lang Tageslicht auf der Haut
VITAMIN A	wichtig für ein normales Wachstum, die Nachtsicht sowie die normale Entwicklung von Knochen und Zähnen	grünes und gelbes Gemüse; gelbes und oranges Obst; Nüsse, Samen und Vollkorngetreide
VITAMIN E	Antioxidans; wichtig für Zellschutz und die Bildung hormonähnlicher Prostaglandine, hemmt Entzündungen	
VITAMIN K	kann im menschlichen Darm produziert werden; regelt Blutgerinnung	
VITAMIN C (ASCORBINSÄURE)	stärkt Kapillarwände; wichtig für den Stoffwechsel; schützt vor Allergien; fördert das Immunsystem, die Wundheilung und die Aufnahme von Eisen	Zitrusfrüchte, Melonen, Tomaten, Paprika, Blattgemüse, Kohl, Kartoffeln mit Schale
VITAMIN B-GRUPPE	stoffwechselaktivierend, stressreduzierend, gut für Haut, Haare, Nägel, Nerven und Augen, Wachstum, Immunsystem, Verdauung	Vollkorngetreide, Blattgemüse, Bohnen und Linsen, Kartoffeln, gelbes Gemüse, Trockenobst, Nüsse, Hefeprodukte, Pilze, Melasse

NÄHRSTOFF	NUTZEN	QUELLE
	MINERALIEN (MAKROELEMENTE)	
CALCIUM	wichtig für Knochenfestigkeit, Reizübertragung in Muskeln und Nerven, Stoffwechsel, reguliert Hormone, Enzyme und Zellaktivität	Brokkoli, Kohl, Blattgemüse, Nüsse und Samen, Hülsenfrüchte
CHLORID	kontrolliert zusammen mit Natrium die Wasserverschiebung in und außerhalb der Zellen	Meersalz
MAGNESIUM	wichtig für ausgewogenen Mineralstoffhaushalt, Knochenaufbau, Muskeln, Herz, Nervensystem; aktiviert zusammen mit B-Vitaminen Enzyme	Blattgemüse, Nüsse und Samen, Vollkorngetreide, Sojabohnen, Zartbitterschokolade
PHOSPHAT	unterstützt Kohlenhydrat- und Fettstoffwechsel (Energiestoffwechsel); gut für die Nerven und die Stärkung von Knochen und Zähnen	Sojabohnen, Nüsse, Vollkorngetreide, Hefeprodukte
KALIUM	reguliert Wasserkonzentration in den Zellen; stimuliert Verdauungssäfte und Insulinausschüttung der Bauchspeicheldrüse	Trockenobst, Bananen, Avocados, Tomaten, Nüsse, Kartoffeln, grüne Salate, Melasse
NATRIUM	reguliert zusammen mit Kalium den Wasserhaushalt; wichtig für Nervenimpulse und Muskelarbeit	Obst und Gemüse, Erbsen, Staudensellerie, Meersalz
SCHWEFEL	unterstützt die Collagen-Bildung, gut für Haut, Haare und Nägel, bekämpft Autoimmunerkrankungen	Nüsse, Knoblauch, Bohnen, Lauch, Rettiche, Brunnenkresse
	MINERALIEN (MIKROELEMENTE/SPURENELEMENTE)	
CHROM	wirkt an der Steuerung des Blutzuckerspiegels mit; vermutlich gut für Herz und Kreislauf	Erdnüsse, Traubensaft, schwarzer Pfeffer, Bohnen, Kartoffeln, Karotten, Äpfel
KOBALT	nötig für die Bildung der Vitamin-B_{12}-Moleküle	Vitamin B_{12}
KUPFER	unterstützt die Aufnahme von Eisen, reguliert Cholesterin, gut für die Nerven	Mandeln, Walnüsse, Sonnenblumenkerne, Paranüsse, Pilze
FLUORID	gut für Zahngesundheit und Knochenfestigkeit	Meersalz, Kartoffeln, schwarzer Tee
JOD	Grundstoff für die Bildung von Schilddrüsenhormonen, regt Geisteskraft an	Sonnenblumenkerne, Algen, Pilze
EISEN	transportiert Sauerstoff in die Körperzellen und Kohlendioxid zum Ausscheiden in die Lunge	Rosinen, Rotwein, Bohnen, Erdnussbutter, Melasse
MANGAN	wichtig für die Produktion von Hormonen und die Funktion der Schilddrüse	Rote Bete, Nüsse und Samen, Getreide, Oliven, Avocados, schwarzer Tee
MOLYBDÄN	unterstützt Enzymaktivität und Stoffwechsel, schützt Zähne	Grüne Bohnen, Sonnenblumenkerne, Linsen, Sojabohnen, Hafer, Erbsen
SELEN	Antioxidans, wirkt mit Vitamin E zusammen; schützt das Immunsystem und vor degenerativen Erkrankungen	Paranüsse, Kohl, Melasse, Erdnüsse, Bierhefe, Weizenkleie
ZINK	stärkt Abwehrkräfte, beruhigt Nerven, lindert psychische Probleme; gut für Wachstum und Wundheilung; reguliert Blutzuckerspiegel	Nüsse und Samen, Blattgemüse; eingeweicht: Vollkorngetreide, Bohnen
PHYTOCHEMIKALIEN (SEKUNDÄRE PFLANZENSTOFFE)	schützen möglicherweise vor chronischen Erkrankungen; haben neurologische, entzündungshemmende und antibakterielle Wirkungen	alle vollwertigen Nahrungsmittel

ÜBER NAHRUNGSMITTEL

Die folgenden vier Nährstoffe sind für Ihre Gesundheit unerlässlich, egal, wie Sie sich ernähren. Wichtig ist jedoch, dass Sie wissen, wann und ob Nahrungsmittelergänzung sinnvoll ist.

FOLAT ÜBER NAHRUNGSMITTEL

Folat ist ein natürliches Vitamin der B-Gruppe, auch bekannt als Vitamin B_9, B_{11}, M oder Folacin. Folat begünstigt die Fruchtbarkeit bei Männern und Frauen, stärkt das Immunsystem, ist an der Bildung von Aminosäuren und roten Blutkörperchen beteiligt und regt die Zellteilung an. Effektiver wirkt Folat in Kombination mit Vitamin B_{12}.

Für Erwachsene gilt eine Zufuhr von 300 Mikrogramm (µg) pro Tag als ausreichend. Da es eine große Anzahl von folatreichen Nahrungsmitteln gibt, vor allem dunkelgrünes Blattgemüse, wird eine Nahrungsergänzung meist nicht empfohlen. Gute Folat-Quellen sind:

* Blattgemüse wie Spinat, Kohl und Romana-Salat (Römer-Salat)
* Brokkoli, Rosenkohl, Kohl, Blumenkohl
* Spargel
* Avocados
* Okra
* Linsen, Erbsen und Bohnen
* Nüsse und Samen
* frische Orangen und Datteln

FOLSÄURE ÜBER ANGEREICHERTE LEBENSMITTEL

Die synthetische Form von Folat wird Folsäure genannt. In angereicherten Lebensmitteln haben Sie sie wahrscheinlich schon unter den Inhaltsstoffen aufgelistet gefunden, z. B. bei:

* Broten und Frühstückscerealien
* Hefeprodukten wie Hefeextrakt und Hefeflocken

Ein gesunder Erwachsener sollte pro Tag nicht mehr als 1000 µg Folsäure aus Ergänzungsmitteln und angereicherten Lebensmitteln zu sich nehmen, eine zu hohe Zufuhr ist schädlich und kann die Symptome eines Vitamin-B_{12}-Mangels verschleiern. Die Mengen werden in Mikrogramm, abgekürzt µg, angegeben, 1000 µg ergeben 1 Milligramm (mg), 1000 mg ein Gramm (g).

Während der Schwangerschaft reduziert Folat das Risiko von Fehlbildungen des Kindes (Neuralrohrdefekte), die Gehirn und Rückenmark betreffen, wie Spina bifida (»offener Rücken«). Entscheidend sind dabei die ersten Schwangerschaftswochen, Sie sollten also Ihre Folatzufuhr optimieren, bevor Sie schwanger werden. Eine vegane Diät ist natürlich folatreich. Ärzte empfehlen allerdings, dass Frauen, bevor sie nicht mehr verhüten und dann während der ersten zwölf Schwangerschaftswochen, täglich 400 µg Folsäure zu sich nehmen sollten. Das sollten Sie auf jeden Fall mit Ihrer Gynäkologin oder Hebamme besprechen, damit Sie die Folsäure nicht überdosieren.

SIE HABEN DIE WAHL

Sie können ganz beruhigt sein – wenn Sie sich abwechslungsreich vegan ernähren, kommen Sie leicht auf die empfohlenen 300 µg Folat. Schon eine kleine Portion gekochter Spinat (100 g) liefert z. B. ein Viertel der täglichen Dosis. Wenn Sie dann über den Tag verteilt noch Salat, Blattgemüse, Linsen, Obst, Nüsse und Samen essen, bekommen Sie so viel Folat, wie Sie benötigen. Mit angereicherten Lebensmitteln ergänzen Sie die natürliche Aufnahme.

VITAMIN B_{12} ÜBER NAHRUNGSMITTEL

B_{12} ist für ein gesundes Nervensystem und den Stoffwechsel nötig, für die Bildung roter Blutkörperchen, die Zellteilung, die DNA-Synthese und die Aufnahme von Nährstoffen, es fördert Fruchtbarkeit, Wachstum und das Immunsystem. Ein Vitamin-B_{12}-Mangel kann zu Blutarmut und einer Störung des Nervensystems führen. Hervorgerufen werden kann dieser Mangel durch den Alterungsprozess, Krankheiten oder Operationen. Über den täglichen Bedarf und die möglichen Quellen von B_{12} besteht Unklarheit, das macht es zu einem manchmal etwas verwirrenden Nährstoff.

Zu den pflanzlichen Quellen von B_{12} sollen Shiitake-Pilze, getrocknete Nori-Algen und fermentierte Bohnen gehören, außerdem Produkte wie Miso, Kimchi, Sauerkraut und in Salzlake Eingelegtes. Und schon wird es wieder vage, denn die Mengen können im Spurenbereich liegen oder biologisch nicht nutzbar sein.

VITAMIN B_{12} ÜBER NAHRUNGSERGÄNZUNGSMITTEL

Ernährungswissenschaftler betonen, dass der Bedarf an Vitamin B_{12} bei einer rein veganen Ernährung nur über Nahrungsergänzung zu decken ist.

- Gesundheitsorganisationen wie auch die Deutsche Gesellschaft für Ernährung erklären: »Eine sicher bedarfsdeckende Vitamin-B_{12}-Zufuhr ausschließlich mit pflanzlichen Lebensmitteln ist nach heutigen Erkenntnissen nicht möglich.«
- Die Vegan Society und die International Vegetarian Union Science Group empfehlen die B_{12}-Zufuhr über angereicherte Lebensmittel und Nahrungsergänzungsmittel.
- Ergänzungsmittel werden in Laboren ohne den Einsatz tierischer Produkte hergestellt und sind als Tabletten, Kapseln, Gel oder in flüssiger Form erhältlich.
- Lebensmittel wie Hefeextrakt, Hefeflocken, einige Pflanzendrinks sowie Brote und Frühstückscerealien sind mit B_{12} angereichert, hierüber informiert die Verpackung.

* Der Bedarf an Vitamin B_{12} wird in Mikrogramm (µg) angegeben. Sie brauchen täglich etwa 1,5 µg, um gesund zu bleiben. Doch nur die Hälfte dessen, was Sie über Nahrungs- oder Ergänzungsmittel aufnehmen, wird auch absorbiert.
* Ein Erwachsener sollte daher pro Tag etwa 4 µg zu sich nehmen, um seinen Bedarf zu decken.
* Während der Schwangerschaft und der Stillzeit ist eine etwas höhere Menge empfohlen, etwa 4,5 µg.
* Über 50-Jährigen wird manchmal geraten, mehr B_{12} zu sich zu nehmen.

Ihr Körper kann immer nur winzige Mengen B_{12} aufnehmen, daher ist es am besten, wenn Sie kleine aber regelmäßige Dosen zu sich nehmen. B_{12} kann in der Leber und den Nieren gespeichert werden, aber da es ein wasserlösliches Vitamin ist, wird der Überschuss mit dem Urin ausgeschieden. Sie können:

* drei 1,3 µg Dosen über den Tag verteilt einnehmen, also insgesamt etwa 4 µg
* eine einzige Dosis am Tag von wenigstens 10 µg zu sich nehmen oder
* eine große Dosis von etwa 2000 µg einmal die Woche einnehmen

SIE HABEN DIE WAHL

Egal, ob Allesesser, Vegetarier oder Veganer, Vitamin B_{12}-Mangel kann jeden treffen. Denken Sie an Ihre Gesundheit und an Ihre Lieben und achten Sie bitte darauf, Ergänzungsmittel oder angereicherte Lebensmittel in Ihre Kost aufzunehmen.

EISEN ÜBER NAHRUNGSMITTEL

Eisen ist ein lebensnotwendiges Spurenelement. In Ihrem Körper sind 3–4 mg Eisen, meist im Hämoglobin, den roten Blutkörperchen, die Sauerstoff in Ihre Zellen transportieren. Eisen ist auch im Myoglobin, in den Muskeln; es wird in der Milz recycelt und im Knochenmark und der Leber gespeichert. Wie viele andere Nährstoffe ist Eisen in Verbindung mit anderen Mineralien und Vitaminen, wie Folat und Vitamin B_{12} (*siehe* Seite 22–24) besonders effektiv. (Auch) deshalb ist eine abwechslungsreiche Kost empfehlenswert. Eisenreich sind z. B.:

* dunkelgrünes Blattgemüse
* Trockenobst wie Rosinen, Feigen und Aprikosen
* Nüsse und Samen
* Linsen und Bohnen
* Vollkorngetreide
* Melasse
* Seetang, Algen
* Zartbitterschokolade

Pflanzen enthalten ausschließlich Nicht-Hämeisen, Tierfleisch enthält etwa 60 Prozent Nicht-Hämeisen und 40 Prozent Hämeisen. Nicht-Hämeisen, egal aus welcher Quelle, wird vom Körper nicht so gut aufgenommen wie Hämeisen, wahrscheinlich schützt sich Ihr Körper so vor einem Überschuss. Wenn Sie in einer Mahlzeit eisenreiche mit vitamin-C-reichen Nahrungsmitteln kombinieren, nimmt Ihr Körper mehr Nicht-Hämeisen auf. Für Veganer ist dies einfach zu erreichen, essen Sie Obst, Paprika, Blumenkohl, grünes Blattgemüse, Kohl oder Tomaten.

Kinder und Jugendliche von zehn bis 19 Jahren sollten pro Tag 12 (Jungen) bis 15 mg (Mädchen) zu sich nehmen, Erwachsene etwa 10 (Männer) bis 15 mg (Frauen), Schwangere 30 mg, um Plazenta und Gebärmutter mit Eisen zu versorgen und ein Eisen-Depot in der Leber des Kindes anzulegen – so leidet das Baby keinen Mangel, wenn es sich in den ersten Monaten nur von recht eisenarmer Muttermilch ernährt; für Stillende werden 20 mg empfohlen, für über 50-Jährige 10 mg.

EISEN ÜBER ERGÄNZUNGSMITTEL

Diverse angereicherte Lebensmittel wie etwa Frühstückscerealien enthalten Eisen. Außerdem gibt es viele Eisen-Präparate auf dem Markt. Mediziner und Ernährungswissenschaftler warnen jedoch davor, zu hohe Dosen über Ergänzungsmittel zu sich zu nehmen, es sollten nicht mehr als 6 mg pro Tag sein; sie raten vielmehr zu einer entsprechend abwechslungsreichen Kost.

SIE HABEN DIE WAHL

Ihr Körper speichert und recycelt Eisen, egal aus welcher Quelle, auf natürliche Weise. Wenn Sie an einem Mangel leiden, versucht Ihr Körper, sich mehr Eisen aus Ihren Nahrungsmitteln zu holen. Sie verlieren täglich etwas Eisen über den Stuhlgang und abgestorbene Hautzellen. Einen Überschuss an Eisen kann Ihr Körper jedoch nicht ausscheiden, es sei denn, Sie bluten. Daher kann ein Eisenüberschuss zu ernsthaften gesundheitlichen Problemen führen. Starkes Übergewicht reduziert die Aufnahme von Eisen, Abwechslung in der Kost erhöht sie.

KALZIUM ÜBER NAHRUNGSMITTEL

Das meiste Kalzium haben Sie in Ihren Zähnen und Knochen. Eine kleine Menge zirkuliert in Ihrem Blut, es unterstützt die Nervenfunktionen, die Muskelkontraktion, zahllose Zellaktivitäten und aktiviert Enzyme. Ihre Knochen befinden sich übrigens in einem andauernden Umbauprozess und dafür benötigen sie neben Kalzium auch Magnesium und Phosphor.

Für Erwachsene wird eine Kalzium-Zufuhr *über ihre Nahrungsmittel* von 1000 mg empfohlen, für Kinder zwischen zehn und dreizehn und Schwangere unter 19 Jahren 1200 mg.

Vor allem für Schwangere ist es wichtig, ausreichend Kalzium über die Nahrung aufzunehmen, denn so verringert sich das Risiko von Komplikationen wie Präeklampsie oder einer Frühgeburt. Außerdem können Sie dann auch darauf vertrauen, Ihrem Kind gute Knochen mitzugeben. Ihre Ernährung können Sie ganz einfach und genussvoll umstellen, das gilt auch für die Stillzeit.

Wie viel Kalzium die Menschen täglich zu sich nehmen, variiert je nach Weltregion stark. Am meisten ist es in Skandinavien, Nordeuropa und anderen nicht-äquatorialen Gebieten, die Idealmenge wird außer in diesen nördlichen Regionen aber selten erreicht. Warum in manchen Regionen, in denen die Kalzium-Zufuhr hoch ist, auch die Osteoporose- und Osteopenie-Rate hoch ist, wird noch diskutiert.

Manche Wissenschaftler sagen, es werde zu viel Aufmerksamkeit auf das Kalzium allein gelegt, da der Kalziumstoffwechsel auch Magnesium, Phosphor, Vitamin D und andere Nährstoffbegleiter benötigt. Jedenfalls scheint es sinnvoll, sich mineralstoffreich zu ernähren und sich täglich an der frischen Luft zu bewegen. 30 Minuten Sonnenlicht pro Tag bringen Ihnen genug Vitamin D, um die Mineralien aus Ihrer Nahrung aufzunehmen und Ihre Knochen gesund zu halten.

Es ist einfach, seine täglichen 1000 mg Kalzium über Speisen und Getränke aufzunehmen. Wenn Sie in einer Gegend mit hartem Wasser leben, versorgt Sie Ihr Trinkwasser tagtäglich schon mit bis zu 500 mg Kalzium. Reich an Kalzium, Magnesium und Phosphor sind außerdem z. B.:

- dunkelgrünes Blattgemüse wie Kohl, Mangold, Petersilie und Brunnenkresse
- Bohnen und Linsen
- Vollkorngetreide
- Trockenobst
- Nüsse und Samen
- Melasse
- Seetang, Algen
- Zartbitterschokolade

KALZIUM ÜBER ERGÄNZUNGSMITTEL

Man sollte Kalzium über die tägliche Kost und das ein oder andere angereicherte Lebensmittel zu sich nehmen, ein Überschuss aus Ergänzungsmitteln kann u. a. zu Verstopfung, Nierensteinen oder sogar Herzrhythmusstörungen führen.

SIE HABEN DIE WAHL

Bevor Sie ein Ergänzungsmittel nehmen, weil Sie glauben, Sie könnten Ihre tägliche Kost nicht auf eine ausreichende Kalzium-Zufuhr umstellen, reden Sie bitte mit Ihrem Arzt. Über die natürliche Ernährung nehmen Sie nicht zu viel Kalzium auf, bei Ergänzungsmitteln kann das aber der Fall sein und die Folgen wären unangenehm.

DIE PROTEIN-FRAGE

Eine Frage wird Veganern immer gestellt: »Wo bekommt ihr eure Proteine her?«

Das ist verständlich, denn die meisten Menschen denken bei Protein an Fleisch. Ja, es stimmt, Muskelfasern sind proteinreich (wie auch Haare, Haut, Nägel, Klauen und Hörner). Aber in der Natur gibt es reichlich Proteine in vielen Formen.

Jedes lebende Wesen und alles, was einmal gelebt hat, enthält Proteine. Proteine sind aus Aminosäureketten aufgebaut, diese bestehen aus Kohlenstoff, Wasserstoff, Sauerstoff und – sehr wichtig – Stickstoff. Pflanzen ziehen sich den Stickstoff entweder aus dem Boden oder aus Bakterien, die auf ihren Wurzeln leben. In jeder Pflanze ist Protein.

In unserem Körper bauen Proteine Zellgewebe auf, reparieren und erhalten es. Sie liefern außerdem Energie und bilden Hormone, Vitamine und Enzyme. Als Enzyme sind Proteine am Stoffwechsel beteiligt. Proteine bewirken und kontrollieren Zellaktivitäten. Sie beeinflussen das Immunsystem, sind am Transport von Vitaminen, Mineralien und Fettsäuren beteiligt und in diversen Körperflüssigkeiten vorhanden.

Derzeit sind 20 Aminosäuren identifiziert, aus denen die meisten Proteine bestehen. Elf werden im Körper aufgebaut, neun weitere braucht der Körper und muss sie sich aus der Nahrung holen: Dies sind die »unentbehrlichen« oder »essenziellen« Aminosäuren. Eine abwechslungsreiche Kost sollte auch dafür sorgen, dass Sie all diese essenziellen Aminosäuren regelmäßig zu sich nehmen, denn jede übernimmt in Ihrem Körper eine spezifische Aufgabe.

Wie viel Protein man braucht, ist von Mensch zu Mensch verschieden und hängt von Alter, Geschlecht, dem allgemeinen Gesundheitszustand sowie davon ab, wie aktiv man ist. Empfohlen wird ein Proteinanteil von 9–11 Prozent an der täglichen Energie- bzw. Kalorienzufuhr, das entspricht 0,8 g Protein pro Kilogramm Körpergewicht. Für Kinder liegt die empfohlene Aufnahme pro Kilogramm Körpergewicht höher, weil sie sich im Wachstum befinden. Wir benötigen Proteine in Kombination mit anderen Nährstoffen, auch darum sollten wir uns vollwertig ernähren.

- Proteine sind in allen pflanzenbasierten Nahrungsmitteln enthalten. Proteinreich sind u. a. Mikroalgen, Hefeprodukte, Meeresalgen, Sojabohnen und ihre Produkte sowie alle Hülsenfrüchte, Nüsse, Samen, Vollkorngetreide, Gemüse und Obst.
- Die meisten Hülsenfrüchte haben einen höheren Proteinanteil am gesamten Brennwert (Kalorien) als Fleisch – Sojabohnen z. B. haben 40 Prozent.
- Wenn Sie über abwechslungsreiche vollwertige Kost genügend Kalorien aufnehmen, nehmen Sie auch ausreichend Protein auf.
- Um die essenziellen Aminosäuren aufzunehmen, muss man nicht jede Mahlzeit auf sie abstimmen. Wie gesagt: Abwechslung und Vollwertkost.

Wenn man Ihnen also wieder mal die Protein-Frage stellt, können Sie antworten. »Proteine sind überall! Meine pflanzliche Kost gibt mir alles, was ich brauche.«

KOCHEN MIT KÖPFCHEN UND GEFÜHL

Rezepte sind eine herrliche Erfindung, aber lassen Sie »Ihren inneren Koch/Ihre innere Köchin« nicht von ihnen ersticken. Es liegt allein an Ihnen, was Sie mit den Zutaten anfangen. Ein Rezept kann Sie präzise anleiten oder Ihnen »nur« eine Idee liefern, wie Sie Ihre Zutaten verwenden können – doch die wichtigste Zutat sind Sie selbst.

Das Kochen beginnt mit Ihnen, einem Haufen frischer Lebensmittel und allen möglichen Fragen. Was ist das? Sie nehmen es in die Hand. Wie riecht es? Sie halten es sich unter die Nase. Ist es frisch? Sie prüfen die Festigkeit. Wie wächst es? Sie suchen nach offensichtlichen Hinweisen. Aber vielleicht wissen Sie es nicht. Vielleicht haben Sie immer in der Stadt gelebt, nie einen Garten gehabt, nie Beeren, Kräuter oder Pilze geerntet bzw. gesucht. Dann können Sie jetzt etwas lernen.

BENUTZEN SIE IHRE HÄNDE

Viele Menschen unter 50 kennen Lebensmittel nur in abgepackter oder vorbehandelter Form. Die Nahrungsmittelproduktion wurde an andere delegiert und ausgelagert, oftmals an einen Ort, der weit weg von unserem Wohnort liegt. Wir bezahlen dafür, weil uns die Arbeit abgenommen wird – aber wir verlieren damit das Wissen um den Wert und das Wesen unserer Nahrungsmittel. Unsere Eltern, Groß- und Urgroßeltern kannten den Kreislauf von Wachsen, Ernte, Lagerung und Schwund noch, wir aber sind davon abgekoppelt, und das hat weitreichende Folgen.

Derzeit lebt etwas mehr als die Hälfte der Weltbevölkerung, 55 Prozent, in Städten. In einer Stadt ist die Anzahl der Haushalte, die eine Fläche im Freien, insbesondere einen Flecken Erde hat, begrenzt. Laut Schätzung der Vereinten Nationen wird im Jahr 2050 der Anteil der Weltbevölkerung in Städten bei 68 Prozent legen. Wenn sie nicht großes Glück und wenigstens eine kleine Anbaufläche haben, werden diese Menschen völlig von Nahrungsmittelerzeugern abhängig sein – und völlig abhängig davon, was diese erzeugen.

Viele Produkte, die heute verkauft werden, sind Imitate echter Lebensmittel. Sie haben vielleicht noch einen identifizierbaren natürlichen Baustein, aber der Rest besteht aus Chemie. Sie mögen »echt« aussehen, haben aber kaum Nährstoffe. Was sie stattdessen haben, sind Zusätze, die Haltbarkeit, Farbe und Aroma optimieren bzw. verstärken oder sie »wertvoller« erscheinen lassen sollen. Viele Käufer sind in dieser Hinsicht ahnungslos. Zum Glück gibt es Verbraucherschützer und Ämter für Lebensmittelsicherheit, die für genaue Angaben und Echtheit eintreten.

Sie selbst können sich wieder »ankoppeln«, indem Sie Ihre Hände benutzen. Essen Sie mit den Fingern, servieren Sie Ihren Freunden Fingerfood. Streuen Sie Salz, kneten Sie Teig, rupfen Sie Salat. Mit den Händen erspüren Sie Vorzüge und Eigenschaften, denen man so leicht kein Etikett verpassen kann. Unsere Hände sind feine Antennen, die auf Schultern klopfen, applaudieren und andere an die Hand nehmen. Benutzen Sie Ihre, um wieder ein Gespür für alles Lebendige zu bekommen, das Sie versorgt.

VIELE HÄNDE, LEICHTE ARBEIT

Auch Kinder müssen etwas über Nahrungsmittel wissen und eine Verbindung spüren. Wenn Sie Ihre Kinder aus der Küche scheuchen, können sie nichts lernen. Kochen Sie gemeinsam mit ihnen und Sie schenken ihnen Wissen, Fertigkeiten, Freude und schöne Erinnerungen.

Öffnen Sie die Küchentür und lassen Sie die Party beginnen! Die Aufgaben, die Sie ihnen übertragen, sollten wirklich hilfreich und nützlich sein, denn Kinder lassen sich nicht gerne mit sinnlosem »Kram« abspeisen. Wenn mehrere Leute mit einer Sache beschäftigt sind, entsteht automatisch Chaos. Egal! Sie können aufräumen und alles so machen, wie Sie es wollen – aber später. Jetzt krempeln Sie erst mal die Ärmel hoch und haben Spaß! Die Zubereitung einer Mahlzeit erfolgt in vier Phasen:

- **PLANUNG** Entscheiden, was Sie machen wollen, die Zutaten bereitstellen, überlegen, was wie lange braucht, damit alles rechtzeitig fertig ist.
- **ZUBEREITUNG** Verteilen Sie viele kleine Aufgaben, alle sollen zu tun haben. Es wird Ihnen so vorkommen, als wäre es zehnmal anstrengender als sonst, das stimmt wahrscheinlich auch – aber bleiben Sie entspannt. Das ist es wert.
- **SERVIEREN** Wenn Sie so weit gekommen sind, ist es ein Erfolg! Reden Sie über das, was Sie gemeinsam geschafft haben, und planen Sie den nächsten Termin.
- **ABSCHLUSS** Da heißt es gemeinsam abdecken, abwaschen und wegräumen. Diesen Part übernimmt niemand gerne, aber gemeinsam geht auch das leichter.

Nutzbringende Arbeiten, die das Gemeinschaftsgefühl stärken, bringen das Beste in uns hervor. Wir rücken zusammen. Außerdem gibt es so vieles zu bereden. Wie schafft man es z. B., eine Karotte zu reiben, ohne seine Fingernägel zu schreddern? Wie kann man eine Zwiebel trockenen Auges schneiden? Rühren Australier gegen den Uhrzeigersinn? Sind in einer Buchstabensuppe alle Buchstaben des Alphabets?

FÜHLUNG AUFNEHMEN

Kochen ist eine fabelhafte Möglichkeit, in die unglaubliche Vielfalt und Fülle der Pflanzenwelt einzutauchen – dafür ist es nie zu früh oder zu spät. Machen Sie sich mit den einzelnen Pflanzen, ihrer Textur, ihrem Duft und ihrem Geschmack vertraut. Beginnen Sie mit Rezepten, die Sie interessant oder irgendwie vertraut finden, aber lassen Sie sich nicht von ihnen einschränken. Vertrauen Sie Ihrer Intuition und Ihren Sinnen. Versuchen Sie es hiermit:

* Bestimmen Sie, welchen Teil der Pflanze Sie verwenden (*siehe* rechte Seite).
* Probieren Sie ein kleines Stück roh. Manchmal reicht es schon, daran zu riechen.
* Bereiten Sie nur diesen Teil zu, egal wie. Probieren Sie es einfach aus.
* Überlegen Sie, welches Kraut, Gewürz, Obst oder Gemüse zu Geschmack, Duft oder Textur passen könnte. Verwenden Sie ein oder zwei der Zutaten, erst nur in kleinen Mengen.
* Halten Sie es einfach. Einfachheit bringt oft das Beste einer Pflanze hervor.
* Kosten Sie, was Sie zubereitet haben. Überlegen Sie, was Sie verbessern können. Vielleicht haben Sie scharfe Gewürze benutzt und glauben nun, milde wären passender. Oder Sie haben das Gemüse gedämpft und meinen nun, kurz anbraten wäre besser.
* Nicht aufgeben! Probieren Sie so lange herum, bis es Ihnen wirklich schmeckt.
* Beim Kochen sind Sie völlig frei. Seien Sie furchtlos – was soll schon passieren?

WURZELN UND KNOLLEN Pflanzen haben viele Überlebensstrategien, manche vergraben ihren Kohlenhydratvorrat im Boden. Die Erde lockt die Wurzeln jeder Pflanze in die Tiefe, bietet ihr Mineralien, Feuchtigkeit und Halt. Rettich, Rote Bete, Karotten, Pastinaken und Petersilie haben Pfahlwurzeln, das sind ihre fleischigen Kohlenhydratspeicher. Die Kartoffel ist wie Topinambur und Süßkartoffel eine Knollenpflanze. Ihre sämtlichen Nährstoffvorräte stecken in der Knolle.

ZWIEBELN UND RHIZOME Manche Pflanzen vergraben ihren Kohlenhydratspeicher nur halb. Bei ihnen sind nicht Wurzel oder Knolle der Speicher, sondern verdickte Teile der Sprosse: so etwa bei Knoblauch, Zwiebeln und Schalotten (Zwiebel); Ingwer und Kurkuma (Rhizom).

STÄNGEL Staudensellerie, Rhabarber und Spargel haben essbare Stängel. Der Stängel steht in der Regel aufrecht, seine Höhe verleiht der Pflanze gewisse Vorteile. Er leitet außerdem mineralienhaltiges Wasser in die Blätter und sonnengenerierten Zucker hinunter in die Speicher.

SPROSSE Kopfkohle und -salate sind die blättrigen Spitzen von Sprossen. Ihre dicht gepackten Blätter sind zu Rosetten angeordnet und leicht zu erkennen.

BLÄTTER Spinat, Blattkohl, Rucola, Petersilie und Endivie gehören zu den Dutzenden Gemüsen mit essbaren Blättern – den grünen Maschinen für die Photosynthese. Sie sind so köstlich wie lebensnotwendig – als Sauerstofflieferanten.

BLÜTEN Wenn die Zeit reif ist, blüht eine Pflanze und treibt dann Früchte. Brokkoli und Artischocken sind Blütenknospen.

FRÜCHTE entstehen aus den Blüten und enthalten die Samen: mit einer fleischigen Schicht geschützt, wie bei Tomaten, Äpfeln oder Avocados; mit harten Schalen bei Nüssen oder mit dünneren Spelzen bei Getreide.

Die Hunderte von Nahrungspflanzen, aus denen Sie wählen können, haben eines gemeinsam: Sie sind eine Lebensform, die einen bestimmten Zyklus durchläuft, sich nach der Sonne streckt und dabei fest in der Erde verankert ist.

DIE ZEIT FÜR SICH ARBEITEN LASSEN

Die Zeit nimmt Ihnen vieles ab, wenn Sie sie nur lassen. Manche kulinarischen Projekte sind sehr befriedigend, verschlingen aber auch viel Zeit, diese vier können Sie ganz einfach in Ihren Alltag einpassen:

BOHNEN Die farbenfrohen und exotischen Bohnen aus aller Welt sind in ihrer getrockneten Form preiswerter und einfacher zu bekommen. Vor dem Kochen müssen getrocknete Bohnen in kaltem Wasser 8–24 Stunden einweichen. Kein Grund zur Panik. Um sie ins kalte Wasser zu tun, brauchen Sie keine 5 Minuten. Danach folgen Sie den einzelnen Schritten in *Wie man Bohnen kocht* auf Seite 64. Einen Wochenvorrat anzulegen, um die Bohnen nach Lust und Laune zuzubereiten, dauert nur 15 Minuten.

BROTE Beim Brotbacken müssen Sie eigentlich nur am Anfang, kurze Zeit in der mittleren Phase und schließlich, wenn die Laibe im Ofen sind, dabei sein. Und so geht's:

- Suchen Sie ein Rezept aus und die Zutaten zusammen. In dieser Phase müssen Sie den Teig kneten – dabei sollten Sie nicht hetzen. Vorbereiten und Kneten dauern etwa 15 Minuten. Danach bedecken Sie den Teig und machen etwas anderes.
- Etwas später (wie viel später hängt vom Rezept ab, i. d. R. sind es 2 Stunden) kneten Sie den Teig 2 Minuten lang, formen ihn zu Laiben, legen diese in Gärkörbe oder auf Brotbacksteine und lassen sie 1–2 Stunden gehen.
- Die aufgegangenen Laibe kommen in den vorgeheizten Ofen. Sie müssen sie nur hineinlegen und eine halbe Stunde später herausholen. Das ist alles!

MARINADEN Die beste Methode, die Zeit zum eigenen Vorteil zu nutzen:

- Wählen Sie ein Rezept aus. Marinaden sind meist schnell gemacht, denn man muss nur Aromen kombinieren, wie Knoblauch, Zwiebel, Gewürze, Kräuter.
- Wählen Sie einen leicht säuerlichen Aromaträger, wie Essig, Wein, Apfel-, Orangen-, Zitronen- oder Limettensaft.
- Legen Sie das Gemüse, Tofu oder Tempeh in die Marinade ein.
- Decken Sie alles zu, lassen Sie es bis zu 24 Stunden marinieren, dann wird serviert!

AROMEN VERBINDEN Sie bereiten ein Gericht zu, kalt oder warm, und lassen es dann zugedeckt, meist im Kühlschrank, 4–24 Stunden ruhen. Während dieser Zeit verbinden und intensivieren sich Aromen und Geschmacksstoffe.

- Die meisten Suppen profitieren von dieser Reife-Methode.
- Gemüse-Pies, Lasagne und viele Saucen werden durch diese Ruhephase besser.
- Geschnittene oder geraspelte Salate, wie Bohnensalate, schmecken besser, wenn man sie vor dem Servieren zugedeckt 1–4 Stunden in den Kühlschrank stellt.

Es geht ums Vorausdenken. Die Zeit bereitet alles, im Hintergrund, für Sie zu, während Sie sich anderweitig beschäftigen. Wenn man dieses Planen erst mal »intus« hat, läuft alles von alleine. Man muss nur den Prozess in Gang setzen.

1–2–3 GUTEN MORGEN

Mit diesen einfachen Gewohnheiten verbessern Sie jeden Morgen Ihre Laune, Konzentration und Motivation – und die Ihrer Kinder.

1 Gleich nach dem Aufstehen ein großes Glas Wasser trinken. Nach einem langen Schlaf ist es wichtig, aufzutanken, denn man hat Wasser ausgeatmet und -geschwitzt. So werden Körperfunktionen wie Aufmerksamkeit und Verdauung sanft in Gang gebracht.

2 Stehen Sie eine halbe Stunde früher auf, um in der Küche eine heimelige Atmosphäre zu schaffen. In der ersten Woche mag das schwerfallen, aber dann werden Sie es genießen. (Außerdem können Sie dann zuerst ins Bad!) Hier ein paar Tipps:

- Machen Sie in der Küche nur »halbe Beleuchtung«.
- Lassen Sie das Radio, ein Hörbuch oder ruhige Musik laufen – kein TV!
- Gönnen Sie sich einen Kaffee/Tee, ehe Sie das Familienfrühstück zubereiten.

3 Achten Sie darauf, dass Sie und Ihre Kinder den Tag mit einem kleinen Frühstück beginnen. Nicht jeder ist ein Morgenmensch und möchte gleich etwas essen, aber ein kleiner Happen hat später große positive Wirkung:

- Das Gehirn benötigt gleich nach dem Schlafen, das im Grunde eine lange Fastenzeit ist, Treibstoff. Erwachsene und vor allem Kinder brauchen dann »Hirnnahrung«, die reich an komplexen Kohlenhydraten ist.
- Frühstücksmuffel egal welchen Alters zeigen spätestens gegen Mittag bedenkliche Anzeichen – sie sind schlecht gelaunt, müde, zapplig und unkonzentriert … Ohne Frühstück kann man nicht gut arbeiten und in der Schule nicht richtig aufpassen.
- Eine neue Studie zeigt, dass Kinder, die nach einem gesunden Frühstück das Haus verlassen, bessere Noten haben und konzentrierter sind.
- Menschen, die das Frühstück auslassen, neigen eher zu Übergewicht oder Fettleibigkeit. Sie nehmen eine »nachtaktive Lebensweise« an, essen z. B. noch spät abends, zwischendurch Junkfood und bewegen sich weniger. Dieses Muster kann zu Blutzuckerspitzen führen und erhöht das Risiko, an einem Stoffwechsel-Syndrom zu leiden, einen Schlaganfall, eine Herzkrankheit oder Diabetes zu bekommen.
- Ein gesundes Frühstück stellt Sie innerlich auf den natürlichen Tag-Nacht-Rhythmus ein. Die Licht- und Dunkelheitsphasen beeinflussen Ihre Hormone und Ihren Stoffwechsel und damit Ihre Gesundheit und Ihr Wohlbefinden. Wenn Sie sich eine »Morgen-Lebensweise« angewöhnen, freuen Sie sich beim Aufwachen auf den Tag – und das Frühstück! Dem natürlichen Rhythmus angepasst, laufen Ihre Körperfunktionen wie geschmiert.
- Wenn Eltern das Frühstück auslassen, ist es recht wahrscheinlich, dass die Kinder ihrem Beispiel folgen.
- Wer das Frühstück auslässt, wertet es ab – dabei kann es die wertvollste Mahlzeit des Tages sein. Machen Sie einen Monat lang Frühstück und sehen Sie selbst.

FRÜHSTÜCK

MAIS-KAROTTEN-MUFFINS

Das Maismehl lässt diese Muffins etwas süß und etwas erdig schmecken. Sie eignen sich perfekt als leichtes Frühstück oder als Lunchpaket, dazu schmeckt ein Smoothie oder ein Kaffee. Zu warmen Muffins passt eine Portion Apfelbutter (Seite 43), Pflaumenbutter (Seite 45) oder mehr Marmelade, wenn Sie es süß mögen – oder Rührtofu (Seite 39), wenn es herzhaft sein soll.

ERGIBT 12 GROSSE MUFFINS

ZUBEREITUNGSZEIT: 40 MINUTEN

150 g feines Maismehl

150 g Weizenmehl (Type 550 oder 1600)

100 g feiner Zucker

1 TL Backpulver

1 TL gemahlener Ingwer

1 mittelgroße Karotte, geraspelt

95 g Orangenmarmelade (fine cut)

70 g Tahin (Sesampaste)

ca. 65 g Kokosöl, zerlassen

300 ml Pflanzendrink

1 EL Apfelessig

ALTERNATIVEN & VARIANTEN

1 TL gemahlenen Zimt zum gemahlenen Ingwer geben.

Backofen auf 200 °C vorheizen. Eine 12er-Muffinform mit Papierförmchen auslegen.

Maismehl, Mehl, Zucker, Backpulver und gemahlenen Ingwer in einer großen Schüssel vermengen. Die geraspelte Karotte zu den trockenen Zutaten geben; gut verrühren.

Marmelade, Tahin und Kokosöl in einen großen Messbecher geben. Pflanzendrink und Essig angießen und alles gut verquirlen. Jetzt muss es schnell gehen: Die Mischung zu den trockenen Zutaten geben und so kurz wie möglich unterrühren, dabei sicherstellen, dass alles gut durchmischt ist.

Den Teig gleichmäßig in die Papierförmchen verteilen. 15–20 Minuten backen, bis die Muffins hoch und goldgelb sind. Mit einem Holzstäbchen oder einer schmalen Messerspitze in den Teig stechen, bleibt nichts kleben, sind die Muffins fertig.

Die Muffins 5 Minuten in der Form auskühlen lassen und dann auf ein Kuchengitter setzen. Warm oder kalt servieren.

✻ **SCHNELLE REAKTION** Beim veganen Backen wird oft etwas Essig zu den feuchten Zutaten gegeben. Seine Säure reagiert mit dem Backpulver – oder dem Backsoda (Natron) oder Weinstein – in den trockenen Zutaten und sorgt dafür, dass das Gebäck aufgeht. Diese Reaktion setzt in dem Moment ein, in dem die feuchten Zutaten in Kontakt mit den trockenen Zutaten kommen – deshalb muss man dann fix arbeiten. Der Teig soll möglichst schnell in den Ofen kommen, damit das gebackene Ergebnis locker und leicht ist.

OBSTSALAT FÜR JEDE JAHRESZEIT

Ich bereite diesen köstlichen Salat schon am Vorabend zu und stelle ihn bis zum Frühstück in den Kühlschrank. Versuchen Sie ihn mal zusammen mit Müsli (um die Getreideflocken anzufeuchten, kann noch etwas Orangensaft dazu). Sie können ihn auch ins Lunchpaket packen oder als süßen fruchtigen Nachtisch essen. Mit Beeren, die gerade Saison haben, können Sie Abwechslung hinzufügen: z. B. Maulbeeren, Erdbeeren, Himbeeren, Roten, Weißen und Schwarzen Johannisbeeren, Blaubeeren und Brombeeren. Sie können auch ein paar Stachelbeeren hineinschneiden – aber denken Sie dran, die können ziemlich säuerlich schmecken. Auch beim Trockenobst können Sie abwechseln und ein oder mehrere Sorten gegen dieselbe Menge gehackter getrockneter Datteln, Feigen oder Aprikosen austauschen.

FÜR 4 PERSONEN

ZUBEREITUNGSZEIT: 15 MINUTEN

+ 4 STUNDEN RUHEZEIT

100 g entkernte Datteln, gehackt

100 g getrocknete Feigen, gehackt

100 g getrocknete Aprikosen, gehackt

50 g getrocknete Goji-Beeren

Saft von 2 Zitronen oder 2 Orangen (oder von je 1)

250 g frische Beeren der Saison

2 Bananen, in Scheiben geschnitten

2 Äpfel, gewürfelt

ALTERNATIVEN & VARIANTEN

Anstelle der Goji-Beeren 70 g Rosinen verwenden. Vor dem Servieren mit Sonnenblumenkernen oder 1 EL gehackter frischer Minze bestreuen.

Getrocknete Früchte in einer Schüssel vermengen und Saft darübergießen. Frisches Obst zugeben und vorsichtig unterheben, alle Obststücke sollen mit Saft getränkt sein. Die Schüssel zudecken, den Salat im Kühlschrank wenigstens 4 Stunden ziehen lassen. Ab und an durchrühren, damit sich der Saft gut verteilt.

✻ **DIE HONIG-FRAGE** Honigbienen sammeln Pollen und Nektar von blühenden Pflanzen, verarbeiten das Gesammelte in ihrem Körper, würgen es aus, konzentrieren es und lagern es in ihrem Bienenstock ein. Für ein Pfund Honig müssen etwa zwei Millionen Blüten angeflogen und Tausende Bienenarbeitsstunden eingesetzt werden. Viele Veganer weigern sich, Honig zu essen, weil sie meinen, die Bienen würden ausgebeutet, um ihren Honigvorrat gebracht und dann auch noch vom Menschen *nicht* geschützt. Weltweit gibt es immer weniger Bienen. Die meisten der 100 wichtigsten Nahrungspflanzen brauchen Bienen und andere Bestäuber, um Frucht zu tragen, deshalb stellt sich die Frage, wie lange weltweit die Ernährung noch gesichert ist. Gerstenmalzsirup ist ein guter Honigersatz, aber wenn Sie weiterhin Honig essen möchten, sollten Sie bei einem Imker aus der Region einkaufen. Wildbienen können Sie helfen, indem Sie bienenfreundliche Blumen pflanzen und keine Chemie im Garten oder auf dem Balkon verwenden. *Siehe auch* Quellen (S. 272).

RÜHRTOFU

Dieses Gericht können Sie entweder als veganes Rührei oder, mit ein paar schlichten Ergänzungen, als schmackhaftes Gemüsefrühstück zubereiten. So oder so geht es schnell und einfach. Sie können es warm auf Toast, als Füllung für Ofenkartoffeln oder zu warmem Brokkoli-Salat (Seite 151) servieren.

FÜR 4 PERSONEN

ZUBEREITUNGSZEIT: 30 MINUTEN

1 EL helles Sesamöl

1 kleine Zwiebel, fein gehackt

3 Knoblauchzehen, fein gehackt

1 mittelgroße Tomate, fein gewürfelt

¼ TL gemahlene Kurkuma

400 g Seidentofu, gut abgetropft

½ TL getrocknetes Basilikum

Salz und Pfeffer zum Abschmecken

ALTERNATIVEN & VARIANTEN

Versuchen Sie's ruhig mit etwas Gemüse. Damit alles schnell und gleichzeitig gar wird, das Gemüse klein schneiden, z. B. gewürfelte Paprika, geraspelte Karotte oder Röschen vom lila Brokkoli 'Purple Sprouting'; dazu noch frische Kräuter wie Petersilie oder Bärlauch. Dünsten Sie sie mit der Zwiebel und dem Knoblauch 5 Minuten in der Pfanne an. Danach kommen die Tomate und die übrigen Zutaten wie im Rezept beschrieben hinzu.

Das Öl auf mittlerer Stufe in der Pfanne erhitzen. Zwiebel und Knoblauch hineingeben, Hitze reduzieren, 5 Minuten unter gelegentlichem Rühren anbraten. Tomate hinzugeben, Deckel auf die Pfanne legen, 5 Minuten dünsten. Dann Kurkuma gut unterrühren.

Tofu in die Pfanne bröseln. 5 Minuten anbraten und dabei regelmäßig umrühren, damit der Tofu schön fluffig wird, Hitze und Aromen sich gleichmäßig verteilen.

Basilikum unterrühren, mit Salz und Pfeffer abschmecken und servieren.

✻ **TOFU** wird als »weicher Tofu« oder »Seidentofu« verkauft, wenn er einen hohen Wasseranteil hat, als »fester« oder »Natur-Tofu«, wenn Wasser herausgepresst wurde. Ich kaufe alle Sorten und experimentiere gerne. Aus dem Seidentofu presse ich meistens etwas Wasser aus. Tofu ist sehr proteinreich und kann vielfältig verarbeitet werden, aber beim Geschmack braucht er Nachhilfe! Wenn es nicht ein fester geräucherter oder marinierter Tofu ist, schmeckt er nämlich mehr oder weniger nach nichts. Ich versuche es erst mit Gewürzen wie Pfeffer, Cayennepfeffer und vielleicht etwas Piment. Die Grundwürze halte ich eher schlicht, wenn sie passt, kann man immer noch darauf aufbauen. Kurkuma passt aus zwei Gründen gut zu Tofu: Sie färbt ihn schön gelb und in Suppen verwendet, wirkt sie andickend (Vorsicht, nimmt man zu viel, schmeckt das Gericht bitter!). Für die »Kopfnote« beim Geschmack gebe ich in den letzten paar Minuten beim Kochen getrocknete Kräuter dazu und garniere alles vor dem Servieren vielleicht noch mit frischen Kräutern.

SÜSSKARTOFFEL-TASCHEN

Wenn Sie zum Frühstück nicht viel essen möchten, aber wissen, dass Ihnen ein kleiner Happen guttäte: Hier ist ein kleiner Happen. Diese Taschen sind etwas süß, etwas herzhaft und nicht zu groß. Sie schmecken sehr gut mit Pflaumenbutter (Seite 45) oder mit mehr Marmelade.

ERGIBT 8 TASCHEN

ZUBEREITUNGSZEIT: 1 STUNDE

1 Portion veganer Mürbeteig (Seite 265)

300 g Süßkartoffeln, geschält und gewürfelt

50 g Rosinen

½ TL gemahlener Zimt

8 gehäufte EL Orangenmarmelade

ALTERNATIVEN & VARIANTEN

Für eine kräftigere Geschmacksnote 4 fein gehackte Knoblauchzehen zur Süßkartoffel-Mischung geben. Die Taschen können Sie formen, wie Sie möchten, rund, eckig …

Den vorbereiteten Mürbeteig 30 Minuten vor der Verwendung aus dem Kühlschrank nehmen. Backofen auf 200 °C vorheizen.

Süßkartoffelwürfel 10–12 Minuten weich dämpfen. Vom Herd nehmen, zum Abkühlen beiseitestellen.

Rosinen, Zimt und abgekühlte Süßkartoffeln in einer Schüssel vermengen.

Den Teig ca. 5 mm dick ausrollen und in 8 Quadrate schneiden. Entlang einer gedachten diagonalen Linie, die jedes Quadrat teilt, einen Löffel der Süßkartoffel-Rosinen-Füllung auf eine Hälfte setzen; einen Rand frei lassen. Jeweils eine kleine Vertiefung formen und in jede Vertiefung 1 EL Marmelade füllen. Die Teigquadrate diagonal über die Füllung zu einem Dreieck falten. Die Ränder aufeinanderlegen und fest zusammendrücken.

10 Minuten im Ofen backen, dann die Temperatur auf 180 °C reduzieren und weitere 15–20 Minuten backen, bis die Taschen goldgelb sind.

Auf einem Kuchengitter abkühlen lassen, warm oder kalt servieren.

BANANENBROT

Diesen Leckerbissen kann man zum Frühstück genauso genießen wie zur Teepause oder zu einem ausgedehnten Kaffeeklatsch. Er ist nicht zu süß – gerade süß genug, um sich zu fragen, ob man ihn nicht »Kuchen« nennen sollte. Im Sommer serviere ich ihn gerne mit frischen Beeren oder Früchten, im Winter mit Pflaumenbutter (Seite 45).

ERGIBT 1 LAIB

ZUBEREITUNGSZEIT: 1 STUNDE

100 g Kokosöl, zerlassen, und etwas Kokosöl für die Form

300 g Weizenmehl (Type 550 oder 1600)

2 TL Backpulver

1 TL gemahlener Muskat

½ TL gemahlener Zimt

125 g brauner Zucker

250 ml Pflanzendrink

75 g Tahin (Sesampaste)

2 sehr reife Bananen, geschält und zerdrückt

1 EL Apfelessig

ALTERNATIVEN & VARIANTEN

Zu Muskat und Zimt noch ½ TL gemahlene Nelken geben.

Den Backofen auf 250 °C vorheizen. Eine 900-Gramm-Kastenform mit etwas zerlassenem Kokosöl einfetten.

Mehl, Backpulver und Gewürze in einer großen Schüssel vermengen.

In einem großen Messbecher Zucker und Pflanzendrink gut verrühren, bis sich der Zucker aufgelöst hat. Dann Tahin zugeben und alles schaumig schlagen. Das Kokosöl gut unterrühren, dann die zerdrückten Bananen und den Essig.

Jetzt schnell arbeiten, die feuchte Mischung zu den trockenen Zutaten geben, so kurz wie möglich verrühren, dabei darauf achten, dass alles gleichmäßig vermengt ist.

Den Teig in die Kastenform füllen und im Ofen 10 Minuten backen. Die Temperatur auf 150 °C reduzieren und weitere 20–25 Minuten backen, bis die Brotkruste hellgoldgelb ist. Mit einem Holzstäbchen oder einer schmalen Messerspitze in den Teig stechen, es sollte nichts kleben bleiben.

Das Bananenbrot aus dem Ofen nehmen, 5 Minuten in der Form abkühlen lassen, dann auf ein Kuchengitter stürzen. Lauwarm oder kalt servieren.

APFELBUTTER

Dieses einfache, vielseitige Mus kann man als Sauce, als Brotaufstrich, Babynahrung oder Pastetenfüllung verwenden. Auf meinem Frühstückstisch steht immer Apfelbutter: Sie schmeckt köstlich auf Toast, zum Gersten-Hafergrütze-Porridge (Seite 56) oder Bananenbrot (linke Seite) oder zu Süßkartoffel-Taschen (Seite 40). Auch als Topping auf Soja-Eis ist sie köstlich. Für die Zubereitung brauchen Sie eine Passiermühle (Flotte Lotte) und ein paar Einmachgläser. An einem kühlen, dunklen Ort aufbewahrt hält sich die Apfelbutter ungeöffnet ein, zwei Monate.

ERGIBT CA. 1 LITER

ZUBEREITUNGSZEIT: 2 STUNDEN

12 Kochäpfel (Granny Smith, Braeburn, Holsteiner Cox, Elstar, Gala), ungeschält

1 TL gemahlener Zimt

½ TL gemahlener Muskat

¼ TL Cayennepfeffer

50–100 g brauner Rohrzucker, je nach Geschmack

ALTERNATIVEN & VARIANTEN

Es geht auch ohne Cayennepfeffer – obwohl ich nicht dazu rate, er bringt einfach das gewisse Etwas! Glauben Sie mir, er rundet die Gewürze wunderbar ab und schmeckt nicht zu scharf.

Einen Emaille- oder Edelstahltopf 2 cm hoch mit Wasser füllen. Äpfel vierteln und entkernen, braune Stellen entfernen.

Apfelviertel in den Topf geben, Deckel auflegen und bei mittlerer Hitze das Wasser zum Köcheln bringen. Bei geschlossenem Deckel Hitze reduzieren, die Äpfel sanft köcheln lassen, bis sie sehr weich sind. Das dauert etwa 15 Minuten.

Die Passiermühle (Flotte Lotte) auf eine hitzefeste Schüssel setzen. Die gekochten Äpfel mit ihrem Saft in die Passiermühle füllen, den Griff drehen, erst in die eine, dann in die andere Richtung, bis das gesamte Fruchtfleisch durch den Siebeinsatz in die Schüssel passiert ist. Restliches Mus von der Unterseite des Siebeinsatzes kratzen. Schalen- und Faserreste aus dem Sieb wegwerfen.

Das Apfelmus und die Gewürze in den Topf geben. Etwas Zucker hinzugeben, alles gut verrühren und probieren. Manche Apfelsorten haben viel natürliche Süße, andere weniger – mit Zucker abschmecken, bis es »richtig« schmeckt.

Auf mittlerer Stufe unter ständigem Rühren erhitzen. Wenn das Mus anfängt, Blasen zu werfen, die Hitze auf ein Minimum reduzieren. Ohne Deckel köcheln lassen, damit Flüssigkeit langsam verdampft. Ab und an umrühren und alles gleichmäßig köcheln.

Wenn die Apfelbutter nach etwa 1 Stunde schön dick geworden ist, vom Herd nehmen. Gut umrühren und in sterilisierte Gläser (*siehe* unten) füllen. Sofort verschließen und abkühlen lassen.

✻ **EINMACH-(BZW. WECK-)GLÄSER** Benutzen Sie Gläser mit breiter Öffnung und fest verschließbarem Deckel. Egal welche Marke Sie wählen, achten Sie darauf, dass sie sterilisiert sind. Waschen Sie sie gründlich aus, samt Gummiring und Deckel, dann gießen Sie sie bis zum Rand mit kochendem Wasser auf. Gießen Sie das heiße Wasser erst direkt vor dem Befüllen ab. Dann füllen Sie die Gläser mit der heißen Apfelbutter und verschließen sie sofort (wenn Sie Marmelade kochen, verfahren Sie genauso).

PFLAUMENBUTTER

Diese Abwandlung der Apfelbutter (Seite 43) war einem Korb voller Fallpflaumen geschuldet. Man kann jede Pflaumensorte verwenden, Geschmack und Farbe des Muses hängen von der Sorte ab – wenn Sie z. B. dunkle, süße Pflaumen nehmen, wird die Pflaumenbutter dunkel und süß. Ich habe sie schon aus Haferpflaumen, auch Haferschlehen genannt, gemacht, einem Wildobst, und kann sie nur empfehlen. Sie brauchen eine Passiermühle (Flotte Lotte) und ein paar Einmachgläser. Die Pflaumenbutter kann als Sauce, Brotaufstrich, Topping auf dem Nachtisch oder Babynahrung verwendet werden. Probieren Sie mal einen Klecks zu Mais-Karotten-Muffins (Seite 35) oder Drei-Korn-Risotto (Seite 184) oder rühren Sie etwas kalte Pflaumenbutter unter Ihren veganen Natur- oder Vanille-Joghurt.

ERGIBT CA. 1 LITER

ZUBEREITUNGSZEIT: 2 STUNDEN

2 kg Pflaumen

¼–½ TL Fünf-Gewürze-Mischung zum Abschmecken

50–100 g brauner Rohrzucker zum Abschmecken

ALTERNATIVEN & VARIANTEN

Beim Dünsten 1 ungeschälten, entkernten, in Scheiben geschnittenen Kochapfel zugeben.

Wasser 2 cm hoch in einen Emaille- oder Edelstahltopf gießen und bei mittlerer Hitze erwärmen. Die Pflaumen dazugeben, dabei bei jeder Pflaume die Schale mit einem Messer einritzen, so werden sie schneller und gleichmäßig gar.

Wenn das Wasser zu köcheln beginnt, Deckel auflegen und Hitze reduzieren. Die Pflaumen unter gelegentlichem Rühren 15–20 Minuten weich köcheln. Den Topf vom Herd nehmen und alle Steine herausnehmen, die sich dann aus dem Fruchtfleisch gelöst haben. Es ist wichtig, alle Steine zu entfernen, bevor die Pflaumen passiert werden.

Eine Passiermühle auf eine hitzefeste Schüssel setzen. Die gekochten Pflaumen hineinfüllen. Den Griff drehen, erst in die eine, dann in die andere Richtung, bis das gesamte Fruchtfleisch durch den Siebeinsatz in die Schüssel passiert ist. Restliches Mus von der Unterseite des Siebs kratzen. Schalenreste aus dem Sieb wegwerfen.

Mus in den Topf geben. Mit Fünf-Gewürze-Mischung und Zucker abschmecken, denken Sie daran, dass beim Reduzieren die natürliche Süße der Pflaumen intensiviert wird.

Alles gut verrühren. Bei mittlerer Hitze ohne Deckel köcheln lassen und langsam die Flüssigkeit reduzieren. Gelegentlich umrühren, damit nichts anliegt und alles gleichmäßig heiß ist.

Wenn die Pflaumenbutter nach etwa 1 Stunde schön dick geworden ist, vom Herd nehmen. Gut umrühren und in sterilisierte Gläser (*siehe* Seite 43 unten) füllen. Sofort verschließen und abkühlen lassen. Ungeöffnet an einem dunklen kühlen Ort gelagert hält sich die Pflaumenbutter ein, zwei Monate.

ZWIEBEL-KARTOFFEL-PUFFER

Wenn man gerne warm frühstückt oder ausgehungert nach Hause kommt, ist dies ein schnelles, leckeres Gericht. Für mich ist das Wenden dabei die größte Herausforderung. Als ich noch klein war, hatten wir einen Herd mit großem integriertem Grillfeld. Ich habe wahnsinnig gerne darauf gebraten – ich hatte viel Ellbogenfreiheit und konnte den Pfannenwender im optimalen Winkel ansetzen. Mit einer Bratpfanne ist es etwas schwieriger, aber weil meine Familie diese Puffer so liebt, habe ich jetzt reichlich Übung! Sie können rohe oder gekochte Kartoffeln verwenden oder eine Mischung halb/halb. Die Menge ergibt vier kleinere oder ein, zwei große Puffer. Sehr gut schmecken sie zu Bohnen auf Toast (Seite 52) oder gebratenem Mandel-Brokkoli (Seite 190).

FÜR 4 PERSONEN

ZUBEREITUNGSZEIT: 20 MINUTEN

2 mittelgroße Kartoffeln, roh, halbgar oder gar gekocht

1 kleine Zwiebel, geviertelt und dünn geschnitten

¼ TL zerstoßene Kümmelsamen

Salz und Pfeffer zum Abschmecken

1 EL helles Sesamöl

ALTERNATIVEN & VARIANTEN

½ TL getrocknetes Basilikum oder Oregano zur Kartoffelmasse geben.

Kartoffeln in eine Schüssel reiben. Zwiebel und Kümmelsamen dazugeben, salzen und pfeffern. Alles sanft mit einem Holzlöffel vermengen.

Bratpfanne auf mittlerer Stufe erhitzen, Öl hineinträufeln. Wenn das Öl heiß ist, die Kartoffelmasse mit dem Löffel in die Pfannenmitte geben und über die ganze Fläche verteilen. 5 Minuten anbraten.

Die Masse mit einem Holzlöffel zu einem 1–2 cm dicken Küchlein formen; den Holzlöffel anfeuchten, damit die Zutaten nicht an ihm kleben bleiben. Darauf achten, dass die Zwiebeln schön in die Kartoffeln gebettet sind und nicht lose aus dem Rand hängen.

Nach etwa 5 Minuten sollte die Unterseite goldbraun sein. Den Puffer mit dem Pfannenwender vom Boden lösen und wenden. Auch auf der anderen Seite etwa 5 Minuten goldbraun braten. Heiß servieren.

DICKE BOHNEN MIT TAHIN UND ORANGE

Ful Medames – auch Fava-Bohnen oder Dicke Bohnen genannt – sind getrocknet schön runzlig und orangebraun. Sie gehören zu den ersten Nahrungspflanzen, die der Mensch angebaut hat, und sind eine wichtige Zutat in der Küche des Nahen Ostens. *Ful Medames* heißt auch ein traditionelles ägyptisches Frühstück. Dieses Gericht ist nahrhaft, kann heiß oder kalt, zu getoastetem Pitabrot oder zu Bubble 'n' Squeak (Seite 53) gegessen werden.

FÜR 4 PERSONEN

ZUBEREITUNGSZEIT: 30 MINUTEN

1 EL helles Sesamöl

8 Knoblauchzehen, gehackt

½ TL ganzer Kreuzkümmel

½ TL gemahlener Zimt

½ TL Chiliflocken

1 mittelgroße Tomate, fein gewürfelt

2 × 400-g-Dosen Ful Medames (Dicke oder Fava-Bohnen)

1 Orange, geschält und in Segmente geteilt

4 EL Tahin (Sesampaste)

ALTERNATIVEN & VARIANTEN

2 große Handvoll frische, gehackte Korianderblätter mit den Tomaten hinzugeben; oder 2 fein gehackte Frühlingszwiebeln mit den Bohnen.

Öl in einen großen Topf geben, bei mittlerer Hitze Knoblauch und Gewürze darin anbraten, bis der Knoblauch weich ist, etwa 5 Minuten. Gewürfelte Tomate mit ihrem Saft dazugeben und unter regelmäßigem Rühren 5 Minuten köcheln lassen. Dosenbohnen mit dem Saft unterrühren. Alles weitere 5 Minuten erhitzen.

Topf vom Herd nehmen. Orangen-Segmente in mundgerechte Stücke schneiden und unter die heißen Bohnen rühren. Auf Teller verteilen, über jede Portion 1 EL Tahin geben und servieren.

✻ **RUNZLIG UND BEWÄHRT** Ich habe festgestellt, dass Nahrungsmittel mit einer langen Geschichte, die nach nicht viel aussehen, oft besonders nahrhaft sind. Ful Medames gehören dazu, sie sind reich an Protein, Eisen, Magnesium und Mangan, löslichen und unlöslichen Fasern. Wenn sie getrocknet sind, sehen sie runzlig und orangebraun aus. Morgens hat man es meistens eilig, da will man nicht auch noch Bohnen einweichen – zum Glück gibt es schon gekochte Ful Medames in der Dose, die in diesem Rezept verwendet werden.

SCHNELLE BRATLING-MISCHUNG

Diese Mischung ist vielseitig und sofort einsatzbereit: Man gibt einfach Wasser dazu, formt sie zu Würstchen, Bratlingen – oder einem Festtagsbraten (*siehe* unten)! Ich habe immer einen Vorrat – griffbereit – in einem verschließbaren Glas. Die Bratlinge passen gut zu Zwiebel-Kartoffel-Puffern (Seite 46) und Mais-Paprika-Relish (Seite 134). Als Würstchen kann man sie zu Bohnen auf Toast (Seite 52) als vegane Variante des traditionellen englischen Frühstücks genießen.

ERGIBT 4 BRATLINGE/WÜRSTCHEN

ZUBEREITUNGSZEIT: 30 MINUTEN

2 EL getrocknete Zwiebeln

2 EL Reisflocken

2 EL Haferflocken

2 EL Haferkleie

2 EL feiner Couscous

1 EL veganes Saucenpulver

1 TL getrockneter Oregano

½ TL Cayennepfeffer

etwas Mehl zum Bestäuben

2 EL helles Sesamöl

ALTERNATIVEN & VARIANTEN

Wer es scharf mag, nimmt die doppelte Menge Cayennepfeffer oder stattdessen ½ TL Chiliflocken. Man kann die Mischung auch mit 100 g gekochtem Reis, gekochten Kartoffeln, gekochten Bohnen oder Tofustücken ergänzen. Seien Sie kreativ und probieren Sie es mit weiteren Gewürzen und Kräutern aus.

Getrocknete Zwiebeln, Reisflocken, Haferflocken, Haferkleie, Couscous, Saucenpulver, Oregano und Cayennepfeffer in einer Schüssel vermengen. 125 ml warmes Wasser angießen, alles gut verrühren und 10 Minuten ruhen lassen.

Ein Schneidbrett mit etwas Mehl bestäuben. Die eingeweichte Mischung auf dem bemehlten Brett in vier gleich große Portionen teilen und zu Würstchen oder Bratlingen formen. Die Bratlinge einmal wenden, damit von beiden Seiten Mehl an ihnen haftet; die Würstchen leicht im Mehl rollen.

Bei mittlerer Hitze 1 EL ÖL in eine Pfanne geben. Wenn es heiß ist, die Bratlinge/Würstchen hineinlegen, Deckel auflegen. 5 Minuten dünsten, bis sie braun und leicht knusprig sind, dann wenden und auf der anderen Seite (oder den anderen Seiten) ebenso lange dünsten. Falls nötig, restliches Öl zugeben. Wenn sie schön gebräunt sind, die Hitze reduzieren und weitere 10 Minuten dünsten. Ab und an wenden, damit sie nicht anliegen.

VEGANER BRATEN Mit der Bratling-Mischung kann man auch einen schmackhaften Ofenbraten zubereiten. Für 4 Personen die doppelte Menge der trockenen Zutaten aus dem Rezept in einer großen Schüssel vermengen. 250 ml warmes Wasser angießen, alles gut verrühren, 10 Minuten ruhen lassen. 250 g gekochte Bohnen unterrühren, dabei die Bohnen leicht zerdrücken. Die Mischung in eine eingeölte Kasten- oder eine andere Backform drücken. Die Oberfläche des Bratens mit 150 ml würziger Tomatensauce (Seite 253) bedecken. Bei 180 °C im Ofen 35 Minuten backen. In der Form auf einem Kuchengitter 5 Minuten auskühlen lassen, dann auf eine Servierplatte stürzen. Reste können aufgeschnitten und zum Frühstück gebraten oder als Sandwich-Füllung verwendet werden.

PRIMA BOHNEN AUF TOAST

Während eines Familienurlaubs, an den sich alle gerne erinnern, haben wir jeden Morgen im Freien auf einem Campingkocher Bohnen gekocht. Damals fanden wir heraus, dass jede Marke Baked Beans eine andere Sauce und einen typischen Geschmack hat, und wir tüftelten dieses Familienrezept aus. Es schmeckt besonders köstlich, wenn man es draußen isst, oder wenn man gerade aus der Kälte kommt. Wir essen die Bohnen auf getoastetem Vollkornbrot (Seite 120).

FÜR 4 PERSONEN

ZUBEREITUNGSZEIT: 15 MINUTEN

1 EL helles Sesamöl

1 große Zwiebel, fein gehackt

¼ TL Chiliflocken

¼ TL gemahlener Piment

1 mittelgroße Tomate, klein gewürfelt

2 × 415-g-Dosen Baked Beans

4 dicke Scheiben Brot

ALTERNATIVEN & VARIANTEN

Zu den Gewürzen noch ¼ TL gemahlene Kurkuma geben, sie ändert Farbe und Geschmack etwas und dickt die Sauce an.

Öl in einen Topf geben und bei mittlerer Hitze die Zwiebel kurz anbraten. Gewürze und Tomatenwürfel hinzugeben. Deckel auflegen und alles etwa 5 Minuten dünsten.

Wenn die Zwiebel und die Tomate weich sind, die Baked Beans hinzugeben, gut umrühren. Die Bohnen erwärmen, nicht kochen. Das Brot toasten. Bohnen vom Herd nehmen, auf die Toasts geben und servieren.

✻ **KONSERVE KONTRA GETROCKNET** Ich war überrascht, als ich gelesen habe, dass es Lebensmittel in Dosen schon seit Anfang des 19. Jahrhunderts gibt, das war ein Fortschritt im ewig währenden Streben, Nahrungsmittel länger halt- und transportierbar zu machen. Schon Mitte des Jahrhunderts war das Geschäft mit Konservendosen ausgesprochen lohnend. Heute haben Konserven den zweitgrößten CO_2-Fußabdruck, einen größeren hat nur Gefrierkost. Das ist nicht erstaunlich, wenn man bedenkt, welche Materialien verwendet, verarbeitet und transportiert werden müssen. Hinzu kommt, dass viele Menschen ihre Konserven ablaufen lassen. So sind nicht nur die Lebensmittel vergeudet, sondern auch das Material, denn die Dosen kommen gefüllt in den Müll und werden nicht recycelt. Ein Sack getrockneter Bohnen minimiert den CO_2-Fußabdruck bei jeder Bohnenmahlzeit. Ich habe noch andere Gründe, getrocknete zu bevorzugen: Es gibt sie in größerer Auswahl, wesentlich preiswerter und sie sind lange haltbar. Aus einem 2-kg-Sack koche ich 12 Mahlzeiten für vier Personen, aus einer 400-g-Dose nur eine. Beim Campen oder für exotische Zutaten sind sie nützlich und so kaufe ich ab und an Konserven, doch sonst ziehe ich bei allen Nahrungsmitteln, die lange haltbar sein sollen, getrocknete vor.

BUBBLE 'N' SQUEAK

Bubble 'n' Squeak ist ein typisches Resteessen, das nie gleich schmeckt. Traditionell wird es als warmes Frühstück serviert, ist aber zu jeder Mahlzeit lecker. Es eignen sich alle Gemüsereste dafür, aber egal, welche Sie nehmen, beginnen Sie immer mit der Zwiebel. Das Ergebnis sollte weder ölig noch angebrannt sein, sondern recht trocken. Jede Zutat sollte noch herauszuschmecken sein. Geben Sie einen Klecks Fertigsauce oder Tamari (Sojasauce) darauf und servieren Sie es zu einer Wurst aus der Bratling-Mischung (Seite 50) und/oder einer gegrillten Tomate.

FÜR 4 PERSONEN

ZUBEREITUNGSZEIT: 20 MINUTEN

1 EL helles Sesamöl

1 große Zwiebel, fein gehackt

2 Kartoffeln, im Ofen gebacken oder gebraten und grob gewürfelt

1 Pastinake, gebraten und gewürfelt

1 Karotte, gebraten und gewürfelt

100 g frischer Rosenkohl, Röschen geviertelt

100 g frische oder gefrorene Erbsen

1 Kohlblatt, fein geschnitten

½ TL getrockneter Oregano

Salz und Pfeffer zum Abschmecken

Öl in einer großen Pfanne auf mittlerer Stufe erhitzen. Zwiebel, Kartoffeln, Pastinake, Karotte, Rosenkohl, Erbsen, Kohl und Oregano in genau dieser Reihenfolge schichten. Jede Schicht salzen und pfeffern. Deckel auflegen. Noch nicht umrühren!

Alles etwa 5 Minuten andünsten, bis die Zwiebel anbräunt, dann mit einem Pfannenwender den Pfanneninhalt wenden, sodass die Zwiebel und die Kartoffeln oben liegen. Deckel auflegen, die Hitze reduzieren, weitere 5 Minuten dünsten, bis der Rosenkohl weich ist.

Jetzt gut verrühren und heiß servieren.

SICHERHEIT GEHT VOR Es ist großartig, Reste aufzuheben, aber es bilden sich schnell krank machende Bakterien. Achten Sie hierauf:

- Gekochte oder verderbliche Lebensmittel bei Temperaturen unter 5 °C aufbewahren und so schnell wie möglich verbrauchen.
- Gekochte Lebensmittel nicht länger als 2 Stunden bei Raumtemperatur aufbewahren.
- Vor dem Servieren immer bei über 60 °C erwärmen

SÜSSE SONNTAGS-SCHNECKEN

Sie sind zwar schnell gemacht, aber es ist wunderbar, sie mit Zeit und Liebe zuzubereiten. Für einen entspannten Sonntagmorgen sind sie einfach perfekt, dazu noch eine Kanne Kaffee, viele Zeitungen und vielleicht eine Schale frische Beeren.

FÜR 4 PERSONEN

ZUBEREITUNGSZEIT: 40 MINUTEN

80 g Kokosöl und etwas Kokosöl zum Einfetten der Form

40 g Kokosraspel

100 g brauner Rohrzucker

1 TL gemahlener Zimt

300 g Weizenmehl (Type 550 oder 1600) und etwas Mehl zum Bestäuben der Arbeitsfläche

2 TL Backsoda (Natron)

1 TL Weinstein

150 ml Pflanzendrink

100 g Rosinen

2 EL Olivenöl

90 ml Ahorn- oder Gerstenmalzsirup

ALTERNATIVEN & VARIANTEN

Beträufeln Sie die Schnecken vor dem Backen mit etwas Olivenöl, so werden sie leicht knusprig.

Den Backofen auf 220 °C vorheizen. Eine runde Backform (28 cm Ø) oder eine gleich große ofenfeste Form großzügig mit Kokosöl einfetten. Die Kokosraspel darüber verteilen und leicht schütteln, damit sie sich gleichmäßig verteilen.

Zucker und Zimt in einer kleinen Schüssel vermengen. Die Hälfte des Zimtzuckers über die Kokosraspelschicht in der Form verteilen.

In einer zweiten Schüssel Mehl, Backsoda und Weinstein vermengen. Kokosöl in Flöckchen zugeben, vermengen, bis die Mischung feinen Semmelbröseln ähnelt. Pflanzendrink angießen und gut verrühren. Mit den Händen zu einem festen Teig verkneten.

Die Arbeitsfläche leicht mit Mehl bestäuben. Den Teig zu einem Rechteck formen. Mit dem Nudelholz zu einem ca. 20 × 30 cm großen, ca. 1,5 cm dicken Rechteck ausrollen (oder mit den Händen zurechtdrücken).

Die Längsseite zeigt zu Ihnen: die Rosinen auf dem Teig verteilen, dabei rundherum einen Rand von ca. 3 cm frei lassen. Die Rosinen leicht in den Teig drücken. Den restlichen Zimtzucker darüberstreuen, mit dem Olivenöl und der Hälfte des Sirups beträufeln.

Den Teig von der Längsseite her, von sich weg, aufrollen. Beim Rollen den Teig gut zusammendrücken, damit die Füllung eingebettet bleibt. Die Enden und die lange Kante verschließen, falls nötig, die Ränder anfeuchten und andrücken.

Mit einem Brotmesser mit Wellenschliff die Rolle in ca. 3 cm breite Stücke schneiden. Die Stücke jeweils mit Abstand flach in die Backform legen. Im Ofen 15 Minuten backen.

Während die Schnecken backen, ein Stück Backpapier so zurechtschneiden, dass es die Backform bedeckt. Wenn die Schnecken gar sind, die Form auf ein Kuchengitter setzen. Das Backpapier auf die Form legen und darauf wiederum »kopfüber« eine runde Kuchenplatte oder einen entsprechend großen Teller. Mit Backhandschuhen Form und Platte aneinanderdrücken, vorsichtig anheben und umdrehen.

Die Form 2–3 Minuten auf der Platte stehen lassen, dann vorsichtig abnehmen. Kokosraspel, die noch in der Form haften, herauslösen und über die Schnecken geben. Den restlichen Sirup über die Schnecken träufeln, solange sie noch heiß sind. 10–15 Minuten abkühlen lassen, dann die Schnecken sanft voneinander lösen. Noch warm genießen.

GERSTEN-HAFERGRÜTZE-PORRIDGE

Anfangs wollte ich nicht glauben, dass nur zwei Esslöffel Vollkorngetreide so satt machen! Nehmen Sie sich abends ein paar Minuten Zeit, um das Getreide zu waschen und einzuweichen, morgens können Sie dann ein schonend gegartes Frühstück genießen, das Ihnen stundenlang Energie gibt. Das Rezept ergibt eine mittelgroße Portion, die auch jemand essen kann, der eher ungern frühstückt, aber man kann es mit ein paar Extras aufpeppen. Ein ewig hungriger Teenager möchte vielleicht die doppelte Portion. Wer es süß mag, kann das Porridge mit Ahornsirup, einem Obstsalat (Seite 36) oder Apfelbutter (Seite 43) essen. Wer es herzhaft mag, bereitet das Porridge mit Pfeffer, Salz und Olivenöl zu.

FÜR 1 PERSON

ZUBEREITUNGSZEIT: 45 MINUTEN

+ 8 STUNDEN RUHEZEIT

1 EL Nacktgerste

1 EL Hafergrütze

125–200 ml Pflanzendrink

ALTERNATIVEN & VARIANTEN

Als leichtere Alternative oder wenn nicht genug Pflanzendrink da ist, Porridge mit Wasser kochen, Pflanzendrink erst in den letzten paar Minuten zugeben.

Das Getreide in einen Topf geben und mit kaltem Wasser spülen. Das Wasser abgießen und das Getreide noch einmal spülen, dann 2 cm hoch mit frischem kaltem Wasser bedecken. Wenigstens 8 Stunden einweichen, idealerweise den ganzen Tag oder über Nacht.

Wasser abgießen, das eingeweichte Getreide spülen. Mit 125 ml Pflanzendrink in einem Topf bei mittlerer Hitze zum Köcheln bringen. Deckel auflegen, die Hitze reduzieren und 25 Minuten köcheln, bis das Getreide ganz weich ist, dabei gelegentlich rühren.

Während das Porridge auf kleiner Flamme köchelt, nach und nach mehr Pflanzendrink angießen und danach jeweils gut umrühren. Machen Sie das, bis das Porridge die gewünschte Konsistenz hat, wenn Sie es cremig mögen, gießen Sie mehr Pflanzendrink an. Beide Getreide können sehr viel Flüssigkeit aufnehmen.

Das Porridge heiß servieren.

✻ **KOCHEN MIT VOLLKORNGETREIDE** Meiner Erfahrung nach kocht man Vollkorngetreide (und diese beiden im Besonderen) am besten in einem Topf mit fest schließendem Deckel ohne Dampfloch. Wenn alles köchelt, lege ich den Deckel auf und reduziere die Hitze auf ein Minimum. So bleibt alle Flüssigkeit im Topf und kann vom Getreide aufgenommen werden, ich muss selten Flüssigkeit nachgießen. Außerdem verringert sich so die Kochzeit erheblich (und ich muss kein verstopftes Dampfloch reinigen). Wenn Sie ein bestimmtes Getreide ein-, zweimal gekocht haben, entwickeln Sie ein Gespür dafür, wie viel Flüssigkeit Sie zu Beginn hinzugeben müssen und wann es Zeit ist, den Deckel abzunehmen.

DIE VEGANE SPEISEKAMMER

SPEISEKAMMER-GRUNDLAGEN

Die »Speisekammer« steht hier für einen Grundvorrat, der zu Ihnen, Ihrer Familie und dem Stauraum in Ihrer Küche passt. Ergänzen Sie die Zutaten, die Sie ständig brauchen, mit ein paar extra Leckerbissen, die Ihnen kreativen Freiraum geben. Frische und leicht verderbliche Lebensmittel sollten in den Kühlschrank und wöchentlich erneuert werden; haltbare gehören an einen kühlen, trockenen, möglichst dunklen Ort. Zu Beginn jeder Jahreszeit sollte man den Vorrat durchsehen und ältere Verpackungen, Gläser oder Konserven nach vorne stellen, um sie bald aufzubrauchen. Dies können Sie gut lagern:

GETROCKNETE FRÜCHTE schmecken als Snack, gehackt im Salat oder Müsli, wie auch in einem Curry oder Chutney. Sie sind geschmacksintensiv und mineralreich.

GETROCKNETE KRÄUTER UND GEWÜRZE ermöglichen köstliche Aromenkombinationen. Kaufen Sie je drei oder vier Sorten und fangen Sie an, zu experimentieren.

GETROCKNETES GEMÜSE kann sehr nützlich sein. Getrocknete Zwiebeln oder Knoblauch etwa in Marinaden und in der Bratling-Mischung (Seite 50). Getrocknete Tomaten haben einen intensiven Geschmack und sind vielseitig einsetzbar. Sie halten sich monate-, aber nicht jahrelang.

FRISCHES OBST UND GEMÜSE ist leicht verderblich. Ich kaufe mit meiner Familie jeden Sonntag den Wochenvorrat auf dem Bauernmarkt ein. Obst und Blattgemüse wird vor dem Einlagern gründlich gewaschen (das spart bei der Zubereitung unter der Woche viel Zeit). Beeren, Blatt- und Wurzelgemüse kommen in den Kühlschrank, alles andere wird hübsch bunt in der Küche arrangiert.

PFLANZENDRINKS gibt es in fast jedem Supermarkt sowie in Bioläden und Reformhäusern. Man hat die Wahl zwischen Drinks aus Soja, Getreide wie Hafer oder Reis, Nüssen wie Mandeln, Cashews oder Kokosnuss, sogar Sonnenblumenkernen, Hanf und Sesam. Jeder Drink hat einen typischen Geschmack und ein eigenes Nährstoffprofil, alle sind reich an Mineralien, Proteinen, Fetten und einfachen Kohlenhydraten. Manche Marken ergänzen Vitamin D oder B_{12} oder Kalzium. Wir bevorzugen Mandel- und Soja-, gefolgt von Hafer- und Hanfdrinks – manchmal machen wir sie auch selbst!

SALZ (Meersalz) – probieren Sie auch Tamari (Sojasauce), schwarzes Salz und Ume Shiso.

MEERESALGEN sind getrocknet erhältlich und mineralreich. Vier sind für mich unverzichtbar: Agar-Agar ersetzt als geschmackloses Geliermittel (tierische) Gelatine, z. B. in Cremes und Gelees. Arame verleiht, kurz eingeweicht und gekocht, Salaten, Eintöpfen und kurz Angebratenem einen typischen, aber nicht aufdringlichen Geschmack. Kombu (auch: Kelp) lässt Bohnen schneller weich kochen und gibt Suppen und Brühen einen kräftigeren Geschmack. Nori-Flocken verleihen allen möglichen Gerichten Würze; Nori-Blätter umhüllen Sushi-Rollen oder werden als knackiger Snack genascht.

SIRUPE – Gerstenmalzsirup und Melasse sind ein Muss, Johannisbrot- und Granatapfelsirup Extraschmankerl.

ESSIG – beginnen Sie mit Apfel- oder Weinessig und probieren dann andere aus.

KÖRNER UND MEHLE

Sie sind unentbehrlich, nährstoffreich und aromatisch. Sie sollten in luftdichten Behältnissen dunkel aufbewahrt und innerhalb eines Jahres verbraucht werden.

REIS wächst auf der ganzen Welt in vielen Sorten, ist einfach und lange zu lagern. Am schnellsten lassen sich Basmati- und Jasminreis kochen, beide gehören zu den »weißen« Sorten. Vollkornreise (Lang-, Mittel-, Rundkorn) sind reicher an Mineralien und Ballaststoffen und haben einen nussigen Geschmack. Sie brauchen beim Kochen etwas länger als die weißen Reise. Arborio ist ein weißer Reis für Risottos und Reispuddings, er sollte nicht gewaschen werden und nimmt mehr Flüssigkeit auf als andere Sorten. Reisflocken sind flach gerollte Reiskörner (ähnlich hergestellt wie Haferflocken). Sie lassen sich für Bohnenpasten, Brote und Saucen verwenden und sind ideal für halbfeste Babynahrung. Wildreis ist fast schwarz und hat einen kräftigen, erdigen Geschmack.

WIE MAN VOLLKORNGETREIDE KOCHT

- 70–100 g trockenes Getreide sind pro Person und Portion ausreichend.
- Die Körner waschen und abtropfen lassen, in einen Topf geben, doppelt so hoch Wasser zugeben; bei mittlerer Hitze aufkochen. Beginnt das Wasser zu köcheln, Deckel auflegen, Hitze reduzieren, 25–30 Minuten köcheln lassen.
- Alternativ: Körner 4–12 Stunden einweichen, abgießen, durchspülen; wie oben kochen.

HAFER ist ein sehr nährstoffreiches Getreide, hat viele lösliche Ballaststoffe und ist leicht verdaulich. Man kann ihn vielseitig verwenden, aber meistens wird er für Porridge benutzt. Es gibt ihn als Flocken, Grütze und Schrot.

GERSTE wird als ganzes Korn als Nacktgerste angeboten oder geschält, geschliffen und weniger nährstoffreich als Perlgraupen, Roll- oder Kochgerste. Vor dem Kochen wird sie 1–4 Stunden eingeweicht, man kann sie als Topping auf Eintöpfen, im Porridge oder in einer wärmenden Wintersuppe verwenden.

BUCHWEIZEN hat einen sehr erdig-nussigen Geschmack und eine kräftige Textur. Er ist trotz seines Namens nicht mit dem Weizen verwandt und glutenfrei. Als volles Korn kocht man ihn wie Reis oder Gerste. Wenn man ihn z. B. mit Reis oder Hirse mischt, variiert er Farbe und Textur des Gerichts.

HIRSE hat ein kleines rundes Korn, ist nährstoffreich, glutenfrei, gut zu lagern und verleiht allen möglichen Gerichten eine einzigartige Textur und ein cremig-weißes Aussehen. Sie braucht erstaunlich lange beim Kochen – etwa so lange wie Vollkornreis.

MAIS ist als feines, mittleres oder grobes Mehl und als Maisgrieß erhältlich und wird für Polenta und Maisbrot verwendet. Maisstärke wird aus der Stärke des Maiskorns gewonnen, zum Andicken von Suppen und Saucen verwendet und verleiht Gerichten Glanz.

WEIZEN gehört – neben Reis und Mais – weltweit zu den drei meistverzehrten Getreiden. Beim Raffinieren, das in vielen Kulturen gang und gäbe ist, wird er vieler seiner Nährstoffe beraubt. Dinkel, Kamut (oder: Khorasan-Weizen) und Einkorn sind alte Weizenarten. Dinkel ist von diesen am einfachsten zu finden, als volles Korn, Mehl oder zu Pasta verarbeitet. Auch Emmer ist ein Urgetreide und nährstoffreicher Weizenverwandter. Es gibt ihn als volles Korn, das man wie Reis kochen kann, und als Mehl. Couscous wird meist aus Hartweizengrieß hergestellt und in der nordafrikanischen Küche verwendet. Er ist schnell zubereitet und verleiht klassischen Eintöpfen und Saucen eine leichte, angenehme Textur. Freekeh ist unreifer, sonnengetrockneter, entspelzter und gerösteter Weizen aus der nordafrikanischen und levantinischen Küche, der sparsam in Suppen und Eintöpfen zum Einsatz kommt.

ROGGEN ist ein sehr robustes Korn, das vor allem im nördlichen Europa angebaut wird. Er hat einen kräftigen, etwas bitteren Geschmack, ist nährstoffreich und sättigend. Wenn Sie gerne Brot backen, sollten Sie mit diesem Korn experimentieren.

QUINOA kommt aus den südamerikanischen Anden und ist inzwischen sehr beliebt. Sie ist besonders reich an Kalzium, Proteinen, Vitaminen und Mineralien. Sie wird wie Hirse oder Reis zubereitet und eignet sich wunderbar in Körnermischungen.

AMARANT ist wie Quinoa besonders protein- und kalziumreich und hat generell viele Nährstoffe. Man kann ihn als Beilage kochen oder in Brot verbacken oder mit anderen Körnern mischen. Auch puffen kann man ihn – wie Popcorn.

TEFF (Zwerghirse) hat winzige Körner und wird traditionell in Äthiopien und Eritrea, inzwischen auch in Nordamerika und Australien angebaut. Er ist ein Nährstoff-Powerpaket, kann zu Frühstücksbrei gekocht oder als Mehl in Broten und Kuchen verwendet werden. Wenn Sie ihn nicht im Laden finden, gibt es ihn in Onlineshops.

WEIZENMEHLE gibt es in verschiedenen Ausmahlgraden vom feinen weißen Mehl (Type 405) bis zum Vollkornmehl; außerdem gibt es Dinkelmehl. Wenn Sie gerne backen oder mit Mehlschwitzen kochen, brauchen Sie ein oder zwei dieser Mehle.

ROGGENMEHL wird allein oder mit anderen Mehlen vermischt für kräftige, dunkle Brote verwendet.

NATÜRLICH GLUTENFREIE MEHLE sind Quinoa-, Kokos-, Reis-, Mais-, Hafer-, Kichererbsen-, Hirse-, Kartoffel- und Buchweizenmehle. Mehle für Brote und Rührteige können einen Buchweizenanteil von 25–50 Prozent haben. Amarant- und Quinoamehle gibt es in vielen Läden, Teffmehl eventuell nur online. Kichererbsenmehl wird traditionell in Indien, dem Nahen und Mittleren Osten verwendet und kann unter Mehle für Brote und Pfannkuchen gemischt werden.

PASTA wird italienisch traditionell aus Hartweizenmehl und Wasser hergestellt, andere Nudeln auch aus Mais-, Hirse- oder Dinkelmehl (manche mit Eiern). Es gibt sie in den unterschiedlichsten Formen.

ASIATISCHE NUDELN werden aus Weizen- (Ramen und Udon), Buchweizen- (Soba), Reis- oder Bohnenmehlen gemacht.

BOHNEN UND LINSEN

»Jedes Böhnchen ein Tönchen.«
»Bohnen und Linsen lassen's Orscherl grinsen.«

Lassen Sie uns die Sache mit den Blähungen sofort klären. Sie werden durch einen natürlichen Gärungsprozess von Zucker in Ihrem Dickdarm verursacht. Wie bei jeder Gärung entsteht dabei etwas Gas. Das ist wie gesagt alles ganz natürlich, und Bohnen sind nicht die einzigen Schuldigen, auch Kohl, Erbsen, Roggen und Kartoffeln gehören dazu. Gärung kann durch Ballaststoffe aus allen möglichen Nahrungsmitteln erzeugt werden und ihre Vehemenz hängt davon ab, was Sie essen und welche Bakterien in Ihrem Darm leben. Die gute Nachricht ist, dass durch diesen Prozess Nährstoffe freigesetzt werden und Ihre Darmgesundheit von einer Vermehrung dieser hilfreichen, auch probiotisch genannten Bakterien profitiert. Um Blähungen zu vermeiden:

- Folgen Sie der Anleitung *Wie man Bohnen kocht* auf Seite 64.
- Geben Sie einen Streifen Kombu-Alge ins Bohnenwasser. So werden die Bohnen weich und es wird weniger Gas produziert.
- Bohnen keimen lassen und sie in Salaten, Gemüsepfannen oder auf Brot essen.
- Essen Sie Bohnen in fermentierter Form als Tempeh, Miso, Natto oder Tofu.
- Haben Sie Geduld! Wenn Sie ein, zwei Wochen lang täglich Bohnen essen, stellt Ihr Körper sich darauf ein.

Bohnen sind einfach phantastisch! Jetzt können Sie all ihre Vorteile genießen, da wären einige zu nennen, denn sie sind/haben:

- reich an Protein, Ballaststoffen, Magnesium, Eisen, B-Vitaminen (u. a. Folat)
- arm an Fett, Natrium und Kalorien
- cholesterin- und glutenfrei
- einen niedrigen glykämischen Index (GI), der Blutzucker steigt nur langsam an
- verdauungsanregend, wenn Sie viermal die Woche ½–1 Tasse Bohnen essen

Bohnen zählen zu den Hülsenfrüchten (*Leguminose*), die bis zu zwölf Samen in einer Fruchthülse produzieren. Erbsen, Grüne und Dicke (Fava) Bohnen kennen Sie auf jeden Fall. Sie werden geerntet und verzehrt, wenn sie noch grün sind (Grünpflücke). Andere Hülsenfrüchte werden erst gepflückt, wenn ihre Samen ausgereift sind, man nennt das Trockenernte. Dazu gehören Linsen, Weiße, Borlotti-, Flageolet- und Kidneybohnen, Kichererbsen und weltweit Hunderte weitere Trockenhülsenfrüchte mit aparten Farben, Sprenkelungen und Namen (Adzukibohne) und vielen Geschmacksrichtungen.

Durch den Anbau von Hülsenfrüchten wird weniger vergeudet. Weltweit wird etwa ein Drittel der Nahrungsmittel vergeudet oder geht verloren. Das geschieht aus diversen Gründen: durch Ernteverluste, während der Produktion und schließlich beim Konsumenten. Da Hülsenfrüchte leicht angebaut und geerntet sowie lange gelagert werden können, wird wenig verschwendet. So können sie die »Ernährungssicherheit« steigern,

d. h. eine gesicherte ausreichende, gesunde und nahrhafte Versorgung in fast jeder Region der Welt.

Hülsenfrüchte kommen der Umwelt zugute:

* Sie geben über Wurzelknöllchen Stickstoff an den Boden ab und verbessern ihn.
* Sie brauchen weniger Wasser als andere Feldfrüchte und sie können über ihre tiefen Wurzeln Wasser an andere verteilen.
* Sie sind robust, anpassungs- und widerstandsfähig, manche vertragen Trockenheit, andere große Kälte.
* Sie eignen sich für Standorte mit nährstoffarmen Böden und unwirtlichen Bedingungen.
* Ihr Wasserfußabdruck ist relativ klein: Um 1 Kilogramm Sojabohnen zu produzieren, braucht man etwa 2000 Liter Wasser, für 1 Kilogramm Rindfleisch 15 490 Liter.
* Auch sonst haben sie einen kleinen Fußabdruck: 450 Gramm Lammfleisch produzieren 30-mal mehr Treibhausgase als 450 Gramm Linsen.

In Bezug auf Lagerung, Preis und Geschmack sind Hülsenfrüchte geradezu ideal. 2 Kilo ergeben etwa zwölf Familienmahlzeiten. Legen Sie sich einen abwechslungsreichen Vorrat zu, aus dem Sie je nach Garzeit, Farbe oder Textur wählen können.

UNVERZICHTBARE TROCKENHÜLSENFRÜCHTE

ROTE ODER GELBE GESCHÄLTE LINSEN sind schnell gekocht. Sie müssen gründlich gespült, aber nur kurz oder gar nicht eingeweicht werden. Für Suppen oder Dal.

BRAUNE LINSEN sollten mind. 30 Minuten eingeweicht werden, sie sind leicht zu kochen und zu verdauen. Sie nehmen den Geschmack jedes Gewürzes an, schmecken heiß oder kalt, natur oder gewürzt, als Topping von gekochten Getreiden und in Salaten.

GELBE ODER GRÜNE PALERBSEN sollten mind. 2 Stunden, vorzugsweise 8–12 Stunden einweichen. Da sie viel Stärke enthalten, eignen sie sich für cremige Suppen oder Dal.

ADZUKI-, (SCHWARZ)AUGENBOHNEN, SCHWARZE, ROTE UND WEISSE BOHNEN müssen 8–12 Stunden eingeweicht werden, bevor man sie 45–60 Minuten in einem großen Topf kocht. So vielfältig Farben und Sprenkelungen sind, so einzigartig sind Textur und Geschmack jeder Sorte.

KIDNEYBOHNEN UND KICHERERBSEN brauchen 8–12 Stunden zum Einweichen, dann 30 Minuten im Schnellkochtopf. Sie passen zu gekochten Gerichten und Salaten. Aus Kichererbsen wird Hummus gemacht.

GETROCKNETE FAVA-BOHNEN (auch Dicke Bohnen oder Ful Medames genannt) werden eingeweicht und dann im Schnellkochtopf gekocht. In der levantinischen Küche werden sie mit Kräutern, Knoblauch, Gewürzen und Zitrone zubereitet. Jung und frisch geerntet, sind sie blassgrün und schnell gekocht.

MUNG(O)BOHNEN müssen 8–12 Stunden einweichen, danach kann man sie keimen lassen, in einem würzigen Dal oder zu Mungbohnen-Terrine (Seite 77) verarbeiten.

SOJABOHNEN sind klein, rund und sehr hart, werden eingeweicht und im Schnellkochtopf gekocht. In China und Südostasien werden sie seit Jahrtausenden gegessen. Sie enthalten keine Stärke, dafür aber sehr viele Proteine, Fette und Mineralien. So nährstoffreich sie sind, so nichtssagend schmecken sie auch. Die erste Regel beim Kochen lautet also: reichlich Gewürze. Sie werden zu vielen klassischen Produkten verarbeitet, von denen einige, wie Miso und Sojasauce, über Jahre gelagert werden können.

- Unreife, grüne Sojabohnen in ihren Hülsen heißen Edamame. Als Snack werden sie in Salzwasser gegart, warm oder kalt, in den Hülsen (die aber nicht essen) serviert.
- Selbst gemachter Sojadrink schmeckt gesüßt oder ungesüßt, warm und kalt.
- Aus Sojadrink wird Tofu gemacht, ein Quark, der zu weichen, seidigen oder festen Blöcken gepresst wird. Man kann ihn vielseitig verwenden, nach Lust und Laune würzen und färben.
- Man kann die Bohnen zu Sojasauce fermentieren, mit Weizen fermentiert, heißt sie Shoyu, ohne Weizen und glutenfrei Tamari.
- Miso ist eine Paste aus fermentierten Sojabohnen, manchmal kommen Reis oder Gerste dazu. Es schmeckt salzig, ist sehr nährstoffreich und wird z. B. in Misosuppe oder Aufstrichen verwendet. Kaufen Sie unpasteurisiertes Miso und bewahren Sie es in einem verschließbaren Glas, nicht in Plastik, auf.
- Tempeh (ausgesprochen: *Tempäi*) wird ebenfalls aus fermentierten Sojabohnen hergestellt. Man kann ihn in Bioläden, Reformhäusern oder Asialäden gekühlt und vakuumverpackt kaufen. Meist wird Tempeh angebraten. Da er ziemlich neutral schmeckt, wenn er nicht mariniert oder geräuchert angeboten wird, braucht er Gewürze, Kräuter oder Marinaden, die er wie ein Schwamm aufsaugt – also verwenden Sie viel.

WIE MAN BOHNEN KOCHT

- Getrocknete Bohnen in einen großen Topf geben. Waschen, Wasser abgießen, dann mit der doppelten Menge kaltem Wasser bedecken. Sie verdoppeln ihre Größe.
- Die Bohnen beiseitestellen und 4–12 Stunden einweichen, je nach Sorte (genaue Zeitangaben stehen auf Seite 63).
- Eingeweichte Bohnen in ein Sieb geben, unter fließendem kaltem Wasser abspülen. In einen großen Topf bzw. Schnellkochtopf geben. Mit Wasser bedecken.
- Im Schnellkochtopf 25–30 Minuten kochen, im großen Topf 45–50 Minuten. Kichererbsen brauchen im Schnellkochtopf noch 5 Minuten länger.
- Die Bohnen abgießen und abspülen und zu Ihrer Mahlzeit geben.

WIE MAN LINSEN KOCHT

- Die Linsen waschen, abgießen, waschen, abgießen …, bis das Wasser klar bleibt.
- 30 Minuten in kaltem Wasser oder 10 Minuten in kochendem Wasser einweichen.
- Abgießen, abspülen, in einen Topf geben und mit frischem Wasser bedecken.
- 20–25 Minuten kochen. Nicht im Schnellkochtopf, die Linsen verstopfen das Ventil!

Bohnen und Linsen lieben Würze – experimentieren Sie mit Kräutern und Gewürzen.

FETTE, ÖLE, MUSE UND MARGARINEN

Gesunde Fette? Ja, die gibt es. Wählen Sie stabile Fette, die nicht schnell ranzig werden, und geben Sie etwas mehr aus, damit Sie beste Qualität bekommen.

SESAMÖL ist sehr stabil, unkompliziert und vielseitig einsetzbar. Es eignet sich zum Braten bei hohen Temperaturen. Kaufen Sie kalt gepresstes, unraffiniertes, helles Sesamöl im Bio- oder Asialaden; Achtung, das ist nicht dasselbe wie geröstetes, dunkles Sesamöl.

KOKOSÖL ist aromatisch, enthält kein Cholesterin, aber viele gesättigte Fettsäuren und sollte daher in kleinen Mengen und nicht zu häufig verwendet werden. Es eignet sich für hohe Temperaturen und hält lange.

OLIVENÖL verträgt keine hohen Temperaturen. Es eignet sich wunderbar für Salatdressings oder als Alternative zu Butter oder Margarine. Kaufen Sie kalt gepresstes, extra natives.

LEINÖL hat einen kräftigen, erdig-nussigen Geschmack. Es ist so gesund wie leckere Medizin. Es eignet sich nicht zum Erhitzen und sollte maximal 3 Monate im Kühlschrank aufbewahrt werden. Träufeln Sie 1–2 Esslöffel pro Tag über Salate, in Smoothies oder auf Körnergerichte. Kaufen Sie unraffiniertes, kalt gepresstes Bio-Leinöl.

HANFÖL ist fast so gut und gesund wie Leinöl! Verwenden und lagern Sie es genauso.

NUSS- UND SAMEN-MUSE können zum Kochen, als Aufstriche oder in Dressings verwendet werden. Tahin wird aus Sesamsamen hergestellt. Versuchen Sie es als Aufstrich oder Dip, geben Sie einen Klecks auf heiße Bohnen oder zusammen mit ein paar Gewürzen in einen Falafel-Wrap. Dunkles Tahin ist nährstoffreicher als helles. Auch Erdnussbutter ist nährstoffreich, kann aber bei manchen Menschen allergische Reaktionen hervorrufen, Kleinkindern sollten Sie sie nicht geben. Erdnussbutter emulgiert Flüssigkeiten und wird daher in vielen Küchen der Welt für Saucen verwendet. Kaufen Sie ungesüßte Bio-Erdnussbutter ohne Palmöl-Zusatz.

VEGANE MARGARINEN sind ab und an nützlich, können aber leicht durch eines der oben genannten Öle oder Muse ersetzt werden. Achten Sie beim Kauf darauf, dass die Margarine keine Transfette (Transfettsäuren), auch partiell hydrierte Fette genannt, enthält. Durch Hydrierung werden flüssige Öle zu festen oder halbfesten Fetten. Nachdem sie jahrzehntelang in Back- und Bratfetten, Margarinen, Backwaren und Snacks verwendet wurden, hat man festgestellt, dass sie der Gesundheit schaden. Die Weltgesundheitsorganisation will bis 2023 industriell hergestellte Transfette so weit wie möglich reduzieren.

SNACKS FÜR ZWISCHENDURCH

HIMMLISCHES POPCORN

Gönnen Sie sich diesen vollwertigen Snack nach Lust und Laune. Er enthält wenig Fett, dafür viele Ballast- und nützliche Nährstoffe. Wenn Sie eine Popcornmaschine haben, können Sie auf den Topf und das Öl verzichten. Das einfache Dressing gibt dem Popcorn einen köstlich würzigen Kick und lässt Toppings besser haften (wenn Sie welche möchten). Servieren Sie eine große Schale als Snack oder verwenden Sie es als Suppengarnitur. Es schmeckt köstlich – ein bisschen wie Croûtons, macht aber mehr Spaß, weil es knistert, wenn es mit der Suppenoberfläche in Berührung kommt.

ERGIBT 2 LITER

ZUBEREITUNGSZEIT: 15 MINUTEN

2 EL Tamari (Sojasauce)

1 EL Olivenöl

1 TL Apfelessig

¼ TL Cayennepfeffer

2 EL helles Sesamöl

100 g Popcornmais

ALTERNATIVEN & VARIANTEN

Anstelle des Cayennepfeffers können Sie ein paar Spritzer Tabasco zum Dressing geben. Für noch mehr Schärfe 4 ganze Pfefferkörner, das Dressing wird die Pfefferwürze nach und nach aufnehmen. Über das Popcorn samt Dressing können Sie noch 2 EL Hefeflocken oder 2 EL geröstete Nori-Flocken streuen.

Tamari, Olivenöl, Essig und Cayennepfeffer in eine Öl-Sprühflasche oder einen Shaker geben.

Sesamöl in einem großen Topf auf mittlerer Stufe erhitzen. Popcornmais hineingeben, Deckel auflegen und den Mais poppen lassen. Dabei am Topf rütteln, ohne ihn von der Kochplatte zu nehmen, bis der Mais nach etwa 5 Minuten nicht mehr poppt.

Das Popcorn in eine große Schüssel geben. Die Sprühflasche/den Shaker gut schütteln, das Dressing sanft über das heiße Popcorn sprühen bzw. träufeln. Das Popcorn mit einem Holzlöffel wenden und mehr Dressing darüber verteilen. Warm oder kalt servieren.

✻ **NORI-FLOCKEN** sind kleine Stückchen getrockneter Nori-Algen. Nori wird in Blättern, mit denen man Sushi umwickelt, sowie als Flocken angeboten oder in kleinen Streifen als fertiger Snack. Nori enthält viele Vitamine und nicht zu viel Jod. Zum Popcorn sind Nori-Flocken für mich die beste Ausrede, noch eine zweite Portion zu machen!

✻ **HEFEFLOCKEN** bestehen aus getrockneter Hefe, die auf einem Getreide-Nährboden oder Melasse (nur diese Flocken sind glutenfrei) kultiviert wird. Durch das Trocknen fehlen den Flocken aktivierte Hefen, sie sind daher gut verdaulich, behalten aber B-Vitamine, Proteine, Zink und Eisen. Manche Marken sind angereichert, z. B. mit Vitamin B_{12}. Sie schmecken ein bisschen wie Käse und etwas nussig und verstärken den Geschmack, man kann sie diskret unterrühren oder gut sichtbar verstreuen. Sie eignen sich auch für Saucen, Suppen und Smoothies.

HAFERRIEGEL

Hafer ist gesund, lecker, gibt einen schnellen Energiekick und sättigt für eine ganze Weile. Die Riegel schmecken sehr gut zu geeistem Sommer-Kräutertee (Seite 82) oder einem Avocado-Mandel-Shake (*siehe* unten). Ein Haferriegel und ein Schälchen Obstsalat (Seite 36) sind schon eine kleine Mahlzeit. Sie sind ganz einfach zuzubereiten – perfekt für kleine Köche.

ERGIBT 8 RIEGEL

ZUBEREITUNGSZEIT: 45 MINUTEN

100 g Kokosöl und etwas Kokosöl zum Einfetten des Backblechs

75 g brauner Rohrzucker

2 EL Gerstenmalzsirup

½ TL gemahlener Zimt

200 g Haferflocken

Den Backofen auf 150 °C vorheizen. Ein Backblech (20 × 30 cm) leicht einfetten.

Kokosöl und Zucker in einem Topf erhitzen und rühren, bis der Zucker sich aufgelöst hat. Sirup und Zimt zugeben, gut verrühren. Die Haferflocken zugeben, vom Herd nehmen und alles gründlich vermengen.

Die Mischung auf dem eingefetteten Backblech verstreichen. Im Ofen 30 Minuten backen, bis sie goldbraun ist. Noch warm in Quadrate oder Rechtecke schneiden, erst abgekühlt servieren.

ALTERNATIVEN & VARIANTEN

Geben Sie 50 g Rosinen, Sultaninen oder Zitronat und Orangeat gemischt in den Topf, wenn Sie Öl und Zucker erhitzen.

AVOCADO-MANDEL-SHAKE Dieses herrlich grüne, nahrhafte Getränk mit einem Hauch von Süße passt perfekt zu den Haferriegeln, egal ob zwischen den Mahlzeiten, nach dem Joggen oder als Abendessen. Geben Sie das Fruchtfleisch von 1 großen reifen Avocado, 1 Liter kalten Mandeldrink, 2 EL Gerstenmalzsirup und 4 TL gemahlene Mandeln in den Mixer und mixen Sie alles glatt und schaumig. Gießen Sie die Shakes in gekühlte Gläser, streuen Sie ein paar Mandelblättchen darüber und servieren Sie sie mit einem Strohhalm und einem Löffel. Sie können auch eine winzige Prise Cayennepfeffer untermixen oder auf jede Portion streuen und mit dem Strohhalm einrühren.

KRÄUTER-ZWIEBEL-BOHNEN-PASTE

Wenn dieser nahrhafte Aufstrich innerhalb einer Woche aufgegessen wird, können Sie auch die zwei- oder dreifache Menge zubereiten. Er ist schnell gemacht und schmeckt am besten gekühlt. Ich bewahre meinen in einer alten Butterdose mit Deckel auf. Er passt sehr gut zu frischem Dinkel-Leinsamen-Brot (Seite 87) oder getoastetem Vollkornbrot (Seite 120).

ERGIBT CA. 250 ML

ZUBEREITUNGSZEIT: 40 MINUTEN

1 EL helles Sesamöl

1 mittelgroße Zwiebel, fein gehackt

250 g gekochte weiße Bohnen, z. B. Cannellini- oder Limabohnen (Riesenbohnen)

½ TL getrocknete Kräuter nach Belieben (*siehe* unten)

¼ TL gemahlene Kurkuma

1 Prise Salz

1 EL Hefeflocken

Olivenöl zum Beträufeln

ALTERNATIVEN & VARIANTEN

Es passen kräftige Kräuter wie Thymian und Salbei oder milde wie Petersilie und Basilikum. Oder Sie geben, kurz bevor Sie den Topf 10 Minuten beiseitestellen, 1 TL gehackte frische Kräuter wie Fenchelgrün oder Schnittlauch hinein.

Öl mit 1 EL Wasser in einen kleinen Topf geben. Die Zwiebel hinzugeben, Deckel auflegen, bei geringer Hitze 10 Minuten dünsten.

Weiße Bohnen und Kräuter auf die Zwiebeln geben, nicht umrühren. Die Zwiebeln sollen nicht anbräunen, die Bohnen erwärmt und weich werden. Deckel auflegen und bei geringer Hitze weitere 10 Minuten dünsten.

Kurkuma und Salz zugeben und alles gut verrühren. Deckel auflegen, vom Herd nehmen. 10 Minuten ruhen lassen. Dann die Mischung zerdrücken, dabei die Hefeflocken unterrühren.

Die Paste in ein Behältnis mit Deckel füllen und fest und gleichmäßig andrücken. Abkühlen lassen.

Etwas Olivenöl auf die Paste träufeln. Mit einem Messer die Oberfläche über Kreuz einritzen. Gekühlt servieren.

Bis zum Servieren zugedeckt im Kühlschrank aufbewahren.

AVOCADO-AUFSTRICH

Bereiten Sie diesen Aufstrich im Frühsommer zu, wenn Avocado-Saison ist. Im Kühlschrank hält er sich, zugedeckt, zwei Tage – obwohl er meiner Erfahrung nach schon nach einem verschwunden ist! Er schmeckt auf Maisbrot (Seite 135) oder getoastetem Vollkornbrot (Seite 120), ein Kohlrabi-und-Gurken-Sandwich (Seite 123) lässt sich mit ihm apart verfeinern.

ERGIBT 200 ML

ZUBEREITUNGSZEIT: 15 MINUTEN

+ 30 MINUTEN RUHEZEIT

2 mittelgroße reife Avocados

Saft von 1 Zitrone

¼ TL Cayennepfeffer

3 EL frische fein gehackte Korianderblätter

1 mittelgroße Tomate

Salz zum Abschmecken

ALTERNATIVEN & VARIANTEN

Streuen Sie anstelle von Salz Kräuter- oder Selleriesalz darüber.

Fruchtfleisch der Avocados in eine Schüssel geben, schwarze oder fasrige Teile entfernen. Grob mit der Gabel zerdrücken, Zitronensaft, Cayennepfeffer und die Hälfte des Korianders unterrühren. Die Mischung in eine Schale oder Butterdose, vorzugsweise mit Deckel, drücken.

Die Tomate fein würfeln und mit ihrem Saft gleichmäßig auf der Avocado-Mischung verteilen. Den restlichen Koriander über die Tomate streuen, zum Schluss mit Salz bestreuen.

Zugedeckt im Kühlschrank aufbewahren. Sie sollten den Aufstrich möglichst 30 Minuten gekühlt ruhen lassen, damit die Aromen sich entfalten können.

GROSSARTIGE GUACAMOLE

Fangen Sie mit diesem Grundrezept an und wandeln Sie es dann ganz nach Geschmack ab. Kaufen Sie diese wirklich großen Avocados mit glatter Haut und legen Sie sie neben Bananen in die Obstschale. Wenden Sie sie jeden Tag, und sie reifen wunderbar. Die Guacamole kann in Schälchen verteilt zu einer Rohkost-Platte (Seite 239) oder warmem Pitabrot oder Maisbrot (Seite 135) serviert werden.

FÜR 4 PERSONEN

ZUBEREITUNGSZEIT: 20 MINUTEN

300 g Natur-Sojajoghurt

2 Knoblauchzehen, zerdrückt

¼ TL Chiliflocken

2 große reife Avocados

Salz zum Abschmecken

ALTERNATIVEN & VARIANTEN

Hübsch und sehr scharf wird die Guacamole mit 1 fein geschnittenen frischen Chilischote. Fein gehackte Korianderblätter geben eine frische Note. Die Mengen von Knoblauch und Chili können Sie Ihrem Geschmack anpassen.

Joghurt, Knoblauch und Chiliflocken in einer Schüssel verrühren.

Avocados der Länge nach halbieren, die Kerne entfernen und beiseitelegen (*siehe* ganz unten). Das Fruchtfleisch herauslösen, dunkle oder fasrige Teile entfernen, zur Joghurt-Mischung geben.

Avocado und Joghurt-Mischung mit einer Gabel oder einem Stabmixer gründlich vermengen. Mit der Gabel bekommt das Mus eine »klumpigere« Textur, mit dem Stabmixer eine feine.

Kurz vor dem Servieren – nicht vorher – mit Salz abschmecken. Sollte nach der Mahlzeit noch Guacamole übrig sein, die Avocadokerne in die Schüssel geben, zugedeckt im Kühlschrank aufbewahren. Die Kerne sorgen dafür, dass die Guacamole hübsch grün bleibt.

GARTEN-BRENNNESSEL-SUPPE

Die jungen Brennnesseltriebe, die man selbst pflücken, im Bioladen oder auf dem Markt kaufen kann, verleihen der Suppe eine satte dunkelgrüne Farbe. Ziehen Sie vorsichtshalber Handschuhe an oder greifen Sie die Brennnesseln mit der Küchenzange. Brennnesseln sind ein idealer Dünger, ernähren Schmetterlingsraupen und heilen uns Menschen. Früher gehörten sie zu den Pflanzen, die nach dem Winter wichtige Vitamine lieferten. Servieren Sie zur Suppe Vollkornbrot (Seite 120), damit Sie auch den letzten Rest auftunken können.

FÜR 4 PERSONEN

ZUBEREITUNGSZEIT: 1 STUNDE

ca. 50 g frische junge Brennnesseltriebe (Gewicht mit Stielen)

1 EL helles Sesamöl

1 mittelgroße Kartoffel, gewürfelt

1 Stange Lauch, fein gewürfelt

1 Zwiebel, gehackt

1 Stange Staudensellerie, fein gewürfelt

1 TL gekörnte vegane Bouillon

¼ TL Pfeffer

¼ TL gemahlener Zimt

1 l Gemüsebrühe oder Wasser

Spülbecken mit sehr kaltem Wasser füllen, Brennnesseln darin einweichen lassen.

Inzwischen Öl in einen großen Suppentopf geben und auf mittlerer Stufe erhitzen. Die Kartoffelwürfel gleichmäßig auf dem Topfboden verteilen, darauf nacheinander Lauch, Zwiebel und Staudensellerie schichten. Gekörnte Bouillon, Pfeffer und Zimt darüberstreuen, Deckel auflegen. Etwa 20 Minuten dünsten, dabei ein- bis zweimal umrühren, bis das Gemüse weich ist.

Währenddessen die Brennnesselblätter mit der Küchenschere von den Stielen schneiden.

Wenn das Gemüse weich ist, die Brennnesselblätter daraufgeben. Deckel auflegen und etwa 5 Minuten dünsten, bis die Brennnesseln weich zusammenfallen, dann unter das übrige Gemüse rühren.

Brühe angießen. Mit dem Stabmixer oder im Mixer zur gewünschten Textur pürieren. Zum Köcheln bringen.

Sofort servieren oder die Suppe abkühlen lassen und bis zum nächsten Tag im Kühlschrank aufbewahren. Dann vor dem Servieren aufwärmen.

✻ **BRENNNESSELN** isst man am besten im Frühling, wenn sie jung und zart sind; sobald sie blühen, sollten sie nicht mehr verzehrt werden. Zum Pflücken nehmen Sie am besten Handschuhe, Schere, eine Schüssel oder einen Beutel mit. Schneiden Sie nur die frischen Triebe ab. Reißen Sie die Pflanze nicht aus dem Boden und schneiden Sie nicht zu viel ab, damit die Pflanze wieder austreiben kann. Pflücken Sie Ihre Brennnesseln möglichst nicht an Feld- oder Straßenrändern, wo sie Pestiziden oder Abgasen ausgesetzt sind. Die gepflückten Brennnesseln in sehr kaltem Wasser einweichen und dann Stiel für Stiel herausnehmen – so bleiben eventuell vorhandene Insekten im Wasser.

MUNGBOHNEN-TERRINE

Servieren Sie diese köstliche Terrine auf Crackern oder Toast oder in dicken Scheiben zum herzhaften warmen Frühstück. Mungbohnen verschlucken Gewürze förmlich, manchmal glaubt man kaum, dass man sie überhaupt gewürzt hat. Mit den angegebenen Mengen schmeckt man die Gewürze wirklich heraus, aber Sie können sie natürlich ganz nach Ihrem Geschmack verändern. Die Terrine eignet sich wunderbar für Büfetts oder Picknicks. Sie schmeckt sehr gut zu schnellem Salat (Seite 93) und frischem Brot wie einem Rosmarinzopf (Seite 164).

ERGIBT CA. 750 ML

ZUBEREITUNGSZEIT: 1 STUNDE

+ RUHEZEIT

250 g getrocknete Mungbohnen, eingeweicht (*siehe* Wie man Bohnen kocht, Seite 64)

2 EL helles Sesamöl und etwas Öl zum Einfetten der Form

1 mittelgroße Zwiebel, fein gehackt

1 TL Fünf-Gewürze-Mischung

1 TL gemahlener Ingwer

1 TL Pfeffer

1 TL gekörnte vegane Bouillon

2 EL Leinsamen

2 EL Haferkleie

2 EL Hefeflocken

2 EL Nori-Flocken

ALTERNATIVEN & VARIANTEN

Anstelle der Nori-Flocken 2 EL Sumach zum Ausstreuen der Form verwenden. Sehr hübsch sieht es aus, wenn man die Terrine teilt und in zwei kleine Formen füllt, die eine wird mit Nori-Flocken (dunkelgrün), die andere mit Sumach (dunkelrot) bestreut.

Einweichwasser abgießen, Bohnen abspülen. In einen Topf geben und 3 cm hoch mit Wasser bedecken. Deckel auflegen, bei mittlerer Hitze zum Köcheln bringen.

20 Minuten leicht köcheln lassen, dann die Bohnen sanft umrühren und prüfen, ob noch genug Wasser im Topf ist. Die Schalen sollten aufplatzen, die Bohnen jedoch noch nicht weich sein. Falls nötig, Wasser zugeben, es sollte die Bohnen nicht mehr ganz bedecken. Deckel auflegen, weitere 10–15 Minuten köcheln lassen. Die Bohnen sollten weich sein, aber noch nicht zerfallen, erst beim Umrühren nehmen sie eine cremige Konsistenz an. Deckel auflegen, vom Herd nehmen.

Öl in einem zweiten Topf auf mittlerer Stufe erhitzen. Zwiebel darin etwa 10 Minuten andünsten, bis sie weich ist. Gewürze und gekörnte Bouillon unterrühren. Deckel auflegen und vom Herd nehmen.

Leinsamen im Mörser oder in der Gewürzmühle zermahlen. Die gemahlenen Samen mit Haferkleie und Hefeflocken vermengen. Die Mischung zur Zwiebel geben und gut unterrühren.

Falls nötig, Bohnenkochwasser abgießen, dann die Bohnen zur gedünsteten, gewürzten Zwiebel geben. Alles gut verrühren. Die Bohnen verlieren dabei ihre Form, die trockenen Zutaten beginnen, Flüssigkeit aufzunehmen.

Eine Keramikform mit Öl ausstreichen und mit Nori-Flocken ausstreuen. Die Bohnenmischung in die Form geben, andrücken und möglichst wenigstens 4 Stunden kühlen und ziehen lassen.

Vor dem Servieren eine Servierplatte wie einen Deckel auf die Form legen, festhalten und die Form wenden. Wenn die Terrine sich nicht gleich löst, einfach 1–2 Minuten warten, bis sie auf die Platte fällt.

MUNGBOHNENSPROSSEN

Sie können das ganze Jahr über frische Sprossen ziehen und einen Minigarten in die Küche zaubern. Mungbohnensprossen haben einen schön nussigen Geschmack und eine zarte Textur; mit jedem anderen Korn, Samen oder jeder Bohne funktioniert diese Methode haargenau so. Ich esse Mungbohnensprossen gerne kalt im Salat oder auf einem Sandwich oder heiß in Bohnensprossen-Nudel-Nestern (Seite 196).

ERGIBT 1 LITER

ZUBEREITUNGSZEIT: 4 TAGE

100 g getrocknete Mungbohnen

BENÖTIGTE UTENSILIEN

1 großes Einmach- oder Süßigkeitenglas

1 kleines Stück Mull-/Seihtuch zum Bedecken der Glasöffnung

1 Gummiband

ALTERNATIVEN & VARIANTEN

Wenn Sie Ihren Kindern zeigen wollen, wie Samen keimen, lassen Sie ein paar Bohnen über Nacht einweichen. Am nächsten Morgen spülen Sie sie ab und legen sie auf ein gefaltetes Küchenpapier. Legen Sie das Papier auf eine Untertasse und befeuchten Sie es mit Wasser. Die Bohnen an der Luft stehen lassen oder mit einem umgedrehten Glas bedecken. Halten Sie das Küchenpapier ständig feucht und eine Lupe griffbereit. Sie können eine Mischung aus braunen Linsen, Kichererbsen, Kidney-, Adzuki- und Augenbohnen verwenden.

Die getrockneten Bohnen abspülen und ins Glas füllen. 500 ml kaltes Wasser angießen und über Nacht einweichen lassen.

Am nächsten Morgen das Einweichwasser abgießen. Frisches Wasser angießen, die Bohnen im Glas schwenken – danach das Wasser abgießen. Die Glasöffnung mit einem Mulltuch bedecken und das Tuch mit einem Gummiband fixieren. Den Tag über am Fensterbrett bei Zimmertemperatur stehen lassen.

Am Abend die Bohnen noch einmal durchspülen und das Wasser danach abgießen. Das Mulltuch kann dabei auf der Öffnung bleiben.

Das Glas auf die Seite legen, die Bohnen über die Länge verteilen. Bei Zimmertemperatur, an einem schattigen Platz, keimen lassen.

2–3 Tage jeden Morgen und Abend das Spülen und Abgießen wiederholen, bis die Sprossen etwa 3 cm lang sind.

Dann können die Sprossen gegessen werden. Aus dem Glas in ein Sieb abgießen. Abspülen, abtropfen lassen. In einem verschließbaren Behälter im Kühlschrank aufbewahren. Das verlangsamt ihr Wachstum, stoppt es aber nicht. Sie halten sich etwa 1 Woche, solange Sie sie täglich abspülen und abtropfen lassen und wieder in den Kühlschrank stellen.

✻ **KEIMEN VERÄNDERT** Durch das Einweichen von Samen, Körnern oder Bohnen vor dem Kochen wird ihnen wieder Flüssigkeit zugefügt, sie nehmen an Volumen zu und ihr Phytinsäuregehalt kann abnehmen. Phytinsäure hat ihre guten Seiten, bindet aber Mineralien unlöslich, sodass sie Ihrem Körper nichts mehr nützen. Weicht man sie ein, signalisiert man der Bohne, dass es Zeit ist, zu keimen, und damit werden biochemische Prozesse in Gang gesetzt: Sie beginnt, Stärke, Proteine und Fett umzuwandeln – das macht sie für Sie leichter verdaulich. Außerdem produziert sie Vitamine und Enzyme und wird nährstoffreicher.

EINMALIGE EISLUTSCHER

Mit diesem farbenfrohen Eis schenken Sie Ihrer Familie nicht nur süßen Spaß, sondern auch Nährstoffe. Kaufen Sie Bio-Karotten-, Rote-Bete- und Apfelsaft – wenn Sie einen Entsafter haben, können Sie die Säfte natürlich selbst machen (und ein Stück frischen Ingwer in den Entsafter geben, für das gewisse Etwas). Sie können die Anzahl der Streifen nach Lust, Laune, vorrätigen Säften und der Zeit, die Ihre Familie Ihnen dafür lässt, richten. An eins sollten Sie denken: Rote Bete hinterlässt auf Baumwolle hartnäckige Flecken. Ihren Kindern mag es nichts ausmachen, wenn ihnen in ihrer Begeisterung das Eis aufs T-Shirt tropft – Ihnen vielleicht schon!

ERGIBT 4 EISLUTSCHER

ZUBEREITUNGSZEIT: 10 MINUTEN

+ KÜHLZEIT

120 ml Apfelsaft

120 ml Rote-Bete-Saft

120 ml Karottensaft

Für gestreifte Eislutscher werden die Säfte schrittweise gefroren. Ca. 30 ml eines – beliebigen – Safts in jede Eisform gießen und etwa 1 Stunde gefrieren lassen, bis er fest ist.

Für den nächsten Streifen 30 ml eines andersfarbigen Safts in jede Eisform gießen und 1 weitere Stunde gefrieren lassen.

30 ml des dritten Safts für den letzten Streifen zugießen und gefrieren lassen. Um die Eislutscher zu lösen, etwas warmes Wasser über die Außenseiten der Formen laufen lassen.

ALTERNATIVEN & VARIANTEN

Für ungestreifte Eislutscher einfach 3 EL Apfelsaft mit derselben Menge Rote-Bete- oder Karottensaft mischen, insgesamt 90 ml Flüssigkeit für jeden Lutscher. Dann in die Eisformen gießen und einfrieren. Sirups, entweder gekauft oder selbst gemacht, werden mit Wasser oder anderen Säften verdünnt: 60 ml Holundersirup z. B. mit 2 EL Wasser verdünnt ergeben ein fabelhaftes Holunder-Eis. Mit geeistem Sommer-Kräutertee bekommt man ein apart würziges Eis am Stiel.

COOLE EISWÜRFEL Mit diesen spritzig-sauren Eiswürfeln geben Sie Mineralwasser einen Kick und zum geeisten Sommer-Kräutertee (Seite 82) passen sie auch hervorragend. Geben Sie einfach den Saft von 2 Zitronen und 3 Limetten in den Eiswürfelbehälter. Stellen Sie den Behälter ins Gefrierfach und warten Sie etwas. Die Zitroneneiswürfel haben eine andere Farbe als die Limettenwürfel. Sie können auch Grapefruit- oder Orangensaft, beim Kochen oder Backen übrig gebliebene halbe Zitrusfrüchte oder Fruchtsaftreste nehmen!

GEEISTER SOMMER-KRÄUTERTEE

In diesem erfrischenden Tee ist nicht ein Hauch von Koffein; Melisse und Gewürze übernehmen die Rolle des köstlichen Muntermachers. Jede einzelne Zutat wird seit alters zur Stärkung des Immunsystems verwendet, vereint sorgen sie für einen angenehm stimulierenden Effekt. Sie sollten einige Zitruseiswürfel (Seite 81) im Gefrierfach haben, bevor Sie den Tee zubereiten. In jedes Glas Sommer-Kräutertee sollte wenigstens ein Zitronen- und ein Limetteneiswürfel kommen. Wer es süß mag, kann sich in sein Glas etwas Gerstenmalzsirup rühren.

ERGIBT 1 LITER

ZUBEREITUNGSZEIT: 1 STUNDE

1 kleine Handvoll frische Zitronenmelisseblätter

4 dünne Scheiben frischer Ingwer

1 EL Fenchelsamen

6 ganze Nelken

¼ TL Cayennepfeffer

einige Zitruseiswürfel (Seite 81)

Zitronenmelisse, Ingwer, Fenchelsamen, Nelken und Cayennepfeffer in eine große Teekanne oder einen nicht reaktiven Topf (Edelstahl, Gusseisen, Keramik, Glas) geben. 1 Liter kochendes Wasser angießen. Zudecken, abkühlen lassen, abseihen und Tee mit Zitruseiswürfeln servieren.

ALTERNATIVEN & VARIANTEN

Nehmen Sie anstelle der Zitronenmelisse Zitronenminze.

TAHIN-ZITRONEN-CREME

Diese einfache, erfrischende Creme eignet sich als Aufstrich, Dressing oder Topping für Ofenkartoffeln. Ich mag sie fluffig und leicht lieber als dünnflüssig. Man kann sie auf warmen oder heißen Gerichten und zu kalten servieren. Sehr lecker schmeckt sie als Dip zur Rohkost-Platte (Seite 239) oder auf einem gedrehten Rosmarinzopf (Seite 164).

ERGIBT CA. 250 ML

ZUBEREITUNGSZEIT: 15 MINUTEN

95 g Tahin (Sesampaste)

Saft von 1 Zitrone

2 Knoblauchzehen, zerdrückt

1 Prise Salz

ALTERNATIVEN & VARIANTEN

Wenn Sie es scharf mögen, geben Sie ¼ TL Cayennepfeffer dazu. Auch 2 EL gehackter frischer Koriander passen dazu.

Alle Zutaten verrühren, bis sie eine cremige Konsistenz haben. 5 Minuten ruhen lassen. Für eine flüssigere Konsistenz 50 ml kaltes Wasser oder etwas Zitronensaft angießen und noch einmal verrühren.

* **VOLLWERTIGES TAHIN** ist ein Mus aus ungeschälten Sesamsamen und dunkler als das »gewöhnliche« blassbraune Tahin. Verwenden Sie das Tahin, das Ihnen besser schmeckt, aber behalten Sie im Hinterkopf, dass das dunkle mineral- und proteinreicher ist. Beide emulgieren mit Flüssigkeiten wie Zitronensaft und Wasser. Deshalb wird die Creme dick, und deshalb möchten Sie vielleicht, nach der Ruhephase, verdünnende Flüssigkeit zugeben.
* Ich fand diese Creme besonders nahrhaft, als ich gestillt habe. Ab etwa dem dritten Monat schien sie die Milch anzureichern – und mir tat sie auch gut. Ich habe die Creme als Dip zu getoastetem Pita-Brot gegessen, oft mit ein paar Pickles – ein erstaunlich gutes Trio.

KÖSTLICHER KÜMMELKUCHEN

Kümmel sorgt für einen frisch-herben, anisartigen Geschmack. Hier wird er mit der leichten Süße von Zitronat und Orangeat kombiniert. Der Essig dient dazu, das Backpulver zu aktivieren. Diese beiden Zutaten sollten erst ganz am Schluss zusammenkommen, danach muss der Kuchen schnell in den Ofen. Achten Sie darauf, dass Sie die Zutaten griffbereit haben, und rühren Sie den Teig nur kurz – diese Last-Minute-Hektik lohnt sich, weil der Kuchen dann schön aufgeht. Er bekommt keine Glasur und kann in lauwarmen Scheiben serviert werden – die man Ihnen sicherlich aus der Hand reißt! Wer die Geduld hat, auf einen Teller zu warten, kann sie mit Marmelade oder Pflaumenbutter (Seite 45) essen.

ERGIBT 1 KASTENKUCHEN

ZUBEREITUNGSZEIT: 45 MINUTEN

125 g Kokosöl und etwas Öl zum Einfetten der Form

140 ml Gerstenmalzsirup

125 g brauner Rohrzucker

200 ml Pflanzendrink

1 EL Apfelessig

250 g Weizenmehl (Type 550 oder 1600)

100 g gemischtes Zitronat und Orangeat

4 TL Kümmelsamen

2 TL Backpulver

½ TL gemahlener Zimt

¼ TL gemahlener Muskat

ALTERNATIVEN & VARIANTEN

Nehmen Sie je zur Hälfte Weizenmehl Type 550 und Weizenmehl Type 1600. Geben Sie ½ TL gemahlenen Ingwer zu den trockenen Zutaten.

Den Backofen auf 200 °C vorheizen. Eine quadratische Backform (20 cm) oder eine 900-g-Kastenform mit Kokosöl einfetten.

Kokosöl in einem kleinen Topf bei schwacher Hitze zerlassen, Sirup unterrühren. In einem großen Messbecher Zucker im Pflanzendrink auflösen, dann Öl-Sirup-Mischung unterrühren. Essig zugeben und kurz einrühren. Beiseitestellen und leicht abkühlen lassen.

Mehl, Zitronat und Orangeat, Kümmel, Backpulver, Zimt und Muskat in einer großen Schüssel vermengen.

Jetzt muss schnell gearbeitet werden: Die feuchten Zutaten zu den trockenen gießen und so kurz wie möglich, dabei aber gleichmäßig, verrühren. Den Teig in die eingefettete Form geben, verteilen und glatt streichen. 5 Minuten backen. Dann die Temperatur auf 180 °C reduzieren und weitere 20–25 Minuten backen, bis der Kuchen aufgegangen und goldbraun ist – und an einem hineingesteckten Holzstäbchen kein Teig kleben bleibt.

Den Kuchen aus dem Ofen nehmen, in der Form 10 Minuten ruhen lassen, dann auf ein Kuchengitter stürzen, abkühlen lassen.

EI-ALTERNATIVEN Eier gehören nicht zur veganen Kost, daher hier ein paar griffbereite Alternativen zum Backen:

- 60 ml Pflanzendrink oder Wasser liefern die Feuchtigkeit von 1 Ei.
- 1 EL Tahin mit 60 ml Flüssigkeit verrührt dient als Bindemittel.
- 1 EL Zitronensaft oder Apfelessig mit 1 TL Backsoda (Natron) gibt dem Kuchen so viel Lockerheit wie 1 Ei, v. a., wenn sie in letzter Sekunde verrührt werden.
- 75 g Apfelmus oder Apfelbutter (Seite 43) bindet den Kuchen, macht ihn locker und saftig wie 1 Ei.
- 50 g Naturtofu mit 2 EL Flüssigkeit püriert bindet den Teig und macht ihn locker wie 1 Ei.

GERÖSTETER KERNE-MIX

Bei diesem Snack muss ich immer an Winterabende denken, denn unsere Teenager stürzten sich auf ihn, wenn sie aus der Kälte und Dunkelheit nach Hause kamen. Man kann ihn das ganze Jahr über machen, ihn in Lunchpakete packen oder auf den Tisch stellen, wenn unerwartet Gäste hereinschneien. Der Duft und das Knacken der röstenden Kerne ist dann eine willkommen heißende Verlockung. Servieren Sie den Mix warm, aber nicht heiß, denn die Kerne halten die Hitze lange und können Ihnen den Mund verbrennen. Gut schmeckt er auch auf Salaten und gekochten Körnern wie Drei-Korn-Risotto (Seite 184).

FÜR 4 PERSONEN

ZUBEREITUNGSZEIT: 15 MINUTEN

100 g Mandelblättchen

150 g ungeschälte Kürbiskerne

225 g ungeschälte Sonnenblumenkerne

1 EL Tamari (Sojasauce)

ALTERNATIVEN & VARIANTEN

Zu den bereits gerösteten Kernen, wenn sie abkühlen, 75 g Pinienkerne geben, nicht rösten, nur unter die anderen heißen Kerne rühren.

Eine große Pfanne auf mittlerer Stufe erhitzen. Mandelblättchen, Kürbis- und Sonnenblumenkerne hineingeben und unter ständigem Rühren oder Rütteln der Pfanne rösten, denn sie brennen leicht an. Sie sind fertig, wenn einige leicht gebräunt sind – und sie knallende Geräusche von sich geben.

Die Pfanne vom Herd nehmen, weiterrühren und dabei Tamari über die Kerne träufeln. Dank der Resthitze der Pfanne verteilt sich die Tamari gut.

Noch etwa 1 Minute weiterrühren, damit die Kerne gut von der Tamari überzogen werden und nicht zusammenkleben.

Die Kerne auf einem Teller verteilen und etwas abkühlen lassen. Einzelportionen in Schälchen servieren.

❋ **NÜSSE UND KERNE RÖSTEN** Nachdem ich diesen Mix zubereitet hatte, habe ich angefangen, auch Nüsse zu rösten. Durch das Rösten ohne zusätzliches Öl werden Geschmacksnoten freigesetzt, die ich vorher nicht geschmeckt hatte. Rohe Cashews bräunen, ständig gerührt, in einer heißen Pfanne sehr schön und schmecken hervorragend zu gebratenen Asianudeln. Ich röste auch Walnüsse, deren Geschmack so viel intensiver wird. Ich habe immer einen Vorrat an gerösteten Nüssen und Kernen für die nächsten 24 Stunden, denn danach verlieren sie ihr intensives Aroma schnell. Dieser Mix schmeckt frisch am besten!

DINKEL-LEINSAMEN-BROT

Dinkel ist ein Vorfahre unseres modernen Weizens, wird wie dieser verwendet, hat aber ein anderes Nährstoff-Profil. Man kann ihn mit anderen Weizenmehlen, egal ob weißem oder Vollkornmehl mischen, aber er macht sich alleine ganz hervorragend, wie dieses Brot hoffentlich beweist. Es schmeckt getoastet mit Kräuter-Zwiebel-Bohnen-Paste (Seite 71) oder als Kohlrabi-und-Gurken-Sandwich (Seite 123).

ERGIBT 2 LAIBE

ZUBEREITUNGSZEIT: 3 STUNDEN + 4 STUNDEN RUHEZEIT

1 EL ungeschrotete Leinsamen

1 TL Haushaltszucker

1 Päckchen (7 g) oder 2 TL Trockenhefe

1 kg Dinkelvollkornmehl

3 EL Olivenöl und etwas Öl zum Einfetten der Formen

ALTERNATIVEN & VARIANTEN

Für ein dunkles Brot mit intensiverem Aroma 1 EL Zuckerrohr-Melasse in 250 ml warmem Wasser auflösen; Zucker und Hefe in einem zweiten Messbecher ebenfalls mit 250 ml warmem Wasser verrühren. Beides gleichzeitig zum Mehl geben.

Leinsamen in eine kleine Schüssel geben und 3 EL kaltes Wasser hinzugeben. Die Schüssel zudecken und die Leinsamen wenigstens 4 Stunden, vorzugsweise über Nacht, einweichen lassen.

Sind die Leinsamen eingeweicht, 500 ml warmes Wasser in einen großen Messbecher füllen und den Zucker darin auflösen. Hefe zugeben, gut verrühren. Den Messbecher 5–10 Minuten an einen warmen Ort stellen, bis die Mischung zu schäumen beginnt.

Mehl in eine Schüssel geben. 200 ml frisches warmes Wasser bereitstellen.

Die schäumende Hefe-Mischung zum Mehl gießen. Olivenöl und eingeweichte Leinsamen samt dem (inzwischen leicht gelartigen) Einweichwasser zugeben. Mit einem Holzlöffel die Flüssigkeiten unter das Mehl rühren. Wenn das zu schwierig wird, die Hände benutzen.

Nun den Teig kneten, falls nötig, etwas Wasser zugeben – der Teig soll am Ende fest und glatt, nicht klebrig, sein. Wenigstens 5 Minuten kneten. Dann den Teig zu einer Kugel formen und in der Schüssel unter einem Tuch an einem warmen Ort gehen lassen. Nach etwa 1 Stunde sollte er sein Volumen verdoppelt haben.

Zwei 900-g-Kastenformen mit Öl einfetten. Wenn der Teig aufgegangen ist, die Hände leicht einölen und ihn noch einmal 2 Minuten kneten. Den Teig halbieren und zu zwei Laiben formen. Jeden Laib in eine Form geben, mit einem Tuch bedeckt noch einmal 1 Stunde gehen lassen.

Den Backofen auf 250 °C vorheizen.

Die Laibe 5 Minuten backen, dann die Temperatur auf 180 °C reduzieren und weitere 25–30 Minuten backen, bis die Brote oben goldbraun sind. Die Laibe herausnehmen und auf ihre Unterseite klopfen – wenn sie fertig sind, klingen sie hohl. Auf einem Kuchengitter auskühlen lassen.

ROMANA-INGWER-BRÜHE

Wenn Sie eine Erkältung herannahen spüren, versuchen Sie es mal mit dieser Brühe. Sie hilft auch, wenn Sie sich abends schlapp fühlen oder Ihnen kalt ist. Essen Sie nicht nur eine Schale, sondern innerhalb von 24 Stunden vier, danach sollten Sie sich besser fühlen. Extrawürze bekommt die Brühe mit einem Schuss Tamari (ganz zum Schluss zugegeben).

FÜR 4 PERSONEN

ZUBEREITUNGSZEIT: 30 MINUTEN

1 Romana-Salat

1 Streifen Kombu-Alge (10 cm), gespült

FÜR JEDE SCHALE

3 EL geraspelte Karotte

1 EL geriebener Ingwer

1 Frühlingszwiebel, in feine Ringe geschnitten

1 Knoblauchzehe, fein gehackt

ALTERNATIVEN & VARIANTEN

Diese Brühe wärmt noch besser, wenn Sie eine Prise Cayennepfeffer oder gemahlenen Muskat in Ihre Schale geben.

2 Liter Wasser in einem großen (Suppen-)Topf zum Kochen bringen.

Salatblätter etwa 3 cm oberhalb des Strunks abschneiden und trennen. Salat gründlich waschen und ins kochende Wasser geben. Rühren, damit die Blätter mit Wasser bedeckt sind. Kombu zugeben, Deckel auflegen, Hitze reduzieren und 20 Minuten köcheln lassen.

Eine Portion der vorbereiteten Einlagen Karotte, Ingwer, Frühlingszwiebel und Knoblauch in eine Schale geben. Brühe darübergeben – die Salatblätter bleiben im Topf. Die Einlagen in der Schale umrühren, ziehen lassen, bis die Brühe nicht mehr zu heiß ist und man sie essen kann.

Salatblätter und Kombu im Topf lassen, bis die restliche Brühe abgekühlt ist, und Brühe abseihen. So werden all ihre Nährstoffe von der Brühe aufgenommen. Die restliche Brühe kann man wieder erhitzen und in eine Schale mit frischen Einlagen geben.

RASANTER REIS-RADIESCHEN-SALAT

Wenn Sie einen kleinen, leichten, aber sättigenden Happen brauchen, ist dieser Salat das Richtige. Er ist frisch-herb und dank der verschiedenen frischen Zutaten auch nährstoffreich. Sein Aroma wird intensiver, wenn man ihn zugedeckt ziehen lässt – er lässt sich also wunderbar im Voraus zubereiten. Noch besser wird er, wenn man ihn über Nacht im Kühlschrank stehen lässt. Am nächsten Tag passt er dann auch sehr gut in die Lunchbox. Sie können jeden Reis dafür verwenden, auch roten, Wildreis oder Basmati. Ich serviere den Salat gerne mit Margarita-Joghurt-Dip (*siehe* unten).

FÜR 4 PERSONEN

ZUBEREITUNGSZEIT: 15 MINUTEN

300 g Reis, gekocht (egal welche Sorte)

6 Radieschen, in Scheiben geschnitten

2 Frühlingszwiebeln, fein gehackt

1 mittelgroße Karotte, geraspelt

40 g Rucola, gehackt

1 kleine Handvoll frisches Basilikum und glatte Petersilie, gehackt

100 g fester, geräucherter Tofu, gewürfelt

¼ TL gemahlener Muskat

1 EL Olivenöl

1 TL Apfelessig

1 TL Ume Shiso (japanisches Würzmittel)

ALTERNATIVEN & VARIANTEN

Reisessig anstelle des Apfelessigs macht den Salat milder. Wer es crunchig mag, gibt 2 EL Pinien- oder Sonnenblumenkerne dazu. 2 EL Kapern sorgen für ein flüchtiges Aromafeuerwerk.

Alle Zutaten in einer großen Schüssel gut vermengen. Möglichst 1 Stunde ziehen lassen oder bis zum Servieren im Kühlschrank aufbewahren.

MARGARITA-JOGHURT-DIP Joghurt nimmt Gewürzen wie Cayennepfeffer die Schärfe, deswegen wird er oft als »Beilage« zu sehr scharfen Gerichten gereicht – so überstehen Sie die Mahlzeit! Diesen pikant-säuerlichen und erfrischenden Dip können Sie zu Rohkost, Pitabrot oder Mais-Chips servieren oder als Dressing zu frischen aufgeschnittenen Tomaten oder zu einfachem Rote-Linsen-Dal (Seite 201). Sehr gut schmeckt auch ein Klecks auf Bete-Suppe (Seite 248). In einer Servierschüssel 300 g ungesüßten Natur-Sojajoghurt mit 1 fein gehackten kleinen roten Zwiebel, 1 fein gehackten kleinen Salatgurke, 3 EL fein gehacktem Basilikum und Koriandergrün und 1 Prise Salz gut verrühren. Zugedeckt im Kühlschrank ziehen lassen. Als Extra können Sie ¼ TL zerstoßene Kümmel- oder Dillsamen dazugeben.

✻ **UME SHISO** ist eine japanische Würzsauce, die in Asialäden, Reformhäusern oder Onlineshops erhältlich ist. Sie wird aus gebeizten Pflaumen und roten Shiso-Blättern gemacht. Shiso (Perilla) hat ein minziges Aroma, frisch ist das Kraut in manchen Asialäden zu finden – oder im Topf in Gärtnereien. Die Blätter schmecken in Salaten, Pickles oder mit Sommergemüse gekocht.

GANZ GRÜNER SALAT

Es muss nicht immer Eisbergsalat sein, durchbrechen Sie die Monotonie mit diesem varianten-, aroma- und nährstoffreichen Salat, der zu jeder Jahreszeit anders schmeckt. Die Zutaten können Sie nach Lust und Laune kombinieren. Beim Dressing ist weniger oft mehr, es reicht schon etwas Olivenöl mit Reisessig. Sie können auch mehrere zur Auswahl anbieten, z. B. samtige Vinaigrette (Seite 244) und Kräuter-Knoblauch-Dressing (Seite 209).

FÜR 4 PERSONEN

ZUBEREITUNGSZEIT: 15 MINUTEN

BITTER Löwenzahn, Endivie, Chicorée, Radicchio, knackige Salate wie Eisberg-Salat

ZITRONIG Sauerampfer, Zitronenmelisse, Zitronenminze

SÜSS Pfefferminze, Basilikum, Fenchelgrün, Kresse, Kerbel, Eichblattsalat

WÜRZIG Babyspinat, Shiso, Koriandergrün

ERDIG Petersilie, Estragon, Romana-Salat, Portulak

PFEFFRIG Rucola, Kapuzinerkresseblätter, Winter- oder Brunnenkresse

SCHARF Bärlauch, Schnittlauch, Frühlingszwiebelgrün

ALTERNATIVEN & VARIANTEN

Dazu passen auch essbare Blüten, z. B. von Kapuzinerkresse, Zucchini, Rosen oder Bärlauch.

Aus den aufgelisteten Salaten ein »Basis«-Blatt auswählen. Ausreichend Salatblätter für 4 Personen zerkleinern/zerreißen (etwa 160 g, abhängig vom Volumen der Blätter und der gewünschten Portionsgröße). In eine große Schüssel geben.

Ein oder zwei »Begleiter« aus den übrigen Aroma-Gruppen auswählen und die Blätter in die Schüssel geben. Zusammen brauchen diese Blätter nur die Hälfte der Basis-Blätter auszumachen.

Eine sehr kleine Menge von ein oder zwei weiteren Blättern auswählen, die die »Kopfnote« ergeben. Mit ihnen kann man überraschende Geschmackssensationen zaubern. So kann man z. B. zu einem erdigen Grundgeschmack mit pfeffrigen Begleitern als »Kopfnote« 1 EL gehackten Schnittlauch oder aber Zitronenminze geben.

Die Blätter vermengen, eine Gabelvoll pur probieren, um zu entscheiden, welches Dressing dazu passen könnte.

* **UM SALAT ZU SÄUBERN ODER WELKEN WIEDER KNACKIG** werden zu lassen, 150 ml Weißwein- oder Apfelessig in ein Spülbecken mit kaltem Wasser geben. Den Salat hineinlegen und mit einem Teller beschweren. 10–15 Minuten einweichen lassen. Aus dem Wasser nehmen und in einer Salatschleuder trocknen.

SCHNELLER SALAT

Wer mag schon Hektik und Stress? – Ich nicht, aber manchmal muss es einfach schnell gehen. Mit diesen schmackhaften Kräutern und ein paar Extras aus dem Garten gelingt ein Salat im Handumdrehen. Man kann ihn als Vorspeise zu jedem Pasta-Gericht oder als Beilage zu mediterran gewürztem Reis mit Linsen (Seite 130) essen. Mir schmeckt er mit etwas Granatapfelsirup beträufelt am besten.

FÜR 4 PERSONEN

ZUBEREITUNGSZEIT: 10 MINUTEN

1 Handvoll frische Minzeblätter

50 g Rucola

1 mittelgroße Tomate

2 Frühlingszwiebeln

1 kleine Zucchini

6 mittelgroße Radieschen

2 EL gehacktes frisches Basilikum

2 EL Olivenöl

Saft von 1 Zitrone

Salz und Pfeffer zum Abschmecken

ALTERNATIVEN & VARIANTEN

Für schnelle Croûtons eine Scheibe Vollkornbrot (Seite 120) schön knusprig toasten. Würfeln und direkt vorm Servieren auf den Salat streuen.

Minze, Rucola, Tomate, Frühlingszwiebeln und Zucchini fein hacken bzw. würfeln. In eine Schüssel geben. Radieschen in Scheiben schneiden und dazugeben. Danach Basilikum, Olivenöl und Zitronensaft. Mit Salz und Pfeffer abschmecken.

Salat vermengen. Sofort servieren oder zugedeckt im Kühlschrank für den Verzehr am selben Tag aufbewahren – der Geschmack intensiviert sich so.

BUCHSTABENSUPPE

Kein Kind kann Buchstabennudeln widerstehen. Auch kaum ein Erwachsener kann dieser Suppe widerstehen, denn neben dem Buchstabenspaß gibt der Kerbel dieser leichten Frühlingssuppe das besondere Etwas. Der leicht pfeffrig und süßlich schmeckende Kerbel ist ein typisches Suppenkraut, frisch kann man ihn in manchen Supermärkten oder auf dem Markt kaufen. Buchstabennudeln garen sehr schnell, deshalb werden sie in diesem Rezept erst ganz zum Schluss in die Suppe gegeben, danach wird der Topf sofort vom Herd genommen. Die Suppe sollte möglichst bei einer Mahlzeit komplett aufgegessen werden, damit sich die Nudeln nicht völlig vollsaugen und matschig werden. Wer Wörter legen möchte (und wer möchte das nicht), kann das auf einem Teller, z. B. neben einem Avocado-Rucola-Sandwich (Seite 123), tun.

FÜR 4 PERSONEN

ZUBEREITUNGSZEIT: 30 MINUTEN

- 1 EL helles Sesamöl
- 1 Streifen Kombu-Alge (8 cm), gespült
- 1 mittelgroße Zwiebel, fein gehackt
- 2 Knoblauchzehen, fein gehackt
- ¼ TL Pfeffer
- 1 Prise Fünf-Gewürze-Mischung
- 1 mittelgroße Karotte, geraspelt
- 50 g frischer Kerbel, fein gehackt
- 4 EL Buchstabennudeln

Öl in einem Topf auf mittlerer Stufe erhitzen. Kombu, Zwiebel, Knoblauch, Pfeffer und Fünf-Gewürze-Mischung zugeben. Deckel auflegen und alles 10–12 Minuten dünsten, bis die Zwiebel weich ist.

Geraspelte Karotte zugeben und unterrühren. Deckel auflegen. Weitere 5 Minuten dünsten. Kerbel zugeben und 1 Minute umrühren, dann 1 Liter Wasser angießen und die Suppe zum Köcheln bringen.

Kombu aus dem Topf entfernen (wenn er sich noch nicht aufgelöst hat). Buchstabennudeln einrühren. Deckel auflegen, Topf vom Herd nehmen und 10 Minuten beiseitestellen, damit die Nudeln in der Resthitze garen können. Servieren.

ALTERNATIVEN & VARIANTEN

Wenn es keinen frischen Kerbel gibt, nehmen Sie stattdessen gehacktes Selleriegrün. Es muss etwas länger kochen, also kommt es zusammen mit der geraspelten Karotte in die Suppe.

SCHOKO-COOKIES

Dieses klassische Cookie-Rezept können Sie ganz leicht Ihrem Geschmack anpassen. Mit den hier angegebenen Zutaten bekommen Sie feste, nicht zu süße, sehr schokoladige Cookies. Wenn Sie dünnere, weichere Cookies lieber mögen, nehmen Sie nur die halbe Menge Haferkleie. Experimentieren Sie, bis Ihnen die idealen Cookies gelingen. Wer von Schokolade nicht genug bekommen kann, trinkt heiße Schokolade (Seite 171) dazu.

ERGIBT 12 GROSSE COOKIES

ZUBEREITUNGSZEIT: 45 MINUTEN

60 ml helles Sesamöl und etwas Öl zum Einfetten der Backbleche

100 g brauner Rohrzucker

140 g Tahin (Sesampaste)

170 ml Pflanzendrink

1 TL Vanilleextrakt

170 g Weizenmehl (Type 550 oder 1600)

1 EL Haferkleie

2 TL Backpulver

200 g dunkle Schokoladenstückchen

Den Backofen auf 200 °C vorheizen. Zwei Backbleche leicht einfetten.

In einem großen Messbecher Zucker, Tahin, Öl, Pflanzendrink und Vanilleextrakt verrühren. In einer großen Schüssel Mehl, Haferkleie, Backpulver und Schokoladenstückchen vermengen.

Die feuchte Mischung zur trockenen Mischung gießen und gut verrühren. Teigportionen auf den Blechen verteilen, dazwischen Platz lassen, 12–15 Minuten goldbraun backen.

Die Cookies auf den Blechen 5 Minuten abkühlen lassen, dann auf ein Kuchengitter legen und völlig abkühlen lassen.

ALTERNATIVEN & VARIANTEN

Mandel- oder Kokosdrink verleihen den Cookies einen Hauch ihres Eigengeschmacks. Wenn Sie Mandeldrink nehmen, ist Mandelextrakt die Alternative zum Vanilleextrakt.

MITTAGESSEN

KÄSESANDWICH MIT TOFU-MAYO

Ich habe es wirklich nicht darauf angelegt, aber ziemlich oft gehört, dass dieses Sandwich einem Eier-Mayonnaise-Sandwich zum Verwechseln ähnelt – und so blieb der Name hängen. Es ist köstlich, machen Sie ruhig zwei und trinken Sie dazu ein Glas geeisten Sommer-Kräutertee (Seite 82).

ERGIBT 1 SANDWICH

ZUBEREITUNGSZEIT: 10 MINUTEN

2 Scheiben frisches Brot

2 EL Kräuter-Zwiebel-Bohnen-Paste (Seite 71)

1 TL Lieblingssenf

50 g geriebenen veganen Käse

½ kleine Karotte, geraspelt

1 Frühlingszwiebel, fein gehackt

2 EL vegane Mayonnaise oder Tofu-Mayo (*siehe* rechts)

ALTERNATIVEN & VARIANTEN

1 EL geraspelte Speiserübe verleiht der Füllung eine überraschende Schärfe, man kann auch einen Spritzer Chilisauce oder Tabasco nehmen. Wenn Sie Salat, Gurken- oder Tomatenscheiben ergänzen möchten, denken Sie daran, dass die Füllung schnell aus dem Sandwich quillt. Sie können auch ein Baguette belegen.

Die Brotscheiben erst mit der Paste, dann dünn mit Senf bestreichen. In einer kleinen Schüssel veganen Käse, Karotte, Zwiebel und Mayonnaise verrühren. Auf einer Brotscheibe verteilen, die zweite darauflegen und servieren.

TOFU-MAYO Es gibt diverse vegane Mayonnaisen zu kaufen, deshalb brauchen Sie diese vielleicht nicht unbedingt, außerdem ist sie nicht wirklich eine Mayonnaise. Aber wenn es Mitternacht schlägt, alle Läden geschlossen sind und Sie so etwas wie Mayonnaise brauchen, dann versuchen Sie es hiermit: Mit der Gabel 60 g festen Natur-Tofu und 1 TL Dijon-Senf zerdrücken und vermengen. 60 ml Olivenöl mit 2 EL Tahin verrühren und nach und nach unter die Tofu-Mischung rühren. Nach jeder Olivenöl-Tahin-Zugabe auch etwas Zitronen- oder Limettensaft zugeben. »Mayonnaise« verrühren, bis Geschmack und Konsistenz stimmen. Mit etwas Salz abschmecken, nochmals gut verrühren. Die Tofu-Mayo in ein Glas mit fest schließendem Deckel füllen. Im Kühlschrank aufbewahren. Sie passt auch zum Kohlrabi-und-Gurken-Sandwich (Seite 123), zu Salaten oder Ofenkartoffeln.

POLENTA MIT GARTEN-GIRLANDE

Mais gehört zu den Pflanzen, die den Menschen ernähren, seit er in der neolithischen Revolution sesshaft wurde. Maisgrieß (Polenta), aus den gemahlenen Körnern, wird traditionell zu einem Brei gekocht. In diesem Rezept wird die Polenta in zwei simplen Schritten zubereitet, bevor sie auf frische Gartenschätze gebettet wird. Ich sehe immer zu, dass ich mit jedem Bissen Polenta auch etwas Gemüse auf der Gabel habe. Dazu schmeckt Mandel-Limetten-Kräuter-Pesto (Seite 176) oder Mais-Paprika-Relish (Seite 134).

FÜR 4 PERSONEN

ZUBEREITUNGSZEIT: 45 MINUTEN

1 Prise Salz

250 g grober Maisgrieß (Polenta)

1 EL helles Sesamöl

FÜR DIE GARTEN-GIRLANDE:

160 g Brokkoli 'Purple Sprouting' oder Broccolini

200 g grüner Spargel, geputzt

120 g grüne Bohnen, geputzt

1 mittelgroße Tomate, gewürfelt

50 g Rucola, fein gehackt

1 Frühlingszwiebel, fein gehackt

Salz und Pfeffer zum Abschmecken

etwas Olivenöl als Dressing

1 Bio-Zitrone, geviertelt

1 EL gehacktes frisches Basilikum

ALTERNATIVEN & VARIANTEN

Gartengemüse nach Belieben durch in Scheiben geschnittene Zucchini oder in Streifen geschnittene Paprikaschoten ergänzen.

1 Liter Wasser in einem Topf aufkochen. 1 Prise Salz und Maisgrieß einrieseln lassen. Dabei mit einem Holzlöffel umrühren. Bei geringer bis mittlerer Hitze unter ständigem Rühren 20–30 Minuten zu einem Brei köcheln lassen.

Ein großes Backblech mit kaltem Wasser befeuchten, die Polenta gleichmäßig ca. 2 cm dick darauf verstreichen. Dabei muss schnell gearbeitet werden – ein feuchter Löffel oder ein Messer sind hilfreich. Die Polenta beiseitestellen und völlig abkühlen lassen.

Für die Garten-Girlande 4 cm hoch Wasser in einen großen Topf gießen. Einen Dämpfkorb einsetzen, das Wasser bei mittlerer Hitze zum Köcheln bringen. Brokkoli, grünen Spargel und Bohnen in den Dämpfkorb legen, Deckel auflegen. 10 Minuten dämpfen, bis das Gemüse weich ist. Auf vier Tellern anrichten.

Tomate, Rucola und Frühlingszwiebel in einer Schüssel vermengen. Salzen, pfeffern und auf den Tellern anrichten. Mit etwas Olivenöl beträufeln und jeweils mit einem Zitronenviertel garnieren.

Sesamöl in einer Pfanne auf mittlerer Stufe erhitzen. Die kalte Polenta in gerader Anzahl in Stücke schneiden und 2–3 Minuten auf jeder Seite goldgelb und leicht knusprig braten. Die Polentasschnitten auf den Tellern anrichten, mit Basilikum garnieren und servieren.

✻ **VIELSEITIGE POLENTA** Bereiten Sie die doppelte Portion zu und stellen Sie die ungebratenen Schnitten bis zum nächsten Tag in den Kühlschrank, dann können Sie sie mit Avocado-Aufstrich (Seite 72) oder Apfelbutter (Seite 43) essen.

KNOBLAUCH-ARTISCHOCKEN-CONCHIGLIE

Manche Leute wollen die Sauce auf der Pasta serviert bekommen, andere die Pasta schon mit Sauce vermischt … Ich entscheide das von Fall zu Fall. Der Knoblauch entfaltet einen milden Geschmack, trotz der großen Menge müssen Sie Ihr gesellschaftliches Leben nicht einschränken. Ich serviere die Pasta gerne mit Mungbohnensprossen (Seite 78) als Beilage im Schälchen; deren knackige Frische lässt die Nudeln noch besser schmecken.

FÜR 4 PERSONEN

ZUBEREITUNGSZEIT: 40 MINUTEN

1 EL helles Sesamöl

1 Knoblauchknolle, Zehen geschält und längs halbiert

Blättchen von 6 großen Stängeln Petersilie, fein gehackt

2 TL getrocknetes Basilikum

2 mittelgroße Tomaten, gewürfelt

8–10 gekochte Artischockenherzen, geviertelt

500 g Conchiglie oder andere kurze Pasta

4 EL gehacktes frisches Basilikum

Salz und Pfeffer zum Abschmecken

etwas Olivenöl zum Beträufeln

ALTERNATIVEN & VARIANTEN

Jede Portion durch gekochte weißen Bohnen ergänzen.

Öl in einem großen Topf auf mittlerer Stufe erhitzen.

Knoblauch und Petersilie zugeben. Deckel auflegen, 5 Minuten dünsten. Getrocknetes Basilikum, Tomaten und Artischocken unterrühren. Hitze reduzieren und zugedeckt 10 Minuten köcheln lassen, dabei ein-, zweimal umrühren.

Inzwischen in einem großen Topf Wasser bei starker Hitze aufkochen. Pasta hineingeben und nach Packungsanweisung bissfest garen.

Pasta abgießen und auf vier Teller verteilen. Sauce jeweils daraufgeben. Mit frischem Basilikum bestreuen, salzen und pfeffern und vor dem Servieren mit etwas Olivenöl beträufeln.

FRISCHER BORLOTTI-BOHNEN-SALAT

Wenn Sie das Glück haben, im Spätsommer diese gesprenkelten Bohnen in ihren marmorierten Hülsen zu finden, dann kaufen Sie sie und bereiten Sie diesen Salat zu: Frisch schmecken sie unübertrefflich. Ich kann in ihrer kurzen Saison gar nicht genug von ihnen bekommen. Wenn alle beim Palen helfen, ist die Mahlzeit schnell fertig. Der Salat passt auf einem Büfett gut zu anderen saisonalen Leckerbissen wie grünem Salat (Seite 92) oder sautiertem Tatsoi mit schwarzem Sesam (Seite 112).

FÜR 4 PERSONEN

ZUBEREITUNGSZEIT: 25 MINUTEN

1 kg frische Borlotti-Bohnen, gepalt und gewaschen

50 g Rucola, gehackt

25 g frisches Basilikum, gehackt

1 EL gehackte frische Minze

2 Frühlingszwiebeln, fein gehackt

2 Knoblauchzehen, fein gehackt

1 mittelgroße Tomate, fein gewürfelt

Salz und Pfeffer zum Abschmecken

ALTERNATIVEN & VARIANTEN

Zu den Kräutern 1 EL gehackte frische Zitronenmelisse geben. Dem Salat reicht als Dressing der eigene Saft, man kann aber jede Portion mit etwas Olivenöl gefolgt von 1 TL frisch gepresstem Zitronen-/Limettensaft beträufeln.

Etwas Wasser in einem Topf aufkochen und die gepalten Bohnen zugeben. Deckel auflegen, Hitze reduzieren und die Bohnen etwa 10 Minuten sanft köcheln lassen, bis sie weich sind.

Inzwischen Rucola, Basilikum, Minze, Frühlingszwiebeln, Knoblauch und Tomate in eine Salatschüssel geben. Salzen und pfeffern und gut vermengen. Das Salz zieht den Saft aus der Tomate, das reicht im Grunde als Dressing.

Die weichen Bohnen gründlich abgießen, dann gut unter den Salat heben. Vor dem Servieren ein paar Minuten ziehen lassen, damit die Aromen sich vermengen.

✻ **BORLOTTI-BOHNEN** werden manchmal erst Wochen, nachdem sie geerntet wurden, verkauft. Das können Sie daran erkennen, dass die Hülsen runzelig aussehen und leicht geöffnet sind. Die Bohnen darin sind immer noch köstlich, haben aber schon begonnen zu trocknen. Dann heißt es: palen und vor dem Kochen (*siehe* oben) 30 Minuten in kaltem Wasser einweichen. Das gibt ihnen Flüssigkeit zurück und verringert die Kochzeit.

BOHNEN-GERSTEN-SUPPE

Ein Teller von dieser Suppe vertreibt Hunger und Kälte. Stellen Sie sie an einem Winterabend oder einem verregneten Herbsttag auf den Tisch, wenn Ihnen das Wetter die Wärme aus den Knochen zu ziehen scheint. Dazu passen frisch gebackenes Vier-Tage-Sauerteigbrot (Seite 118) und Mungbohnen-Terrine (Seite 77).

FÜR 4 PERSONEN

ZUBEREITUNGSZEIT: 1 STUNDE

50 g Nacktgerste, gewaschen
1 EL helles Sesamöl
2 Stangen Lauch, gehackt
2 große Zwiebeln, gehackt
1 TL gekörnte vegane Bouillon
½ TL getrocknetes Basilikum
½ TL getrockneter Oregano
½ TL Pfeffer
¼ TL Fünf-Gewürze-Mischung
¼ TL gemahlener Muskat
1 l Gemüsebrühe oder Wasser
300 g gekochte Butterbohnen/Limabohnen (*siehe* Wie man Bohnen kocht, Seite 64)

ALTERNATIVEN & VARIANTEN

Anstelle der gekörnten Bouillon einen 10 cm langen Streifen Kombu-Alge verwenden. Er kommt in die pürierte Suppe und wird kurz vor dem Servieren entfernt.

Gerste in eine Schüssel geben und mit kaltem Wasser bedecken. Wenigstens 1 Stunde – höchstens 12 – einweichen lassen.

Öl in einen großen Topf geben. Lauch und Zwiebeln dazugeben, Deckel auflegen und bei mittlerer Hitze 15 Minuten dünsten, bis die Zwiebeln weich geworden sind und Saft abgegeben haben. Gekörnte Bouillon, Kräuter und Gewürze zugeben und gut unterrühren. 750 ml Gemüsebrühe oder Wasser angießen. Mit dem Stabmixer pürieren.

Gerste abgießen, abspülen und unter die Suppe rühren. Zugedeckt bei geringer bis mittlerer Hitze 35 Minuten köcheln lassen.

Die restlichen 250 ml Brühe oder Wasser angießen, die gekochten Bohnen zugeben, gut umrühren. Wenn Sie sofort essen wollen, die Suppe zum Köcheln bringen und servieren. Ansonsten intensiviert sich ihr Geschmack, wenn man sie 8 Stunden ziehen lässt. Ich koche sie meistens am Morgen und serviere sie abends.

✻ **NACKTGERSTE** verliert beim Dreschen nur die Spelzen und ist deshalb fast ein ganzes Korn. Graupen werden noch geschliffen und poliert, Perlgraupen besonders fein – beide müssen nicht eingeweicht werden. Gekochte Nacktgerste hat eine wunderbar cremig goldgelbe Farbe, durch die Kleie scheint noch etwas vom weißen Keimling durch. Sie ist reich an löslichen und unlöslichen Ballaststoffen, B-Vitaminen und Mineralien. Gerste gehört zu den seit Urzeiten angebauten Getreiden.

MARONEN-SELLERIE-SUPPE

Manche Kombinationen ergeben sich ganz zufällig: Ich schleppte gerade einen gigantischen Knollensellerie vom Markt nach Hause, als mir der Duft von frisch gerösteten Maronen in die Nase zog – und ich welche probierte. Sie können zwölf Maronen im Backofen rösten und zwei oder drei über jede Portion dieser Suppe bröseln. Oder Sie können sie mit einem roten Paprika-Kringel garnieren. Ich finde, dass die Suppe ganz ausgezeichnet zum Käsesandwich mit Tofu-Mayo (Seite 99) passt.

FÜR 4 PERSONEN

ZUBEREITUNGSZEIT: 40 MINUTEN

1 EL helles Sesamöl

400 g Knollensellerie, gewürfelt

2 Stangen Staudensellerie, gewürfelt

2 große Zwiebeln, fein gehackt

1 rote Paprikaschote, gewürfelt

½ TL edelsüßes Paprikapulver

1 l Gemüsebrühe oder Wasser

2 TL Maronenpüree

Salz und Pfeffer zum Abschmecken

ALTERNATIVEN & VARIANTEN

Für mehr Textur: die Hälfte der Suppe pürieren und gut unter die nicht pürierte rühren.

Öl in einen großen Topf geben, Knollensellerie, Staudensellerie, Zwiebeln und Paprika zugeben. Deckel auflegen und bei mittlerer Hitze alles 20 Minuten dünsten, dabei gelegentlich umrühren.

Wenn das Gemüse sehr weich ist, das Paprikapulver unterrühren.

Brühe oder Wasser angießen, mit einem Stabmixer pürieren. Maronenpüree unterrühren und die Suppe zum sanften Köcheln bringen, salzen und pfeffern.

Vom Herd nehmen und sofort servieren oder bis zum nächsten Tag im Kühlschrank aufbewahren. Dann aufwärmen und servieren.

✻ **KNOLLENSELLERIE** sieht nicht unbedingt essbar aus. Er ist braun, knorrig, hat eine grobe Außenhaut und manchmal wird er noch mit tentakelartigem Grün angeboten, das aus jedem knubbeligen Teil sprießt. Aber unter der harten Schale steckt ein wahrlich zarter, köstlicher, cremefarbener Kern. Gesund ist er außerdem, enthält u. a. Vitamine, viel Eisen und Calcium. Man kann ihn klassisch als Suppenwürze verwenden, aber auch allein dämpfen oder anbraten oder roh essen. Im Gemüsefach des Kühlschranks hält er sich unangeschnitten zwei bis drei Wochen.

FENCHEL-PAPRIKA-PRESTO

Manchmal hat man Appetit auf Salat – möchte aber eigentlich etwas Warmes essen. Dann ist dieses Presto genau richtig. Es dauert übrigens länger, die Zutaten klein zu schneiden, als sie zu dünsten. Wie Sie sie schneiden, um mit der Textur zu spielen, ob Sie rote, gelbe oder grüne Paprika nehmen (oder sie mischen, wenn Sie den Rest bald essen), bleibt ganz Ihnen überlassen. Das Presto passt zu Tofu-Couscous-Zauber (Seite 126), Tempeh-Chips mit Granatapfel-Glasur (Seite 167) oder Drei-Korn-Risotto (Seite 184).

FÜR 4 PERSONEN

ZUBEREITUNGSZEIT: 20 MINUTEN

1 große Orange, geschält und in vier Segmente geteilt

1 EL helles Sesamöl

1 Fenchelknolle, sehr dünn geschnitten

1 kleine Paprikaschote, in schmale Streifen geschnitten

1 scharfe frische Chilischote, dünn geschnitten

4 Frühlingszwiebeln, grob gehackt

12 Knoblauchzehen, in Scheiben geschnitten

1 mittelgroße Tomate, grob gewürfelt

Salz und Pfeffer zum Abschmecken

ALTERNATIVEN & VARIANTEN

1 Minute bevor Sie die Suppe vom Herd nehmen, ¼ TL zerstoßene Fenchelsamen oder etwas Fenchelgrün hineingeben.

Alle Zutaten sollten vorbereitet in separaten Schälchen bereitstehen, bevor Sie mit dem eigentlichen Kochen anfangen.

Orangen-Viertel quer zu den Spalten einschneiden, sodass Fächer entstehen. Den dabei auslaufenden Saft auffangen.

Öl in einer großen Pfanne bei starker Hitze erwärmen. Wenn es heiß ist, Fenchel, Paprika, Chili, Frühlingszwiebeln und Knoblauch zugeben. Für 2 Minuten einen Deckel auflegen. Umrühren und die Pfanne weitere 2 Minuten zudecken.

Tomate und Orangenspalten zugeben, gut umrühren. Deckel auflegen und alles 1 Minute köcheln lassen. Herd ausschalten, die Pfanne aber noch 1 Minute auf der Herdplatte stehen lassen.

Das Gemüse in eine Servierschüssel geben, mit dem aufgefangenen Orangensaft beträufeln. Mit Salz und Pfeffer abschmecken und servieren.

LAUCH-KARTOFFEL-SUPPE

Mir schien es so, als könnte ich meinen Söhnen beim Wachsen zusehen, während sie diese Suppe aßen. Sie ist sämig, nahr- und schmackhaft. Der Geschmack wird intensiver, wenn Sie die Suppe am Vorabend zubereiten und über Nacht im Kühlschrank ziehen lassen. Sie ist belebend und sättigend, vor allem wenn man dazu eine dicke Scheibe Dinkel-Leinsamen-Brot (Seite 87) isst.

FÜR 4 PERSONEN

ZUBEREITUNGSZEIT: 40 MINUTEN

1 EL helles Sesamöl

3 mittelgroße Kartoffeln, grob gewürfelt

2 große Stangen Lauch, in Ringe geschnitten, wie rechts beschrieben

2 große Zwiebeln, gehackt

1 TL Kümmelsamen

1 TL gekörnte vegane Bouillon

½ TL Pfeffer

1 l Gemüsebrühe oder Wasser

Blättchen von 2 Stängeln frischer Petersilie, fein gehackt

1 kleine Karotte, geraspelt

ALTERNATIVEN & VARIANTEN

Wenn nach dem Säubern nicht mehr viel vom grünen Teil der Lauchstange übrig ist, wird die Suppe etwas blass. Farbe bringt dann ¼ gestrichener TL Kurkuma, vor dem Aufköcheln hineingegeben.

Öl in einen großen Topf geben und die Zutaten in dieser Reihenfolge hineingeben: Kartoffeln, Lauch, Zwiebeln, Kümmel, gekörnte Bouillon und schließlich Pfeffer. Deckel auflegen und auf mittlerer Stufe erhitzen. Nach 10 Minuten umrühren, wieder zudecken und weitere 10–12 Minuten köcheln lassen, bis das Gemüse weich ist.

Brühe oder Wasser angießen und gut umrühren. Die Suppe mit dem Stabmixer bis zur gewünschten Konsistenz pürieren.

Petersilie und Karotte zugeben, die Suppe nur noch leicht köcheln lassen. Vom Herd nehmen. Wenn Sie nicht sofort essen wollen, den Deckel auf den Topf legen, bis Sie die Suppe servieren.

* **LAUCH SÄUBERN** Ich verwende vom Lauch so viel wie möglich, der grüne Teil ist sehr nährstoffreich und schmackhaft und sollte nicht vergeudet werden. Wenn der Lauch wächst, häufeln die Bauern Erde um ihn an, damit er sich nicht grün färbt. Deshalb haben die Stangen einen so langen, weißen, zarten Teil. Deshalb kann sich aber auch eine Menge Erde in den oberen Lauchblättern verstecken, man muss sie also gründlich säubern. Ich wasche zuerst die ganze Lauchstange, schneide die Wurzeln und die ausgefransten Blattspitzen ab. Danach entferne ich gelbe oder sehr faserige äußere Blätter und schneide den Lauch in Ringe. Die Ringe kommen in eine Schüssel mit kaltem Wasser. Ich trockne sie nicht in einer Salatschleuder, sondern nehme sie mit den Händen aus dem Wasser, um sicherzugehen, dass keine Erde mehr an ihnen haftet. Zum Schluss spüle ich sie nochmals unter fließendem kaltem Wasser ab.

PILZCREMESUPPE

Frische Pilze bringen herbstlichen Duft in Ihre Küche. In den Supermärkten gibt es das ganze Jahr über Pilze, doch auf dem Markt finden Sie eine größere, saisonale Auswahl. Zu dieser Suppe brauchen Sie nichts weiter als eine in etwas Olivenöl getunkte Scheibe Dinkel-Leinsamen-Brot (Seite 87).

FÜR 4 PERSONEN

ZUBEREITUNGSZEIT: 1 STUNDE

2 EL helles Sesamöl

200 g Pilze, fein geschnitten

1 große Zwiebel, fein gehackt

1 Knoblauchknolle, Zehen geschält und gehackt

4 EL Weizenmehl (Type 550 oder 1600)

1 TL gekörnte vegane Bouillon

½ TL gemahlene Kurkuma

½ TL Fünf-Gewürze-Mischung

¼ TL Pfeffer

1 l ungesüßter Sojadrink

500 ml Gemüsebrühe oder Wasser

Öl in einem großen Topf auf mittlerer Stufe erhitzen. Pilze, Zwiebel und Knoblauch zugeben und zugedeckt 15 Minuten dünsten, aber gelegentlich umrühren. Die Pilze sollen durchgegart, Zwiebel und Knoblauch sehr weich sein.

In einer Schüssel Mehl, gekörnte Bouillon, Kurkuma, Fünf-Gewürze-Mischung und Pfeffer vermengen. In einem Messbecher die Hälfte des Sojadrinks mit Brühe bzw. Wasser mischen.

Wenn die Pilze gar sind, die trockene Mischung zugeben, unter ständigem Rühren etwa 3 Minuten andicken lassen.

Dann unter ständigem Rühren die flüssige Mischung nach und nach angießen, jeweils etwa 100 ml. Jede flüssige Zugabe sollte gut untergerührt sein, bevor die nächste dazukommt. Anschließend die Suppe zugedeckt bei geringer Hitze 15 Minuten köcheln lassen.

Vom restlichen Sojadrink kleine Mengen unter ständigem Rühren angießen, bis die Suppe die gewünschte Konsistenz hat. Vor dem Servieren noch einmal fast zum Köcheln bringen.

SAUTIERTER TATSOI MIT SCHWARZEM SESAM

Mit nur drei Zutaten und dem bisschen Abschmecken ist dieses simple Gericht ruckzuck fertig. Zu der unwiderstehlichen Kombination von saftigem Blattgemüse und nussigem schwarzem Sesam passen Zwiebel-Kartoffel-Puffer (Seite 46) oder Karotten-Ingwer-Arame-Pfanne (Seite 195).

FÜR 4 PERSONEN

ZUBEREITUNGSZEIT: 15 MINUTEN

400–600 g Tatsoi oder Pak Choi

½–1 EL helles Sesamöl

2 EL schwarze Sesamsamen

Salz und Pfeffer zum Abschmecken

ALTERNATIVEN & VARIANTEN

Mit dem Tatsoi 4 in Scheiben geschnittene Knoblauchzehen in die Pfanne geben. 1 kleine gewürfelte Tomate zugeben, wenn der Tatsoi gewendet wird. Mit Pak Choi funktioniert das Rezept ebenso!

Die Wurzel des Tatsoi oder Pak Choi ca. 4 cm über der Strunkbasis abschneiden, um die Blätter vom Strunk zu trennen.

Eine große Pfanne auf mittlerer Stufe erhitzen und ½ TL Sesamöl hineingeben. In der Pfanne schwenken, damit es sich verteilt, dann den Sesam gleichmäßig verteilen.

Blattgemüse so in die Pfanne legen, dass alle Stiele in eine Richtung zeigen. Deckel auflegen und 5 Minuten andünsten. Mit dem Pfannenwender oder der Küchenzange das Blattgemüse wenden. Das Blattgemüse gibt viel Flüssigkeit ab, daher wird eventuell kein zusätzliches Öl nötig sein. Wenn es nicht mehr ganz frisch ist oder die Saison sich dem Ende zuneigt und es weniger Flüssigkeit abgibt, noch etwas Sesamöl in die Pfanne geben.

Deckel auflegen und weitere 5 Minuten dünsten, bis die Blätter zusammengefallen und die Stiele weich, aber noch etwas bissfest sind. Kurz vor dem Servieren den Tatsoi oder Pak Choi wenden, damit der Sesam haften bleibt. Mit Salz und Pfeffer abschmecken und heiß servieren.

GEBRATENES GEMÜSE MIT WÜRZIGEN ASIANUDELN

Wählen Sie die Zutaten je nach Saison aus und halten Sie sie fertig vorbereitet griffbereit – hierbei geht alles sehr schnell! Als Topping passen geröstete Cashewkerne, marinierter Tofu und ein Spritzer Tamari.

FÜR 4 PERSONEN

ZUBEREITUNGSZEIT: 40 MINUTEN

½ TL Fünf-Gewürze-Mischung

¼ TL Cayennepfeffer

1 Streifen Kombu-Alge (10 cm), gespült

2 EL helles Sesamöl

200 g Asianudeln

SCHÜSSEL 1

2 Stangen Staudensellerie, in Scheiben geschnitten

2 mittelgroße Karotten, in 5–8 cm lange, dünne Stifte geschnitten

SCHÜSSEL 2

12 Babymaiskolben, längs halbiert

½ Kopf Brokkoli, Röschen geviertelt

125 g frische grüne Bohnen, längs halbiert

SCHÜSSEL 3

1 mittelgroße Zucchini, in Scheiben geschnitten

200 g Tatsoi oder Pak Choi

2 EL geriebener frischer Ingwer

1 frische Chilischote, in feine Ringe geschnitten

6 Knoblauchzehen, in Scheiben geschnitten

3 Frühlingszwiebeln, gehackt

Für die Nudeln Wasser in einen großen Topf füllen. Fünf-Gewürze-Mischung, Cayennepfeffer und Kombu hineingeben. Deckel auflegen und bei mittlerer Hitze aufkochen lassen.

Inzwischen einen Wok oder eine große Pfanne auf mittlerer Stufe erhitzen, dann Öl zugeben. Sofort den Inhalt der Schüssel 1 in den Wok geben, Deckel auflegen, etwa 5 Minuten anbraten.

Den Inhalt der Schüssel 2 hinzugeben. Gut umrühren und zugedeckt etwa 5 Minuten anbraten.

Das Nudelwasser sollte nun kochen. Nudeln ins Wasser geben und nach Packungsanweisung kochen. Dabei die Nudeln mit einer Küchenzange trennen. Während die Nudeln garen, das restliche Gemüse anbraten.

Den Inhalt der Schüssel 3 in den Wok geben. Gut verrühren, Deckel auflegen. Etwa 3 Minuten anbraten, dann den Wok vom Herd nehmen, zugedeckt beiseitestellen.

Wenn die Nudeln gar sind, abgießen und auf vier Teller oder Schalen verteilen. Das gebratene Gemüse darübergeben und servieren.

SCHARFER BLUMENKOHL IN CREMIGER ZWIEBEL-SAUCE

Der Blumenkohl wird schnell gar, aber der Sauce sollten Sie Zeit geben. Die Zwiebeln müssen sanft weich köcheln und dürfen nicht bräunen, damit Farbe und Textur der Sauce cremig werden. Ihre Zutaten schmecken mild, aber unverwechselbar heraus. Die Sauce können Sie auch zum Garnieren der rubinroten Bete-Suppe (Seite 248) oder zum Dippen zu Polenta mit Garten-Girlande (Seite 100) verwenden.

FÜR 4 PERSONEN

ZUBEREITUNGSZEIT: 45 MINUTEN

2 große Gemüsezwiebeln, fein gehackt
1 Blumenkohl, Röschen halbiert
250 ml Gemüsebrühe oder Wasser
1 EL helles Sesamöl
1 EL Weizenmehl (Type 550)
250 ml Kokosdrink
Salz zum Abschmecken
1 EL Kokosöl
1 frische Chilischote, fein gehackt
1 mittelgroße Tomate, fein gewürfelt

ALTERNATIVEN & VARIANTEN

Geben Sie ¼ TL gemahlenen Muskat dazu, wenn Sie das Mehl einrühren.

Mit der Sauce beginnen: Zwiebeln mit einem Viertel der Blumenkohl-Röschen und Brühe auf mittlerer Stufe in einem Topf erhitzen. Zugedeckt etwa 15 Minuten köcheln lassen.

Die Brühe in einen großen Messbecher abseihen. Zwiebeln und Blumenkohl in eine Schüssel geben und zerstampfen oder durch eine Flotte Lotte passieren; beiseitestellen.

Sesamöl in einem Topf auf mittlerer Stufe erhitzen. Mehl über das heiße Öl stäuben und zu einer dicken Mehlschwitze verrühren.

Kokosdrink zur Brühe im Messbecher gießen und gut verquirlen. Diese Flüssigkeit nach und nach zur Mehlschwitze geben, gut verrühren, bis eine glatte, sämige Sauce entsteht.

Den Zwiebel-Blumenkohl-Brei unterrühren, mit etwas Salz abschmecken, 2–3 Minuten köcheln lassen. Deckel auflegen und vom Herd nehmen.

Schließlich eine Pfanne bei starker Hitze erwärmen. Kokosöl in die heiße Pfanne geben, dann den restlichen Blumenkohl und Chili. Deckel auflegen, 3–5 Minuten dünsten, dann die Zutaten wenden und die Tomate zugeben. Zugedeckt weitere 3–5 Minuten dünsten. In einer Schüssel anrichten und die cremige Zwiebel-Sauce darübergeben. Servieren.

TOFUWÜRFEL IN GRÜNGEMÜSE

Dieses Gericht können Sie ganz einfach der Jahreszeit anpassen und anstelle des Brokkoli Blattgemüse wie Pak Choi, gehackte Brunnenkresse oder Grünkohl nehmen. In den Tofu beißen sogar Allesesser gerne. Sie können mit den gedünsteten Zutaten Ofenkartoffeln füllen oder sie als Beilage zum goldigen Reis-Knüller (Seite 129) essen. Gut schmecken sie auch zu Asianudeln mit scharfer Erdnusssauce (Seite 246).

FÜR 4 PERSONEN

ZUBEREITUNGSZEIT: 45 MINUTEN

400 g fester Tofu, grob gewürfelt

2 EL helles Sesamöl

1 Knoblauchknolle, Zehen gehackt

1 Brokkoli, Röschen halbiert oder geviertelt

2 mittelgroße Tomaten, gewürfelt

½ TL getrockneter Oregano

Salz und Pfeffer zum Abschmecken

ALTERNATIVEN & VARIANTEN

Scharf wird es mit 1 in dünne Röllchen geschnittenen Chilischote. Den Brokkoli können 12–15 Rosenkohl-Röschen ersetzen. 4 gehackte Frühlingszwiebeln passen auch dazu.

Tofuwürfel mit dem Öl in eine große Pfanne geben; Deckel auflegen und bei starker Hitze 3 Minuten rösten. Hitze reduzieren und mit dem Pfannenwender den Tofu wenden. Die Würfel sollen nicht zerfallen und auf jeder Seite leicht braun und kross werden.

Nach etwa 15 Minuten Knoblauch und Brokkoli mit dem Pfannenwender unterheben. Deckel auflegen und etwa 5 Minuten dünsten. Mit dem Pfannenwender die Zutaten noch einmal wenden.

Tomaten und Oregano zugeben. Deckel auflegen und weitere 5 Minuten dünsten, bis der Brokkoli weich, aber immer noch schön grün ist. Mit Salz und Pfeffer abschmecken und servieren.

VIER-TAGE-SAUERTEIGBROT

Haben Sie Geduld? Wenn Sie dieses Brot backen, werden Sie es merken. Sauerteig braucht einfach Zeit, da hilft kein Drängeln, aber es ist wirklich befriedigend, Brot traditionell mit natürlichen »wilden« Hefekulturen zu backen.

ERGIBT 2 LAIBE

ZUBEREITUNGSZEIT: 4 TAGE

FÜR DEN STARTER

225 g Weizenmehl (Type 550 oder 1600) und 4 EL Mehl zum »Füttern«

FÜR DAS BROT

1 kg Weizenmehl (Type 550 oder 1600)

3 EL Olivenöl und etwas Öl zum Einfetten der Formen

Für den Starter Mehl und 300 ml Wasser in einem Einmachglas mit weiter Öffnung gut verrühren. Die Öffnung mit einem Mulltuch bedecken und das Tuch mit einem Gummiband fixieren. An einem warmen Ort, an dem es nicht zieht, 24 Stunden ruhen lassen.

2 EL Mehl und 3 EL Wasser in das Glas geben und gut verrühren. Das verschlossene Glas weitere 24 Stunden am warmen Ort ruhen lassen.

Dieses »Füttern« am dritten Tag wiederholen.

Am vierten Tag sollten kleine Bläschen im Sauerteig zu sehen sein. Prüfen, ob er gut riecht, und noch einmal gut umrühren. Jetzt geht es ans Brotbacken!

Mehl in eine große Schüssel geben und 400 ml warmes Wasser in einen großen Messbecher gießen. Den Starter umrühren und wenigstens 300 ml zum Mehl geben. Olivenöl zugeben und alles mit einem Holzlöffel rühren, bis es zu schwierig wird. Dann den Teig mit den Händen kneten, nach und nach warmes Wasser angießen – so viel, dass ein fester Teig entsteht, der nicht klebt.

Den Teig 5 Minuten kneten. Dann die Schüssel mit einem Küchentuch bedecken und den Teig 2–4 Stunden gehen lassen.

Zwei 900-g-Brotbackformen leicht einfetten. Den Teig durchkneten und halbieren. Zwei Laibe formen und in die Backformen legen. Mit Küchentüchern bedeckt 2 Stunden gehen lassen.

Den Backofen auf 200 °C vorheizen. Die Brote 5 Minuten backen, dann den Ofen auf 180 °C herunterschalten und die Brote weitere 25 Minuten backen. Aus dem Ofen nehmen, 5 Minuten in den Formen abkühlen lassen, dann auf ein Kuchengitter stürzen.

✻ **WIE MAN DEN STARTER AM LEBEN ERHÄLT** Nachdem Sie einen Teil des Starters (auch: Anstellgut) für Ihr erstes Sauerteigbrot verwendet haben, können Sie den Rest auffrischen; Sauerteig wird besser, je älter er wird. Zum Füttern nehmen Sie Mehl und Wasser in etwa diesem Mengenverhältnis: 1 Teil Mehl (egal welche Sorte oder Type) auf 1¼ Teile Wasser. Nehmen Sie so viel vom Starter, wie Sie für die nächsten zwei Brote brauchen (etwa 300 ml), aber behalten Sie etwas zurück, damit Sie Ihren Starter wieder auffrischen können. Wenn Sie bald wieder backen wollen, bewahren Sie ihn bei Zimmertemperatur auf und füttern ihn täglich. Wenn nicht, lagern Sie ihn im Kühlschrank und füttern ihn zweimal die Woche.

GEDÄMPFTE SÜSSKARTOFFELN MIT INGWER-NORI-DRESSING

Süßkartoffeln haben einen so typischen Geschmack, da bietet sich eine schnörkellose Zubereitung an. Hier treffen sie auf die intensiven Aromen des sehr vielseitigen Dressings. Es ist eins meiner Lieblingsdressings, ich serviere es zu gedämpftem Gemüse mit einer Portion Ramen- oder Soba-Nudeln oder zu Ofenkartoffeln oder Bohnensprossen oder auf einem Burger aus der schnellen Bratling-Mischung (Seite 50). Ich verwende es auch als Dip und Marinade, z. B. für gebratenen Tempeh oder Tofu. Das Dressing sollte eine Weile ziehen.

FÜR 4 PERSONEN

ZUBEREITUNGSZEIT: 30 MINUTEN + 2 STUNDEN RUHEZEIT

FÜR DAS DRESSING:

2 EL geriebener frischer Ingwer

Saft von 1 Zitrone

4 EL Olivenöl

2 EL Apfelessig

1 EL Tamari (Sojasauce)

1 EL Nori-Flocken

450 g Süßkartoffeln, in dicke Stifte geschnitten

1 EL helles Sesamöl

ALTERNATIVEN & VARIANTEN

1 zerdrückte Knoblauchzehe dazugeben.

Für das Dressing Ingwer, Zitronensaft, Olivenöl, Apfelessig, Tamari und Nori-Flocken in einer kleinen Schüssel verrühren. Zugedeckt möglichst mindestens 2 Stunden ziehen lassen, damit sich die Aromen verbinden.

Süßkartoffel-Stifte in einen Dämpfeinsatz über 3 cm Wasser in einen Topf geben. Deckel auflegen, aufkochen, dann 7–10 Minuten dämpfen. Sie schmecken so schon köstlich, man kann sie aber noch karamellisieren: Dazu die gedämpften Stifte mit dem Sesamöl auf dem Backblech verteilen, schwenken, damit das Öl sie umhüllt, und 5 Minuten unter dem vorgeheizten Ofengrill backen.

Zu den Süßkartoffel-Stiften ein Schälchen Dressing servieren oder etwas über jede Portion geben.

✻ **GEMÜSE DÄMPFEN** Gedämpftes Gemüse behält mehr Nährstoffe, mehr Geschmack und Textur als gekochtes. Das Dämpfen geht erstaunlich schnell und spart außerdem Energie, denn man kann alle Zutaten in einem Topf über dem kochenden Wasser schichten. Es gibt flexible Dämpfeinsätze, die sich so gut wie jeder Topfgröße anpassen. Das praktische am Schichten ist, dass man schon Gegartes herausnehmen kann. Für gedämpftes Gemüse braucht man kein Rezept. Nur manchmal etwas Sauce oder Dressing, ich empfehle eher wenig, besonders wenn Sie noch in der Experimentierphase sind, denn das Gemüse entfaltet seinen natürlichen Geschmack herrlich reich.

FAMOSES VOLLKORNBROT

Finden Sie es nicht auch herrlich, wenn der Duft von frisch gebackenem Brot durchs Haus zieht? Von diesem mache ich immer vier Laibe und wenigstens einer ist nach ein paar Stunden schon genascht und gegessen worden! Es schmeckt köstlich, wenn es noch warm ist, lässt sich aber abgekühlt besser schneiden. Man kann es sehr gut einfrieren – oder an Freunde verschenken. Ich serviere getoastete Scheiben zu Bohnen (Seite 52) oder Rührtofu (Seite 39) oder zur Buchstabensuppe (Seite 95) oder Garten-Brennnessel-Suppe (Seite 74).

ERGIBT 4 LAIBE

ZUBEREITUNGSZEIT: 3 STUNDEN

2 EL Zucker

1 Päckchen (7 g) oder 2 TL Trockenhefe

1,5 kg Weizenvollkornmehl (Type 1600)

500 g Dinkelvollkornmehl

2 EL Olivenöl und etwas Öl zum Einfetten

ALTERNATIVEN & VARIANTEN

Sie können das Verhältnis der beiden Mehlsorten verändern und 1,5 kg Dinkelvollkornmehl sowie 500 g Weizenvollkornmehl nehmen oder Weizenmehl Type 812 anstelle des Dinkelvollkornmehls. Ganz nach Lust und Laune und Vorratsschrank.

Zucker in 500 ml warmem Wasser in einem großen Messbecher auflösen. Trockenhefe gut einrühren und die Mischung beiseitestellen; sie wird schaumig.

Beide Mehle in einer großen Schüssel vermischen.

Wenn die Hefe schäumt, das Öl unterrühren und dann die Hefe-Öl-Mischung zu den Mehlen gießen. Mit einem Holzlöffel zu einem Teig verrühren, währenddessen weitere 500 ml warmes Wasser zugeben.

Wenn das Rühren zu schwer wird, den Teig wenigstens 5 Minuten mit den Händen kneten, bis er fest ist, aber immer noch eine etwas feuchte Konsistenz hat. Falls noch nicht alles Mehl im Teig gebunden sein sollte, Wasser in sehr kleinen Mengen zugeben, der Teig darf dabei nicht zu weich und klebrig werden.

Am Ende sollte nur sehr wenig oder gar kein Teig an den Händen kleben. Durch das lange Kneten wird der Teig elastischer und das Brot lockerer.

Den Teig zu einer Kugel formen, in der Schüssel unter einem sauberen Geschirrtuch wenigstens 1 Stunde an einem warmen Ort gehen lassen. Der Teig sollte sein Volumen in etwa verdoppeln.

In der Zwischenzeit vier 900-g-Brotbackformen leicht einfetten.

Wenn der Teig aufgegangen ist, die Hände leicht einölen und den Teig 2–3 Minuten kneten. Den Teig in vier Portionen teilen, jede zu einem Laib formen und in eine gefettete Backform legen. Die Formen mit einem Tuch bedecken und die Laibe 1 Stunde gehen lassen.

Den Backofen auf 250 °C vorheizen. Die Backformen mit ausreichend Abstand in den Ofen stellen. 5 Minuten backen, dann die Hitze auf 180 °C reduzieren und weitere 25 Minuten backen, bis die Laibe oben gebräunt sind. Aus den Formen stürzen, auf ihre Unterseiten klopfen, es sollte hohl klingen.

Die Laibe auf einem Kuchengitter abkühlen lassen.

prestige

SCHNELL GEMACHTE SANDWICHES

Diese vier Sandwiches werden unter Garantie schnell gegessen. Glücklicherweise sind sie fast genauso schnell gemacht!

KOHLRABI-UND-GURKEN-SANDWICH Ein knackiger, erfrischender Snack. Dazu frische oder getoastete Brotscheiben mit Kräuter-Zwiebel-Bohnen-Paste (Seite 71) bestreichen. Auf eine Scheibe in dünne Scheiben geschnittenen Kohlrabi und Salatgurke legen, jeweils etwas salzen und pfeffern. Nach Belieben etwas Tofu-Mayo (Seite 99) daraufgeben. Fein gehackte Kapuzinerkresse-Blätter geben eine pfeffrige Note. Darauf kommt eine zweite Scheibe Brot.

AVOCADO-RUCOLA-SANDWICH Das Fruchtfleisch von 1 reifen Avocado in einer Schüssel mit 1 fein gewürfelten reifen Tomate und ca. 25 g gehacktem Rucola vermengen. Dabei mit der Gabel die Avocado zerdrücken und den Saft aus der Tomate pressen. Die Mischung auf 4 Scheiben frisches oder getoastetes Brot streichen, salzen und pfeffern, jeweils 2 Scheiben aufeinandersetzen. Anstelle des Brots kann man Pita verwenden; vor dem Aufeinandersetzen kann man Mungbohnensprossen (Seite 78) auf der Füllung verteilen.

MISO-TAHIN-PROTEINBOMBEN-SANDWICH 4 EL Tahin (Sesampaste) und 1 EL Miso (Sojabohnenpaste) in einer Schüssel zu einer dicken Paste verrühren. Die Paste auf 2 Scheiben heißem getoastetem Brot verstreichen, Scheiben aufeinandersetzen. Vor dem Aufeinandersetzen kann man noch einen Spritzer Tabasco oder Chilisauce auf der Paste verteilen oder den Saft von ½ Zitrone mit Miso und Tahin verrühren.

BANANEN-ERDNUSSBUTTER-SANDWICH 4 EL Erdnussbutter auf 2 Scheiben frischem oder getoastetem Brot verstreichen. 1 reife Banane in Scheiben schneiden und auf die Erdnussbutter legen. Die Bananenscheiben mit gemahlenem Zimt bestäuben, etwas dunkle Schokolade darüberreiben, aufeinandersetzen. Noch süßer wird es, wenn man alles vor dem Aufeinandersetzen mit 1 TL Gerstenmalzsirup beträufelt. Ersetzt man die Erdnussbutter durch Tahin, erhält man einen Geschmack ähnlich wie Halva (orientalische Sesamsüßspeise).

EINFACHER PIZZABODEN

Diese Pizzaböden werden locker und leicht knusprig. Als Belag passen etwas Tomatensauce (Seite 253) und in dünne Scheiben geschnittene Tomaten mit fein gewürfeltem Basilikum-Tofu oder Tempeh-Chips (Seite 167). Oder Sie backen eine Kräuter-Kapern-Pizza (Seite 125) oder Olivenpizza (Seite 236).

ERGIBT 2 BÖDEN (30 CM Ø)

ZUBEREITUNGSZEIT: 1 STUNDE

1 gehäufter TL Zucker

1 Päckchen (7 g) oder
2 TL Trockenhefe

500 g Weizenmehl (Type 812)

2 EL Olivenöl

250 ml warmes (körperwarmes) Wasser in einen großen Messbecher geben und zuerst den Zucker, danach die Trockenhefe darin auflösen. Beiseitestellen, bis die Hefe schäumt.

Mehl in eine große Schüssel geben und eine Mulde in die Mitte drücken. 1 EL Olivenöl zur Hefe-Mischung geben und sanft verrühren. Dann alles in die Mehlmulde gießen.

Weitere 100 ml warmes Wasser im Messbecher bereitstellen.

Mehl und Flüssigkeit mit einem Holzlöffel zu einem Teig verrühren, bis es zu schwer wird. Mit den Händen weiterkneten. Gegebenenfalls etwas Wasser angießen – der Teig soll fest, aber leicht klebrig werden.

Die Schüssel mit einem Geschirrtuch bedecken und den Teig 20 Minuten gehen lassen.

Mit dem restlichen Öl zwei Pizzableche (30 cm Ø) leicht einfetten. Das Öl mit den Händen verteilen – dann bleibt der Teig beim nächsten Arbeitsschritt nicht an ihnen kleben.

Den Teig halbieren und jede Portion sanft von der Mitte bis zum Rand in das Pizzablech drücken.

Die Bleche 20–30 Minuten beiseitestellen, damit der Teig gehen kann; Pizzaböden nach Geschmack belegen und wie auf Seite 125 angegeben backen.

✻ **TEIG ZUBEREITEN** Jedes Mehl kann seine Launen haben: Wie viel Flüssigkeit es aufnimmt, hängt davon ab, wie feucht, warm oder kalt das Wetter ist und wie lange es her ist, dass es zu Mehl vermahlen wurde. Darauf muss man sich einstellen. Es ist hilfreich, immer etwas warmes Wasser griffbereit stehen zu haben – dann verteilen Sie keine Teigkrümel und -klumpen in der Küche, während Sie Wasser in den Messbecher füllen. Geben Sie immer nur einen Schuss Wasser zum Mehl, damit der Teig nicht zu feucht wird. Denn dann müssten Sie mehr Mehl dazugeben, und dann wieder etwas Wasser und so weiter!

EINFACHE KRÄUTER-KAPERN-PIZZA

Spannen Sie Ihre ganze Familie ein, um diese leichten Leckerbissen zuzubereiten. Ich habe für die Pizza immer alle Zutaten im Vorratsschrank, und wenn alle mithelfen, steht das Essen ruckzuck auf dem Tisch. Sehr gut schmecken dazu schneller Salat (Seite 93) und Avocado-Mandel-Shake (Seite 68).

ERGIBT 2 PIZZAS (30 CM Ø)

ZUBEREITUNGSZEIT: 1 STUNDE

2 Pizzaböden (linke Seite)

2 TL helles Sesamöl

1 Knoblauchknolle, Zehen geschält und fein gehackt

½ TL Chiliflocken

1 EL getrocknetes Basilikum

1 TL getrockneter Oregano

100 g sonnengetrocknete Tomaten, fein gehackt

500 g passierte Tomaten

100 g Kapern

ALTERNATIVEN & VARIANTEN

Verwenden Sie anstelle der passierten Tomaten Ihre eigene Tomaten-Grundsauce (Seite 254). Für die letzten 5 Backminuten können Sie 100 g veganen Käse je zur Hälfte über die Pizzas streuen.

Zuerst die Pizzaböden und während der Teig in den Backformen geht, die Sauce zubereiten.

Öl in einen Topf geben, Knoblauch und Chiliflocken bei mittlerer Hitze anbraten. Wenn der Knoblauch weich ist, nach etwa 5 Minuten, Kräuter und sonnengetrocknete Tomaten zugeben. Weitere 2–3 Minuten braten, bis die Mischung weich und aromatisch ist. Die passierten Tomaten gut unterrühren und alles zum Köcheln bringen.

Den Backofen auf 200 °C vorheizen.

Wenn der Teig aufgegangen ist, auf jeden Boden je die Hälfte der Sauce geben und fast bis an den Rand verstreichen. Kapern jeweils gleichmäßig daraufgeben.

5 Minuten backen (damit der Boden knusprig wird), dann die Hitze auf 180 °C reduzieren. Weitere 15 Minuten backen, bis die Teigränder goldbraun sind.

Die Pizzas aus dem Ofen nehmen, in Stücke schneiden und sofort servieren.

TOFU-COUSCOUS-ZAUBER

Es kann nie schaden, wenn junge Erwachsene lernen, ein paar Gerichte zu kochen, bevor sie ausziehen – ich habe zwölf Basisgerichte und dies ist eines davon. Es ist schnell gemacht, vielseitig, gesund und regt dazu an, kreativ zu sein. Man kann es mit Tamari, Sriracha-Sauce oder dem Saft einer Limette beträufeln. Wer es crunchig mag, streut eine Handvoll gerösteten Kerne-Mix (Seite 86) auf seine Portion.

FÜR 4 PERSONEN

ZUBEREITUNGSZEIT: 25 MINUTEN

1 EL helles Sesamöl

1 mittelgroße Zwiebel, fein gehackt

4 Knoblauchzehen, gehackt

1 TL getrocknetes Basilikum oder gemischte getrocknete Kräuter

¼ TL Pfeffer

400 g fester Tofu, fein gewürfelt

200 g Tatsoi oder Pak Choi, geschnitten

250 g mittelfeiner Couscous

ALTERNATIVEN & VARIANTEN

Man kann jedes andere Blattgemüse verwenden, solange es rechtzeitig gar wird. Ich habe mal eine Mischung aus gehacktem Romana-Salat, glatter Petersilie und frischem Basilikum genommen – sehr lecker. Den Pfeffer kann man durch frische Chilischoten oder Chiliflocken ersetzen.

Öl in einen großen Topf geben, Zwiebel und Knoblauch darin bei mittlerer Hitze 5 Minuten anbraten. Basilikum, Pfeffer, Tofu und Blattgemüse zugeben. Gut umrühren, Deckel auflegen. Weitere 10 Minuten dünsten, bis das Gemüse weich ist.

Trockenen Couscous zugeben und gut unterrühren. 400 ml Wasser angießen, gut umrühren, Deckel auflegen. Der Couscous nimmt Gemüsesäfte und Wasser sehr schnell auf. Nach 2–3 Minuten die Konsistenz des Couscous prüfen, sie sollte weich und locker sein. Falls nötig, etwas mehr Wasser angießen, umrühren, Deckel auflegen. Nach 2–3 Minuten wieder prüfen.

Wenn der Couscous gar ist, Herd ausschalten und den Topf vor dem Servieren 5 Minuten auf der Herdplatte stehen lassen.

GOLDIGER REIS-KNÜLLER

Dieses Gericht ist hübsch bunt, pikant und vielseitig. Heiß schmeckt es sehr gut zu Bohnen oder Blattgemüse, kalt zu einem Salat. Versuchen Sie es mal zu angemachtem grünem Gemüse und Bohnen (Seite 154) oder zum Adzuki-Bohnen-Ragout (Seite 133).

FÜR 4 PERSONEN

ZUBEREITUNGSZEIT: 30 MINUTEN

2 EL helles Sesamöl

1 Knoblauchknolle, Zehen gehackt

1 rote Paprikaschote, gewürfelt

1 TL gekörnte vegane Bouillon

½ TL gemahlene Kurkuma

½ TL Chiliflocken

¼ TL gemahlener Zimt

¼ TL ganzer Kreuzkümmel (Cumin)

250 g Basmati-Reis

25 g frische glatte Petersilie, gehackt

250 g frische oder gefrorene Erbsen

ALTERNATIVEN & VARIANTEN

50 g Mandelblättchen oder Pinienkerne zu Petersilie und Erbsen geben. Kurz vor dem Servieren 2 EL frisches gehacktes Basilikum zugeben.

Öl in einen großen Topf geben, Knoblauch und Paprika bei mittlerer Hitze etwa 5 Minuten anbraten. Gekörnte Bouillon und Gewürze zugeben. Gut umrühren und weitere 2 Minuten anbraten.

Reis einrühren und weiterrühren, während der Reis Öl, Säfte und Aromen aufnimmt. 500 ml Wasser angießen, gut umrühren und Deckel auflegen.

Nach etwa 5 Minuten Petersilie und Erbsen zugeben, gut umrühren. Deckel auflegen, nun muss der Reis etwa 5–7 Minuten die restliche Flüssigkeit aufnehmen. Der Reis soll weich und locker, aber nicht nass sein, Erbsen und Petersilie sollen gar, aber immer noch schön grün sein. Falls nötig, bis zu 100 ml Wasser angießen, aber immer nur in kleinen Mengen, und kochen, bis der Reis alles aufgesogen hat und gar ist.

Wenn alles gar ist, den Topf vom Herd nehmen. Vor dem Servieren den Reis mit einer Gabel auflockern.

MEDITERRAN GEWÜRZTER REIS MIT LINSEN

Von diesem vielseitigen Gericht kann ich gar nicht genug machen. Es schmeckt heiß und kalt, zu Salaten oder heißen Gemüsen, und man kann es gut für die Mittagspause oder zum Picknick einpacken. Es bleibt meistens etwas übrig – für den kleinen Snack zwischendurch oder ein warmes Frühstück. Dass der Linsen-Reis braun aussieht, lässt sich nicht vermeiden, aber wenn man ihn zu einem farbenfroheren Gericht serviert, wirkt er gleich peppiger: heiß zu Karotten-Ingwer-Arame-Pfanne oder Blattgemüse (Seite 193), kalt zu grünem Salat (Seite 92) oder einem Teller Tomaten.

FÜR 4 PERSONEN

ZUBEREITUNGSZEIT: 45 MINUTEN

250 g braune Linsen, gewaschen

3 EL helles Sesamöl

1 große Zwiebel, fein gehackt

1 Knoblauchknolle, Zehen geschält und fein gehackt

1 TL Chiliflocken

1 TL ganzer Kreuzkümmel (Cumin)

½ TL gemahlener Zimt

250 g Basmati-Reis

4 Frühlingszwiebeln, fein gehackt

ALTERNATIVEN & VARIANTEN

Zu den Gewürzen 1 TL gekörnte vegane Bouillon geben.

Linsen in einen Topf geben und mit kochendem Wasser bedecken. Deckel auflegen und Linsen 15-20 Minuten ruhen lassen.

Inzwischen Öl auf mittlerer Stufe in einem großen Topf erhitzen. Zwiebel und Knoblauch zugeben und 5 Minuten anbraten, dabei oft rühren. Gewürze unterrühren, Hitze reduzieren. Weitere 5 Minuten anbraten.

Nun den Reis einrühren. 5 Minuten anschwitzen, dabei ein- oder zweimal umrühren, damit der Reis die Gewürzaromen annimmt.

Linsen abgießen und spülen, dann in den Topf geben und unter Reis und Gewürze rühren. Den Herd auf mittlere Hitze schalten, die Reis-Linsen-Mischung 1,5 cm hoch mit kochendem Wasser bedecken. Gut umrühren, Deckel auflegen und 10–12 Minuten köcheln lassen.

Die Frühlingszwiebeln unterrühren und die Konsistenz der Mischung prüfen. Reis und Linsen sollten vollgesogen und weich, aber nicht nass sein – falls nötig, noch etwas kochendes Wasser angießen und weitere 5 Minuten auf dem Herd lassen.

Wenn Reis und Linsen gar sind, Deckel abnehmen und alles ausdampfen lassen. Heiß oder kalt servieren.

ZWIEBEL-TOFU-TOMATEN-TARTE

Rucola ist ein Blattgemüse, das meistens kalt im Salat gegessen wird, aber auch warmen Gerichten verleiht es einen pfeffrigen Geschmack. Tofu kann die Geschmacksnoten anderer Zutaten abmildern, also experimentieren Sie ruhig mit den Gewürzmengen. Die Tarte schmeckt sehr gut zu grünem Salat (Seite 92), sautiertem Tatsoi mit schwarzem Sesam (Seite 112) oder Karotten-Ingwer-Arame-Pfanne (Seite 195).

ERGIBT 1 TARTE (28 CM Ø)

ZUBEREITUNGSZEIT: 1 STUNDE

1 Portion veganer Mürbeteig (Seite 265)

1 große Karotte, in dünne Scheiben geschnitten

25 g frische glatte Petersilie, gehackt

2 große Zwiebeln, fein gehackt

50 g Rucola, fein gehackt

2 mittelgroße Tomaten, in dünne Scheiben geschnitten

250 g fester Natur-Tofu, gewürfelt

150 ml Sojadrink

1 TL Pfeffer

1 TL getrocknetes Basilikum

½ TL getrockneter Oregano

½ TL gemahlene Kurkuma

ALTERNATIVEN & VARIANTEN

Sie können den Rucola durch Brunnenkresse ersetzen. Zur Tofu-Sojadrink-Mischung können 2 EL Hefeflocken oder 2 EL Senf kommen.

Den vorbereiteten Mürbeteig etwa 30 Minuten vor der Verwendung aus dem Kühlschrank nehmen.

Den Backofen auf 180 °C vorheizen. Teig ausrollen und eine Tarteform mit dem Teig auslegen. Karottenscheiben darauf verteilen – und zwar bis zum Rand des Teigbodens. Petersilie gleichmäßig über die Karotten geben, die Zwiebeln über die Petersilie. Rucola über die Zwiebeln streuen und zum Schluss die Tomatenscheiben darauflegen.

In einer Schüssel mit einem Stabmixer Tofu, Sojadrink, Pfeffer, getrocknete Kräuter und Kurkuma pürieren. Die Mischung gleichmäßig auf der Tarte verteilen.

Im Ofen 30–35 Minuten backen. Die Tarte 5 Minuten abkühlen lassen und heiß servieren – oder ganz abkühlen lassen und kalt servieren.

✻ **TOFU-CREME** Wenn ich Tofu und Sojadrink zu einer Art Creme verrühre, mache ich das im Verhältnis von 3 Teilen Sojadrink zu 5 Teilen Tofu. Ich nehme festen Tofu und drücke etwas Wasser heraus, bevor er zum Sojadrink kommt.

ADZUKI-BOHNEN-RAGOUT

Die kleinen roten Bohnen sind reich an Proteinen und Eisen und leicht verdaulich. Hier bekommen sie eine weiche Konsistenz und die satten Geschmacksnoten der angerösteten Gewürze. Das Ragout schmeckt als eigene Mahlzeit oder zu warmem Brokkoli-Salat (Seite 151), Maisbrot (Seite 135) und Paprika-Tomaten-Salsa (*siehe* unten).

FÜR 4 PERSONEN

ZUBEREITUNGSZEIT: 1 STUNDE

+ 8 STUNDEN RUHEZEIT

500 g getrocknete Adzuki-Bohnen, wenigstens 8 Stunden eingeweicht (*siehe* Wie man Bohnen kocht, Seite 64)

1 Streifen Kombu-Alge (10 cm), gespült

1 EL helles Sesamöl

1 Knoblauchknolle, Zehen gehackt

2 EL geriebener frischer Ingwer

2 Frühlingszwiebeln, fein gehackt

½–1 TL Chiliflocken nach Belieben

½ TL gemahlener Zimt

½ TL gemahlener Piment

2 mittelgroße Tomaten, fein gewürfelt

ALTERNATIVEN & VARIANTEN

Noch würziger wird es, wenn Sie 1 TL gekörnte vegane Bouillon zu Knoblauch, Ingwer und Frühlingszwiebeln geben.

Die eingeweichten Bohnen abgießen und waschen. Kombu in einen großen Topf legen und die Bohnen darübergeben. Frisches Wasser angießen, Bohnen ca. 3 cm hoch mit Wasser bedecken. Deckel auflegen und bei mittlerer Hitze zum Köcheln bringen.

Nach 20 Minuten die Bohnen umrühren, falls nötig, Wasser zugeben. Deckel auflegen, die Bohnen weitere 10–15 Minuten weich köcheln lassen.

Inzwischen Sesamöl in einen kleinen Topf geben. Bei geringer bis mittlerer Hitze Knoblauch, Ingwer und Frühlingszwiebeln etwa 5 Minuten anschwitzen, dabei ein-, zweimal umrühren. Gewürze zugeben und alles ein, zwei Minuten verrühren. Nun Tomaten zugeben, Deckel auflegen und 5 Minuten dünsten.

Die weich gekochten Bohnen in ein Sieb abgießen und wieder in den Topf geben. Die Tomaten-Mischung unter die Bohnen rühren. Bei geringer Hitze köcheln lassen und falls nötig bis zu 100 ml Wasser angießen – das Ragout soll dickflüssig sein, eine sämige, würzige Konsistenz haben mit sowohl ganzen Bohnen als auch zerfallenen Bohnen darin.

Den Topf vom Herd nehmen. Sofort servieren oder zugedeckt ein paar Stunden ziehen lassen, damit sich der Geschmack intensiviert. Das Ragout schmeckt heiß, aufgewärmt und kalt.

ROTE-PAPRIKA-TOMATEN-SALSA Für diese scharfe Garnitur zu Bohnen oder Maisbrot 2 rote Paprika putzen und vierteln. Paprika mit der Haut nach oben unter dem Backofengrill rösten, bis die Haut Blasen wirft und schwarz wird, etwa 5 Minuten. Paprika etwas abkühlen lassen, dann die Haut so gut wie möglich abziehen, das Fruchtfleisch grob würfeln. Mit 1 Prise Salz, dem Saft von 2 Limetten und 2 EL Olivenöl in den Mixer geben. 2 frische rote Chilischoten (entkernen, wenn die Salsa milder werden soll), 4 mittelgroße Tomaten, 6 Knoblauchzehen, 1 kleine Zwiebel und 10 g Koriandergrün hacken und in den Mixer geben. Alles kurz und recht grob zerkleinern, die Salsa soll nicht zu fein werden – Sie wollen ja kein Püree. Vor dem Servieren die Salsa ein paar Stunden kühlen, damit die Aromen sich verbinden. In einem geschlossenen Behälter hält sie sich im Kühlschrank 2–3 Tage.

MAIS-PAPRIKA-RELISH

Das Relish schmeckt mit frischem Zuckermais besser als mit Mais aus dem Glas. Die Körner werden nach dem Kochen einfach vom Kolben geschnitten. Die so entstehenden Streifen geben dem Relish mehr Textur. Ein großer Löffel voll auf dem Teller rundet einen Bratling-Mischung-Burger (Seite 50), eine Zwiebel-Tcfu-Tomaten-Tarte oder ein Maisbrot (Seite 135) herzhaft ab.

FÜR 4 PERSONEN

ZUBEREITUNGSZEIT: 20 MINUTEN

+ RUHEZEIT

2 Maiskolben

2 EL helles Sesamöl

4 Knoblauchzehen, fein gehackt

1 kleine Zwiebel, gewürfelt

1 frische Chilischote, fein gehackt

1 rote Paprikaschote, fein gehackt

1 kleiner Apfel, gerieben

2 mittelgroße Tomaten, fein gewürfelt

3 EL fein gehackte glatte Petersilie

1 Prise gemahlener Zimt

Saft von 1 Limette

ALTERNATIVEN & VARIANTEN

Nehmen Sie statt Petersilie frischen Koriander oder Petersilie und Koriander gemischt.

Den Backofen auf 200 °C vorheizen.

Reichlich Wasser in einem großen Topf aufkochen. Maiskolben hineingeben und 8–10 Minuten kochen, bis sie weich sind. Die Körner färben sich dabei von blass- zu goldgelb. Die Kolben aus dem Wasser nehmen und etwas abkühlen lassen, dann die Körner von den Kolben lösen.

Mais zusammen mit Öl, Knoblauch und Zwiebel in eine ofenfeste Pfanne geben. Kurz schwenken, damit alles von Öl überzogen ist, dann im Ofen 15 Minuten rösten.

Die Pfanne aus dem Ofen nehmen und die restlichen Zutaten hineingeben. Alles etwa 2 Minuten verrühren, dann das Relish in eine Servierschüssel füllen.

Sofort oder gekühlt servieren. Innerhalb von 2 Tagen verbrauchen.

ISS-ES-HEUTE-MAISBROT

Maismehl schmeckt anders als Weizenmehl und verhält sich auch anders. Es wird fein, mittelfein und grob gemahlen angeboten, für dieses Brot können Sie feines oder mittelfeines verwenden. Maisbrot schmeckt am besten frisch aus dem Ofen. Versuchen Sie es mal zu Paprika-Tomaten-Salsa (Seite 133) oder zum Adzuki-Bohnen-Ragout (Seite 133) und Blattgemüse (Seite 193).

FÜR 4 PERSONEN

ZUBEREITUNGSZEIT: 40 MINUTEN

2 EL helles Sesamöl und etwas Sesamöl zum Einfetten der Form

100 g feines Maismehl

100 g Weizenmehl (Type 550)

2 TL Weinstein

1 TL Backsoda (Natron)

200 ml Pflanzendrink

2 TL Apfelessig

ALTERNATIVEN & VARIANTEN

Zur Mehlmischung 2 EL Schnittlauchröllchen und ¼ TL Pfeffer geben. Erhitzt man die eingefettete Form, bevor der Teig hineinkommt, wird das Brot rundum knusprig.

Den Backofen auf 200 °C vorheizen. Eine 23 × 23 cm große Kuchenform einfetten und während des Vorheizens in den Ofen stellen – das Maisbrot wird dann schneller und gleichmäßiger gar.

Inzwischen Mais- und Weizenmehl, Weinstein und Natron in einer großen Schüssel vermengen.

In einem großen Messbecher Öl, Pflanzendrink und Essig verquirlen. Jetzt muss es schnell gehen: Die flüssige Mischung zu den trockenen Zutaten gießen, alles so kurz wie möglich, dabei aber gründlich und gleichmäßig verrühren.

Den Teig in die heiße Kuchenform geben und 15–20 Minuten backen, bis das Brot goldbraun ist. Es geht beim Backen auf und die Kruste bricht etwas auf. An einem hineingestochenen Holzstäbchen oder der Spitze eines scharfen Messers sollte nichts kleben bleiben.

Kurz in der Form abkühlen lassen, dann in Quadrate schneiden und warm servieren.

HEISSER KARTOFFEL-SPINAT-SALAT

Ich habe hier extra Kartoffeln der Sorte 'Rosa Tannenzapfen' angegeben, weil sie schön fest kochen und die Aromen der anderen Zutaten aufnehmen, ohne dabei ihren nussig-süßen und doch erdigen Geschmack zu verlieren. Der Spinat wird weich, bleibt aber würzig. Köstlich schmeckt dieser Salat zu frischem Borlotti-Bohnen-Salat (Seite 104) oder Tempeh-Chips mit Granatapfel-Glasur (Seite 167).

FÜR 4 PERSONEN

ZUBEREITUNGSZEIT: 40 MINUTEN

300 g Kartoffeln (z. B. ‚Rosa Tannenzapfen'), in 1 cm dicke Scheiben geschnitten

100 g frischer Babyspinat

1 kleine rote Zwiebel, geviertelt und dünn geschnitten

2 EL helles Sesamöl

6 Knoblauchzehen, fein gehackt

½ TL Kümmelsamen, leicht zerstoßen

¼ TL Pfeffer

¼ TL gemahlener Muskat

2 EL Apfelessig

ALTERNATIVEN & VARIANTEN

1 EL Reisessig oder Zitronensaft und 1 EL Apfelessig verwenden. Wenn Sie frischen Löwenzahn finden, 20 g der Blätter fein hacken und 2 Minuten mit dem Knoblauch dünsten, bevor es im Rezept weitergeht.

Einen Topf 3 cm hoch mit Wasser füllen. Einen Dämpfeinsatz einsetzen und Wasser auf mittlere Hitze erwärmen. Kartoffelscheiben in den Dämpfeinsatz geben. Deckel auflegen. Die Kartoffeln dämpfen, bis sie weich sind, etwa 15 Minuten.

Inzwischen in einer großen Servierschüssel Spinat und rote Zwiebel vermengen. Beiseitestellen.

Öl in einer Pfanne bei geringer Hitze erwärmen. Knoblauch und Kümmel hineingeben und Deckel auflegen. 5 Minuten dünsten, dabei ab und an umrühren. Pfeffer und Muskat zugeben und gut unterrühren. Die Pfanne vom Herd nehmen.

Die gedämpften Kartoffeln in die heiße Pfanne geben und umrühren, damit die Kartoffeln alle Aromen aufnehmen. Dann alles sofort in die Servierschüssel geben und mit Spinat und Zwiebel vermengen.

Essig in die noch heiße Pfanne geben und schwenken, damit er sich mit den restlichen Säften verbindet. Den Essig über den heißen Salat träufeln und unterheben. Den Salat servieren.

FAMILIEN-ANGELEGENHEITEN

FÜR-ZWEI-ESSEN

Wenn man schwanger ist, kann man sich vor lauter guten Ratschlägen kaum retten. Da sollte man es ruhig angehen und einfach halten. Mit ein paar Grundregeln kann man während der Schwangerschaft gesund, glücklich und vegan sein. Doch egal, ob vegan oder nicht, in dieser Zeit sollten Frauen ausreichend Bewegung haben, jeden Tag 30 Minuten Sonnenschein (oder Sonnenlicht) abbekommen, viel trinken, oft ausruhen und nährstoffreich essen.

Das altbekannte »Für-zwei-Essen« heißt nicht, dass Sie doppelt so viele Kalorien oder doppelt so große Portionen essen sollen! Nein, Sie sollen verantwortungsbewusst essen, damit Sie genügend hochwertige Nährstoffe für sich und Ihr Kind zu sich nehmen. Eine vegane, abwechslungsreiche, saisonale Ernährung ist da genau das Richtige. Essen Sie, um ausreichend Kalorien und Nährstoffe aufzunehmen, und nehmen Sie Nahrungsergänzungsmittel nur mit Vorsicht und wenn es unbedingt nötig ist. Informieren Sie sich über die wesentlichen Nährstoffe – am besten, bevor Sie schwanger werden –, es sind Folat, Vitamin B_{12}, Eisen und Calcium (*siehe* Seite 22–25).

In den ersten Schwangerschaftswochen hat man auf bestimmte Lebensmittel besonderen Appetit, vor allem auf kohlenhydrat- und proteinreiche. Dieser Heißhunger ist ganz normal, aber Sie sollten ihn mit gesundem Essen stillen.

* Nudeln, Vollkornreis, Porridge oder ein Teller gebratenes Gemüse sind hervorragende Kohlenhydratquellen; sehr gut schmecken sie mit Lein- oder Olivenöl beträufelt.
* Dazu Bohnen, Linsen, Nüsse oder Samen, Miso, Tofu oder Tempeh für die Proteine.
* Smoothies wie der Avocado-Mandel-Shake (Seite 68) kombinieren nahrhaft und leicht verdaulich Früchte, Gemüse und mineralreiche Pflanzendrinks.

Unwohlsein und Morgenübelkeit mildern:

* ein ungesalzener/ungesüßter Reiscracker oder Haferkeks
* eine Schale Asianudeln in Misobrühe
* ein Stück frischer Ingwer in heißem Wasser

In den letzten Schwangerschaftswochen, wenn Sie glauben, es hätte kein Essen mehr Platz in Ihrem Bauch, bieten sich Mahlzeiten in Snack-Größen an.

* Haben Sie immer eine Tüte Studentenfutter bzw. knusprige Nori-Streifen dabei.
* Haben Sie immer eine Schale mit rohem, geschnittenem Gemüse im Kühlschrank.
* Bereiten Sie nahrhafte Dips wie Guacamole (Seite 73) oder Tahin-Zitronen-Creme (Seite 83) zu.
* Essen Sie täglich eine Schale Gewissheits-Suppe (Seite 155) oder grünes Gemüse und Bohnen (Seite 154).
* Frisches Obst in Snackgröße; ein Rezept für einen Obstsalat finden Sie auf S. 36.

Wenn Sie Ihre Ernährung schon mit Nährstoffen anreichern, bevor Sie schwanger werden, geht es Ihnen während der Schwangerschaft und im Jahr nach der Geburt viel besser.

DIE ERSTE MAHLZEIT

Stellen Sie sich vor, es gäbe eine Sache, die Sie tun könnten, um Ihr Kind schon in der ersten Stunde nach der Geburt für sein ganzes Leben vor Krankheiten und Allergien zu schützen. Diese eine Sache verminderte das Risiko von Fettleibigkeit, Karies, bakteriellen und Virusinfektionen, Magenbeschwerden und wahrscheinlich Diabetes Typ 2. Dafür förderte sie die Sprachentwicklung Ihres Kindes, weil sie für die gesunde Entwicklung des Kiefers, der Zähne und der Gesichtsmuskulatur sorgt. Stellen Sie sich vor, diese Sache schützte auch Sie und verminderte das Risiko von Brust-, Eierstock-, oder Gebärmutterkrebs. Dass sie Ihnen helfen könnte, Schwangerschaftspfunde zu verlieren und Stress in eine entspannte liebevolle Beziehung zu ihrem Baby zu verwandeln. Das ist keine Phantasie. Das nennt man Stillen, und es hat noch mehr Vorteile.

Die Weltgesundheitsorganisation rät, dass: »Babys in den ersten sechs Monaten ihres Lebens ausschließlich gestillt werden sollten [und, nach Einführung von Beikost] ... weiterhin bis zu ihrem zweiten Lebensjahr und darüber hinaus.« Sie stellt außerdem fest, dass Stillen »das gesunde Wachstum und die kognitive Entwicklung fördert«. Auch die deutsche Nationale Stillkommission erklärt, in den ersten sechs Monaten liefere die Muttermilch ausreichend Nährstoffe. Laut einer Studie könnten, »wenn weltweit fast alle Babys gestillt würden, jährlich der Tod von 823 000 Kindern unter fünf Jahren [...] sowie 20 000 Todesfälle infolge von Brustkrebs verhindert werden«.

Bereits ab der Mitte der Schwangerschaft und dann in den Stunden und Tagen nach der Geburt produziert Ihr Körper Kolostrum (Vormilch), eine hoch konzentrierte Form der Muttermilch, die reich an Nährstoffen und immunstimulierenden Substanzen ist. Wenn Sie Ihr Kind nach der Geburt an die Brust legen, füllt diese erste Mahlzeit nicht nur seinen Magen, sondern schützt es auch vor Keimen in Ihrer unmittelbaren Umgebung. Das Saugen des Babys signalisiert Ihrem Körper, dass es Zeit ist, andere natürliche Prozesse zu starten, wie etwa die ständige Produktion von Muttermilch. In den nächsten Tagen wird das Kolostrum allmählich durch eine dünnere Milch ersetzt, die in den folgenden Wochen ihre Zusammensetzung ändert, ganz nach den Bedürfnissen Ihres Kindes. Sechs Monate lang versorgt sie Ihr Baby mit allen nötigen Nährstoffen.

Neben dem gesunden hat das Stillen auch einen praktischen Aspekt. Muttermilch halten Sie immer und überall in der richtigen Temperatur bereit. Es gibt kein stressiges Sterilisieren von Sauger und Fläschchen, Erwärmen, Fläschchentasche-Packen. Außerdem kostet Stillen nichts. Und es festigt das Band zu Ihrem Kind, hilft Ihnen, seine Körpersignale und Mimik zu verstehen, bevor es sprechen kann.

Wenn Sie sich entscheiden zu stillen, sollten Sie an Folgendes denken:

- Sie müssen in den ersten Monaten täglich rund um die Uhr für Ihr Baby da sein.
- Das heißt nicht, dass Sie sich keine Pausen gönnen dürfen – sie müssen nur sorgfältig geplant werden.
- Das heißt nicht, dass Sie keinen Schlaf bekommen, manchmal werden Sie sogar während des Stillens einschlafen.

* Denken Sie voraus, holen Sie sich regelmäßig Unterstützung, das hilft ungemein.
* Tragen Sie Kleidung, die es Ihnen erlaubt, Ihr Baby überall zu stillen, ohne sich völlig zu entblößen.
* Ich hatte immer einen breiten Chiffon-Schal dabei, der sich ganz klein falten ließ. Wenn eines meiner Kinder Hunger hatte, habe ich mir den Schal so um die Schultern gelegt, dass er immer noch chic aussah, mein Kind an der Brust aber vor fremden Blicken schützte. Meine Söhne konnten durch den feinen Schal mein Gesicht noch sehen und haben nie versucht, ihn wegzuziehen. Sie erkennen ihn bis heute wieder.
* Es kann sein, dass Freunde, Familie oder Kollegen von Ihrer Entscheidung zu stillen nicht begeistert sind, scheren Sie sich nicht darum.
* Hören Sie nicht auf sie. Sie haben recht, die anderen leben hinterm Mond. Stillen ist die natürlichste Sache der Welt.
* In einigen Ländern, so in Deutschland, fördern Ministerien die Stillfreundlichkeit der Gesellschaft, dazu gehören auch Unterstützung und Information der Mütter.
* Das Stillen über einen langen Zeitraum wird, wie oben erläutert, von medizinischen und wissenschaftlichen Organisationen befürwortet.

Ich habe mich während der Schwangerschaften vegan ernährt und kräftige Babys zur Welt gebracht. Ich habe beide gestillt und innerhalb der ersten drei Monate meine überzähligen Pfunde verloren – und ich konnte vor dem Schlafengehen noch einen Berg Nudeln vertilgen, denn das Stillen verbrennt Kalorien! Nach sechs Monaten merkte ich, dass mein Baby mehr als satt war, wenn ich Vollkornreis gegessen hatte. Also habe ich ein paar Monate lang jeden Morgen 500 g gekocht und über den Tag verteilt in kleinen Portionen gegessen. Garniert habe ich ihn mit Blattgemüsen, Samen oder Algen und einem winzigen Löffel Miso. Nachdem ich Tahin-Zitronen-Creme (Seite 83) gegessen hatte, habe ich besonders viel Milch produziert und fühlte mich außerdem energiegeladen – genau das Richtige, um mit meinen Kleinen mitzuhalten! Als einer meiner Söhne etwa sieben Monate alt war, hat er mit der Hand auf meinen Teller gelangt und sie dann abgeleckt – seitdem liebt auch er diese Creme.

SPENDERMILCH UND SÄUGLINGSANFANGSNAHRUNG

Manche Frauen können nicht stillen, dafür gibt es diverse Gründe, z. B. eine Frühgeburt. Manche sollten nicht stillen, weil sie krank sind und Medikamente nehmen. Frühgeborene oder kranke Neugeborene können Spendermilch erhalten, die Spenderinnen müssen gesund sein und die Milch wird streng kontrolliert und pasteurisiert. In Deutschland geschieht das in Frauenmilchbanken, die Kliniken angeschlossen sind. Mütter gesunder Babys, die keine oder nicht genug Milch produzieren, können auf Säuglingsanfangsnahrung zurückgreifen. (Denken Sie auch daran, dass Sie zu einer Stillberaterin gehen können!) Schon 1865 hat Justus von Liebig mit der »Suppe für Säuglinge« die Fertignahrung für Babys erfunden. Heute gibt es auch vegane Babynahrung auf Reis- oder Sojabasis.

ABSTILLEN UND ZAHNEN

Das Abstillen sollte ein langsamer und allmählicher Prozess sein. Sie können ganz beiläufig damit anfangen, tunken Sie einfach einen Finger in Ihr Essen und lassen Sie Ihr Baby probieren. Wenn Ihr Kind etwa sechs Monate alt ist (und alleine sitzen und gezielt greifen kann), setzen Sie es in einen Hochstuhl und bieten ihm von Ihrem eigenen Teller einen Löffel zerdrücktes Obst oder Gemüse an. Wahrscheinlich möchte Ihr Kind diesen Bissen nicht unbedingt essen, es spuckt ihn aus, spielt mit ihm, schmiert ihn sich ins Gesicht und in die Haare, fegt ihn auf den Boden oder versteckt ihn im Strampler. Bleiben Sie ganz entspannt und genießen Sie diese Phase. Babys müssen erst lernen, feste Nahrung zu essen. Halten Sie die Kamera griffbereit – später werden Sie auf jeden Fall darüber lachen können.

Pflanzliche Nahrung ist zum Abstillen ideal: Sie ist natürlich, nährstoffreich und leicht verdaulich. Hier ein paar Tipps:

* Beginnen Sie mit zerdrücktem Obst und Gemüse wie Avocado, Banane oder gekochter Karotte oder weichem Essen wie Apfelmus (ohne Schalen gekocht) oder sehr weich gekochten roten Linsen. Reisflocken in Reis- oder Mandeldrink gekocht ergeben einen leckeren Brei, unter den man noch etwas Pflaumenbutter (Seite 45) rühren kann. Füttern Sie mit dem Löffel oder geben Sie eine Portion in eine Schale und lassen Sie Ihr Kind mit den Fingern essen. Sie können ihm einen Babylöffel geben, aber der wird eventuell zweckentfremdet.
* Danach bieten Sie ihm große Stücke gekochtes Gemüse an, die es leicht halten kann, wie einen Stängel gedämpften Brokkoli oder ein Stück gedämpfter, geschälter Süßkartoffel. Das Gemüse muss abgekühlt sein und so weich, dass es im Mund zergeht.
* Im dritten Schritt bieten Sie ihm Nahrung an, die gekaut werden muss. So kann Ihr Kind die Textur im Mund erkunden und lernt außerdem, wie man kaut. Versuchen Sie es mit ein paar abgekühlten Spaghetti, einem Stück Banane oder einer kleinen Schale mit geschältem geriebenem Apfel. Ein dünnes Porridge aus Reis- oder Haferflocken kann es auch selbst essen.

Bevor Sie Ihr Kind mit fester Nahrung bekannt machen, sollten Sie an Folgendes denken:

* Bleiben Sie bei ihm und passen Sie auf, dass es sich nicht verschluckt.
* Verwenden Sie Zucker und Salz nur sehr, sehr sparsam; Ihnen mag das Essen fad schmecken, aber Babys unter zwölf Monaten dürfen nur 1 g Salz pro Tag essen.
* Vermeiden Sie Lebensmittel, die bei Ihrem Baby im ersten Lebensjahr Allergien auslösen können, dazu gehören Eier, Milch, Soja, Weizen und Erdnüsse und die hieraus zubereiteten Produkte.
* Sojadrinks sind so proteinreich, dass Kleinkinder sie in den ersten ein oder zwei Jahren noch nicht verdauen können. Für Breie eignen sich Hafer- oder Reisdrinks als Alternative. Gegen den Durst Wasser und natürlich Muttermilch anbieten.

* Etwas Weizen, z. B. im Baguette-Knust, an dem Ihr zahnendes Kind kaut, ist okay. Aber vor allem im ersten Jahr sollte es nur sehr wenige Weizenprodukte essen.
* Erdnüsse und Erdnussbutter sollten Kinder erst ab dem vierten Lebensjahr probieren.

Wenn Ihr Kind wächst und mehr Nährstoffe über die Beikost bekommt, die Sie ihm zubereiten, wird es von sich aus immer weniger Muttermilch wollen.

ZAHNEN

Was für eine Qual! Stellen Sie sich vor, dass es in Ihrem Schädel zu arbeiten beginnt, scharfe Spitzen bohren sich durch Ihr Zahnfleisch. Der ganze Kopf tut Ihnen weh, Sie haben Fieber, können vor Schmerzen nicht schlafen und nichts herunterbringen, und doch möchten Sie dringend in etwas beißen!

Man zahnt bis ins junge Erwachsenenalter, erst kommen die Milchzähne, dann die bleibenden, dann die Weisheitszähne. Wie groß die Qual ist, hängt vom Alter und von der Veranlagung ab. Hier ein paar schmerzlindernde Ideen:

* Es hilft, auf etwas herumzukauen, welches Lebensmittel infrage kommt, hängt vom Alter des Kinds ab.
* Ein Baguette-Knust ist hart genug, um den Speichel aufzusaugen und einem Baby lange etwas zum Kauen zu bieten. Es ist eine Schweinerei, aber es hilft!
* Rösten Sie dicke Scheiben Vollkornbrot (Seite 120) bei geringer Hitze im Backofen. Entfernen Sie die weiche Krume, lassen Sie Ihr Baby die Kruste kauen.
* Für ältere Kinder, die sich nicht mehr so leicht verschlucken, sind rohe Karotten zum Kauen gut.
* Bereiten Sie einen doppelt starken Kamillentee zu, zwei Teebeutel auf eine Tasse. Geben Sie ihn Ihrem Kind löffelweise zum Trinken oder füllen Sie ihn in einen Trinkbecher. Ältere Kinder vertragen 2–3 Tassen am Tag.
* Machen Sie einem älteren Kind aus seinem Lieblingssaft Eislutscher (Seite 81). Lassen Sie es so viele lutschen, wie es möchte, Kälte betäubt den Schmerz.

WACHSTUMSSCHMERZEN

Es gibt einfach ein paar Hürden, die alle Eltern bei der Entwicklung ihrer Kinder irgendwann nehmen müssen.

WACHSTUMSSCHÜBE

Manchmal kommt ein Wachstumsschub mit einem Entwicklungssprung daher. In diesen Phasen kann Ihr Kind trotzig, weinerlich und fahrig sein und mag vielleicht auf einmal sein Lieblingsessen nicht mehr – dafür aber eine kalorienreiche Monodiät oder proteinreiches Essen, und zwar viel davon. Geben Sie ihm, was es braucht, aber achten Sie darauf, dass es reichlich Abwechslung und Nährstoffe bekommt, nicht nur leere Kalorien.

- Mineralreiche Lebensmittel sind lebenswichtig und unverzichtbar für den Knochenaufbau, z. B. knusprige Algen, Hummus, Bohnenaufstriche, Vollkorngetreide, Blattgemüse.
- Gegen Beinschmerzen helfen ein Miso-Tahin-Proteinbomben-Sandwich (Seite 123) und anschließend frischer Zitronensaft in einem Glas Wasser.
- Kalorien sollten komplexe Kohlenhydrate, nicht einfache Zucker liefern.
- Ein Falafel-Wrap, ein Teller Reis mit Bohnen oder eine Schale Gersten-Hafergrütze-Porridge (Seite 56) sind besser als Kekse, Kuchen oder Pudding.
- Für einen schnellen Zuckerschub eignet sich frisches oder getrocknetes Obst.
- Eine abwechslungsreiche vegane Kost bietet viele Proteine, eine tägliche Portion Bohnen oder Linsen, Tofu oder Tempeh und Nüsse oder Samen liefert davon reichlich.
- Für einen schnellen Proteinschub 1 TL Spirulina oder Chlorella in einem großen Glas Mandel- oder Haferdrink gut verquirlen. Dieser Cocktail ist wahrlich gesund: die Pflanzendrinks sind mineral-, die Algenpulver proteinreich.
- Pilze sind reich an Vitamin D, das für das Immunsystem und den Knochenaufbau gut ist. Auch regelmäßige Bewegung an der frischen Luft im Tageslicht liefert Vitamin D – und außerdem gute Laune (das kann nie schaden).

KRANKHEITEN

Zwei Vorteile hat das Kranksein doch: Es wird einem bewusst, dass man geliebt wird, und man verspürt ungeheure Lebensfreude, wenn es einem langsam wieder besser geht. Hiermit können Sie Ihrem kranken Kind helfen:

- Da ist einmal die BRAT-Diät (ja, wie das englische Wort für »Göre«, »Balg«): Banane, Reis, Apfelsaft und trockener Toast. Die Diät ist schlicht, aber nahrhaft und magenfreundlich.
- Kräutertees hydrieren und können heilend wirken. Einfach 1–2 TL Kräuter mit kochendem Wasser aufbrühen:

- Schafgarbe gegen Fieber (mit etwas Gerstenmalzsirup schmeckt sie nicht so bitter)
- 4–6 dünne Scheiben Ingwer gegen Husten und Halsschmerzen
- Lindenblüten und Kamille helfen beim Einschlafen

✻ Eine Tasse einfache Brühe schenkt Energie und bekämpft Infektionen.
- Nicht ganz kochendes Wasser über 2 Knoblauchzehen, 1 Prise Cayennepfeffer und ¼ TL Miso (Sojabohnenpaste) gießen. Gut umrühren und 10 Minuten ziehen lassen. Aus der Tasse trinken oder löffeln.
- *Siehe auch* Zwiebel-Suppe (Seite 152) und Romana-Ingwer-Brühe (Seite 89).

Wenn es wieder auf dem Weg der Besserung ist, bieten Sie ihm dies an:

✻ Popcorn (Seite 67) ist lebensbejahend und wirkt bei Durchfall bindend.

✻ Pasta, mit Olivenöl und 2 EL Mandeldrink beträufelt, ist eine einfache, wärmende Mahlzeit, die stärkt und den Appetit anregt, ohne die Verdauung zu belasten.

✻ Rehydrierung ist sehr wichtig. Verrühren Sie 1 TL Gerstenmalzsirup, 1 Prise Meersalz und den Saft von ½ Zitrone in einem großen Glas Wasser und geben Sie es Ihrem Kind zu trinken. Nach 1 Stunde noch einmal.

✻ Zuckerrohrmelasse gibt verlorene Mineralien zurück. 1 TL Melasse in ½ Tasse kochendem Wasser verrühren, abkühlen lassen, bis es nur noch warm ist, servieren.

DIE GROSSE STINKLAUNE

Sie tritt altsunabhängig auf. Sie müssen den Grund nicht kennen – oft genug kennt Ihr Kind ihn selbst nicht. Sie kann durchaus hilfreich sein, wenn sie nicht zu lange anhält, weil Stinklaunige den »Blick von außen« erleben, sie wollen in Ruhe gelassen werden und die anderen wollen sie so übel gelaunt auch nicht unbedingt dabeihaben!

Wenn nur Inruhelassen nicht hilft, versuchen Sie es hiermit:

✻ Bei Babys und Kleinkindern hilft es oft, sie in den Badeeimer, die Badewanne oder das Plantschbecken zu setzen, dann können sie sich abreagieren und aufs Wasser hauen – bis es Spaß macht. Bleiben Sie in der Nähe.

✻ Etwas ältere Kinder verlassen oft ihre Schmollecke, wenn man ihnen eine herausfordernde Aufgabe gibt, eine neue Verantwortung oder ein Kochprojekt.

✻ In jedem Alter kann es helfen, wenn man ihnen liebevoll »Saures gibt«: je 2 TL Apfelessig und einen beliebigen Beerensaft in einem Glas mit 240 ml Wasser verrührt. Manch eine(r) möchte sogar mehr Essig!

✻ Geben Sie ihnen ein paar Tage lang Gersten-Hafergrütze-Porridge (Seite 56) zum Frühstück oder als Snack. Gerste und Hafer stecken voller komplexer Kohlenhydrate, die Energie über einen langen Zeitraum freisetzen. Das wirkt beruhigend, stärkt die Nerven – und bessert die Laune.

✻ Versorgen Sie sie mit ausreichend Vitaminen der B-Gruppe, die stecken in Vollkorngetreiden, Bohnen und Linsen, Nüssen, Samen und Hefeprodukten.

DIE ZWEI-ESSEN-FAMILIE

Ihre Tochter hat also verkündet, sie sei nun Veganerin. Oder die Freundin Ihres Sohns ist schwanger, und die beiden wollen ihr Kind vegan ernähren. Oder Sie haben beschlossen, vegan zu leben, was Ihren Partner nicht begeistert. Kann das funktionieren?

Bleiben Sie ruhig: solche Situationen sind heutzutage nicht ungewöhnlich und müssen kein Problem sein. Es ist völlig in Ordnung, zu einer Zwei-Essen-Familie zu gehören! Reden Sie offen miteinander, ändern Sie ein paar Dinge und jeder ist glücklich.

AM RUNDEN TISCH

Wenn wir die für uns passende Lebensweise entdeckt haben, glauben wir alle gerne, wir machten es richtig und alle anderen eben falsch. Wir wären die besseren, intelligenteren, sensibleren Menschen, auf uns käme es an ... Diese Einstellung hilft wirklich nicht weiter! Druck, Ablehnung und Selbstgerechtigkeit bringen nur Ärger.

Wenn Sie zu den Allesessern gehören, denken Sie daran, dass jeder eine eigene Meinung hat. Wirklich problematisch wird es, wenn jemand sich nicht traut – oder gehindert wird –, seine Individualität auszuleben. Fassen Sie sich ein Herz und eröffnen Sie den Dialog:

- Lassen Sie den anderen erklären, wie er zu seiner Entscheidung kam, und hören Sie wirklich zu. Sie haben die Wahl: Entweder Sie verhalten sich ablehnend oder Sie sind für das potenziell Positive dieser Entscheidung offen und pragmatisch.
- Überlegen Sie, was Sie *vom* anderen lernen können, z. B. köstliche neue Rezepte.
- Lernen Sie *mit* dem anderen veganes Essen kennen: Nährwerte, neue Zutaten, Kochtechniken ...
- Ergreifen Sie die Initiative, laden Sie zum veganen Backkurs oder Kaffee ein.
- Ziehen Sie in Erwägung, dass der andere das Richtige macht, und machen Sie mit!

Wenn Sie auf der veganen Seite sind – behalten Sie einen klaren Kopf:

- Sie möchten, dass der andere sich mit Ihnen auf vegane Kost umstellt, aber wäre es andersherum, wollten Sie sich wahrscheinlich nicht drängen lassen.
- Haben Sie Geduld, der andere kommt vielleicht noch auf den veganen Geschmack.
- Jeder hat seinen eigenen inneren »Timer«. Nur weil Sie sich jetzt umstellen wollen, heißt das nicht, dass andere auch schon bereit sind.
- Ihre Lieben haben größere Lust, sich auf Ihre neue Ernährung einzulassen, wenn Sie eine tolerante, respektvolle Atmosphäre schaffen – Sie können sie natürlich auch mit köstlichen veganen Mahlzeiten verlocken!

Wenden Sie sich nicht von Ihren Lieben ab, sorgen Sie für Harmonie und Respekt, reden Sie mit ihnen, umarmen Sie sie, beziehen Sie sie mit ein. Setzen Sie auf »kleine« Lösungen und geben Sie ihnen nach jeder Veränderung Zeit, sich an sie zu gewöhnen. Dann steht niemand unter Druck. Am Anfang geht es vor allem um praktische Dinge: was wird eingekauft, wohin geht man zum Essen aus und wer kocht zu Hause.

WER KOCHT?

Wer kocht, wählt das Essen aus? Das kann funktionieren, ist aber auch ein klein wenig bevormundend und möglicherweise problematisch. Wenn Sie kochen:

* Einigen Sie sich darauf, die Anzahl der Mahlzeiten mit Fleisch zu reduzieren.
* Kochen Sie trotzdem noch die Lieblingsessen der anderen – mit veganen Zutaten.

Wenn Sie und Ihr Partner kochen, aber eine(r) von Ihnen kein Fleisch kochen will:

* Einigen Sie sich darauf, dass nur derjenige Fleisch kocht, der es auch isst.
* Vereinbaren Sie, dass der Allesesser Fleisch nur im Restaurant, nicht zu Hause isst.
* Vereinbaren Sie, dass Sie beide nach leckeren Fleischersatz-Produkten suchen.

Wenn Sie für ein frischgebackenes veganes Familienmitglied kochen:

* Vereinbaren Sie, dass Sie abwechselnd für die Familie kochen.
* Vereinbaren Sie, neue Rezepte, Zutaten und Fertigkeiten auszutauschen.
* Vereinbaren Sie, gemeinsam Lebensmittel einzukaufen.

LEBENSMITTELTAUSCH

Es ist nun mal so: Die meisten Menschen sind an ein Fleisch-und-zwei-Gemüse-Essen gewöhnt und daran, wie es auf dem Teller aussieht. Die Lebensmittelindustrie reagiert auf die wachsende Nachfrage nach pflanzlichen Lebensmitteln und bietet immer mehr veganen Fleischersatz an. Diese Produkte haben durchaus ihren Nutzen. Manche halten sie für überflüssig, aber es ist sinnvoll, sich einen Überblick über das Angebot zu verschaffen. Unentschlossene Familienmitglieder können so zwanglos an veganes Essen gewöhnt werden. Wenn der Ersatz gut schmeckt und auf dem Teller »richtig« aussieht, kommen sie vielleicht zu dem Schluss, auf tierische Produkte verzichten zu können.

Wenn Sie solche Produkte kaufen, senden Sie die richtige Botschaft an die Hersteller: Es gibt eine wachsende Nachfrage nach pflanzlichen Produkten. Auch für Veganer gibt es ständig etwas zu entdecken: ein neues veganes Eis oder eine Käse-Alternative. Für die Familie können Sie nach Bohnen-Burgern, veganer Wurst oder veganen Schnitzeln suchen.

KÜCHEN-ETIKETTE

Etikette, auch in der Küche, macht das Leben angenehmer. Wenn Sie nicht möchten, dass tierische Produkte in den Töpfen gekocht werden, die Sie für Ihr veganes Essen benutzen, kaufen Sie einen zweiten Satz Töpfe für die Fleischesser.

Wenn es um die Lagerung tierischer Lebensmittel geht, sollten Sie sich auf Grenzen einigen. Sie können z. B. mit Ihrem Partner vereinbaren, dass seine Tüte Milch tagelang im Kühlschrank steht, er aber Fleischprodukte am Tag des Einkaufs aufisst. Sie können natürlich auch darum bitten, dass keine tierischen Lebensmittel ins Haus kommen. Treffen Sie keine einsamen Entscheidungen, reden Sie darüber, lösen Sie Probleme gemeinsam.

WENN FREUNDE DER KINDER KOMMEN!

Wenn Ihre Kinder Freunde mitbringen, lautet die erste Regel: Was immer Sie auch auf den Tisch stellen, es muss »normal« aussehen (appetitlich ist auch hilfreich). Und – das ist die zweite Regel – es muss reichlich sein. Wenn Sie Glück haben, wissen Sie im Voraus, dass Gäste kommen, und haben Zeit, sich vorzubereiten. Aber meistens kommen sie überraschend und es wird von Ihnen erwartet, dass Sie – Regel Nr. 3 – schnell und gut gelaunt Berge von Essen servieren und dann ebenso schnell verschwinden.

Das alles erfordert eine gewisse Organisation, sehr viel Geduld und nicht unerhebliches vorausschauendes Denken. Hier ein paar Tipps:

- Stellen Sie ihnen fertig gekaufte Wraps und Schüsseln mit diversen Zutaten hin: Gurkenstreifen, geraspelte Karotte, Hummus, Senf, Ketchup, Oliven, gehackten Salat, Tomatenwürfel, ein paar aufgewärmte Falafel. Dann lassen Sie sie allein, es sei denn, sie fragen, wie man die Wraps faltet oder rollt. (Werden sie nicht.)
- Füllen Sie ein paar Schälchen mit Salsa, Hummus, Guacamole und Relish. Servieren Sie einen Teller mit einem Berg von Obst und rohem Gemüse. Ermuntern Sie sie auf keinen Fall, doch mal frische Sachen zu probieren. (Das werden sie.)
- Holen Sie alles aus Ihrem Vorratsschrank, das auch nur entfernt nach Brotaufstrich aussieht: Erdnussbutter, Hefeextrakt, Marmeladen, Miso, Pesto, Bohnenpaste, Tahin und Sriracha-Sauce. Stellen Sie alles mit einem Laib Brot auf den Tisch. Verteilen Sie Teller und Messer und ernennen Sie Ihr eigenes Kind zum Chef-Toaster.
- Wenn Sie wissen, dass sie kommen, können Sie Pie machen. Egal ob süß oder herzhaft, mit Teigdeckel oder ohne, Pie ist immer gut. Sie dürfen sie anschneiden und das erste Stück herausheben, aber danach müssen Sie den Kuchenheber an ein Kind weiterreichen. Es ist okay, wenn Sie ihnen zeigen, wo Handfeger und Schaufel stehen, bevor Sie verschwinden. Es ist nicht okay, »Nicht krümeln« zu sagen.
- Sie dürfen ab und an mit Keksen oder Süßigkeiten wieder auftauchen. Sie dürfen aber auf keinen Fall so wirken, als hörten Sie ihrem Gespräch zu.
- Nicht vergessen: Johannisbrot (Carob) schmeckt wie Schokolade und sieht auch so aus. Mit dem Sirup können Sie »Schoko-Milch«-Shakes machen, mit dem Pulver Schoko-Kuchen oder -Kekse, mit dem Aufstrich Schoko-Wraps und -Pizza. Carob ist süß, koffeinfrei und calciumreich.
- Für ein spritziges Getränk geben Sie den frisch gepressten Saft von 1 Zitrone und 1 Orange in einen Literkrug Mineralwasser.
- Und zum Schluss: Popcorn. Als volles Korn ist es quasi gesund. Aber sagen Sie's keinem!

Diese Wir-bringen-mal-eben-Freunde-mit-Phase dauert recht lange, also seien Sie lieber allzeit bereit. Halten Sie ein oder zwei Fächer im Gefrierschrank für »Freunde-Essen« frei, die Kinder haben ihre Freude und Sie weniger Stress.

BEVOR SIE AUSZIEHEN

Es ist ein weiser junger Mensch, der kochen lernt, bevor er auszieht. Hier sind zwölf verschiedene Gericht-Typen quasi als Grundrepertoire. So müssen sie nie darben und können auch ihre Freunde bewirten.

SUPPE Die Regel für eine gute Suppe lautet: Man darf kein Wasser herausschmecken. Man nehme doppelt so viele Zwiebeln, als man eigentlich für nötig hält, sie bringen viel Geschmack. Suppen für Anfänger sind Weiße-Bohnen-Suppe (Seite 205) und Sauerampfer-Suppe (Seite 170).

SALATDRESSING Ein gutes Dressing verbindet alle Zutaten geschmacklich und macht aus einem guten einen köstlichen Salat. Man verrühre oder schüttele 1 Teil Essig, ein paar gehackte Kräuter, Salz, Senf oder Gewürze und 3 Teile Öl.

GETREIDE Wer weiß, wie man Vollkorngetreide kocht (*siehe* Seite 60), bekommt mit ein paar zusätzlichen Kräutern, Gewürzen, Gemüse und Bohnen eine ganze Mahlzeit.

EINTOPF Alle Gemüsesorten, die man möchte, in einem Topf vereint! Ein Curry ist im Grunde nichts anderes. Man kann die ganze WG damit füttern und zum Frühstück schmeckt er auch noch. Sehr geeignet: Heimkehr-Eintopf (Seite 204) und Kichererbsen-roter-Mangold-Ramasuri (Seite 198)

GEMÜSEPFANNE Es geht sehr schnell, wenn das Gemüse erst mal geputzt und geschnitten ist – auf jeden Fall vor dem Braten! Pfanne erhitzen, Öl hineingeben, dann das Gemüse. Mein Tipp: gebratenes Gemüse mit würzigen Asianudeln (Seite 114).

OFENGEMÜSE Eindrucksvoll, einladend und einfach. Das Schwierigste dabei ist, alles gleichzeitig gar zu bekommen. Die Sauce nicht vergessen. Mein Tipp: Ofen-Kartoffel-Wurzelgemüse-Allerlei (Seite 175) und Bratensauce (Seite 208).

RESTEESSEN Eine Kunst für sich! Mit ein paar frischen Zutaten zu Bubble 'n' Squeak (Seite 53) aufpeppen oder mit einer Sauce oder einer Beilage essen.

PIE Ein Pie – oder eine Quiche oder Tarte – bringt die Welt wieder in Ordnung. Eine Obst- und eine herzhafte Variante reichen für den Anfang, z. B. Blaubeer-Apfel-Pie (Seite 216) und Zwiebel-Tofu-Tomaten-Tarte (Seite 131).

KUCHEN Immer ein Fest – auch ohne Zuckerguss! Absolut anfängergeeignet ist köstlicher Kümmelkuchen (Seite 84).

KEKSE Mit wenigen Zutaten schnell gebacken – und man kann sie mit Kollegen/Kommilitonen teilen. Die Schoko-Cookies (Seite 96) kommen immer gut an.

BROT Leckere »Handarbeit« mit köstlichen Aromen und unendlich vielen möglichen Varianten. Mit einem Grundrezept anfangen, wie dem Vollkornbrot (Seite 120), später Kräuter, Gewürze, Trockenobst und Samen hinzufügen.

GETRÄNKE Für den Anfang reichen ein Kräutertee, ein heißer Pflanzendrink und ein Smoothie. Meine Favoriten: geeister Sommer-Kräutertee (Seite 82), dufte heiße Schokolade (Seite 171) und Avocado-Mandel-Shake (Seite 68).

LEICHTE ABENDESSEN

WARMER BROKKOLI-SALAT

Dieser Salat ist schnell gemacht und nahrhaft, bunt und schmackhaft – und schenkt Ihnen außerdem etwas Wärme. Wenn man ihn warm serviert, kommen alle Aromen bestens zur Geltung. Sie können ihn auch als Füllung für Ofenkartoffeln, als Beilage zu Algen-Kartoffel-Schnitzeln (Seite 206) oder Kartoffelauflauf (Seite 189) verwenden. Wenn Sie einen Rest übrig haben, schmeckt er kalt zum goldigen Reis-Knüller (Seite 129).

FÜR 4 PERSONEN

ZUBEREITUNGSZEIT: 20 MINUTEN

1 Brokkoli (ca. 500 g), Röschen geviertelt

1 kleine Karotte, geraspelt

1 kleine Zucchini, in dünne Stifte geschnitten

1 kleine rote Zwiebel, geviertelt und dünn geschnitten

1 Apfel, klein gehackt

2 EL gehacktes frisches Basilikum

50 g gehackte Walnüsse

samtige Vinaigrette (Seite 244)

ALTERNATIVEN & VARIANTEN

Nehmen Sie anstelle der Walnüsse 50 g gehackte Haselnüsse und geben Sie ¼ TL gemahlenen Zimt dazu.

Brokkoli-Röschen in einen Dämpfeinsatz legen. Etwa 3 cm hoch Wasser in einen Topf füllen, den Dämpfeinsatz einsetzen, Deckel auflegen. Bei mittlerer Hitze das Wasser 10–12 Minuten köcheln lassen.

Inzwischen die restlichen Zutaten in einer Servierschüssel vermengen.

Wenn der Brokkoli weich, aber immer noch schön grün ist, den Einsatz herausnehmen und den Brokkoli zu den anderen Zutaten geben.

Vorsichtig vermengen, sodass alle Zutaten gleichmäßig verteilt und mit Vinaigrette überzogen sind. Warm servieren.

ABSOLUT-JEDE-ZWIEBEL-SUPPE

Ich bin davon überzeugt, dass Essen wohlschmeckende Medizin ist. Lauch und einfach jede Zwiebelsorte sind gut für die Lunge und gegen Infektionen. Sobald auch nur einer meiner Männer hustet oder einfach nur müde und schlapp ist, koche ich einen großen Topf von dieser Suppe. Sie hat eine leichte Süße, die von der Pastinake und den Gewürzen unterstrichen wird. Sie können absolut jede Zwiebelsorte verwenden. Dazu getoastetes Vollkornbrot (Seite 120) oder Dinkel-Leinsamen-Brot (Seite 87) servieren.

FÜR 4 PERSONEN

ZUBEREITUNGSZEIT: 40 MINUTEN

1 EL helles Sesamöl

1 mittelgroße Pastinake, gewürfelt

4 große Zwiebeln, gehackt

1 große Stange Lauch, gehackt

6 Knoblauchzehen, gehackt

1 TL gekörnte vegane Bouillon

½ TL Pfeffer

¼ TL gemahlener Muskat

1¼ l Gemüsebrühe oder Wasser

3 EL gehacktes frisches Basilikum oder frischer Koriander

4 Frühlingszwiebeln, fein gehackt

ALTERNATIVEN & VARIANTEN

1 Karotte anstelle der Pastinake bringt Süße und eine andere Farbe an die Suppe. Man kann jede Portion mit 1 Prise Cayennepfeffer würzen.

Öl in einen großen Topf geben. Zuerst Pastinake auf dem Boden verteilen, darüber, in dieser Reihenfolge, Zwiebeln, Lauch und Knoblauch schichten. Bei mittlerer Hitze 5 Minuten anschwitzen. Gekörnte Bouillon, Pfeffer und Muskat zugeben. Jetzt alles gut umrühren und die Temperatur auf geringe Hitze reduzieren.

Deckel auflegen und alles etwa 20 Minuten dünsten, bis die Zwiebeln sehr weich sind und zu karamellisieren beginnen. Die Zwiebeln nicht zu heiß andünsten, denn dann bräunen sie und werden knusprig, das ist hier nicht erwünscht.

Brühe oder Wasser angießen. Die Suppe mit einem Stabmixer pürieren. Frische Kräuter unterrühren und die Suppe sanft köcheln lassen.

Frühlingszwiebeln unterrühren, dann die Suppe vom Herd nehmen und vor dem Servieren etwas abkühlen lassen.

ANGEMACHTES GRÜNES GEMÜSE UND BOHNEN

Viel leichter kann man eine großzügige Merge grünes Gemüse nicht zubereiten. Dämpfen Sie es so kurz wie möglich, damit es seine Farbe behält und leicht bissfest ist. Und dann halten Sie sich nicht zurück: Es sind wahre Vitamin-und-Mineralienbomben. Sehr gut schmeckt es zu Tempeh-Chips mit Granatapfel-Glasur (Seite 167) oder Brennnessel-Schnittlauch-Omelett (Seite 161).

FÜR 4 PERSONEN

ZUBEREITUNGSZEIT: 20 MINUTEN

1 Brokkoli (ca. 500 g), in Röschen zerteilt

400 g Rosenkohl

400 g frische grüne Bohnen, halbiert

samtige Vinaigrette (Seite 244)

ALTERNATIVEN & VARIANTEN

Schmeckt mit jeder Sorte Brokkoli oder stattdessen Blumenkohl, oder Brokkoli und Blumenkohl gemischt.

4 cm hoch Wasser in einen großen Topf füllen. Einen Dämpfkorb einsetzen und das Wasser bei mittlerer Hitze erwärmen. Brokkoli, Rosenkohl und Bohnen in den Dämpfkorb geben, Deckel auflegen. 10 Minuten dämpfen, bis das Gemüse eben weich ist.

Das Gemüse in einer Servierschüssel oder auf einer Platte anrichten und mit der Vinaigrette beträufeln. Sofort servieren – aber es schmeckt auch kalt köstlich.

GEWISSHEITS-SUPPE

Bei dieser Suppe habe ich die Gewissheit, dass dieses nährstoffreiche Gericht allen guttut. Sämtliche Zutaten kann man in der Brühe schön erkennen. Sie schmeckt nach mehr, ist leicht verdaulich und das ideale Mittag- oder Abendessen für ältere Leute und ihre Enkel. Dazu passt eine dicke Scheibe Dinkel-Leinsamen-Brot (Seite 87).

FÜR 4 PERSONEN

ZUBEREITUNGSZEIT: 40 MINUTEN

1 EL helles Sesamöl

2 Stangen Staudensellerie, fein gehackt

1 Stange Lauch, der Länge nach geviertelt und fein geschnitten

1 Knoblauchknolle, Zehen in feine Scheiben geschnitten oder fein gehackt

1 große Karotte, geraspelt

55 g fein gehackte glatte Petersilie

2 EL geriebener frischer Ingwer

1 Nori-Algen-Blatt, in schmale Streifen geschnitten

½ TL Pfeffer

1½ l Gemüsebrühe oder Wasser

200 g fester Tofu, klein gewürfelt

1 EL Miso (Sojabohnenpaste)

ALTERNATIVEN & VARIANTEN

Die Petersilie kann durch dieselbe Menge dünn geschnittenen Kohl ersetzt werden; die Miso-Paste durch konzentrierte Gemüse-Paste.

Öl in einen bei mittlerer Hitze erwärmten großen Topf geben. Gemüse, Petersilie und Ingwer, Nori und Pfeffer zugeben, Deckel auflegen. 15 Minuten dünsten, dabei ein-, zweimal umrühren.

Brühe oder Wasser angießen, umrühren, zum Köcheln bringen. Tofu zugeben und gut unterrühren. Suppe weiter köcheln lassen, dann vom Herd nehmen.

Kurz vor dem Servieren die Miso-Paste unterrühren.

HEISSE-PILZE-BROT

Nehmen Sie hierfür Ihre Lieblingspilze; ich mag das Brot mit Austernpilzen, aber ich habe auch schon Steinpilze dafür genommen und einmal eine Pilzmischung mit Morcheln. Es empfiehlt sich, dieses Brot mit Messer und Gabel zu essen. Sie brauchen zwei Pfannen für die Zubereitung und sehr frisches Brot, hier ist es Ciabatta, es schmeckt aber auch mit Maisbrot (Seite 135) sehr gut.

FÜR 2 PERSONEN

ZUBEREITUNGSZEIT: 30 MINUTEN

2 EL helles Sesamöl

400 g frische Pilze, in Scheiben geschnitten

8 Knoblauchzehen, gehackt

55 g glatte Petersilie, gehackt

1 mittelgroße Tomate, fein gewürfelt

½ TL getrocknetes Basilikum

½ TL Chiliflocken

2 Stück Ciabatta, etwa 10 cm Kantenlänge, aufgeschnitten

2 EL gehacktes frisches Basilikum

100 g geriebenen veganen Käse

1 EL Tamari (Sojasauce)

ALTERNATIVEN & VARIANTEN

5 Minuten, bevor die Pilze fertig gedünstet sind 1 Prise gemahlenen Zimt darüberstreuen.

Eine große Pfanne auf mittlerer Stufe erhitzen, 1 TL Öl hineingeben. Die Pilze zugeben, Deckel auflegen. 10 Minuten dünsten.

Restliches Öl in eine kleinere Pfanne geben, Knoblauch, Petersilie, Tomate, getrocknetes Basilikum und Chiliflocken zugeben. Deckel auflegen, bei schwacher Hitze dünsten.

Die Pilze ab und an wenden und umrühren. Sie sollen gleichmäßig gar werden. Zugedeckt weitere 10 Minuten dünsten.

Die Knoblauch-Mischung umrühren, Deckel auflegen und bei sehr geringer Hitze bis zum Servieren warm halten.

Die Brotscheiben auf Tellern anrichten. Die gedünsteten Pilze gleichmäßig darauf verteilen, dann die Knoblauch-Mischung über die Pilze geben. Darüber das frische Basilikum streuen und über das Basilikum den geriebenen veganen Käse.

Je die Hälfte der Tamari auf die beiden noch heißen Pfannen verteilen. Schwenken, um die Pilz- und Gemüsesäfte zu binden, dann alles in eine Pfanne gießen. Die Sauce über die Brote geben. Servieren.

✻ **PILZE** sind die sichtbaren Fruchtkörper des Myzels, des fadenförmigen Netzwerkes von Zellen, das sich in der Erde ausbreitet und der eigentliche Pilz ist. Pilze sind nährstoffreich, vielseitig verwendbar und getrocknet lange haltbar.

OLIVEN-RADICCHIO-NUDEL-SALAT

Ich nehme für diesen ansonsten schlichten Salat gerne ungewöhnlich geformte oder »große« Nudeln. Der Salat ist die ideale Mahlzeit, wenn es spät geworden ist und Sie müde sind, oder wenn es heiß ist und Sie etwas Leichtes, aber Sättigendes essen möchten. Die Dattelmelasse ist zum bitteren Radicchio das Tüpfelchen auf dem i. Wenn Sie den Salat verteilen, versuchen Sie, von den oberen Zutaten bis zum Saft auf dem Schüsselboden alles zu fassen (gibt es so etwas wie vertikales Servieren?). Wenn noch Extradressing gefragt ist, passt etwas Kräuter-Knoblauch-Dressing (Seite 209).

FÜR 4 PERSONEN

ZUBEREITUNGSZEIT: 30 MINUTEN

Salz

250 g Nudeln

2 EL Olivenöl und etwas Öl zum Beträufeln

4 Knoblauchzehen, fein gehackt

2 Frühlingszwiebeln, fein gehackt

80 g entsteinte Oliven, in Scheiben geschnitten

40 g Radicchio, klein geschnitten

3 TL gehacktes frisches Basilikum

Pfeffer zum Abschmecken

Saft von ½ Zitrone

Dattelmelasse (-sirup) zum Beträufeln

Reichlich Salzwasser in einem großen Topf bei starker Hitze aufkochen. Die Nudeln hineingeben und nach Packungsanweisung kochen, sie sollen bissfest bleiben.

Inzwischen eine Pfanne auf mittlerer Stufe erhitzen. Öl, dann Knoblauch und Frühlingszwiebeln zugeben. Umrühren, Deckel auflegen, Temperatur reduzieren. Bei geringer Hitze Knoblauch und Frühlingszwiebeln etwa 5 Minuten weich dünsten. Vom Herd nehmen.

Nudeln abgießen, abtropfen lassen und in eine Servierschüssel geben.

Oliven und Radicchio zur Knoblauch-Mischung in die Pfanne geben, gut verrühren. Basilikum zugeben, salzen und pfeffern, noch einmal umrühren.

Gemüse über die Nudeln geben. Den Zitronensaft in die Pfanne gießen, schwenken, um alle Säfte und restliches Öl zu binden, dann alles über die Nudeln träufeln.

Die Zutaten sanft vermengen. Den Salat kalt oder warm servieren, dabei jede Portion mit etwas Olivenöl und ein paar Tropfen Dattelmelasse beträufeln.

ALTERNATIVEN & VARIANTEN

Sie können grüne oder schwarze oder gefüllte Oliven verwenden, ganz wie Sie möchten. Wenn sie in Öl eingelegt sind, können Sie das Öl auch an den Salat geben. Obacht, die Oliven sollten gründlich entsteint sein! Ich habe einmal nicht aufgepasst und hatte kein frisches Basilikum im Haus (ts, ts!) – gehackte Rucola war ein leckerer Ersatz.

BRENNNESSEL-SCHNITTLAUCH-OMELETT

Ich mag die Aromen und Texturen dieses eierfreien Omeletts sehr. Beim Falten und Wenden oder gar Werfen heißer Sachen in einer kleinen Pfanne stelle ich mich nie sehr geschickt an, aber ich übe gerne. Je nachdem, wie groß der Hunger der am Tisch Versammelten ist, reicht dieses Omelett für vier oder auch nur zwei Personen. Oder für einen Heißhungrigen. Sehr gut schmeckt es mit Paprika-Tomaten-Salsa (Seite 133).

ERGIBT 1 GROSSES OMELETT

ZUBEREITUNGSZEIT: 35 MINUTEN

1 EL helles Sesamöl

1 kleine Kartoffel, gerieben

2 Knoblauchzehen, fein gehackt

240 g Seidentofu, gut abgetropft

3 EL Hefeflocken

¼ TL gemahlene Kurkuma

20 g Brennnesselblätter, gehackt

2 EL fein gehackter Schnittlauch

1 Prise getrockneter Oregano

Salz und Pfeffer zum Abschmecken

ALTERNATIVEN & VARIANTEN

Als Brennnessel-Ersatz: gehackte Sauerampfer- oder Sellerieblätter.

Eine große Pfanne auf mittlerer Stufe erhitzen, Öl zugeben.

In einer Schüssel die geriebene Kartoffel mit dem Knoblauch vermengen. Die Masse gleichmäßig in der Pfanne verteilen und 5 Minuten anbraten.

Inzwischen in einer zweiten Schüssel Tofu, Hefeflocken und Kurkuma zerdrücken und so gut wie möglich vermengen.

Brennnesseln und Schnittlauch über den »Kartoffelkuchen« streuen. Deckel auflegen und weitere 2 Minuten dünsten.

Oregano über die Kräuter streuen, salzen und pfeffern. Die Tofu-Mischung gleichmäßig darüber verteilen. Weitere 10 Minuten offen garen. Das Omelett in der Mitte falten oder in vier Teile schneiden und wenden. Offen weitere 7–10 Minuten braten. Heiß servieren.

✻ **TOFU-SORTEN** Tofu ist nicht gleich Tofu! Manche fließen fast aus der Verpackung, andere kommen als zitternde Blöcke daher, aus denen noch Wasser austritt. Der Wasseranteil im Tofu entscheidet darüber, ob Ihr Gericht gelingt oder nicht, aber bis zu einem gewissen Grad können Sie jeden Tofu verwenden, den Sie gerade zur Hand haben. Wenn der Tofu so fest ist, dass Sie den Block aufheben können, pressen Sie ihn sanft zwischen den Händen, um überschüssiges Wasser herauszudrücken. Ich habe so schon 140 ml Wasser aus einem Block gepresst! Ist der Tofu zu weich, um ihn mit der Hand auszudrücken, geben Sie ihn in ein Mull- oder Seihtuch, binden Sie die Tuchecken zusammen und hängen Sie es über eine Schüssel, die das heraustropfende Wasser auffängt. Sollte der Tofu zu fest sein, zerdrücken Sie ihn einfach und mischen ihn mit 1 oder 2 EL Sojamilch.

PIZZICATO-PIZZA

Diese Pizza ist ideal als leichte Mahlzeit oder falls Ihre Kinder unverhofft Freunde mitbringen. Sie können sie gerösteten Brotscheiben selbst belegen lassen (Sie stehen nur am Ofen). Es wird bestimmt turbulent – aber garantiert lustig! Das Brot muss krustig sein, damit es beim Backen und Essen die Form behält.

FÜR 4 PERSONEN

ZUBEREITUNGSZEIT: 30 MINUTEN

8 kleine Scheiben krustiges Brot

160 g Oliven-Tapenade

1 mittelgroße Zucchini, geraspelt

200 g entsteinte Oliven, in Scheiben geschnitten

30 g fein gehacktes frisches Basilikum

2 mittelgroße Tomaten, in dünne Scheiben geschnitten

Salz und Pfeffer

100 g geriebenen veganen Mozzarella

ALTERNATIVEN & VARIANTEN

1 Prise getrocknetes Basilikum über jede Scheibe streuen, wenn kein frisches da ist.

Den Ofengrill vorheizen und die Brotscheiben leicht rösten.

Auf jede Scheibe etwas Tapenade streichen. Geraspelte Zucchini gleichmäßig über die Tapenade geben, dann auf der Zucchini die Olivenscheiben verteilen. Über die Oliven das gehackte Basilikum streuen, die letzte Schicht bilden die Tomatenscheiben. Salzen und pfeffern.

10 Minuten unter dem Backofengrill rösten, bis die Tomaten leicht zu brutzeln beginnen. Den geriebenen veganen Käse über jede »Pizza« streuen, weitere 2–3 Minuten grillen.

Heiß servieren – aber nicht zu heiß! Am besten lässt man die Pizzas ein, zwei Minuten stehen, denn Zucchini und Tomaten halten die Hitze lange.

GRANATAPFEL-ZITRONEN-MARINADE

Mit dieser köstlichen fruchtigen Kombination können Sie alles Mögliche marinieren: gebratenen Tempeh, Tofu, auch Pilze, rohe Speiserüben und einige Früchte. Nehmen Sie die marinierten Zutaten vor dem Servieren aus der Flüssigkeit und stellen Sie die Marinade in einem Kännchen als Dressing für andere Gerichte auf den Tisch. Träufeln Sie etwas über grünes Gemüse und Bohnen (Seite 154), das schmeckt besonders gut, wenn es kalt serviert wird. Mit einer Scheibe Vier-Tage-Sauerteigbrct (Seite 118) können Sie Reste vom Teller auftunken.

ERGIBT CA. 250 ML

ZUBEREITUNGSZEIT: 10 MINUTEN

Saft von 2 Zitronen

4 EL Granatapfelmelasse (Granatapfelsirup)

2 EL Tamari (Sojasauce)

2 Knoblauchzehen, fein gehackt

1 Prise Cayennepfeffer

ALTERNATIVEN & VARIANTEN

Den Saft von nur 1 Zitrone mit 2 EL Apfelessig mischen. Zur Marinade noch 4 ganze Nelken geben.

Alle Zutaten in einer nicht reaktiven Schüssel/einem nicht reaktiven Messbecher verquirlen. Die Mischung über gebratenen Tempeh oder Tofu oder gehobelte rohe Speiserübchen geben. Wenigstens 1 Stunde ziehen lassen.

Das Gericht im Kühlschrank aufbewahren, wenn es länger marinieren soll.

✻ **WARUM MARINADEN?** Sie sehen nicht unbedingt nach viel aus, bringen aber viel Geschmack an simple Zutaten. Durch das Marinieren werden Nahrungsmittel haltbar gemacht und mit Aromen angereichert. Für die Konservierung sind die sauren Zutaten, wie Essig oder Zitronensaft, zuständig. Auch Salz (das nicht zur klassischen Marinade gehört) konserviert, deshalb werden z. B. Gurken traditionell in Salzlake eingelegt, hier wird es durch Tamari ersetzt. Manche Gewürze, wie Cayennepfeffer, tragen ebenfalls zur Haltbarkeit bei. Bei veganen Gerichten braucht man Marinaden vor allem, um die Zutaten zu würzen. Das gilt besonders für geschmacksneutralen Tempeh oder Tofu. Ich brate ihn vorher kurz an, manchmal mariniere ich ihn nur eine Stunde lang, manchmal aber auch zwölf (dann zugedeckt im Kühlschrank, *siehe* oben).

GEDREHTER ROSMARINZOPF

Ich liebe den Geschmack und den Nährstoffgehalt von Vollkornmehlen, aber manchmal darf es auch ein etwas feineres Halbweizenmehl sein. Wenn Sie dieses Brot backen, füllt sich Ihre Küche sofort mit dem herrlichen Duft der Kräuter. Es ist ein ideales »Lern-Brot« für Anfänger und Kinder. Sehr gut schmeckt es mit etwas Mungbohnen-Terrine (Seite 77) belegt oder dünn geschnitten und getoastet zur Buchstabensuppe (Seite 95).

ERGIBT 2 ZÖPFE

ZUBEREITUNGSZEIT: 1½ STUNDEN

1 gehäufter TL Zucker

1 Päckchen (7g) oder 2 TL Trockenhefe

500 g Weizenmehl (Type 812)

3 EL Olivenöl und etwas Öl zum Einfetten des Backblechs und der Hände

2 EL getrockneter Rosmarin

1 EL getrockneter Salbei

ALTERNATIVEN & VARIANTEN

Mit einem Backpinsel die Krusten der frisch gebackenen Brote mit etwas Öl bestreichen und dann sofort mit etwas grobem Salz bestreuen.

250 ml warmes (körperwarmes) Wasser in einen Messbecher füllen und den Zucker darin auflösen. Hefe zugeben, gut verrühren und die Mischung beiseitestellen, bis sie schäumt.

Mehl in eine große Schüssel geben und eine Mulde in die Mitte drücken.

Wenn die Hefemischung schäumt, Öl unterrühren, dann die Hefe-Öl-Mischung in die Mehlmulde gießen. Weitere 100 ml warmes Wasser in den Messbecher geben und bereithalten.

Mehl und Flüssigkeit mit einem Holzlöffel zu einem Teig verrühren, bis es zu schwer wird. Den Teig mit den Händen weiterkneten. Falls nötig, etwas Wasser angießen. Der Teig soll fest werden und nicht kleben. Die Schüssel mit einem sauberen Geschirrtuch zudecken und den Teig 30 Minuten gehen lassen.

Inzwischen die getrockneten Kräuter im Mörser oder mit einem Holzlöffel in einer Schüssel zerstoßen. Wenn der Teig aufgegangen ist, die Kräuter darüberstreuen. Zwei Backbleche einfetten. Die Hände mit etwas Öl einreiben und die Kräuter in den Teig einkneten.

Den Teig halbieren. Eine Portion auf Augenhöhe heben und mit beiden Händen schnell zu einem dicken Strang dehnen. Den Strang sofort in der Mitte falten und die beiden Hälften umeinanderdrehen. Der Zopf sollte 25–30 cm lang sein. Sofort auf eines der Backbleche legen. Mit der zweiten Portion genauso verfahren.

Die Zöpfe mit einem Geschirrtuch zudecken und 30 Minuten gehen lassen.

Inzwischen den Backofen auf 200 °C vorheizen. Die Zöpfe 5 Minuten backen, dann die Temperatur auf 180 °C reduzieren und die Brote weitere 20–25 Minuten backen. Aus dem Ofen nehmen, 5 Minuten auf den Blechen ruhen, dann auf einem Kuchengitter abkühlen lassen.

TEMPEH-CHIPS MIT GRANATAPFEL-GLASUR

Diese einfache Delikatesse rangiert unter den proteinreichen Gerichten ganz oben. Ich bereite immer die doppelte Portion zu, denn die Tempeh-Chips sind in Nullkommanichts aufgegessen. Sie schmecken sehr gut als Vorspeise oder als Beilage zu sautiertem Tatsoi mit schwarzem Sesam (Seite 112) oder goldigem Reis-Knüller (Seite 129).

FÜR 4 PERSONEN

ZUBEREITUNGSZEIT: 40 MINUTEN

FÜR DIE CHIPS:

400 g Tempeh

3 EL helles Sesamöl

FÜR DIE GLASUR:

Saft von 2 Limetten

1 EL Tamari (Sojasauce)

3 EL Granatapfelmelasse (Granatapfelsirup)

ALTERNATIVEN & VARIANTEN

1 Prise Pfeffer zur Glasur-Mischung geben.

Tempeh in etwa 1 cm große Stücke in beliebiger Form schneiden.

Die Hälfte des Öls in eine Pfanne geben und Tempeh-Stücke mit Abstand darin verteilen. Die Pfanne auf mittlerer Stufe erhitzen und den Tempeh anbraten, die Stücke ab und an bewegen, damit sie nicht anhaften. Wenden, damit die Stücke auf beiden Seiten braun und knusprig werden. Falls nötig, mehr Öl zugeben. Ich brate sie auf jeder Seite 10–12 Minuten.

Inzwischen die Glasur zubereiten: In einem Messbecher Limettensaft, Tamari und 2 EL Granatapfelmelasse verrühren.

Die Tempeh-Chips in einer flachen Servierschüssel anrichten.

Die Glasur-Mischung in die heiße Pfanne gießen, etwa 1 Minute unter Rühren erwärmen, um restliches Öl und Aromen zu binden, dann über die Chips geben.

Tempeh-Chips mit restlicher Melasse beträufeln. Sofort servieren.

* **TEMPEH** wird aus Sojabohnen hergestellt; weil sie fermentiert werden, ist er nicht nur proteinreich, sondern auch leicht verdaulich. Während einer Schwangerschaft habe ich in den ersten drei Monaten täglich Tempeh gegessen. Ich hatte einen Heißhunger auf ihn. Der Tempeh war eine leichte Mahlzeit, mein Baby kam mit satten 4080 Gramm auf die Welt.

TEMPEH-SALAT-TOMATEN-SANDWICH

Dieses Sandwich ist so köstlich wie gesund. Tempeh ist preiswert, schnell zuzubereiten und nährstoffreich. Statt das Brot mit Olivenöl zu beträufeln, können Sie es mit 2 EL Kräuter-Zwiebel-Bohnen-Paste (Seite 71) bestreichen, Sie können es mit einem Klecks Tofu-Mayo (Seite 99) verfeinern oder mit Mungbohnensprossen (Seite 78) belegen. Wahrscheinlich machen Sie mehr als eins!

ERGIBT 1 SANDWICH

ZUBEREITUNGSZEIT: 20 MINUTEN

1 EL helles Sesamöl

100 g Tempeh, in max. 1 cm dicke Scheiben geschnitten

2 Scheiben Lieblingsbrot

1 TL Olivenöl

1 TL Lieblingssenf

2 Salatblätter

1 Tomate, in Scheiben geschnitten

1 Spritzer Tamari (Sojasauce) und/oder Chilisauce

Öl in einer Pfanne auf mittlerer Stufe erhitzen. Tempeh-Scheiben ins heiße Öl geben und auf jeder Seite etwa 7 Minuten braten, bis sie goldbraun und leicht knusprig sind.

Inzwischen das Brot toasten. Beide Scheiben mit Olivenöl beträufeln, dann dünn mit Senf bestreichen.

Salat und Tomatenscheiben auf eine Scheibe legen, den gebratenen Tempeh drauflegen. Etwas Tamari und/oder Chilisauce über den Tempeh träufeln.

Zweite Brotscheibe daraufsetzen und Sandwich heiß servieren.

ALTERNATIVEN & VARIANTEN

Sie können Ihr Sandwich zubereiten, wie Sie möchten: Sandwich in einer anderen Reihenfolge belegen, etwas mehr von diesem oder jenem oder eine andere Sauce nehmen. Etwas dünn geschnittene Zwiebel kurz anschwitzen und auf den restlichen Belag geben.

SAUERAMPFER-SUPPE

Die zarten Blätter des Sauerampfers entfalten einen erstaunlich kräftigen Geschmack: Manche nennen ihn bitter, andere sauer, eine zitronige Note hat er definitiv. Ich bedauere immer, dass die Saison gegen Ende des Sommers vorbei ist. Diese Suppe mag ich am liebsten heiß, aber nicht zu heiß, mit einer Scheibe Iss-es-heute-Maisbrot (Seite 135).

FÜR 4 PERSONEN

ZUBEREITUNGSZEIT: 30 MINUTEN

1 EL helles Sesamöl

1 mittelgroße Kartoffel, gewürfelt

1 mittelgroße Zwiebel, fein gehackt

1 kleine Stange Lauch, fein gehackt

1 TL gekörnte vegane Bouillon

¼ TL Pfeffer

125 g frischer Sauerampfer, gehackt

ALTERNATIVEN & VARIANTEN

Sie können bis zu 200 g Sauerampfer in die Suppe geben – also 75 g mehr –, die frischen Blätter fallen beim Kochen zusammen.

Einen Topf auf mittlerer Stufe erhitzen. Öl hineingeben. Dann Kartoffel, Zwiebel und Lauch. Deckel auflegen, 15 Minuten dünsten, dabei zweimal umrühren.

Gekörnte Bouillon und Pfeffer unterrühren. Wenn Zwiebel und Lauch weich sind, Sauerampfer hineingeben und weitere 3–5 Minuten anschwitzen.

Etwa ein Drittel der Mischung in eine Schüssel löffeln, beiseitestellen.

1 l Wasser an die restliche Mischung im Topf gießen. Mit dem Stabmixer pürieren. Deckel auflegen, zum leichten Köcheln bringen.

Die beiseitegestellte Sauerampfer-Mischung unter die Suppe rühren. Vom Herd nehmen. Heiß servieren.

DUFTE HEISSE SCHOKOLADE

Manchmal ist ein Becher schokoladiger Wärme das einzig Richtige. Vielleicht ist Schokolade eben doch sehr gesund!

ERGIBT 1 BECHER

ZUBEREITUNGSZEIT: 10 MINUTEN

250 ml Pflanzendrink

1 TL Gerstenmalzsirup

1 TL milchfreies, ungesüßtes Kakaopulver

1 Stück (ca. 5 g) Bitterschokolade (70 % Kakaoanteil)

1 EL Reis- oder Sojaeiscreme

ALTERNATIVEN & VARIANTEN

Bestreuen Sie die geraspelte Schokolade mit 1 Prise Cayennepfeffer, bevor das Eis daraufkommt.

Pflanzendrink, Sirup und Kakao in einem kleinen Topf bei geringer Hitze erwärmen, dabei umrühren, damit sich alle Zutaten vermengen. Wenn die Flüssigkeit zu köcheln beginnt, vom Herd nehmen und in einen Becher gießen.

Schokolade über das heiße Getränk raspeln und Eiscreme daraufsetzen. Sofort, mit einem Löffel, servieren.

✻ **BITTERSCHOKOLADE** ist reich an Magnesium, Eisen und Zink sowie an Flavanolen, sekundären Pflanzenstoffen, die blutdrucksenkend wirken. Wenn Sie Schokolade mit einem Kakaoanteil von mindestens 70 Prozent kaufen, profitieren Sie nicht nur von diesen Nährstoffen, sondern auch vom köstlichen, eben bitteren Geschmack edler Schokolade. Außerdem verlangt Ihr Körper nicht ständig nach mehr Bitterschokolade, denn ihr Zuckeranteil ist im Gegensatz zur Milchschokolade gering, man fühlt sich schneller gesättigt. Ich habe mal ein Geschenkset »Dunkle Schokolade selber machen« mit Bio-Fair-Trade-Zutaten bekommen, und seither weiß ich nicht nur, was tatsächlich in die Schokolade kommt, sondern kaufe sie auch nur noch von Chocolatiers, die mit Fair-Trade-Genossenschaften zusammenarbeiten. So habe ich das Gefühl, mir mit einem Stück Schokolade wirklich etwas Gutes zu tun.

GEGRILLTE ORANGEN MIT AHORNSIRUP

Dieser einfache Nachtisch hat intensive Geschmacksnoten. Sie können die Orangen heiß oder kalt servieren, aber bitte immer auf Ihren hübschesten Tellern, mit einem scharfen Messer sowie Gabel und Löffel. Zum Essen lösen Sie die spitzen Schalenenden der Orangenviertel mit den Fingern vom Fruchtfleisch – das geht ganz leicht. Dann nehmen Sie Messer und Gabel, um einzelne Bissen abzuschneiden, und dippen jeden Bissen in den kleinen Nuss-Sirup-Hügel. Sie können natürlich auch mit den Fingern essen, die Schale abziehen und das Fruchtfleisch abbeißen – es tropft kaum. Selbst die geschwärzte weiße Innenhaut schmeckt gut.

FÜR 4 PERSONEN

ZUBEREITUNGSZEIT: 20 MINUTEN

4 große Orangen, ungeschält, geviertelt

4 EL zerstoßene Walnüsse

4 EL Ahornsirup

ALTERNATIVEN & VARIANTEN

Sie können die Walnüsse durch Haselnüsse ersetzen.

Den Ofengrill vorheizen. Orangenviertel mit den Schalen auf einem Backblech verteilen, das Fruchtfleisch zeigt nach oben.

Orangen 10–12 Minuten grillen, dabei das Blech einmal drehen, damit sie gleichmäßig Hitze abbekommen. Aus dem Ofen nehmen, 5 Minuten abkühlen lassen, auf vier Tellern anrichten.

Auf jeden der vier Teller 1 EL Walnüsse neben die Orange setzen, mit etwas Sirup beträufeln, servieren.

FAMILIENESSEN

OFEN-KARTOFFEL-WURZELGEMÜSE-ALLERLEI

Ich liebe es, dass bei diesem Gericht alle entspannt zusammensitzen und lange plaudern. Die Zutaten vereinen die Herbstfarben: Ahornblattrot, Orange, Weiß, Blassgelb und sattes Purpur. Während sich Kartoffeln und Rüben im Backofen drängen, können Sie auf dem Herd noch etwas Grünes zubereiten – dämpfen Sie 500 g Rosenkohl oder kochen Sie dieselbe Menge Erbsen. Servieren Sie dazu Bratensauce (Seite 208) und einen veganen Braten, den Sie mit der Bratling-Mischung (Seite 50) zubereiten.

FÜR 4 PERSONEN

ZUBEREITUNGSZEIT: 1¼ STUNDEN

- Öl zum Einfetten der Formen
- 1 kg Kartoffeln (z. B. Vitelotte und La Ratte)
- 4 kleine Rote Beten
- 4 mittelgroße Pastinaken, längs geviertelt
- 4 mittelgroße Karotten, längs geviertelt
- 4 kleine Speiserüben, geviertelt

ALTERNATIVEN & VARIANTEN

Falls im Backofen noch Platz ist: 1 kleinen Kürbis vierteln und entkernen, 25 Minuten mit etwas Wasser auf dem Boden des tiefen Backblechs rösten. Oder die Kürbisviertel auf dem Herd dämpfen.

Den Backofen auf 200 °C vorheizen. Zwei ofenfeste Formen einfetten: eine große für die Kartoffeln und eine mittelgroße für Pastinaken, Karotten und Rüben. (Für die Rote Bete braucht man eine ofenfeste Form mit Deckel, aber die wird nicht eingeölt.)

Kartoffeln in 6 cm große Stücke schneiden und in die große Form geben. Rütteln und schwenken, um sie mit Öl zu überziehen. Die Form auf einem Gitterrost ins obere Drittel des Backofens schieben.

In die Form mit Deckel 3 cm hoch Wasser gießen. Rote Beten kopfüber hineinstellen, sodass sie auf dem Blattansatz im Wasser stehen. Deckel auflegen. Form auf die Schiene unter den Kartoffeln stellen.

Pastinaken, Karotten und Rüben in der Form vermengen, sodass sie mit Öl überzogen sind. Die Form etwa 10 Minuten nach den Kartoffeln und Roten Beten in den Ofen stellen, auf dieselbe Schiene wie die Roten Beten. (Alles soll zur selben Zeit gar sein – Kartoffeln und Rote Beten brauchen etwa 40 Minuten, Pastinaken, Speiserüben und Karotten etwa 30 Minuten.)

Das Gemüse in einer großen Servierschüssel anrichten und heiß servieren.

MANDEL-LIMETTEN-KRÄUTER-PESTO

Sie können natürlich einen Mixer verwenden – aber ich finde ja, es dauert länger, das Gerät hinterher zu säubern, als das Pesto von Hand zu machen. Außerdem liebe ich es, wie die Kräuter duften, wenn ich sie hacke. Sie können nach Lust und Laune Kräuter auswählen; meine Lieblingsmischungen sind: Zitronenmelisse und Minze; Bärlauch, Winterkresse und Petersilie; Rucola und Sauerampfer oder Senf- und Shisoblätter. Pesto schmeckt zur Pasta, auf Ofenkartoffeln oder dünn auf frisch gebackenem Rosmarinzopf (Seite 164).

ERGIBT CA. 250 ML

ZUBEREITUNGSZEIT: 15 MINUTEN

100 g frische Kräuter

25 g gemahlene Mandeln

¼ TL Pfeffer

1 Prise Salz

Saft von 2 Limetten

120 ml Olivenöl und etwas Öl, um das Pesto im Glas zu bedecken

ALTERNATIVEN & VARIANTEN

Wer es scharf mag, ersetzt den Pfeffer durch Cayennepfeffer.

Die Kräuter so fein wie möglich hacken, dann in eine kleine Schüssel geben.

Gemahlene Mandeln, Pfeffer, Salz, Limettensaft und Olivenöl unterrühren. Mit einem Holzlöffel 1–2 Minuten rühren, damit die Mandeln sich gleichmäßig verteilen. Das Pesto in ein sauberes Deckelglas füllen.

Das Pesto glatt streichen, ausreichend Olivenöl angießen, um die Oberfläche dünn zu bedecken. Das Glas verschließen und im Kühlschrank aufbewahren. Lässt man das Pesto vor dem Essen wenigstens 4 Stunden ziehen, intensivieren sich die Aromen.

Das Pesto hält 3–4 Tage, solange man die Oberfläche immer mit Öl bedeckt, bevor es zurück in den Kühlschrank kommt.

❄ **OLIVENÖL** wird seit Tausenden von Jahren verwendet: als Lampenöl, (antibakterielle) Hautpflege, als Medizin und als wesentliche Zutat der Küche, die wir heute »mediterran« nennen. Kein anderes Speiseöl hat so viele einfache ungesättigte Fettsäuren, die das »schlechte« Cholesterin im Blut senken, das »gute« aber nicht angreifen.

❄ **WENN SIE OLIVENÖL KAUFEN**, nehmen Sie nicht raffiniertes, kalt gepresstes. Es hat einen kräftig-fruchtigen Geschmack und eine grünliche Farbe. Verwenden Sie Olivenöl nicht zum Braten (die Hitze zerstört die meisten seiner gesundheitsfördernden Eigenschaften), sondern in Dressings, Dips, Aufstrichen oder wie hier als aromatisches Konservierungsmittel. Naturtrübes Olivenöl enthält noch Fruchtreste und muss schnell verbraucht werden – nicht zum Braten!

GEDÜNSTETES GEMÜSE MIT ZITRONEN-ESTRAGON-SAUCE

Bereiten Sie zuerst die Sauce zu, denn das Gemüse ist schnell gedünstet. Sie ist köstlich und cremig und passt perfekt zu Sommergerichten. Frischen Estragon bekommen Sie von Mitte Juni bis Ende August, der Sauce verleiht er einen leichten Anisgeschmack. Gut schmeckt sie auch zu neuen Kartoffeln oder Polenta mit Garten-Girlande (Seite 100) oder Algen-Kartoffel-Schnitzeln (Seite 206).

FÜR 4 PERSONEN

ZUBEREITUNGSZEIT: 30 MINUTEN

FÜR DIE SAUCE:

Saft von 2 Zitronen und abgeriebene Schale von 1 Bio-Zitrone

2 EL fein gehackter, frischer Estragon

2 EL helles Sesamöl

1 EL Weizenmehl (Type 550)

200 ml Mandeldrink

10 g getrocknete Arame-Algen

1 dünne Stange Lauch, in Ringe geschnitten

¼ Kopf von einem kleinen Weißkohl, klein geschnitten

½ TL Pfeffer

ALTERNATIVEN & VARIANTEN

Anstelle des Mandeldrinks: Cashew- oder Haselnussdrink. Mit gehacktem Estragon oder ein paar Zitronenzesten garnieren.

Zitronensaft, abgeriebene Schale und Estragon in einer Schüssel oder einem Messbecher verrühren, beiseitestellen.

1 EL Öl in einem kleinen Topf auf geringer Stufe erhitzen. Das Mehl darüberstäuben und unter ständigem Rühren zu einer glatten Masse vermengen, etwa 5 Minuten. Unter ständigem Rühren nach und nach Mandeldrink angießen, bis eine glatte Sauce entsteht.

Ständig weiterrühren und langsam die Zitronen-Estragon-Mischung zugeben. Vom Herd nehmen. Die Sauce in einen Krug füllen und warm halten.

Arame in einer Schüssel mit kaltem Wasser einweichen. Restliches Öl auf mittlerer Stufe in einer großen Pfanne erhitzen. Lauch und Kohl zugeben und vermengen. Deckel auflegen und 5 Minuten dünsten.

Arame abgießen, abwaschen und in die Pfanne geben. Pfeffer zugeben, Gemüse umrühren und zugedeckt weitere 5 Minuten bei mittlerer Hitze dünsten. Heiß servieren, dazu die warme Zitronen-Estragon-Sauce.

ORECCHIETTE MIT KNOBLAUCH, BASILIKUM UND GEGRILLTER ZUCCHINI

Orecchiette (zu deutsch »Öhrchen«) sind eine Pasta-Sorte, die in Apulien viel gegessen wird. Traditionell werden sie handgemacht, die Form drückt man mit dem Daumen in ein Teigstückchen – ich habe den Frauen dabei zugesehen, wie sie den Teig formend und plaudernd in einem sonnigen Innenhof standen. Jedes Öhrchen kommt dann auf ein Drahtgitter und trocknet im Freien. Dieses Gericht ist einfach und schnell zubereitet, als Beilage schmeckt Borlotti-Bohnen-Salat (Seite 104).

FÜR 4 PERSONEN

ZUBEREITUNGSZEIT: 35 MINUTEN

Salz

3 mittelgroße Zucchini, in Scheiben geschnitten

1 EL helles Sesamöl

1 Knoblauchknolle, Zehen in Scheiben geschnitten

½ TL gemahlener Zimt

¼ TL Pfeffer

500 g Orecchiette

4 große Stängel frisches Basilikum, gehackt

ALTERNATIVEN & VARIANTEN

Jede Portion mit geriebenem veganem Mozzarella oder Parmesan bestreuen.

Den Backofengrill vorheizen. Reichlich Salzwasser für die Nudeln in einem großen Topf aufkochen.

Die Zucchinischeiben nebeneinander auf ein Backblech legen und 1 Minute im Ofen grillen. Mit einem Pfannenwender wenden und 1 weitere Minute grillen. Die Scheiben bräunen leicht an, dank der angerösteten Oberfläche behalten sie ihre Form.

Eine große Pfanne auf mittlerer Stufe erhitzen, Öl hineingeben. Knoblauch, Gewürze und gegrillte Zucchini dazugeben. Deckel auflegen, etwa 5 Minuten dünsten, bis der Knoblauch eben weich ist.

Die Orecchiette ins kochende Wasser geben und nach Packungsanweisung bissfest kochen (i. d. R. 8–10 Minuten), dabei umrühren, damit sie nicht zusammenkleben.

Nudeln abgießen, in vier Portionen anrichten, mit etwas Knoblauch-Zucchini-Mischung vermengen. Mit frischem Basilikum bestreuen und servieren.

PENNE MIT BLATTGEMÜSE DER SAISON

Verwenden Sie ruhig einen Messbecher zum Abmessen der Blattgemüse – Sie müssen einen 4-Liter-Topf füllen. Für dieses nährstoffreiche Gericht können Sie jedes Blattgemüse, das gerade frisch auf dem Markt angeboten wird, kaufen.

FÜR 4 PERSONEN

ZUBEREITUNGSZEIT: 45 MINUTEN

2 EL helles Sesamöl

4 l, ca. 1500 g gehackte, gemischte Blattgemüse der Saison wie Cavolo nero (Palmkohl), Senfblätter, Löwenzahnblätter, Broccolini, in kleineren Mengen Spinat, Rucola und Endivien

1 EL getrocknetes Basilikum

1 TL getrockneter Oregano

1 frische Chilischote, fein gehackt, oder ½ TL Chiliflocken

¼ TL gemahlener Muskat

1 Knoblauchknolle, Zehen geschält und gehackt

Salz

500 g Penne

Olivenöl zum Beträufeln

ALTERNATIVEN & VARIANTEN

1 Handvoll Cherry-Tomaten mitdünsten – sie platzen auf und bringen eine weitere Farbe ins Gericht. Anstelle der Penne andere kurze Pasta verwenden.

Das Öl in einen 4-Liter-Topf geben. Wenn Sie keinen so großen Topf haben, nehmen Sie den größten aus dem Schrank und füllen ihn mit Blattgemüse. Der Topf soll absolut voll sein!

Deckel auflegen und bei mittlerer Hitze 5 Minuten dünsten.

Wenn Sie einen kleineren Topf haben, nun das restliche Gemüse sowie Kräuter, Gewürze und Knoblauch zugeben. Es wird Platz genug sein, das Gemüse fällt sehr schnell zusammen. Hitze etwas reduzieren und weitere 12–15 Minuten dünsten, ab und an umrühren.

Inzwischen reichlich Salzwasser in einem großen Topf aufkochen. Die Penne darin nach Packungsanweisung bissfest kochen. Die Penne in ein Nudelsieb abgießen und zurück in den heißen Topf geben. Das Blattgemüse unter die Penne rühren und servieren. Über jede Portion etwas Olivenöl träufeln.

✻ **GRÜNE SÄFTE** Sie werden merken, dass manches Blattgemüse beim Dünsten mehr Saft abgibt als anderes. Das ist völlig normal und ist von der jeweiligen Pflanze abhängig und davon, wie frisch das Gemüse ist. Romana-Salat und Pak Choi geben z. B. mehr Saft ab als Brokkoli oder Weißkohl. Wenn Sie für dieses Rezept mehr Flüssigkeit brauchen, geben Sie 1–2 EL Wasser dazu oder ein paar Cherry-Tomaten (*siehe* Alternativen).

DREI-KORN-RISOTTO

Dieses Risotto sieht einfach phantastisch aus – als sättigende Beilage oder als »Bett« für Gemüse oder Bohnen. Der Wildreis ist in Geschmack und Textur einzigartig und außerdem apart schwarz. Vor dem Servieren können Sie jede Portion in ein leicht angefeuchtetes Schälchen geben und leicht andrücken, einen Moment warten und dann das Schälchen kopfüber auf einen Teller stürzen, vorsichtig anheben – und Sie haben eine kleine Risottokuppel. Dazu passen sautierter Tatsoi mit schwarzem Sesam (Seite 112) und Karotten-Ingwer-Arame-Pfanne (Seite 195) oder Tofuwürfel in Grüngemüse (Seite 117).

FÜR 4 PERSONEN

ZUBEREITUNGSZEIT: 1 STUNDE

2 EL helles Sesamöl

1 mittelgroße Zwiebel, fein gehackt

500 ml Gemüsebrühe

10 g frische glatte Petersilie, fein gehackt

1 TL getrocknetes Basilikum

½ TL getrockneter Oregano

¼ TL gemahlener Zimt

¼ TL Pfeffer

100 g Wildreis

100 g brauner (Vollkorn-)Rundkornreis

50 g Hirse

ALTERNATIVEN & VARIANTEN

Geben Sie zu Kräutern und Gewürzen noch 4 gehackte Knoblauchzehen dazu. Wenn Sie keinen Wildreis haben, nehmen Sie roten oder schwarzen Reis, wenn Sie keine Gemüsebrühe haben, kochendes Wasser.

Öl in einem großen Topf erhitzen und Zwiebel darin bei geringer Hitze 10 Minuten anschwitzen, bis sie weich ist.

Inzwischen die Brühe in einem zweiten Topf zum Köcheln bringen.

Kräuter und Gewürze zur Zwiebel geben und 2 Minuten anbraten. Auf mittlere Temperatur hochschalten.

Wildreis und braunen Reis in einer Schüssel vermengen, mit Wasser bedecken und rühren, um die Körner zu waschen. Gut abgießen, dann mit der Hirse in den Topf geben und rühren, bis sie das Öl aufgesogen haben. 100 ml heiße Brühe angießen und rühren, bis sie aufgesogen ist.

Mehr Brühe angießen, gerade so viel, dass sie die Körner bedeckt. Deckel auflegen und bei geringer bis mittlerer Hitze kochen lassen. Nach 15 Minuten nachsehen, ob die Körner die Brühe aufgesogen haben. Vorsichtig rühren, um die Textur der Körner zu prüfen; sie sollten aufgequollen, aber noch nicht weich sein. 100 ml Brühe angießen, Deckel auflegen und bei geringer Hitze etwa 15 Minuten weiterkochen. Zwischendurch prüfen, ob noch Brühe angegossen werden muss. Kochen, bis die Körner weich sind und alle Flüssigkeit aufgesogen haben.

Heiß servieren.

HAUSGEMACHTE GEMÜSEBRÜHE

Ich habe eigentlich immer gekörnte vegane Bouillon irgendwo im Schrank stehen, aber ich finde es ausgesprochen befriedigend, meine eigene Brühe zu kochen. Meistens bereite ich sie zu, während ich andere Gerichte koche. Ich verwende auch das Grün von Blumenkohl oder die äußeren Blätter vom Kohl, die harten Enden vom Staudensellerie und Karottengrün (das alles sollte gründlich gewaschen werden). So fängt man Aromen und Nährstoffe ein, die man sonst einfach weggeworfen hätte. Ist die Brühe abgekühlt, seihe ich sie ab, fülle sie in Behältnisse (auch Eiswürfel-Formen) und friere sie ein. Ich verwende sie als Grundstock für Suppen und Saucen, koche Reis darin und nehme sie selbst zum Brotbacken.

ERGIBT 1½ LITER

ZUBEREITUNGSZEIT: 45 MINUTEN

- 2 EL helles Sesamöl
- 1 große Zwiebel, gehackt
- 2 Stangen Staudensellerie, gehackt
- 1 mittelgroße Karotte, gehackt
- 1 mittelgroße Kartoffel, gehackt
- 1 mittelgroße Speiserübe, gehackt
- grüne Blätter von Blumenkohl oder Brokkoli, gesäubert und gehackt
- 1 Streifen Kombu-Alge (10 cm), gespült
- 2 Lorbeer-Blätter
- 2 Salbei-Blätter, frisch oder getrocknet
- 50 g grob gehackte frische glatte Petersilie (mit Stängeln)
- 1 TL getrocknetes Basilikum
- ½ TL getrockneter Majoran oder Oregano
- ¼ TL Pfeffer

Einen großen Topf auf mittlerer Stufe erhitzen, das Öl hineingeben. Zwiebel, Gemüse und Gemüseblätter dazugeben und alles zugedeckt 10 Minuten dünsten.

Kombu, Kräuter und Gewürze zugeben und weitere 5 Minuten anschwitzen. 2 Liter Wasser angießen, gut umrühren, die Temperatur erhöhen und Wasser zum Kochen bringen. Dann die Temperatur reduzieren und alles zugedeckt 30 Minuten köcheln lassen, ohne umzurühren.

Vom Herd nehmen. Brühe, die sofort gebraucht wird, abseihen, andernfalls warten, bis sie abgekühlt ist.

GEDÜNSTETER TOPINAMBUR UND SÜSSKARTOFFELN

Topinambur ist eine Knollenpflanze, die zur Gattung der Sonnenblumen gehört. Sie braucht beim Garen etwa so lange wie eine Süßkartoffel, und die beiden geben, was Farbe, Textur und Geschmack angeht, ein sehr gutes Paar ab. Servieren Sie dazu Mais-Paprika-Relish (Seite 134), grünes Gemüse und Bohnen (Seite 154) und vielleicht eine Scheibe Maisbrot (Seite 135).

FÜR 4 PERSONEN

ZUBEREITUNGSZEIT: 30 MINUTEN

1 EL helles Sesamöl

300 g Topinambur, in 1 cm dicke Scheiben geschnitten

1 mittelgroße Süßkartoffel, in Stücke geschnitten

2 Frühlingszwiebeln, fein gehackt

3 EL gehackte frische glatte Petersilie

¼ TL Fünf-Gewürze-Mischung

¼ TL Pfeffer

abgeriebene Schale und Saft von 1 Bio-Zitrone

1 EL Tamari (Sojasauce)

ALTERNATIVEN & VARIANTEN

6 gehackte Knoblauchzehen mit Topinambur und Süßkartoffel andünsten.

Öl in einer großen Pfanne auf mittlerer Stufe erhitzen. Topinambur und Süßkartoffel hineingeben. Deckel auflegen und etwa 20 Minuten dünsten, ab und an wenden, damit sie gleichmäßig garen.

Inzwischen in einer Schüssel Frühlingszwiebeln, Petersilie, Gewürze, abgeriebene Schale und Saft der Zitrone vermengen.

Sobald Topinambur und Süßkartoffel weich gegart sind, in eine Servierschüssel füllen.

Die Frühlingszwiebelmischung in die heiße Pfanne geben. Umrühren, Deckel auflegen und 3 Minuten andünsten.

Die Pfanne vom Herd nehmen und Tamari dazugeben. Alles gut verrühren und über Topinambur und Süßkartoffel verteilen.

Sofort servieren.

✻ **TOPINAMBUR** ist manchmal recht klein und man sollte die kleinen Knollen zuerst verwenden, weil sie schnell runzelig werden. Man kann sie zum Säubern schlecht fassen, deshalb lege ich sie erst 5 Minuten in kaltes Wasser. So löst sich Erde, und man kann sie leichter abbürsten. Egal, wie groß sie sind, nach dem gründlichen Abreiben lege ich alle noch einmal 5 Minuten ins kalte Wasserbad, damit wirklich kein Dreck mehr an ihnen haftet.

KARTOFFEL-UND-MEHR-AUFLAUF

Schon der Duft dieses Auflaufs lässt einem das Wasser im Mund zusammenlaufen. Und er erfordert keinen großen Aufwand. Sehr gut schmeckt er zu Erbsen oder Blattgemüse (Seite 193).

FÜR 4 PERSONEN

ZUBEREITUNGSZEIT: 1 STUNDE

1 EL helles Sesamöl

4 mittelgroße Kartoffeln, in Scheiben geschnitten

2 mittelgroße Karotten, in Scheiben geschnitten

2 mittelgroße Zwiebeln, gehackt

200 g grob gehacktes Blattgemüse (z. B. Spinat, Cavolo nero oder Pak Choi)

2 EL veganes Saucenpulver

1 TL getrocknetes Basilikum

1 TL getrockneter Oregano

½ TL Pfeffer

ALTERNATIVEN & VARIANTEN

Für die obere Schicht Süßkartoffelscheiben verwenden. Sollte in der ofenfesten Form noch Platz sein, mit mehr Gemüse, z. B. Pastinaken-Scheiben, auffüllen – dann braucht man mehr Sauce.

Den Backofen auf 200 °C vorheizen. Eine ofenfeste 3-Liter-Form – mit Deckel – mit Öl einfetten.

Mit der Hälfte der Kartoffelscheiben den Boden der Form bedecken. Karotten über die Kartoffeln geben. Die Schichten sollen gleichmäßig verteilt, ohne Erhebung in der Mitte, bis an den Rand der Form reichen. Falls nötig, Kartoffel- und Karottenscheiben halbieren. Die Hälfte der gehackten Zwiebeln über die Karotten geben, darauf das Blattgemüse verteilen und leicht andrücken. Die restlichen Zwiebeln darauf verteilen. Zuoberst mit einer Schicht Kartoffeln abschließen.

In einem großen Messbecher Saucenpulver, Basilikum, Oregano und Pfeffer vermengen. Mit etwas kaltem Wasser eine glatte Paste anrühren. 750 ml kaltes Wasser angießen und alles gut verrühren. Die Flüssigkeit über das geschichtete Gemüse gießen.

Deckel auf die Form legen und den Auflauf 45–60 Minuten backen, bis das Gemüse weich ist. Beim Servieren darauf achten, dass das Gemüse gleichmäßig auf die einzelnen Portionen verteilt ist.

KLASSE KARTOFFELAUFLAUF

Eine Variante dieses Kartoffelauflaufs kennen Sie sicherlich schon. Er passt quasi zu allem, ist sättigend und wärmend und ein Gericht für Kochanfänger. Versuchen Sie ihn zu Blattgemüse (Seite 193) und Kichererbsen-roter-Mangold-Ramasuri (Seite 198).

FÜR 4 PERSONEN

ZUBEREITUNGSZEIT: 1 STUNDE

1 EL Öl zum Beträufeln und zum Einfetten der Form

500 g Kartoffeln

1 mittelgroße Zwiebel, fein gehackt

60 g Weizenmehl (Type 550)

½ TL Pfeffer

½ TL Kümmelsamen, zerstoßen

Salz

400 ml Pflanzendrink

50 g Semmelbrösel

ALTERNATIVEN & VARIANTEN

Anstelle des Pfeffers ½ TL Senfpulver verwenden. Zwischen jede Kartoffel-Schicht 1 TL Hefeflocken streuen. Anstelle des Öls kleine Margarine-Flöckchen zwischen die Schichten setzen. Anstelle der Semmelbrösel zerbröselte ungesalzene Cracker über die letzte Schicht streuen.

Den Backofen auf 200 °C vorheizen. Eine 1-Liter-Backform mit Öl ausstreichen.

Kartoffeln in dünne Scheiben schneiden, nicht mehr als 1 cm dick. Den Boden der Backform mit einer Schicht Kartoffel-Scheiben belegen. Einige gehackte Zwiebeln darüberstreuen.

In einer kleinen Schüssel Mehl, Pfeffer und Kümmelsamen vermengen. Etwas von dieser Mischung über die Zwiebeln geben, mit 1 Prise Salz würzen. 1 EL Öl über die Mehl-Mischung träufeln.

So weiterschichten und mit einer Schicht Kartoffeln abschließen. Den Pflanzendrink darübergießen. Zum Schluss mit Semmelbröseln bestreuen.

Im Backofen 45–50 Minuten backen, bis die Kartoffeln weich sind. Heiß servieren.

GEBRATENER MANDEL-BROKKOLI

Ich liebe dieses einfache und hübsch anzusehende Gericht mit seinen aparten Aromen und Texturen. Ich esse es gerne zu einer Schale Asianudeln oder serviere es mit drei oder vier anderen Gerichten als herzhaft sättigende Mahlzeit. Gut schmeckt es z. B. zu gedünstetem Topinambur und Süßkartoffeln (Seite 186) oder Kartoffelauflauf (Seite 189).

FÜR 4 PERSONEN

ZUBEREITUNGSZEIT: 20 MINUTEN

1 EL helles Sesamöl

1 Brokkoli, Röschen halbiert oder geviertelt

1 rote Zwiebel, halbiert und dünn geschnitten

50 g Mandelblättchen

¼ TL Pfeffer

¼ TL gemahlener Piment

Saft von 1 Limette

ALTERNATIVEN & VARIANTEN

Wenn Sie mehr Farbe wollen, ersetzen Sie die Hälfte des »normalen« Brokkoli durch Brokkoli 'Purple Sprouting' oder Blumenkohl-Röschen.

Eine große Pfanne oder einen Wok auf hoher Stufe erhitzen. Öl zugeben, wenn es heiß ist, schwenken. Dann den Brokkoli zugeben, Deckel auflegen und 3 Minuten andünsten.

Inzwischen in einer Schüssel, Zwiebel, Mandelblättchen und Gewürze vermengen. Den Brokkoli umrühren und den Herd auf mittlere Stufe herunterschalten. Der Brokkoli darf an einigen Stellen braun angeröstet sein, doch er soll bissfest bleiben und sein leuchtendes Grün behalten. Die Zwiebelmischung unterrühren. Alles 5 Minuten braten, dabei häufig umrühren.

Mit Limettensaft beträufeln. Wenn es zischt, einmal durchrühren, dann die Pfanne bzw. den Wok sofort vom Herd nehmen und den Inhalt in eine angewärmte Servierschüssel geben. Heiß servieren.

✻ **BROKKOLI** gibt es in vielen Sorten. Für dieses Rezept können Sie den Brokkoli verwenden, den es gerade zu kaufen gibt. Jede Sorte hat ihre eigene Textur, Farbe und einen typischen Geschmack – probieren Sie sie durch, bis Sie Ihre Lieblingssorten gefunden haben: Calabrese, 'Purple Sprouting', aber auch Romanesco, Stängelkohl (Rapa) und Broccolini. Wenn Sie Appetit auf Blumenkohl haben, können Sie den auch nehmen.

GROSSARTIGER GERASPELTER SALAT

Sie können diesen Salat schnell alleine zubereiten oder die Gemüsereibe mit Ihren Kindern teilen und sich die Zeit mit Wortspielen und Zungenbrechern (Bühlers Berta brät berauscht Brokkoli) vertreiben. So lernen die Kinder schnell und werden bei jedem Salat besser. Die saftigen Gemüseraspel eignen sich als Füllung für Ofenkartoffeln oder als »Nest« für Mungbohnensprossen (Seite 78) – oder Sie servieren sie zu mediterran gewürztem Reis mit Linsen (Seite 130).

FÜR 4 PERSONEN

ZUBEREITUNGSZEIT: 15 MINUTEN

1 mittelgroße Karotte, geraspelt

1 kleine Speiserübe, geraspelt

1 Brokkoli-Strunk, geschält und geraspelt (Röschen für ein anderes Gericht verwenden)

6 Röschen Rosenkohl, geraspelt

15 g frische Kräuter, fein gehackt (z. B. Basilikum, Koriander, Zitronenmelisse, glatte Petersilie)

Saft von 1 Zitrone

2 EL Olivenöl

1 EL geriebener frischer Ingwer

1 rote Zwiebel, geviertelt und dünn geschnitten

¼ TL Pfeffer

ca. ¼ TL Salz zum Abschmecken

Alle Zutaten in einer Schüssel vermengen. Ein paar Minuten stehen lassen, dann wieder durchmischen. Den abgegebenen Gemüsesaft über den Salat träufeln, noch einmal vermischen, servieren.

✻ **EIN GUTER KERN** Früher habe ich die Strünke von Brokkoli und Kohl weggeworfen, bis ich dann entdeckte, wie schmackhaft und nährstoffreich sie sind. Schälen Sie die dicke, harte Haut des Brokkoli-Strunks herunter und es kommt ein blasses, zartes Inneres hervor. Den Kohlstrunk haben Sie ohnehin schon entblättert und er ist knackiger als der Brokkoli. Für andere Gerichte können Sie ihn einfach sehr dünn schneiden.

ALTERNATIVEN & VARIANTEN

Anstelle des Brokkoli-Strunks können Sie 1 Salatherz raspeln, anstelle der Speiserübe 1 kleinen Kohlrabi. Für eine süße Note sorgt 1 TL Gerstenmalz- oder Ahornsirup, über den Salat geträufelt.

HEISS GELIEBTES BLATTGEMÜSE

Dieses Gericht ist so einfach wie wandlungsfähig. (Fast) frisch vom Feld schmeckt das Blattgemüse am besten und den höchsten Nährstoffgehalt hat es dann auch. Viele geben Ihnen sogar die Nährstoffe, die Sie in der jeweiligen Jahreszeit dringend brauchen. Servieren Sie das Blattgemüse heiß zusammen mit einer Sauce oder einem Dressing Ihrer Wahl, z. B. zu einem Kartoffelgericht oder zum Drei-Korn-Risotto (Seite 184).

FÜR 4 PERSONEN

ZUBEREITUNGSZEIT: 30 MINUTEN

1 EL helles Sesamöl

wenigstens 3 verschiedene Blattgemüsesorten der Saison und Kräuter aus der Liste unten auswählen

Öl in einen großen Topf geben. Wenigstens drei verschiedene Blattgemüse sowie Kräuter auswählen. Das Gemüse hacken, dünn schneiden oder zerpflücken – so wird die Textur abwechslungsreich. Die Kräuter sollten ohne Stängel fein gehackt werden. Gemüse und Kräuter der Reihe nach in den Topf geben und nach unten drücken – was zuerst auf der Liste (unten) steht, kommt zuerst in den Topf. Den Topf bis zum Rand füllen.

Deckel auflegen. Alles bei mittlerer Hitze 12–15 Minuten garen, bis das Blattgemüse weich, aber noch sattgrün ist, dabei ein-, zweimal umrühren.

BLATTGEMÜSE DER SAISON

FRÜHLING	SOMMER	HERBST	WINTER
Frühlingskohl	Kohl	Grünkohl	Wirsing
Cavolo nero	Mangold oder Spinat	Kohl	Rüben-Blätter
Endivie	Brokkoli	Rosenkohl	Blumenkohl
Tatsoi oder Pak Choi	Pak Choi oder Tatsoi	Rote-Bete-Blätter	Kalettes (Grünkohl-Rosenkohl-Kreuzung)
Brokkoli 'Purple Sprouting'	Spargel	Lauch	Romanesco
Kräuter: Petersilie, Basilikum, Oregano	Kräuter: Fenchel, Schnittlauch, Kerbel	Kräuter; Thymian, Salbei, Majoran	Kräuter: Petersilie, Rosmarin, getrocknete Kräuter

KAROTTEN-INGWER-ARAME-PFANNE

Die Arame bereichert diese klassische Karotten-Ingwer-Mischung mit ihrem einzigartigen Aroma und ihrer zarten Textur. Ich serviere die Pfanne gerne zu einigen anderen farbenfrohen Gerichten, dann kann sich jeder seine Farbpalette auf dem Teller zusammenstellen. Für eine einfachere Mahlzeit passen gebratener Mandel-Brokkoli (Seite 190) und Drei-Korn-Risotto (Seite 184) dazu.

FÜR 4 PERSONEN

ZUBEREITUNGSZEIT: 30 MINUTEN

5 g getrocknete Arame-Algen

1 EL helles Sesamöl

4 mittelgroße Karotten, in Stifte geschnitten

4 Frühlingszwiebeln, längs geviertelt und in 8 cm lange Streifen geschnitten

2 EL geriebener frischer Ingwer

¼ TL Pfeffer

ALTERNATIVEN & VARIANTEN

Zu den Frühlingszwiebeln beliebig viel gehackten Knoblauch geben.

Arame in einer Schüssel mit kaltem Wasser bedecken und 10 Minuten einweichen.

Eine große Pfanne auf mittlerer Stufe erhitzen, Öl hineingeben, wenn es heiß ist, die Karottenstifte. Deckel auflegen und 5 Minuten dünsten.

Frühlingszwiebeln, Ingwer und Pfeffer unterrühren. Deckel auflegen und weitere 2–3 Minuten dünsten.

Arame aus dem Wasser nehmen und in einem Sieb unter fließendem kaltem Wasser abspülen. Arame abtropfen lassen und auf die anderen Zutaten in der Pfanne legen. Deckel auflegen und etwa 5 Minuten dünsten.

Deckel abnehmen und unter sanftem Rühren noch 2–3 Minuten garen. Heiß servieren.

BOHNENSPROSSEN-NUDEL-NESTER

Hier knäuelt sich alles, krause Mie-Nudeln haken sich in gebogene Zwiebelstreifen, Bohnensprossen winden sich um Karottenraspel ... Die Nester sind einfach mit Stäbchen zu essen, oder natürlich mit der Gabel, und die ideale Mahlzeit, wenn Sie schnell etwas Warmes brauchen. Dazu schmecken Tempeh-Chips mit Granatapfelglasur (Seite 167); wer will, kann sie mit etwas Tamari oder Ume Shiso beträufeln.

FÜR 4 PERSONEN

ZUBEREITUNGSZEIT: 20 MINUTEN

15 g getrocknete Arame-Algen

1 EL helles Sesamöl

200 g dünn geschnittenes Blattgemüse (z. B. Frühlingskohl, Cavolo nero, Tatsoi, Pak Choi oder Mangold)

1 große Karotte, geraspelt

2 EL abgeriebene Schale von 1 Bio-Orange

3 EL geriebener frischer Ingwer

1 rote Chilischote, fein geschnitten

125 g eifreie Asianudeln, vorzugsweise Mie-Nudeln, in 8–10 cm breite Blöcke gebrochen, kurz vorgekocht

1 mittelgroße rote Zwiebel, geviertelt und fein geschnitten

ca. 100 g Mungbohnensprossen (*siehe* Seite 78)

ALTERNATIVEN & VARIANTEN

Nach Belieben gehackten Knoblauch zugeben. Anstelle des Wassers am Schluss (falls nötig) frisch gepressten Orangensaft nehmen. Wer einen Spiralschneider hat, kann die Karotte auch »spiralisieren«.

Arame in einer Schüssel mit kaltem Wasser bedecken und einweichen lassen. Derweil die anderen Zutaten vorbereiten.

Alle Zutaten sollten geschnitten und geraspelt bereitstehen. Eine große Pfanne oder einen Wok auf mittlerer Stufe erhitzen, Öl hineingeben. Ins heiße Öl Blattgemüse, Karotte, Orangenschale, Ingwer und Chili geben. Deckel auflegen und 5 Minuten dünsten.

Arame aus dem Wasser nehmen und in einem Sieb unter fließendem kaltem Wasser abspülen. Abtropfen lassen und in die Pfanne geben. Nudeln unterrühren. Deckel auflegen und 5 Minuten garen. Zwiebel und Bohnensprossen unterrühren. Deckel auflegen.

Nach 2 Minuten prüfen, ob die Nudeln gar sind – sie sollen bissfest sein. Falls nötig, 1–2 EL Wasser zugeben, sofort den Deckel wieder auflegen und etwa 1 weitere Minute garen. Die Nudeln und Bohnensprossen nicht zu lange garen, sie sollten nicht matschig werden.

In breiten, flachen Schalen oder Suppentellern servieren.

✻ **ARAME-ALGEN** haben eine sehr feine, fadenartige Textur und einen milden, aber doch charakteristischen Meeresalgen-Geschmack. Wenn man sie 5 Minuten in kaltem Wasser einweicht, garen sie schnell. Es empfiehlt sich, die eingeweichte Arame aus dem Wasser zu nehmen und nicht mit dem Einweichwasser ins Sieb zu kippen, so bleibt Dreck oder Sand auf dem Boden der Schüssel zurück.

FENCHEL-ZITRUS-TANGO

Ich bin mir nie sicher, ob ich dieses delikate Gericht den Saucen oder den Salaten zurechnen soll. Es passt zu Salaten und zu heißen Mahlzeiten, als Beilage oder als Topping. Mal stelle ich es gleich auf den Tisch, mal erst in den Kühlschrank, lasse die Aromen intensiver und das Gemüse etwas weicher werden. Einer meiner Männer wurde dabei beobachtet, wie er es zum Frühstück auf Toast aß. Probieren Sie es zu gebratenem Mandel-Brokkoli (Seite 190) und Drei-Korn-Risotto (Seite 184).

FÜR 4 PERSONEN

ZUBEREITUNGSZEIT: 15 MINUTEN

4 Scheiben Fenchel, sehr, sehr dünn von der Knolle geschnitten

1 mittelgroße Karotte, geraspelt

1 kleine rote Zwiebel, geviertelt und dünn geschnitten

1 EL gehackte Zitronenmelisse

1 EL gehackte Minze

2 Segmente von 1 geschälten Zitrone (*siehe* Hinweis)

2 Segmente von 1 geschälten Orange (*siehe* Hinweis)

ALTERNATIVEN & VARIANTEN

Vor dem Servieren 1 Prise Cayennepfeffer über das Gericht streuen. Die Zitrus-Säfte reichen eigentlich als Dressing, aber Sie können noch etwas anderen Geschmack darangeben und einen Spritzer Reisessig und 1 TL Olivenöl darüberträufeln.

Fenchel, Karotte, Zwiebel und Kräuter in einer Servierschüssel vermengen.

Zitronen- und Orangen-Segmente in der Mitte – zu Dreiecken – durchschneiden. Mit ausgetretenem Saft in die Schüssel geben. Alles vermengen und dabei mit den Löffeln leicht auf die Zutaten drücken.

Servieren oder vor dem Servieren kühlen.

✻ **ZITRUSFRÜCHTE SCHÄLEN** Schneiden Sie die »Kappen«, oben (Stielansatz) und unten, ab, dann sehen Sie, wie die Segmente angeordnet sind. Jetzt von oben nach unten entlang einer Segmentkante mit dem Messer die Schale durchtrennen. Dasselbe machen Sie ein Segment weiter, sodass Sie zwei Segmente haben. Schieben Sie den Daumen unter die Schale und lösen Sie sie vom Fruchtfleisch. Dann drücken Sie mit dem Daumen von oben in den Segmentansatz unter die Segment-Enden und lösen sie aus der Frucht.

KICHERERBSEN-ROTER-MANGOLD-RAMASURI

Ich koche die Kichererbsen im Dampfkochtopf, denn sie müssen sehr weich werden. Wenn möglich, nehme ich besonders große Kichererbsen, auf dem Etikett meist mit »extra« gekennzeichnet, sie quellen fast zu Murmelgröße auf. Zu den warmen Farben dieses Gerichts schafft ein Bett aus Couscous oder Basmati-Reis einen aparten Kontrast. Servieren Sie zu jeder Portion einen Klecks Margarita-Joghurt-Dip (Seite 90) und einen Löffel Mais-Paprika-Relish (Seite 134).

FÜR 4 PERSONEN

ZUBEREITUNGSZEIT: 1 STUNDE

+ EINWEICHZEIT

300 g getrocknete Kichererbsen, gewaschen und 8–12 Stunden eingeweicht (*siehe* Wie man Bohnen kocht, Seite 64)

1 Streifen Kombu-Alge (10 cm), gespült

1 EL helles Sesamöl

1 Knoblauchknolle, Zehen geschält und gehackt

1 mittelgroße Zwiebel, fein gehackt

½ TL Pfeffer

½ TL gemahlener Zimt

¼ TL gemahlener Muskat

1 TL gemahlene Nelken

300 g roter Mangold, geschnitten

1 kleine Rote Bete, geraspelt

Kichererbsen abtropfen lassen und unter fließendem Wasser spülen. Kombu auf den Boden eines Dampfkochtopfs legen, die Kichererbsen daraufgeben. Wasser bis auf halbe Topfhöhe angießen. Deckel verschließen und 30 Minuten kochen lassen.

Öl in einen großen Topf geben und bei geringer Hitze Knoblauch, Zwiebel und Gewürze unter häufigem Rühren 5 Minuten anschwitzen. Mangold und Rote Bete zugeben, Deckel auflegen und bei geringer Hitze 7–10 Minuten dünsten, bis das Gemüse weich ist. Topf vom Herd nehmen und beiseitestellen, bis die Kichererbsen fertig gekocht sind.

Kichererbsen abgießen, Kombu entfernen (falls er sich noch nicht aufgelöst hat), dann die Kichererbsen unter die Mangold-Mischung rühren. Falls das Gericht heiß serviert werden soll, bei mittlerer Hitze aufwärmen.

Heiß oder kalt servieren.

ALTERNATIVEN & VARIANTEN

Mögen Sie es schärfer? Dann nehmen Sie doppelt so viel Pfeffer oder ersetzen ihn durch beliebig viele frische Chilischoten oder Chiliflocken.

WINTERLICHE ROTE-LINSEN-SUPPE

Frost bringt in den meisten Wurzelgemüsen die süße Note hervor. Hier wird die Wintersüße von Karotten und Pastinaken mit dem erdigen Geschmack der Linsen kombiniert. Ich mag es, wenn diese herzhafte Suppe nicht zu fein püriert ist und ich noch auf Gemüsestücke beißen kann – aber sie ist immer köstlich, egal, ob fein oder grob püriert. Ich serviere dazu Vollkornbrot (Seite 120) und ein Schälchen Ingwer-Nori-Dressing, in das man die Scheiben dippen kann.

FÜR 4 PERSONEN

ZUBEREITUNGSZEIT: 1 STUNDE

1 EL helles Sesamöl

2 mittelgroße Karotten, in Scheiben geschnitten

1 mittelgroße Pastinake, in Scheiben geschnitten

2 mittelgroße Zwiebeln, fein gehackt

1 Knoblauchknolle, Zehen geschält und gehackt

1 Streifen Kombu-Alge (10 cm), gespült

½ TL Fünf-Gewürze-Mischung

½ TL Pfeffer

250 g rote Linsen

¼ TL gemahlene Kurkuma

ALTERNATIVEN & VARIANTEN

Zum Gemüse 1 TL gekörnte vegane Bouillon in den Topf geben oder ½ TL getrocknetes Basilikum zusammen mit der Kurkuma.

Öl in einem großen Topf auf mittlerer Stufe erhitzen. Karotten, Pastinake, Zwiebeln, Knoblauch, Kombu, Fünf-Gewürze-Mischung und Pfeffer dazugeben. Deckel auflegen, 15 Minuten dünsten, zwischendurch einmal umrühren.

Inzwischen die Linsen in eine Schüssel geben und mit Wasser bedecken. Umrühren, dann das Wasser abgießen. Diesen Arbeitsschritt zweimal wiederholen, bis das Wasser klar bleibt.

Nach 15 Minuten Dünsten Linsen zum Gemüse geben, gut umrühren und so viel Wasser angießen, dass alles bedeckt ist. Deckel auflegen und 15 Minuten köcheln lassen. Ab und an umrühren. Falls nötig, mehr Wasser angießen, denn die Linsen saugen Flüssigkeit auf.

Wenn Linsen und Gemüse ganz weich sind, Kombu nach Belieben entfernen. Mit dem Stabmixer die Suppe bis zur gewünschten Konsistenz pürieren. Falls nötig, Wasser angießen.

Kurkuma gut unterrühren und die Suppe zum Sieden bringen. Deckel auflegen, vom Herd nehmen und vor dem Servieren ein paar Minuten stehen lassen. Um den Geschmack zu intensivieren, 2 Stunden ziehen lassen; im Kühlschrank aufbewahren, wenn die Suppe erst später gegessen wird.

✻ **KOMBU-SEETANG** bereichert Suppen und Eintöpfe mit Mineralien. Ich bin auf ihn gestoßen, weil ich ständig auf der Suche nach Zutaten oder Kochmethoden bin, die sämtliche Geschmacksnoten verbinden, vor allem in Suppen. Kombu hat eine feine Umami-Note und verstärkt die übrigen Aromen. Ich spüle ihn unter fließendem Wasser ab und gebe ihn einfach in den Topf. Beim Kochen löst er sich manchmal auf, wenn nicht, nehme ich ihn vor dem Servieren heraus.

EINFACHES ROTE-LINSEN-DAL

Rote Linsen (preiswert, schnell gar, nährstoffreich und leicht verdaulich) können Sie in Suppen, Salaten und Pasteten verwenden oder eben in einem delikaten indischen Dal. Seien Sie kreativ, experimentieren Sie mit verschiedenen Kombinationen und Gewürzmengen. Bereiten Sie das Dal einige Stunden im Voraus oder am Vortag zu und bewahren Sie es im Kühlschrank auf. Aufgewärmt schmeckt es z. B. zu Reis und grünem Gemüse und Bohnen (Seite 154) und einem Chutney (Seite 247).

FÜR 4 PERSONEN

ZUBEREITUNGSZEIT: 1 STUNDE

250 g rote Linsen

1 EL Kokosöl

1 Knoblauchknolle, Zehen geschält und gehackt

1 frische Chilischote, fein gehackt

1 TL gekörnte vegane Bouillon

1 TL ganzer Kreuzkümmel (Cumin)

½ TL gemahlener Zimt

½ TL gemahlener Ingwer

½ TL gemahlener Piment

½ TL gemahlener Koriander

½ TL gemahlene Kurkuma

3 EL gehackte frische Korianderblätter

ALTERNATIVEN & VARIANTEN

Anstelle der frischen Chilischote können Sie ½ TL Chiliflocken nehmen. Anstelle der frischen Korianderblätter 1 EL getrocknetes Basilikum.

Linsen in einen großen Topf schütten und mit Wasser bedecken. Gut umrühren und das trübe Wasser durch ein Sieb abgießen. Linsen im Sieb unter fließendem kaltem Wasser spülen.

Topf ausspülen, Linsen hineingeben, doppelt so hoch Wasser angießen. Bei mittlerer Hitze fast zum Sieden bringen. Hitze reduzieren, Deckel auflegen und etwa 20 Minuten sanft köcheln lassen.

Inzwischen in einem zweiten Topf Kokosöl bei geringer Hitze erhitzen. Knoblauch, Chili, gekörnte Bouillon, Kreuzkümmel, Zimt, Ingwer, Piment und gemahlenen Koriander zugeben. Deckel auflegen, 10 Minuten dünsten, ein-, zweimal umrühren.

Linsen ab und an umrühren, falls nötig, mehr Wasser angießen – die Linsen sollen zu einem Brei verkochen. Sobald die Linsen breiig gekocht sind, bei geringer Hitze warm halten, während die Gewürzmischung fertiggestellt wird.

Kurkuma und frischen Koriander 1–2 Minuten unter die übrigen Gewürze rühren. Dann alles über die gekochten Linsen geben. Sofort einige gekochte Linsen in den leeren Gewürztopf geben und mit den Gewürzresten verrühren. Dann wieder unter die Zutaten im großen Topf mengen.

Alle Dal-Zutaten bei geringer Hitze gründlich verrühren. Kurkuma und Linsen sorgen dafür, dass das Dal andickt.

Deckel auflegen, vom Herd nehmen und ziehen lassen, damit sich die Aromen verbinden. Vor dem Servieren aufwärmen, falls nötig, Wasser angießen, bis das Dal die gewünschte Konsistenz hat.

KÜRBIS-PASTINAKEN-SUPPE

Kürbisse können einen kräftig erdigen Geschmack haben. Dieser Suppe verleiht die Pastinake eine süßere Note. Ich koche die Suppe im Herbst nach dem ersten Frost, wenn die Stärke in der Pastinake zu Zucker umgewandelt worden ist. Wenn ich noch gedämpften Kürbis von einer anderen Mahlzeit übrig habe, kommt er auch hinein. Oft mache ich das doppelte Rezept und friere die Suppe ein (der Winter ist lang ...). Probieren Sie mal eine Scheibe Dinkel-Leinsamen-Brot (Seite 87), mit Kräuter-Zwiebel-Bohnen-Paste (Seite 71) bestrichen, dazu.

FÜR 4 PERSONEN

ZUBEREITUNGSZEIT: 1 STUNDE

½ kleiner bis mittelgroßer Kürbis, geviertelt, entkernt, ungeschält

1 EL helles Sesamöl

2 große Zwiebeln, gehackt

1 große Pastinake, fein gewürfelt

½ TL Fünf-Gewürze-Mischung

¼ TL Pfeffer

1 l Gemüsebrühe oder Wasser

ALTERNATIVEN & VARIANTEN

Wenn Sie Wasser anstelle der Gemüsebrühe nehmen, 1 TL gekörnte vegane Brühe zu den Gewürzen geben.

Wasser in einem Topf zum Sieden bringen, Kürbis mit der Schale nach oben in einen Dämpfeinsatz legen. Zugedeckt 10– 15 Minuten dämpfen.

Danach Kürbisviertel auf einem Schneidbrett etwas abkühlen lassen. Es macht nichts, wenn sie auseinanderbrechen.

Inzwischen einen großen Topf auf mittlerer Stufe erhitzen, Öl hineingeben. Zwiebeln und Pastinake zugeben, Deckel auflegen und unter gelegentlichem Rühren 15 Minuten dünsten. Wenn Zwiebeln und Pastinake weich sind, Fünf-Gewürze-Mischung und Pfeffer unterrühren. Weitere 2 Minuten dünsten.

Kürbis-Fruchtfleisch von den Schalen lösen und in den Topf geben. Brühe oder Wasser angießen und gut umrühren. Die Suppe mit einem Stabmixer nicht zu fein pürieren. Die Suppe wird dabei sämiger, gegebenenfalls mehr Brühe oder Wasser angießen, bis die gewünschte Konsistenz erreicht ist.

Die Suppe zugedeckt zum leichten Köcheln bringen. Vom Herd nehmen und sofort servieren oder abkühlen und dann im Kühlschrank ziehen lassen, um den Geschmack zu intensivieren, und vor dem Servieren aufwärmen.

HEIMKEHR-EINTOPF

Eintöpfe werden oft unterschätzt, dabei sind sie so herrlich vielseitig und nährstoffreich. Wärmend und wohlschmeckend machen sie selbst den hungrigsten Heranwachsenden satt. Und wenn man Gästen einen Teller anbietet, fühlen sie sich gleich wie zu Hause. Dieser Eintopf kann eine Mahlzeit für sich sein, auf heißem Couscous angerichtet oder zu grünem Gemüse und Bohnen (Seite 154) serviert werden.

FÜR 4 PERSONEN

ZUBEREITUNGSZEIT: 1¼ STUNDEN

4 EL helles Sesamöl

2 mittelgroße Zwiebeln, gehackt

2 mittelgroße Karotten, fein gewürfelt

2 mittelgroße Kartoffeln, fein gewürfelt

2 mittelgroße Speiserüben, fein gewürfelt

2 Stangen Staudensellerie, fein gehackt

1 kleine Steckrübe, fein gewürfelt

100 g rote Linsen, gespült und abgetropft

2 EL Weizenmehl (Type 550)

2 TL getrocknetes Basilikum

1 TL getrockneter Oregano

½ TL Pfeffer

½ TL gemahlene Kurkuma

750 ml Gemüsebrühe, Wasser oder Haferdrink

6 große Stängel frische glatte Petersilie, fein gehackt

2 äußere Kohlblätter, fein gehackt

ALTERNATIVEN & VARIANTEN

Man kann 750 ml passierte Tomaten anstelle von Brühe, Wasser oder Haferdrink verwenden – dann aber Mehl und Kurkuma weglassen, beides dickt zu stark an.

2 EL Öl in einen großen Topf geben. Die Zutaten in dieser Reihenfolge in den Topf schichten: Zwiebeln, Karotten, Kartoffeln, Speiserüben, Staudensellerie, Steckrübe, Linsen. Zugedeckt bei starker Hitze 5 Minuten andünsten. Die Temperatur auf mittlere Hitze reduzieren, weitere 15 Minuten dünsten. Nicht umrühren.

Inzwischen Mehl, getrocknete Kräuter, Pfeffer und Kurkuma in einer kleinen Schüssel vermengen. Einen zweiten Topf bei geringer bis mittlerer Hitze erwärmen, restliches Öl darin erhitzen. Die Mehlmischung unterrühren, bis eine glatte Mehlschwitze entsteht. Nach und nach in kleinen Mengen Brühe, Wasser oder Haferdrink angießen und unter ständigem Rühren zu einer Sauce einkochen lassen.

Petersilie und Kohl in den Topf mit dem Gemüse geben und vorsichtig umrühren. Die Sauce zum Gemüse gießen, gut verrühren, Deckel auflegen. Bei niedriger bis mittlerer Hitze alles 45 Minuten köcheln lassen, ab und an umrühren. Wenn das Gemüse weich ist, Topf vom Herd nehmen.

Heiß servieren.

WEISSE-BOHNEN-SUPPE

Diese cremige, pastellfarbene Suppe sieht sehr leicht aus, sättigt aber ungemein. Sie können jede weiße Bohnensorte verwenden, wie Cannellini oder Butterbohnen, und auch den grünen Teil des Lauchs, der für einen schönen Farbhauch sorgt. Ich habe auch schon Kichererbsen genommen, die allerdings etwas länger in der Suppe köcheln müssen als Bohnen. Hierzu passt ein Kohlrabi-und-Gurken-Sandwich (Seite 123) oder eine getoastete Scheibe Vier-Tage-Sauerteigbrot (Seite 118).

FÜR 4 PERSONEN

ZUBEREITUNGSZEIT: 45 MINUTEN

1 EL helles Sesamöl

1 kleine Kartoffel, gewürfelt

2 mittelgroße Zwiebeln, fein gehackt

2 Stangen Lauch, fein geschnitten

1 TL gekörnte vegane Bouillon

1 TL getrocknetes Basilikum

½ TL Pfeffer

250 g weiße Bohnen, gekocht (z. B. Cannellini oder Butterbohnen/Limabohnen, *siehe* Wie man Bohnen kocht, Seite 64)

ALTERNATIVEN & VARIANTEN

Ist an den Lauchstangen kein oder nur ein kurzer grüner Teil, vor dem Pürieren 4 EL gehackte glatte Petersilie zugeben. ¼ TL zerstoßene Kümmelsamen zusammen mit dem Gemüse kochen.

Einen großen Topf bei mittlerer Hitze erwärmen, Öl zugeben. Kartoffel, Zwiebeln und Lauch hineingeben und zugedeckt 20 Minuten dünsten, gelegentlich umrühren.

Wenn das Gemüse weich ist, gekörnte Bouillon, Kräuter und Pfeffer unterrühren. 1 l Wasser angießen und die Suppe mit einem Stabmixer pürieren.

Gekochte weiße Bohnen unterrühren, die Temperatur reduzieren. Zugedeckt sanft köcheln lassen. Vom Herd nehmen. Servieren.

✻ **KRÄFTIGES GRÜN** Diese Suppe weist zwar einen Hauch von Grün auf, je nach Jahreszeit kann dieser jedoch etwas blasser ausfallen. Geben Sie dann eine kleine Menge gemahlene Kurkuma (⅛ TL) hinzu und verrühren Sie sie gut mit der heißen Brühe. Das Gewürz intensiviert die grüne Farbe der Zutaten, sodass die Suppe appetitlicher wirkt. Dieser Trick funktioniert auch in anderen Rezepten.

ALGEN-KARTOFFEL-SCHNITZEL

Zum ersten Mal habe ich diese Schnitzel mit gedämpften Pellkartoffeln vom Vortag, die über Nacht im Kühlschrank standen, zubereitet. Die Arame schien mir die ideale Ergänzung zu sein. Die Schnitzel sind sättigend, und Sie können sie formen, wie es Ihnen gefällt, zu Wedges, Rechtecken oder wie Kroketten. Meine Männer machen sie wie eine Art Burger, das geht einfach. Die Kurkuma macht sie sämiger und etwas gelber. Sehr gut schmecken sie zu geraspeltem Salat (Seite 192) und Tempeh-Chips mit Granatapfel-Glasur (Seite 167).

FÜR 4 PERSONEN

ZUBEREITUNGSZEIT: 40 MINUTEN

10 g getrocknete Arame-Algen

4 mittelgroße Kartoffeln, gekocht

60 ml Pflanzendrink oder Gemüsebrühe

60 ml helles Sesamöl

4 Knoblauchzehen, fein gehackt

1 TL Pfeffer

½ TL Kümmelsamen, leicht zerstoßen

4 EL Weizenmehl (Type 550 oder 1600)

1 EL getrockneter Oregano

½ TL gemahlene Kurkuma

ALTERNATIVEN & VARIANTEN

Für einen stärkeren Algengeschmack 2 TL Nori-Flocken zur Mehlmischung geben.

Arame in einer Schüssel mit kaltem Wasser einweichen, beiseitestellen.

Pellkartoffeln schälen, in große Stücke schneiden und in eine große Schüssel geben. Pflanzendrink oder Brühe angießen, mit einer Gabel zu einem groben Brei verarbeiten.

1 EL Öl in einer großen Pfanne auf mittlerer Stufe erhitzen. Knoblauch, ½ TL Pfeffer und Kümmel zugeben. Wenn sie zu brutzeln beginnen, Arame aus dem Einweichwasser nehmen und auf ein Schneidbrett legen. Die Streifen halbieren und in die Pfanne geben. Deckel auflegen, Hitze reduzieren und 5 Minuten dünsten. Vom Herd nehmen und die Knoblauch-Arame-Mischung über die Kartoffeln verteilen. Gut verrühren.

In einer kleinen Schüssel Mehl, Oregano, Kurkuma und restlichen Pfeffer vermengen. Etwas von der Mehlmischung aufs Schneidbrett stäuben. Ein Viertel der Kartoffelmasse auf das bemehlte Brett legen. Hände oder zwei Holzlöffel anfeuchten und die Masse zu einem Schnitzel formen. Die Ränder glatt drücken und die Oberseite mit etwas Mehlmischung bestäuben.

Die Schnitzel ein paar Minuten ruhen lassen – dann behalten sie beim Braten die Form.

In derselben Pfanne etwas Öl auf mittlerer Stufe erhitzen. Das erste Schnitzel hineinlegen. Deckel auflegen und das Schnitzel auf einer Seite etwa 5 Minuten goldbraun und leicht knusprig braten. Das Schnitzel wenden und offen auf der anderen Seite braten.

Das gebratene Schnitzel auf einem Servierteller im Backofen bei niedriger Temperatur warm halten, bis alle gebraten sind. Dann servieren.

GENIALE BRATENSAUCE

Praktisch jeder liebt eine leckere Bratensauce, zu Ofengemüse z. B., wie Ofen-Kartoffel-Wurzelgemüse-Allerlei (Seite 175), oder zu einem Quer-durch-den-Garten-Pie (Seite 210). Schauen Sie genau auf die Verpackung von Instantsaucen, manche enthalten tierische Inhaltsstoffe, es gibt auch Marken, deren pflanzliche Produkte in fleischverarbeitenden Betrieben produziert werden.

ERGIBT 500 ML

ZUBEREITUNGSZEIT: 30 MINUTEN

- 2 EL helles Sesamöl
- 1 mittelgroße Zwiebel, fein gehackt
- 4 Knoblauchzehen, fein gehackt
- ½ TL getrockneter Oregano
- ¼ TL Pfeffer
- 1 Prise getrockneter Thymian oder Rosmarin
- 3 EL veganes Saucenpulver

ALTERNATIVEN & VARIANTEN

Falls Sie kein Saucenpulver im Haus haben, können Sie 3 EL Maisstärke verwenden – dann wird die Sauce aber nicht so braun. Für eine dunkle Sauce dann die Zwiebeln bei höherer Temperatur bräunen, ohne sie knusprig werden zu lassen. Oder kurz vor dem Servieren 1 EL Gemüsefond oder Hefeextrakt unterrühren.

In einem kleinen Topf bei niedriger bis mittlerer Temperatur Öl erhitzen. Zwiebel zugeben und zugedeckt sehr weich dünsten, etwa 15 Minuten. Die Zwiebel sollte fast karamellisieren. Dann Knoblauch, Oregano, Pfeffer und Thymian oder Rosmarin in die Pfanne geben und 5 Minuten unter häufigem Rühren anschwitzen.

Inzwischen Saucenpulver in einem großen Messbecher mit 2 EL Wasser zu einer Paste verrühren, nach und nach Wasser angießen, bis 500 ml erreicht sind, immer wieder gut umrühren.

Wenn der Knoblauch weich ist, nach und nach die angerührte Flüssigkeit in den Topf gießen, dabei ständig rühren, während die Sauce andickt.

Heiß servieren.

✻ **MITTELALTER-REENACTMENT** ist nicht jedermanns Sache, aber auf Kinder übt es, wie Dinosaurier und große LKWs, eine ungeheure Faszination aus. Eine Bande merkwürdig vertraut aussehender, sehr hungriger mittelalterlich gewandeter Jungen, die mit Knüppeln und stumpfen Schwertern ausgerüstet waren, brachte mich auf die Idee zu dieser Sauce. Sie verlangten Holzteller, und ich servierte ihnen dicke Scheiben Vollkornbrot, auf die ich gekochte Bohnen gegeben und mit dieser Sauce begossen hatte. Ich war mir nicht sicher, ob sie damit zufrieden sein würden, bekam aber ein dickes Lob!

BABYKAROTTEN UND BABYMAIS MIT KRÄUTER-KNOBLAUCH-DRESSING

Bereiten Sie zuerst das Dressing zu, damit sich die Aromen verbinden können. Babykarotten und -mais brauchen nicht lange, bis sie gar sind. Die Süße der Dattelmelasse im Dressing unterstreicht die natürliche Süße des jungen Gemüses und ist nicht zu aufdringlich. Wenn man den Knoblauch blanchiert, schmeckt er mild und etwas buttrig, nicht so scharf und bitter wie roher. Das Dressing passt auch zu gedämpftem Spargel oder Mungbohnensprossen (Seite 78) oder grünem Salat (Seite 92).

FÜR 4 PERSONEN

ZUBEREITUNGSZEIT: 30 MINUTEN

FÜR DAS DRESSING:

4 Knoblauchzehen, grob gehackt
½ TL getrocknetes Basilikum
¼ TL getrockneter Oregano
1 Prise Salz
1 Prise Cayennepfeffer
2 EL Apfelessig
Saft von ½ Zitrone
60 ml Olivenöl
½ TL Dattelmelasse (Dattelsirup)

250 g Babykarotten
250 g Babymais

ALTERNATIVEN & VARIANTEN

Anstelle von getrocknetem Basilikum *und* Oregano ¼ TL getrockneten Thymian verwenden. In den Dämpfeinsatz noch 250 g Babyzucchini geben.

Knoblauch sowie 4 EL Wasser in einem kleinen Topf zugedeckt bei mittlerer Hitze zum Köcheln bringen. Nach etwa 5 Minuten sollte der Knoblauch so weich sein, dass man ihn mit einer Gabel zerdrücken kann. Vom Herd nehmen.

Kräuter, Salz, Cayennepfeffer, Essig und Zitronensaft in einer Schüssel verrühren. Knoblauch und Blanchierwasser gründlich unterrühren, darauf achten, dass der Knoblauch breiig zerdrückt wird.

Olivenöl und Dattelmelasse dazugeben und alles gut verrühren. Je nachdem, wie viel Saft die Zitrone hergibt, eventuell etwas weniger Öl angießen, das Dressing sollte ziemlich dickflüssig sein.

Dressing 10–15 Minuten beiseitestellen und ziehen lassen, damit sich die Aromen intensivieren. Inzwischen das Gemüse zubereiten.

Karotten in einen Dämpfeinsatz legen, Mais darüber verteilen. In einen Topf ca. 3 cm hoch Wasser füllen, Dämpfeinsatz einsetzen, Deckel auflegen. Bei mittlerer Hitze etwa 7 Minuten dämpfen, bis das Gemüse eben weich ist. Auf einem Servierteller anrichten und mit dem Dressing beträufeln.

QUER-DURCH-DEN-GARTEN-PIE

Ich liebe das Gefühl, den Löffel durch die knusprige Kruste dieses Pies zu stoßen, um zum weichen Gemüse vorzudringen. In der Küche duftet es dann auch gleich köstlich. Als Beilage reichen etwas gedämpfter Rosenkohl oder gekochte Erbsen. Bei großem Hunger zusätzlich Würstchen aus der schnellen Bratling-Mischung (Seite 50) zubereiten und dazu servieren.

FÜR 4 PERSONEN

ZUBEREITUNGSZEIT: 1 STUNDE 20 MINUTEN

125 g braune Linsen, gespült

4 mittelgroße Kartoffeln, geschält und fein gewürfelt

2 Stangen Staudensellerie, fein gewürfelt

2 Kohlblätter, fein geschnitten

2 mittelgroße Pastinaken, fein gewürfelt

2 mittelgroße Karotten, geraspelt oder fein gewürfelt

1 mittelgroße Tomate, fein gewürfelt

1 EL helles Sesamöl und etwas Öl zum Beträufeln

1 große Zwiebel, gehackt

1 TL Pfeffer

½ TL gemahlener Zimt

½ TL getrockneter Oregano

½ TL getrockneter Thymian

3 EL veganes Saucenpulver

500 ml Gemüsebrühe oder Wasser

etwas Pflanzendrink für den Kartoffelbrei

ALTERNATIVEN & VARIANTEN

Anstelle der Kohlblätter z. B. Staudenselleriegrün oder Grünkohl nehmen.

Den Backofen auf 200 °C vorheizen.

Linsen in einer hitzebeständigen Schüssel mit kochendem Wasser bedecken und beiseitestellen.

Kartoffeln weich dämpfen, etwa 15 Minuten.

In einer breiten, 2 Liter fassenden, ofenfesten Form Sellerie, Kohl, Pastinaken, Karotten und Tomaten gleichmäßig vermengen und verteilen. Linsen abgießen, in frischem Wasser spülen und wieder abgießen. Über das Gemüse geben.

1 EL Sesamöl in einen Topf geben und Zwiebel, Pfeffer, Zimt und Kräuter darin bei mittlerer Hitze etwa 10 Minuten anbraten.

Inzwischen Saucenpulver mit 100 ml Brühe oder Wasser zu einer Paste verrühren. Restliche Brühe oder übriges Wasser einrühren. Diese Mischung nach und nach zur angebratenen Zwiebel gießen und rühren, bis die Sauce andickt. Nach etwa 5 Minuten die Sauce über die Linsenmischung gießen.

Kartoffeln zerstampfen, etwas Pflanzendrink zugeben und unterrühren, bis eine weiche, verstreichbare Masse entsteht. Diese über die Linsenmischung verteilen.

Mit etwas Öl beträufeln und im Ofen 45–50 Minuten backen, bis sich die Kruste goldbraun färbt. Vor dem Servieren 10 Minuten ruhen lassen.

WINTERSONNENWENDE-PIE

Dieses wärmende, sättigende Gericht kombiniert für einen Pie eher ungewöhnliche Zutaten. Nur der Spinat bringt Farbe in seinen cremigen Grundton – Sie können ihn aber auch bunter gestalten und verschiedene Kartoffelsorten verwenden, z. B. Highland Burgundy Red (Roter Kardinal), Violetta, Vitelotte und Shetland Black. Versuchen Sie gar nicht erst, den Pie in ordentliche Stücke zu teilen, man schneidet die Kruste auf und gibt ihn auf die Teller, wo er sich prompt ausbreitet. Gut schmeckt dazu die winterliche Variante des Blattgemüses (Seite 193) oder rosa Krautsalat (Seite 244).

FÜR 4 PERSONEN

ZUBEREITUNGSZEIT: 1 STUNDE

70 ml helles Sesamöl und etwas Öl zum Einfetten der Form

500 g Kartoffeln, geschält und in dünne Scheiben geschnitten

500 g Zwiebeln, in dünne Ringe geschnitten

1 Prise gemahlener Muskat

Salz und Pfeffer zum Abschmecken

500 g Äpfel, in Scheiben geschnitten

100 g Babyspinat

70 ml Pflanzendrink

2 TL Senf

½ Portion veganer Mürbeteig (Seite 265)

Den Backofen auf 180 °C vorheizen. Eine 2 Liter fassende ofenfeste Form mit Öl einfetten.

Abwechselnd Zutaten in dieser Reihenfolge in die Form geben: Kartoffeln, Zwiebeln, etwas Muskat, Salz und Pfeffer, Äpfel. Dies wiederholen, bis alle Zutaten verbraucht sind, und Spinat darauf verteilen.

Öl, Pflanzendrink und Senf verquirlen und über den Spinat gießen.

Mürbeteig zu einem Deckel ausrollen, der etwas größer ist als die Form. Vorsichtig über die Füllung legen und an den Formrändern nach unten drücken. Den überstehenden Teig einrollen oder in Falten drücken, damit ein schmucker Rand entsteht.

Im Ofen in 45–50 Minuten goldbraun backen. Heiß servieren.

ALTERNATIVEN & VARIANTEN

Die Kartoffelschichten mit leicht zerstoßenen Kümmelsamen bestreuen oder die Apfelschichten mit etwas Cayennepfeffer.

APFELKORB-KUCHEN

Wie Sie die Apfelscheiben auf dem Kuchen verteilen, bleibt ganz Ihrer Phantasie überlassen – oder der Ihrer Kinder. Legt man die Scheiben spiralförmig oder in konzentrischen Kreisen auf den Kuchen, erzielt man einen Flechtkorb-Effekt, aber auch gitter- oder fächerförmig sehen sie apart aus. Probieren Sie den Kuchen mal mit einem Klecks Apfelbutter (Seite 43) und zu einem Becher heiße Schokolade (Seite 171).

ERGIBT 1 KUCHEN (23 CM Ø)

ZUBEREITUNGSZEIT: 40 MINUTEN

90 ml Sesamöl und etwas Öl zum Einfetten der Form

2–4 mittelgroße Äpfel

Saft von 1 Zitrone

400 g Weizenmehl (Type 550 oder 1600)

1 TL gemahlener Zimt

¼ TL Cayennepfeffer

2 EL Backpulver

150 g brauner Rohrzucker

350 ml Pflanzendrink

56 g Tahin (Sesampaste)

1 EL Apfelessig

ALTERNATIVEN & VARIANTEN

Bevor Sie den Zimt-Zucker über die Äpfel streuen, eine Handvoll Mandelblättchen auf dem Obst verteilen.

Den Backofen auf 180 °C vorheizen. Eine Kuchenform (23 cm Ø) mit Öl einfetten.

Äpfel schälen, entkernen und in Scheiben schneiden. In einer Schüssel mit Zitronensaft mischen, sodass alle Scheiben von Saft überzogen sind, damit sie nicht braun werden. Beiseitestellen.

In einer großen Schüssel Mehl, ½ TL Zimt, Cayennepfeffer und Backpulver vermengen.

In einem großen Messbecher 100 g Zucker im Pflanzendrink auflösen. Öl, Tahin und Apfelessig zugeben und alles verquirlen. Zitronensaft aus der Apfel-Schüssel angießen und unterrühren. Die feuchten Zutaten unter die trockenen rühren und den Teig in der Kuchenform verteilen.

Apfelscheiben gleichmäßig auf dem Teig verteilen. In einer kleinen Schüssel den restlichen Zucker mit dem übrigen Zimt vermengen. Den Zimt-Zucker über die Äpfel streuen.

Im Ofen 20–25 Minuten backen, bis der Kuchen aufgegangen und um die eingesunkenen Äpfel herum goldbraun geworden ist. Abkühlen lassen, in Stücke schneiden und servieren.

WILLIAMSBIRNEN-CRUMBLE

Für mich sind Williamsbirnen das Inbild einer sonnenverwöhnten Birne. Oft sind sie so groß, dass ich mich frage, wie die Bäume sie überhaupt tragen können. Meistens nehme ich mir eine Birne aus dem Korb und beiße einfach hinein, aber dieser Crumble ist ein besonderer Leckerbissen. Die ofenfeste Form soll bis zum Rand gefüllt sein; falls Ihre Birnen klein sein sollten, nehmen Sie also drei oder vier. Mit etwas Dattelmelasse beträufelt, schmeckt der Crumble köstlich. Falls Sie sich noch eine Beilage gönnen wollen: Gegrillte Orangen mit Ahornsirup (Seite 172) unterstreichen das Orangenaroma.

FÜR 4 PERSONEN

ZUBEREITUNGSZEIT: 45 MINUTEN

70 g vegane Margarine und etwas Margarine zum Einfetten der Form

50 g Walnüsse, gehackt

2 Williamsbirnen

70 ml Orangensaft, frisch gepresst

100 g brauner Rohrzucker

100 g Weizenmehl (Type 550 oder 1600)

½ TL gemahlener Zimt

¼ TL gemahlener Muskat

ALTERNATIVEN & VARIANTEN

Ich mag den Crumble mit ungeschälten Birnen, aber Sie können das Obst natürlich schälen.

Den Backofen auf 180 °C vorheizen. Eine Kuchen-(Pie-)Form aus Glas oder Keramik (28 cm Ø) mit etwas Margarine einfetten.

Walnüsse auf dem Boden der Form verteilen. Birnen entkernen, in Scheiben schneiden und auf die Walnüsse legen. Orangensaft darübergießen.

In einer Schüssel Zucker, Mehl und Gewürze vermengen. Margarine mit einer Gabel oder den Fingern mit den trockenen Zutaten verkneten, bis ein krümeliger Teig entsteht. Streuselteig gleichmäßig auf den Birnen verteilen.

Im Ofen 30 Minuten backen, bis die Streusel goldbraun sind.

Lauwarm servieren.

BLAUBEER-APFEL-PIE

Ich nehme für diesen Pie frische Blaubeeren – aber ich muss sie gut verstecken, damit sie nicht vorher alle weggenascht werden! Die Äpfel saugen sich mit dem Saft voll, den die Beeren beim Backen abgeben, und sorgen außerdem für die Süße. Ich serviere den Pie lauwarm, und zu jedem Stück einen Löffel Soja-Eiscreme.

ERGIBT 1 PIE (28 CM Ø)

ZUBEREITUNGSZEIT: 45 MINUTEN

1 Portion veganer Mürbeteig (Seite 265)

etwas vegane Margarine zum Einfetten der Form

2 mittelgroße Äpfel

1 kg frische Blaubeeren

50 g Zucker

2 EL Weizenmehl (Type 550)

ALTERNATIVEN & VARIANTEN

Anstelle des Mehls 1 EL Haferkleie verwenden.

Den Backofen auf 180 °C vorheizen. Teig teilen, eine Hälfte als Boden, die zweite als Deckel ausrollen. Teigboden in eine gefettete Tarte-Form (28 cm Ø) legen.

Äpfel schälen, entkernen und in Scheiben schneiden. Den Teigboden mit Apfelscheiben belegen. Blaubeeren gleichmäßig über die Äpfel verteilen.

In einer kleinen Schüssel Zucker und Mehl vermengen und die Mischung über die Beeren streuen.

Den Teigdeckel darauflegen. Ränder von Boden und Deckel zusammendrücken. Den Deckel mit einer Gabel oder einem Messer mehrmals einstechen.

25–30 Minuten goldbraun und knusprig backen.

Etwas abkühlen lassen und lauwarm servieren.

KOKOS-DATTEL-REISPUDDING

Mit dieser Leckerei lässt sich ein ausgedehntes Familienessen wohlig beenden. Servieren Sie den Reispudding warm oder kalt – und bereiten Sie eventuell die doppelte Portion zu, denn er schmeckt auch zum Frühstück gut. Wem die Süße aus dem Trockenobst nicht reicht, kann ihn mit Ahorn- oder Gerstenmalzsirup beträufeln.

FÜR 4 PERSONEN

BACKZEIT: 1 STUNDE

2 EL Kokosöl

50 g Kokosraspel

100 g getrocknete Datteln, fein gehackt

200 g Milchreis oder Arborio-Reis

¼ TL gemahlener Zimt

¼ TL gemahlener Ingwer

¼ TL gemahlener Muskat

500 ml Kokos- oder Sojadrink

ALTERNATIVEN & VARIANTEN

Dieser köstliche Reispudding ist recht fest, soll er cremiger werden, 100 ml mehr Pflanzendrink angießen. Anstelle der Datteln passen fein gehackte getrocknete Aprikosen dazu.

Den Backofen auf 200 °C vorheizen.

Boden und Seiten einer 1 Liter fassenden ofenfesten Form (mit Deckel) mit 1 EL Kokosöl einfetten und mit Kokosraspeln ausstreuen. Auf dem Boden eine ca. 1 cm hohe Kokosraspelschicht verteilen.

Getrocknete Datteln über die Kokosraspel verteilen, dann auf die Datteln den Reis geben. Das restliche Kokosöl in Flocken auf den Reis setzen.

In einem großen Messbecher Gewürze und Pflanzendrink verquirlen. Gewürz-Drink über den Reis gießen. Deckel auf die Form legen.

Im Ofen 5 Minuten backen, dann die Temperatur auf 150 °C reduzieren und weitere 55 Minuten backen. Damit der Pudding eine schön gebräunte Kruste bekommt, den Deckel abnehmen und weitere 5 Minuten backen.

Vor dem Servieren etwas abkühlen lassen – oder aber ganz abkühlen lassen und kalt servieren.

✻ **EINE GELEGENTLICHE GAUMENFREUDE** Sie erinnern sich an die 80/20-Regel – der Pudding ist fester Bestandteil meiner 20 Prozent nicht vollwertiger Kost, man braucht dazu einfach weißen Reis. Nicht, dass ich Sie verführen wollte …

TIEFER DENKEN

»AN KLAUE ROT UND ZAHN«

Ich höre sehr selten, dass jemand vom Reichtum, den die Natur uns schenkt, spricht. Die meisten Leute zitieren eine Zeile von Alfred Tennyson, in der von der Natur als »an Klaue rot und Zahn« die Rede ist.

Das Zitat stammt aus dem Gedicht *In Memoriam (Zum Gedächtnis),* in dem er nach dem Tod eines guten Freundes die Grausamkeit der Natur beklagte. Er trauerte, er musste *irgendjemandem* die Schuld geben. Und so stellte er die Natur als gewaltsam und grausam dar, nicht als liebende Mutter, sondern als grausame. Seine Wortgewalt blieb vielen im Gedächtnis hängen. Aber hatte er recht?

Heutzutage wird sein Urteil oft zitiert, um Aktionen, die sich *gegen* die Natur richten, herunterzuspielen. Jagd, Angelsport und die Zerstörung der Wälder fallen mir sofort als Beispiele ein, aber auch Mobbing, soziale Ungerechtigkeit und andere Verhaltensweisen, die danach trachten, Menschen zu verletzten oder zu unterdrücken. Wenn jemand Tennysons Worte vor sich hinmurmelt, glaubt er sich im Recht: Was er getan hat, ist in Ordnung, denn es ist nur natürlich. Hätte er es nicht dem anderen angetan, hätte der andere es ihm angetan. Er nimmt für sich in Anspruch, Teil der natürlichen Ordnung zu sein, und stellt sich doch gegen sie.

Das hat nichts mit Nachdenken zu tun, das ist Nachplappern. Zitat und Verhalten werden gedankenlos wiederholt und weitergereicht. Es ist wie bei einer Impfung mit Krankheitserregern. Angst vor der Natur ist ein Erreger, das Gefühl der Entfremdung ein anderer. Die Impfung führt zu einem angriffslustigen Verhalten der Natur gegenüber. Kein Wunder, dass wir in der Bredouille sitzen.

In der Natur herrscht unendliche Ordnung, auch wenn wir das manchmal nicht erkennen können oder wollen. Wie beruhigend wäre es, die Natur geduldig zu nennen, aber »erduldend« trifft es wohl eher. Sie reagiert auf Wandel, wenn es auch für einige Spezies katastrophal endete, sind ihre Reaktionen doch kreativ und anpassungsfähig. Wie könnte es anders sein? Die Natur ist eine ein Ganzes bildende, lebende Komplexität. Sie ist uralt und unermesslich und mächtig. Und sie muss sich um vieles kümmern!

Irgendwann, lange vor Tennysons Zeit, begann unsere Spezies, die Natur mit Gewalt so umzuformen, wie wir sie wollen. In einem Rausch aus Ignoranz und Arroganz, unfähig, die Folgen abzusehen, redeten wir uns ein, wir seien einzigartig und von ihr separiert und unabhängig. Doch wie die besten Politiker oder die schlechtesten Schachspieler können wir unsere Meinung ändern. Die Natur ist ein Netz aus Beziehungen, und ob es uns gefällt oder nicht, wir gehören dazu – falls sie uns wiederhaben will.

WIE EINE NAHRUNGSKETTE ENTSTEHT

Stellen Sie sich vor, Sie sitzen unter einem Baum am Rand einer Wiese. Es ist ein herrlicher Sonnentag, eine Kuh weidet auf der Wiese. Stellen Sie sich vor, Sie sind ein fleischfressendes Raubtier, dann richten Sie Ihre ganze Aufmerksamkeit auf dieses Tier. Sie setzen sich langsam auf, durch Ihren Körper strömt Adrenalin und dann sprinten Sie los. Sie springen auf den Nacken der Kuh, Ihre Klauen krallen sich ins Fell, Ihre Fangzähne durchtrennen eine Arterie. Im nächsten Moment ist alles vorbei und Sie zerren den Kadaver zu einem Gelage fort. Fleischfresser sind das letzte Glied der »Nahrungskette«. Am anderen Ende stehen die Pflanzen.

Ohne Pflanzen gäbe es weder Sie noch ein Raubtier. Pflanzen leben an der empfindlichen Schnittstelle zwischen Erde und Himmel. Sie wurzeln in der Feuchtigkeit und den Mineralien der Erde und strecken sich doch nach der Sonne. Mit der Photosynthese gelingt ihnen eine geradezu wundersame Energieumwandlung. Mit dieser eingefangenen Energie erhalten sie die gesamte Vielfalt der Natur. Keine andere Lebensform kann das, keine andere kann das erste Glied in der Nahrungskette sein.

Ihre Wiese ist der Lebensraum für eine Billion Bakterien, Millionen Insekten, Hunderte Vögel, Nagetiere und Aasfresser. Es leben Pflanzenfresser unterschiedlicher Größe auf ihr, die Kuh ist der größte. Jede dieser Spezies frisst und wird gefressen, sie ist in ein Netzwerk von Beziehungen eingebunden, das aus vielen kurzen Nahrungsketten besteht. Wenn Sie ein Blatt auf Ihrer Wiese anheben, werden Sie winzige Läuse sehen, die den Saft aus der Pflanze saugen. Aber dann kommt ein Marienkäfer angeflogen. Und frisst die Läuse. Wenig später wird er von einem Laubfrosch verschluckt, der dann von einem Eichhörnchen verspeist wird, das wiederum kurz darauf von einem Falken geschlagen wird.

So funktioniert eine Nahrungskette. Die meisten bestehen aus höchstens vier oder fünf Lebensformen. Aber – und das ist entscheidend – jede dieser Lebensformen ist auch Teil einer anderen Nahrungskette. Der Marienkäfer hätte auch von einer Schwalbe gefressen werden können. Die Geschichte hätte am selben Punkt begonnen, doch schon wäre sie eine andere, schon wäre die Nahrungskette eine andere. Im Wald neben der Wiese läuft es mit anderen Spezies genauso ab. Wiese und Wald sind Habitate, und weil sie so nah beieinanderliegen, greifen an ihrem Übergang einige Nahrungsketten ineinander. Im Meer ist es dasselbe, einzellige Algen im Wasser fangen die Energie der Sonne ein, bevor sie von winzigen Krebsen gefressen werden.

Und so bilden sich immer neue Nahrungsketten, überall auf der Welt. Sie greifen ineinander, verknüpfen verschiedene Habitate und bilden das weltweite Nahrungs-Netz: eine komplexe Ansammlung der Lebensformen und Lebensweisen. Wird eine Lebensform aus der Kette genommen, müssen die anderen sich anpassen und sich auf eine andere Nahrungskette, deren Teil sie sind, konzentrieren. Verschwinden mehrere Lebensformen, oder sogar ein ganzes Habitat, geht Diversität verloren, diese Artenvielfalt, so sagt der Biologe Edward O. Wilson »ermöglicht erst Widerstandskraft«. Widerstandskraft heißt Überleben. Schwindet die Artenvielfalt, steht das Überleben infrage.

DER MENSCH HAT DIE WAHL

Stellen Sie sich vor, Sie sitzen wieder unter dem Baum. Wieder kommt die Kuh zum Weiden auf die Wiese. Nun staunen Sie, wie groß sie ist und wie ein Tier so groß und stark sein kann, wenn es ausschließlich Gras frisst. Die Kuh ist ein »Erstkonsument« in der Nahrungskette. Als Pflanzenfresser bekommt sie die nötigen Nährstoffe allein von den Pflanzen. Ein Fleischfresser hingegen *braucht* die Nährstoffe, die die Pflanzenwelt vorhält, aber er *bekommt* sie nur, wenn er einen Pflanzen- oder Allesfresser vertilgt. Der Fleischfresser ist ein »indirekter Konsument« und doch völlig von Pflanzen abhängig.

Fleischfresser wie Adler und Tiger sind »Spitzenprädatoren«, sie stehen am Ende der Nahrungskette und brauchen Fleisch zum Überleben. Ein ganzes Habitat mit all seinen Lebensformen sichert dem »Spitzenprädator« seine einsame Stellung, verändert sich das Habitat, verschwindet er meist als Erster, denn er hat keine Alternative. Der Mensch ist ein Allesesser. Er bezieht die überlebenswichtigen Nährstoffe aus dem Fleisch, dem Blut und der Milch von Tieren oder direkt von den Pflanzen. Und das heißt: Sie haben die Wahl.

Leider glauben viele Menschen, sie seien dazu bestimmt oder hätten das Recht, ein Spitzenprädator zu sein. Sie meinen, die lebendige Welt diente allein ihnen. Sie sind überzeugt, das Lebens- und Nahrungsnetz sei *für sie* da, ginge sie aber sonst nichts an. Sie halten sich für besonders wichtig und dominant, ihre Fehler aber für folgenlos. Sie haben sich damit abgefunden, dass es unmöglich ist, alle Mitglieder unserer eigenen Spezies zu ernähren, und nehmen die daraus resultierende Ungleichheit hin.

Gegenwärtig schädigen wir alle gemeinsam die Natur, wir zerstören Nahrungsketten, Habitate und ganze Ökosysteme. An die Stelle der natürlichen Systeme treten intensive Viehhaltung und intensiver Ackerbau mit Monokulturen – die weder zu einer natürlichen Nahrungskette gehören, noch die Artenvielfalt fördern. Wofür sie sorgen, sind: Raubbau an Land und Wasser, Umweltverschmutzung, Bodenauszehrung und Klimawandel. Daraus folgt, dass diese Intensivwirtschaft die Ernährung einer wachsenden Weltbevölkerung nicht garantieren kann. Wenn Sie sich entschließen, vegan zu leben, werden Sie ein »Erstkonsument«, bleiben nicht Teil des Problems, sondern werden »Lösungsansatz«.

LEBEN UND DIE FARBE GRÜN

Leben existiert nur, weil Pflanzen sich die Energie des Sonnenlichts nutzbar machen. Man sollte das in die Welt hinausschreien und Schlagzeilen daraus machen. Wir müssen uns immer wieder an diese atemberaubende Tatsache erinnern: Die Pflanzenwelt macht unsere Existenz möglich und erhält uns. Ohne sie gäbe es uns nicht.

Seit etwa drei Milliarden Jahren sind Pigmente in den Pflanzenzellen die »Maschine« allen Lebens. Diese Pigmente sind die Chlorophylle (a und b), die für das Grün der Pflanzen verantwortlich sind, und die Carotinoide, die eine gelbliche bis rötliche Färbung bewirken. Carotinoide schützen Chlorophyll vor zu viel Sonneneinstrahlung. Sie sind auch in grünen Pflanzen enthalten, doch das Chlorophyll überdeckt ihre Farben lange Zeit. Sie machen sich erst im Herbst bemerkbar, wenn das Chlorophyll im Laub abgebaut wird und die Blätter sich gelb, orange und rot färben. Die Pflanzenpigmente absorbieren sichtbares Licht, vor allem Sonnenlicht, und laden so Energie auf. Diese Energie ermöglicht chemische Reaktionen, dank derer Pflanzen aus Wasser und Kohlendioxid Kohlenhydrate produzieren, die sie für ihr Wachstum brauchen und lagern können. Diesen Vorgang nennt man Photosynthese: Durch die Nutzung von Licht (griechisch *phos*, Genitiv: *photos*) entsteht etwas Neues (*Synthese*).

Ein Chlorophyllmolekül ist fast genauso aufgebaut wie ein Hämoglobinmolekül, das Ihre Blutkörperchen rot färbt. Beim Chlorophyll ist das zentrale Ion Magnesium, beim Hämoglobin ist es Eisen. Chlorophyll transportiert von der Sonne gewonnene Energie, Hämoglobin transportiert Sauerstoff aus der Luft, die Sie einatmen. Was für ein Dreamteam! In Ihrem Körper unterstützt Chlorophyll Heilungsprozesse und minimiert Entzündungen und Infektionen. Es stimuliert Enzyme, die die Vitamine K und E produzieren. Beta-Carotin (eins der Carotinoide) ist auch als Provitamin A bekannt, weil es in Ihrer Leber in Vitamin A umgewandelt wird. Diese, und viele andere, lebenswichtige Nährstoffe sind in grünem und Blattgemüse und gelben bzw. orangen Früchten wie Kürbissen, Karotten und Melonen enthalten.

Pflanzen sind eine komplexe und stark organisierte Lebensform mit Zehntausenden einmaligen Arten. Alles, was eine Pflanze zum Leben braucht, sind Sonnenlicht, Wasser, Kohlendioxid und die Mineralien und Nährstoffe, die sie aus der Erde zieht. Eine Pflanze muss ihrer nächsten Mahlzeit nicht hinterherjagen. Sie bekommt alles, was sie braucht, um zu gedeihen und still und leise die Tier- und Menschenwelt zu ernähren. Was ich will, ist eine Küche, die sich zu einem Garten, einem Feld, zu irgendeinem Fleckchen Land hin öffnet, das eine einzelne Pflanze hervorbringt. Denn eine Pflanze kann uns mehr über die Welt erzählen, als wir in langen Jahren des theoretischen Studiums lernen könnten. Heute habe ich einen Topf mit Petersilie bepflanzt, morgen pflanze ich einen Baum.

TIEFENÖKOLOGIE

1962 zeigte die amerikanische Biologin Rachel Carson in ihrem Buch *Der stumme Frühling* auf, wie Pestizide, Herbizide und Insektizide die Natur zerstören. Es war ein Alarmsignal, das durch die ganze Welt zog, ihr war es zu verdanken, dass das Pestizid DDT verboten wurde, und man nannte sie die »Mutter der modernen Umweltbewegung«. Ihre Mahnung, wir Menschen seien »Teil eines unendlich weitgespannten Lebensnetzes«, auf das wir achten müssten, traf bei vielen einen Nerv. 1969 verfasste der amerikanische Lyriker und Umweltaktivist Gary Snyder den Essay *Four Changes (Vier Veränderungen)*, in dem er eine neue »Tiefenökologie« formulierte. Er rief zu einer »Revolution im Bewusstsein« auf, der Mensch sollte sein Denken ändern, damit er sich eine neue Identität erschaffen konnte: Ein gewandeltes »Ich«, das in einem harmonisch respektvollen Gefüge mit Kultur und Natur lebt.

Im weitesten Sinne bedeutet Tiefenökologie das Bewusstsein, dass alles Leben auf dieser Welt miteinander verbunden ist und man daher allen Lebensformen mit Achtung und Fürsorge begegnen sollte. Sie fordert uns auf, unsere Beziehungen zu und unseren Umgang mit anderen Lebensformen zu überdenken. Der Mensch ist – mit all seinen Bedürfnissen und Wünschen – eben nicht wichtiger als andere Aspekte der lebendigen Welt (wie der Anthropozentrismus behauptet), er sollte vielmehr alles Leben, die gesamte Natur, als ein integrales System schätzen, in dem er nur ein Teilchen ist. Wenn Sie in der Zeit zurückreisen und den Stimmen unserer Vorfahren lauschen könnten, hörten Sie dieselbe Botschaft: »Seid achtsam! Wir Menschen sind nur ein Teil dieser ganzen lebenden Welt!«

Unsere Vorfahren wussten, wovon sie sprachen. Sie überlebten, weil sie sich den sie umgebenden Lebensmustern anpassten. Dann setzte sich ab etwa 10 000 v. Chr. allmählich eine neue Lebensweise durch. Die Menschen bauten Siedlungen, kultivierten Nutzpflanzen und domestizierten Tiere. Diese Epoche wird als die neolithische Revolution bezeichnet. Sehr viel später, zur Mitte des 18. Jahrhunderts, begann die industrielle Revolution und die Menschen verließen ihre Felder und Gärten und zogen auf der Suche nach einem besseren Leben in die Städte. Seit den 1930er-Jahren haben gewaltige Veränderungen in der Landwirtschaft, der Medizin und der Wissenschaft das Verhältnis des Menschen zur Erde gewandelt. Das Versprechen eines »besseren Lebens dank Chemie« überzeugte ganze Nationen, dass sie Mikroben, Insekten, Unkraut und die Natur selbst nicht nur bezwingen könnten, sondern sogar das Recht dazu hätten. Was da als Ära der Unbesiegbarkeit angepriesen wurde, entpuppte sich als Anfang der Umweltkatastrophe. Diese so weit auseinanderliegenden Revolutionen markieren entscheidende Brüche im Verhältnis der Menschen zu ihren Nahrungsmitteln und dem Leben auf dem Planeten.

Tiefenökologie meint, die Natur nicht beherrschen und steuern zu wollen, natürliche Ressourcen nicht arrogant und zerstörerisch zu verschwenden, sich nicht gegen die Natur zu stellen. Sie lädt dazu ein, den Menschen wieder als eine Spezies im Einklang mit dem Ganzen anzusehen.

AUF MESSERS SCHNEIDE

Wenn man versucht, barfuß auf einer Messerschneide zu balancieren, sind »Wie lang ist die Schneide?« oder »Wie tief werde ich mich schneiden?« vernünftige Fragen. 2019 erklärten 11 258 Wissenschaftler*innen aus 153 Ländern in einem Aufruf, dass »der Planet Erde einem Klimanotfall entgegensieht«. (2021 wurde der Aufruf mit 2800 weiteren Unterschriften erneuert.) Sie schlugen sechs »kritische und zusammenhängende Schritte« vor, mit denen jeder Einzelne von uns etwas gegen die Katastrophe unternehmen kann. In einer Zeit, in der viele die weltweite Umweltkrise ignorieren und nicht wenige sie leugnen und vor Fake News nicht zurückscheuen, spricht dieser Aufruf eine klare Sprache und ist seltsam beruhigend – denn er schlägt konkrete Maßnahmen vor. Mit anderen Worten: Er vermisst die Länge der Schneide und lässt keinen Zweifel an der Tiefe der Wunde.

Die sechs Schritte, hier zusammengefasst, beziehen sich auf sechs wesentliche Faktoren des Klimawandels. Es sind folgende:

- Energie: keine fossilen Brennstoffe mehr, auf erneuerbare Energien umsteigen
- Umweltverschmutzung: den Ausstoß von Ruß aus Autodieseln und Holzöfen, Fluorkohlenwasserstoffen (FKW), die in Kühlschränken und Klimaanlagen verwendet werden, und Methan aus der Intensivhaltung von Kühen, Schafen, Ziegen und Büffeln sofort reduzieren
- Natur: Ökosysteme schützen und wiederherstellen (etwa Wälder, Moore, Korallenriffe), Verlust von Habitaten und Biodiversität mindern
- Wirtschaft: Ausbeutung von Ökosystemen und Ressourcen beenden, auf langfristige Nachhaltigkeit setzen
- Weltbevölkerung: die Bevölkerungszahl stabilisieren, ihr Wachstum einschränken, Menschenrechte stärken, weltweit gute Bildung sichern
- Ernährung: weniger Fleisch (vor allem von Wiederkäuern) und Tierprodukte essen; vorwiegend pflanzliche Ernährung

DIE MACHT DES SCHMETTERLINGS

Eine stichpunktartige Liste kann natürlich die Wechselbeziehungen dieser wesentlichen Faktoren nicht darstellen. Sie haben wahrscheinlich vom »Schmetterlingseffekt« gehört, aber wissen Sie auch, dass er auf Edward Lorenz zurückgeht, einen Professor für Meteorologie am MIT, der an einem Wettervorhersage-Modell arbeitete? 1972 fragt er in einem Aufsatz: »Kann der zarte Flügelschlag eines Schmetterlings in Brasilien einen Tornado in Texas auslösen?« Offenbar ja. Kleinste Veränderungen in einem lebenden oder dynamischen System können größte, oft unerwartete Folgen haben. Viele dieser Wechselbeziehungen und ihr gesamtes Ausmaß haben wir Menschen noch immer nicht durchschaut.

Statt am Küchentisch zu sitzen und uns dafür zu bemitleiden, dass wir in einer Zeit leben, die das Ende der Menschheit sein könnte, sollten wir uns lieber vorstellen, wir wären Schmetterlinge. Jeder Mensch kann mit »den Flügeln schlagen« und etwas bewirken. Wir dürfen uns nicht einreden lassen, wir seien ja doch machtlos. Unsere Entscheidungen – was wir einkaufen, was wir essen, wie und wohin wir reisen – haben ihre Macht schon bewiesen. Unsere Entscheidungen und die der Generationen vor uns haben uns an diesen kritischen Punkt gebracht. Jetzt ist es an uns, neue Entscheidungen zu treffen, die unseren Kindern und unserer Biosphäre eine Zukunft ermöglichen.

Hier ist eine To-do-Liste, mit der auch Sie etwas bewirken können:

- Mit der 80/20-Regel (Seite 9) auf vegane Ernährung umstellen. Auch Ihre Familie.
- Schluss mit der Verschwendung: Weltweit wird etwa ein Drittel der Lebensmittel während der Produktion oder durch den Konsumenten verschwendet und vernichtet, das führt zu Mangelernährung, Einkommensverlust und Hunger. Kaufen Sie weniger ein, verbrauchen Sie Lebensmittel, bevor sie ablaufen, geben Sie etwas an Lebensmitteltafeln ab.
- Wenn Sie einen Garten – oder eine Terrasse oder einen Balkon – haben, bauen Sie Nahrungspflanzen an oder Pflanzen, die verschiedenen wilden Tieren zugutekommen, wie Bienen, Vögeln, Insekten, Kröten, Fröschen und Igeln.
- Legen Sie einen Komposthaufen für Ihre Grünabfälle an.
- Pflanzen Sie Bäume. Nehmen Sie sich vor, jedes Jahr für jedes Familienmitglied einen Baum zu pflanzen, suchen Sie Obst- und Nussbäume und langlebige Baumarten aus Ihrer Region aus.
- Halten Sie Ausschau nach halbwilden Habitaten in Ihrer Nachbarschaft, informieren Sie sich, was Sie für sie tun können.
- Überlegen Sie, welche Umweltverschmutzer (*siehe* vorige Seite) Sie in Gebrauch haben, und verzichten Sie so weit als möglich auf sie.
- Reduzieren Sie chemische Haushaltsreinigungsmittel, die Boden und Wasser verschmutzen können.
- Recyceln Sie so viel wie möglich, arbeiten Sie auf einen Zero-Waste-Haushalt hin.
- Beziehen Sie Ihre Kinder mit ein, damit sie lernen, verantwortungsbewusst zu sein.

Verändern Sie zu Hause und in Ihrer Nachbarschaft so viel wie möglich. Sie können nicht alles tun, und Sie können es nicht allein tun. Aber genau darum geht es ja!

JEDE MÜNZE IST EIN VOTUM

Jede Münze aus Ihrem Portemonnaie könnte diejenige sein, die die Welt rettet: Mit jedem Einkauf geben Sie ein Votum zugunsten eines Produkts, seines Herstellers und dessen Praktiken ab. Man kann nicht immer erkennen, was man da tatsächlich kauft und was dahintersteht. Manches wird sorgfältig vor Ihnen verborgen. Mit diesem Verbergenen verdienen einige Leute, die davon leben, wissbegierigen Mitmenschen Informationen vorzuenthalten, sehr viel Geld. Sie bekommen dieses Geld durch Ihre Einkäufe von Ihnen und lassen Sie dafür im Dunkeln stehen. Diese Form der moralischen Verarmung tut niemandem gut. Sie steht für eine Welt, in der den Menschen andere Menschen, der Planet und die Zukunft egal sind. Also los, setzen Sie ein deutliches Zeichen. Sie haben mehr Macht, als Sie denken! Mit Ihren täglichen Einkäufen können Sie Unternehmen, Konzerne und Regierungen auf den richtigen Weg lenken. Tun Sie Ihre moralischen Präferenzen kund, indem Sie sich der Sprache bedienen, auf die Wirtschaft und Politik hören: Geld.

Die Umstellung auf eine vegane Ernährung wirkt sich darauf aus, wo und wofür Sie Ihr Geld ausgeben, und ist ein ungeheuer einflussreiches Votum für Veränderungen – und den Klimaschutz. Zum Glück hören Lebensmittelproduzenten zu und handeln – heute mehr denn je. Sie beobachten den Markt und der starke vegane Trend bringt sie dazu, ihre Produkte und ihre Produktionsmethoden zu verändern – um weiterhin in Ihrer Gunst zu stehen. Sie hören die Botschaft – sie tönt laut und deutlich aus den Registrierkassen. Sie haben vielleicht keine Zeit, sich über die Arbeitsbedingungen bei Ihrer ehemaligen Lieblings-Fastfoodkette zu informieren oder eine Kampagne zu starten. Aber vor, beim und nach dem Einkaufen nachdenken können Sie.

Hier sind ein paar einfache Fragen, die Ihnen dabei helfen können, Ihr Geld anders auszugeben. Fragen Sie sich bei jedem Produkt:

1. Wem nutzt es, wer verdient?
2. Wen oder was schädigt es?
   - Die Umwelt durch Zerstörung von Habitaten, Abfälle und Verschmutzung?
   - Arbeiter, die ohne Arbeitsschutz, schlecht bezahlt oder ausgebeutet sind?
   - Tiere, die ausgebeutet, grausam behandelt werden, Krankheit und Tod erleiden?
   - Den Konsumenten, dem unethische und ungesunde Produkte verkauft werden?
3. Woraus besteht es?
4. Wie wird es hergestellt?
5. Wie wird es angeboten?
   - Schädigt die Verpackung Umwelt, Menschen oder Tiere?
   - Verletzt die Werbung, die dafür gemacht wird, irgendjemanden?
   - Wird es auf ehrliche, verantwortungsbewusste Art und Weise verkauft?

Die meisten Menschen kaufen jeden Tag etwas ein. Da ist es sinnvoll, die Einkäufe als Gelegenheiten zu nutzen, um ein Signal zu senden, ein Votum abzugeben, aus dem Ausgeben eine achtsame Handlung zu machen.

GRENZEN UND RECHTE

Bei Menschen- und Tierrechten geht es um Grenzen, darum, wo man sie zieht, warum man sie zieht und wie man sie durchsetzt oder schützt. Gibt es Grenzen, können Sie sagen: »Nur, was innerhalb der Grenzen ist, ist richtig« und »Wer außerhalb der Grenzen ist, interessiert mich nicht« oder sogar »Wer nicht zu meinem Geschlecht, meiner sozialen Schicht, meiner Gehaltsklasse oder meiner Nationalität gehört, ist außerhalb der Grenzen meiner Wahrnehmung«. Grenzen können Identitäten und Systeme stärken, die uns bereichern – oder sie können uns von anderen und einer großzügigeren Lebensweise abschneiden.

Nicht alle Grenzen hat man selbst gewählt und gezogen, sehr viele werden von der Kultur, der Tradition und dem Rechtssystem vorgegeben. Es ist noch gar nicht so lange her, dass in Westeuropa z. B. Frauen nicht wählen durften und Homosexualität strafbar war. Aus solchen Grenzen resultieren tiefes, lang anhaltendes Leid und Konflikte, denn sie dienen nur wenigen und setzen all die anderen herab und schränken sie ein. Natürlich gibt es eindeutig vorteilhafte Grenzen, wenn sie z. B. Kinder schützen oder die Privatsphäre oder Respekt vor anderen verlangen. Persönliche Grenzen sind unerlässlich, wenn wir uns zu selbstständigen Wesen mit Selbstachtung entwickeln wollen. Der Knackpunkt beim Ziehen von Grenzen scheint doch zu sein, dass wir gründlich nachdenken und uns viele Fragen stellen sollten, bevor wir uns dazu entscheiden.

Rechte sind Grenzen, die das Leben derjenigen, die sie besitzen, verbessern sollen. Sie definieren, wie Sie sich verhalten dürfen und wie andere sich Ihnen gegenüber verhalten dürfen. Vergessen Sie nie:

* Sie *haben* Rechte, einzig und allein, weil Sie auf der Welt sind.
* Sie dürfen Ihre Rechte *geltend machen*, indem Sie sie einfordern oder ausüben.
* Sie können Rechte *bekommen*, weil andere entscheiden, dass Sie sie verdienen.
* Rechte müssen immer *geschützt* werden.
* Rechte werden *verliehen*, manchmal aus natürlichem Mitgefühl, meistens durch Regierungen und Gesetze und nach Einschätzung des Status.

EMPFINDUNGEN UND LEIDEN

Lange Zeit ging es bei der Einschätzung des Status um die Spezies, das Geschlecht, das Einkommen und den Beruf. Ein zeitgemäßer Ansatz bezieht die Empfindung mit ein – die Fähigkeit, unter Einsatz der Sinne wahrzunehmen und als Folge eine innere Erfahrung zu haben. Die Erteilung von Rechten hängt oft genug von dieser Beurteilung ab – denn warum sollte man Ihnen Rechte geben, wenn Sie keine Empfindungen haben?

Aah – schon wird es problematisch. Wie können Sie *wissen*, ob ein anderes Wesen empfindet und fühlt? Sie könnten es fragen, aber was, wenn es ein Baby ist? Wenn es eine andere Sprache spricht? Wenn es verletzt ist und nicht kommunizieren kann? Wenn es ein Tier ist? Sie können es beobachten und beurteilen, ob es sehen, hören, riechen, schmecken und tasten kann. Aber wie können Sie wissen, ob es empfindet, ob seine Sinne eine innere Erfahrung auslösen?

Nun, Sie können prüfen, ob es leidet. Leiden kann u. a. dadurch definiert werden, was es nicht ist. Es ist weder Freude noch Verspieltheit. Es ist weder Ruhe noch Genuss noch Selbstvertrauen. Leiden ist das Gegenteil all dessen, es bekundet sich innerlich in Einsamkeit und Angst und drückt sich äußerlich durch Weinen, Wut, Schmerz oder Panik aus. Leiden kann aus dem Inneren kommen oder von außen zugefügt werden. Wenn wir das Baby, den Fremden, den Verletzten und das Tier beobachten, sehen wir, dass sie leiden und daher empfindsam sein müssen. Sie haben die Status-Prüfung bestanden und sind würdig, Rechte zu bekommen.

AUCH TIERE HABEN RECHTE

Da Tiere empfindsam sind, haben sie, wie Menschen, natürliche Rechte, allein, weil sie auf der Welt sind. Dazu gehört das Recht auf Leben; das Recht, nicht getötet zu werden; das Recht, in Gesellschaft der eigenen Spezies zu leben. Diese Rechte existieren unabhängig davon, ob es ein Gesetz gibt, das sie schützt oder durchsetzt. Doch Tiere können ihre Rechte nicht einfordern. Anthropozentrisch betrachtet heißt das, dass Tiere nur die Rechte haben, die Menschen ihnen zugestehen. Es liegt also in der Verantwortung des Menschen, das Naturrecht der Tiere anzuerkennen und zum Wohle der Tiere zu schützen.

Historisch betrachtet haben die Menschen als Gruppe eine Grenze um sich gezogen, die anderen Tieren jede Bedeutung abspricht – mit Ausnahme des Nutzens, den sie für den Menschen haben. Manche Religionen entschuldigen das mit der Begründung, der Mensch habe das Recht bekommen, sich die Erde mit allem, was auf ihr lebt, untertan zu machen. Der Kapitalismus unterstreicht das, indem er der Erde, ihren Ressourcen und ihren Bewohnern ganz unterschiedlichen Wert beimisst. Auch die moderne Plage des Narzissmus – dieses »es geht nur um mich« – ist Ausdruck dieser Grenze, nur ist sie so eng gezogen, dass sie allein eine Person umfasst. Aber wir können nicht alles haben. Nicht als *Homo narcissus* alle Aufmerksamkeit, allen Reichtum und alle Ressourcen der Welt fordern und gleichzeitig einen Sinn in der und eine Verbindung zur Natur, zum anderen, zum Leben selbst finden.

Der derzeitige Zustand der Umwelt und das Elend der wilden und der Nutztiere sind Symptome dafür, dass diese Grenzen ungeeignet und nicht länger haltbar sind. Aber wir können sie ändern. Wir spüren, wie wir in unseren einengenden Grenzen immer isolierter, spirituell immer ärmer und immer destruktiver werden. Vielleicht wird es Zeit, die Rechte der anderen Spezies anzuerkennen und zu schützen, so wie wir es für Kinder und Menschen, die ihre Rechte nicht selbst für sich einfordern können, getan haben.

SPEZIESISMUS UND DIE GOLDENE REGEL

Sie kennen den Spruch, er lautet in etwa: »Behandle andere so, wie du selbst behandelt werden willst.« Es ist so einfach und vernünftig – tief in Ihrem Herzen wissen Sie, dass es das einzig richtige Verhalten ist. Wie gut diese »Goldene Regel« funktioniert, hängt allerdings davon ab, wie Sie »andere« definieren.

1970 schuf ein englischer Philosoph namens Richard Ryder den Begriff »Speziesismus«, um dem Vorurteil einen Namen zu geben, das nicht menschliche Tiere von Fürsorge und Schutz, die Menschen anderen Menschen angedeihen lassen, ausschließt. 1977 verfassten Wissenschaftler, die in Cambridge über die Rechte von Tieren diskutierten, eine »Deklaration gegen Speziesismus«. In einem Interview sagte Ryder 2013: »Ich wollte verdeutlichen, dass wir alle miteinander verwandt sind. Alle Spezies sind biologisch und durch die Evolution verwandt. Anstatt die anderen Spezies wie Objekte zu betrachten, sollten wir sie als evolutionäre Cousins und Cousinen behandeln …«.

Der australische Philosoph Peter Singer machte den Gedanken – und das Wort – einem größeren Publikum bekannt. Er formulierte ein »Grundprinzip der Gleichheit«, das besagt, jeder solle seinen Interessen das gleiche Gewicht beimessen wie den Auswirkungen, die das Durchsetzen dieser Interessen auf andere hat. Das klingt fast wie die Goldene Regel, aber es brachte viele Menschen auf, denn dieses Gleichheitsprinzip sollte auch für Tiere gelten, die der Mensch seit Jahrtausenden ausgebeutet und aus der Sphäre des Menschlichen ausgeschlossen hat. Ryder und Singer ließen sich nicht davon abbringen, das Verhältnis von Mensch und Tier infrage zu stellen. Sie verglichen den Status quo mit der Diskriminierung anderer Menschen aufgrund ihres Geschlechts oder ihrer Hautfarbe.

Damit sind Sie schon vertraut. Ein Mensch, der einen Menschen des anderen Geschlechts als minderwertiger als einen Angehörigen des eigenen Geschlechts behandelt, gilt als Sexist. Ein Mensch, der einen Menschen anderer Hautfarbe als minderwertiger behandelt, gilt als Rassist. Einen Menschen, der so denkt, kümmert es nicht, was der andere, der »andersartige« Mensch fühlt oder braucht. Für ihn haben die Gefühle und Bedürfnisse des eigenen Geschlechts, der eigenen Ethnie Vorrang, sie sind ihm wichtiger, relevanter, richtiger oder würdiger. Er pflegt ein Vorurteil und seinen Vorteil, während er, ohne jede Vernunft, dem Wohl des anderen keine Beachtung schenkt oder es herabwertet. Verhalten ohne Vernunft ist beängstigend, denn es neigt zur Bosheit und zur Verletzung anderer. Vorurteile machen selten bei Geschlecht und Hautfarbe Halt. Sie scheinen aus einer tief sitzenden Urangst zu entstehen und machen sich in Wutausbrüchen Luft, die sich gegen alles und jedes »andere« richten. Unglücklicherweise sind solche Menschen oft halsstarrig, nicht willens oder nicht in der Lage, sich von ihren Vorurteilen zu lösen.

Ryder und Singer wussten, dass sie große Widerstände überwinden mussten. Ihr Vergleich mit Sexismus und Rassismus zeigte Wirkung und bezog eine breitere Öffentlichkeit in die Diskussion mit ein. Singer führte einen weiteren Aspekt an: das Leid. Die Fähigkeit, Schmerz oder Leid zu fühlen, sei die Voraussetzung dafür, überhaupt Interessen haben zu können. Da sowohl Menschen als auch nicht menschliche Tiere Leid fühlen, haben beide ein Interesse daran, es zu vermeiden. Von seiner Goldenen Regel, seinem »Prinzip der gleichen Berücksichtigung« ausgehend, sagte Singer, dass ein Mensch, der dem Leid eines Menschen mehr Gewicht zumesse als dem Leid einer anderen Tierspezies, sich wie ein Sexist oder Rassist verhalte, nur eben als Speziesist.

Gegen diese Vorstellung der Gleichheit wurden viele Einwände erhoben. Es wurde eine lange Liste von Fähigkeiten, »die Menschen haben und Tiere nicht«, erstellt, um zu beweisen, dass Tiere, weil sie z. B. nicht sprechen können, weniger wert sind als der Mensch. Es scheint aber keine Liste mit Fähigkeiten zu geben, die Tiere haben und Menschen nicht. Nur weil sie keine Sprachfähigkeit oder andere Attribute des Menschseins besitzen, ist es nicht akzeptabel, sie abzuwerten. Das führt zu unangenehmen Fragen, die sich im Schatten dieser Diskussion auftun. Manche Menschen etwa sind nicht so intelligent wie bestimmte Tiere. Es könnten geistig Behinderte oder schlicht Kinder sein, deren Intelligenz noch nicht voll entwickelt ist. Sollte man diesen Menschen ihre »Interessen« absprechen, weil sie nicht so fähig sind wie andere Menschen? Sollten sie so behandelt werden, wie nicht menschliche Tiere zurzeit behandelt werden?

Bis vor Kurzem war Speziesismus die Norm. Sich den eigenen Vorurteilen stellen zu müssen, hat viele verunsichert und beschämt. Aber es hat uns auch gezeigt, dass wir, obwohl wir noch einen langen Weg vor uns haben, die »Goldene Regel« anwenden und Annahmen und Verhaltensweisen, die uns alle erniedrigen, korrigieren können.

HUNDE UND KATZEN WERDEN VEGAN

Selbst Menschen, die normalerweise keinen Gedanken an »Rechte« verschwenden, können beim Thema »vegane Haustiere« plötzlich unnachgiebige Befürworter von Tierrechten werden. Ihre Reaktion ist in etwa diese: »Es ist in Ordnung, wenn Menschen Veganer werden, aber es ist unfair, Tieren eine pflanzliche Kost aufzuzwingen!« Außerdem seien Veganer mit Haustieren scheinheilig. Und es ist ja tatsächlich so, das Tier wird beherrscht, eingesperrt, manchmal ausgebeutet, wenn es Arbeit verrichten muss, und generell daran gehindert, natürlich und autonom zu leben. Selbst der wohlmeinendste Mensch findet sich in dieser hierarchischen Beziehung zum Tier wieder, und sei es nur seine Verpflichtung, es zu füttern.

Doch die Menschen leben zum gegenseitigen Nutzen seit etwa 30 000 Jahren mit Hunden zusammen und seit etwa 10 000 Jahren mit Katzen. Vegan zu sein, verbietet diese Beziehung nicht. Die meisten Veganer kaufen keine Haustiere, sondern holen sich einen Gefährten aus dem Tierheim, um zu verhindern, dass das Tier eingeschläfert oder zu Versuchen missbraucht wird.

Viele Menschen, egal ob vegan oder nicht, öffnen nur ungern eine Dose mit undefinierbarem Fleisch in übel riechender Sauce – vor allem, wenn es ihrem Tier schaden könnte. Und es schadet ihm, es kann sein, dass Sie es mit krankem Fleisch, auch von Artgenossen, füttern, und aus Ihrem Haustier unabsichtlich einen kranken Kannibalen machen. Mit dem Kauf von fleischlichem Tierfutter unterstützt man die gesamte Fleisch-, Eier- und Milchindustrie, mit allen ethischen, ökologischen und gesundheitlichen Folgen.

Aber zurück zu den Rechten – es geht nicht um den Menschen, es geht ums Tier. Was ist das Beste für seine Bedürfnisse? Was sind seine Bedürfnisse? Hunde werden als Fleischfresser klassifiziert, sind aber biologisch betrachtet Allesfresser. Im Laufe ihrer Domestizierung haben sie sich angepasst und können nun mehr stärkeabbauende Enzyme produzieren als echte Fleischfresser. Katzen hingegen sind echte Fleischfresser, sie können aus einer kohlenhydratreichen Diät nicht genug lebenswichtige Nährstoffe beziehen. Wenn sie kein Fleisch zu fressen bekommen, brauchen sie Ergänzungsmittel. Werden sie nicht ausreichend mit Nährstoffen versorgt, werden Hunde und Katzen, wie der Mensch, krank.

Sie können Ihrem Tier aber auch mit pflanzenbasiertem Futter alle Nährstoffe geben, die es braucht.

* Kombinieren Sie fertig gekaufte oder selbst zubereitete pflanzliche Nahrung mit Nahrungsergänzungsmitteln. *Siehe* Quellen und Links für Lieferanten und Rezepte.
* Achten Sie darauf, dass Ihr Tier wirklich alle nötigen Nährstoffe bekommt. Lassen Sie sich von einem Tierarzt beraten.
* Lassen Sie Ihrem Tier Zeit für die Umstellung. Fangen Sie z. B. damit an, ihm 10 Prozent neues Futter unter 90 Prozent des gewohnten zu mischen, und ändern Sie das Verhältnis dann allmählich. Auch hier gilt die 80/20-Regel!

PARTYS UND FESTE

TOPINAMBUR-SUPPE MIT TRÜFFELÖL

Topinambur sieht nicht sonderlich vielversprechend aus, schmeckt aber einzigartig, leicht nussig und süßlich. Er ist schnell und einfach zu kochen, vielseitig verwendbar und nährstoffreich. Das Trüffelöl ergänzt seinen Geschmack perfekt. Ob es daran liegt, dass Trüffel und Topinambur unter der Erde wachsen? Ich serviere die Suppe zu einer Sandwichplatte u. a. mit Kohlrabi-und-Gurken-Sandwich (Seite 123) und Käsesandwich mit Tofu-Mayo (Seite 99).

FÜR 4 PERSONEN

ZUBEREITUNGSZEIT: 30 MINUTEN

+ 1 STUNDE RUHEZEIT

- 300 g Topinambur
- 2 EL helles Sesamöl
- 2 große Zwiebeln, fein gehackt
- ¼ TL Pfeffer
- ¼ TL Fünf-Gewürze-Mischung
- 1–1 ¼ l Gemüsebrühe oder Wasser
- ¼ TL gemahlene Kurkuma
- Trüffelöl zum Garnieren

ALTERNATIVEN & VARIANTEN

¼ TL gemahlener Zimt kann die Fünf-Gewürze-Mischung ersetzen.

Topinambur putzen und waschen. In einer Schüssel mit frischem Wasser bedecken. Nach 5 Minuten vorsichtig herausnehmen. Noch einmal abreiben und abspülen. In dünne Scheiben schneiden.

Sesamöl in einem Topf auf mittlerer Stufe erhitzen. Topinambur und Zwiebeln darin zugedeckt unter häufigem Rühren 15 Minuten dünsten. Das Gemüse sollte sehr weich werden und zu karamellisieren beginnen.

Mit Pfeffer und Fünf-Gewürze-Mischung bestreuen und weitere 2 Minuten dünsten.

Gemüsebrühe oder Wasser angießen, gut umrühren. Mit einem Stabmixer pürieren. Kurkuma gut unterrühren. Falls eine dünnere Konsistenz gewünscht ist, noch einmal 250 ml Brühe oder Wasser angießen.

Suppe sanft aufkochen lassen, dann vom Herd nehmen. Zugedeckt etwa eine Stunde ziehen lassen, damit sich die Aromen verbinden.

Vor dem Servieren aufwärmen. In Schalen oder Suppentellern anrichten und über jede Portion etwas Trüffelöl träufeln.

OLIVENPIZZA

Ich nehme hierfür am liebsten Kalamata-Oliven: Sie sind groß, dunkel und fleischig und verleihen der an sich schlichten Pizza das besondere Etwas (die Kalamata-Olive wird nicht umsonst die »Königin der Oliven« genannt). Wenn Sie ein paar Helfer haben, ist die Pizza schnell zubereitet. Das Essen geht noch schneller. Servieren Sie dazu nur ganz schlicht schnellen Salat (Seite 93) oder grünen Salat (Seite 92).

ERGIBT 2 PIZZAS (30 CM Ø)

ZUBEREITUNGSZEIT: 1 STUNDE

etwas Tomatensauce (Seite 253)

1 Portion Pizzateig (Seite 124)

500 g Kalamata-Oliven mit Kernen

etwas Öl zum Einfetten der Formen

ALTERNATIVEN & VARIANTEN

Sie können andere Oliven nehmen, aber Kalamata-Oliven sind groß, haben einen intensiven Geschmack und lassen sich gut backen.

Tomatensauce und Pizzateig bereitstellen.

Freunde und Familie einladen und gemeinsam Oliven entkernen und halbieren. Die Lake, in der die Oliven eingelegt waren, unter die Tomatensauce rühren. (Meist sind es 3–4 EL Lake, die salzig und von den Oliven schwarz-violett gefärbt ist.)

Den Backofen auf 200 °C vorheizen. Zwei Pizzaformen leicht einfetten.

Pizzateig teilen. Teig jeweils in Pizzaformgröße ausrollen und Formen damit auslegen. Tomatensauce auf den Pizzaböden verteilen – etwas mehr Sauce nehmen, als man eigentlich für nötig hält, denn sie trocknet beim Backen.

Oliven gleichmäßig und bis zu den Rändern auf beiden Pizzaböden verteilen, dabei sanft in die Sauce drücken; zwischen den Olivenhälften darf etwas Platz bleiben.

15–20 Minuten backen, bis die Ränder schön braun und knusprig sind. In Stücke schneiden und servieren.

ROHKOST-PLATTE

Dieses Essen ist bei Kindern und Teenagern erstaunlich beliebt. Der Trick ist, es so appetitlich aussehen zu lassen, dass alle vergessen, wie gesund Rohkost ist. Jeder bekommt einen Teller und trifft seine Auswahl selbst.

FÜR 4–8 PERSONEN

ZUBEREITUNGSZEIT: 15 MINUTEN

Bereiten Sie drei oder vier Ihrer Lieblingsdips zu, die in den Kühlschrank kommen, während Sie eine beliebige Auswahl an Gemüse und Obst aus der Liste unten wie vorgeschlagen schneiden.

ROHES GEMÜSE

- Staudensellerie, Karotte und Zucchini in gleich lange Stifte schneiden
- Blumenkohlröschen in mundgerechte Stücke teilen
- Rübchen und Kohlrabi zu »Pommes« schneiden
- Paprikaschoten in allen Farben, in breite Streifen geschnitten
- Chicorée-Blätter
- ganze Frühlingszwiebeln, nur das Grün eingekürzt
- Salatgurke in dicke Stifte oder Scheiben schneiden
- Radieschen: das Wurzelende abschneiden, das Grün zum besseren Dippen an den Knollen lassen
- Baby-Romana-Salat: Blätter über dem Strunk abschneiden
- Mungbohnensprossen in einer gesonderten Schale

OBST

- Äpfel in Achtel oder Sechzehntel schneiden, mit Zitronensaft beträufeln, damit sie nicht braun werden
- Orangen in Segmente teilen
- Weintrauben in allen Farben – lassen sich wunderbar dippen!
- Tomaten – größere vierteln, Cherrytomaten ganz
- Bananen mit Schale in fünf bis sechs Stücke schneiden, so werden sie nicht braun, bis sie geschält und gegessen werden
- Nektarinen in Viertel oder Achtel schneiden
- Kirschen

DIPS

- Guacamole (Seite 73)
- Margarita-Joghurt-Dip (Seite 90)
- Paprika-Tomaten-Salsa (Seite 133)
- Adzuki-Bohnen-Ragout (Seite 133)
- Alleweil-Chutney (Seite 247)
- Mais-Paprika-Relish (Seite 134)
- Tahin-Zitronen-Creme (Seite 83)
- Kräuter-Zwiebel-Bohnen-Paste (Seite 71)
- Mungbohnen-Terrine (Seite 77) – auch wenn sie kein Dip ist, sollte mit einem Messer serviert werden, schmeckt z. B. auf Staudensellerie

GEBRATENER TEMPEH MIT BEERENMARINADE

Dieses Gericht braucht eine Weile, bis es fertig ist, aber das Warten lohnt sich, denn es sieht herrlich aus und ist nicht alltäglich. Tamari kommt erst kurz vor dem Servieren darüber und verbindet die Beerensüße perfekt mit dem erdigen Tempeh-Geschmack – verzichten Sie nicht darauf. Vertrauen Sie mir! Sehr gut schmecken dazu grüner Salat (Seite 92) und eine Scheibe Rosmarinzopf (Seite 164) zum Auftunken der Marinade oder Algen-Kartoffel-Schnitzel (Seite 206) und warmer Brokkoli-Salat (Seite 151).

FÜR 4 PERSONEN

ZUBEREITUNGSZEIT: 45 MINUTEN

+ 4 STUNDEN RUHEZEIT

4 EL helles Sesamöl

400 g Tempeh, in Scheiben, Wedges oder Rechtecke geschnitten, nicht dicker als 1 cm

250 g frische Himbeeren

125 g frische Blaubeeren

Saft von 1 Zitrone

4 TL Tamari (Sojasauce)

ALTERNATIVEN & VARIANTEN

Das Verhältnis von Himbeeren zu Blaubeeren können Sie ganz nach Geschmack ändern.

2 EL Öl in einer großen Pfanne erhitzen. Tempeh mit etwas Abstand darin verteilen, damit sich die Stücke gut wenden lassen. Zugedeckt bei mittlerer Hitze auf jeder Seite 10 Minuten anbraten. Falls nötig, Öl zugeben.

Inzwischen Beeren und Zitronensaft in einer Schüssel vermengen. Mit einer Gabel einige Beeren leicht zerdrücken – es sollen noch ganze übrig sein.

Die Hälfte der Beeren-Mischung auf dem Boden einer flachen Servierschüssel verteilen (soll das Gericht warm serviert werden, braucht man eine ofenfeste Schüssel). Tempeh auf den Beeren verteilen und die restlichen Beeren darübergeben. Schüssel zugedeckt im Kühlschrank wenigstens 4 Stunden (aber nicht länger als 12) marinieren lassen. Tempeh ab und an wenden.

Kurz vor dem Servieren die Schüssel etwas neigen, einen Löffel Marinade auffangen und über die Tempeh-Stücke träufeln. Einige ganze Beeren obenauf legen.

Sofort servieren. Oder in der Schüssel unter dem heißen Backofengrill etwa 5 Minuten erwärmen und warm servieren.

Der Clou zum Schluss: über jede Portion 1 TL Tamari träufeln.

MARINIERTER TOFU MIT GEDÜNSTETEN TOMATEN

Diese Tofu-Streifen sind im Nullkommanichts weg – ich bereite oft die doppelte Menge zu. Ich mache sie, wenn ich sowieso gerade in der Küche hantiere und genug Zeit bleibt, die Marinade ziehen zu lassen, bevor die Gäste kommen. Knoblauch und Tomaten verleihen dem Gericht Aroma, Farbe und Textur. Sehr gut schmeckt es zu geraspeltem Salat (Seite 192) oder Reis-Radieschen-Salat (Seite 90).

FÜR 4 PERSONEN

ZUBEREITUNGSZEIT: 1 STUNDE

+ 3–4 STUNDEN RUHEZEIT

4 EL helles Sesamöl

400 g fester Tofu, abgetropft und in 1 cm dicke Streifen geschnitten

6 Knoblauchzehen, in Scheiben geschnitten

6 Cherrytomaten, geviertelt

FÜR DIE MARINADE:

100 ml Tamari (Sojasauce)

100 ml Apfelessig

Saft von 1 Zitrone

2 EL geriebener frischer Ingwer

2 EL Öl in eine große Pfanne geben und die Tofu-Streifen nebeneinander hineinlegen. Zugedeckt bei geringer bis mittlerer Hitze 10–12 Minuten anbraten, dann die Streifen wenden und von der anderen Seite anbraten. Falls nötig, noch 1 EL Öl zugeben.

Ist der Tofu auf beiden Seiten goldbraun, die Streifen nebeneinander in einer flachen Servierschüssel verteilen.

Zutaten für die Marinade verrühren, in die Pfanne geben und 2–3 Minuten erhitzen. Die heiße Marinade über die Tofu-Streifen verteilen.

Restliches Öl in der Pfanne erhitzen. Knoblauch und Cherrytomaten darin zugedeckt bei mittlerer Hitze 5 Minuten andünsten. Knoblauch, Tomaten, Öl und Bratsäfte über die marinierten Tofu-Streifen geben.

Abkühlen lassen. Dann zugedeckt 3–4 Stunden in den Kühlschrank stellen. In dieser Zeit die Schüssel ein-, zweimal schütteln, um die Marinade gleichmäßig zu verteilen. Servieren.

ROSA KRAUTSALAT

Die geraspelte Rote Bete färbt den Weißkohl herrlich rosa. Die rosa Pfefferbeeren und die rote Zwiebel fügen neben ihrem Geschmack noch weitere Rottöne hinzu und die grüne Gurke setzt einen sanften Kontrapunkt. Der Salat passt zu jeder Jahreszeit und sieht neben Tofu-Couscous-Zauber (Seite 126) oder einem Käsesandwich mit Tofu-Mayo (Seite 99) phantastisch aus.

FÜR 4 PERSONEN

ZUBEREITUNGSZEIT: 30 MINUTEN

550 g Weißkohl, fein geraspelt

1 kleine rote Zwiebel, fein geschnitten

1 kleine Salatgurke, fein geschnitten

1 EL Meersalz

1 kleine Rote Bete, geraspelt

ein paar zerstoßene rosa Pfefferbeeren

samtige Vinaigrette (*siehe* rechts)

ALTERNATIVEN & VARIANTEN

Wenn Sie anstelle der roten eine süße weiße Zwiebel nehmen, schmeckt der Salat milder.

Kohl, Zwiebel, Gurke und Salz in einer großen Schüssel vermengen. Mit einem Holzlöffel oder den Händen die Zutaten 1–2 Minuten sanft durchkneten, damit das Gemüse weicher wird und Flüssigkeit abgibt. 10 Minuten ziehen lassen, in dieser Zeit noch ein- oder zweimal durchkneten.

Den Gemüsesafte vorsichtig abgießen. Rote Bete, rosa Pfefferbeeren und samtige Vinaigrette unterrühren. Servieren.

SAMTIGE VINAIGRETTE kann man eigentlich immer in einem Glas im Kühlschrank vorrätig haben – sie passt zu fast allem. Vor dem Servieren sollte sie allerdings wieder Raumtemperatur annehmen, damit das Olivenöl flüssig wird. 60 ml Apfelessig – oder dieselbe Menge Zitronensaft – und 1 Prise Salz in einem Glas (das einen fest schließenden Deckel haben muss) mit einer Gabel verrühren. Je 2 TL Dijon- und Ganzkornsenf sowie 2 kleine zerdrückte Knoblauchzehen unterrühren. 120 ml Olivenöl angießen. Deckel fest verschließen und kräftig schütteln, damit die Zutaten sich verbinden. Sofort servieren oder bis zum Verzehr im Kühlschrank aufbewahren. Hervorragend schmeckt die Vinaigrette zu grünem Gemüse und Bohnen (Seite 154), grünem Salat (Seite 92) oder heißem gedämpftem Rosenkohl.

SCHARFE ERDNUSSSAUCE

Die Erdnuss gehört zu den Früchten, die von Südamerika aus die ganze Welt erobert haben. Angebaut wird sie überall dort, wo sie eine lange warme Wachstumsperiode hat. Erdnüsse haben einen einzigartigen Geschmack, sind nährstoffreich und werden zu mehr als 300 Produkten, darunter Öl und Mehl, verarbeitet. Sie sind ein natürliches Bindemittel, diese Sauce können Sie so dick- oder dünnflüssig zubereiten, wie es Ihnen schmeckt. Sie ist so lecker, dass man sie am liebsten zu allem essen möchte. Probieren Sie sie mal auf Tofuwürfeln in Grüngemüse (Seite 117), Bohnensprossen-Nudel-Nestern (Seite 196) oder gebratenem Gemüse mit würzigen Asianudeln (Seite 114).

ERGIBT CA. 250 ML

ZUBEREITUNGSZEIT: 30 MINUTEN

2 EL Erdnussöl (ich nehme hierzu das Öl, das in einem frisch angebrochenen Glas auf der Erdnussbutter schwimmt)

6 Knoblauchzehen, zerdrückt oder fein gehackt

1 frische rote oder grüne Chilischote, entkernt und fein gehackt

1 EL geriebener frischer Ingwer

1 große Tomate, fein gewürfelt

4 EL Erdnussbutter

2 EL Tamari (Sojasauce)

Saft von 4 Limetten (ca. 140 ml)

ALTERNATIVEN & VARIANTEN

Anstelle der frischen Chilischote können Sie ½ TL Chiliflocken verwenden. Aparte säuerliche Süße ergänzt 1 EL Dattel- oder Granatapfelsirup, der zusammen mit dem Limettensaft untergerührt wird.

Öl in einen Topf geben. Knoblauch, Chili und Ingwer darin bei geringer Hitze 10 Minuten anbraten. Ein- oder zweimal umrühren. Tomate zugeben und alles 5 Minuten unter häufigem Rühren dünsten.

Erdnussbutter gut unterrühren. Nach und nach unter ständigem Rühren Tamari sowie die Hälfte des Limettensafts angießen.

Während die Sauce andickt, nach und nach unter ständigem Rühren mehr Limettensaft angießen, bis die Sauce die gewünschte Konsistenz hat. Vom Herd nehmen und heiß servieren.

NATÜRLICHE ANDICKMITTEL Einige Lebensmittel dicken jede Flüssigkeit an, zu der sie gegeben werden:

- Frischer Ingwer dickt den Saft von gebratenem Gemüse leicht an.
- Kurkuma dickt Suppen, Saucen und Dal an und färbt die Gerichte gelb.
- Ein Löffel Erdnussbutter dickt Saucen an, wenn er beim Kochen zugegeben wird.
- Tahin (Sesampaste) lässt sich mit Flüssigkeiten wie Zitronensaft zu einer dicken, fluffigen Creme verrühren.
- Senf und Senfpulver verbinden zwei Flüssigkeiten zu einer Sauce oder einem Dressing.

ALLEWEIL-CHUTNEY

Ich bereite dieses Chutney zu, wenn ich sowieso in der Küche zu tun habe, z. B. wenn ich den allwöchentlichen Einkauf wegräume. Das Chutney muss zwar lange köcheln, man braucht sich aber kaum darum zu kümmern. Dafür erfüllt es die Küche mit wunderbarem Duft. Das Rezept ergibt so viel Chutney, dass man noch etwas in einem Glas (oder in zwei) für die kommenden Wochen aufbewahren kann. Dank der Gewürze hält es sich lange und eignet sich deshalb auch ideal als Geschenk. Es passt sehr gut zu Rote-Linsen-Dal (Seite 201), Kohlrabi-und-Gurken-Sandwich (Seite 123) oder Drei-Korn-Risotto (Seite 184).

ERGIBT 1½ LITER

ZUBEREITUNGSZEIT: 3 STUNDEN

500 ml Apfelessig

250 g brauner Rohrzucker

2 Zwiebeln, fein gehackt

1 Knoblauchknolle, Zehen geschält und gehackt

2–4 frische Chilischoten nach Belieben, fein gehackt

80 g frischer Ingwer, fein gehackt oder gerieben

6 mittelgroße Äpfel, geschält, entkernt und gewürfelt

250 g Trockenobst (z. B. Rosinen, Sultaninen, Johannis- oder Gojibeeren)

1 kleiner Blumenkohl, Röschen geviertelt

2 TL Senfsamen

1 TL gemahlene Kurkuma

½ TL gemahlener Zimt

ALTERNATIVEN & VARIANTEN

Kräftige Farbe und etwas erdiges Aroma bringt 1 große gewürfelte Rote Bete ins Chutney.

Essig und Zucker in einem großen nicht reaktiven Topf bei mittlerer Hitze erwärmen. Gut umrühren, um den Zucker aufzulösen.

Die restlichen Zutaten hineingeben und gut verrühren. Deckel auflegen, Temperatur reduzieren und wenigstens 2 Stunden köcheln lassen. Ab und an umrühren. Das Chutney soll schön stückig-sämig werden.

Einmachgläser samt den Deckeln in ein tiefes Backblech oder einen Bräter stellen bzw. legen. Wasser aufkochen und Gläser und Deckel damit füllen. Beiseitestellen, bis das Chutney fertig ist.

Wenn das Chutney fertig ist, die Gläser leeren und sofort mit heißem Chutney füllen. Deckel leeren und die Gläser sofort verschließen. Abkühlen lassen.

In sterilisierten Gläsern hält das Chutney 4–6 Wochen – *siehe auch* Seite 43.

RUBINROTE BETE-SUPPE

Ich habe diese Suppe zum ersten Mal gekocht, als meine Männer nach einer langen Reise bei klirrender Kälte erschöpft zu Hause ankamen: Seither ist sie für mich eine Wintersuppe. Ihre köstlichen »versteckten« Zutaten verleihen ihr Volumen und Textur und unterstreichen die Farbe der Bete. Servieren Sie zur Suppe je ein Stück Mungbohnen-Terrine (Seite 77) und eine Scheibe Vollkornbrot (Seite 120). Mit einem Löffel Zwiebel-Sauce (Seite 115) kann man in jede Portion einen aparten Wirbel garnieren.

FÜR 4 PERSONEN

ZUBEREITUNGSZEIT: 1 STUNDE

1 mittelgroße Rote Bete

1 EL helles Sesamöl

1 große Zwiebel, gehackt

2 Stangen Staudensellerie, fein gehackt

1 mittelgroße Karotte, fein gewürfelt

1 mittelgroße Pastinake, fein gewürfelt

1 mittelgroße Kartoffel, fein gewürfelt

1 TL gekörnte vegane Bouillon

1 TL getrocknetes Basilikum

½ TL getrockneter Thymian

½ TL Pfeffer

¼ TL gemahlene Nelken

Salz zum Abschmecken

ALTERNATIVEN & VARIANTEN

Den Thymian kann getrockneter Oregano ersetzen, die gemahlenen Nelken gemahlener Piment. Für eine dünnere Suppe noch 250 ml Wasser angießen.

Rote Bete bei mittlerer Hitze etwa 30 Minuten weich dämpfen.

Öl in einen großen Topf geben. Zwiebel, Staudensellerie, Karotte, Pastinake und Kartoffel darin bei mittlerer Hitze dünsten. Ab und an umrühren.

Rote Bete aus dem Dämpfeinsatz nehmen und mit einer Gabel auf einem Schneidbrett festhalten. Wurzel- und Blattansatz abschneiden. Rote Bete schälen und fein würfeln.

Rote Bete zusammen mit gekörnter Bouillon und Gewürzen in den Topf geben. 10–12 Minuten köcheln lassen, bis das Gemüse weich ist. Ab und an umrühren.

Dann 1 Liter Wasser angießen. Mit einem Stabmixer pürieren, abschmecken, eventuell nachwürzen. Leicht köcheln lassen und servieren.

KRÄUTER-TOFU-CANNELLONI

Ich fühle mich immer in den Kindergarten zurückversetzt, wenn ich dieses Gericht zubereite: Es macht großen Spaß und eine ebensolche Kleckerei. Manche Leute machen ihre Cannelloni selbst, ich habe es noch nie versucht. Vor dem Servieren lasse ich dieses Gericht ein paar Minuten abkühlen. Geschmack und Textur von Sauce und Füllung profitieren davon, und sie bleiben heiß genug. Gut schmeckt dazu gebratener Mandel-Brokkoli (Seite 190) oder ganz schlicht grüner Salat (Seite 92).

FÜR 4 PERSONEN

ZUBEREITUNGSZEIT: 1¼ STUNDEN

1 EL helles Sesamöl und etwas Öl zum Einfetten der Form

1 kleine, zarte Stange Lauch, fein gehackt

1 kleine Zwiebel, fein gehackt

8 Knoblauchzehen, fein gehackt

100 g frische glatte Petersilie, fein gehackt

1 TL getrocknetes Basilikum

160 g Oliven, entsteint und in Scheiben geschnitten

400 g fester Tofu, abgetropft und fein gewürfelt

300 g geriebener veganer Cheddar

250 g Cannelloni

etwas Tomatensauce (Seite 253)

ca. 14 g gehacktes frisches Basilikum

ALTERNATIVEN & VARIANTEN

Veganen Mozzarella anstelle des veganen Cheddars.

Sie brauchen eine ofenfeste Form, in die alle Cannelloni passen, etwa mit den Maßen 23 × 30 cm. Die Form leicht einfetten. Den Backofen auf 200 °C vorheizen.

Öl in einem Topf erhitzen. Lauch, Zwiebel und Knoblauch darin zugedeckt bei mittlerer Hitze 10 Minuten andünsten. Ab und an umrühren. Petersilie, Basilikum und Oliven zugeben und 2–3 Minuten unterrühren. Dann Deckel auflegen und Topf vom Herd nehmen.

In einer Schüssel Tofu und 200 g veganen Käse sanft vermengen. Zwiebel-Kräuter-Mischung zugeben, gut, aber sanft unterrühren, etwas Textur ist gewünscht.

Mithilfe eines Teelöffels die Cannelloni mit der Tofu-Mischung füllen; jede gefüllte Cannelloni gleich in die ofenfeste Form legen. Tomatensauce darüber verteilen. 30–35 Minuten backen.

Temperatur auf 180 °C reduzieren. Basilikum und restlichen veganen Käse über die heißen Cannelloni streuen und 5 Minuten im Ofen überbacken. Servieren.

VORZÜGLICHE LASAGNE

Als ich sie zum ersten Mal auf den Tisch stellte, taufte meine Familie sie »vorzügliche Lasagne« und bat mich, sie nur einmal im Jahr zu machen, weil wir sonst der Völlerei verfielen! Servieren Sie dazu einen schnellen Salat (Seite 93) und eine kleine Portion frischen Borlotti-Bohnen-Salat (Seite 104). Je nach Form und Größe Ihrer Form müssen Sie die Lasagne-Platten eventuell brechen.

FÜR 4 PERSONEN

ZUBEREITUNGSZEIT: 1 STUNDE

Öl zum Einfetten der Form

1 l würzige Tomatensauce (rechte Seite)

ca. 900 g Lasagne-Platten

400 g fester Tofu, abgetropft

400 g frischer Baby-Spinat

250 g geriebener veganer Mozzarella oder Cheddar

165 g Tomaten-Oliven-Tapenade

ALTERNATIVEN & VARIANTEN

Gemüsefüllung um 1 fein gehackte Zucchini ergänzen.

Den Backofen auf 250 °C vorheizen. Eine tiefe, 3 Liter fassende ofenfeste Form leicht einfetten. Ca. 200 ml Tomatensauce gleichmäßig auf dem Boden der Form verteilen.

Eine Schicht Lasagne-Platten auf der Sauce verteilen, falls nötig durchbrechen, damit sie in die Form passen. Tofu zerbröckeln und gleichmäßig darüberstreuen. Ein Drittel des Spinats über den Tofu verteilen. 200 ml Tomatensauce über den Spinat geben.

Die zweite Schicht Lasagne-Platten in die Sauce legen. Die Hälfte des übrigen Spinats darauf verteilen. Die Hälfte des veganen Käses über den Spinat streuen. Wieder 200 ml Tomatensauce darübergeben.

Mit weiteren Lasagne-Platten bedecken. Den restlichen Spinat darauf verteilen. 200 ml Tomatensauce über den Spinat geben.

Eine letzte Schichte Lasagne-Platten daraufsetzen. Tapenade darauf verstreichen. Darüber die restliche Sauce bis an die Ränder der Lasagne-Platten verteilen. Im Ofen 10 Minuten backen, dann die Temperatur auf 180 °C reduzieren und weitere 30 Minuten backen.

Mit einem scharfen Messer in der Mitte der Form prüfen, ob die Lasagne-Platten weich sind. Dann den restlichen veganen Käse über die Lasagne streuen. Im Ofen 5 Minuten überbacken oder bis der Käse geschmolzen ist.

Die Lasagne »setzt sich« und lässt sich einfacher in Stücke schneiden, wenn man sie vor dem Servieren ein paar Minuten abkühlen lässt.

WÜRZIGE TOMATENSAUCE

Diese Sauce ist sehr aromatisch und vielseitig einsetzbar: beispielsweise als klassische Pasta-Sauce oder als Zutat für Kräuter-Kapern-Pizza (Seite 125) und Lasagne (linke Seite). Benutzen Sie einen Emaille- oder Edelstahltopf, keinen gusseisernen, damit sie nicht nach Eisen schmeckt.

ERGIBT CA. 1 LITER

ZUBEREITUNGSZEIT: 20 MINUTEN

1 EL helles Sesamöl

1 ganze Knoblauchknolle, Zehen geschält und gehackt

1 mittelgroße Zwiebel, fein gehackt

1 frische Chilischote (rot oder grün), fein gehackt

1 Paprikaschote (rot, gelb oder grün), gewürfelt

1 EL getrocknetes Basilikum

1 TL getrockneter Oregano

1 l passierte Tomaten

ALTERNATIVEN & VARIANTEN

Anstelle der frischen Chilischote mit ¼–½ TL Chiliflocken abschmecken. Für mehr Textur 2–3 gewürfelte Tomaten zugeben, wenn das Gemüse weich ist. Ebenfalls weich dünsten, dann Kräuter und passierte Tomaten zugeben. Anstelle der gekauften selbst gemachte Tomaten-Grundsauce (Seite 254) nehmen.

Öl auf mittlerer Stufe in einer Pfanne erhitzen. Knoblauch, Zwiebel, Chili und Paprika darin anbraten, ein-, zweimal umrühren.

Das Gemüse etwa 10 Minuten anbraten, bis es sehr weich ist. Wer möchte, gibt nun die gewürfelten frischen Tomaten (*siehe* Alternativen) dazu. Zum Schluss Kräuter und passierte Tomaten gut unterrühren und alles bei geringer Hitze etwa 20 Minuten köcheln lassen.

Wer eine glatte Konsistenz bevorzugt, kann die Sauce mit einem Stabmixer pürieren.

IHRE EIGENE TOMATEN-GRUNDSAUCE

Wenn Nachbarn, Freunde und Verwandte Sie im August geradezu anflehen, einen Teil ihrer Tomatenernte abzunehmen, können Sie diese einfache, nützliche Sauce kochen, in Gläser abfüllen und aufbewahren. Sie brauchen eine Flotte Lotte (Passiermühle) und ein paar Einmachgläser. Die Sauce hat ein intensives Aroma und lässt sich als Basis für Suppen und andere Saucen verwenden – Sie müssen nur ein paar Gewürze, Kräuter, angebratenen Knoblauch, Zwiebeln oder Paprika hinzufügen. Sie können sie ungewürzt anstelle der passierten Tomaten in der Tomaten-Sauce (Seite 253) verwenden oder gewürzt auf einer Pizza.

ERGIBT SEHR VIEL

ZUBEREITUNGSZEIT: 4–6 STUNDEN

eine große Menge frischer Tomaten

Salz zum Abschmecken

ALTERNATIVEN & VARIANTEN

2 Äpfel, entkernt und klein geschnitten, zusammen mit den Tomaten kochen. Sie bringen Süße und Volumen in die Sauce, ohne den Geschmack der Tomaten zu überdecken.

Tomaten halbieren und mit dem ausgetretenen Saft in einen großen Topf geben.

Zugedeckt bei mittlerer Hitze köcheln lassen, bis die Tomaten weich sind und sich mit einem Holzlöffel zerdrücken lassen. Das dauert nicht allzu lange, vor allem nicht, wenn man gelegentlich umrührt.

Mittelfeine Lochscheibe in eine Passiermühle setzen. Tomaten passieren. Schalen und Kerne aus dem Sieb entfernen.

Passierte Tomaten zurück in den Topf geben und sanft köcheln lassen. Offen bei geringer Hitze köcheln und auf ein Viertel bis ein Drittel des ursprünglichen Volumens reduzieren lassen. Beim Reduzieren verdampft Wasser, die natürliche Süße und die Aromen der Tomaten werden intensiver. Ab und an umrühren. Wenn die Sauce die gewünschte Konsistenz hat, mit Salz abschmecken.

Einmachgläser, Deckel und Gummiringe auf ein tiefes Backblech stellen bzw. legen und mit kochendem Wasser füllen bzw. bedecken. Das heiße Wasser erst aus den Gläsern gießen, wenn die fertige Sauce abgefüllt werden soll.

Gläser bis 3 cm unter dem Rand mit heißer Sauce befüllen. Deckel verschließen, solange alles noch heiß ist, und zum Abkühlen beiseitestellen. Unangebrochen und an einem kühlen, dunklen Ort aufbewahrt, hält sich die Sauce 1–2 Monate.

Prestige
VANADIUM
STAINLESS STEEL
MADE IN ENGLAND

GEFÜLLTER OFENKÜRBIS

Ich empfehle für dieses Rezept Kürbisse mit dunkelorangem Fruchtfleisch wie Hokkaido- oder Mandarin-Kürbis, sie sind wohlschmeckend und haben ein angenehm festes Fruchtfleisch. Gebackene Kürbisse halten die Hitze lange, man sollte sie vor dem Servieren etwas abkühlen lassen. Füllung und Fruchtfleisch – wie aus einem Topf – mit dem Löffel essen. Servieren Sie Alleweil-Chutney (Seite 247) dazu. Wenn Sie nicht vier kleine Kürbisse finden, kaufen Sie zwei größere, halbieren, entkernen und füllen Sie sie, so bekommen Sie auch vier Portionen.

FÜR 4 PERSONEN

ZUBEREITUNGSZEIT: 1 STUNDE

4 kleine Kürbisse (ca. 10 cm Durchmesser)

200 g weicher Tofu, klein gewürfelt

100 g Couscous, ungegart

50 g Walnüsse, zerstoßen

1 mittelgroße rote Zwiebel, fein gehackt

20 g frische glatte Petersilie, fein gehackt

2 mittelgroße Tomaten, fein gewürfelt, Saft aufgefangen

1 TL getrocknetes Basilikum

½ TL getrockneter Oregano

½ TL Pfeffer

¼ TL Fünf-Gewürze-Mischung

ALTERNATIVEN & VARIANTEN

Pinienkerne oder grob zerstoßene Haselnüsse anstelle der Walnüsse.

Den Backofen auf 200 °C vorheizen. In eine große oder zwei mittelgroße ofenfeste Formen 1 cm hoch kaltes Wasser füllen.

Von jedem Kürbis einen Deckel abschneiden, das Messer dafür auf etwa einem Viertel der Gesamthöhe unter dem Stielansatz ansetzen. Kerne mit einem Metalllöffel jeweils aus dem Deckel und dem »Topf« entfernen. Kürbisse und Deckel beiseitestellen.

Restliche Zutaten in einer Schüssel vermengen, dabei den Tofu leicht zerdrücken. Die Mischung gleichmäßig auf die vier Kürbisse verteilen und leicht andrücken.

Jeweils 2 EL kaltes Wasser über die Füllung geben. Die Kürbisse in die Form setzen, die Deckel daraufsetzen oder danebenlegen. Im Ofen 15 Minuten zugedeckt backen. Dann die Temperatur auf 180 °C reduzieren und weitere 30 Minuten backen.

Die Kürbisse vorsichtig mit einem breiten Pfannenwender aus der Form heben. Deckel gegebenenfalls daraufsetzen und servieren.

✻ **GEDÄMPFTER KÜRBIS** Kürbisse garen schnell, und Dämpfen ist eine einfache Zubereitungsart. Kürbis vom Stiel- bis zum Wurzelansatz halbieren, Kerne herauslösen (Sie können die Kerne säubern und rösten). Die Hälften noch einmal in zwei bis vier Stücke schneiden. Die Stücke mit der Schale nach oben in einen Dämpfeinsatz setzen. 15 Minuten dämpfen. Heiß oder kalt servieren. Reste können Sie in einer Kürbis-Pastinaken-Suppe (Seite 203) verwerten.

SPINAT-ARTISCHOCKEN-TARTE

Diese herzhafte Tarte ist zu jeder Jahreszeit einfach zuzubereiten. Sie schmeckt heiß oder kalt und sieht so »normal« aus, dass auch Gäste sofort zugreifen. Sehr gut schmecken dazu Tempeh-Chips mit Granatapfel-Glasur (Seite 167) und schneller Salat (Seite 93).

ERGIBT 1 TARTE (28 CM Ø)

ZUBEREITUNGSZEIT: 1 STUNDE

½ Portion veganer Mürbeteig (Seite 265)

1 mittelgroße Kartoffel, in dünne Scheiben geschnitten

½ TL Pfeffer

100 g Spinat, fein gehackt

½ TL Fünf-Gewürze-Mischung

8 Artischockenherzen aus der Dose, gehackt oder geschnitten

1 mittelgroße Tomate, klein geschnitten

400 g fester Tofu

250 ml Sojadrink

1 TL getrocknetes Basilikum

½ TL getrockneter Oregano

½ TL gemahlene Kurkuma

ALTERNATIVEN & VARIANTEN

Beim Pürieren der Sauce 2 EL Hefeflocken dazugeben.

Den Backofen auf 200 °C vorheizen. Eine Tarteform (28 cm Ø) mit dem vorbereiteten Teig auslegen.

Kartoffelscheiben auf dem Teigboden verteilen. Mit Pfeffer bestreuen. Spinat daraufgeben. Fünf-Gewürze-Mischung darüberstreuen. Darauf Artischocken und Tomate verteilen.

Tofu, Sojadrink, getrocknete Kräuter und Kurkuma in einem Mixer oder in einer Schüssel mit einem Stabmixer zu einer glatten Sauce pürieren. Sauce langsam über die Tarte gießen – gleichmäßig bis an den Rand verteilen.

Im Ofen 10 Minuten backen. Dann die Temperatur auf 180 °C reduzieren und weitere 35–40 Minuten backen.

Mindestens 5 Minuten abkühlen lassen und noch warm oder kalt servieren.

ZIEMLICH GUTER PUNSCH

Dieser Punsch ist herrlich erfrischend und passt zum ausgedehnten Sonntagsessen oder einem Abendessen auf der Terrasse. Weil er keinen Alkohol enthält, ist er auch etwas für Ihre Kinder. Sie können ihn aber auch mit einer gekühlten Flasche Weißwein oder 200 ml Rum aufpeppen. In jedes Glas normale oder Zitrus-Eiswürfel (Seite 81) geben.

FÜR 4 PERSONEN

ZUBEREITUNGSZEIT: 30 MINUTEN

+ KÜHLZEIT

2 TL loser grüner Tee (in einem Tee-Ei) oder 2 Teebeutel grüner Tee

4 ganze Nelken

1 Zimtstange (6 cm)

1 Bio-Zitrone

1 Bio-Limette

1 Bio-Orange

100 ml Holunderblütensirup

ALTERNATIVEN & VARIANTEN

Ingwer- anstelle des Holunderblütensirup verwenden. 1 Stängel frische Zitronenmelisse oder Gartenminze vor dem Kühlen hineingeben.

Tee mit 1 Liter kochendem Wasser aufgießen. 3 Minuten ziehen lassen. Dann das Tee-Ei bzw. die Teebeutel entfernen und Nelken sowie Zimtstange ins heiße Wasser geben. Beiseitestellen und abkühlen lassen.

Zitrone, Limette und Orange halbieren. Jeweils Saft einer Hälfte auspressen. Saft in einem großen Messbecher mit Holunderblütensirup verquirlen. Nelken und Zimt aus dem abgekühlten Tee entfernen, Tee in den Messbecher gießen und verquirlen.

Die übrigen Hälften der Zitrusfrüchte in dünne Scheiben schneiden und in einen großen Krug oder eine Bowlenschüssel geben. Tee-Mischung angießen. Nach Belieben die Zimtstange und frische Kräuter (*siehe* Alternativen) hineingeben. Kühl stellen. Vor dem Servieren vorsichtig umrühren.

FAMILIENGESCHICHTE-FRÜCHTEKUCHEN

Lieblingsrezepte verändern sich mit der Zeit, je nachdem was den Familienmitgliedern schmeckt, hier eine neue Zutat, da eine variierte Methode. Dieses hat sich über bisher vier Generationen gewandelt, wer weiß, wie lange es vorher mündlich überliefert wurde. Die Familiengeschichte weiß von einer betagten Tante, die gerne ein Gläschen Cognac über ihr Stück goss. Heben Sie etwas vom Zuckerguss auf, um frische Schnittflächen zu »versiegeln«, damit der Kuchen feucht bleibt.

ERGIBT 1 GROSSEN KUCHEN

ZUBEREITUNGSZEIT: 4 STUNDEN

+ 3 WOCHEN RUHEZEIT

200 g vegane Margarine, zerlassen, und etwas Margarine zum Einfetten der Form

300 g brauner Rohrzucker

150 g Tahin (Sesampaste)

Saft von 3 Zitronen

450 g Weizenmehl (Type 550)

450 g getrocknete Johannisbeeren

450 g Sultaninen

450 g Rosinen

200 g Zitronat und Orangeat

70 g getrocknete oder kandierte Kirschen

100 g Mandelblättchen

je 1 TL gemahlener Zimt, gemahlener Ingwer, gemahlener Muskat

2 EL Gerstenmalzsirup oder Zuckerrohrmelasse

2 EL Apfelessig

FÜR DIE GARNITUR:

170 g Lieblingsmarmelade

300 g Puderzucker und etwas Puderzucker zum Ausrollen des Marzipans

500 g Marzipanrohmasse

100 g vegane Margarine

1 TL Vanille- oder Mandelextrakt

Den Backofen auf 150 °C vorheizen. Eine tiefe 23 × 30 cm große Kuchenform einfetten.

In einer großen Schüssel Zucker und Margarine schaumig rühren. Tahin und Zitronensaft unterrühren.

In einer zweiten Schüssel Mehl, getrocknete Früchte, Zitronat und Orangeat, Mandelblättchen und Gewürze vermengen.

In einem großen Messbecher Sirup und Essig verquirlen. Dann unter die Zucker-Margarine-Tahin-Mischung rühren.

Die feuchten Zutaten mit den trockenen in der großen Schüssel verrühren. Den Teig in die Kuchenform geben und gleichmäßig andrücken.

2–3 Stunden backen, bis der Kuchen aufgegangen und goldbraun ist. Mit einem Holzstäbchen in die Mitte stechen, bleibt nichts kleben, ist der Kuchen fertig.

Kuchen in der Backform abkühlen lassen. In der Form lassen, mit einem sauberen Geschirrtuch bedecken und 3 Wochen beiseitestellen (wo niemand ihn findet!), damit die Aromen reifen können.

Nach 3 Wochen den Kuchen auf eine mit Backpapier belegte Kuchenplatte stürzen. Oben und an den Seiten mit einer dünnen Schicht Marmelade bestreichen.

Arbeitsfläche und Nudelholz mit Puderzucker bestäuben. Marzipanrohmasse zu einem dünnen Rechteck ausrollen, das groß genug ist, um Oberseite und Seiten des Kuchens zu bedecken. Vorsichtig anheben, über den Kuchen legen und sanft andrücken. Man spürt, wie der Marzipanmantel an der Marmelade festklebt. Rundum überstehendes Marzipan abschneiden.

Für den Zuckerguss Margarine in eine Schüssel geben und Puderzucker nach und nach gründlich unterrühren. Ganz zum Schluss Vanille- oder Mandelextrakt einrühren. Glasur über das Marzipan verteilen. Vor dem Servieren mindestens 1 Stunde ruhen lassen.

SCHOKOLADEN-ORANGEN-MANDEL-KUCHEN

Haben Sie Lust auf einen Schokoladentraum? Dies ist mein Kuchen für Geburtstage und andere festliche Gelegenheiten und die besondere Belohnung zwischendurch.

ERGIBT 1 SANDWICH-KUCHEN (20 CM Ø)

ZUBEREITUNGSZEIT: 1 STUNDE

100 ml neutrales Öl und etwas Öl zum Einfetten der Formen

350 ml Mandeldrink

1 EL Apfelessig

100 g Tahin (Sesampaste)

100 ml Orangensaft, frisch gepresst

350 g Weizenmehl (Type 550 oder 1600)

150 g Zucker

100 g gemahlene Mandeln

60 g Kakaopulver

1 TL abgeriebene Schale von 1 Bio-Orange

2 TL Backsoda (Natron)

1 TL Backpulver

FÜR DIE SCHOKO-GLASUR:

250 g dunkle Schokolade

70 g vegane Margarine

300 g Puderzucker

1 EL Mandeldrink

1 TL Mandelextrakt

ALTERNATIVEN & VARIANTEN

Für einen einstöckigen Kuchen eine 23 × 30 cm große Kuchenform verwenden.

Den Backofen auf 200 °C vorheizen. Zwei Kuchenformen (20 cm Ø) einfetten.

In einer großen Schüssel Mandeldrink und Essig verquirlen. Ruhen lassen. Öl, Tahin und Orangensaft in einem großen Messbecher verrühren.

In einer zweiten Schüssel Mehl, Zucker, Mandeln, Kakaopulver, Orangenabrieb, Backsoda und Backpulver vermengen.

Öl-Tahin-Orangensaft-Mischung unter die Mandeldrink-Essig-Mischung rühren.

Die trockenen Zutaten mit den feuchten gut, aber nur kurz, verrühren.

Teig auf die beiden Kuchenformen verteilen. In den Ofen stellen. Sofort die Temperatur auf 180 °C reduzieren. 25–30 Minuten backen, bis die Kuchen aufgegangen und locker-fluffig sind. Stäbchenprobe machen. Bleibt das Holzstäbchen sauber, sind die Kuchen fertig. Die Kuchen 5 Minuten in den Formen abkühlen lassen, dann auf ein Kuchengitter stürzen und vor dem Glasieren ganz abkühlen lassen.

Für die Glasur Schokolade fein hacken und unter gelegentlichem Rühren über einem heißen Wasserbad schmelzen lassen. Die Margarine zugeben, zerlassen und unter die Schokolade rühren.

Topf vom Wasserbad nehmen und Puderzucker nach und nach einrühren. Mandeldrink und -extrakt zugeben und gut unterrühren.

Einen Kuchen dünn mit Glasur bestreichen, den anderen Kuchen daraufsetzen und andrücken. Restliche Glasur auf der Oberfläche verstreichen, auch auf dem Rand. Glasur abkühlen lassen. Servieren.

✻ **CAROB** ist die Frucht des Johannisbrotbaums. Ihr Fruchtmark wird geröstet und gemahlen und als Schokoladenersatz verwendet und weiterverarbeitet. Der Aufstrich schmeckt auf Brot, mit dem Sirup kann man heiße oder kalte »Schokolade« zubereiten, mit dem Pulver »Schokoladen«-Kuchen. Carob enthält kein Koffeir, dafür aber sehr viele Mineralien.

SCHNELLE SÜSSE KUCHENBÖDEN

Diese Kuchenböden muss man nicht mit dem Nudelholz ausrollen – man drückt einfach den Teig in der Backform an. Jedes Rezept ergibt einen Boden für eine Tarteform mit 28 cm Ø.

COOLER KOKOS-BODEN für eine Kühlschrank-Tarte ohne Backen. Bei geringer Hitze 80 g Kokosöl in einer Pfanne zerlassen. 250 g Kokosraspel darin unter häufigem Rühren 7–10 Minuten hell goldbraun anschwitzen. 3 EL Weizenmehl (Type 550) darüberstäuben und die Masse unter ständigem Rühren weitere 5 Minuten anschwitzen. In eine Tarteform geben und Boden andrücken. Wenigstens 1 Stunde in den Kühlschrank stellen. Die Füllung darauf verteilen und wieder in den Kühlschrank stellen.

SÜSSER KRÜMEL-BODEN für eine gekühlte oder eine gebackene Füllung. 100 g Weizenmehl (Type 550) und 40 g Puderzucker in einer Schüssel vermengen, 50 g vegane Margarine oder Kokosöl in Flocken zugeben und unterkneten, bis feine Krümel entstehen. Teig in eine Tarteform geben, Boden andrücken und bei 180 °C 15 Minuten backen.

KEKSKRÜMEL-BODEN für eine Kühlschranktarte. 80 g Kokosöl in einem Topf zerlassen, mit 300 g fein zerbröselten veganen Vollkornkeksen vermengen. Keksteig in eine Tarteform geben und Boden sowie Rand andrücken. Bei 180 °C 10 Minuten backen. Abkühlen lassen. Füllung daraufgeben und kühl stellen.

VEGANER MÜRBETEIG

Dieser Teig ist leicht und hat gebacken eine schön blättrige Textur. Sie können ihn für süße Tartes, aber auch für herzhafte Quiches und Pies verwenden. Das beste Resultat erzielen Sie, wenn Sie ihn den ganzen Tag oder über Nacht im Kühlschrank ruhen lassen. Er wird dann ziemlich hart, also nehmen Sie ihn 20–30 Minuten, bevor Sie ihn ausrollen oder formen möchten, heraus (wird er zu warm und weich, lässt er sich aber auch nicht mehr gut verarbeiten).

ERGIBT 2 TARTES ODER 1 PIE

ZUBEREITUNGSZEIT: 20 MINUTEN

+ 1 STUNDE RUHEZEIT

150 g Weizenmehl (Type 550) und etwas Mehl zum Bemehlen der Arbeitsfläche

75 g Kokosöl

50 g feines Maismehl

Mehl in eine große Schüssel geben. Kokosöl in Flocken daraufgeben und mit einer Gabel möglichst kurz glatt mit dem Mehl verkneten. Maismehl zugeben und ebenso glatt verkneten.

100 ml eiskaltes Wasser angießen und rasch unterkneten. Teig zu einer Kugel formen, Schüssel mit einem sauberen Tuch bedecken und mindestens 1 Stunde (am besten über Nacht) kühl stellen.

20–30 Minuten vor der Weiterverwendung den Teig aus dem Kühlschrank nehmen und ruhen lassen, bis er Zimmertemperatur erreicht hat. Arbeitsfläche und Nudelholz leicht bemehlen. Zur Sicherheit etwas Mehl griffbereit stellen.

Teig halbieren. Eine Portion kurz durchkneten. Je nach Backform etwa 5 mm dick zu einem Kreis oder einem Rechteck ausrollen.

Ausgerollten Teig in die Tarteform setzen und andrücken, überstehenden Teig abschneiden. Die zweite Portion als zweiten Tarte- oder Quicheboden bzw. Pie-Deckel ebenso ausrollen.

✻ **FERTIGER TEIG** Sie finden fertigen veganen Mürbe- oder Blätterteig in den Kühl- oder Gefrierregalen der Supermärkte, doch leider enthalten viele Palmfett (Palmöl). Für den Anbau der Ölpalmen werden immer wieder Urwälder gerodet, damit wird u. a. das Überleben der letzten Orang-Utans gefährdet. Achten Sie auf ökologisch angebautes Palmöl oder kaufen Sie palmölfreie Produkte. Ihren selbst gemachten Mürbeteig können Sie übrigens auch einfrieren.

SÜSSE TARTES UND PIES

Vier einfache Obst-Tartes und -Pies zum Kaffee oder Nachtisch.

APFEL-PIE Den Backofen auf 180 ° C vorheizen. Eine Pieform (28 cm Ø) mit veganem Mürbeteig (Seite 265) auslegen und zweite Portion als Deckel ausrollen. 50 g braunen Rohrzucker, 25 g Haferflocken und je 1 TL gemahlenen Zimt und gemahlene Nelken vermengen. 50 g Mandelblättchen unterrühren. Die Hälfte der Mischung auf dem Pieboden verteilen. 50 g Rosinen gleichmäßig darüberstreuen. 1 kg Äpfel (z. B. Bramley) schälen, entkernen und in Scheiben schneiden. Scheiben auf den Rosinen verteilen. Restliche Zucker-Haferflocken-Mischung über die Äpfel streuen. Mit dem Saft von 1 Zitrone beträufeln. Deckel auflegen und andrücken. 30–40 Minuten goldbraun backen. Auf einem Kuchengitter abkühlen lassen. Servieren.

PFIRSICH-PIE Den Backofen auf 180 ° C vorheizen. Eine Pieform (28 cm Ø) mit veganem Mürbeteig (Seite 265) auslegen und zweite Portion als Deckel ausrollen. 80 g braunen Rohrzucker, 2 EL Weizenmehl (Type 550) und 1 TL gemahlenen Zimt in einer Schüssel vermengen. 50 ml helles Sesamöl in einem Topf auf mittlerer Stufe erhitzen, die trockene Mischung gut unterrühren. Saft von 2 Zitronen und 1 TL Mandelextrakt einrühren. Weitere 5 Minuten zu einer Sauce einköcheln lassen, falls nötig, Flüssigkeit angießen. 1 kg Pfirsiche häuten: Jeden Pfirsich vorsichtig in einen Topf mit kochendem Wasser geben, nach 1 Minute herausnehmen und in eine Schüssel mit kaltem Wasser legen, dann sofort die Haut abziehen. Pfirsiche halbieren, entsteinen, jede Hälfte in vier Scheiben schneiden. Ausgetretenen Saft zur Sauce geben. Pfirsichscheiben auf dem Teigboden verteilen, mit Sauce begießen. Deckel auflegen, andrücken, mit einer Gabel mehrfach einstechen. 30–35 Minuten backen. Auf einem Kuchengitter abkühlen lassen. Servieren.

RHABARBER-TARTE Den Backofen auf 180 ° C vorheizen. Eine Tarteform (28 cm Ø) mit süßem Krümel-Boden (Seite 264) auslegen. 15 Minuten wie im Rezept angegeben backen. 375 g klein geschnittenen Rhabarber in einer großen Schüssel mit 50 ml neutralem Öl und dem Saft von 1 Zitrone vermengen. In einer zweiten Schüssel 80 g braunen Rohrzucker, 50 g Weizenmehl (Type 550), 30 g Haferflocken und 1 TL gemahlenen Zimt vermengen, dann 3–5 Minuten unter die Rhabarber-Mischung rühren. Rhabarber-Mischung auf dem Teigboden verteilen. 30 Minuten backen. Auf einem Kuchengitter abkühlen lassen. Servieren.

SOMMERLICHE BEEREN-TARTE Kokosboden nach Rezept auf Seite 264 zubereiten und kühlen. Frische Erdbeeren und 12 kernlose Trauben halbieren. Kokosboden in der Tarteform verteilen und andrücken. Obst darauf verteilen. In einer großen Schüssel 50 g Zucker mit 1 EL zerlassenem Kokosöl und 1 EL Zitronensaft vermengen. Ein paar Minuten kräftig rühren, bis sich der Zucker aufgelöst hat. 250 g frische Himbeeren unterheben. Die Mischung über die Erdbeeren und Trauben geben und gleichmäßig verteilen. Mit Mandelblättchen bestreuen. Wenigstens 2 Stunden in den Kühlschrank stellen.

REZEPTE – EIN SCHNELLER ÜBERBLICK

REGISTER KURSIV GEDRUCKTE SEITENANGABEN VERWEISEN AUF REZEPTE

H

I

J

K

L

M

N

O

P

Q

R

S

QUELLEN

FAMILIENANGELEGENHEITEN

Informationen über das Stillen finden Sie beim Netzwerk Gesund ins Leben:
https://www.gesund-ins-leben.de
und – mit Ernährungstipps für Schwangere – auf der Internetseite des Bundesministeriums für Ernährung und Landwirtschaft:
https://www.bmel.de/DE/themen/ernaehrung/gesunde-ernaehrung/schwangerschaft-und-baby/schwangerschaft-und-baby_node.html

Die Weltgesundheitsorganisation (WHO) stellt ebenfalls Informationen (englisch) zur Verfügung: https://www.who.int/health-topics/breastfeeding#tab=tab_1

TIEFER DENKEN

Deutscher Imkerbund:
https://deutscherimkerbund.de/161-Imkerei_in_Deutschland_Zahlen_Daten_Fakten

Österreichischer Imkerbund:
https://www.imkerbund.at/

Imkerei der Schweiz:
https://www.bienen.ch/de.html

Auch auf den Seiten des NABU sind Informationen über Bienen sowie den Schutz der Wälder und andere Themen zu finden:
https://www.nabu.de/

»Four Changes« von Gary Snyder (englisch):
https://arthurmag.com/2011/01/31/four-changes-by-gary-snyder

Die Bundeszentrale für politische Bildung bietet ein Buch in gedruckter und pdf-Form zur Frage »Haben Tiere Rechte?« an:
https://www.bpb.de/shop/buecher/schriftenreihe/297138/haben-tiere-rechte

Warnung von Wissenschaftlern zur Klimakrise (englisch):
https://scientistswarning.forestry.oregonstate.edu

The Wildlife Trusts (englisch):
https: //www.wildlifetrusts.org

Vegane Tiernahrung, Infos und Anbieter:
https://sustainablepetfood.info

Vom Saisonkalender für Obst und Gemüse über grüne Onlineshops bis zu veganem Hundefutter:
https://utopia.de

ALLGEMEIN

Vegan Society (englisch):
https://www.vegansociety.com

Veganer Käse-Ersatz:
https://proveg.com/de/ernaehrung/pflanzliche-alternativen/veganer-kaese

https://www.vantastic-foods.com/vegane-lebensmittel/kaesealternativen

https://violifefoods.com/de

DANKSAGUNG

Ich danke Anthony Cheetham und Peter Cox, die mich bei diesem Projekt unterstützt haben, Maryanna, die mir so viele gute Fragen gestellt hat, Madeleine O'Shea, die das Manuskript klug lektoriert hat, und Julia Strauss für ihr Know-how.